현대인족 인종, 인종주의, 민족주의, 종족, 정체성에 관해

초판 인쇄 2020년 5월 10일 초판 발행 2020년 5월 15일
지은이 존 리 옮긴이 임수진 펴낸이 박성모 펴낸곳 소명출판
출판등록 제13-522호 주소 서울시 서초구 서초중앙로6길 15, 1층
전화 02-585-7840 팩스 02-585-7848 전자우편 somyungbooks@daum.net 홈페이지 www.somyong.co.kr

값 27,000원
ISBN 979-11-5905-506-5 03330
ⓒ 소명출판, 2020

Modern Peoplehood
On Race, Racism, Nationalism,
Ethnicity, and Identity

현대인족

인종, 인종주의,
민족주의, 종족, 정체성에 관해

존 리 지음 | 임수진 옮김

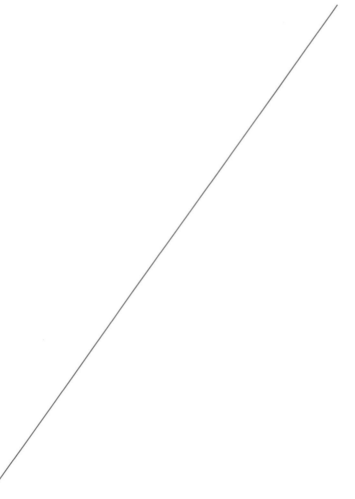

J HN LIE

"이 나라에 한 영혼이 탄생하면 날아가지 못하도록 여러 그물들이 던져져. 너는 나에게 국적, 언어, 종교를 말해. 나는 그 그물들을 피해 날아가겠어." 스티븐 디덜러스*와 달리 나는 **현대인족現代人族, modern peoplehood**이라는 이 그물을 빠져나가려 하지는 않을 것이다. 대신 나는 이들을 해체하고 대체하려 한다. 나는 현대인족의 주요 범주인 인종, 종족, 민족, 그리고 벗어나고 싶은 악몽과 같은 인종주의와 제노사이드를 조명하고 또 부정하고자 한다.

강사들에게 하는 경고 : 나는 내 학문적인 한계와 불확실성으로 인해 발생할 수 있는 표현들과 모든 명제가 가지고 있는 잠정적 위험성을 제거하였다. 우리 학자들은 소심한 비겁자들이다. 나는 당신들에게 무조건적 불신이 아닌 비판적 의심을 부탁드린다. 또 책 전체를 읽어주시기를 부탁드린다. 여러분들이 이 책을 쉽게 읽을 수 있도록 하기 위해 나는 많은 노력을 기울였다. 아, 이 책의 내용은 허구적인 학문적 외피로 둘러싸여 있다. 분명 일생의 학술적인 습관을 버리기는 어렵다. 인용은 논리의 신뢰도를 높인다. 이는 물론 미학적 손실은 있지만 학술적 장치로서 학문적인 정밀성을 높이는

● 제임스 조이스, 『젊은 예술가의 초상』의 주인공 이름.

동시에 감사를 표할 수 있다. 예수회의 스티븐 디딜러스 목사는 이를 용인해줄 것이라 믿는다. 언제나, 특히 개념적 갈등이 있을 때 권위자의 인용을 사용하면 묘한 평안이 있다. 탈고 마지막 단계에서 나는 인용을 제거하는 데 엄청나게 많은 시간을 할애하였다. 참고문헌 목록이 유지되는 한 내가 인용에서 누락했던 수많은 훌륭한 논문과 저서를 겸허히 상기할 수 있을 것이다.

읽고 쓰는 것에 대한 환희와 고통—우리가 연구라고 부르는 자발적 노예 상태—은 많은 사람들과 기관들에 의해 좌우되었다. 나의 연구로 인해 오레곤대학교, 얼바나-샴페인의 일리노이대학교, 하버드대학교, 미시간대학교 도서관의 가치가 떨어진 것은 아닌가 생각한다. 오레곤, 일리노이, 미시간, 그리고 많은 곳에 있는 동료들과 학생들에게 고마움을 표한다. 특별히, 본 글의 초고를 읽어준 Aya Ezawa, Bob Lee, Libby Schweber, Charis Thompson, Thembisa Waetjen, Maxim Waldstein, Brennon Wood에게 고마움을 전한다. 참고문헌과 색인을 도와준 Serife Genis, Nao Terai, Leslie Wang에게도 고마움을 전한다. 무엇보다도 이 책을 읽어주고 토론해준 Charis와 그녀가 낳고 길러준 Charlotte에게 이 책을 바친다.

미시간주 앤 아버(Ann Arbor)에서
2003년 5월

차례

서장

1

여기서 말하고자 하는 **현대인족**modern peoplehood이란, 관념적으로 공유되는 역사와 특정한 생활양식을 포함하는 포괄적이고 비자발적인 집단 정체성을 의미한다. 모든 사람들은 신분, 젠더, 도덕적 가치 등 다양한 집단에 속해 있기 때문에 포괄적이라 할 수 있다. 또한 모두가 태어나면서 인족peoplehood이라는 범주 안에 귀속되기 때문에 비자발적이라 표현할 수 있다. 그리고 사람들은 집단을 특정 짓는 언어, 종교, 문화, 의식과 같은 혈통이나 지역의식에 따른 동시대적 공통성을 가지고 있다. 이는 친족보다는 넓고 인류보다는 좁은 일정한 형태를 규정한다. 단순히 외형적이거나 분석적인 범주 및 귀속에 따른 집합체로서의 **인구**a population가 아닌, 내면적 신념과

자아성찰적 정체성에 따른 하나의 집단으로서의 국민(또는 인민)[a] people[●]을 말하는 것이다.

　세상을 종합적이고 포괄적으로 설명해주는 현대인족과 관련한 풍부하고 명료한 담론들이 있다. 현대인족을 나타내는 보편적인 범주로서 인종, 종족, 민족을 들 수 있는데, 이들을 통해 인류 역사를 깊이 있게 논할 수 있다. 인간의 주체성과 개체성에 대한 심오한 진실의 보고로서 인족 정체성은 쉽게 설명할 수 없으나, 이는 분명하고 실존하며 카타르시스적인 원시적 실체라 볼 수 있다. 모방을 통해 계승되는 비유전적 문화 전통이든지 인종적 범주에 따른 유전형질이든지 간에, 개인은 이들을 근거로 그들의 인족을 설명하고 묘사한다. 모더니티[modernity]의 원리체계는 칸트의 합리적 '이성[Reason]'보다는 하이데거의 비합리적 '존재[Being]'에 더 근접하다.

　왜 인족의 정체성은 이토록 중요한 것인가? 정체성[identity]이란 무엇인가?

●　사실 'people'은 텍스트에 따라 '국민', '인민', '민족' 등 다양한 어휘로 번역이 가능하다. 본문에서는 '민족'을 지칭하는 'nation'이 따로 사용되므로, 'people'은 '국민' 또는 '인민'으로 번역할 수 있다. 그러나 주지하듯, 국내에서는 이데올로기적 또는 정치적 차이에 따라 국민과 인민이 구분되어 사용되는 경향이 있다. 이에 따라 본문에서는 국내에서 'people'의 대응어로서 보편적으로 사용되는 '국민'을 채택하고 때에 따라 괄호 내에 '인민'을 추가 기입하였다. 부분적으로 사회주의 체제 또는 국가를 논하는 텍스트에서 '인민'을 사용하였다. 번역어, 개념어 논의와 관련하여, 박명규, 『국민·인민·신민』(소화, 2014); 김성보, 「남북국가수립기 인민과 국민 개념의 분화」, 『한국사연구』 144(한국사연구회, 2009) 등을 참조할 수 있다.

2

정체성은 생 어거스틴Saint Augustine의 시간의 문제[1]와 같이 명확하면서도 모호한 주제이다. "우리는 확실히 우리가 말할 때 우리가 의미하는 것에 대해 알고 있다. 우리는 또한 누군가가 말하고 있는 것을 들을 때 그것이 무엇을 의미하는지 안다. (…중략…) 누군가 나에게 묻지 않는 한, 나는 알고 있다." 질문을 던질 때 답은 사라진다. 이제 생각은 있었던 것만 같은 그 확실성을 갈구한다. 나는 나다. 그러나 이러한 나, 자신, 나 자신은 누구란 말인가?

존 로크John Locke의 『인간지성론』(1689)은 개인의 정체성이 개별 의식들의 정신적 총체이자 시간의 연속성을 의미한다고 설명한다. 로크에 따르면, "개인의 정체성은 육의 정체성이 아닌 의식의 정체성에 기반한다. 한 인간 내에서 오직 의식만이 동떨어진 실체들을 통합할 수 있다".[2] 이러한 로크의 생각은 에릭 에릭슨Erik Erikson의 유명한 정체성 논의로 이어지는데, 에릭슨에게 정체성 형성이란 "연속성과 동질성을 갖춘 개인을 경험할 수 있는 능력이 주어지는" 것이다.[3] 정체성의 위기는 비전형적인 변질로 볼 수 있고, 이러한 생물학적 단계는 중요하지만 잘 나타나지 않는다.[4]

로크가 『인성론』(1777)에서 명확하고 상식적으로 설명한 것과 달리, 흄David Hume은 정체성의 난해함과 단절성을 강조한다. "우리

서장

가 정신적 존재로서 인간에게 부여하는 정체성은 허구일 뿐이다."[5] 그는 다음과 같이 설명한다. 정체성은 단일한 통합체가 아니라, "여러 인식들이 계속적으로 나타나는, 다양한 입장과 상황이 출몰, 재출몰하고 멀어지기도, 합쳐지기도 하는, 극장과 같다. 여기에는 단 한 순간의 단순성simplicity도 존재하지 않을 뿐 아니라 다양한 시간 속에서 일치된 정체성identity 또한 존재하지 않는다".[6] 로크가 연속성과 일체성을 논한 것과 달리, 흄은 단절성과 이질성을 논하였다.

흄의 논의는 자의식과 자아성찰적 인간에 대한 많은 반향을 불러일으켰다. 1818년 10월 27일 존 키츠John Keats가 리처드 우드하우스Richard Woodhouse에게 쓴 편지에는 "시적 자아에 대해 말하자면 (…중략…) 자신self이 없다. (…중략…) 시인에게는 (…중략…) 정체성이 없다"고 적혀 있다.[7] 시인은 계속해서 "다른 이들을 만들어야 하기" 때문이다. 의식은 순간적이고 유동적이므로 쉽게 인식되지 않는다. 괴테의 파우스트든지 뒤 보이스W. E. B. Du Bois의 흑인 친구 black folk●든지 분명 현대적 자아의 대표적 특성은 분열되었거나 이중적이라는 점이다.[8] 가변적이고 복합적인 자아에 대한 암시는 버지니아 울프의 『올란도』(1928), 로버트 뮤질Robert Musil의 『가치없는 남자Der Mann Ohne Eigenschaft』(1928)와 같은 현대문학에도 일반적으로 나타난다. 1914년 1월 8일 프란츠 카프카의 일기에는, "나는 유대인과 어떤 공통점이 있는가? 나는 나 자신myself하고도 공통점이 거의 없는데 말이다"라고 기록되어 있다. 정체성에 대한 불확실성은

●　black folk : *The Souls of Black Folk*에서 따옴.

기억의 통합이나 삶의 활력으로부터 벗어나 장난스럽게, 때로는 터무니없게, 자아의 근원을 형성한다. 키츠의 연장선상에서, 호르헤 보르헤스Jorge Luis Borges는 다음과 같이 논했다. "나의 다른 자아, 또 한명의 보르헤스, 에 대한 것이다. (…중략…) 그러나 나는 서투른 기타 연주나 다른 것들보다 내가 쓴 책들 속에서 나 자신을 찾을 수가 없다. (…중략…) 나는 내 안의 많은 이들 중에서 누가 이 페이지를 쓰고 있는지 모른다."[9]

우리는 다중인격장애나 기억상실과 같은 정신적 질환의 형태로 자아정체성의 다양성과 불연속성이 나타난다는 점을 생각해볼 필요가 있다. 자아의 안정은 정신적으로 온전하고 사회생활이 가능한 상태를 말한다. 1785년 토머스 리드Thomas Reid는 "모든 이가 그들의 정체성에 대한 확신(…중략…)을 뒷받침할 만한 확실한 철학적 근거가 필요하지는 않다. 또한 어느 정도의 광기가 초래하지 않는 한 이를 약화시킬만한 철학적 증거도 없다"[10]고 논했다. 만일 불연속성과 다양성에 대한 흄적인 인식이 의식의 실제를 포착한다고 하더라도, 로크의 연속성과 통합성의 논의는 자아와 정체성에 사실상 반드시 필요한 것들이다.

3

정체성에 대한 질문은 그 철학적 기원에도 불구하고, 현대의 철학자들—개념의 명확성과 논리적 엄격함을 따지면서도 쉽게 그 실질적인 동기는 잃어버리는 자들—은 이를 기피하는 경향이 있다.[11] 비트겐슈타인Ludwig Wittgenstein[12]은 다음과 같이 말했다. "어떤 두 개의 것을 동일하다고 말하는 것은 넌센스다. 또한 어떤 하나의 것을 그 자신과 같은 것이라고 말하는 것은 아무것도 말하지 않은 것과 같다."[13] 개인이 어떤 자아를 가지고 있고 어떤 종류의 존재인지를 설명하는 개인 정체성을 그 소속affiliation과 귀속belonging을 통해 살펴보는 것에 대해, 피터 스트로슨Peter Strawson은 개인의 정체성과 집단에의 소속을 비교하며 전자가 종종 후자 속에 용해된다고 지적한다. 대체로 개인 정체성에 대한 질문은—보다 명확한 영역 속에서 그 혼란은 간과되며[14]—사소한 문제로 치부된다. 비록 사람들은 이러한 개인적인 것과 사회적인 것 사이의 모순, 즉 혼동적 변증에 관심이 있을지 모르지만, 철학자들은 "근본적으로 나는 뇌인 것인가"[15]라고 질문하거나, 아니면 "자연 분할적으로 번식되는 것을 제외하고는 단지 우리와 같은 사람들" 사이의 심리적 연속성을 밝히고자 한다.[16] 변형적 작동modal operation은 사회생활의 영역에서 공상과학으로의 도피를 말한다. 그러나 정체성에 대한 가장 최근의 논의는 인간의 사회적 소속과 그 의미에 관한 것들이다. 탈육체화된 정신이나 유전공학보다 오히려 고무적인 이러한 문제는 관념적이지도 않고 과학적이지도 않다. 이는 단순히 한 사람이 프랑스 사람인지 플라망 사람인지 풀라니^{Fulani} 사람인지, 또는 여성인지 게이인지 장애인인지를 말하는 것이다. 이는 개인의 자의식을 묻고 그의 사회적 정체성에 대한 의미를 밝히는 것이다.

이런 이유로 많은 사람들은 정체성에 관해 읽고 생각하기 위해 소설을 읽는다. 존 업다이크^{John Updike}의 『뛰어라, 토끼^{Rabbit, Run}』(1960)에서 주인공인 해리 "토끼" 앵스트롬^{Harry "Rabbit" Angstrom}은 고등학교 시절 농구와 함께 누렸던 영광스런 과거의 굴절된 기억 속에서 살아간다. 농구는 그의 사고방식과 생활방식을 형성한다. 즉, 그의 성격과 세계관은 고등학교 시절의 농구 경험과 분리할 수 없다. 업다이크의 토끼 4부작의 여정에 나타나는 "토끼"를 우리는 20세기 말 미국의 격동기와 함께 생각할 수 있다. "토끼"의 정체성은 그의 삶, 인생과 밀접하게 연관되어 있다. 많은 성장소설은 역사와 사회 속에서 교차하는 일대기를 통해 성취하고 싶은 사회적 상상을 실체화한다. 따라서 정체성은 분석적인 추측이 아닌 개인적 서사이다.

소설 외에 자서전과 전기는 정체성에 대한 퍼즐을 풀어내고자 한다. 이에 관해 18세기 말 대조적인 두 편의 유명한 저서를 살펴볼 수 있다. 루소^{Rousseau}의 『참회록』(1764~1770) 서문에는 최초의 현대적 자서전이라는 사실이 강조되어 있다.[17] "나는 전례가 없고, 이후로 따라할 수도 없는 작업을 착수하였다. 나는 나의 동료들에게

꾸밈없이 완전한 진실의 인물을 보여주고자 한다. 그리고 그 인물은 바로 나 자신이 될 것이다. 내가 다른 이보다 더 가치 있지는 않더라도, 적어도 나는 그들과는 다르다는 점을 밝히고 싶다." 실제로 루소는 500페이지가 넘는 분량에 걸쳐 그의 다른 점들에 대해 설명하였다. 반대로, 흄은 『나의 생애My Own Life』(1777)에서 다음과 같이 말했다.[18] "사람이 허영심 없이 자신에 대해 오랫동안 말하는 것은 어려운 일이다. 따라서, 나는 짧게 말하고자 한다." 이들 중 누가 선견지명이 있었는지는 분명하다. 자서전이나 전기와 같은 장르는 지루할 뿐만 아니라, 무엇보다도 지나친 허영으로 악명 높다.

수에토니오스Suetonius의 시저, 아인하르트Einhard의 샤를마뉴 대제와 같이 성자들의 삶을 일관되게 칭송했던 모범적이고 도덕적인 전근대 전기들과 달리, 현대의 전기는 일반적인 미덕은 담지 않는다. 루소와 흄 모두 열독하였던 『플루타크 영웅전』의 영웅들의 삶과 달리 현대 전기는 따를 수 있는 모범적 특성보다는 비모범적 특성이 나타난다. 우리는 루소와 같은 **다른** 이들에게 흥미를 느낀다. 이런 이유로 역사학자 알렌 코빈Alain Corbin[19]이 서술한 무명의 나막신 제조업자인 피나곳Louis-François Pinagot의 전기는, 기이한 메노키오*도 미치광이 피에르 리비에르**도 아니지만, 충분히 이국적인 매력을 지닌다.

다름은 현대사회에 들어와 비난의 함의가 소실되고, 죄악이 아

---

* Menocchio : Carlo Ginzburg의 소설 『치즈와 구더기』에서 이단적 성향의 방앗간지기.
** Pierre Rivière : 어머니와 18살인 여동생과 7살인 남동생을 낫으로 살해한 20세 청년.

닌 자랑스러운 선으로 변한다. 모든 사람은 그마다의 개성을 보유하고, 이는 평범성의 측면에서 어느 정도의 다채롭거나 일탈적인 매력이 된다. 사실 평범함과 동일함은 진정성의 부재를 내포한다고 볼 수도 있다. 하이데거[20]는 대중사회에 대한 적개심의 일환으로, 대중, 즉 **그들**das Man을 맹렬히 비난했다. "우리는 **그들**Man이 즐기는 것과 마찬가지로 우리 스스로 즐기고 향유한다. 우리는 그들이 읽고 판단하는 것과 마찬가지로 문학과 예술을 읽고, 보고, 판단한다. 또한 우리는 그들이 뒷걸음 치는 것같이 '거대한 대중'으로부터 도망친다." 보통의 얼굴 없는 사람은 불명확한 **타인**, 대중사회에서 모두가 비난하는 근심거리이다. 그러나 심오함은 명료함의 대가를 치르고 나서야 획득된다. 명료함의 몇몇 순간들은 심오함의 무의미한 깊이를 측량한다. 도대체 **그들**이란 누구인가? "대중교통을 이용하는 것과 신문 등의 정보 서비스를 이용하는 데 있어서 모든 **다른** 이들은 모두 같다."[21] 어떤 철학자들은 생태학적 조건에 부합하거나 정치적 조건에 합치된 시민을 칭송할지 모르지만, 하이데거는 진정성authenticity과 개별성을 칭송하는 우리의 경향을 과장한다. 그는 사람들의 구별되는 열정, 경험, 열망을 논한다.

어떻게 진정성과 개별성이 통제 가능한 본질, 즉 주요 속성이 될 수 있는가? 어떻게 개인은 임의, 혼란, 무의미 대신 원칙, 조화, 의미를 충족시키는 삶을 획득할 수 있는가? 삶을 조성할 수 있는 의지와 영혼은 어디 있는가? 개인은 어떻게 ─ 그것이 있었던 것처럼 본능적이면서도 친밀하게—그 자신과 다른 사람들을 알게 되는 가? 비문은 정교할지 몰라도 추도연설은 지루하다. 백과사전의 표지는 어떠한 경우에도 사실에 대한 진실성과 해석의 명확성을 보장하지는 않는다. 신이 우리를 도와줄 수도 있겠지만, 우리와 가장 가까운 그와 동등한 자—전지적 서술자—는 모두 지나치게 인간적이다. 빅토리아 시대 문학가 중 가장 현실주의적인 작가라 볼 수 있는 디킨슨Charles Dickens[22]은 『데이비드 카퍼필드David Copperfield』에서 다음과 같이 말했다. "나의 젊은 시절의 긴 고통의 시간들을 돌이켜 보면, 내가 사람들을 위해 만들어낸 이야기들이 분명히 기억되는 사실 위에 얼마나 공상적으로 떠다니는지 모른다." 디킨슨의 "기괴한 경험과 추악한 것들로부터 그 상상의 세계를 만들어내는 것"[23]과, 소리와 냄새, 잡담과 성격들을 생각해내는 것은 마셀 프루스트Marcel Proust가 『잃어버린 시간을 찾아서』(1913~1917)에서 시도했던 것들과 크게 다르지 않다. 두 작가 모두 어떠한 대가를 치러서라도 과거를 기억해낼 만한 것을 제안하지만, 이들 중 누구도 우리에게 확신을 주지는 않는다. 상상의 인물이 공상 속에 있다면 현실세계에 있는 우리들은 어떠한 희망을 가져야 한단 말인가? 우리는 적어도 현실의 삶 속에서 활력을 찾아야 한다. 로렌스D. H. Lawrence는 이렇게 말했다. "살아있는 것을 알려면 그것을 죽여야 한다. 당신이 그것에 대해 만족스럽게 알기 위해서는 그를 죽여야만 한다. 이러한 연유로, 갈망하는 의식, 즉 **영혼**은 뱀파이어다."[24] 헨리 제임스Henry James가 말했을 수도 있듯이, 전기 작가들은 뱀파이어일

지도 모른다. 그러나 제임스식으로 생각한다면, 이들은 죽어서도 평안히 쉬지는 못할 것이다. 결국 전기 작가들은 끊임없는 탐구 속에서 영원히 살아간다.

"우리는 지금 이 시간 사람의 무엇에 대해서 알 수 있는가?"라는 질문으로부터 사르트르Jean-Pal Sartre의 귀스타브 플로베르Gustave Flaubert 연구는 시작되었다.[25] 사르트르는 "그에 관해 사용 가능한 모든 자료를 요약하고자" 노력했지만,[26] 『집안의 천치』(1971~1972)를 읽은 소수의 사람들에게 이는 충분치 못했다. 우리는 『보바리 부인』(1857)의 슬픈 글에서도 동일한 결론을 내릴 수 있다. "영혼의 충만이 철저한 언어적 지루함 속에서 이루어진다고 하더라도, 우리 중 누구도 그 필요와 생각과 슬픔을 측량할 수 없다. 우리는 별들을 녹일 만한 음악을 만들고 싶어 하지만, 우리가 실제 하는 말들은 곰들을 춤추도록 하기 위한 리듬을 내기 위해 두드리는 금이 간 주전자와 같다."[27] 아이러니하게도, 앙트와느 로캉탱Antoine Roquentin—사르트르의 소설 『구토』의 주인공, 무명의 18세기 인물에 대한 전기를 쓰고자 노력함—은 그가 전기를 버리고 예술로 전향하기 전까지, 원래 그런 것처럼 행동했지만, 진정으로 살기 시작한 것은 아니었다.

문학 속 인물들이 가상의 인물이나 죽은 저자들을 완전히 이해할 수 없다면, 제한된 정보와 통찰력을 가지고 변화하는 삶 속에서 힘겹게 살고 있는 유한한 존재인 인간들은 어떻겠는가? 우리가 아무리 사색할 수 있는 존재라 하더라도, 더 많이 생각하고 더 많이 알수록 더 적게 이해하는 것처럼 느껴진다. 이것이 정체성의 가장 본질적인 역설이다. 확신은 적게 생각하는 사치로부터 나타난다. 오스카 와일드Oscar Wilde는 다음과 같이 말했다.[28] "얕은 사람만이 자신을 안다." 정체성에 대한 질문은 판도라의 상자를 여는 것과 같다. 이는 단순히 의미론적인 질문이 아닌 인생, 그리고 인간의 본질이 무엇인가에 대한 범접할 수 없는 문제를 묻는 것이다. 모든 개인은 스스로에 대해 세상 누구보다 권위가 있지만, 이것이 통찰이나 조명을 보장하는 것은 아니다. 사무엘 베케트Samuel Beckett는 분명 21세기를 반영하는 누구보다도 자아성찰적인 작가 중 한 사람이다. 그러나 장황한 묵상과 의문을 담은 그의 『이름 붙일 수 없는 것들*L'innommable*』(1953)을 보면, 글이라는 존재 자체의 불가사의성이 나타나 있다.

우리가 현대인족의 정체성을 수용함으로써 개인 정체성의 혼란과 복잡성을 회피한다고 할지라도, 이를 통해 자기만족이나 자아성찰을 경험을 할 수는 없을 것이다. 플로베르나 사르트르는 프랑스인일 수 있지만, 그 간단한 설명이 우리에게 말해주는 것은 무엇인가? 플로베르의 프랑스스러움이 결과적으로 그를 의미 있게 묘사하고 설명하는 것이라고 믿는 것은 현대인족적 사고체계로의 놀라운 도약이라 볼 수 있다. 이러한 명확한 공식이 겸손한 사르트르의 불투명한 생을 비춰줄 수 있단 말인가?

보다 단순하게 생각한다면, 불가해한 자아가 어떠한 정체성을 통해서 적절히 설명될 수 있는 것인가? 가장 분화가 적은 사회에서조차 사람들은 친족이나 이웃관계로부터 자유로울 수 없고, 역할과 정체성은 단일화되지도 안정화되지도 않는다. 기아나고지 Guiana Highlands의 화전농민에게는 개별적 특성, 성별, 핵가족, 확대가족, 마을이 있을 뿐만 아니라, 부족장이나 주술사들의 정치-종교적인 역할 또한 존재하고 있다.[29] 사회구조는 역할, 범주의 분화와 동일선상에 있다. 말할 것도 없이, 복잡사회complex societies에는 수없이 많은 역할과 범주가 존재한다.

소속감과 정체성은 주요한 사회제도를 통해 통제된다. 자신이 살고 있는 삶의 큰 부분을 위해 행동하는 것이 의미와 책임을 생성하지 못할 이유가 무엇인가? 인류학자인 에브너 코헨Abner Cohen이 런던 사람들을 "모든 종족 집단이 그렇듯 '종족적'"[30]이라고 특징지은 것과 마찬가지로, 직업 집단은 사실상 그들만의 독특한 하위문화를 구성한다. 음악, 의복, 음식과 같은 소비행위를 통해 개인은 대중적인 공통의 양식을 갖게 된다. 하위문화와 사회분화는 종파분리적인 정치나 종교 공동체에서, 심지어 팬클럽이나 회복운동에서, 자기본질주의autoessentialism와 같은 핵심범주를 형성한다.

성찰적 현대화modernization의 시대에서 성찰은 사회생활의 모든 부분에 투영된다.[31] 사람들이 끊임없이 정체성에 대해 질문할 때, 정체성에 대한 근본적인 모순은 더욱 깊어진다. 이런 근본적인 질문들은 우리를 좀먹으며 우리로 하여금 이미 규정된 정체성에 대해 다시 생각하도록 만든다. 현대사회에서 유일무이할 만큼 걸출한 존재였던 로빈슨 크루소조차, 경제적 인간이자 유럽 제국주의자와 같은 다양한 정체성으로 가득했다. 프로이트에서 푸코에 이르는 정신분석학으로부터 그 외의 다양한 심리학까지, 심리학적 담론은 일순간 인간의 내면을 지배하고 구성했다.

지적 변혁은 기술 혁신과 함께 확장되었다. 교통과 통신체계의 거대한 변화들은 여러 안정된 기반을 흔들었다.[32] 중앙으로 집중된 공간 권력과 분산되고 제약된 시간 체계는 하나의 통합된 사회의식의 형성을 제약한다. 우리의 경험적 공간들은 확장되며 유동적으로 변화한다. 낮에서 밤으로의 긴 여정을 이끌던 일상은 필요에 따라 밤낮 구분 없는 삶으로 변화한다. 전자화나 디지털화와 마찬가지로, 생식기술과 여러 생명공학의 발전은 상업 및 정치 담론과 같은 일상적 주제에 공상 과학적 사고를 투영시켰다.

다양한 굴레에 속한 개인들은 정체성의 다양한 사회적 요소들을 통해 보편적 인류로부터 그 자신을 규정할 수 있다. 다양한 관계와 역할의 총체로서 우리 현대인들에 관한 사회적 관념들은 개개인들에 의해 충분히 인지되고 있다. 우리의 정체성이 영원히 가변적인 것은 아니지만, 우리 모두는 사려 깊고도 전략적으로 소속, 귀속, 공동체를 선택할 수 있는 기회를 경험한다. 자아의 기술들technologies of self은 정신적이든 육체적이든 부여된 자기 속성을 초월할 수 있도록 만들어준다. 자기 제시의 폭은 확장된다. 사람들은 무수히 많은 정체성을 표류하고 협상하며 제시한다.

마지막으로, 정체성에 대한 견고한 사회적 영향력에도 불구하고, 대부분의 사람들은 내면의 심리를 돌보며 그들만의 신성한 내면성을 유지한다. 심리치료의 성공은 파놉티콘적 형태로서든 심리학적 입장에서든 초자아^{superego}의 승리를 보장할 수 없다. 개인은 전문가에게 그들의 부적응에 대해 정확히 짚어주거나 해결책을 설명해 주도록 요구하기도 하지만, 때로 허구적으로 보일지 모르더라도, 나르시시즘의 문화는 자기 규범적 주체에 대한 믿음에 의존한다. 진정성에 대한 강조는, 현대의 개인들이 비성찰적으로 주어진 자아를 받아들이는 데 대한 경고의 한 부분이다. 우리는 진정한 사적 자아와 거짓의 공적 자아를 구분한다.[33] 우리는 모두 정체성에 대한 사회적 요소와 상대적으로 자유로운 자아의 영역 ― 불가침적인 깊고 진실한 중심 ― 을 혼동하지 않는다. 본질적인 자아는 우리를 고정된 관념의 산물이 아닌 결말을 모르는 드라마의 주인공으로 만든다. 결국 사회화는 운명이 아니다. 우리는 행동, 신념, 헌신에 대한 자기결정권이나 자율성에 대한 실존적 가능성을 믿기 위해 사르트르가 될 필요는 없다. 현대사회의 저자들은 너무나도 "나"의 안에서 살아가고 있다. 우리는, 최소 잠재적이라 할지라도, 자기 목적적이거나 자기 독립적이다. 어느 누가 결정론을 진정으로 따르는가?

개별적 인생에 관심을 갖게 되는 순간 우리는 그 삶의 복잡성을 인식하지 않을 수 없다. 어느 누가 자신을 단지 세 개의 수식어, 또는 하나의 집단 구성원으로 묘사하는 것에 만족할 수 있겠는가? 우리는 잡초와 같은 불필요한 식물이나 벌레 같은 불쾌한 곤충들은 없애버린다. 그렇다고 우리가 다양한 개체의 식물이나 곤충의

종을 규명하는 원예업자나 곤충학자가 될 필요는 없다. 드 발Frans de Waal은 다음과 같이 논했다. "침팬지는 그들 무리 안뿐만 아니라 무리 밖 개인들을 식별해낸다. 그들은 실제로 엄청난 인파의 방문객 속에서도 친숙한 사람의 얼굴을 구분해낼 수 있다."[34] 침팬지가 인간 개개인을 식별하고 구분할 수 있다면, 우리 역시 우리 친구들을 알아볼 수 있다. 블레이크적 순간 속에서,[•] 우리는 이 세상 어디에도 눈송이와 같이 동일한 인간의 삶은 존재하지 않는다는 것을 알고 있다.

현대적 삶은 지나치게 복잡하고, 현대적 자아는 확실하고 간결하게 설명하기에는 지나치게 복합적이다. 한 사람은—지금까지 그래왔고 앞으로도 그러하겠지만—헤아릴 수 없는 수많은 속성과 소망을 보유한, 끝없이 다양하고 추정적인 존재이다. 그렇다면 이제 정체성에 대한 질문을 통해 현대인족—정체성을 규정할 수 있는 존재로서—의 범주를 강조해야 한다는 사실은 혼란스럽다. 우리가 만일 개인 정체성의 연속성과 동일성에 대해 의문을 제기한다면, 우리 모두는 고정된 집단의 구성원으로서 개인의 신분을 인지하는 것에 더욱 회의적으로 될 것이다. 현대 정체성의 모순은, 현대 사회생활의 복잡성과 개인 정체성을 논하는 것에 대한 어려움의 공존에도 불구하고, 종종 속성과 신분identification에 대한 간결한 정의를 찾아낸다는 사실이다. 물론 이것이 한 사람의 정체성 군

• 윌리엄 블레이크(William Blake, 1757~1827) : 영국의 시인이자 화가. 18세기 낭만주의 시대 많은 독창적인 예술작품을 발표하였다.

집 중 한 부분이라는 사실에는 이론의 여지가 없다. 그러나 친족 또는 지역 정체성의 견고함이나 위엄과는 달리, 수많은 총체들로서 존재하는 현대인족은 얕고 추상적이며 불확실하다. 두터운 정체성thick identity은 특정한 장소나 사람에 대한 혈통과 충성, 단순한 확대가족의 연계를 따라 대상의 구체적이고 논리적인 설명이 가능하다. 반면 범주화된 속성은 얕은 정체성thin description으로 구성되는데, 공통의 가문과 소속에 대한 서로 다른 권리들을 의미한다. 왜 얕은 정체성이 두터운 정체성을 압도하는가? 왜 현대인족은 친족의 역할이나 직업, 정치적 이념, 세계관, 열망, 경험보다 중요한 것인가? 우리는 어떻게 현대적 자아의 복잡성을 인종, 종족, 민족적 정체성의 간결함과 조화시켜야 하는가? 왜 이토록 많은 이들이 근본적 정체성으로서 현대인족을 생각하는 것인가?

4

현대 영어권의 대표적인 양대 지식인인 스튜어트 홀Stuart Hall과 이푸 투안Yi-fu Tuan에 대해 살펴보기로 하자. 현대인족의 개념으로 본다면, 홀은 흑인으로, 투안은 중국인으로 말할 수 있다. 그러나 이런 피상적인 질문들조차 관습적인 인종, 종족, 민족적 구분에 대한 의혹을 불러일으킨다.

선두적인 탈식민postcolonial 이론가로서 저명한 홀은 일반적으로 흑인으로 간주된다. 그러나 그는 1940년대와 1950년대 자메이카에서 성장한 것에 대해 다음과 같이 말했다. "내 주변의 거의 모든 사람들이 갈색 또는 흑색과 같은 어두운 피부색이었지만, (…중략…) 나는 지금까지 한번도, 또한 과거 어떠한 순간도, 이들 스스로든지, 아니면 다른 이들이 그들을 '아프리카인'이라고 부르는 것을 들어 본 적이 없다."[35] "자메이카인들이 그들 스스로를 '흑인'으로 생각한 적"은 오직 1970년대밖에 없었다.[36] 홀에 따르면, 그의 "가족은 아프리카, 동인도, 포르투갈, 유대인이 뒤섞인 매우 혼합적인 종족이었다".[37] 사실 홀의 어머니는 스스로를 영국인으로 생각했고, 영국을 그녀의 "모국"으로 여겼다.[38] 자메이카에서 "라틴어, 영국 역사, 영국의 식민사, 유럽 역사, 유럽 소설 등"을 배우면서 그는 처음으로 영국 서부 지역을 지나는 회상을 했다. "나는 본 적은 없었지만, 알 수는 있었다. 나는 셰익스피어, 하디, 그리고 낭만파 시인들의 글을 읽었다. 그 지역에 있지 않아도 이미 친숙하고 이상적인 풍경을 꿈속에서 다시 찾은 것 같았다."[39] 그는 "영국적인 것의 가장 정점으로, 영국적인 것을 창조하는 중심이자 동력"인 옥스퍼드 대학에 들어갔다.[40] 그리고 그는 성년 대부분의 시간을 영국에서 보냈다. 옥스퍼드 졸업생일 뿐만 아니라 "영국 안에서 영국"을 알았음에도 불구하고, 그는 "영원히 '영국인'이 될 수 없었다".[41]

투안은 영향력 있는 지리학자로서 지역과 문화에 대한 인본주의적 성찰로 유명하다. 우리는 그가 중국에서 태어나고 자랐기 때문에 그 스스로를 중국인으로 여겼을 것으로 추정할 수도 있다. 그는 공공연하게 다음과 같이 말했다. "나는 중국인이라기보다는 그리스인이다."[42] 이러한 말은 그가 학자로서 그 스스로를 규정하고 집필한 책들을 통해 그의 인생을 평가하였기 때문으로 볼 수 있다. "그들이 내 진위나 추상적인 이상을 얼마나 모르는지에 상관없이 그들이 존재한다는 것은 부정할 수 없다. (…중략…) 나는 만족하고, 성취감을 느낀다."[43] 옥스퍼드와 버클리에서 수학하고 북미 많은 대학에서 강의하였으나, 그는 어떤 곳도 고향으로 여기지 않았다. 그는 그의 미정착의 삶을 애탄하기보다 이러한 나그네적 감정을 "미성숙"의 탓으로 돌렸다. 실제로 그는 "미성숙"을 "어떠한 지역을 고향으로 느끼지 못하는 감정"으로 정의하였다.[44] 그는 성적이고 로맨틱한 갈망에 대해 우회적으로 표현하며 그 자신을 하나의, 아니면 어떤 다른 사회적 정체성으로 요약하기를 망설였다. 나는 누구인가의 질문을 던졌을 때, 투안은 "그간 삶에 대해 두려웠다"고 대답했다.[45]

미정착의 나그네적 감성을 통해 홀과 투안을 연결지을 수 있지만, 그보다 그들에게는 모두 옥스퍼드에서 수학한 것과 같은 더 큰 공통점이 있다. 그렇다면 그들은 영국인인가? 홀과 투안 사이의 유사성을 살펴보고, 그들의 인족peoplehood 정체성을 과소평가하는 것은 이상한 일인가? 홀이 언급한 것처럼, 영국에 자리 잡을 때까지의 그와 같이 자메이카에서 온 그의 친구들 중 스스로를 흑인이라고 생각한 사람은 거의 없었다. 그는 자메이카인인가, 검은 영국인인가, 동인도인인가, 아니면 투안과 같은 동양인인가? 15억으로 추정되는 집단의 일원이 된다는 것은 무슨 의미인가? 만약 누군가가 중국인들을 한 명씩 세는 데 1초씩 할애한다 해도 이를 다하기 위해서 그는 반세기를 소비해야 한다.

　단도직입적으로 말해, 현대인족에 대한 사고 자체가 터무니없는 것인가? 현대의 인종, 종족, 민족의 범주와 관련하여 우리는 모세가 흑인인지, 이집트인인지, 아브라함계 아랍인인지, 아니면 시리아인인지 질문할 수 있다. 아풀레이우스*나 성 어거스틴이 알제리인이라는 사실이 현대 알제리인들의 민족주의적 자긍심을 높이는 이유를 제외하고 우리가 얻을 수 있는 것은 무엇인가? 우리는 산타클로스가 터키인이라고 생각해야만 하는가? 살라딘은 무슬림인가, 아랍 영웅인가, 이라크인인가, 시리아인인가, 이집트인인가, 아니면 쿠르드인인가? 우리는 흄과 루소가 스코틀랜드인인지 스위스인인지 알아냄으로써 무엇을 얻을 수 있는가? 우리는 칸트 ― 오늘날의 칼리닌그라드**에서 태어나고 러시아의 쾨니스베르크 Königsberg 점령시기에 교수직을 맡아 활동한 이 ― 를 러시아인으로 보아야 하는가? 많은 러시아인들은 푸시킨Pushkin을 "러시아 최고의 시인이자 러시아문학의 창시자"로서 추앙하지만,[46] 미국의 보편적인 종족-인종 구별체제에 따라 본다면 그는 흑인작가로 간주할 수

●　Apuleius : 로마의 철학자, 풍자 작가.
●●　Kaliningrad : 구소련의 유럽부(部) 서부, 러시아 연방 공화국 서부, Danzig 만에 면한 항구 도시.

있다.[47] 할라카의 정의에 따르면, 레닌은 유대인이지만, 또한 무슬림, 불교도, 추바시Chuvash, 모르도바인Mordvinian, 키르기즈인Kirgiz, 칼미크인Kalmyk이고, 정치적이나 문화적인 정체성을 제외하면 러시아인으로 볼 수 없다.[48] 리가*에서 태어난 이사야 벌린Isaiah Berlin을 대표적인 영국 지성인으로 보지 않고, 러시아인, 라트비아인, 유대인으로 간주하는 것은 무슨 의미가 있는가? 민족주의의 아버지인 헤르더Johann Gottfried von Herder 역시 라트비아 리가에서 태어나지 않았는가? 만일 그가 옥스퍼드의 교수가 되었다면? 우리가 홀의 흑인 정체성이나 투안의 중국 정체성을 살피는 것이 어떤 의의가 있는가? 우리는 왜 사람들을 간결화하고 구체화하여 현대인족의 요약된 범주에 삽입시키고자 하는가? 더 이상한 것은, 왜 사람들은 서로를 현대인족의 여러 범주를 통해 인식하고자 하는가?

이러한 관찰과 시사점, 의혹과 질문들이 **현대인족**을 논하는 계기가 되었다.

● Riga : 라트비아의 수도.

제1장

기원을 찾아서

1

사회적 분류는 문화보편적 현상이고, 범주적 차이는 인류역사의 시작과 함께 존재했다. 서양 역사에서 인간에 대한 분류와 범주화가 나타난 기원으로 헤로도토스Herodotus의 『역사』를 볼 수 있는데, 이는 이방인들에 대한 기록으로 가득하다. 그러나 이러한 원형적 민족지들—확실히 자민족중심적이고 때로는 외국인 혐오적인—을 보면, 헤로도토스가 우리가 생각하는 인족의 개념을 갖고 있는 것은 아니라는 것을 알 수 있다. 현대적 개념의 인족은 혈통과 보편성에 기반한 비자발적이고 포괄적인 정체성이라고 볼 수 있는데, 이는 가계나 마을, 씨족과 도시보다 광범위하다. 고대 그리스에서 아테네인이 되는 것은 시민이 된다는 의미였다. 시민과 노예는 질적으로 다른 종류의 인간이었다. 관료적 무시는 곧 탈동일화를 의미했다. 대조적으로, 오늘날 부자 국가의 가장 부유한 시민들조차 그들의 가장 가난한 이웃들과 동일한 인족 정체성을 갖는 것을 기분 나쁘게 여기지 않는다. 부유한 미국인과 빈곤한 미국인은 동일한 미국인인 반면, 아테네 시민은 아테네 노예와 같다고 말할 수 없었다. 어떠한 경우라도, 아테네는 그 자체로 인족의 최소기준을 만족시킬 수 없었다. 뉴욕사람들은 특별한 집단이라고 말할 수도 있겠으나, 어느 누구도 진지하게 그들을 하나의 인종·종족·민족 집단이라고 말하지는 않을 것이다.

현대인족의 자연성naturalness과 필연성necessity을 부인하기는 어렵다. 우리는 현대적 범주를 통해 과거를 이해하고자 하는 경향이 있다. 모두가 어딘가로부터 왔고 어떠한 집단 내에서 살고 있다는 사실을 생각하면, 지명이나 정치 용어가 인족의 존재를 알려주는 신호가 될 수 있다는 사실을 생각할 수 있다. 역사와 문화를 뛰어넘는 분석 범주는 어떤 시간과 장소에도 적용될 수 있다. 그래서 혹자는 고대 이집트나 중세 유럽의 인종관계를 밝힘으로써 먼 과거로부터 현대인족으로의 개화를 밝혀낼 수 있을지도 모른다.[1] 그러나 이러한 현대에서 과거로의 반추는 천박한 마르크스주의자들이 모든 곳에서 계층의식과 계층갈등을 찾아내는 것과 같은 시대착오적 행위이다. 포괄적이고 비자발적인 전근대적 인족의 사례들은 언제나 추정상의 외부인들을 설명하는 외형적 근거로 사용되었다.

고대 로마의 'stirpa'와 중세 유럽의 'natio', 고대 아랍의 'watan' 모두 출신을 나타내는 일련의 범주인데, 이들 모두 정체성에 대한 현대적 함의는 없다. 그렇지 않으면 우리는 아리스토텔레스를 마케도니아인으로, 헤로도토스를 터키인으로 간주했을지도 모른다. 그리스인들은 시민 연맹으로 볼 수 있다. 이는 취득의 문제였지 부여된 귀속의 문제는 아니었다.

　모더니티modernity 이전, 문명화(중앙 대 주변, 또는 도시 대 시골), 종교(신앙 대 불신앙), 신분(귀족 / 시민 대 소작농 / 노예), 지역(마을이나 소도시)은 인간 분류의 주요 잣대였다. 반대로, 현대적 의미의 인족은 대부분 문명화, 종교, 신분 등에 기반한 배타성을 —물론 이들이 종종 인족의 개념을 정당화할 때도 있으나— 지양한다. 문명화와 종교에 의거한 공동체는 사회화(문화적응)와 개종의 가능성을 포함하고 있다. 다시 말해, 문명화되거나 종교적인 정체성은 포괄적이지만 강제적이지는 않다. 계층으로 나타나든지 사유재산으로 나타나든지에 상관없이, 신분적 귀속은 혈통에 따른 것이므로 비자발적이다. 그러나 현대인족은 이러한 구분을 거부한다.

　현대인족은 정체성 확산(문화적이고 수평적인 통합)이라는 발전적 기반과, 신분적 위계 또는 질적인 불평등의 축소(신분적 또는 수직적인 통합)를 통해 가능하다. 제3장에서 논의하겠으나, 이들은 초기 근대 유럽에서 시작하여 프랑스혁명 이후 급속히 발달하였으며, 19세기 말 공고화 단계를 거쳐 전 세계적으로 전파되었다. 소규모 공동체에서의 반복적인 면대면 접촉을 넘어, 거대 집단은 체제와 기술에 의지하여 공통적인 언어와 법률, 문화, 관습을 유지한다. 공통성이 없는 이웃마을이나 이웃지역의 사람들은 타인이나 외부인이 된다. 사소한 차이의 자아도취적 팽창은 사회적 구분을 확증하고 용인하는 증거가 된다. 우리는 중세 프랑스의 지주와 소작농 모두를 프랑스인으로 간주할 수 있지만, 그들은 절대 그렇게 생각하지 않았다. 모더니티는 신분에서 계약 체계로의 이행, 또는 귀족사회에서 계급적 지위의 축소를 함유하는 민주사회로의 이행으로 정의할 수 있다. 양적 불평등은 지속되고 있을지 모르지만 질적 불평등은 사라졌다. 오늘날 부유하고 가난한 프랑스인 모두 동등한 프랑스인이다. 포괄적이고 비자발적이며 개별적인 정체성으로서 말이다.

전근대 인족을 나타내는 보편적 요소로 언어, 종교, 문화를 생각할 수 있다. 이들은 모두 문화보편적이다. 모든 인간 집단은 언어, 신념, 가치, 전통, 문화를 보유하고 있다. 그러나 역동성과 이질성의 측면, 지리적 차이와 사회적 다양성의 측면에서 그 어떤 것도 현대인족의 견고한 기반을 제공하지 못한다. 가장 중요한 기반은 공통의식이라고 할 수 있는데, 이는 정체성 전이가 확대되고 신분적 구분이 약화된 모더니티 이전까지는 빈약한 개념이었다.

2

　인족의 기초―유일무이한 기초까지는 아니라 하더라도―로서 언어를 우선적으로 살펴보고자 하는 데는 여러 가지 이유가 있다. 호모 로쿠엔스homo loquens로서 어떠한 사회적 연대도 언어적 소통 없이는 존속할 수는 없다. 한 범주 안의 사람들이 서로 소통하지 못한다면 이는 아무런 의미가 없다. 이는 소쉬르Ferdinand de Saussure가 주장한 바와 같이, "본질적인 통합은 오직 사회적 결속을 통해서만 구현된다"는, 결국 "언어 공동체"로 특징지은 사실을 주장하는 단순한 교조주의적 쇼비니즘chauvinism은 아니다.[2] 따라서 고대 그리스 어인 바바리안barbarians―그리스어를 사용하지 않는 자들―의 어원, 또는 자만에 대한 셰익스피어적인 반격―"모두 내게는 그리스어다"―과 같은 것들은 구분에 대한 명확한 기반으로서 언어 장벽을 설명한다. 이러한 사실은 인족의 기초로서 언어를 칭송하는 낭만주의자들에게 근거가 된다. 19세기 말 헤르더Herder가 예리하게 지적한 바와 같이 "'언어적인' 삶 속에는 인간의 전통, 역사, 종교, 삶의 원칙에 대한 풍부한 이상―모든 마음과 정신―이 담겨있다".[3] 워프Benjamin Whorf가 말했든지[4] 윌리암스Ludwig Williams가 말했든지[5] 간에 언어가 문화를 확산시킨다는 낭만주의적 사고는 보편화되었다. 언어적 충돌은 분명 위험할 수 있다. 그원 윌리암스

　　　　　　　　　　　　　제1장_ 기원을 찾아서

Gwyn Williams가 농담조로 말한 것과 같이 "신이 멸망시키고자 한 자들은 먼저 언어 문제로 고통 받았다".[6]

현존하는 5,000~7,000개의 언어, 250군의 어족은 5,000~7,000개 또는 250개의 종족을 의미하는 것인가? 언어의 존재가 파푸아뉴기니에만 750개 종족이 존재한다는 사실을 의미하고, 톡피진Tok Pisin*이 팽창하는 것은 파푸아뉴기니인의 범종족적 정체성의 출현을 말하는 것인가?[7] 스위스에는 네 개의 공식 언어가 존재하므로 네 개의 종족이 존재하고, 그렇다면 버키나 파소Burkina Faso에는 70개의 종족이 존재하는가? 영어를 (모국어로) 사용하는 자들은 한 민족인가(파푸아뉴기니의 영어 사용자들까지 합쳐서)? 그렇다면 우리는 어림잡아 인류의 절반을 차지하는 이중 언어 사용자들을[8] 이중 인종 또는 이중 민족으로 간주해야 하는가? 다음 세기에 예측되는 3,000개 언어의 멸종은 대학살의 징후인가?[9] 아니면, 바벨탑 시대에는 오직 하나의 종족만이 존재했다는 말인가?[10] 만일 집시들이 스스로를 로마어 구사자로 설명한다면, 외부의 인류학자들까지 포함한 로마어 구사자들은 모두 집시라 할 수 있는가?[11] 수화를 사용하는 사람들을 하나의 종족으로 볼 수 있는가?[12] 언어와 인족을 동일시하는 것은 보편적이지 않다.

그러나 상식적으로 보면, 하나의 민족은 원칙적으로 하나의 언어를 사용한다. 이러한 관점에서 이탈리아인들은 언제나 이탈리아어만을 사용해 왔을 것이라고 생각할 수 있다. 그러나 아니다. 광

● 파푸아뉴기니에서 사용하는 언어.

범위한 무역 연결망이나 교육기관과 같은 통합체제가 전무하였던 14세기 이탈리아인들은 각 지역마다 방언을 사용하였고, 서로 완전히 소통하지 못하는 경우도 많았다. 이는 단테의 질문에서 확인할 수 있다. "왜 가까이 사는 사람들끼리(밀라노인과 베로나인, 또는 로마인과 피렌체인끼리) 여전히 서로 다른 언어를 사용하고, (…중략…) 더욱 놀라운 것은, 왜 이러한 일이 같은 도시에 사는 사람들(볼로냐인들 같이)에게서도 나타나는가."[13] 단테는 지역 방언에 관한 최고권위자였을지 몰라도 그 다양성에 스스로 좌절했다.[14] 그가 구분한 14개의 주요 언어들은 방언이라기보다는 완전히 다른 언어에 가까웠다.[15]

현대의 표준 이탈리아어는 토스카나어를 기반으로 하는데, 보다 정확히는 문어와 구어를 일체화한 대표적 작품인 『약혼자*The Betrothed*』(1840)를 집필한 알레산드로 만초니*Alessandro Manzoni*가 주로 사용한 피렌체어*Florenine*를 기반으로 하고 있다.[16] 이 작품에서 "서로 다른 계급에 속한" 인물들 "모두는 (…중략…) 피렌체 계통의 이탈리아어를 사용하는데, (…중략…) (사실) 읽지도 쓰지도 못하는 두 주인공인 렌조*Renzo*와 루치아*Lucia*는, 토스카나어와 완전히 다른 구조를 가진, 악명높은 롬바드*Lombard* 방언을 썼을지도 모른다".[17]

정치 통합이 진행되던 시기, 3퍼센트 미만의 사람들만이 표준 이탈리아어를 사용했다.[18] 이탈리아의 언어 통합은 20세기에 들어 시작되었는데, 이는 교육, 교통, 미디어(특히 라디오와 텔레비전), 남성 징병제 등의 통합 노력의 결과였다.[19] 예수는 에볼리에서 멈추

었을지 모르지만, 이탈리아 국가는 반도 끝까지 이어졌다. 그럼에
도 불구하고, 1980년대 가정 안에서 표준 이탈리아어를 사용하는
이들은 이탈리아인 전체의 삼 분의 일에 불과했다.[20]

이탈리아 사례는 예외라기보다는 전형적이다. 인간의 삶에서 언
어의 다양성은 부인할 수 없는 사실이다. 민족국가 또는 세계 사회
의 차원에서 국제 공통어Lingua franca는 거버넌스, 경제교류, 문화 상
호 작용을 보다 용이하게 만들 수 있다. 그러나 이러한 사실이 언어
가 인종, 종족, 민족과 상관관계를 형성한다는 사실을 의미하는 것
은 아니다.[21] 이웃마을 사람들이 서로 다른 방언을 쓰고 있을지도
모른다는 사실을 고려하면 우리는 언어와 부족 사이에 필연적 상관
관계가 있다고 주장하지 못할 것이다. 한 예로, 호주 북부 요릉우Yo-
lngu 3,000명의 원주민들은 9개의 서로 다른 언어를 사용한다.[22]

다양한 언어가 사용되는 현실과 달리 민족주의자들은 언어와 민
족을 통합하고자 한다. 아마도 가장 주목할 만한 국가는 프랑스일
것이다. 프랑스어는 라틴어와 인도-유럽어족으로부터 온 앵글로-
노르만어, 독일어, 고딕 방언 등 유럽 지역어와 지중해어의 다양한
영향력하에서 형성되었다. 그러나 최근까지도 현대 프랑스어Fran-
cien, Parisian French는 민족어로서 인식되지 않았다.[23]

신분·지리적 차이는 의사소통을 방해하는 요소였다. 중세 프
랑스에서는 "교육받은 자들의 언어(…중략…)는 대부분 라틴어였
고, (교육받지 않은 자들의 언어는) 일반적으로 사용되는 다양한 방언
이었다".[24] 16세기 말까지 프랑스어가 전 세계적으로 서면어로서

통용되었다.[25] 교육에서 사용되는 언어는 라틴어였고, 귀족사회에서는 프랑스어를 사용하였으며, 나머지는 각 지역방언을 사용하였다.[26] 1661년 리옹을 방문한 장 라신Jean Racine은 라 퐁텐Jean La Fontaine에게 다음과 같은 편지를 썼다. "나는 더 이상 이 나라의 언어를 이해할 수가 없었고, 나 스스로를 이해하도록 만들 수도 없었네."[27] 그는 하녀에게 요강을 부탁하였지만 히터를 가져다주었다. 파리사람으로서 리옹의 라신은 파리에 있는 모스크바인과 같았다. 그레구아르Abbé Grégoire는 보다 체계적으로 1974년 설문조사에서 26만 명의 인구 중 불어를 유창하게 구사할 수 있는 인구는 3만 명도 채 되지 않음을 밝혔다.[28] 많은 프랑스인들이 보기에 프랑스혁명은 "외국어로 수행되었다".[29] 더 확실히 말해 1863년까지 프랑스인의 사 분의 일은 공식 프랑스어langue nationale를 무시했다.[30]

프랑스의 언어 통합은 긴 여정이었다. 먼저 국가언어가 수립되어야 했다. 1539년 「빌레-코트레 칙령Ordonnance de Villers-Cotterets」을 통해 '프랑스어langage maternel françois'가 법정언어로 책정되었다. 프랑수와 I세François I는 칙령을 통해 이는 프랑스 공식 교회 및 교회언어인 라틴어보다 정치적으로 우위에 있음을 강조하였고, 이를 통해 엘리트 언어로서의 라틴어에 대한 인식을 타파하고자 하였다. 이와 동시에 '프랑시앵Francien'을 모든 방언과 언어 상위의 최고권위를 가진 언어로 만들었다.[31] 고대 라틴어를 본떠 만든 17세기의 프랑스어의 완정함[32]을 통해 프랑스어의 명료함과 논리성을 선전하였다. 클로드 파브르 드 보줄라Claude Favre de Vaugelas, 프랑스와 드 말레브르François de Malherbe와 같은 언어공학자들로 하여금 "태생적으로 움직이는 그것을 움직이지 못하도록" 만들었다.[33] 페르디낭 브뤼노 Ferdinand Brunot는 "어떠한 국가보다도 (프랑스에서) 압제적이며 오래 존속되는 문법의 통치"를 가중시키고,[34] "200년 역사를 가진 프랑스의 서정성을 사멸시킨" 말레브르Malherbe를 특히 맹비난하였다.[35] 그럼에도 불구하고, 프랑스 서면어의 규범화는 라신Racine의 글을 번역하는 데 별 어려움이 없던 것과 같은 일련의 연속성 — 물론 프랑스어를 통달했다고 해서 요강을 주문할 수는 없었을지라도 — 을 부여했다. 문어文語의 시간적 연속성이 구어口語의 공간적 일체성을 보장하지는 않는다.

둘째로, 대중교육과 매스컴을 통해 프랑스어는 프랑스 전역에 보급되었다. 프랑스는 공식 언어 채택 후 이를 국가적으로 시행하지는 않았다.[36] 언어 통합은 평등화의 일부이자 전달체였고, 압제적 신분과 지역적 특성을 타파하는 혁명의 세속적 추동력이었다.[37] 그레구아르Abbé Grégoire는 다음과 같이 말했다. "언어 통일은 혁명의 일부이다."[38] 전국가적 생산 및 분배 체계의 빠른 팽창과 강화를 통해 표준 프랑스어는 효과적으로 보급되었다.[39] 그러나 살펴본 바와 같이, 프랑스의 언어 통합은 20세기에 들어와 완성되었고, 현대 프랑스는 여전히 다중언어 사회이다.[40]

프랑스 사례가 보여주듯, 하나의 민족이 하나의 언어를 가지고 있을 것이라는 예측은 안정성의 측면에서는 어느 정도 그럴듯하다. 학자들은 종종 문자적 통일성과 연속성만을 고려하며 언어적 다양성을 무시하였다.[41] 서면어의 상대적 불변성 — 행정administration과 문명civilization의 언어 — 은 명목상의 연속성과 통일성을 제공하고, 따라서 구어口語에서 나타나는 공허함과 이질성을 제거할 수 있다. 공식 언어에는 제국적 통합의 성격이 나타난다. 저명한 문법학자인 안토니오 데 네브리하[42]는 1492년 다음과 같이 기록했다. "언어는 언제나 제국의 동행자다." 그렇다면 중국어는 중국 제국의 공통어인지도 모르겠다. 그러나 이러한 통합은 대체적으로 문헌상에만 존재했고 엘리트에게 제한되어 있었다. 20세기 말의 방언들은 "이탈리아어와 프랑스어만큼이나 서로 완전히 다르고, 이들을 함께 본다면 아마도 로망스어군보다도 복잡할 것이다".[43] 서면어 통합의 이상은 언제나 구어적 다양성의 실제와 직면하였다.

언어 통합은 신분과 지역적 차이를 극복해야만 한다. 만일 귀족들이 일반 백성과 다른 종류의 집단임을 주장한다면, 그들은 아마도 이러한 구분을 언어적 수단을 통해 작동시키고자 하였을 것이다. 러시아 귀족들은 프랑스어와 독일어를 사용하였고, 무굴의 엘리트들은 페르시아어를 사용하였다. 영국 귀족들은 15세기까지 프랑스어를 사용하였고, 18세기까지 영국의 몇몇 왕들은 영어보다 독일어를 더 잘 구사하였다. 식민주의는 또 다른 언어 계층화의 요인이 되었다. 프랑스 식민주의든지 영국 식민주의든지 일본 식민주의든지, 정치적이고 군사적인 우위는 그들의 심미학적이고 과학적인 기준에 의거한 그들의 언어적 우위를 주장하도록 만들었다.[44]

신분 통합을 넘어 언어 통합은 대중교육과 매스컴의 발달을 필요로 하였다. 그러나 이는 특히 대형 국가에서 어려움을 겪었다. 1970년대 유럽연합은 단일화된 "언어공동체"를 조성하고자 하였으나 이미 130개의 주요 언어가 있었다.[45] 소형 국가들 역시 다르지 않았다. 19세기 초 노르웨이에는 다섯 개의 주요 언어, 즉, 데니쉬Danish(식민자들의 언어), 문장 표준어(엄숙한 행사 때 노르웨이인들의 데니쉬를 읽는 언어), 구어 표준어(교육받은 계층의 일상언어), 도시 표준어(장인과 노동자의 언어), 지역 방언(교구마다 상이한 언어)이 있었다. 오늘날까지도 공식 엘리트계층 언어인 '보크몰Bokmål'은 일반적인 엘리트계층 언어인 '랜드몰Landmål'과 다르다.[46] 탈냉전 사회에서도 역시 언어 통합의 문제가 나타났는데, 이는 언어 충돌로 발전되기도 하였다.[47]

지역 간 경제·문화 교류로 인해 공통어가 창출되고 지속되었지만, 언어 통합에 대한 본질적 추동은 현대국가에서 나타났다. 언어 통합의 중요성은 히브리어와 에스페란토어 역사의 비교를 통해 설명할 수 있다. 19세기 중반, 아직 완전히 소멸되지 않았던 히브리어는 중부와 동유럽 내 비유대인의 라틴어와 같이 습득의 어려움에도 불구하고 반드시 알아야 하는 언어였다. 디아스포라의 언어는 히브리어가 아니었다. 세파르디의 유대인들은 라디노어Ladino를 사용하였고, 그 외의 사람들은 유대계 스페인어를 사용하였다. 아슈케나지의 유대인들은 이디시어Yiddish를 사용하였다. '예시바Yeshiva'*에서 가르치는 언어는 이디시어였다.[48] 그들의 인종 철학에 따르면 이디시어를 말하는 유대인들은 아리아인이었다.[49] 유럽의 유대인 해방 이후 대부분의 유대인들은 거주국의 언어를 사용하기 시작했다. 하스카라Haskalah(18세기 모제스 멘델스존에 의해 발생한 유대인 계몽운동)는 히브리어의 부활을 주장했는데, 히브리어로 서술된 최초의 소설인 아브라함 마푸Avraham Mapu의 『시온의 사랑Ahvat Tsiyon(The Love of Zion)』은 어느 누구도 히브리어를 사용하지 않는 1853년 출간되었다.[50] 심지어 멘델스존의 최초 현대식 유대인학교인 '프라이슐 Freichule'에서도 독일어가 공식 언어로 사용되었다.[51]

1901년까지 오직 열 개 가정만이 히브리어를 사용했음에도 불구하고,[52] 1881년 팔레스타인 이주 이후 엘리에자르 벤 예후다Eliezar Ben Yehuda는 히브리어를 구어로 사용할 것을 강력히 주장하였다.[53] 유대인들의 종교적 반대를 무릅쓰고 시온주의자들은 언어와 지역의 통합을 주장하였다.[54] 1948년 이스라엘 국가 설립과 히브리어의 국가 공식어 채택은 히브리어 부활의 정점이었다고 볼 수 있다.[55] 역설적이게도, 이스라엘 설립자 중 몇몇은 국가 공식어를 유창하게 구사하지 못하였고,[56] 이러한 언어적 다양성은 현재 이스라엘에서 여전히 나타나고 있다.[57]

어느 누구도 국제사회의 주요 언어들 중 현대 히브리어가 차지하는 위상을 부정하지 않겠지만, 많은 이들이 에스페란토어의 위상에 대해서는 반문한다. 그러나 1970년대 에스페란토어 사용 추정 인구 수는 1,500만 명으로서,[58] 오늘날 300만 명의 히브리어

● 탈무드학원.

제1장_ 기원을 찾아서

사용 인구보다 훨씬 많았다.[59] 또한 자멘호프Ludwig Zamenhof가 에스페란토어를 만든 1887년과 거의 비슷한 시기에 벤 예후다의 히브리어 부활 운동이 진행되었다. 에스페란토어는 그 자체가 완전히 새로 창출되었다기보다, 히브리어를 현대의 말투를 따라 만든 것과 같았다.[60] 에스페란토어는 국제어로서의 목표하에 생성되었다. 자멘호프가 통렬하게 논한 바와 같이 "어느 누구도 유대인만큼 인류 분화의 비극을 슬퍼할 수는 없다. 어느 누구도, 죽은 언어를 통해 신께 기도드려야만 하는, 이 유대인만큼 중립적이고 탈민족적인 언어의 필요성에 대해 통감할 수는 없을 것이다".[61]

이러한 운명을 결정짓는 존재가 바로 현대국가의 권력이다. 이스라엘 국가는 히브리어를 국가 공식어로 채택하였고, 이로써 유대인들은 이중 언어를 사용해야 했던 긴 역사의 종지부를 찍게 되었다.[62] 이스라엘은 하나 이상의 다양한 디아스포라 언어 — 에스페란토어까지 — 를 채택했지만, 히브리어는 오직 몇몇의 전문가들에 의해서만 사용되는 고대어의 범주에 속하였다. 이와 대조적으로 에스페란토어는 현대국가의 지지를 받지 못하였다. 이는 인류 통합의 유토피아적 이상에서 생성되었지만, 국제연맹과 같은 국제기구들은 이를 공식어로 채택하지 않았다. 심지어 스탈린은 소비에트 연맹에서 에스페란토어의 사용을 금지하기까지 하였다.[63]

언어는 깊이와 진정성과 같은 근원적 특성을 보유하고 있기 때문에, 많은 민족주의자들은 이를 통해 인족의 본질을 찾고자 한다.[64] 모국어라는 개념은 친밀하고 자연스러운 사회적 결속을 나타내고, 이는 집단 정체성을 형성한다. 그러나 민족주의적 이상에서 언어의 치명적인 결함은 외부인들도 언어를 배울 수 있다는 점이다. 언어는 깊은 정서적 유대를 이끌어내는 존재이기도 하나, 궁극적으로는 소통의 수단이다. 언어를 배울 수 있는 아이는 어떠한 언어도 배울 수 있다. 많은 사람들이 이중 언어 사용자로 성장한다. 언어 습득의 유연성과 실제 존재하는 언어들의 자명한 가변적이고 혼합적인 특성을 고려할 때, 언어는 낭만주의자들이 보는 것과 같이 현대인족을 구축하는 견고한 기반은 아니다. 따라서 우리는 소쉬르Saussure의 민족과 언어의 관계에 대해 재고해볼 필요가 있다. 현대인족은 전근대사회 언어 공동체로부터 생성된 것도 아니고, 언어 공동체 그 자체도 아니다. 연역적으로, 정치가 언어를 정의하고 언어가 인족을 정의한다면, 결국 정치가 인족을 정의한다.[65]

제1장_ 기원을 찾아서

3

심연의 가치와 이상을 표출하는 종교는 인족의 중요한 기반이 된다. 종교 통합이 명목상의 깃에 불과할 때가 있나. 중세 기독교인이나[66] 현대 자바섬의 종교적 신자들[67] 같은 이들은 모두 이질적이고 이단적이며 역동적이고 다채로웠다. 신앙의 언어로부터 나타나는 종교적 개념을 보면 자민족중심적이다.[68] 계몽시기부터 이어진 종교에 대한 인식론적 개념은 기독교 신학과 반기독교적 철학 문헌에 집약되어 있다.[69] 그럼에도 불구하고, 종교적 인족은 영적인 혈통(전통)과 공통성(문화)에 기반한 충실하고 포괄적인 정체성 사이에서 공통의 정체성을 강조한다.[70] 비록 현대인족의 징후라 볼 수 있지만, 종교적 인족은 지역적이거나 생리적 혈통에 제약되지 않았다. 세계적인 주요 종교들은 그들의 지역적 기원이나 민족적 배경에 상관없는 다양한 개인을 포용함으로써 보편적인 색채를 띠었다.[71] 많은 사람들이 부모를 따라 신앙을 갖지만, 이들은 또한 자이나교나 유대교로 전향할 수도 있다. 현대인족은 자발적인 존재가 아니다. 원칙적으로 개인이 자발적으로 플라망인이나 풀라니인이 될 수는 없다.

기독교의 세계교회적 추동은 분명한 사실이다. 특정 혈통에 대한 주장에 대해 세례요한은 다음과 같이 외쳤다. "속으로 아브라함이 우리 조상이라고 생각하지 말라 내가 너희에게 이르노니 하나님이 능히 이 돌들로도 아브라함의 자손이 되게 하시리라."[72] 중요한 것은 육체적 혈통이 아니라 영적 계승이었다.[73] 기독교인들은 부모와 가족을 부인하고,[74] 그리스도를 따르는 낯선 이들을 수용해야 한다.[75] 바리새인이었던 유대인 바울[76]의 복음에 대한 해석은 "모든 믿는 자에게 구원을 주시는 하나님의 능력"[77]으로서, "유대인이나 헬라인이나 차별이 없음이라 한 분이신 주께서 모든 사람의 주가 되"시는 것이었다.[78] 평등주의는 기독교 친교에 있어 가장 중요한 요소이다.[79] 기독교인들과 비기독교인들 사이의 근본적인 차이는(로마서 9장) 혈통도 지위도 아닌 믿음의 문제에 달려 있다.[80] 다시 말해, 출신, 부와 같은 세속적인 기준과 인족에 대한 현대적 개념은 기독교 친교에 있어 중요한 가치가 아니다.

특정한 지역과 시간에서의 예수의 구체적인 출몰은 특정 집단을 대상으로 한 잠재적인 기독교 공동체에 제한되지 않고 전 인류로 확장되었다.[81] 예수가 누구인지, 그리고 그가 생각하는 그가 누구인지에 대한 질문은 그의 인종, 종족, 민족적 기원에 관한 것이 아니었다.[82] 기독철학적 인류학에서는 하나님의 형상을 따라 만들어진 인간이 가장 중요한 존재임을 강조한다. 이런 연유로 생 어거스틴Saint Augustine은 다음과 같이 기록했다.[83] "하나님은 한 사람으로부터 인류를 창조하기로 결정하셨다. 그가 이렇게 하신 목적은 인류가 그 자연발생적 형상을 따라 친교적 통합을 이룰 뿐 아니라 평화적 연대 속에서 친족에 따른 화합적 통합을 이루도록 하기 위해서

이다.""하나의, 거룩한, 보편적, 사도적"교회의 개념은 테르툴리아누스Tertullianus[84]와 키프리아누스Cyprianus[85]의 초기 이론부터 슐라이어마허Schleiermacher에서 바르트Barth[86]에 이르는 현대 이론가들까지 변함없는 복음적 주제이다.[87] 기독교 공동체는 민족초월적이며 역사초월적이다. "우리의 시민권은 하늘에 있는지라."[88] 기독교의 배타주의적 주장을 반대하는 입장에서는,[89] 비기독교인들을 포함하는 "하나님을 사랑하고 이웃을 사랑하는 것의 통합"으로서의 일반화 운동이 강력하게 일어났다.[90] 분명 기독교적 사랑은 이에 반감을 가진 많은 집단에 의해 손상되었다. 그러나 이러한 기독교 역사역시 기독교적 정체성이나 기독교에 대한 반감이 믿음에 따른 것이었지 현대인족에 기반한 것이 아니었다는 사실을 부인하지는 않는다.

니부어H. Richard Niebuhr는 사회학적 진실은 다음과 같다고 말했다.[91] "교회의 분파는 민족, 인종, 경제 집단의 계층에 따른 인간 사이의 구분을 밀접히 따르고 있다." 비록 기독교가 권력과 부와 복잡하게 얽혀있는 것은 사실이지만, 인종, 종족, 민족적 분파는 현대적인 현상이다. 니부어는 이러한 경향이 종교개혁으로부터 시작되었다고 보았다.[92] 1955년 아우크스부르크 조약의 선례에도 불구하고, 1648년 웨스트팔리아(베스트팔렌) 조약 이후 국가는 확실히 교회를 대신하게 되었다.[93] 또한 웨스트팔리아 평화조약은 정치와 종교의 단일화를 반대했다. 지역 방언의 분화, 전제적 정부와 민족종교의 혼합, 종교의 대중정치화가 이루어지며 기독교는 현대인족과 연계되었다. 그러나 이러한 상황은 절대주의 정부와 민족 종교 사이의 기독교적 애국심이든지 불경한 연대이든지 간에 19세기까지 엘리트에게 국한되어 나타났다.[94]

보편주의는 이슬람에서도 동일하게 나타났다. 알라에게 순종하는 것은 모두에게 개방된 구원의 방법인데, 이는 코란의 "근본적인 인간 평등주의"에 대한 강조에서 확인할 수 있다.[95] 무슬림 커뮤니티인 움마ummah는 범민족적이고, 이슬람 종교의 한 범위인 다알-이슬람Dar al-Islam은 지역적 기반이나 연대가 중심이 아닌 신앙의 연장선상에서 형성된다.[96] 코란은 다음과 같은 배타주의를 비판한다. "그들에게 '신이 보여준 것을 따라가라'고 말할 때, 그들은 '아니요, 저희는 저희 아버지들이 행동하신 것만 따를 겁니다'라고 대답할 것이다. 그들의 아버지에게 지혜나 지침이 없을 경우에도 말이다."[97] 부족적 연대와 혈통적 주장은 이슬람의 신앙적 권위 앞에서 무력해진다. "당신이 그들의 아버지를 알지 못해도 그들은 종교 안에서 당신의 형제가 되고 당신의 친구가 된다. (…중략…) 선지자는 그 자신보다 신자들과 더 가깝다."[98] 인류 다양성의 존재 자체는 신성한 지표로 간주된다. "신의 것이라는 여러 지표들 중 하나는 (…중략…) 당신의 다양한 언어들과 외모이다."[99] 그러나 이는 단일 기원으로 시작되었다는 인류 통합의 주장을 부정하지 않는다.[100] 무슬림과 비무슬림들Kafir 간의 근본적인 구분은, 성별이나 신분의 출신이 아니라, 선택의 문제이다.[101]

역사와 밀접히 결부된 이슬람의 많은 교리적 분화에도 불구하고, 이슬람 통합이 기독교 통합보다 불안정하다고 볼 수는 없다. 무슬림 인족은 지역이나 종족에 대한 충성을 대체한 형태로 나타난다.[102] 이븐 할둔Ibn Khaldun이 지적한 바와 같이 무슬림 통합은 모든 형태의 '아사비야asabīyah', 즉, 가족과 부족 관계를 포함하는 모든 형태의 집단적 연대를 대신한다.[103] 기독교와 동일하게 이슬람 역시 제국을 징당화했지만 이러한 전근대 제국들이 현대인족을 추동했던 것은 아니었다. 오히려 이들이 제국주의 이념으로 변화할 수 있도록 만들어준 것은 보편주의적 요소들이었다.[104] 이들은 결국 이슬람 문명화의 공통 유산이 되었다.[105]

이슬람이 배타적 관계를 지양하거나 자민족중심주의적 표현을 삼갔던 것은 아니지만,[106] 이슬람이 현대인족과 결합하게 된 것은 20세기 초 서구의 팽창에 따른 반발작용 때문이었다.[107] 그러나 이슬람 보편주의로의 추동과 신권정책으로 인해,[108] 무슬림 세계에서도 세속적인 민족주의의 지배 담론이 나타났다.[109] 아타튀르크Atatürk는 강력한 반종교주의자였고, 레자 칸Reza Kahn은 이슬람시대 이전의 이란어로 왕조를 명명했으며, 이집트의 가말 압델 나세르Gamal Abdel Nasser나 이라크와 시리아의 바스 정당Ba'th party은 사회주의를 주창했다.

현대인족에 관해 중동에서 가장 영향력 있는 표현은 범아랍pan-Arab 민족주의다. 이는 원칙적으로 공통의 언어와 역사에 기반하고 있지만, 종교에 기반하고 있지는 않다.[110] 아랍 민족주의의 최초 동력은 무슬림이 아닌 기독교인들이었다.[111] 기독교인들은 전통적으로 다알-이슬람dar al-Islam 내의 폐쇄적인 공동체dhimma에 속해 있었는데, 19세기 말 이후 이들은 시민권과 본토, 즉 '와탄watan'에 대한 권리 주장을 시작하였다.[112] 그러나 '와탄'은 현대인족의 기초로서의 함의는 가지고 있지 않았고, '민족nation'은 전통적 의미의 종교적 공동체를 가리켰다.[113]

보편주의는 아시아 종교에서도 발견할 수 있다. 석가모니는 천박함anārya으로부터 고결함ārya의 가능성을 열어, 신분과 지역 출신에 상관없는 신앙 공동체를 형성했다.[114] 『숫타니파타Suttanipāta』(136~142)에서 부처는 고결함이나 열반은 생득권이 아닌 행동의 정당한 산물이라고 논했다. 불교의 평등주의적 가르침은 석가모니가 활동한 인도나 신란Shinran의 일본 내 존재하던 사회 계급 모두를 동요시키는 것이었다.[115] 물론 불교는 결국 독재적인 사회체제를 정당화하는 방향으로 변질되었지만,[116] 어느 누구도 이를 인종, 종족, 민족 정체성의 기반으로 주장하지는 않았다.

모든 종교가 포괄적이거나 보편적이지는 않다. 힌두교와 같은 신적이고 위계적인 종교, 국가신도State Shintō와 같은 극단적인 민족주의 종교도 존재한다. 힌두교는 남아시아의 종교적 총체로 볼 수 있는데, 이는 무슬림, 시크교도, 자이나교도, 기독교도, 불교도가 아닌, 사회에서 불가촉천민 또는 달리트Dalits를 전통적으로 제외한 자들의 혼합적 통합체를 의미한다.[117] 브라만 계급에 속하는 특권층의 힌두교도들은 불가촉천민을 그들과는 다른 별개의, 무시할 만한 종족으로 생각했다. 영국의 식민통치, 기독교의 선교, 무슬림의 힐라파트 운동을 마주하며, 1920년대 힌두 상가탄운동Sangathan movement을 통해 비로소 불가촉천민들은 힌두종족에 포함되기 시작하였다.[118] 20세기 말 힌두 민족주의 — 보수주의적이고 포퓰리즘적인 중산층 운동 — 는 비힌두 종교의 제거를 목적으로 하였다.[119] 인도의 힌두교도, 파키스탄의 무슬림들에게서 볼 수 있듯, 종교와 민족은 이질동형異質同形의 모습으로 나타났다.[120] 그러나 이는 현대 국가적인 것이다. 19세기 말이 되어서야 신도는 일본의 국교로 부상했다. 그러나 강력한 지역 신앙들과 여타 경쟁 종교들로 인하여 신도를 통한 종교적 민족 통합은 이루어지지 않았다.[121]

그렇다면 원시종교는 어떠한가? 야콥슨Thorkild Jacobsen은 기원전 2천 년 전 메소포타미아의 종교가 "개인적 종교"였음을 논한다.[122] "개인적 일들에 관해, 신은 그를 개별적이고도 깊이 있게 살피었다." 부족의 종교를 혈통과 친족에 기반한 사회적 체계로 본다면 이는 보다 전도유망하다. 종교적인 행위는 종종 조상과 민족에 집중되어 있었다.[123] 그러나 민족지 학자들이 역사와 세계로부터 부족이 고립되었다는 미신을 버린다는 것은 곧 종교와 인족의 단순한 일체화를 무너뜨리는 것을 의미한다. 한 예로 수단과 에티오피아 국경지대에는 우둑어Uduk를 사용하는 많은 피난민과 이주민들이 있는데, 그곳에는 "일관성 있는 부족의 질서나 담론의 통합체계, 즉 신념과 같은 과거의 인류학적인 이미지와 부응하는 어떠한 것도 존재하지 않는다".[124] 그 자체로 다채로운 우둑의 종교는 닐로트 · 기독교 · 이슬람 신앙과 함께 존재한다.[125] 뒤르켐Durkheim이 가장 원형적인 종교를 가진 지역이라고 논한 호주에서조차 종교적이고 사회적인 연대에 관한 주장은 설득력이 없다.[126] 앞서 논한 요롱우의 부계집단은 상대적으로 자율적인 형태의 종교적 의식과 지식을 행사하였는데, 이들 역시 기독교인들의 선교로부터 자유로울 수 없었다.[127]

따라서 종교적 인족을 현대인족과 동일시 할 수 없다. 현대의 인종, 종족, 민족운동과 정체성이 종교와 현대인족을 연결 짓는다 하더라도, 이러한 개념화 작업은 결과적으로 또한 현대적이다. 그러나 다음의 사례는 보다 확장된 논의를 필요로 한다.

유대인의 정체성에 대한 논쟁은 이집트인이 쿠시인(민수기 12장)과 결혼했던 모세 시절부터 시작되는 긴 역사를 가지고 있다.[128] 그러나 전근대사회의 유대인 정체성의 기초는 종교적인 것이었다. 모든 종교와 마찬가지로 유대교는 특별한 집단, 장소, 시간에서 시작되었지만, 그 역사가 본래 부족의 후손들로 이어지지는 않았다.[129] 이는 태생으로부터 결정되는 것이 아니라 선택받은 개인의 믿음에서 작동하는 것이기 때문이다. 예를 들어 아모스서[130]에는 불신앙에 대한 위로가 없다. 이삭이나 야곱 같은 아브라함의 몇몇 자손들은 이스라엘의 '야훼'와의 언약을 지키고자 하지만, 에서나 이스라엘과 같은 다른 이들은 지키지 않는다. 꽤 확실하게도 모든 후손들이 동등하게 선택받은 것은 아니었으며, 스피노자가 논한 유명한 문장과 같이,[131] 바벨론으로의 망명을 통해 맺게 된 언약은 파기된 것이었다. 유대교 성경에는 이스라엘과 지역에 대한 자민족중심적인 순결이나 결속이 강조되어 있지 않다.[132] 이스라엘이라는 용어에는 자민족중심주의적 집단성보다는 신앙을 통한 혼합 공동체의 의미가 포함되어 있다.[133]

유대교의 보편주의적 추동으로,[134] 이방인들도 포함되었다.[135] 이사야서에는 다음과 같이 기록되어 있다. "내 집은 만민이 기도하는 집이라 일컬음이 될 것임이라."[136] 가장 눈여겨 볼 것은 이방인들이 개종할 수 있었다는 점이다. "변화(ger 또는 ger tzedek)는 새로운 피조물, 즉 '새로 태어난 아이처럼' 되는 것이다. 이는 이전의 비유대적 친족관계를 완전히 단절한다. 그는 이제 '이스라엘'의 범주에 들어오게 되며, 따라서 '모든 면에서 이스라엘인'이 된다."[137]

유대인들의 정체성 ― 유대인에게서 태어난 유대인 아이들 ― 에 대한 할라카Halakha의 정의를 보면 전근대의 유대인들은 인족에 대한 종족–인종적인 개념을 가지고 있었다. 그렇다면, 유대인들은 부계적, 모계적 혈통을 안정적으로 유지하고 있을 것으로 기대할 수 있다. 『토라』의 근친혼 금지에 대한 명령은 "그가 네 아들을 유혹하여 그가 여호와를 떠나고 다른 신들을 섬기게 하므로"[138]라는 종교적 근거를 통해 수립되었다. 미드라시, 조하르, 유다, 할레비 등 권위자들이 변절이나 심지어 배신의 가능성을 무시한 채 전근대적 유대인 정체성의 원형적 종족–인종적 정의를 제공하였음에도 불구하고, 모세 마이모니데스Moses Maimonides의 주장과 같이, 변절자들은 유대인이었던 반면, 유대교로 개종한 변절자들은 없었다.[139] 우리는 요셉이 할라카적 정의에 동의하지 않았다는 점을 상

기할 필요가 있다.[140]

유대인 인족의 현대적 개념을 현대적 관점에서, 따라서 오해의 소지를 가지고, 1세기 팔레스타인에 적용할 수 있다.[141] 팔레스타인은 다양한 언어, 다른 종족과의 혼인, 혼합된 관습 및 풍습의 분화된 공동체였다.[142] 유대인들은 이방인들과 외모, 의복, 언어, 이름, 직업, 할례(그 표식이 남성적일지라도) 등으로 구분되지 않았다. 몇몇 유대인들은 그들의 조상과 문화의 기원이 그리스와 같다고 주장하며 그리스화되기도 하였다.[143] 유대인이 된다는 것은 유대 종파에 속한다는 말이지만, 그들을 구분지어 주는 것은 신분적 차이였다. 이에 따라 사두개인과 사마리아인 또는 서기관들과 바리새인들은 다른 종족으로 인식되었다.[144] 통치계층과 토착 소작농들은 서로 다른 집단이었다.[145]

서기 70년 예루살렘 성전의 파괴, 132~135년 바르 코크바[Bar Kochba]의 반란, 바리새파 랍비들의 갈릴리 이주로 인해 로마 제국과 기독교로부터 파생된 유대교는 점차 확대되었다.[146] 기독교적 정체성은 서기 200년[147] 기독교인들이 비기독교인을 '에스네[ethne]'(민족) ─유대인 사회에서 고임[goyim](비유대인)으로 칭하는 것과 비슷한 용어─로 정의내리기 시작한 이후 분명히 나타나기 시작했다.[148] 물론 '에스네'와 '고임'이라는 용어는 그 경계가 모호하고 상호 호환적이지만, 이는 종교적 용어로서, 민족적 용어는 아니었다.[149] 결국 랍비들의 갈릴리 이주 이후 랍비의 유대교가 유대교적 규범이 되었다.[150] 랍비들은 그들의 기독교인에 대한 해석을 유대인 민족으로부터 이단자, 심지어는 비유대교인까지 포용하였다.[151] 이전에도 이방인이나 이교도에 대한 용인은 있었으나, 초기 랍비의 문서에는 이들을 거룩하고 의로우며 천사와 같은 유대인들에 반하는 타락하고 사악한 자, 도둑, 강간, 살인을 일삼는 짐승 같은 자로 표현하는 경우가 많았다.[152] 이교도들에게 새로운 정통적 신앙의 성수가 부어졌다. 정통 유대인들 — 기독교인 뿐 아니라 사두개인, 사마리아인, 노예 — 은 유대인 범주에서 추방되었다.[153] 다시 말해, 에서와 이스마엘의 상속권 박탈의 전통 속에서, 이교도들은, 사두개인이든지 기독교인이든지 그들의 후손이든지 할 것 없이, 유대인이 아닌 자들이 되었다. 그들은 물론 유대인 인족으로서의 종족-인종적 또는 종족-민족적 관문은 쉽게 통과했을 것이다. 그러나 유대인에 대한 통합적인 정의는 규범적인 유대교를 충실히 지키는 이들을 의미하는 것이었다. 심지어 '암 하아레츠Am ha'aretz'(이스라엘의 일반 대중) 역시 의심받았는데, 랍비들은 이들조차 신앙적으로 해이한 자들로 여겼다.[154]

보다 깊이 있게, 오늘날 대부분 유대인 농부로 볼 수 있는 갈릴리인들을 생각해 보기로 하자. 갈릴리에는, 물론 오늘날에도 마찬가지이겠지만, 지역적, 계급적, 종교적, 언어적으로 상당한 다양성이 나타났다.[155] 예수의 활동 근거지였음에도 불구하고, 많은 갈릴리인들은 콘스탄티누스 1세 당시 선교사들의 활동이 있기 전까지 기독교를 받아들이지 않았다.[156] 1세기 기독교 또는 이슬람으로 개종한 갈릴리인들의 오늘날의 후손들은,[157] 다른 인종(아랍) 또는 민족(팔레스타인) 집단으로 변화되었다.[158] 그러나 엄격한 민족적 또는 할라카적 정의를 적용한다면 이들 대부분은 유대인으로 분류될 것이다. 이러한 관점에서 1924년 벤구리온David Ben-Gurion은 다음과 같이 주장했다. "유대인 노동자들의 운명은 아랍 노동자들의 운명과 함께한다. 우리는 함께 살고 함께 죽을 것이다. (…중략…) 우리 유대인과 아랍 노동자들은 한 국가의 자손들이다. 우리는 영원히 같은 길을 갈 것이다."[159] 그러나 이스라엘을 유대인 국가로 인식하는 것은 그 지역의 오랜 거주자들을 인종적·종교적·민족적 타인으로 만드는 것이었다.[160] 결국 팔레스타인인들은 랍비들의 갈릴리 이주에 직면했던 그들의 2세기 선조들과 다르지 않은 상황에 놓이게 되었다.

유대인 디아스포라는 고대 갈릴리에서부터 18세기 유럽 유대인 해방에 이르기까지의 긴 역사를 지니고 있다. 12세기 예루살렘의 라틴왕국이든[161] 18세기 이집트이든[162] 유대인 공동체의 근간은 역시 신앙에 있었다. 기독교 선교의 간헐적 선교,[163] 사바타이 세비Sabbatai Sevi 추종자들의 이슬람 개종과 같이,[164] 중세 유럽 시기 유대교로 개종하거나 유대교로부터 다른 종교로 개종하는 현상은 계속해서 나타났다.[165] 그렇다면 기독교와 이슬람으로 개종한 이들은 여전히 유대인인가? 카라이트 유대인들(탈무드의 권위를 거부한 자들)은 종교 우선주의에 따라 유대인 범주에서 제외되었다.[166]

계몽운동과 해방운동은 소수자로서의 유대인들을 해방시켜주었고, 이는 정체성에 대한 질문으로 이어졌다. 한 예로, 21세기 초 많은 유대계 독일인들은 계몽운동을 지지하며 스스로를 독일인으로 생각하였다.[167] 에밀 루트비히Emil Ludwig는 그의 자서전에서 괴테가 신앙을 지켰다는 사실을 논하며 이를 교육받은 유대계 독일인들의 계몽주의 보편운동의 예로 보여주었다.[168]

유대인의 현대적 정체성에 대한 질문은 역설적이게도 유대인 정체성 그 자체에 내한 질문에서 찾을 수 있다. 1892년 아하드 하암Ahad Ha-Am은 "우리는 아직 한 민족이 아니다. 우리는 단지 '개별적' 유대인들일 뿐이다"라고 논했다.[169] 멘델스존은 유대인들을 종교 집단으로 간주하였으나, 이후 사상가들은 현대인족의 개념으로 이들을 이해하였다.[170] 모제스 헤스Moses Hess는 먼저 그의 1837년 저작인 『인류의 거룩한 역사Die heilige Geschichte der Menschheit』에서 독일인과 유대인, 유대교와 기독교에 대한 종합적 논의를 시도하고,[171] 유대인들은 민족의식이 부족하다고 주장하였다.[172] 그러나 1862년 논문인 「로마와 예루살렘Rom und Jerusalem」에서는 팔레스타인의 유대인 공동체를 지지하였다.[173] 19세기 중반 하인리히 그래츠Heinrich Graetz[174]는 반체제적 인물들을 조직적으로 통제할 수 있었던 유대인 인종race과 민족nation의 역사를 상세히 서술하였다.[175] 20세기 초 로젠츠바이크Rosenzweig는 이에 대해 보다 극적으로 서술한다.[176] "조부모로부터 손자녀까지 이어지는 영원한 삶의 연속적인 사건들을 이어주는 것은 오직 하나의 공동체이다. '영원하다'는 깊은 울림을 듣지 않고서는 통합된 '우리'라고 말할 수 없다. 이는 분명 혈통적 공동체일 것이다. 왜냐하면 오직 혈통만이 현재에서 미래에 대한 희망을 보장해주기 때문이다."

종교 정체성에서 인종 정체성으로의 변이는 독일의 유대인 논의에서 찾아볼 수 있다. 칼 마르크스는 그의 유명한 1843년 논문에서 "유대인 문제는" 기본적으로 종교적이라고 논하였다. 독일 통일 시기 관심은 시민적·정치적 해방에 관한 것이었다.[177] 20세기 들어 유대인 문제는 이들이 종교·문화 집단인지 인종 집단인지를 묻는 질문으로 이어졌다.[178] 한 예로, 막스 베버는 유대계 독일인들을 가톨릭 집단과 같은 신분 집단으로 간주하였다.[179]

친족 공동체 개념은 유대인 인족에 가장 많은 영향을 미친 시온주의의 영역 중심적 개념에 융합되었다. 아비샤이 마갈릿Avishai Margalit에 따르면,[180] 이는 "거의 모든 유럽 사상의 보고"였다.[181] 핀스커Leon ++Pinsker, 헤르츨Theodor Herzl과 같은 동화된 유대인들은 유럽의 낭만주의적 민족주의를 수용했다.[182] 시온주의는 1882년 핀스커의 선언문 「자기해방Auto-Emancipation」에 명확히 표명된 바와 같이, 현대 민족nationhood의 부상 속에서 종말론적 신학관은 종식되었음을 주장했다.[183]

시온주의 부상의 부분적 연원은 반유대주의anti-Semitism에서 찾을 수 있다. 반유대주의라는 용어 자체는 1879년 만들어졌다.[184] 「현대 반유대주의의 표어」는 다음과 같다. "유대인의 신앙에 나는 관심이 없다. 내가 견딜 수 없는 것은 바로 그 인종이다."[185] 반유대주의의 기초는 기독교 혐오에서부터 종족-인종적 폄하에 이르기까지 다양하다.[186] 18세기 말 그레구아르 사제Abbé Grégoire는 유대인 동화를 기독교 개종과 동일시했으나, 한 세기 후 에두아르 두르몽 Edouard Drumont 등 반유대주의자들 중 그와 같이 생각하는 이는 아무도 없었다.[187]

종교에 기반한 논쟁과 대조적으로, 반기독교 또는 비기독교적 반유대주의자들은 **민족**Volk의 낭만적이고 생물학적인 발상을 칭송했나. 스스로를 반유대주의 수상으로 소개하는 빌헬름 마르Wilhelm Marr는 세 번 결혼하였는데, 모두 유대인과 결혼하였고 이후에는 유대인이라는 이유로 크게 비판받았다. 그는 1880년 다음과 같이 말했다. "인종이나 **혈통**blood상 문제가 발생할 때 종교적 편견이 나타나지 않았던 적은 없었다."[188] 이와 같은 맥락에서 1881년 유겐 뒤링 Eugen Dühring은 다음과 같이 말했다. "유대인들의 영향력은 사라질 수 있다. (…중략…) 오직 유대인 그 자체가 없어질 때 말이다."[189]

종교적인 것에서 인종적인 반유대주의로의 전이는 나치의 인종 이데올로기 발전에서도 살펴볼 수 있다. 국가사회주의의 '정신적' 대부이자[190] 『나의 투쟁Mein Kampf』의 헌정 대상이었던 에카르트Dieter Eckart는 유대인 정체성의 영적 측면을 강조하였다.[191] 종교적 정의는 로젠베르크Rosenberg와 히틀러[192]에 의해 변형되었는데, 이들은 유대인들을 "특별한 종교를 가진 독일인이 아닌, 하나의 자체 집단"으로 논하였다. 사실 "가장 우선적이고 위대한 거짓말"은 "유대인은 인종이 아니라 종교"라는 것이었다.[193] 독일인과 유대인을 분리시키는 인종 존재론racial ontology이 완성되고 난 후 그는 "유대인은 독일인이 아니라는 결론에 마침내 도달할 수 있었다".[194] 언어와 문화를 강조하는 독일 낭만주의적 정의에서 벗어나, 그는 "국적, 더 정확히 인종은 언어가 아닌 혈통에 기반한다"는 사실을 주장하였다.[195] 히틀러와 홀로코스트 이후 하나의 인종·종족·민족 집단으로 유대인을 간주하는 것은 하나의 신앙이 되었다.

나치즘Nazism은 종교적인 것을 인종적인 것으로 완전히 탈바꿈하였다. 피터 게이Peter Gay는 다음과 같이 논했다. "1933년 (…중략…) 우리는 갑자기 유대인이 되었다."[196] 1935년의 뉘른베르크 법은 모계 혈통과 부계 혈통을 모두 강조하고 있는데, 이는 1913년 제3제국 시민권법Reich law에서 시민권이 사람을 통해서 이양되었던 것과는 확연히 다르다.[197] 유대계 독일인들은 유대인에 대한 이러한 인종적 정의를 "비역사적이고 비과학적인 존재로서 우리가 부인하는 또 하나의 단순한 거짓"으로 생각했을지 모르나,[198] 나치 정권은 이들 모두를 유대 인종으로 만들었다.[199] 이러한 개념이 확립되자, 전통적인 반유대교주의anti-Judaism는 반유대인주의anti-Semitism로 변화하며 2000년간 지속되는 유대인 혐오주의Judeophobia를 형성하였다.[200]

종교에서 인종으로의 변화가 과거와의 단절을 의미하는 것은 아니다. 챔벌린Houston Stewart Chamberlain과 같은 반유대주의 인종주의자들은 종교를 넘어 인족의 우선성을 강조했다. "유대 민족이 없었다면 유대교는 존재할 수 없었을 것이다."[201] 역설적이게도 챔벌린에게 유대인을 구분할 수 있는 분명한 근거는 종교적인 것이었다.[202] "우리의 의식에 영혼과 영혼을 분리하는 깊은 간극을 명확히 밝혀내기 위해서 필요한 것은 오직 하나의 특성이다. 예수 그리스도의 계시는 유대인들에게 어떠한 의미도 없다." 나치의 인종법조차 궁극적으로는 종교적 근거를 통해 유대인을 정의할 수밖에 없었다.[203] 헤르츨Herzl은 『유대인 국가Der Juden Staat』(1896)에서 다음과 같이 주장했다. "우리는 민족이다—하나의 민족이다." 그러나 유대인의 다양성에 대해 논한 후 그는 다음과 같이 기록했다.[204] "우리 인종 공동체는 기이하고 독특하다. 왜냐하면 우리는 오직 부모의 신앙에 따라서만 함께할 수 있기 때문이다."

라이보비츠Yeshayahu Leibowitz와 같은 전통주의자들은 유대교 신앙과 유대인 정체성 사이의 단절에 탄식했다.[205] "유대인들의 전통적인 민족 정체성은 유대교이다. 그 실체는 『토라』를 따라 사는 삶이다."[206] 이와 관련해 "홀로코스트의 신학은 (…중략…) 막다른 길"이기 때문에 "유대교적 관점으로 홀로코스트를 바라보는 것이 최고"라는 믿음을 가진 바우어Yehuda Bauer를 생각해 볼 필요가 있다.[207] 홀로코스트는 유대인에 대한 신의 복수라는 랍비 타이텔바움Rabbi Yoel Taitelbaum의 악명 높은 주장을 생각해볼 때, 이는 그리 놀랄 만한 일은 아니다.[208]

현대적인 지혜로 볼 때, 유대교는 하나의 문명이고 유대인 정체성은 민족적인 것이다.[209] 1917년 로젠츠바이크Rosenzweig가 코헨Hermann Cohen에게 쓴 것과 같이 신앙뿐 아니라 "유대교를 지속하는데 필요한 것은 유대교적 세계이다".[210] 민족적 정의는 1930년대 유대계 독일인이나[211] 1990년대 유대계 미국인들에게서 살펴볼 수 있다.[212] 나치 이전 벡Leo Baeck의 주요 저서는 종교를 강조한 『유대인다움의 정수*Das Wesen des Judentums*』(1905)였는데, 나치는 이후 이 제목을 민족을 보다 부각하여 『이 민족*Dieses Volk*』(1955~1957)으로 변경하였다. 유럽에서 팔레스타인으로 이주한 이민자들은 혈통과 영토의 개념을 받아들였는데, 궁극적으로 이는 노동자 시온주의의 설립 이념에 반하는 것이었다.[213] 1848년 어느 누구도 유대인들을 하나의 민족으로 생각하지 않았다.[214] 한 세기 후 그렇게 생각하지 않는 자는 아무도 없었다.

　　현대사회에서 인도, 영국의 자이나교도,[215] 독일, 러시아, 캐나다의 메노파,[216] 미국의 가톨릭,[217] 이란과 터키 국경의 네스토리우스교로 더 잘 알려진 쿠르디스탄의 동방기독교[218]와 같은 종교집단은 민족공동체적 기능을 담당하는 경우가 많다. 시크족*Sikhs*은 본래 종교집단이지만 현재는 대부분 민족 집단으로 간주한다.[219] 이와 비슷하게 무슬림 이민자들 역시 무슬림으로 인종화되었다.[220] 북아메이카 지역 대략 4만 명에 이르는 후터파*Hutterites*는 1870년대 425명의 정착자들의 후손임을 주장하는데, 이들은 동족결혼을 통해 그들만의 풍습을 이어왔다. 종족-민족 집단으로 분류하는 것은 종교집단으로서의 그들의 기본적인 정체성을 왜곡하는 것인가? 논의를 강화하자면, 1세기 아나톨리아의 기독교인들은 유대인 인종인가 유대인 민족인가?[221] 그것도 아니라면, 그들은 왜 기독교인이 아닌 것인가? 바울은 유대교인인가 기독교인인가?[222] 왜 우리는 기독교인들을 유대인들과 같이 인종 또는 민족 집단으로 보면 안 되는가? 사실 현대 무슬림 사회는 기독교와 마찬가지로 종교적 소수

　　　　　　　　　　　　제1장_ 기원을 찾아서

자들로서 민족 집단과 같은 기능을 하고 있다.[223]

몰몬교도는 유대교에서 기독교가 분리된 것처럼 그들 스스로를 기독교에서 분립된 하나의 종파로 여기고 있다.[224] 몰몬교도들이 그들 스스로를 지칭하는 바와 같이 성자들은 "공통의 문화, 사회적 기구, 관습, 종교, 집단적 정체성"을 공유한다.[225] 조셉 스미스Joseph Smith, Jr. 기정으로부터 시작된 몰몬의 역사는[226] 이방인Gentiles들로부터의 박해와 그들로부터 이들을 분리해준 성자의 깨달음을 통해 형성되었다.[227] 몰몬경에서 가르치는 바와 같이 몰몬교는 보편주의적이나,[228] 그 뿌리는 이스라엘 민족에 있다고 주장한다.[229] 몰몬교의 수사법은 유대교 계시신앙의 표현과 유사하고, 몰몬교도와 유대교도 사이에는 많은 유사점이 존재한다.[230] 유대교도들은 시온을 기다릴 뿐만 아니라, 그들 스스로를 선택받은 자들로 여긴다.[231] 계승은 단순한 영적 흐름뿐만이 아닌 친족과 혈통적 특성도 가지고 있다.[232] "축복"의 최우선적 목적은 "성인들이 속한 이스라엘 민족으로 인정받는 것이다".[233] 그렇다면 성자들은 영적으로도 육적으로도 유대인으로 불릴 수 있는데, 조셉 스미스는 스스로가 아론의 제사장 계보에 속한다고 주장하였다.[234] 유대교와 마찬가지로 개종자들은 입양의 개념을 통해 광범위한 친족 집단의 일원으로 수용된다.[235] 1880년부터 1960년 사이 이종 간 혼인이 지양되었지만, 이는 특히 아프리카계 미국인들을 대상으로 적용되었고,[236] 몰몬교로 개종한 이들에 대해서는 상대적으로 덜했다.[237] 성인聖人(이방인에 반대되는)의 정체성, 삶의 특별한 방식, 관념적 친족, 집단적 폐쇄성

을 고려할 때, 몰몬교도는 하나의 유사국적[238] 또는 민족으로 간주할 수 있다.[239]

그럼에도 불구하고 몰몬교도를 민족 집단으로 간주하는 것과 관련해 많은 반문이 제기된다. 그들이 한 민족이 아니라면, 유대인은 왜 하나의 집단으로 구분되는가? 몰몬교 역시 과거의 유대인들과 마찬가지로 개종을 도모하고 배교자를 축출하였다. 이들에 대항하는 반몰몬주의자들이 존재하고, 지식인들 사이에 이는 반유대주의의 일부로 간주된다. 현대 몰몬교도들은 인족 정체성에 대한 어떠한 이상도 가지고 있지 않다. 몰몬교의 역사 자체가 짧기 때문에 이는 유대역사와 같이 비밀스럽게 감추어져 있지도 않다. 역사는 오래될수록 자연성naturalness과 필연성necessity으로 충만해진다.

전근대 사회에서 신앙은 특히 현대사회 초기 최상위 기관의 명목적이고 포괄적인 정체성으로서, 정체성의 가장 중요한 요소 중 하나였다.[240] 몇몇 종교 집단들은 스스로 현대인족의 범주로 전향하였으나, 그 전향의 방법이 오직 배교 및 개종으로만 가능하다면, 종교적 인족은 현대인족과 구분되어야 한다.

4

만약 언어와 종교가 인족을 정의하지 못한다면, 민속, 관습, 전통과 같은 문화라고 부를 수 있는 것들은 어떠한가? 이들이 현대 인족의 근간이 되는 것은 아닌가?

19세기 말 문화라는 개념은 제한된 영역 내의 모두가 보유하고 공유하는 어떤 것을 의미했다.[241] 타일러E. B. Tylor[242]는 『원시문화』 (1871)에서 문화를 "사회의 일원인 개인이 습득할 수 있는 지식, 믿음, 예술, 도덕, 법률, 관습 등의 모든 기술과 습관"으로 정의하였다. 문화상대주의의 우려에도 불구하고 19세기 대부분의 학자들은 인류 통합에의 계몽주의적 이상을 전파하였다. 타일러 스스로도 인류는 "자연적으로 하나"임을 주장했다.[243] 헤르더Herder조차 문화를 단수로 표기하였다.[244] 인류의 다양성에 대한 결론은 "사회는 주로 미개사회에서 문명사회로 발전한다"는 진화론적 설명이었다.[245] 아놀드Matthew Arnold는 『교양과 무질서』(1869)에서 원시부족은 단일하고 영속적인 특성을 가진 민속과 관습을 공유할 수 있는 존재로서 설명하지만, 현대사회는 정제성精製性과 발전성을 그 우선적인 특성으로 설명한다. 아놀드적 관점에서 문화는 광범위하게 분화된 것이 아니었다. 문화는 가진 자들을 가지지 못한 자들로부터 구분하는 것이었다. 로마 제국과 중화 문명은 포용적이라고 할 수 있으나, 대부분의 사람들은 이를 향유하지 못하였다. 민주주의 혁명을 통해 문화는 공공의 것이 되었다. 과거의 영광스러운 업적은 인류 유산의 일부가 되었으나, 최고로 생각되고 일컬어지던 것들은 보통 사람들의 생각과 일상을 의미하는 것으로 변화하였다. 실제로 서구에서 문화의 개념은 20세기 중반에 들어서야 정착되었다.[246]

문화는 창조적이고 생산적인 작업의 연속으로, 자생적이지도 자기목적적이지도 않다. 문화는 과거로부터 현재까지 장엄하고 유연하게 흘러온 존재가 아니다. 항상 외부적인 영향과 유입이 있고, 내부적인 갈등과 충돌이 존재한다. 역사적으로 존재하는 여러 영향력을 제한하고 선택한 하나의 담론을 통해서만 단일한 계보는 형성될 수 있다. 또한 불확실한 과거로부터 이어졌다고 믿는 많은 신념과 행위들은 상대적으로 최근에 형성된 것들이다. 홉스봄Eric Hobsbawm이 논한 바와 같이, 전통이란 "형성되고 의식화된 요약체계"이다.[247] 무無에서 무無 이상의 것이 나올 수 없다 하더라도, 라틴어 '인베니레invenier'가 '만들다'와 '발견하다'의 뜻 모두를 가지고 있는 것과 같이, 창조는 문화 재생산의 중요한 요소이다. 전통이 단순히 부여되고 반복되는 것처럼 보일지라도, 과거는 하나의 계보를 만들어내기 위해 끊임없이 재구성되어야만 한다. 다시 말해, 현재는 일련의 연속성을 제공하는 과거를 탐색한다.

인족과 관련된 문화의 요소, 즉, 민속, 문화, 의복, 음식, 기억, 역사를 생각해보도록 하자. 낭만주의자들은 전통민속과 신화를 언어와 마찬가지로 사람들의 **정신**Volkgeist을 나타내는 것으로 보았다.[248] 따라서 원시적인 이야기일수록 진정한 것으로 생각했다.[249] 전통민속이 정체성을 나타내 줄지도 모르나, 낭만주의가 말하는 것처럼 이야기의 특정한 구성이 특정한 집단을 나타내지는 않는 다. 문학 장르로 볼 때도 이는 샤를 페로Charles Perrault 보다 먼저된 것 이 아니었다. 민속과 신화가 인족과 결부된 것은 18세기가 되어서 였다.

순수하고 오염되지 않은 사람들의 이야기라는 생각은 비현실적 이다. 맥퍼슨James Macpherson의 『오시안』이나 뢴로트Elias Lonnrot의 『칼 레발라』와 같이 인간의 정신을 표현했다고 보는 많은 작품들은 가 짜민속의 범주에 넣는 것이 더 옳다. 이들은 상상력에 의존한 현대 물들이다.[250] 페로Perrault의 문학적 야심과 같이 그림Grimm 형제의 동 화들은 일반 대중에 대한 직접묘사나 반영이 아니라, 비독일적인 요소를 사용하여 중산층의 도덕성을 표현한 특정한 장르이다.[251] 19세기 부르주아 문학은 질서정연하고 고상한 반면, 18세기 문학 은 세련되지 않은 농민 문학이었다. 예를 들어 『빨간모자』의 소녀 는 19세기 이야기에서는 구출되었지만, 18세기 이야기에서는 잡 아먹혔다.[252]

민속학자인 안티 아르네Antti Aarne는 1910년 설화가 포괄적이고 도 보편적인 특징을 가지고 있다고 논한다.[253] 칼비노Italo Calvino가 간결이 요약한 바와 같이 "설화는 전 세계적으로 같다".[254] 개인적 신앙 위기를 해결해 나가는 『참회록』(1884)에 나타난 톨스토이의 이야기는 인간의 비참한 상황을 묘사하고 있다. 야수를 피했더니,

용과 함께 우물에 빠지고 만 사내의 이야기와 같은 것이다.[255] 그가 덤불 가지에 매달려 있더라도, 쥐가 그 뿌리를 갉아먹어 그는 결국 빠져 죽게 되는 것이다. 톨스토이는 우화를 러시아에서 온 것이라고 보았다. 그러나 캔트윌 스미스Wilfred Cantwell Smith는 전 세계를 돌아다니며 우화의 연원을 조사하였다.[256] 러시아의 우화는 그리스 설화로부터 만들어졌는데, 이는 중앙아시아 마니교도로부터 전래된 이슬람 설화를 차용한 것이었다. 중앙아시아 설화는 석가모니 이전 시대에부터 존재했을지도 모르는 불교적 전설로부터 만들어진 것이었다. 보다 심층적으로 보면, 톨스토이는 간디로부터 영향을 받았는데 간디는 사실 마틴 루터 킹의 영향을 받았다.

이런 문학적 변동은 대체로 당연한 것이다. 문어文語의 확장으로 전세계 문학의 대략의 경계—중세 기독교의 라틴어나 근대 동아시아에서의 중국어—가 나타났고, 이는 인족의 모든 현대적 개념을 넘어서는 것이었다.[257] 엘리엇T. S. Eliot은 다음과 같이 말했다. "만일 어떤 동일한 예술이 이웃국가에서 또는 다른 언어로 만들어지지 않았다고 하더라도 어떠한 국가와 언어도 그가 가진 것을 실제 가졌다고 할 수 없다. 우리는 다른 이들에 대해 충분히 알지 못한 채 어떠한 유럽 문학도 이해한다고 할 수 없다."[258] 만일 비르길리우스와 단테가 세계문학이나 이탈리아문학 형성에 중요한 영향력을 미쳤다고 한다면 이는 타당한 논의가 되는가? 사실『이탈리아 문학의 케임브리지 역사Cambridge History of Italian Literature』는 성 프란체스코에 대한 설명으로 시작한다. "그의 이름 자체에서 프랑스 문화의 우아함이 나타나는데, 그는 즐거울 때는 프랑스어로 노래했고, 원탁회의에서 동료들을 특징에 따라 이름 붙이기를 즐겨했다." 영국 문학의 역사는 베어울프로부터 버지니아 울프까지로 논할 수 있는데, 이는 영국 외부로부터의 영향력을 배제함으로써 가능한 것이었다. 『영국문학의 옥스퍼드 역사*Oxford History of English Literature*』[259]의 마지막 권은 아일랜드, 미국, 폴란드계라 볼 수 있는 8명의 작가가 기록되어 있다. 단 한명의 **영국인** 작가는 인도에서 태어난 하디Hardy이다.

현대유럽에는 민족문학national literature이 출현했다.[260] 18세기 유럽 소설에는 민족주의자nationalist가 출현했다.[261] 이들의 출현은 곧 대중문학과 독자들의 출현이라고 볼 수 있는데, 이는 결국 미학적이고 문화적인 민족주의를 형성했다. 아일랜드가 문학 때문에 형성되었다고 본다면, 그 시기는 작가의 생각 속에서 인족이라는 공통의식이 주조된 19세기 초로 볼 수 있다.[262] 비유럽인들 역시 유럽의 문학—그들의 민족주의적 추동을 포함하여—을 모방하였는데, 이들은 명백히 더욱 현대적인 것이었다. 라틴아메리카의 민족주의 소설 역시 1850년부터 1880년까지 대유행하였고,[263] 동아시아의 민족주의 작품들은 19세기 말과 20세기 초 전성기를 이루었다.[264]

문학은 다른 예술작품과 같이 현대인족을 표현하지도 포함하지도 않았다. 낭만주의가 민족주의를 조명하기는 하였으나, 이들은 서로 융합될 수 없었다.[265] 1795년 괴테는 독일이 통일되지 않는 한 독일 고전문학은 없을 것이라고 논했으나,[266] 그의 작품들은 독일문화의 정점으로 여겨지게 되었고, 괴테 그 자신은 세계 문학이라는 개념을 창시해냈다.[267] 문학의 세계는 상상된 특별한 계보에 근간하여 인종적·신체적 계보를 지속적으로 억제해 왔다. 퍼시 셸리Percy Bysshe Shelley는 『헬라스*Hellas*』(1882)에서 다음과 같이 외쳤다. "우리는 모두 그리스인이다. 우리의 법, 문학, 예술은 모두 그리스에 뿌리를 둔다."[268] 에라스무스Erasmus가 1517년 다음과 같이 논한 것 역시 놀랄만한 일이 아니다. "그리스 문학에 열심히 참여하고 성공적으로 작업했다면 어느 누구라도 그리스인이다."[269]

외부의 역사적 충격, 내부의 이질성, 문화 혼종성은 문학과 예술의 영역에 국한되지 않는다. 의복 역시 때로는 종족-민족성을 나타내는 표식으로 여겨지기도 한다.[270] 그러나 전근대 사회를 특징 짓는 것은 젠더, 신분, 도시-농촌, 지역 등의 차이들이었다.[271] 사실 의복의 민족적 차이에 대해서 제대로 연구된 적은 없다.[272] 오트 쿠튀르는 언제나 범세계적이었다.[273] 국제화의 진정한 선두주자는 언제나 패션이었다.

일체화의 경향은 구분에 대한 끊임없는 강조에 대응하며 존재해 왔다.[274] 패션은 분명 모방과 차이에서 기원한다. 특히 차이는 패션 정신의 핵심이고, 차별화의 작업 자체가 의복의 민족적 통합을 제약한다. 전근대 사회 대부분의 상류층은 문화 중심도시의 유행을 따랐기 때문에, 상류층의 패션에서는 민족적 특성이 나타나지 않았다. 몇몇 낭만주의자들을 제외하고는 대부분 민속의상의 보다 확고한 기반을 제공하여 줄 하층민의 의복을 거부하였다.[275] 따라

서 의복을 통한 민족적 또는 종족적인 정체성의 표현은 부수적인 현상일 뿐이었다.[276]

예외적으로 보이는 것들을 통해 전통의 현대성(모더니티)이 증명된다. 오늘날 킬트kilt나 백파이프 소리를 들으면 스코틀랜드의 하일랜드가 떠오르지만, 스코틀랜드는 잉글랜드와 통합되기 전까지 아일랜드의 오랜 식민지였고 그들만의 특별하거나 독립적인 문화나 전통은 없었다. 트레버로퍼Hugh Trevor-Roper에 따르면, 스코틀랜드는 19세기 초 반아일랜드 문화 봉기를 통해 아일랜드로부터 독립할 수 있었다.[277] 존재하지 않았던 그들의 전통은 스코틀랜드식 체크치마tartan philibeg로 충족되었다. 체크무늬tartan는 16세기 플랑드르에서 유입되었고, 체크치마는 18세기 초 영국인에 의해 만들어졌다. 윌리엄 윌슨 앤 선William Wilson & Son은 수익성이 좋은 분야를 예측하여, 가계를 상징할 수 있는 특별한 패턴들을 고안하였는데, 이들은 골동품 전문가들에 의해 조합된 것이었다. 다시 말해, 낭만주의 민족주의자들과 상업적인 관심으로 인해 18세기 스코틀랜드의 민족 의상이 만들어진 것이다. 영국 글라스고에 가보라. 오늘날 그곳의 패션이나 독일 괴팅겐, 중국 광동 사람들의 패션이 거의 비슷하다는 사실을 발견할 수 있을 것이다.

"당신이 무엇을 먹는지 말해보시오. 그러면 나는 당신이 누구인지 말하겠소."[278] 음식과 요리는 인간세계 어디든 존재하는 것이지만, 서로 다른 사회적, 문화적 특성을 설명해준다. 입맛은 잘 알려진 바와 같이 노스텔지어적 존재로서, 생생하고, 또 본능적으로 사람들을 구분해준다. 『길가메시 서사시*The Epic of Gilgamesh*』나 『일리아드』모두 인간을 빵 먹는 존재로 표현했고, 음식을 사회적 구분의 기초로 설명하였다.[279] 분명 현대사회는, 음식과 관련된 민족 또는 종족에 대한 고정관념처럼, 인지부터 연계까지 음식과 관련된 메타포로 가득하다. '개구리Froggy'*나 '양배추Kraut'**와 같은 속어 역시 음식을 사용한 민족 또는 종족적 차이를 나타낸 표현이다. 그러나 사람들이 먹는 음식의 종류가 그들의 인족을 말해주는가? 그 지역에 거주하는 자로서 어느 정도의 애국심을 가졌을지 몰라도, 브리야–사바랭Jean Anthelme Brillat-Savarin은 그의 독자들에게 민족 특유의 요리에 대해 말하기보다는 "대식가가 다른 이들보다 오래 산다"는 점을 보다 열정적으로 설명하였다.[280]

특정한 음식의 기원은 일반적으로 특정한 집단으로부터 찾을 수 없다. 베이글이 유대인 음식이라는 점에는 보통 이의를 제기하지 않는데, 유대계 이스라엘인들은 베이글, 즉 'bagel'은 미국 음식이라고 생각하고, 이스라엘의 'bagele'은 대부분 아랍인이 만들고 판매하는 것을 의미한다.[281] 동유럽의 유대인들이 미국에 들여온 베이글은 처음 코네티컷의 뉴헤이븐에서 유명해졌다.[282] 이는 곧 도시, 동북부 음식의 아이콘이 되었다. 이는 대부분 크림치즈와 곁들여지는데, 이는 사실 18세기 펜실베니아의 영국 퀘이커교도들에 의해 만들어진 것이었다.[283] 민속학자 쿠니오Yanagita Kunio는 일본

● 프랑스인에 대한 모욕적인 표현.
●● 독일놈의 뜻.

문화의 근간을 쌀에서 찾았는데,[284] 이는 한반도에서 유래된 것으로 19세기에 들어서야 일본의 주식으로 자리잡게 되었다.[285] 중세 농민들은 수수와 잡초를 먹었고,[286] 타로를 주식으로 하는 지방도 있었다.[287]

모더니티가 태동하기 전까지 특징적인 민족, 종족의 요리는 없었다. "미식의 기본단위는 민족이 아닌 지역이다."[288] 15세기 프로방스 요리는 지중해 요리에 속했는데, 지역 특색의 요리로 지중해 요리가 발달하게 된 것은 오랜 후의 일이다.[289] 또한 신분의 차이는, 보편적으로 존재하는 것은 아니었지만,[290] 종종 명확하게 나타났다.[291] 중세 프랑스에서 귀족들이 섭취하는 음식은 소작농들의 음식과 완전히 달랐다.[292] 12세기부터 15세기까지 유럽 법정과 교회 지도자들 사이에서는 고딕양식이 범국가적으로 유행했는데,[293] 당시 귀족과 교회의 초국가적 네트워크들을 고려할 때 이는 놀라운 일이 아니었다.[294] 종교적 차이는, 신앙에 기반하여 특정음식에 대한 금지법이 시행되는 등 상당했다. 종교개혁으로 인한 변화 중 하나는 유럽이 두 개의 요리권으로 나뉘었다는 점이다.[295]

유럽의 국가 간 차이는 17세기부터 나타나기 시작했다.[296] 특히 바렌François Pierre de La Varenne의 논문 「프랑스 요리사Le Cuisinier François」 (1651)는 프랑스 요리를 대표하는 지표라 할 수 있는데, 이후 프랑스 요리는 유럽 제1의 요리로 자리잡게 되었다. 18세기 백과전서에는 고대 그리스, 로마 요리에서부터 이탈리아 요리를 거쳐 프랑스 요리가 탄생하게 되었음을 설명하는데, 사실 르네상스 시기 유럽 상류층의 요리는 아랍 음식의 영향을 받았다.[297] 라 바렌의 논문은 역사적 연속성 대신 단절적인 변혁을 설명하였는데, 즉 아랍의 영향을 삭제함으로써 프랑스 요리를 새롭게 창조할 수 있었다.[298] 앙토냉 카렘Antonin Carême이나 오귀스트 에스코피에Georges Auguste Escoffier 같은 카리스마적인 요리사들과 더불어 프랑스 요리는 19세기 성공적으로 자리잡았다.[299] 그러나 레벨Jean-François Revel은 다음과 같이 말했다. "프랑스 요리는 (…중략…) **국제적**international 요리이다."[300] 그러나 프랑스 요리와의 대조를 통해 다른 유럽국가 요리들이 정의되었다.

민족요리에 대한 구체적인 개념은 내부의 차이와 역사적 변화 없이 이해될 수 없다. 계급 차이를 생각해보자. 조지 오웰George Orwell은 20세기 초 영국 노동계급에 대해 다음과 같이 논했다. "그러나 영국인의 미각, 특히 노동계급의 미각은, 이제 좋은 음식을 거의 자동적으로 거부한다. 매년 점점 많은 이들이 신선한 콩이나 생선보다 통조림 콩과 통조림 생선을 선호하고, 아마도 곧 그들은 신선한 우유 대신 캔 우유를 차에 넣어 마실 것이다. 비록 설탕과 옥수수가루를 첨가한 끔찍한 캔 우유의 겉면에 큰 글자로 **유아에게 적합지 않음**이라고 적혀 있어도 말이다."[301] 비록 오웰이 영국 요리의 계급적 차이를 강조했다고 하더라도, 이런 영국 요리에 대한 당시의 부정적 평가는 오늘날 2000년대 런던의 역사적 유물로 변화했다.[302] 영국 의원은 치킨 티카 마살라chicken tikka masala가 자신들의 민족음식이라고 말하고, 중국음식은, 맥도날드와 함께 음식 국제화의 대표적인 예로 볼 수 있다.[303]

결국 민족의 역사는 인족의 우선성과 우위성을 주장하기 위한 효과적인 방법이라 할 수 있다. 토머스 칼라일Thomas Carlyle은 『역사에 관해On History』(1830)에서 다음과 같이 말했다. "인류 중, 5까지 셀 수 있는 산술능력이 없는 부족들이 있다고 해도, 역사에 대한 기록을 시도하지도 않을 만큼 미개한 부족은 없다."[304] 로크의 개인 정체성에 대힌 철힉을 싱기하며, 밀John Stuart Mill은 민족 성체성의 역사적 역할을 강조했다. "그러나 가장 강력한 것은 정치적 전력前麼을 통한 정체성이다. 이는 바로 민족 역사와 그에 따른 추억의 공유, 그리고 과거 공통의 사건들과 연계되는 공동체적 자부심이며, 슬픔과 기쁨, 후회이다."[305]

18세기까지 유럽역사의 지배적인 기조는 교회와 왕조에 관한 것이었다.[306] 민족의 역사는 몽테스키외와 헤르더 시대까지는 주변부적인 것이었다.[307] 19세기 야코프 부르크하르트, 쥘 미슐레, 토머스 매콜리, 조지 밴크로프트 등을 통해 비로소 민족의 역사가 개화했다.[308] 이때부터 민족이 하나의 분석단위로 간주되기 시작하였다.[309] 민족의 혈통적 순수성과 연속성을 추구함에 있어 민족주의 담론은 과거의 이질성과 외인적인 영향을 삭제하고, 민족적 성취만을 강조하였다. 현대국가의 설립자와 사학자가 종종 같은 인물이라는 사실은 놀랄 만한 일이 아니다. 기조Francois Pierre Guillaume Guizot나 몸젠Theodor Mommsen 등 19세기 많은 대표적인 정치가들은 역사가이기도 했다.[310] 민주주의적 민족주의democratic nationalism의 새로운 정치는 인족의 포괄적 비전을 투영하였는데, 이는 그들만의 역사를 필요로 했다. 19세기 역사가들은 수사적으로 국민(인민)people을 언급하였을지 몰라도, 사실 이들이 만든 왕이나 선장의 영웅담의 대상은 엘리트들이었다. 20세기 아날학파, 영국 마르크스주의 역사가 등은 노동자, 여성 등 주변인들의 배제를 통해 역사학적 신분 통합을 달성했다.[311]

문화—또는 언어와 종교—를 기반으로 한 인족 형성의 시도에는 결정적인 결함이 있다. 현대인족은 과거에 의존하지만, 과거는 매우 선택적이다. 연속성에 대한 주장은 과거의 역사적 파열이나 이질적인 특성을 배제한다. 현대인족의 상상 속에서 중세 프랑스 사람들은 프랑스인으로 간주되지만, 이와 같은 순수 혈통으로의 추정은 실제적으로 존재하는 지역의 다양성, 프랑스 요리 속에 있는 아랍 영향과 같은 부분들을 삭제한다. 전근대 사회는 지역적 차이를 특징으로 들 수 있다. 이질성의 실제는 단일성, 본질적 존재로서의 인족에의 추정을 반증한다. 더욱이 전근대 사회의 일반인들에게 문화나 문명은 없었다. 중세 프랑스에 살던 사람들이 모두 프랑스인일 것이라는 생각은 시대착오적이다. 그들을 즉자an sich 집단이라고 볼 수 있으나, 대자für sich적 존재는 절대 아니었다. 이것이 바로 본서에서 강조하는 인구population—분석적인 범주, 외부적 요인—와 국민(인민)people(hood)(또는 인족)—경험적 총체, 내면적 신념—사이의 구분점이다.

언어, 종교, 문화는 인족과 같은 개념이라고 볼 수 없다. 이들은 한편으로는 실제 존재하는 집단의 제한된 경계를 뛰어넘는다. 한

때 지역 방언으로 무시되었던 독일어는 유럽대륙 전체로 확장되었다. 기독교는 국제적 종교가 되었고 유럽문화와 문명은 서양 밖에서도 찾아 볼 수 있게 되었다. 다른 한편으로 우리는 하나의 언어, 종교, 문화를 가진 사람들의 다른 언어, 종교, 문화로의 유입과 이주를 목격하고, 동요하는 충성과 정체성으로부터 나타나는 어쩔 수 없는 혼종hybridity의 과정을 보게 된다. 불과 한 세대 만에 사람들은 새로운 언어와 종교를 가지고, 심지어 이들은 최고의 문화적·문명적 업적의 한 예로 간주되기도 한다. 다시 말해, 동화와 문화변용은 강력한 힘으로 작용한다.

현대국가의 반엔트로피적 힘은 주어(인족)와 그 서술체계(언어, 종교, 문화 등)를 연결해 주었다. 제3장에서 논하는 바와 같이, 현대국가는 현대인족을 형성하는 주요한 체제적 동력이었다. 국가 관료주의의 발달은 원거리 지역까지 보편적 정체성을 전파하는 데 중요한 역할을 했다. 그리고 민주주의 혁명은 같은 인간으로서 같은 영역에 살아간다는 생각을 보편화하였다. 인족과 그 서술체계로서 언어, 종교, 문화와의 결합관계는 문화와 신분 통합을 통해 이루어졌다.

5

공통의식은 분명 인족의 부인할 수 없는 요소이다. 원시적 소속
감은 직감적으로 명확할 뿐 아니라 집단 정체성을 나타내는 데에
더할 나위 없이 좋은 특성이다. 이런 해석이 주관적으로 보일 수
있으나 이는 동어반복적 특성으로 분명한 사실이다. 르낭Ernest Renan
은 1882년 그의 유명한 강연에서 다음과 같이 민족을 정의했다.
"인간은 종족, 언어, 종교, 강줄기, 산맥, 그 어떤 것들의 노예도 아
니다. 정신적으로 건강하고 따뜻한 마음을 지닌 큰 인간 군집이 우
리가 민족이라고 부를 수 있는 도덕의식을 창조해낸다."[312] 르낭에
따르면, 지역적이거나 생물학적인 요소가 아니라, 정신과 상상의
영역 내에서 공유하는 기억과 이상이 민족을 형성한다. 사회적 차
이는 단순한 서술적 표현이 아니라 범주적 상이함을 나타낸다. 다
시 말해, 사고思考가 이를 형성한다. 인족은 집단의식이다.

언어, 종교, 문화에 대해 앞서 살펴본 바와 같이, 인족의 기원을
찾는 것은 현대적 작업이다. 언어와 민속을 연구한 낭만주의자들
이나 원시문화를 연구한 초기 인류학자들은 혈통과 공통성에 기반
하여 포괄적이며 비자발적인 정체성에 대해 설명하고자 하였다.
그러나 이는 후기 계몽주의적 사고들이라 할 수 있다. 전통적인 문
명사회에서 현대적 개념으로서의 인족은 막연한 직관에 따른 것이

었고, 이는 대부분 주변적인 것으로 무시되었다. 이와 반대로, 다른 한 축에서는 문명과 종교, 신분, 직업과 같은 차별화를 통한 자기인식이 나타났다. 대자적 존재로서의 국민(인민)people-for-itself(인족)의 실제는 즉자적 존재로서의 국민(인민)people-in-itself(인구)의 개념으로부터 형성되어야 한다. 이는 민족주의 역사학 특유의 비유에서 기인한 것으로서, 국민(인민)을 형성하고 일깨우고자 하는 것이었다. 현대인족의 집요한 관점은 과거의 군집이, 외형적으로 나타나지 않았었더라도, 회고적으로 볼 때 유의미한 공동체임을 인식하도록 해준다.

공통의식에 대한 탐색은 과거 사람들의 명확성을 소멸시킨다. 이는 아브라함의 고향이자 문명의 근원지인 고대 메소포타미아와 같은 인류역사가 기록되지 않은 시점부터 다시 살펴볼 수 있다.[313] 우리가 함무라비 시대에 메소포타미아 도시를 방문하고 그들의 정체성을 조사했다면, 우리는 이들을 오늘날 우리가 분류하는 것처럼 메소포타미아인, 바빌로니아인, 아카드인으로 분류하지는 않았을 것이다. 우리는 이들 메소포타미아인들을 실질적인 민족 정체성을 통해 분류하는 것이 아니라, 메소포타미아라는 도시 내부인들과 외부인들로 분류하고 있다.[314] 메소포타미아 도시는 정치적·종교적 중심지였을 뿐만 아니라, 문화와 문명의 근원지이기도 했다.[315] 오늘날의 관점에서 이는 수메르인, 아카드인, 아므르인, 엘람인, 카시트인, 후르이인, 구티인 등이 함께 있는 다민족 도시였다. 그러나 이들의 경계는 자유로웠다.[316] 이들을 나누었던 것은 사회적 신분이었다. 함무라비법은 노예wardum, 예속인muškēnum, 자유인awīlum을 엄격하게 구분하였다.[317] 한 예로, 언어와 종족-인종 집단 사이의 명확한 상관관계가 없다고 하더라도, 문헌에서 이들 간 같은 언어를 공유하는 일은 없었다.[318] 당시 종족-인종적 기원이 중요하게 간주되었을지도 모르지만, 그러한 자료는 발견되지 않았다.[319] 감사하게도 아므르인Amorites이나 후르리인Hurrians의 후손이라고 주장하는 자들은 없으므로, 고대 메소포타미아에서 민족 구분을 할 필요는 없다.

반면, 아리스토텔레스[320]의 아테네인의 우월성에 대한 묘사부터 "단일하고 독특한 문화에 대한 뿌리깊은 소속감"이라고 묘사한 핀리M. I. Finley[321]의 논의에 이르기까지, 고대 아테네 작가들은 인족에 관한 다양한 논의를 제공하였다.[322] 그러나 고대 그리스의 공통적인 그리스 정체성을 보여주는 자료는 거의 없다.[323] 호머의 시에는 보통 그리스인으로 번역되는 하카이아인, 아르고스인, 다나오스인 등이 등장하지만, 처음 두 부류는 지방 사람들이었고, 마지막 다나오스인은 멸종된 집단이었다.[324] 주요 문학 자료로는 아테네인이 스파르타인에게 말하는 장면을 담은 헤로도토스Herodotus의 기록이 있다. "우리는 혈통으로 보나 언어로 보나 하나의 민족이다. 우리는 같은 신을 섬기고, 같은 의식을 행하며, 같은 생활양식을 가지고 있다."[325] 그러나 스파르타인은 모든 다른 이들을 이방인xenoi으로 불렀다.[326] 이는 그리스 통합에 대한 아테네인들의 이상을 조롱거리로 만드는 것이었다. 범그리스적panhellenic 또는 그리스적 정체

성은 기원전 5세기에 형성되었으나, 그리스는 실질적인 의미에서 사회라고 할 수 없었다.[327]

언어와 문화는 그리스인을 다른 야만인barbarian들로부터 구분할 수 있도록 만들어 주었다.[328] 페르시아와의 전쟁 중 그리스의 비극이 잘 표현되어 있는 것처럼,[329] 이들 사이의 극단적인 차이는 선호되는 표현 방식에 따라 묘사되었나.[330] 사실 순수 혈통에 대한 담론과 범주화된 구분은 이들 사이의 광범위한 문화적 교류의 실제, 이들 모두가 가지고 있는 언어, 종교, 문화적 다양성을 은폐했다.[331] 또한 그리스 작가들 대부분은 문명화된 도시민들과 비문명화된 지방인들의 기호와 관습을 구분지어 묘사하였다. 그들은 자민족중심적이었지만, 오늘날의 의미에서의 인종주의자들은 아니었다.[332] 헤로도토스는 다리우스Darius를 다음과 같이 기록했다. "나는 핀다로스가 '관습은 모든 것의 왕이다'라고 한 말이 옳다고 생각한다."[333] 소크라테스 이전 철학자 안티폰Antiphon은 고대 그리스 사상가들의 지배적인 논조에 대해 다음과 같이 표현했다. "그리스인들이나 야만인들이나 태생적으로는 모든 면에서 동일하기 때문에, 우리는 서로의 관계 속에서 야만인들과 다를 바가 없다."[334] 비그리스인들은 언어와 문화의 습득을 통해 그리스인이 될 수 있었다.[335] 그리스인들은 다른 종족과 혼인하였고, 도망 노예들은 아테네인으로 통과되었으며, 세금 징세자와 외국인은 그리스에 동화되었다.[336] 정체성은 획득하는 것이었지 부여되는 것이 아니었다. 아테네인이 된다는 것은 아테네인처럼 보이고 행동하는 것이었다. 플라톤 역

시 그리스인과 야만인을 외형적 조건에 따라 구분하였다.[337]

중심부와 주변부의 분리는 코스모폴리탄적 도시와 지역 공동체와의 차이를 나타내는 폴리스polis와 에스노스ethnos의 구분으로 살펴볼 수 있다.[338] 스노드그라스Anthony Snodgrass는 에스노스를 "도시 중심부가 아닌 지역에 얇게 분산된 인구로서, 정치·관습·종교적으로 통합되어 있고, 단일 중심부에서 정기적인 모임을 통해 관리되며, 공통적인 종교 본부에서 부족 신을 섬기는 자들"로 설명하였다.[339] 이러한 설명은 오늘날 인족과 의미상 유사한 부분이 있으나, 부족 국가, 즉 에스노스는 "지리적·정치적 의미에서 만들어진 인위적 창조물"이었고,[340] 이는 공통의 혈통으로 간주되지도 않았다.[341]

폴리스는 정치적 문제[342]와 집행,[343] 사회적 정체성[344]의 주체로서 가장 기본적인 단위였다. 고대 폴리스의 이상향은, 시민들은 서로 비슷하고homoioi, 동등하며isoi, 친교를 바탕으로 함께하는philia, 뒤르켐의 유기적 연대와 같은 것이었다.[345] 페리클레스Pericles는 아테네인들의 본토성과 혈통적 순수성을 주장하였다.[346] 따라서 코스모폴리탄적이라고 추정되었던 폴리스는 보다 전통적인 것으로 간주되는 에스노스보다 친족중심적이고 혈통적이었다.[347]

폴리스의 정체성은 인족의 현대적 개념을 나타낸다고 볼 수 있으나, 현대적 의미에서 4만 명 정도에 불과한 작은 도시를[348] 인족에 적합한 단위로 생각할 수는 없다.[349] 시민적 지위는 양도 가능하며 획득 가능한 것이었고,[350] 내부자와 외부자의 경계는 확고하지

제1장_ 기원을 찾아서

도 명확하지도 않았다.[351] 아테네는 동질화에 대한 이상에서 벗어나 그 자체의 지배적 영향력과 문화중심 도시로서의 다양성을 보유한 공동체였다.[352] 아리스토텔레스는 폴리스를 사회적으로 분화되고 집단 정체성은 소멸된 존재로 보았다.[353] 많은 아테네인들에게 그들의 정체성을 규정하는 가장 주요한 요소는 '데메deme'(지역 행정구)와 직업이었나.[354]

더욱이 아테네인이 된다는 것은 남성 시민으로서의 의미였는데, 이는 민족적 기원보다는 신분적 기원에 가까웠다. 그리스의 폴리스는 여성, 노예, 외부인들이 제외된 자유·평등·박애의 공동체였다.[355] 아테네의 토착 신화는 5세기 당시 아테네 전체 인구 중 10만 명으로 집계되었던[356] 여성과 노예를 포함하지 않았다.[357] 노예의 열등함에 대한 아리스토텔레스적 논의는 계속해서 강력한 지지를 받았다.[358] 노예나 외국인은 민족의 범주에 포함될 수 없었다.[359] 신분적 차이는 아테네계 그리스인과 일반 그리스인 사이의 단절 자체에서 나타났다.[360] 이와 유사하게, 스파르타의 전설적 평등주의는 스파르타 시민, 즉 '호모이오이homoioi'에 제한되어 있었고, '페리오이코이perioikoi'(예속인)나 노예에게까지 확장되지는 않았다.[361] 신분에 따른 질적 불평등은 고대 그리스 문명의 근본 사상으로 남아 있었다. 인류 통합의 개념[362] 속에는 신분 불평등적 요소가 여전히 존재했다.

전근대 사회 내 신분에 따른 구분의 풍조가 팽배함에 따라 포괄적 정체성은 느리게 발전했다. 당시 원형적 형태로서 인족 정체성은 지도자층에 제한되어 있었다. 중세 유럽은 고대 아테네와 다를 바가 없었다. 뒤비Georges Duby에 따르면,[363] 1025년부터 1225년까지 프랑스의 지배적인 이데올로기는 기도하고 싸우고 일하는 사람들로 구성된 사회를 투영했다. 사회적 관계의 복잡성 — 예를 들어 무역상들이 삼자적 도식으로 이해되지 않는 것과 같이 — 에도 불구하고, 이러한 이데올로기는 놀랍도록 경직된 상태로 유지되었다. 사회적 분류는 대부분 엄격하고 보수적이었으며, 이는 나타내고자 하는 사회적 실제보다 오래 지속되었다. 라온의 주교 아달베로Adalbero는 다음과 같이 믿었다. "귀족과 소작농은 두 개의 종種, 두 '인종'이다."[364] 오늘날 어느 누구도 부유한 프랑스인과 가난한 프랑스인을 서로 다른 종種이나 인종으로 생각하지 않지만, 아달베로에게는 이들을 구분하는 혈통적 기준이 있었다. "귀족의 한 구성원이자, 그의 혈통을 외우고 있었던 아달베로가 확신한 바와 같이, 모든 귀족은 '왕의 피'를 나누어 가지고 있었다."[365] 서기 1000년경 프랑스 혈통은 부계를 따라 내려오는 "가계"를 따라서 추적되었는데, 이들은 하나의 "인종"으로 간주되었다.[366]

신분은 가시적이며 인종화된 것이었다. 귀족과 소작농의 이분법을 넘어, 수도승, 왕자, 노동자 등 모든 사회적 유형은 그들만의 의복, 신발, 머리모양을 하고,[367] 특이한 행동유형과 생활방식을 보유하고 있었다.[368] 이보다 조금 앞선 시대에 마르크 블로크Marc Bloch[369]는 자유인과 노예를 다음과 같이 구분하였다. 노예는 "외부적 존재로 보이는, 공동체 등급에서 벗어난 자"였다.[370] 두 집단은 구분되는 사회적 지위와 모습 외에도, 다른 언어를 사용하기도 하였다.[371]

프랑크왕국의 인민은 모두 어떠한 민족적 구분에서도 자유로운 자유인들로 구성되는데, 이는 이들의 민족이나 법적 지위가 결국에는 동일해진다는 사실을 통해 증명된다."[372] 다시 말해, 프랑스인이라는 말은 자유인임을 뜻하고, 자유인은 공통의 혈통과 정체성을 가진 민족 집단으로서 구성되었다.[373] 다른 모든 이들은, 오늘날의 관점에서 표현하자면, 인종적이거나 민족적 타인들이었다.

지역 간 소통의 부재와 교통·교육·문화 통합 수단의 부족으로 인해, 수세기동안 수없이 많은 영토적 변화를 경험한 많은 프랑스인들은 여전히 마을이나 지역을 벗어나지 못한 상태 그대로의 사회적 정체성을 가진 소작농들이었다.[374] 라뒤리Emmanuel Le Roy Ladurie의 15세기 몽타이유 연구에서 이를 연상시킬만한 장면을 찾을 수 있다.[375] 상당한 지역적 이동에도 불구하고, "기본적인 인식은 테라terra로서, 지방 또는 마을에 머물러 있었다".[376] 마을은 자연(예를 들어 산이나 강)과 사회(예를 들어 언어와 요리)로 형성되어 있었다. 다른 지역의 방언, 음식, 종교는 20마일 떨어진 마을인 사바데스Sabathès를 나타내는 것이었다.[377] 씨족 갈등, 성 차별 등으로 인한 분열도 있었으나, 사회적 단위는 기본적으로 대략 천 명으로 이루어진 마을이었다.[378]

프랑스 인족에 대한 인식과 상상은 프랑스의 탄생과 함께 나타났지만,[379] 이는 보통 언어적이며 종교적으로 통합된 귀족층을 의미하는 것이었다.[380] 프랑스는 17세기 일정 정도의 정치적 통합을 달성했지만,[381] 초기 현대사회까지도 사회적 계층과 계급은 여전히 존재했다.[382] 프랑스 민족의 개념은 "프랑스 귀족과 같은 뜻"이었고, 프랑스 사회는 "인종 및 카스트 지위"가 존재하며 동족 간 혼인이 보편화되어 있었다.[383] 브랑빌리에Henri de Boulainvilliers의 귀족과 대중에 대한 악명높은 구분은 프랑크인*의 갈리아인의 정복으로 나타난 것이었다.[384] 프랑스 도시민들은 농부를 미개인이나 야만인으로 취급하고 "다른 인종"으로 간주했다.[385] 조국과 애국심의 개념은 지역적이었다.[386] 마을 주민들은 프랑스인이든지 영국인이든지에 상관없이 마을 외부의 모든 사람들을 외국인으로 간주했다.[387] 서장에서 살펴본 19세기의 신발 제작자 피나곳Pinagot은 분명 프랑스 인족 정체성을 가지고 있지 않았을 것이다.[388] 프랑스 교외의 방언, 물물교환, 지역적 사고, 만연한 문맹률 등을 고려할 때 이는 놀랄 만한 일이 아니었다.[389] 민족문화는 상류문화와 하류문화가 합쳐질 때 형성될 수 있으나,[390] 프랑스는 20세기까지 이를 달성하지 못하였다.[391]

과거 2천 년 동안 유럽 및 세계 대부분의 지역을 형성했던 농경 사회는 정체된 고정관념과는 다른 상당한 역동성과 다양성이 있었다. 그러나 지역 내 신분 불평등은 만연하였고, 인구의 대부분은 소작농 계급—물론 그 범주 자체의 분석적 문제가 있기는 하나[392]—으로 이루어져 있었다. 소작농들은 마을에 거주하며 외부인들로부터 그들을 구분 짓고, 그들의 신분적 우월성을 유지하였다.[393] 이주, 무역 등을 통한 다양한 외부세계와의 접촉에도 불구하고 대

● 라인 강변의 게르만족.

제1장_ 기원을 찾아서

부분의 소작농들은 그들의 경험적 세계와 세계관에서 벗어나지 않았다.[394] 그들에게 중요한 사회적 신분은 종족이나 민족이 아닌 가문과 혈통이었다.[395] 언어, 종교, 문화 등에 기반한 다양한 관계와 정체성이 존재했으나, 이들은 영속적인 것이 아니었다.[396] 이종 간 결혼이나 이주를 통해 범주와 구성원의 자격이 변화되었다. 지역적 다양성에 관해 전근대 사회에는 넓은 지역을 관통하고 투영하는 공통의 정체성을 전파할 수 있는 체제와 능력이 결여되어 있었다. 어떠한 경우라도 포괄적인 인족의 개념은 공허했다. 결국 민족은, 적절한 범주화 없이 상상하거나 인지하기 어려운 개념이었다.[397] 농민 민족주의가 발생할지도 모르나, 이는 보통 서양의 교육을 받은 지식인들의 조직적 노력의 결과로서,[398] 또는 현대국가 이후의 후천적 결합체로서 간주한다.[399] 현대인족의 부상과 함께 소작농이 사라진 것은 우연의 일치가 아니다.

신분 중심의 사회에서 기술과 제도가 발달하며 공통의 정체성이 보편화되기 시작하였다고 할지라도, 인간인 우리는 여전히 인종, 종족, 민족이 서로 다른 집단이라고 생각한다.[400] 집단적 우월감을 가지고 신분에 따른 동족혼인을 특징으로 하는 유럽 귀족은 현대인족의 많은 요소들을 보유하고 있었으나,[401] 당시 이들은 민족초월적supranational인 동시에 민족기반적infranational이었다.[402] 유럽 귀족들은 범민족적transnational으로, 오늘날의 민족경계를 넘어 자유롭게 혼인했다. 이와 달리 귀족과 소작농은 서로 다른 사회집단을 형성했다. 이들 사이에는 의복이나 신체 등 많은 부분에서 차이가 있었다.[403] 18세기 레지스키Stanislaus Leszcyski는 다음과 같이 기록했다. "우리는 농민을 완전히 다른 존재로 여긴다. 우리는 그들과 같은 공기를 쉬고 있다는 것조차 부인한다. 또한 우리는 우리의 땅에서 경작하는 짐승과 그들을 쉽게 구분하지 못한다. 우리는 그들을 짐승보다도 가치 없는 존재로 여긴다."[404] 이와 같은 논리로, 19세기 에스토니아 농민들은 '삭스Saks'(독일인 또는 주인)와 구분되는 '마라흐바스Maarahvas'(시골 사람)로 불린 데 반해,[405] 폴란드 농민들은 "오스트리아인" 또는 "제국인"으로 불렸는데, 이는 폴란드인들이 보통 지주로 간주되었기 때문이었다.[406]

———

6

———

전근대 사회의 다양성이 오직 고대 메소포타미아와 그리스, 중세 프랑스에서만 니타났다고 볼 수는 없다. 전근대 정치 조직체에서 인족의 개념이 부재하였다는 사실을 명확히 입증할 수는 없다. 집단의 이름이 그 집단의 성격을 나타내는 한, 엘리트 정체성과 같은 원형적 인족 정서는 계속해서 유지된다. 영토적 또는 행정적 범주로서 현대인족을 정립하고자 했던 휘그당의 시도는 불가피한 것이었다고 볼 수 있지만, 이는 동시에 우리가 과거의 기록들을 올바

제1장_ 기원을 찾아서

로 해석하지 못하도록 만든다. 이는 연속적 정체성에 대한 담론의 개념적 기반이 되는 명목적 연속성에 대한 사례들을 볼 때 보다 분명해진다. 정치체로서의 민족 — 그러나 문화통합적이거나 신분 통합적 사회는 아닌 — 은 민족주의 이전부터 존재했다. 그러나 전근대적 정치조직은 문화적이거나 신분적인 통합을 성취할 수 없었을 뿐만 아니라 이에 대해 무관심했다. 다시 말해, 그들은 공통의 민족문화를 구축하거나 지배자와 피지배자 사이의 통합을 이루는 데 실패하였다. 따라서 전근대적 인족은 과거에 현재적 이해를 투영하는 예기豫期적인 것으로 이해할 수 있다. 이와 관련해 제국, 카스트, 부족, 섬의 정치체들을 살펴보기로 하자.

제국은 하나의 정치조직이 다른 이들을 통제하는 것을 의미하고,[407] 따라서 이는 불가피하게 다종족적이다. 중앙은 보통 외곽을 통합하거나 동화시키려 하지 않는다. 중앙은 그들 내부 인구 통합에 관심조차 없다. 국가 관료제는 발달하지 못했지만, 신분 불평등은 이념적으로 매우 중요했다. 다시 말해, 제국주의 통치의 보편주의적 주장은 인종, 종족, 민족적 동질성에 관한 것이 아니었다.

로마의 통치는 문명의 이름으로 정치·문화적 엘리트들을 통합하였지만, 이것이 문화획일주의나 인구 통합으로 이어진 것은 아니었다.[408] "로마 대부분의 지역은 부족사회와 도시사회가 뒤죽박죽 섞여있고 서로를 적대시했으며 그중 어느 누구도 (현대 민족주의 관점에서 볼 때) 서로 관계하지 않았다."[409] 도시 생활은 문명화의 상징이라고 할 수 있는데, 이는 로마니타스Romanitas로 정의할 수 있다.[410] 농민은 구분된 집단으로서,[411] 낮은 신분의 문명화되지 않은 자들이었다. 신분적 위계는 중요했는데, 특별히 노예servus와 자유인liber 사이에 엄격한 구분이 있었다.[412] 농민과 지배층은 대부분 서로 다른 언어를 사용하였다.[413]

로마의 통치는 인족 정체성이 아니라 정치적 시민권에 기반했다.[414] 로마 시민권은 로마 제국이 확장하게 됨에 따라 함께 확대되었다.[415] 로마 시민권은 지방의 지도층이 제국의 통치에 복종하고 참여할 것을 확인하는 대가로 주어졌다.[416] 로마인이 된다는 것은 로마 제국의 시민이 된다는 것이었다.[417] "로마의 문화와 정서를 보유한 자들이라면 곧 로마인이었다."[418] 로마인과 비로마인 사이에 명확한 구분점이 존재하지는 않았지만,[419] 문명화된 로마인과 비문명화된 야만인을 구분하는 기준은 문화였다.[420] 대부분의 고전 작가들은 문화적 차이를 물리적 상황의 차이에서 기인하는 것으로 설명했다. 피부색은 신분과 동일시되지 않았고 이를 통해 집단이 구분되지도 않았다.[421] 인종적이거나 종교적 출신은 극복할 수 없는 장애물이 아니었다.[422] 노예가 시민이 되는 신분 이동은 결코 불가능한 것이 아니었고,[423] 문화적 동화 현상은 로마 제국 전역에서 찾아볼 수 있었다.[424] 이와 관련하여 로마어 '트리부스tribus'는 현대어인 '부족tribe'이 가지고 있는 '민족–인종' 집단의 함의를 가지고 있지는 않았다.[425] 이는 제국주의 통치로부터 형성된 것이었다.[426] 예를 들면, 독일인의 범주에 공통의 정체성이 있었던 것은 아니었지만, 지역적·신분적 차이로 인한 "야만인" 부족은 존재했다.[427] 요컨대

제1장_ 기원을 찾아서

브런트P. A. Brunt는 이에 관해 다음과 같이 결론지었다. "고대 사회에서는 현대적 의미의 어떠한 민족주의도 존재하지 않았다."[428]

이와 비슷하게, 천명天命임을 주창한 중화 제국의 서로 다른 만큼이나 다양한 왕조들은 중국중심적 세계 질서의 비전을 가지고 있었는데, 이러한 하나의 통합 문화를 보유한 것은 오직 지배계층뿐이었다.[429] 부속국가들의 정치·문화적 엘리트들은 중화中華되었을지 몰라도, 문화적 범주로서의 중화는 단기적으로 충성을 고한 여러 왕조들에게는 적용되지 않았다.[430] 현재적 관점에서 청 왕조를 하나의 종족 집단으로 간주할 수 있지만, 그들의 종족 정체성은 역사적 연속성 속에서 구성된 것이라 할 수 있다.[431] 지역적 다양성은 광범위했고, 신분적 위계질서는 견고했다.[432] 중요한 사실은, 인구의 대부분을 차지했던 소작농과 농민들은 여기에서 배제되었다는 점이다.[433] 이들은 스스로를 중국인으로 인식하지 않았을 가능성이 높다.[434] 20세기 들어서까지 대부분의 농민들은 작은 단위의 마을의 삶에 한정되어 있었다.[435] 중화 민족주의는 19세기 말, 20세기 초에 들어 나타났다.[436]

무갈Mughal 제국은 다종족 정치체로서의 또 다른 예를 보여준다. 무갈 제국의 전설적 통치자 바부Babur(오늘날 차가타이 터키인으로 부름)나 아크바Akbar, 또는 샤아 자한Shah Jahan은 지리·종교적으로 다양한 귀족과 영역을 통치했다.[437] 이슬람 제국의 비무슬림 통치는 명목상 존재할 뿐이었다. 이슬람의 '딤마dhimma'(보호받는 소수 종교집단) 개념은 사실상 모든 영역을 포함했다.[438] 또한 쑨원이 한족汉族중국의 민족적 정체성을 지지함으로써 청나라 정당성을 부정한 것과 같이, 힌두와 인도는 민족주의를 통해 과거의 이슬람 인도를 삭제하고자 했다.[439]

"공통의 혈통, 공통의 지역적 기원에의 요구, 특정 직업에 대한 이상"을 전제할 때,[440] 카스트는 현대인족과 기능적으로 동일한 면이 있다. 그렇다고 이들을 동일시할 수는 없다. 여기서 카스트는 '바르나varna'(베다문헌에 기반한 넷 또는 다섯의 신분적 구분)가 아닌 대부분의 남아시아인들이 가장 기본적인 정체성으로 인식하고 있는 '자티jati'(동족혼인을 통한 직업 중심 세습 집단)를 의미한다. 인도의 과거와 현재 모두 네 개 또는 다섯 개의 카스트 계급이 명확하게 존재하는 것은 아니다.[441] "보통의 농민에게 (…중략…) 다른 언어 지역에서의 카스트 명칭은 완전한 외계어일 뿐이다."[442] 자티는 주관적으로 주어지는 사회적 정체성을 의미하므로 현대인족의 예로 볼 수는 없다. 카스트 조직은 친족 집단이라기보다는 정치적 집단이다.[443] 혈통과 신분에 대한 신봉에도 불구하고, 1940년대 남인도의 쿠르그인들은 서로 다른 언어를 사용하였고, 서로 다른 집단으로 구분되었다.[444] 자티는 개별 또는 집단 이동이 가능한 개념으로 고정된 정체성은 아니다.[445] 마지막으로, 가장 기본적인 것은 마을 정체성이라 할 수 있다.[446] "어떤 이가 자신의 마을 밖으로 나서면, 그가 누구인지를, '자티'나 다른 것들이 아닌, 먼저 그의 마을을 통해 규명하고자 할 것이다."

부족은 "정치 공동체를 구성하고 있는 혈통 집단"으로 정의할 수 있는데, 평등하고 참여적인 경향이 있으며,[447] 이는 현대인족의 개념 자체를 반영한다. 프리처드Edward Evans Pritchard는 다음과 같이 논했다. "모든 누에르족 사람들은 영역적으로 흩어지지 않고 단일한 공동체를 형성하고 있는데, 이들에게는 공통의 문화와 배타성이 존재한다."[448]

부족은 기초적이고 고립된 사회 조직이라기보다는 외부인에 대응하며 나타나는 존재이다.[449] 부족 이름은 종종 "외부인들이 집단의 구성원에게 부여한 명칭, 또는 '사람'이나 '인간'의 개념에 상응하는 단어"로 붙여진다.[450] 마다가스카르의 남부에 위치한 마하파리Mahafaly는 마하파리적 정체성이나 구성원으로서의 자격을 요구하지 않는다. 그러나 "그들이 프랑스 공무원이나 프랑스인들을 만나게 될 때면, 그들은 스스로를 규정하며, 마하파리라고 부르거나 그들이 생각하는 마하파리로서의 행동양식을 보여준다".[451] 그리고 부족은 종종 다른 언어 사용자와 다른 신앙인들을 포함하고, 인류학자들이나 식민지 통치자들이 대체로 생각하는 것과 같이 ─ 이주와 결혼으로 초월할 수 있는 ─ 부족의 경계를 엄격하게 규정하지는 않는다.[452] 이와 관련하여 리치Edmund Leach는 그의 연구에서 버마 산악지대의 부족 정체성의 변화가 정치적 충성에 근거하고 있음을 밝혔다.[453]

뒤르켐은 호주의 부족들은 "완전히 단일"하고 "가장 원시적"인 존재로 간주하였으나,[454] 앞서 말한 요릉우 부족에게는 1970년대 말~1980년대 초부터 지역적 다양성과 역사적 변화가 나타났다. 삼천 명 정도의 인구에도 불구하고, "그들은 스스로를 하나의 종족 집단으로 간주하지 않았다".[455] 브릭스Jean Briggs는 캐나다 북부의 우트쿠히크하링미우트족Utkuhikhalingmiut과 함께 살았는데, 이들은 "35,000평방마일 또는 그 이상의 지역에 거주하였다".[456] 그러나 20~30명의 부족원들은 세 개의 친족 집단으로 나뉘어져 있었고, 그중 두 가정은 "진정한 우트쿠Utku"로 간주되지 않았다.[457] 샤머니즘 종교를 찾기 위하여 브릭스는 성공회 교도들을 찾았다.[458] 1960년대 아프리카 남부의 쿵족Kung은 10명에서 30명 정도가 한 지역에서 생활하였는데, "그러나 이들 캠프 안의 구성은 달마다 또는 날마다 변하였다".[459]

부족은 종종 확장된 친족 집단으로 묘사되기도 한다. 한 예로, 래드클리프 브라운A. R. Radcliffe-Brown[460]은 625년 안다만 제도의 열 부족을 조사하였다.[461] 부족사회는 견고한 친족 사회일 수도 있지만, 산업형 사회일 수도 있다. 이와 같이, 씨족은 "공통의 아는 조상"으로부터 혈통을 찾을 수 없는 "대체적으로 큰 집단"이다.[462] 씨족은 이런 의미에서는 컨소시엄의 형태로 이해할 수 있다. 집단을 관계시키는 것은 피가 아니라 '친족'이라는 용어 그 자체에서 오는 집단 정체성인 것이다.[463]

이와 유사하게, 유목집단은 혈통적이거나 친족적인 집단으로 볼 수 있지만, 지리적인 이동과 정치·경제적 불안정 속에서 실질적으로는 외부인들의 유입과 통합이 많았다.[464] 집시의 통합―그 명칭 자체를 포함하여― 역시 이와 같은 외생적 요인으로 인해 나타난 결과였다.[465]

대륙에는 많은 유입과 이주의 기회가 있다. 그렇다면 고립된 섬의 경우는 어떠한가? 솔로몬 제도의 시우아이Siuai족은 1930년대 4,700명으로 집계되었다.[466] 이웃 섬과 부족이 있다는 사실을 인지하고는 있었지만, "시우아이의 경계에는 모호함"이 있었다.[467] 당시 어떤 통합된 부족이나 기관이 없었다는 사실을 고려한다면 이는 놀랄 만한 일이 아니다. 다른 부족인 테레이Terei는 서쪽으로 1.5마일 떨어진 곳에 있었는데, 경계 지역의 마을에는 이중 언어의 사용이나 이종 간 혼인이 일반적으로 이루어졌다.[468] 농장주들은 동일한 언어를 사용하는 사람들을 함께 일하고 살게 함으로써 부족 정체성을 구축하고자 했다.[469] 따라서 이들이 돌아갈 때는 당연히 보다 강화된 시우아이의 정체성을 가지고 있었다.

퍼스Raymond Firth는 1920년대 태평양 남부 섬인 티코피아Tikopia를 완전한 고립 집단으로 보고 다음을 그 특징으로 설명했다.[470] "원주민들이 그들 스스로를 'tatou ŋ Tikopia', 즉 '우리 티코피아'라고 말할 때, 그리고 그들을 통가, 사모아, 산타 크루즈의 친구들로부터, 또는 더 외부의 존재인 '파파랑기papalangi', 즉 백인으로부터 그들 스스로를 구별할 때, 공통어의 사용, 공통문화의 향유와 같은 것들이 암시적으로 나타난다." 퍼스는 그들에게 "말과 문화에서 동질성"이 나타나고 "거의 대부분 외부세계로부터 영향받지 않았음"을 주장하였는데,[471] 이는 동질적이고 고립되어 있으며 역사성 없는 원시 부족을 상기시키는 부분이다. 그러나 "거의 한 세기동안 이들의 절반은 '문명화된' 세계의 영향을 받아왔다".[472] 티코피아인은 스스로를 다양한 지역 출신이라고 주장하였고, 이들 중 절반은 기독교인이었다.[473] 이들 중 두 개 주요집단인 사파에아Sa Faea와 사례베아가Sa Reveãga는 "서로 의심하고 불신하는" 특성이 있었다.[474] 그들은 종교도, 음식의 조리 방법도 달랐다.[475] 인구가 1,281명으로 집계된 1920년대 티코피아섬에는 사실상 두 개의 종족 집단이 존재했다.[476] 여기서 스스로를 "'티코피아인과 같다'고 수차례 주장" 한 퍼스가 인구집계에 자신을 포함하였는지는 확실하지 않다.[477]

마지막으로, 현대 아이슬란드인들은 한때 그들이 보유했던 동질적이고 평등한 **아이슬란드스러움**을 상실했다.[478] 8세기에서 9세기 현재의 노르웨이로부터 이주한 그들의 역사, 상대적인 고립, 영웅적 전설, 원형적 민주주의 형태로서의 중세 자유국가의 모습은 아이슬란드스러움의 주요한 기반들이었다. 그러나 아이슬란드는 1262년 노르웨이, 1380년 덴마크에게 점령당하였다. 덴마크인들은 1944년 그들이 독립하기 전까지 아이슬란드를 노르웨이의 본보기적 경험으로 생각하였다.[479]

중세 아이슬란드는 자유농민free farmers과 노예에 대한 철저한 구분이 있었다.[480] 1100년 노예제가 폐지되었음에도 불구하고, 아이슬란드인들은 이들을 인구로 집계하지 않았다. 12세기『정착의 서 *Landnámabók*』에는 오직 주요 정착자들만 기록되어 있는데, 이를 통해 그들의 엄격한 신분계급을 볼 수 있다.[481] 부랑자, 거지와 같은 주변인들은 "인간 아닌 자들ómenskumenn"로 간주되었고, 18세기까지 이들의 혼인을 허용할 수 있는지에 대한 문제가 끊임없이 제기되었

제1장_ 기원을 찾아서

다.[482] 해스트럽Kirsten Hastrup은 다음과 같이 논했다. "아이슬란드스러움은 토지와 삶을 관리하는 정착 농민들의 협소한 삶의 굴레를 통해 계속적으로 정의되고 있다."[483] 이에 따라 그들은 가난한 자뿐만 아니라 어부, 노동자까지 배제하였다.[484] 역설적이게도, 영웅담을 통해 인간적인 것이 용기있는 것임을 보여주는 아이슬란드인들의 아이슬란드스러움을 실생활에 적용해보면, 대부분의 아이슬란드인들은 "인간이 아닌 자들로 낙점될 위기"에 처해 있었다.[485] 유럽 계몽운동과 프랑스혁명을 통해 20세기 초 아이슬란드적인 낭만주의 민족주의가 부흥하게 되었지만,[486] 아이슬란드어의 표준화 작업은 독립 이후에도 이루어지지 않았다.[487] 그들이 여행객들이나 인류학자로부터 그들의 본질을 지키고자 하면 할수록 그들은 그들 스스로를 "걷잡을 수 없는 개인주의자들"로 여길 수밖에 없었다.[488]

제1장에서 필자는 현대적 범주를 통해 과거를 살펴보는 것을 비판하였다. 전근대사회에는 현대인족을 가능하게 할 만한 문화적이고 신분적인 통합— 유동성을 통제하고 다양성을 통합하는 제도적 장치—이 부족했다. 인족 정체성이 언어, 종교, 문화에 의존적이기는 하나, 이들이 곧 현대인족을 형성한 것은 아니었다. 문화·신분적 통합은 유동적 존재로서의 인구를 정체된 존재로서의 인족으로 구체화시켰다. 이러한 관점에서 볼 때, 이러한 노력들은 현대인족의 범주를 자연적인 특성에 기반한 것으로 만들고자 한 것으로 볼 수 있다. 다음 장에서는 과학적 근거의 토대가 사

실 현대인족의 개념 그 자체에 의존하였고, 여전히 의존하고 있음을 논하고자 한다. 현대인족의 개념을 확립시킨 것은 역사도 자연도 아니었다.

제2장

차이의 귀속

1

골든 리트리버와 저먼 셰퍼드의 구분을 어려워하는 자가 있는
가? 공통의 혈통과 동시대적 공통성을 통해 인족이 특징지어지는
것과 같이 개는 족보와 심리 표식을 통해 품종이 정해진다.[1] 사실
개의 품종은 인류의 인종적, 민족적 차이를 대변하기도 한다.[2] 최초
의 나치 인종 이론가였던 스튜어트 체임벌린Houston Stewart Chamberlain
은 다음과 같이 기록했다. "인종은, 그레이하운드, 불독, 푸들, 뉴펀
들랜드와 같이, 개개인의 능력적인 차원에서 볼 때, 실제로 성격,
품질 등 모든 면에서 차이가 있다."[3]

품종이라는 개념은 19세기 영국 중산층 생활의 상징적 존재로 애

완견이 등장하게 되면서 보편화되었다. 콜리collies와 같은 인기 있는 품종들은 영국 빅토리아 시대에 애완견주들과 애완견 클럽 활동가들이 이들을 구분하고 정의하기 위해 그들의 "임의적이고 관습적인 사안들"에 집중함으로써 만들어졌다.[4] 미국 컨넬클럽(1995)*의 공식 기준은 애완견들의 "임의적이고 관습적인 사안들"을 강조한다. 예를 들어, 골든 리트리버의 "통상적 외모"는 "좌우 대칭의, 강하고, 활동적인 개로서, 건강하고, 함께 잘 어울리며, 어설프지도 길지도 않은 다리, 친절한 표현과 열성적이고 기민하며 자신감 있는 성격을 가지고 있다. 본래 사냥개로서, 열심히 일하는 성품이다. 전반적인 외모, 균형, 걸음, 용도는 그의 어떤 부분보다 강조할 만하다".[5] 이러한 주관적인 특징은 객관적 견과犬科 설명서를 통해 다시 확인할 수 있다. "수컷의 길이는 23~24인치이다. (…중략…) 평균 길이에서 1인치 이상 차이가 나면 자격이 박탈된다."[6] 신장 차이에 있어서도, "아랫턱이나 윗턱이 나온 경우 자격이 박탈된다".[7] 신체측정의 정밀성은 견犬 심리학(차우차우의 비열함)이나 사회학(저먼 셰퍼드의 독일스러움)의 인기와 함께 발달하였다. 그러나 표현형적으로 나타나는 차이와 행동과의 상관관계는 거의 없다.[8]

혼종 번식의 자율성을 제한하고, 전혀 자연적이지 않은, 단일 품종의 출산을 위해서, 인간의 개입은 반드시 필요한 것이었다. 우리가 개의 품종에 대해 말할 수 있는 것은, 품종 간의 차이를 극대화시키는 인위적 번식이 이루어지고 있기 때문이다. 이종 교배는 신

● American Kennel Club : 미국 애완견협회.

체적·정신적 건강을 증진시키지만,[9] 잡종견은 옥스퍼드 사전에 의하면 "멍청하고, 무지하며, 이상하고, 어리석고, 무능할 뿐만 아니라, 돌대가리, 멍청이, 바보와 같은" 뜻으로 정의된 머트●로 불리운다. 1세기 전만 해도 이종교배는 칭송을 받았으나, 오늘날의 잡종견은 종차별을 경험하고, 제거당할 위험에 처해있다.

  이번 장에서는 차이에 따른 인종의 분류가 오직 다양한 양적 차이가 존재하는 곳에서 나타나는 순간적이고 특별한 질적 파열을 영속화하는 "임의적이고 관례적"인 행위라는 사실을 주장하고자 한다. 인류 역사는 인종 존재론에 반론을 제기할 수 있는 요소인 이주와 혼종을 빼놓고 논할 수 없다. 인류는 이종 또는 혼종 간 출산이나 혼인에 관한 법률적이거나 관습적인 사회적 제약의 부재 속에서 다른 인종과 관계하였다. 인류는 종종 엄청난 제약을 극복하고, 결과적으로 더 밝게 피우게 된 그들의 열정을 발견하기도 한다. 18세기에 시작하여 20세기 절정에 달했던 인종과학자들은 인간 분류에 대한 확고한 기반을 찾고자 노력하였다. 그들은 지리적 불변성과 혈통 중심의 집단을 근거로 하여 인족의 현대적 개념에 대한 과학적 정당성을 주장하였다. 그러나 자연과 문화가 불가분의 관계로 서로 영향을 주고받는다는 반증의 현실로 인해 인종 존재론에 대한 주장은 불안정할 수밖에 없었다. 자연은 인류의 다양성에 기여하지만, 모든 사회적 분류는 차이의 귀속화naturalizing를 통해 범주 및 집단들과 상호 연계한다. 인종race과 인종주의racism

---

● mutt : 잡종개라는 뜻.

제2장_ 차이의 귀속

―자연의 구성적 범주가 아닌― 는 인족의 현대적 범주를 전제로
한다.

＝

2

＝

잘 알려진 개의 품종과 같이 미국의 흑인, 백인과 같은 널리 알
려진 인종 범주는 직관적으로 명확하다. 명료한 현상학은 세대 간
유전에 근거하고 있는 것처럼 보인다. 현대 생물학적 언어로, 유전
자 풀pool의 기본구조들은 분명한 상부구조의 모습을 형성한다. 이
러한 논리는 인종이 자연발생적인 것이고 같은 종이 같은 종을 재
생산한다는 사실을 지지한다.[10] 히틀러는 다음과 같이 말했다. "박
새는 박새를 찾고, 되새는 되새를, 황새는 황새, 들쥐는 들쥐, 동면
쥐는 동면쥐, 늑대는 암늑대를 찾는다. (…중략…) 이런 인종적 순
수성 ―자연에서 보편적으로 나타나는― 은 결과적으로 외부적으
로는 다양한 종을 구분하는 예리한 분계선일 뿐만 아니라 그들 사
이에서는 동질적 특성이 된다. 여우는 언제나 여우고, 거위는 언제
나 거위, 호랑이는 언제나 호랑이다."[11]

　종species의 개념은 자연종natural kinds의 개념에 부합한다. 이에 대
한 생물학적 분류의 기초는 공고하다. 도브잔스키Theodosius Dobzhansky

가 관찰한 바와 같이,[12] 종은 "다른 것들과 달리 집요한 명칭자들의 모든 변덕을 이겨낸 단일한 조직적 범주"이다.[13] 그러나 종의 분류에 대한 결정은 여전히 논쟁적이다. 가장 빈번히 인용되는 마이어 Ernst Mayr의 정의에 따르면, 종species은 "실제적이고 잠재적으로 이종 교배할 가능성이 있는 자연적 개체집단들로, 다른 집단으로부터 생식적으로 분리되어 있는 집단들"이다.[14] 그의 생물학적 종에 대한 개념은 무성 생물과 같은 것들을 고려할 때 문제적이며, 생태학적 종의 개념부터 인지적 개념에 이르는 다양한 학설에 합치점을 제공하지 못한다.[15] 따라서 현대의 생물학자들은 지식의 암묵적인 지지를 통해 이를 결론지었다. 다윈은, 물론 문제적일 수 있으나,[16] 종의 결정에 대한 "유일한 지침은 옳은 판단력과 넓은 견문을 보유한 자연주의자들의 의견"을 따르는 것이라고 결론지었다.[17]

1735년 린네Linnaeus의 『자연의 체계Systema Naturae』 이후, 대부분의 생물학자들은 호모 사피언스를 단일종으로 간주하였다. 다른 집단은 다른 종으로 간주되지 않았다. 또한 같은 집단 내의 구성원들끼리 배타적으로 혼인하지도 않았다. 흥미롭게도 다른 인종으로 보이는 사람들 사이에서 건강한 후손이 출생했다. 인종과학자들은 서로 다른 인종 사이의 출산은 퇴행을 초래할 것이라고 주장하였다. "혼종의 생명력에 대한 의심"의 시도에 관해 크룩쉔크F. G. Crookshan의 논의를 볼 수 있다.[18] "부모 간의 **충돌**이 있는 곳에(순수 노르딕사람이 순수 라플란드인과 결혼할 때와 같은) '몽고인과 같은' 퇴행적이고, 미개하며, 정박아와 같은 자손이 태어날 것이다."[19] 그러나 히

제2장_ 차이의 귀속

틀러[20]조차도 혼혈아의 존재를 부인하지는 않았다.[21]

보다 그럼직한 논의는 인종을 아종亞種으로 간주한 것이었는데, 이는 혈통적으로 존경할 만한 선조가 있는 경우였다. 도브잔스키가 기록한 바와 같이, "'인종'이라는 용어는 공통적인 유전적 특질을 가진 개체로 구성된 종의 하위집단을 대략적으로 명하기 위해 사용되었다".[22] 여기에서 지리적 다양성의 존재를 확인할 수 있다. 인류는 지구상의 모든 생태 환경에 성공적으로 적응한 유일한 존재이다. 인류는 "보편화에 전문화"된 존재로 표현할 수 있다.[23] 다양성의 현실은 인종이 "공통의 가문, 혈통, 유전과 관계된 집단으로, 아종으로 사용될 수 있다"는 주장을 뒷받침할 수 있게 만든다.[24]

심슨George Gaylord Simpson은 아종을 정당화하는 두 가지의 기준을 제시하였다. "① 아종 내 비임의적인 요소(또는 '객관적 기반')는 없는가? ② 공식적인 아종 분류에 대한 인식이(온전히 임의적이든 임의적이지 않든간에) 분류학자들에게 유용한가?"[25] 인간에게 지리적 다양성은 아종의 개념을 통한 질적 구분보다는 점차적으로 구성된 연속 변이에 가까웠다.[26] 인종을 분석의 범주로 인정한다고 하더라도, 이 개념이 자연에 근거하고 있는 것으로 혼동해서는 안 된다.

그러나 대부분의 인종과학자들은 그들의 인종 분류 체계를 전제하고, 인종을 혼합되고 역동적인 존재가 아닌 순수하고 고정된 유형으로 특징지었다. 본질적이고 유형적인 범주로서 같은 인종의 사람들은, 제한된 차이만이 존재할 뿐 본질적으로 동일한 속성을 보유하고 있으며, 다른 인종 집단과 질적으로 다른 특질을 향유한다고 설명한다.[27] 사실 한 집단 내에도 다양한 차이가 존재하고, 이들 사이의 차이는 집단 간의 차이와는 또 질적으로 다르다.[28] 따라서 한 인구 집단의 지리적이고 개별적인 차이를 설명하는 고정된 유형이나 기초가 일단 확립되면, 유형과 실제 그 인구 집단 간 괴리가 나타나는 것은 어쩔 수 없다. 스웨덴인들이 노르딕인종인지 묻는 인종과학자는 거의 없을 것이다. 19세기 말의 스웨덴 군인들에 관한 한 유명한 연구에서는, 이들 중 단 10퍼센트만이 노르딕인종이라고 밝혔다.[29] 90퍼센트의 스웨덴인들이 노르딕인종이 아니라면, 이들은 누구란 말인가? 20세기 초 인종학자 귄터Hans F. K. Günther는 독일민족을 연구하면서 이와 유사한 문제에 직면했다. 그는 6~8퍼센트의 인구를 "순수 노르딕인종"으로, 3퍼센트는 "순수 알파인인종", 2~3퍼센트는 "순수 지중해인종", 2퍼센트는 "순수 발트인종"으로 규정했다. 그 밖의 사람들은 오염인이거나 혼종인, 또는 잡종인으로 규정했다.[30] 독일의 이상주의자들은 주장의 근거가 현실에서의 괴리를 제대로 설명하지 못하기 때문에 그만큼 더 나쁘다고 비꼬아 말한다. 이와 관련하여, 아리아 신화를 주장하는 가장 대표적 인물인 영국인 체임벌린과 오스트리아인 히틀러가 이상적인 아리아인의 모습과 동떨어져 있다는 사실을 고려할 수 있다. 마이어Mayr는 다음과 같이 논했다. "유형이나 요소는 자연세계에서 존재하지 않는다."[31]

인종 존재론은 인종 분류의 문제와, 병합파Jumpers와 세분파splitters 학자들 간의 대립 문제에 직면했다. 대중적인 분류체계는 소수의 인

제2장_ 차이의 귀속

종만을 제시했다. 『자연의 체계*Systema Naturae*』2판본에서 린네Linnaeus
는 네 개의 인종, 즉 백색 유럽인, 홍색 미국인, 황색 동양인, 흑색
아프리카인으로 규정했다.[32] 쿤Carleton Coon은 코카소이드Caucasoid, 몽
골로이드Mongoloid, 오스트랄로이드Australoid, 콩고이드Congoid, 카포이
드Capoid(콩고이드와 카포이드는 니그로이드Negroid로 통칭함) 다섯 인종으로
분류했다.[33] 쿤에 따르면 코카소이드 인종은 "유럽인과 그들의 해외
친족들, 모로코에서부터 서부 파키스탄에 이르는 중동 백인들과 인
도 대부분의 인구, 일본의 아이누를 포함한다".[34] 코카소이드, 코카
시안, 백인과 같은 용어는 오늘날에도 보편적으로 사용되지만, 쿤의
인종 분류에 따라 아랍인과 아시아인으로 불리우는 이들을 오늘날
백인에 포함하는 자들은 없다.

　병합파가 몰상식적이고 조잡하게 보이므로, 과학적 엄정함에 대
한 욕구는 세분파에게 보다 집중되었다. 리플리William Z. Ripley는 코
카시안을 튜턴인, 알파인인, 노르딕인, 지중해인 등 서로 다른 인
종으로 구분하였다.[35] 1941년의 교과서는 세계 32개의 "주요 인
종"이 존재한다고 가르쳤다.[36] 정제된 분할은 보다 세부적인 구분
을 유도한다. 그들은 질적 차이가 없는 집단 간의 질적 차이를 설
명해야만 하는 문제에 귀착했다. 정확히 어떤 것들이 튜턴인종, 알
파인인종, 노르딕인종을 구성하는 것인가? 지리는 분명하면서도
자연스러운 구분의 근거를 제시하지 못한다. 대륙적 차이 역시 인
종의 차이를 설명해주지 못한다.[37] 심슨은 "분류는 진정한 과학이
아니다"[38]라고 선포하였다.

미국에서의 백인다움whiteness에 대한 다양한 정의를 살펴보기로 하자. 1751년 벤자민 프랭클린은 다음과 같이 기록하였다. "세계 순수 백인들의 수는 비율적으로 상당히 작다. 유럽의 스페인인, 이탈리아인, 프랑스인, 러시아인, 스웨덴인은 보통 까무잡잡한 얼굴을 가지고 있다. 우리 독일인들은, 같은 색슨인Saxons으로서 영국인들과 함께, 지구상의 주요 **백인집단**을 형성하고 있다."[39] 19세기 영국의 식민적이고 종교적이며 인종적인 상상 속 흑인들인 아일랜드계 이주민들은,[40] 종종 아프리카계 미국인들과 함께 '물라토mulattoes'(백인과 흑인인 부모 사이에서 태어난 사람)라는 집단으로 구분되었다.[41] 또한 "아일랜드인은 '겉과 속이 뒤바뀐 흑인들'로 인식되었고, '니그로Negro'는 '그을린 아일랜드인'으로 불려졌다".[42] 20세기 초 이민 논쟁에서 슬라브인, 지중해인, 남유럽인 및 동유럽인들은 백인 미국인의 영역에서 제외되었다.[43] 보아스Franz Boas가 20세기 초 서북 태평양을 여행할 때, 그와 함께한 여행객은 다음과 같이 말했다. "벌목꾼들 모두 스웨덴인이거나 노르웨인"이기 때문에 "이들 중에는 단 한 명의 백인도 존재하지 않는다".[44] 또한 남서부 미국은 가난한 백인들을 진정한 백인으로 간주하지 않았다.[45] 20세기 초에 들어서야 백인다움의 개념이 확장되며 보편화되었다.[46]

인종은 자연적인 구성범주가 아니기 때문에 인종 분류를 명확한 과학적 작업이라고 볼 수는 없다. 그렇다면, 이는 유용성을 통해 그 존재가 정당화되어야 한다. 그러나 인류를 인종으로 분류하는 것에 어떤 효용이 있는가? 편의가 분류의 동기를 제공한다면, 그

동기는 구체화되고, 명확하고, 자연에 근거하며, 편리한 것으로서 그 분류를 더욱 강화해야 한다.

3

　인종 분류가 임의적이고 편의적인 동기에서 만들어졌다고 하더라도, 대부분의 인종과학자들은 인종의 자연발생적 기원을 주장한다. 인종 존재론의 정교한 주장은 상세한 자료수집을 기초로 하고, 이런 집요한 실증주의는 인종과학의 자부심이라 할 수 있다. 여러 세대에 걸쳐 학자들은 "인종적 가치라 할 수 있는 인간의 특성"에 관한 자료를 수집하였다.[47] 그러나 한 세기동안 지속된 이러한 탐구가 비판받을 뿐이라는 사실 —범주의 오인으로부터 시작되었다고 할지라도— 은 슬픈 일이다. 인종과학자들은 수치와 분석에 엄정함과 정밀성을 획득하고자 노력하였고, 이에 따라 생물학의 주요한 발전들이 인종과학에 의해 이룩된 것은 우연이 아니다. 우리는 튀코 브라헤Tycho Brahe의 실증적 정밀성과 방법론적 기교에 감탄하는 만큼, 현상학적으로 설득력 있는 프톨레미오스적 세계관을 따르고 마는 오류를 범할 수 있다.
　인체측정의 자료가, 질적 수준이 어떻든 간에, 인종 분류를 정당화할 수는 없다. 어떻게 인종을 규정하고 측정할 수 있단 말인가? 딕슨Roland B. Dixon은 "인종은 ① 외면적, 피상적인 것과, ② 내면적, 구조적, 골격적인 두 기준으로 나눌 수 있다"고 보았으나, "고대 인류의 골격 연구는 쓸모없"기 때문에 첫 번째 유형은 한계가 있다고 기록하였다.[48] 보다 중요한 것은, 그가 두 번째 유형의 자료에서도 불충분성을 발견했다는 점이다. "실제로 방대한 양의 (피부나 머리카락 등의) 모호한 색과 형태의 정확성과 이를 판단하는 것은 완전히 다르다." 이러한 스스로의 경고에도 불구하고, 그는 지속적으로 인종을 측정했다.

정확한 측정이나 높은 상관관계가 인종의 범주 자체를 증명하지는 못한다. "인종은 항상 동일한 모습으로 존재해왔다"[49]는 인종 연속성에 대한 주장은 역사적 변화의 실제와는 상충된다. 앞서 살펴보았듯, 코카시안 인종의 구성은 상당한 변화양상을 보였다. 그러나 이들이 일단 범주로서 인정되면, 이 범주는 인종적 차이를 설명하는 다양한 증거를 제시한다. 좋은 자료는 분류와 범주화의 적절성을 의심하지만, 인종과학자들에 의해 지속적으로 축적된 방대한 양의 자료는 인종 존재론에 대한 확신을 강화할 뿐이었다.

과거의 주장은 현재의 확신과 많은 괴리가 있으므로, 인종과학의 과학적 주장들을 비판하고 과거의 잘못된 자료를 수집하는 일은 어렵지 않다. 이런 과학적 주장들은 고무적이지도 교조적이지도 않다.[50] 일례로, 고비노Arthur de Gobineau는 다음과 같이 논했다. "니그로는 (…중략…) 근육의 힘이 적다 (…중략…) 주먹의 강도에 있어서는, 영국인이 다른 모든 유럽 인종보다 우월하다."[51] 오늘날 흑인들의 체력적 우월성을 고려하면 이런 주장에 동의하는 이는 아무도 없을 것이다.[52] 고비노의 명제는 죽은 이들의 그릇된 주장들과 함께 사라졌다. 다른 예로, 20세기 초 혈청학자들은 혈액이 인종집단을 구분한다고 믿었다. 몇몇 독일 과학자들은 A형 집단은 지적이고 근면한 데 반해, B형 집단은 우둔하고 태만하다고 주장하면서, 순수 독일인들은 A형에 속하고 동부 유럽인들은 B형이라고 주장하였다.[53] 그들은 실제 두 집단 혈액을 혼합하여 슬라브인들과 유대인들이 독일인의 혈액을 오염시켰음을 증명하고자 하였다.[54] 사실 혈액형과 인종범주 사이의 상관관계는 성립하지 않는다.[55] 그러나 인종에 따라 혈액형이 다를 것이라는 믿음은 미국의 혈액에 따른 차별이 자행되던 1960년대까지 지속되었다.[56]

인종과학의 실패는 인간의 적응력을 간과한 생물학적 또는 유전학적 결정론을 한 원인으로 볼 수 있다.[57] 유전력의 실제가 유전학이나 생물학적 우월성을 증명하는 것은 아니다. 표면적으로 안정적인 유전적 특성들은 환경적 요인에 상당한 영향을 받는다. 예를 들어 영양 섭취상의 변화와 환경의 변화는 노르웨이 남성 평균 신장을 1761년 160cm 이하에서 1984년 180cm 이하로 상승시켰다.[58] 보다 극명한 예로, 일본 남성의 평균 신장이 20세기 후반 5인치 이상 늘어났다는 점을 들 수 있다.[59] 이주 연구는 보아스Franz Boas에 의해 개척되었는데,[60] 그는 미국으로 이주한 일본인, 멕시코인, 스위스인들이 각각의 본토 주민들보다 신장이 크다는 사실을 밝혀

주었다.[61] 이와 반대로 기근은 신체와 두상의 축소에 영향을 미치는데, 이는 성인들 사이에서도 마찬가지로 나타났다.[62] 이러한 형태학상의 변화는 신체의 구성과 조직 배열 및 구조를 포함한다.[63]

그럼에도 불구하고, 보다 발전된 과학을 통해 인종 존재론과 인식론이 입증될 것이라는 희망은 계속되었다. 게다가 최근 유전학의 발전은 불가항력적인 지리적 차이와 유전적 배열의 상관관계를 밝힐 가능성을 열어주었다.[64] 현대 유전학은 인종과학을 실질적으로 가능하도록 만들어 주는 것처럼 보인다.

인구 유전학자와 생물 인류학자들이 유전자 풀의 배열을 연구할 때, 그들은 좁은 지역 또는 외견상 비슷한 사람들 속에서 방대한 양의 다양성을 발견한다. 이는 옥스퍼드주 마을 주민,[65] 부건빌섬의 주민,[66] 태평양섬의 주민,[67] 호주 원주민[68] 모두에게 적용된다. 유전배열에 따른 분명한 질적 차이는 존재하지 않는다. "어떠한 단일 조직도 인류에 대한 체계적 분류를 가능하도록 만드는 충분한 근거를 제공하지 않는다."[69] 유전적으로 다른 수많은 인구가 존재한다면, 우리는 왜 인종을 수천만, 아니면 수백만으로 나누지 않는 것인가?

또한 인구 집단 내의 차이는 인구 집단들 간의 차이보다 큰 경향이 있다.[70] 진화에 관한 다윈의 논의가 지리적 차이가 아닌 개체 각각의 차이로서 설명되었다는 점은 놀랄 만한 일이 아니다. 유대인 디아스포라는 전 세계에 산재하는 유대인 공동체와 유전적 동질성이 존재한다고 주장되지만, 예멘 유대교든지 카라이테 유대교든지 이들은 주변의 비유대인들과 비슷한 유전적 구성을 가진다.[71] 앞으로 보게 될 아프리카계 미국인들과 같이, 인종적 순수성에 대한 이상은 혼종의 실제와 충돌한다.

마지막으로 유전 결정주의가 가진 위험성에 대해 논하고자 한다. 범죄와 암 조직에 관한 돈키호테적 질문과 같이, 인종 유전자 연구는 인종과학자들의 완고함만을 드러낼 뿐이다. 다중유전자가 형태적 특성을 설명하는 것처럼 유전자형 그 자체가 반드시 표현형적 특성을 설명하는 것은 아니다.[72] 우리의 외모, 행동, 기질이 필연적으로 물려받아지는 것도 아니다.[73] 양육이라는 말의 이중적인 의미는 생물학적 재생산이 사회·문화적 재생산을 지지할 수 없다는 사실을 드러낸다. 유전자, 조직, 환경의 삼중 구조는 우연하고도 복합적인 방식으로 상호 작용한다.[74] 심지어 인구 유전학의 가장 정통한 연구자들도 인구 변화를 추적하기 위해 언어학적 증거,[75] 성姓의 분포와 같은 사회적 자료들을 사용한다.[76] 유전학적 자료가 사회적 범주와 사회학적 정보를 필요로 하게 될 때 인종 분류에 대한 진정한 과학적 기반이 구축되었다고 볼 수 있을 것이다.

인간 생태학—그리고 일반적인 생태학—에서 사회적인 것을 배제할 수 없다. 만일 18세기 유럽 인문과학을 지배했던 환경결정론이 지지받지 못한다면, 사회생태학, 진화심리학과 같은 생태학적 결정론들의 지나친 야심 역시 지지받을 수 없다. 유기적 조직과 환경은 불가분의 관계이다. 우리는 한쪽으로부터 다른 한쪽을, 또는 한쪽을 이용하여 다른 한쪽을 결정론적으로 축소할 수는 없다.[77] 자연적이고 사회적인 것은 상호 작용한다.

　인종 분류는 오직 양적인 차이와 다양성이 존재할 때 질적인 구분과 동질적인 인구 집단의 존재를 상정한다. 인종이라는 개념이 반드시 인간의 생태적 다양성을 상정할 필요는 없다.[78] 현대 유전학은 인종에 대한 정당성을 확보하지 못했다. "복잡성(의 이유로), 혹자는 인류를 일관된 범주로 구성하는 작업에 대한 불가능성을 말할지도 모르나",[79] 많은 생물학자들은 인종의 개념 자체를 삼가고 모든 인류를 호모 사피언스의 범주로 통합하고자 한다.[80] 두 개에서 스물세 개까지의 다양한 인종 분류에 대한 제안을 살펴본 후, 찰스 다윈은 이러한 분류 자체에 대한 회의를 표했는데,[81] 인종이라고 알려진 것에서 "서로 간에 변화하고 이들 사이에 명백한 구별적 특징을 찾는 것이 불가능"하기 때문이었다. 그는 또한 "기호, 기질, 습관에 있어 모든 인종의 사람들 사이에 밀접한 유사성"을 발견했다.[82] 다윈이 인류의 다양성을 설명하기 위해 "자연적 선택"이 아닌 "성性 선택sexual selection"을 상정한 것은 놀라운 일이 아니다. 인종 구분과 인류 통합의 인위성에 관해 그는 과학자들이 "그가 정의내릴 수 없는 대상에 대해 이름을 붙일 권리"가 없다고 말했다.[83] 생물학적 인종과학의 우위는 사회적인 것을 제거하고, 우연을 필연으로 바꾸어 놓았다. 인종은 인문과학의 언어에서 삭제되어야 한다. 인종이라는 언어는 지난 두 세기 동안 인종과학으로 인해 퇴색되었을 뿐만 아니라, 범주 자체에 오류가 있기 때문이다.

━━━

4

━━━

　민간생물학이나 일반상식은 인종과학에 활기를 불어넣는 존재이다. 혈통을 강조하는 과거와 공통성을 강조하는 현재 사이의 관계를 부정할 수는 없다. 친족의 이미지는 인종 구분에 대한 자연성naturalness과 필연성necessity을 강조하는데, 이는 범역사적이자 범문화적이다. 우리는 조상들로부터 영원하고 본질적인 것들을 물려받지 않았는가?

　명망 높은 가문들은 말horse에서 서적에 이르기까지 가문과 관련된 모든 것들을 찾으려 하기 때문에, 이러한 귀족 행위를 따르려는 많은 사람들이 유명한 조상을 찾기 위해 노력한다는 사실은 놀랄 만한 일이 아니다. 족보가 혈통의 단일계보를 설명하고 있을지 몰라도, 이를 인류의 계보에 적용할 수는 없다. 보통 족보는 한 쌍의 부부로부터 시작되고, 이후 후손들의 기하급수적인 증가로 이어진다. 만일 한 사람이 그의 조상을 역추적하고자 한다면, 반대로 다양한 조상들로 이어지는 비슷한 전개를 역시 확인하게 될 것이다(두 명의 부모, 네 명의 증조부모, 여덟 명의 고조부모 등등). 게다가 이런 역추적에서 나타나는 선조의 기하급수적 증가는 현대 유럽인들이 샤를마뉴 대제 또는 공자의 후손일 수도 있다는 가능성을 포함한다.[84]

현대적 관심으로 인해, 무시할 만한 조상을 무시하든지 영광스럽지만 확신할 수 없는 조상들을 칭송하든지, 가계도는 불가피하게 편집된다. 순수 혈통은 원치 않는 조상의 계보를 가지치기함으로써 보존된다. 어떤 이들은 그들이 가치 있다고 여기는 조상을 찾는―그리스화된 유대인들은 그리스인이 조상임을 주장하였고, 그리스인들은 이집트나 페르시아에서 근원을 찾았다―반면,[85] 다른 이들은 현대 몰몬교도가 하는 것처럼 이미 죽은 자들의 사후세계를 개종시킴으로써 그들의 영혼을 구원하고자 한다.[86] 모든 문화는 친족 관계를 귀속시키는 의식들로 가득 차 있다.

순수 혈통에 대한 소망은 생물학적 재생산에서 나타나는 복합적인 실제와 직면하게 된다. 친족은 생물학에 복속될 수밖에 없다.[87] 입양 부모는 그들의 입양된 자식들을 **진짜** 후손으로 생각한다. 부계에 기반한 대부분의 가족계보는 항상 오류의 가능성을 내포하고 있는데, 현대 미국 역시 인구의 약 5퍼센트가 이런 오류의 가능성을 수반한다.[88] **어머니는 확실하고 아버지는 불확실하다.** 간통, 간음 등 혼외정사를 통한 출산 역시 간과할 수 없다.[89] 『심벨린*Cymbeline*』에시 후인간後人間은 다음과 같이 말한다. "우리는 모두 사생아다." 오직 샴 쌍둥이만이 확실한 동족이라 볼 수 있다.

오늘날 정확한 가계도를 만들기를 바라는 이들은 없다. 가계도는 농업사회 대지주들의 소유물이었고, 이들의 기록은 학술적으로 전혀 정확하지 않았다. 이전 장에서 살펴보았듯, 아일랜드의 족보―유전자 족보 프로젝트 디코드decode의 근간이 되었던―는 전혀 논리적이지 않았다. 몇 세대를 넘어서면, 족보는 모호하게 뒤엉킨 과거적 평계와 현재적 예측에 직면한다. 족보는 전략적 구성물로서 편의적인 가상물이다. 루소는 이를 조롱하는 유명한 말을 남겼다. "나는 아담왕이나 노아 황제에 대해 아무 말도 하지 않았다. (…중략…) 나의 이러한 행위가 알려지기를 원하는데, 왜냐하면 내가 이들 왕자들의 직계자손 중 한명이고, 어쩌면 장자長子의 후손일 수도 있기 때문이다. 이름의 추적을 통해 내가 인류의 적법한 왕일 수도 있다는 사실을 확인하지 않고 있는 것인지 어떻게 알 수 있단 말인가?"[90]

이전 장에서 보았던 바와 마찬가지로 유럽 귀족들과 소작농들은 일반적으로 서로 구별되는 계보에 속했다. 폰 바덴Karl Friedrich von Baden은 이를 다음과 같이 보았다. "만일 동물 사이에 종이 있다면, 인간 사이에도 종이 있을 것이다. 이러한 이유로 가장 우월한 자들은 그들끼리 혼인하며 순수 인종을 유지하고 모든 이들의 상위에 존재한다. 그들은 바로 귀족이다."[91] 프랑스 귀족은 조상들이 그들의 소작농들을 점령한 것으로 생각했다.[92] 폴란드 귀족은 사마리아인이 자신들의 조상임을 주장했는데, 이전 장에서 논하였듯 이를 통해 그들은 19세기까지 스스로를 폴란드인으로 여기지 않았던 평민들로부터 스스로를 구분하였다.[93] 이와 유사하게 중세 러시아에서 자유인은 슬라브인이었고 백성들은 **흑인**이었다.[94] 오늘날 인도의 카스트 계급은 종종 인종화되고, 피부색의 차이가 강조된다.[95] 그러나 이들 외부의 사람들은 그들 모두를 인도인이라고 부른다.

이와 관련하여 아프리카계 미국인에 대해 생각해보자. 그들이 흑인으로 인종화되었어도, 아프리카계 미국인들은 순수 아프리카 조상으로부터 이어져 내려온 자들이 아니다. 대부분의 아프리카인들은 노예 신분으로 도착했고 인종으로서의 인식은 없었다. "미국에서 앙골라인, 이그보우인, 말리인 등으로 인식되는 남성과 여성은 이러한 정체성들을 그들의 실질적인 출생지나 배에서 내린 지역에 따라서가 아니라, 그들이 앙골라, 이그보우, 말리 지역의 — 또는 이와 관계된 — 말, 제스처, 행동을 한다는 이유로 갖게 되었다."[96] 실제로 그들이 하나의 **인종**이 된 것은 19세기 들어서인데, 그들은 순수 혈통도 아니었고 동질성을 보유한 것도 아니었다. 루이스Julian Herman Lewis는 『니그로의 생물학*The Biology of the Negro*』에서 다음과 같이 논했다. "미국에서 니그로(흑인)는 미국 인구 집단의, 명확하게 구분되나 잘 통합된, 하나의 인종이다."[97] 그러나 몇 페이지 뒤에 그는 이들이 상당히 "서로 뒤섞여 있고", 1910년 아프리카계 미국인의 5분의 1이 넘는 자들이 "혼혈"임을 밝혔다.[98] 이와 유사하게 게이츠R. Ruggles Gates는 인종의 유전성을 밝히고자 했으나 "미국의 니그로 족보에는 백인 조상이 더 많다"는 점을 지적하였고,[99] 그의 "니그로 가계도"의 예시를 보면, 아프리카계 미국인의 가계도 말고도, "미국 원주민, 중국인, 하와이인 등"이 조상으로 포함되어 있었다. 다시 말해, 이종 사이의 출산은 오랜 역사를 가진다. 리드Ishmael Reed는 다음과 같이 조롱조로 말했다. "만일 알렉스 헤일리Alex Haley가 그의 부계 혈통을 추적한다면, 그는 12세대 이전 감비아가 아닌 아일랜드 조상을 만날 수도 있다."[100] **한 방울 법칙**one-drop rule은 성문화된 것이 아니었다. 예를 들면, 버지니아 주에서는 아프리카 혈통이 1785년에는 4분의 1, 1910년에는 16분의 1, 1930년에는 "한 방울"이라도 있으면 흑인으로 정의되었다.[101] 아프리카계 미국인들의 혼종적 특징을 밝힌 멜빌 허스코비츠Melville Herskovits는 이들이 "혼종 연구를 위한 실험 조건과 같은 실질적 현상"[102]을 제시하여 준다고 주장하였다. 결과적으로 "'니그로'라는 용어는 (…중략…) 미국에서 사회학적인 용어로 사용되었고, 조상 중 니그로가 부분적이라도 존재하는 모든 사람들을 지칭하게 되었다".[103]

계보적 혼란은 20세기 초 영국의 지식인들에게도 고통스러운 주제였다. 모이어J. Reid Moir는 다음과 같이 논했다. "지금 영국이라고 불리는 땅은 인류 최초의 고향이다."[104] 이와 반대로 워델L. A. Waddell은 영국인Britons의 조상은 "페니키아인임을 주장했고",[105] 맥나마라Nottidge Charles MacNamara는 영국인 조상이 이베리아인임을 주장했다.[106] 브래들리R. N. Bradley는 "지중해, 비커Beaker, 알파인, 노르딕 기원과 전통"을 연구하였다.[107] 또 다른 이들은 영국 인종이 독일계─앵글족, 색슨족, 주트족─혈통을 가지고 있음을 주장하였다.[108] 이에 대해 이웬C. L'Estrange Ewen은 영국인들은 "그들 스스로 앵글로색슨으로 생각하거나 짐승같은 독일깡패들과 사촌지간으로 여기는 것"을 그만두어야 한다고 주장했다.[109] 오들럼E. Odlum은 심지어 다음과 같이 주장하였다.[110] "우리, 앵글로색슨인들은, 민족적으로 또 공식적으로, 고대 이스라엘의 10부족*에 속한다." 어떤 이들은 서로가 같은 조상을 가지고 있음을 주장하고, 어떤 이들은 영국인들이 역사적 다양성을 보유하고 있다고 주장한다. 맥나마라 MacNamara는 스코트랜드의 하일랜드인들은 스칸디나비아인들이고, 웨일즈와 아일랜드인들은 이베리아와 몽고인들이 조상이라고 주장하였다.[111] 아마도 당시 가장 과학적인 이론은 식민국가인 영국인들과 피식민국가의 인도인들이 같은 조상으로 이어져있다는 주장이었을 것이다.[112]

여기서 논하고자 하는 바는 이러한 논쟁적이거나 갈등적인 주장들을 결론 지으려는 것도 아니고, 이들을 지지하는 나태한 연구와 상황적 증거들의 결합을 설명하고자 하는 것도 아니다. 인종 내부의 다양성은 오히려 넓은 범위의 이론들에게 그럼직한 가능성을 제공해 준다. 계보학 연구의 모든 작업과 같이 현대사회의 편견들은 그들 스스로 과거를 투영하고 있다. 19세기 초에 나타난 게르만 민족 특유의 연대의 부분적 원인으로 가톨릭이나 켈트족에 대항하는 프로테스탄트 연대를 논할 수 있다.[113] 그러나 제1차 세계대전은 적군인 독일에 대항한 **영국인**이 정의되도록 만들어 주었다.[114] 궁극적으로 민족주의와 식민주의의 쇠퇴는 계보 연구에 대한 관심의 축소로 이어졌다.[115]

우리 모두에게는 조상이 있지만, 그들을 추적하는 방법은 분명하지 않다. 윌리엄 블레이크William Blake는 다음과 같이 질문했다. "나는 / 당신과 같은 파리flies가 / 아닌가?" 이 질문이 보이는 것만큼 이

● 12부족에서 유다(Judah)와 벤자민(Benjamin) 부족을 제외한 열 개의 부족.

제2장_ 차이의 귀속

상한 것은 아니다. 왜냐하면 "우리가 알고 있는 인간의 289개의 '질병' 유전자 중 초파리 유전자와 정확히 대응하는 유전자는 177개이다".[116] 인류와 아메바, 파리, 또는 침팬지와의 공통성을 주장하거나 또는 이들을 인류의 조상으로 추적하기를 원하는 사람은 없을 것이지만, 현대 형질 인류학자들은 우리가 모두 아프리카인임을 주장한다. 사람들이 성경적 단일그성설을 긴지히게 신봉하던 당시, 아담과 이브는 종종 동족 커플로 묘사되었다.[117] 인종 이론들—그들이 얼마나 과학적인지는 몰라도—은 오늘날 상식의 측면에서 생각할 수 있는 것들과는 많이 다르다.[118] 아무리 과거적 계보나 현대적 공통성들이 실제적이었거나 현재까지 실제적이라 해도, 혈통과 정체성은 본질적으로 어쩔 수 없이 논쟁적 구성물이다.

이런 뿌리 찾기가 우리를 고정된 식물처럼 여기고 과거의 항시적인 이동성과 혼종성을 간과하도록 한다면, 지역과 관련된 주장들에 대해 우리는 주의해서 살펴볼 필요가 있다. 이는 불과 몇 세대 후, 미국 중서부 사람들이 터무니없게 스스로를 "원주민"이라고 말하는 것과 같다. 본Randolph Bourne은 1916년 다음과 같이 논했다. "우리는 모두 외국출생자들이거나 외국출생자들의 자손들이다. 만일 우리 사이에 어떤 구분이 생긴다면 토착성과는 다른 어떠한 새로운 근거를 만들어야만 할 것이다."[119] 심지어 미국 원주민조차 북미 대륙에 정착한지 얼마 되지 않는다.[120] 민족은 지구상에 자생적으로 존재하는 대상이 아니다. 원시성, 토착성, 태생에 대한 주장들은 과거의 이동과 정복을 은폐한다.

5

혈통, 가문, 계보가 아무리 문제적이라 할지라도, 상식은 인종 분류의 중요한 기반으로서 작용해 오지 않았는가? 인종 유형은 당대의 관습을 반영한다. 개의 품종과 같은 궁극적인 문제들은 분류하는 이들의 편의에 따른 것이었지 분류당하는 대상들 때문이 아니었다. "분류학의 관점에서 (…중략…) 인종이 어떻게 형성되었는지는 중요치 않다. 한 인종은 그 인종이 6천 년 동안 한결같았는지, 1850년 이후 혼종의 결과로 형성된 것인지에 상관없이 한 인종일 뿐이다."[121] 오늘날 아시아인과 아프리카인을 구분하는 데 어려움을 겪는 자들이 있는가? 히틀러적 인종 상식에서의 확고한 논리를 통해 개개인들은 각각의 품종과 동물로 격하되었고, 이는 반나치적 생각을 가진 이들에게까지 전파되었다. 예를 들어, 아트 슈피겔만Art Spiegelman의 『쥐』(1986~1991)에서 각각의 민족은 서로 다른 동물로 묘사된다. 인종 근본주의에 있어 인종은 인종이라는 말은 흑과 백처럼 같이 명확한 것이다. 터무니없는 현실주의의 문제는 개체와 범주, 현실과 비유를 구분하지 못한다는 점이다. 인종과학의 자연성은 현대인족의 특정한 역사적 추정으로부터 발생한다.

외모는 일상적으로 인종 분류의 유용한 근거가 된다. 구체적으로 말하자면, 다르게 생긴 사람들은 다른 집단으로 추정된다. "인종에 따른 구분을 막아야 한다는 주장은 이상하다. 왜냐하면 인간 집단은 분명히, 예를 들면, 피부색이나 손가락 등이 서로 다르기 때문이다."[122] "키가 6피트인 스웨덴인과 5피트인 피그미족이 악수를 할 때 서로 형제라고 오인할 일은 없을 것이다. 그들이 서로 얼마나 우호적이며 따뜻한지에 상관없이 말이다."[123] 언어, 의복, 종교 등과 같은 사회생활의 요소들은 세대를 거치며 습득될 수 있다. 이러한 동질적 요소, 불변의 요소로 보이는 것들이 신체적인 유전적 특징에 의해 전승되었다고는 말할 수 없다.

피부 색소는 인종 분류학에서 가장 보편적인 근거이다. 사실 피부의 생물학적 의의는 제한적이다.[124] 인종과학자인 딕슨Dixon이 앞서 기록한 것처럼, 현대적 계보의 대용물이라 할지라도 선조들의 인종 범주화 작업은 무의미하다. 지리적 조건과 상관있어 보이는 피부색에 대한 논리의 우선성은 즉각적인 가시성可視性과 유전성 때문이라고 볼 수 있다. 아마도 가장 일반적인 도식은 세 개의 주요 대륙에 근거하는 것일 것이다. "세 개의 가장 구분되는 인종은 백인, 황인, 흑인, 기술적으로는 코카시안, 몽골리안, 에티오피안이다."[125]

일반적으로 피부색이 창백할수록 지위가 높아진다. 서양에서 하얀색은 권력의 색깔이자 위세를 나타내는 것으로, 멜빌Herman Melville의 저작인 『모비딕Moby Dick』(1851)에서는 "고래의 하얌"으로 묘사되어 있다. 이에 대한 하나의 근거로 산업사회 이전을 지배하였던 농업을 들 수 있다. 종일 동안의 야외작업으로 인해 피부는 그을릴 수밖에 없었기 때문에, 피부색은 농민과 귀족을 구분할 수 있는 우선적인 수단이었다. 따라서 밝은 색의 피부는 높은 신분을 나타내주는 상징이었다. 한 예로 영국령 서인도 제도에서는 밝은 색의 피부가 높은 임금과 교육수준을 의미하였다.[126] 근대 식민주의는 대부분 적도 지역 주민들을 노예화하였다. 식민 권력관계는 피부색과 연계되었고, 검은 피부를 가진 자들 상위에 밝은 피부색을 가진 사람들이 위치하는 계층 관계가 강화되었다.

신분 불평등과 상징적 위계는 밀접한 관련이 있었고, 이들은 때때로 상호 호환적이었다. 다시 말해, 흰색은 권력, 부, 지위가 되었다. 파농Fanon은 이를 다음과 같이 보았다. "앤틸리스 제도의 니그로는 프랑스어 실력이 향상되는 만큼 하얘질 것이다. 다시 말해, 그는 진정한 인간에 보다 가까워질 것이다."[127] 19세기 인종 인식이 팽배했던 미국을 보면, 유명작품인 살만Warner Sallman의 "그리스도의 두상" 속 예수는 금발의 파란 눈으로 묘사되어 있다. 실제 예수는 지중해계 유대인이었음에도 말이다.[128] 반대로 낮은 지위의 집단은 종종 "흑인"으로 불렸다.[129] 대표적인 인종 이론가였던 고비노는 현대 러시아인들이 집시인 로마니Romani를 "흑인"으로 부르는 것처럼,[130] 지중해인들을 "흑인"으로 여겼다.[131]

그러나 색의 이런 상징성은 고정적인 것이 아니다. "아랍과 오스만 투르크의 백인 노예들은 중화 제국과 이슬람, 인도에서 특별히 칭송되었고, 흑인 노예들은 이국적인 외모로 귀하게 여겨졌다."[132] 몇몇 문화에서는 어두운 피부색을 선호하고, 피부색에 상대적으로 무심한 곳들도 존재한다.[133] "(남중국의) 롤로Lolo의 흑인과 백인 관계는 상류층과 하류층의 관계와 같다."[134] 일례로 현대 하와이에는 하올레haloe(외부인, 보통 백인 미국인)에 대한 강력한 편견과 차별이 특징적으로 나타난다.[135] 오늘날 미국의 휴양문화를 즐길 수 있는 계급(레저 계급)의 특징은 활동적인 그을린 피부를 상징으로 들 수 있는데, 이는 사무실에서 노동하는 현대적 상황에서 햇볕을 받고 서핑을 즐길 수 있는 능력을 말해주는 것이기 때문이다.

피부색은 흑백의 문제가 아니다. 회색 지대의 존재는 많은 이들이 서로 다른 인종으로 이동할 수 있음을 의미한다. 도미니카 공화국의 "백인"은 마르트니크에서는 "유색인"으로, 미국에서는 "흑인"으로 불릴 수 있다.[136] 호주, 남아시아, 중앙아프리카 원주민들은 어두운 피부색을 가진 경향이 있었으나, 그들은 보통 다른 인종으로 분류되었다. 남아시아인이 원시 아리아인으로 분류되어 코카시안으로 간주되었던 것을 생각하면, 피부색과 인종 간의 잘못된 결합은 진정 안타까운 일이다. 미 남북부 시대와 같이 노예 신분이 인종적 차이를 상정하고 있을 때에도, "노예의 상징으로서 머리 스타일의 차이만큼 피부색이 차이나는 것은 아니었다".[137] 피부색은 유용한 신분표식이었으나, 의복, 신체적 특징, 헤어스타일 등이 일상적 구별 수단이었다.[138] 초기 영국의 북미 점령자들은 원주민으로부터 그들을 구분하는 데 피부색을 사용하지 않았다.[139]

색은 인종 구분의 원인이자 결과로서 구체화되지만, 이는 또한 비인종적인 사회적 구분에 있어서도 중요하다. 이전 장에서 논의한 바와 같이, 유전적 우월성에 대한 주장은 신분계급을 유지하는 수단이었다. 귀족과 평민은 문자 그대로 다른 인종으로 인식되었다. 중세 유럽에서는 신성하거나 세속적인 역사 모두, 노아의 저주 때문이든 귀족의 정복 때문이든, 소작농의 복종과 신분적 차별을 정당화하는 수단이었다.[140] 중세 프랑스 지식인들은 소작농(파가니 pagani)을 "중세 캘리밴Caliban"●으로 묘사했다.[141] "이런 신화화에 대한 하나의 전략은 정복자들의 권력을 강조하거나 종족의 차이를 임의적으로 창조함으로써 초기 점령당한 자들과 그들의 후손들을 복종인으로서 유형화시키는 것이다."[142] 인종주의racism는 곧 열등한 자들에 대한 유사 종족으로서의 정의로 볼 수 있다. 귀족은 "파란 피"를 가지고 있는 반면, 소작농들의 피는 "검정"이었다. "함●●에게 는 중세 두 가지의 역할이 있었다. 하나는 흑인 아프리카인을 포함, 여러 민족의 아버지로서였고, 또 하나는 유럽 농노의 조상이었다."[143] 전근대 사회에서 신분적 불평등은 유사 인종차별 담론의 시발점이 되었다.

생물학적 차이는 혈액과 피부색의 차이를 넘어서는 것이었다. 인종 구분은 신분적 구분만큼 자연적이고 야만적이었다. 산업화 이전 사회들은 대부분 신장의 차이에 중요한 함의를 두었다.[144] 소작농들은 말 그대로 지주들의 키에 "미치지 못했다come up short".●●● 이와 같은 신분과 외형적 모습이 연관된 표현들 ─"존경하다look up",

---

● 셰익스피어 소설『태풍』속 반인반수의 노예.
●● 함(Ham). 구약성경 창세기 내용 중 노아의 세 아들 중 한 명.
●●● 원문 come up short는 실력이나 능력이 미치지 못한다는 관용구이나, 본문에서는 short 의 의미를 강조함으로써 신장이 작다는 중의적인 표현을 강조하고 있는 것으로 보인다.

제2장_ 차이의 귀속

"우습게 보다look down upon", "거만하게high and mighty" — 은 다양하게 존재한다.

일반적으로 외모에 대한 표현을 통해 그 사람의 사회적 범주를 추정해 볼 수 있다. 오늘날 17세기 뉴잉글랜드인들과 같이 마녀의 존재를 믿는 사람들은 없을 것이다. 그러나 우리는 그들의 시대 속에서 그들의 현실을 무시하는 오류를 범해서는 안 된다. 1929년 키트리지George Lyman Kittredge의 글에는 다음과 같이 묘사되어 있다. 마술은 "단순한 역사적 현상이 아니라 동시대적 경험이었다. 과거 마술의 실제를 부정하는 이들은 무신론자들이었다. 오늘날 마술의 실제적 가능성을 부정하는 이들은 완강한 불신 때문이거나 추론의 능력이 결여되었기 때문이다. (…중략…) (마술은) 성경에도, 교회의 여러 지파에서도, 철학에도, 자연과학, 의학, 영국 법에서도 (인정되었다)".[145] 마녀는 사탄의 표식으로 인식될 수 있다. "신체의 비정상적 돌기는 마귀가 전령의 형태로 빨아먹을 수도 있는 부두유로 인식될 수 있다."[146] 브릭스Robin Briggs[147]는 다음과 같이 주장했다. "가족과 혈통으로 인해 비난받는 이들은 하나의 강력한 연대 집단으로 통합되었다. 건강하든지 오염되었든지, '인종'이라는 개념은 외부로부터 부여되었다." 사실 마녀들은 "이웃이나 공동체에 잘 적응하지 못한" 자들인 경향이 많았다.[148] 사회적 주변인들은 하나의 인종집단으로 분류되었고, 지배집단은 이들을 자신있게 마녀 인종으로 색출해냈다.[149]

사회적 범주는 종종 생물학적 기반을 통해 형성되었다. 오늘날 카스트, 신분, 계급이 유전적 풀에 의해 규정된다고 주장하는 이는 없다. 그러나 동족 간 혼인의 보편화—족외혼의 전면적 금지—는 인종과 동일한 기능을 수반한다. 남아시아의 하위 카스트 집단인 자티jati와 같은 동족혼인 집단에서도 유전적 차이가 존재하는 것으로 밝혀졌다.[150] 역설적이게도 인도의 인구유전학 연구는 카스트 집단보다 종족 집단을 중심으로 이루어졌는데, 이는[151] 인종과 종족 범주에 대한 추정으로 인한 것이었다. 이와 유사하게, 라뒤리Ladurie는 18세기 프랑스 오크족 사회에서 계급을 구분하고 동일 계급끼리 혼인할 것을 주장했으나,[152] 오늘날 오크족은 하나의 분석 단위로 사용된다. 혼종혼인mixed marriage은 전통적으로 신분이나 종교적 경계를 뛰어넘는 결혼을 의미하는 말이었다. 19세기까지 혼종혼인이나 통혼intermarriage은 이탈리아에서는 서로 다른 신분 간의 혼인을 의미하였고,[153] 미국에서는 서로 다른 신앙 종파간의 혼인을 의미했다.[154]

계급 차이—오늘날의 어느 누구도 이를 생물학적 범주로 생각하지는 않을 것이지만—는 그 자체로서 생리적 차이를 나타냈다. 1840년 영국 왕실위원회는 방직공들을 "신체는 부패하였고, 이들 인종 모두가 급격히 소인Lilliputians 사이즈로 줄어들고 있다"고 보고하였다.[155] 1760년부터 1860년까지 샌드허스트Sandhurst(군사지도자 학교)의 학생들과 선원협회(서민조직) 학생들의 평균 신장 차이는 20cm였다. "샌드허스트의 거의 모든 학생들은 '상인사회' 대부분의 학생들보다 컸다."[156] 영국에서 이러한 계급 간 차이는 1980년

제2장_ 차이의 귀속

대까지 지속되었다. 계급 분류표를 보면, 상위 두 개 계급은 하위 두 개 계급 평균 신장에 비해 3.2cm가 컸다. 반면, 지역 사이에서 나타난 신장의 최대 격차는 3.8cm였다.[157]

사회가 인종화되면, 신체적 장애나 비만이 있는 자들은 어찌되는 것인가? 이들을 인종으로 분류하려는 시도가 없었던 것은 아니다. 이들의 명백한 신체적 특성에는 세대 간 이어질 수 있는 유전적 경향이 있다. 그리고 이러한 속성에 따라, 보편적이지는 않지만, 상당한 친밀감 또는 상당한 차별이 존재한다. 하이티즘heightism —키 큰 사람에 대한 사회적 선호—은 유의미한 현상이다. 어느 누구도 신장의 유전성을 의심하지 않을 것이고, 몇몇 증거는 이에 대한 상당한 사회적 의의가 있다.[158] 사회적 낙인 집단은 혼인과 취업에서 사회적 불이익을 경험하고, 따라서 차별을 철폐하고 집단 정체성을 형성하기 위한 운동을 일으킨다. 몇몇 장애인 집단은 그들의 과거로부터의, 그리고 현재적인 공통성을 공유하고, 심지어 정체성에 기반한 정치적 운동까지 참여한다.[159] 그러나 이런 사회적 집단은 인종 개념과는 구분되어 존재해 왔다. 왜냐하면 인종은 현대인족을 전제로 하는 개념이며, 온전히 생물학적으로 정의된 집단이 아니기 때문이다.

외형상의 차이는 카스트와 계급과 같은 다양한 사회적 범주의 기저가 되기도, 이를 강화하기도 하지만, 사실 유전적 증거를 통해 분명하게 주장할 수 있는 어떠한 분류체계도 존재하지 않는다.[160] 가소성plasticity과 적응력adaptation은 유전결정론을 반박할 수 있는 강력한 증거들이다. 차이는 미세하고, 유전자군 내의 다양성은 종종 유전자군 사이의 다양성보다 크다. 정책적 금지에도 불구하고, 이종 간 출산은 존재한다. 앞서 언급한 옥스퍼드 마을 연구에서, 해리슨G. Ainsworth Harrison은 다섯 개의 사회계급 사이에서 나타나는 유전적 차이를 조사하였는데, 스무 개의 세대를 올라가면 이들 조상의 95%가 일치한다는 사실을 밝혀냈다.[161] 생물과학이 이전에 보다 발달했었다면, 우리는 인종과학과 유사한 계급과학, 또는 신분과학의 발달을 보게 되었을지도 모른다. 사실 신분과 계급을 나눌 수 있는 요인들과 자연발생적 차이를 밝히는 연구들이 있었으나, 이들 담론은 과학적이기보다는 종교적인 측면이 강했다. 인종과학에 있어 현대인족에 기반한 범주화는 필수불가결한 것이었다.

요약하자면, 외모에 따른 인종의 구분은 부적절할 뿐 아니라 정당화될 수도 없다. 현대적 의미의 종족―옥스퍼드 영어 사전에 따르면 "공통의 인종, 문화, 종교, 언어적 특질의" 존재로 정의되는―은 이교도, 개인, 심지어 동물 집단을 나타내는 과거적 개념과 상반되는 19세기 중반의 사고로부터 유래되었다.[162] 1970년대 이는 인족의 완곡한 표현으로서 보편화되었다.[163] 사회과학사들은 보통 인종과 종족을 구분하고자 한다. 블랙록Hubert Blalock은 이에 대해 다음과 같이 논했다.[164] "원칙적으로 인종의 개념은 피부색, 신체구조, 체모, 골격과 같은 생물학적 특징을 말한다. 반면, 종족이란 서로 다른 문화적 특성을 의미한다."[165] 그러나 청각장애인들과 같은 생물학적 집단은 문화적 함의를 가지고 있는 집단으로 인식되는 반면, 신분과 같은 사회적 집단은 신체적 차이에 의거하는 집단으로 간주된다. 자연적인 것과 사회적인 것은 사회적 분류의 작업 속에서 서로 얽혀있다.

—

6

—

과거 인구 집단에 인족의 범주를 적용할 수 있듯, 모든 범주화 작업에 따른 편견과 차별은 인종주의의 틀 안에서 분석할 수 있다. 소수 인종에 대한 고정관념은 종교적이거나 신체적 장애 집단에 대한 고정관념과 유사할지 모른다. 그러나 인종주의는 다른 생물 사회적 형태의 차별과는 다르다. 오늘날 마녀와 소작농을 하나의 인종으로 구분하는 사람은 없다. 사회적 주변화를 기저로 원형 생물학적 근거들이 만들어졌다고 볼 수 있으나, 이들이 현대인족의 개념에 속하는 것은 아니다. 단지 인종과 인종주의의 부상과 함께 현대인족이 탄생했을 뿐이다.

집단 우월주의적 표현은 어디에서나 발견할 수 있으므로, 인종주의의 현대성은 반直관적이라 할 수 있다. 경멸이나 멸시는 두려움 또는 증오와 혼합되어 잘 알지 못하는 외부인에게 향했는데, 이는 혹자가 생각하는 것과 같이 만연한 것은 아니지만 문화 보편적인 현상이라 볼 수 있다. 외국인 혐오와 외국인 선호는 종종 함께 나타난다. 외국인과 외부인들은 무시당할지도 모르나, 이들은 외부적인 신분을 가지고 있으므로, 때로는 왕이 되거나 기존의 권력에서 상대적으로 자율적인 존재로서 우월적 존재가 될 수 있다.[166] 헬레니즘의 그리스인들은 자민족중심적이었고, 그들 사이에 외국인 혐오도 존재했으나, 그들은 동시에 야만인bararian에게서 지혜를 구하고자 했다.[167] 일반적으로 유럽의 탐험가, 선교사, 해적들에 대해 동남아시아 무역지구의 거주민들은 이질감이나 반감을 갖고 있지 않았는데, 이는 이들이 이미 다양한 외모에 익숙해져 있었기 때문이다.[168] 타히티인들Tahitians은 쿡 선장과 그의 선원들에 대한 친절함으로 잘 알려져 있다.[169] 소작농들은 전형적으로 외국인 혐오적일지 몰라도, 낯선 이들에게 친절하다고 알려져 있다. 두려움에서의 시작은 어리석은 행동이나 불화로 종결될 수 있지만, 친교로 마무리될 수도 있다.

한 집단이 열등하다고 간주되는 한, 현대적 의미에서 이들에 대한 담론은 인종차별적으로 보일 수밖에 없다. 고대 아테네인들은 스스로를 야만인들에 비해 우월한 존재로 인식했고, 제1차 십자군은 이슬람과 유대교에 대항한 그들의 신앙만을 진정한 것으로 믿었다. 아테네인들에게는 야만인들을 지칭하는 폄하의 용어들이 있었고, 기독교인들은 이교도를 모독하며 점차 축소되어 갔다. 대부분의 개인과 문화, 과거와 현재에는 다른 집단과 문화를 폄하하는 범주들이 존재한다. 문명으로서의 주장은 교만하고 자기중심적이

제2장_ 차이의 귀속

며 그들이 야만적이라고 하는 것도 사실 그 정도는 아니다. 결과적으로, 많은 문화 속에서 동일한 하나의 용어가 그들 스스로뿐만 아니라 인류를 지칭하는 데 사용되었다.[170]

멀리 떨어진 지역에 대한 극심한 경멸은 영감과 추측들로 가득하다. 중세 유럽의 예술과 문학 속에는 기괴한 인종들이 가득했고,[171] 7세기 세비야의 이시도루Isidore는 외눈박이나 거인, 개의 얼굴과 코 없는 사람과 같은 비현실적 존재들을 묘사했다.[172] 승리에 도취된 상상과 행복한 경멸 사이에서, 멀리 존재하는 이들에 대한 고정관념은 독단적으로 형성되고 가볍게 인지되며, 이들에 대한 정보는 받는 즉시 사라진다. 대부분의 사람들에게 이들은 큰 관심거리가 아니므로 무시된다.

타인에 대한 두려움, 혐오, 과소평가는 대부분 자민족중심주의나 외국인 혐오의 다른 표현들이다. 낯선 이에 대한 일반적인 감정으로서의 두려움과 같이, 이들은 현대인족의 범주를 넘어 모든 외부인에게 적용된다. 우리가 제1장에서 보았듯이, 외국인들은 보통 왕국이나 제국 외부의 사람이 아니라 마을과 지역 밖의 사람들을 의미했다.[173] 보다 중요한 것은, 대부분의 사람들이 갖는 관심은 내부적이고 지역적인 문제에 고정되어 있었다는 점이다. 예를 들면, 마틴 루터는 터키인과 유대인을 냉혹하게 평가했으나, 교황에 대한 평가는 훨씬 가혹했다.[174] 만일 어떠한 평가의 대상이 멀리 떨어진 적에 관한 것이라면, 이면의 숨은 대상은 내부의 적이다.

전근대 유럽의 인류학자들은 기본적으로 기독교인들이었고, 이들은 인류 통합을 주장했다. 타인에 대한 담론은 종교와 문명의 언어로 이루어졌고, 기독교와 문명은 사탄주의와 야만성에 대항하는 존재들이었다. 비기독교인들과 야만인들은 서로 관계된 두 개의 범주로서 우리가 말하는 인종적이거나 민족적인 타인에 상응하는 존재였다. 비기독교인들에는 유대인, 무슬림, 이교도뿐만 아니라 나병환자와 마녀도 포함되었다. 우리는 유대인과 무슬림을 신앙적 경쟁 집단으로 이해할 수 있겠으나, 동일한 논리로 나병환자와 마녀를 고려할 수 있는가? "나병은 영혼의 질병으로 도덕적 부패와 죄로 인해 발생한다."[175] 따라서 나병은 죄의 징표로서 나병환자들을 일반적인 기독교인들보다 못한 존재로 만들었다. 수도사였던 윌리엄은 로잔의 헨리Henry of Lausanne●를 다음과 같이 질책하였다. "당신도 이단에게 전염된 똑같은 문둥병자다. (…중략…) 누더기를 걸치고 더러운 옷을 입은, 머리가 발가벗겨진 존재 말이다. 당신은 문둥병자, 이교도, 불결한 존재로서 반드시 캠프 밖, 교회 밖에서 홀로 살아야 한다."[176] 마녀는 비기독교적 신앙체계를 유지해왔다. 사실 마녀사냥은 모든 사회적 이상행동을 담고 있는데, 이웃 간의 다툼이나 갈등과 같은 것을 은폐하는 기능을 수행했다.[177] 야만인이라는 용어에는 경멸의 함의가 있었는데, 이는 비기독교인, 외국인, 소작농을 의미하였다.[178] 교회는 비기독교인들을 혐오하였고, 왕족이나 귀족은 외부 정치세력을 두려워하였으며, 지주들은

● 로잔의 헨리(Henry of Lausanne) : 가톨릭 역사의 인물. 중세기 분파 주동자. 성직자들의 세속화를 맹렬히 공격하며 절대적 빈곤 생활을 주장함.

제2장_ 차이의 귀속

소작농들의 불만을 걱정하였다. 또한, 마을 주민들은 모든 외부인들을 경계하였다. 다시 말해, 야만인은 강력한 중세 유럽의 제도를 위협하는 이들을 지칭하는 유동적 기표signifier였다.

그럼에도 불구하고, 유럽의 식민주의 제도와 상상력은 결과적으로 인종차별로 결론지을 수 있는 지식과 권력의 복합체계를 형성하였다. 위넌트Howard Winant는 다음과 같이 논했다. "인종은 반세기 동안 국제 정치와 문화의 근간이었다."[179] 코넬 웨스트Cornel West는 다음과 같이 말했다. 베이컨이나 데카르트 같은 자들에게서 볼 수 있듯이, "현대 담론의 구조는 형성 당시부터 합리적 방식으로 이루어졌는데 (…중략…) 이를 위해서는 백인 패권을 전제해야만 했다".[180] 그러나 고비노 논파를 따라 형성된, 진정한 의미의 인종차별적 표현들은 20세기에 들어와 생성되었다.[181] 유럽의 팽창은 비유럽 지역에 대한 부정적 인식을 야기하기는 했으나, 인종차별적 담론이 나타나기 시작한 것은 현대국가와 식민주의가 부상하기 시작하면서부터이다. 인종차별적 담론이 나타나기 이전 정복과 강탈을 정당화한 것은 종교, 문명, 신분의 언어들이었다.

현대유럽의 초기 지식인들은 천지학cosmography과 비교민족학이라는 분파를 만들어 비유럽인들에 대한 개념을 조성·병합하고 창출하였다.[182] 자민족중심주의적 성격을 지닌 유럽의 초기 천지학자들은 집단을 규정할 수 있는 풍자나 명칭 짓기에 때때로 탁월한 능력을 발휘했다.[183] 신대륙의 발견은 열등함과 미성숙에 대한 담론을 창출하는 하나의 시발점이 되었다.[184] 그러나 미 대륙 발견

이후 비유럽인에 대한 유럽의 담론이 반드시 외국인 혐오적인 것은 아니었다. 계속적인 악마적 상상보다는—단지 국내적 개혁을 촉진시키기 위한 것이라면—유럽의 열등함을 나타내는 것이 보다 일반적이었다. 만일 유럽인들의 신대륙에 대한 환상이 인종차별적인 것으로 이해된다면 이는 잘못된 것이다.[185] 초기 현대유럽의 지식인층은 그들이 부패한 세계에서 살고 있으며, 이는 하나의, 또는 또 다른 순환 단계에 있는 것으로 생각했다.[186] 반대로, 고결한 야만인noble savage의 개념은 외부 세계를 인류 타락 이전의 목가적 세계로 만들었다. 예수회의 마르코 폴로 시절부터 라이프니츠와 볼타르에 이르기까지 중국은 우월한 문명의 상징이었다.[187] 12세기부터 15세기까지 프레스터 존Prester John의 에티오피아 기독교 왕국이든 존 맨더빌John de Mandeville의 전설 속 유토피아든, 파라다이스의 중심은 동쪽에 있을 것으로 생각되었다.[188] 이후 신대륙을 발견한 16세기부터 18세기까지 약속의 땅(천국)은 서쪽에 있을 것으로 생각되었다.[189] 18세기 초 유럽인들은 이방세계에 완전히 매료되었다. 기독교인들의 옹졸함과 군주적 부패와 달리, 이방의 문화는 페르시아의 세련된 문명(몽테스키외)부터 타히티의 원시적 순수함(부갱빌)에 이르기까지 유럽의 계몽주의 지식인들을 사로잡았다.[190] 18세기 많은 유럽 작가들은 "세상에서 가장 아름다운 민족은 오스만 제국 또는 그보다 더 동쪽의 세계에서 찾을 수 있고, 가장 추잡한 이들은 유럽의 가장 북쪽에서 찾을 수 있을 것"으로 추정했다.[191]

만일 1750년부터 1900년까지 진보에 대한 개념이 "정점에 달했다"면,[192] 타락이나 쇠퇴에 대한 신념은 "모더니티의 선물"이었다.[193] 진보적 가치가 "신앙의 일반적 요소"가 되었을 때, 유럽 우월주의적 사고 역시 일반화되었다.[194] 그러나 다원주의로 인해 성경적 세계관이 전 세계적으로 위협받게 된 19세기 이전까지,[195] 인류 다양성의 원인으로 언급된 것은 기후와 문명이었다. 인종에 대한 생물학적 개념은 거의 논의되지 않았다. 마가렛 호젠Margaret Hodgen이 결론지은 것처럼 "해부학적, 생물학적, 또는 문화적 근거를 통해 '인종'을 구분하고자 하는 노력은 무시할 만하다. 19세기와 20세기 친숙한 인종주의라는 용어는 존재하지 않는 것으로 보아야 한다".[196] 종교, 문명, 신분의 언어는 인종 너머의 것이었다. 특히 현대유럽 초기 신분에 관한 담론은 현대사회의 인종주의 담론과 유사하게 나타났다. 신분이 열등한 이들에 대한 당시의 주장에서는 그들의 "무지, 무책임, 나태, 전반적인 무가치함"이 강조되었다.[197] 소작농은 인종 편견의 우선적 대상이었다.

현대인족의 프리즘은 현대적 범주라는 렌즈를 통해 실제를 굴절시킨다. 현대인족의 세계는 범역사적이거나 범문화적인 것이 아니다. 인간은 그동안 다양한 분류체계에 따라 규정되어 왔다. 우리는 자민족중심주의적인 모든 사례들—대부분 우월주의를 내포하고 있는 집단적 차이에 대한 표현들—을 인종주의와 결합해서는 안 된다. 물론 과거 아테네인의 노예와 이방인에 대한 무시나, 기독교인들의 비기독교인들에 대한 생각을 인종주의로 평가하는 것은 현대적 관점에서 볼 때에는 타당하다 볼 수 있다. 그러나 우리는 집단적 비방의 범역사적·범문화적 표현으로서 인종주의를 사용하는 것을 경계해야 한다. 문화우월주의와 종교 박해가 인종주의를 상기시킬 수 있을지도 모르지만, 그렇다고 미개인들을 모욕한 자들이나 마녀사냥의 가해자들을 인종주의자로 볼 수는 없다. 인종주의는 신분 또는 계급적 편견과 같은 것인가? 신분 차이와 관련한 인종 유사담론을 고려하여, 우리는 소작농에 대한 지주의 편견이나 도시 전문가들의 위험계급에 대한 묘사를 인종주의적이라고 말할 수 있는가? 현대인족의 체계는 중세 프랑스의 지주와 소작농에 대한 분류나 현대 프랑스의 부르주아와 부랑노동자들 사이의 인종 구분 행위를 거부한다. 왜냐하면 이들은 현대적 분류체계에서 모두 같은 집단에 속하기 때문이다. 오늘날 신분이나 계급적 편견을 드러내기 위해 인종주의를 이용하는 이들은 없을 것이다. 그러나 신분 집단이 현대적 개념에서 서로 다른 사람들로 구성된 것처럼 보일 때, 우리는 현대인족의 골조와 언어를 바꾼다. 제4장에서 설명하겠지만, 인종주의는 어떠한 경우에서든 거의 대부분 사회 내에서 외부집단으로 간주되는 이들에 관한 것이다. 세계시민권이나 신분적 평등은 현대사회의 기본 골자로 표현되지만, 동시에 문화적 차이를 나타내는 범주화된 불평등의 표현으로서 인종이라는 용어가 사용된다.

7

그럼에도 불구하고, 인종주의는 비기독교인에 대한 기독교인들의 약탈과 점령을 묘사하고, 설명하며, 정당화하기 위하여 형성된 것이 아닌가? 콜럼버스나 코르테스^{Cortés}와 같은 초기 유럽 탐험가나 점령가들이 강력한 인종주의자들이었다고 생각한다면 시대착오적이다. 회고적으로 이들을 인종주의자로 볼 수도 있지만, 사실 이들은 여전히 신분적이거나 기독교적인 언어와 세계관을 보유한 자들이었다. 현대인족의 분류체계는 이들에게는 이질적인 개념이다. 최소한 최초의 정복자들은 개념상의 부재로 인해, 어쩔 수 없이 미 대륙 원주민들을 아리스토텔레스나 토마스적 사고로 야만인, 또는 기독교적 입장에서 이교도로 분류할 수밖에 없었다.[198] 익숙하지 않은 대상은 익숙한 범주를 통해 설명되고, 외부인들은 고정된 관념을 통해 이해된다. 다시 말해, 새로운 것에 대한 충격은 유럽적 사고를 통해 흡수되었다. 콜럼버스는 그가 죽을 때까지 캐리비안이나 미 대륙의 자연과 원주민들의 모습이 그가 어린 시절 읽은 책이나 탐험의 내용과 매우 흡사하다고 여겼다.[199]

카스티야 점령은 유럽 최초의 미 대륙에 대한 대규모 공격이었다. 1519년 코르테스와 수행단은 유카탄 연안의 코수멜섬에 도착하여, 당시 번영 제국이었던 테노크차^{Tenochcha} 제국의 수도 테노치

티틀란에 마침내 당도하였다. 코르테스는 샤를 5세에게 보내는 두 번째 편지에서 몬테수마 2세Moctezuma II : Xocoyotzin가 깃털 또는 날개가 달린 뱀인 케찰코아틀*의 사절로서 그를 어떻게 대했는지에 관해 설명하였다. 코르테스[200]는 몬테수마 2세가 다음과 같이 말했다고 전했다. "그리고 우리는 언제나 그(케찰코아틀)의 후손인 그들이 와서 이 땅을 정복할 것이고 우리는 그들의 신하가 될 것임을 알고 있었다. 그래서 당신이 왔다고 하는 그 태양이 뜨는 지역 때문에, (…중략…) 우리는 당신을 따르고 당신을 우리의 주로 모실 것이다." 우리가 코르테스를 믿는다면, "신성화된 권력의 상징, 정당화된 정복과 명령의 패러다임"[201]으로서 행할 그의 생각이 사실은 메소아메리카(중앙아메리카)의 거대지역 정복에 핵심적으로 작용했음을 알 수 있다.[202] 회의론자들은 이를 터무니없는 허구라 생각한다.[203]

카스티야 정복자들과 나우아Nahua 귀족이 만났을 때, 서로에 대해 극단적으로 다른 이해가 발생한 것도 특이한 일은 아니다. 언어 장벽과 서로 다른 문화 속 소통은 오해로 가득할 수밖에 없다. 1779년 제임스 쿡James Cook의 모습은 하와이인들에게는 그들의 신인 로노Lono의 모습이었다.[204] 하와이인들이 쿡을 신격화했다는 사실은, 비록 주류는 아니었으나, 1990년대 북미 지식인들의 주요 논쟁거리였다.[205] 아마도 원주민들이 탐험가, 점령가들을 신으로 여겼다는 생각은 유럽인들의 오만함을 보여주는 것이라 볼 수 있

---

* Quetzalcóatl : 고대 아즈텍족의 신.

제2장_ 차이의 귀속

으나, 당시 원주민들의 이런 믿음을 부정하고 폄하하는 것 역시 시대착오적이며 유럽 중심적이라 볼 수도 있다. 필자의 의도가 이런 평행선을 달리는 두 개의 상충된 논의, 또는 다른 여러 흥미로운, 어쩌면 궁극적으로는 설명될 수 없을지도 모르는 1492년 이후의 간문화間文化적 접촉에 대한 해석들을 평가하고자 하는 바는 아니다. 이런 논의들은 영원히 흥미로운 주제이겠지만, 유럽인들의 탐험과 정복에 대한 논의는 두 개의 주요 결론으로 압축할 수 있다.

아마도 가장 극적인 사례는 비유럽 인구의 급격한 감소라고 볼 수 있다. 셔번 쿡Sherburne F. Cook과 우드로 보라Woodrow Borah에 따르면, 1518년 메소아메리카 인구는 2,520만 명이었으나 1548년 630만 명으로, 1605년 110만 명으로 감소했다.[206] 1778년 80만 명으로 추정되던 하와이인들은 1832년 13만 명으로 감소했고, 1890년대에는 4만 명 이하로 줄어들었다.[207] 의도된 바는 아니었으나, 유럽의 팽창은 비극적 결말을 초래했다. 10만에서 800만 명으로 추정되었던 1492년 히스파니올라 거주민[208]은 1535년 사실상 멸종되었다. 900만 인구를 보유했던 잉카 제국은 유럽인과 왕래를 시작한지 50년이 지나 100만으로 줄었고, 반세기 이후 60만으로 감소하였다.[209] 이러한 추산은 매우 대략적이기는 하나, 어느 누구도 이러한 인구통계의 재앙적 사실을 반박하지 않는다.

카사스Bartolomé de las Casas의 유럽의 폭력과 공포에 관한 과격한 논의는 식민주의의 파괴적 영향력을 강조하는 수많은 담론적 계승자들을 배출하였다.[210] 그러나 가장 큰 재앙은 최대 90퍼센트의 인구 감소를 초래한, 엄청난 치사율의 천연두부터 발진티푸스에 이르는 전염병들이었다.[211] 역사에서 생물학은 분명 중요한 존재 이지만,[212] 인종만큼 중요하지는 않다. 인종이 현대 역사의 재구성 단계에서 비로소 중요한 존재로 부상하게 되었다는 사실을 고려 하여도 말이다.[213]

어느 누구도 유럽의 탐험가나 정복자들이 전염병에 대한 책임을 질 필요는 없다고 생각하겠지만, 이들은 종교적 건축물들을 파괴 하고 지역 보물들을 약탈했으며 원주민들을 노예화시킴으로써 지 역을 황폐화시켰다. 미 대륙 발견 이후 유럽의 식민 역사는 곧 범 죄의 연대기라 할 수 있다. 그렇다면, 코르테스를 인종주의자로 보 아야 하는가? 기독교인들이 인종주의자였기 때문에 살인과 약탈 을 감행한 것인가?[214] 의심의 여지없이 코르테스는 기독교 문명화 의 우월성을 신봉했고, 나우아인들의 인간 희생제의(인신공양)를 비난 받을만한 것이라고 생각하였다. 그는 이를 "여태껏 본 것 중 에서 (…중략…) 가장 끔찍하고 무서운 것"으로 표현했다.[215] 그러 나 메소아메리카의 문명화에 대한 그의 표현은 폄하와는 거리가 먼 것이었는데, 그는 여러 도시의 건축물, 시장, 사람들을 "문명화" 된 존재로서 칭송하였다.[216] 그의 원정대원 중 한명인 카스틸로 Bernal Díaz del Castillo는 테노치티틀란의 풍경에 압도당했다. "우리는 몹시 감탄했다. 이는 마치 아마디스의 전설에 나오는 황홀경 같다 고 말했다. (…중략…) 또한 우리 대원 중 몇몇은 우리가 본 것이 꿈인지 생시인지 묻기도 했다. 내가 여기서 이렇게 말하는 것은 놀라운 일이 아니다. 왜냐하면 우리가 본 것들은 이전에는 본 적도, 들은 적도, 심지어 꿈 꾼 적도 없는 것들이므로, 이를 어떻게 묘사해야 할지 알 수 없기 때문이다. (…중략…) 나는 이 광경을 서서 바라보며 세상에서 이러한 광경을 다른 어떤 지역에서도 발견할 수 없을 것이라고 생각했다."[217] 그는 슬퍼하며 이어갔다. "이런 모든 경이로움 속에서 내가 보았던 모든 것은 오늘날 전복되고, 소실되었으며, 어떤 것도 남아 있지 않게 되었다."[218] 코르테스와 디아즈에게는 그들이 발견한 경이로운 세계를 과장할 만한 충분한 이유들이 있었고, 건축에 대한 그들의 감상은 나우아인들의 종교적 기념물들을 파괴하는 데 아무런 영향을 미치지 않았다. 그렇다면 이들은 인종주의자인가? 인종주의가 이들의 정복에 어떠한 영향력을 미쳤는가?

코르테스류의 사람들이 인종주의적 신념을 가지고 미 대륙을 탐험하고 정복하며 강탈한 것은 아니었다. 그들의 동기를 다시 살펴보면, 그들은 그들 스스로 고상하고 부유해지고자 했고, 샤를 5세의 영토를 확장시키고 싶어했으며, 메소아메리카인들의 기독교 개종을 위해 노력했다.[219] 라스 카사스Las Casas는 다음과 같이 논했다. "그들이 그렇게까지 무한정 많은 영혼을 죽이고 파괴한 이유는 기독교인들의 궁극적인 목적, 즉 금을 얻고자 하는 것이었다. (…중략…) 우리는 세상 어디에서도 찾아볼 수 없는 그들의 만족하지 못하는 탐욕과 야심이 이러한 악랄함의 원인임을 명심해야 한다."[220] 탐욕은 19세기 자유방임주의 경제가 부상하기까지 정당화되기 어려운 것이었다. 하지만 금을 찾는 일은 매우 중요했다.[221] 몽테뉴는 16세기 후반 다음과 같이 날카롭게 지적했다.[222] "누가 무역과 상업의 가치를 추정하겠는가? 많은 도시들이 완전히 파괴되었고, 수많은 민족들이 사라졌으며, 수백만의 사람들이 죽임당했고, 세상의 가장 아름답고 부유한 지역이 사라졌다. '진주와 후추' 사업을 대신해서 말이다! 무역상들의 승리다!"

기독교와 문명화는 보다 강력한 동기를 제공해주었다. 오늘날 생각할 수 있는 모험, 명성, 부와 같은 동기를 넘어, 우리는 당시 기독교의 강력한 영향력을 잊지 말아야 한다. 우리는 코르테스를 스페인인 또는 유럽인으로 부를 수 있지만, 그와 그 집단 구성원들은 스스로를 기독교인으로 생각했다.[223] 스페인의 유대인과 무슬림 추방이 기독교 선교를 위한 하나의 종착역이 되었다면, 이베리아 탐험가들의 항해는 그라나다와 지브롤터를 넘어 계속되어야 했다.[224] 이를 보여주는 한 예는, 인구 추방과 콜럼버스 최초의 항해 모두 1492년 일어났다는 사실이다. 코르테스 직후 프란치스코회는, 그들이 기독교적 세계관을 가지고 있고 단순히 원주민들의 기독교 개종의 목표를 가지고 있었다고 해도, 원주민들의 원시 신앙을 보존하고 이를 이어주고자 했다.[225] 1493년 교황의 칙서는 스페인 점령을 정당화한 주요 사건이었다.[226] 흥미롭게도 카스티야인들은 초기 메소아메리카인들을 '알자마aljama', 즉 경의를 표하는 공동체로 간주했는데, 이는 스페인 정치에 있어 이슬람의 영향이 어떠했는지를 보여주는 부분이기도 하다.[227]

제2장_ 차이의 귀속

이러한 논의들이 결코 유럽인들의 탐험을 악질적 소행으로 결론 짓고자 하는 것은 아니다. 논의의 목적은 단지 인종 또는 인종주의의 역사로 인해 대량 학살이나 유럽이 행한 정복행위의 주요 동기들이 간과되고 있음을 지적하기 위한 것이다. 유럽인들은 비유럽인들에 대한 수많은 오해, 자문화중심주의적 평가, 오만한 판단으로 가득한 수없이 많은 부정적 의견들을 창출하였다. 그러나 당시의 약탈꾼이나 해적이 인종 우월의식 때문에 공격한 것이 아니었던 것처럼, 콜럼버스와 코르테스 역시 그들이 인종주의자인 이유로 약탈이나 점령을 행한 것은 아니었다. 많은 카스티야인들이 나우아 지역을 원시지역으로 생각했을지 몰라도, 그들은 "유럽의 비非카스티야인들(주변부의 이베리아인들을 포함하여)과 다른 구세계인들을 대하는 것과 같은 태도"로 이들을 대했다.[228] 결과적으로, "나우아인들은 언제나 비 나우아인들에게 대해 유사한 태도를 견지하였다".[229] 지금까지 논한 바와 같이, 자민족중심주의는 대부분 보편적 현상이다. 이족 간 혼인은 보편적이었고, 몇몇 스페인 침략자들은 메소아메리카 귀족과 결혼함으로써 이들 계급에 속할 수 있을 것이라 믿었다.

식민 통치는 종교적·문화적 우월성을 통해 정당화되었다.[230] 세풀베다Juan Ginés de Sepúlveda는 인도인들은 "그들의 천성과 관심 자체로 그들을 문명화시켜줄 것과 도덕적인 군주와 국가의 권위하에서 통치해줄 것을 요구한다. 이를 통해 그들은 정복자들의 권력, 지혜, 법을 배워 보다 나은 도덕성과 가치 있는 관습, 문명화된 삶을

견지할 수 있을 것"이라고 주장하였다.[231] 노예제의 자연발생적 정
당성에 관한 아리스토텔리스의 논의는, 신체적이거나 생물학적인
원인보다 도덕적이고 심리적인 근거에 기반함을 알 수 있다.[232] 이
는 사실 옳고 그름, 정당성의 문제라기보다는 이교도적 야만인들
을 돕고 보살피는, 책임이자 의무였다.[233] 노예제는 어찌되었건 아
프리카의 노예 사회에서 온 자들을 편의적으로 노예로 전환시키는
수단으로서, 선교 행위의 한 형태로 이용되었다.[234] 이와 유사하게
마티엔조Juan de Matienzo는 "우리는 그들에게 종교적 지침을 주었고,
인간답게 사는 것에 대해 가르쳐 주었다. 그들은 우리에게 은이나
금, 또는 (그들에게) 가치가 있는 물품을 주었다"[235]는 논의를 통해
카스티야의 잉카 제국 점령을 정당화하였다.

　비록 초기의 점령이 인종주의에 의한 것도 아니었고 인종주의
를 발달시킨 것도 아니었다고 하더라도, 식민주의가 인종주의적
사고에 의존하거나, 적어도 이를 창출하지는 않았는가? 17세기
멕시코에서는 카스티야 정복자들이 특권적인 지위를 독점한 것
에 반해, 피식민 인도인, 아프리카 노예, 이종 간에 출산한 후손
들은 평민 계급sistema de castas으로 규정되었다.[236] 전쟁 이전 미국
남부의 노예제도에서도 볼 수 있듯이, 인종에 대한 현대적 분석
과 전근대적 신분의 범주 사이에는 공통점이 존재한다. 그러나
정복자들은 현대인족의 세계가 아니라 전근대 신분 위계의 세상
을 작동시켰다. 혈통과 가문의 언어는 귀족을 다른 이들로부터
구분해주었다. 명예와 신분은 중요한 것이었다.[237] 미 대륙에서

제2장_ 차이의 귀속

스페인인들은 귀족hidalgos이 되었다. 탈식민사회의 1세대들은 원주민들과의 혼인이나, 우리가 소위 혼혈아mixed race children라고 부르는 자손에게 유산을 상속하는 것을 거리끼지 않았다. 인종적 신분보다는 혼인과 자손으로서의 적법성이 주된 문제였다.[238] '메스티조mextizos'는 사생아나 혼외 자식을 의미하는 것이었다.[239] 당시 스페인 점령지였던 페루 내 혼혈아의 95퍼센트가 사생아였고, 반면 법적으로 등록된 혼혈 아동들은 재산 상속이나 특권층의 신분을 이어받을 수 있었다.[240] 인종이나 인종주의는 19세기 들어 중시되기 시작하였다.[241]

이런 카스트 제도sistema de castas는 다른 이들로부터 지배층을 구분하기 위한 신분에 관한 엘리트들의 이념체계였다. 특권층 이외의 사람들에게 혼종multiracial 가정이나 카스트의 이동과 같은 것들은 일반적인 것이었고, 카스트 계급 간 편견은 거의 없었다.[242] 20세기 전까지 인도인들의 카스트 계급은 정치적 신분을 나타내는 것이 아니었는데, 토착민들이 사용하는 보편적 범주는 카스티야인들이 '푸에블로puelo'라 부르는 지역 신분altepetl이었다.[243] 대부분 마을을 통해 서로의 신분을 확인하였고, 이런 마을의 경계는 20세기까지 지속되었다.[244] 이들에게 중요한 것은, 좁은 지역 정체성과 더불어, 신분이었다.[245] 몰리나Alonso de Molina는 16세기 나우아어–스페인어 사전을 편집하며, 나우아어에는 인간hombre를 나타내는 단어가 없고, 오직 귀족pilli과 일반인macehualli과 같이 신분적 범주를 나타내는 언어만 존재한다는 사실을 발견했다.[246]

인종주의의 뒤늦은 출현은 미국 인디언들에게서도 살펴볼 수 있다. 다른 곳과 마찬가지로 북미 원주민들은 유럽인들과 접촉하게 되면서 인구가 급격히 감소했다. 청교도인과 가톨릭 교인들이 처음부터 인종차별 담론을 형성한 것은 아니었다. 유럽인들은 문명인과 야만인의 전통적인 이분법을 넘어,[247] 아프리카인, 와일드 아이리쉬Wild Irish, 야만인과 같은 편의적 범주들을 만들었다.[248] "최초의 식민지 점령으로부터 킹 필립 전쟁에 이르기까지, 청교도인들은 원주민들이 아마도 유대인이고, 모든 원주민들은 백인으로 태어났을 것이라고 확신했다."[249] 북미 원주민들을 이해하는 데 있어, 청교도인들과 가톨릭 교인들에게 가장 중요한 것은 인종보다는 종교였다.[250] 기독교 인류학으로 인해 인종과학의 성장은 제한되었다.[251] 유럽 지식인들은 미 원주민들의 인종적 차이보다는 그들의 적합한 계보를 추적하고자 하였다. 몇몇 영국 작가들은 원주민들이 아일랜드인과 같은 식인食人, 스키타이인의 후손임을 주장했다.[252] 소로굿Thorowgood은 미국 원주민들이 "유대인 혹은 유대인 후손"일 것이라고 추측하였고,[253] 라피토Lafitau는 1724년 그의 논문에서 "휴론족Huron과 이로쿼이족Iroquois은 스파르타와 리키아의 후손"이라고 주장하였다.[254] 소로굿과 라피토는 이들을 그들 국가 내 신분이 열등한 자들과 동등하게 간주했을지도 모르나, 이러한 행위가 인종적 구분이나 생물학적 원인으로 인한 것은 아니었다.

19세기까지의 유럽 식민주의는 종속적 외교와 상징적 지배를 특징으로 볼 수 있다. 식민지 점령을 통한 관계는 권력, 탐욕, 특권

제2장_ 차이의 귀속

에 따라 통제 및 수립되었고, 이는 언어, 문명, 신분의 언어를 통해 정당화되었다. 유럽인이 피식민지 주민들을 제국의 통치대상으로 간주하기 시작한 것은 19세기 들어서부터이다. 상업적 이윤 때문이든 특권의식 때문이든, 서유럽국가들과 미국, 일본은 거의 모든 대륙을 점령하였다. 본국에서 지역 통합과 문화 통일을 이룬 현대 식민지 정복자들은 피식민지 주민들과의 문화 통합을 위해서도 힘썼다. 다음 장에서 논하겠지만, 식민지 통치자들은 현대인족의 범주를 식민주의 정당성 주장을 위해 사용하였다. 이후 인종주의는 정복과 식민주의의 추동세력으로 변모한다. 사회진화론social Darwinism과 인종과학적 주장들은 식민통치, 이종 간 출산 금지와 같은 인종차별적 행위의 확산을 정당화시켰다.

그럼에도 불구하고, 19세기까지 식민주의적 이데올로기가 모두 인종차별적인 것은 아니었다. 현대 식민주의가 왜곡되고 폄하적인 이미지를 가졌다고 해도, 이상적인 정당화 작업은 인종주의에 따른 것이라기보다는 진보—문명화 논의의 부활로서—와 제국주의적 통합에 따른 것이었다. 식민 통치가 고조된 시기 우리는 동시대적으로 발현한 배제와 통합의 대조적 움직임을 발견할 수 있다. 영국의 인도 통치를 예로 들면, 우선적인 목적은 영국이 아일랜드에서 이미 행한 바와 같이 남아시아에 기독교를 포함한 문명화 작업을 수행하는 것이었다.[255] 게다가 영국의 인도 통치는 엘리트 귀족들이 신분이 낮은 자들을 군림하는 본토의 통치 방법과 유사했다.[256] 위계적 인간homo hierarchicus으로서, 영국은 그들 국내의 위계질서를 식민지에까지 확장시켰다.[257] 남성 투표권이 크게 확장된 1867년 선거법 개혁 이후 식민주의 이데올로기에 있어 인종주의의 역할은 보다 중요해졌다. "더 이상 (…중략…) 영국인들이 국내의 하층계급을 국외의 피식민자들과 동등하게 간주하는 것은 (…중략…) 불가능해졌다."[258] 인종주의 과학에서 문제적인 것은 인도인들이 아리안족의 일부라는 점이었다.[259] 중요한 점은 영국의 통치에 인도인 협력자들이 필요했다는 사실이다.[260] 인종주의적 관점에서 아일랜드인이나 인도인들은 적대적 존재였음에도 불구하고,[261] 영국의 엘리트층은 식민 통치를 제국주의적 통합의 한 측면으로 정당화하고자 했다. 즉, 로마니타스Romanitas와 같이 주변적인 열망을 가진 자들에게 브리타니아Britannia가 개방되었다.

몽테뉴가 예견한 바와 같이 유럽의 확장으로 거의 모든 곳이 파괴되었다. 그러나 인종주의가 파괴의 원인은 아니었다. 대체로 불미스러운 행위들에는 그럴듯한 논의의 반복을 통한 임의적인 정당화 작업이 수반된다. 가인과 아벨의 이야기 같이, 외부인으로서 한 사람이 빼앗거나 죽이는 데에 다른 이들을 고려할 필요는 없다. 인종 이데올로기는 19세기 들어 매우 중요해졌으나, 우리는 유럽 식민주의 전성기 시절이나 그 이전 식민 통치를 유지할 수 있었던 다른 조치나 개념들을 놓치는 실수를 재현하지 않아야 한다.

8

미 대륙 원주민의 노예화는 인종주의에 기반하지 않았었는가? 신분의 범주는 종종 인종화되었고, 노예들은 대부분 피지배자들이 었다. 노예와 종족 집단 간의 관계는 불가분의 상관관계로 볼 수 있다.

인종주의가 노예제도를 야기한 것도 아니고, 노예가 인종을 의미한 것도 아니었다.[262] 고대 로마의 스토아 학파도 노예의 인간성 humanity을 강조하였다. 중요한 것은 견고하게 자리 잡은 계급 문제였다.[263] 노예는 독립적인 그들의 언어, 종교, 문화적 배경을 가진 신분 범주였다. 일단 자유인이 되면, 이들의 이전 신분은 이후 유명한 철학자가 되거나(에픽테토스), 심지어 황제(페르티낙스, 자유인이 된 종의 아들)가 될 때에도 방해요소가 되지 않았다.[264] 인종 불평등과 신분적 위계 사이의 불가분적 관계성을 차치하고 인종 불평등을 고려하면, 이는 사실 독립적인 존재가 아니라는 점을 알 수 있다. 55개의 노예 사회 중 약 4분의 3이 동일한 인종집단에서 노예를 착출하였다.[265] 오늘날 전 세계 약 2,700만의 노예는 대부분 인종과는 상관이 없다.[266]

노예제도와 인종이 가장 강력하게 혼재되어 있는 북미 대륙조차, 흑인 노예든지 백인 하인이든지, 17세기의 노예제도는 상대적으로 피부색과는 무관했다.[267] 노예는 신분의 문제였지 인종의 문제는 아니었다. 최초의 노예 노역은 미국 원주민들과 백인 유럽인들에게 집중되었다.[268] 에릭 윌리엄Eric William은 다음과 같이 논했다.[269] "흑인 노예제도는 이전의 백인 하인체계의 역사적 기반 위에 형성되었다." 유럽인, 특히 영국인들은 아프리카 노예와 고용계약을 체결하였는데, 그들은 "가시적인 신체적 차이에 대해 전혀 상관하지 않는 것처럼 보였다. 그들은 들판에서 함께 힘들게 일했고, 여가시간을 함께 즐겼으며, 적자나 서자에 상관 없이 수많은 아이들을 함께 키웠다. 초기 남부의 백인 정착자들은 엄격한 계급 구분에 꽤 익숙하였음에도, 그들이 노예와 있을 때 신분적으로 차이를 두는 것에는 익숙하지 않았다".[270] 1730년 이전 영국 노예제도에는 인종에 따른 구분이 없었다.[271] 영국 식민지 개척자들은 아일랜드인과 캐리비안 원주민들의 통치에 있어 피부색과 상관없이 가난한 백인과 흑인을 똑같이 혹독하게 관리하였다.[272]

요약하자면, 인종, 노예제도, 아프리카계 미국인들을 시공간적 동일선상에서 고려할 수 없다. '5분의 3타협'*이 적용된 미 헌법의 악명 높은 조항은 노예를 가리킨 것이었지, 아프리카계 미국인을 가리킨 것이 아니었다. 노예법은 "인종을 결정하는 데 있어 문제가 되는 일, 그 경계를 표시할 수 없을 만큼 복잡하고 광범위한 혼혈아의 출산, 그리고 무엇보다 분명하며 근절할 수 없는 해방된 흑인

• Three-fifths Compromise : 미국 남북부 사이의 타협안으로, 노예의 5분의 3만을 과세 및 하원 구성의 인구 비율로 인정하자는 안건.

제2장_ 차이의 귀속

노예 계급"을 고려한 인종법과는 다른 것이었다.[273]

인종보다는 노예가 신분적 범주에 가깝다. 이를 정당화한 것 역시 인종주의보다는 종교였다. "노예가 되는 것은 구속되는 것인데, 이는 권력다툼에서 패한 자의 몫이었다. 노예는 이단자이거나 이교도들이었다."[274] 반대로 개종은 해방의 잠재적 요소였다.[275] 이를 보여주는 한 예로, 17세기의 아프리카계 노예에 대한 대표적 문학 작품인, 벤Aphra Behn의 『오루노코Orronoko』(1688)는 아프리카 왕자의 비극적 운명을 그리고 있다. 아프리카인들의 고결한 야만성에 대한 고정관념이 나타나기는 하지만, 소설 속 등장인물의 묘사에서 인종차별적이라고 볼 수 있을 만한 부분은 거의 없다.

노예와 인종이 동일시되기 시작한 것은 17세기 말부터였다. 아프리카인들의 노예화가 절정에 달했던 1680년대, 영국으로 유입되는 이주민의 수는 감소했다.[276] 노동시장의 환경과 농장주 계급의 강화된 권력은 문화변용이나 계급전이를 불가능하도록 만들었고,[277] 이에 따라 인종주의적 언어가 노예 담론을 통제하기 시작하였다.[278] 백인의 우월성과 흑인의 열등성에 관한 이데올로기는 인종 정체성을 재차 강조하였다. 1830년대 미 북부에서 노예제 폐지 운동이 일어나기 전까지, 인종에 기반한 노예제도와 이데올로기는 미국 남부사회에 깊이 뿌리내려 있었다.[279]

노예 비방 담론은 미 남부에서 노예제의 정당화 담론으로 사용되었는데, 이러한 담론이 인종주의에 기반해 있었던 것은 아니었다. 남부의 노예제 지지담론의 근거로 사용된 것은 생물학이 아닌 성경이었다.[280] 북부 노예제 폐지론자들이 노예제도의 도덕적 악랄성을 비난하면, 남부인들은 "노예제도는 도덕적으로 선한 행위로, 이는 이미 성경에 기록되어 있고, 따라서 신의 뜻"이라고 대답하였다.[281] 1860년 출간된 블레드소Albert Taylor Bledsoe의 『면화는 왕Cotton is King』을 보면, 노예제도는 "신의 뜻과 섭리를 따르는 것으로, 인류에게 최상의, 순수한, 최고의 이득을 주는 것"으로 기록되어 있다.[282] 기독교에서 노예제도가 정당화되는 한, 노예제와 관련된 주장들은 인종차별적인 것이 될 수 없었다. 홉킨스John Henry Hopkins는 다음과 같이 논했다.[283] "최상의 특권을 가진 앵글로색슨은 (…중략…) 그들의 조상들이 비록 2000년 전 이교도 야만인으로 분류되었을지 몰라도, 지금은 최선두에 서있다." 즉, 인종 불평등은 노예제도의 적법성 속에 기반한 것도, 또한 그 자체가 적법한 것도 아니었다. 로스Fred A. Ross는 다음과 같이 말했다. **"신은 주인과 종의 관계가 영원히 지속되기를 절대로 바라지 않았다.** 니그로Negro를 다른 종species으로 주장한 볼테르의 이론은 포기되어야 한다. 신이 한 종species으로부터 여러 인종race을 창조하였다는 아가시Agassiz의 불신앙적 주장 역시 중지되어야 한다."[284] 즉, 성경은 인류일원론人類一元論을 주장하므로, 인종주의적이거나 인종차별적 담론을 반대한다.

성경적 논의를 넘어, 남부인들이 노예제를 정당화하고자 했던 근본적인 원인은 그들이 삶의 방식을 고수하고자 했기 때문이었다. 전쟁 이전, 남부의 노예제도는 당시 남부의 경제 및 사회적 삶과 복잡하게 얽혀 있었다. 하츠Louis Hartz에 따르면, "미국 내에서 유일하게 나타난 유럽 보수주의"[285]였던 반동적 계몽운동Reactionary Enlightenment은 남부의 생활방식, 특히 남부의 노예제도에 대한 격렬한 방어행위였다.[286] 미국 최초의 사회학 서적 중 하나인 휴즈Henry Hughes의 『사회학 논문A treatise on Sociology』[287]은 우월한 사회적 삶의 방식으로 '피보증주의warranteeism', 즉 온정주의적 사회를 제안하고 지지한다. "미국 남부에서 피보증인은 모든 권리를 가진 사람들이다. (…중략…) 그들의 노예 상태는 명목적인 것일 뿐이다. 그리고 그 명목은 피보증국가에게는 잘못된 일이다." 또 하나의 초기 사회학 도서인 피츠휴George Fitzhugh의 『남부에 관한 사회학Sociology for the South』(1850)은 북부 자본주의를 다음과 같이 공격했다. "맘몬●의 타락한 영혼은 모든 곳을 지배하고, 억압받는 이들의 한숨과 신음이 모든 곳에서 들려온다."[288] 반대로, 남부 노예제 사회는 "사회 최고의 모형이자 대중을 위해 고안된"[289] 것이었다. "우리는 모든 노예를, 노인들이나 어린아이나, 병자나 건강한 자나, 그들의 노동에 따른 것이 아닌, 그들의 필요에 따라 부양한다. (…중략…) 남부 농장은 공산주의적 이상의 극치이다."[290] 피츠휴는 견고한 사회학적 논의로서 마르크스의 코타 강령비판의 도덕 강령에 따라,[291] 공산주의적 유토피아와 유사한 "자애로운 제도"로서 노예제를 옹호했다.[292]

사실 반동적 계몽주의 사상가들이 구상한 남부 사회는 백인들이 다양한 등급의 귀족체계를 구성하고, 흑인은 평민으로 살아가는 신분사회였다. 노예 신분은 명예와 지위에 관한 것이었지, 인종과

● Mammon : 부의 신.

계급에 관한 것은 아니었다.[293] 만일 명예가 자유와 관련된 것이었다면, 불명예는 노예를 의미하는 것이었다.[294] 이는 인종주의나 인종차별 그 자체는 아니었지만, 남부인들의 강경한 삶의 방식을 지탱하는 견고한 중심체제로서 신분사회와 노예제도 속에 존재하고 있었다. 또한, 노예주들이 노예 비소유주들과 동맹을 맺고자 노력한 것을 고려하면, 노예제 지지담론의 주요 대상은 분명 남부의 노예 비소유주들이었음을 알 수 있다.[295]

인종주의는 확실히 남부의 노예제를 지지하는 역할을 했다. 고대 아테네, 로마, 브라질의 노예와 대조적으로[296] 남부의 노예 신분은 영속적인 것으로, 세대를 따라 이어지는 것이었다.[297] 위계적 개념을 내포한 현대적 개념으로서 인종이 과거로부터 존재한 자연발생적 불평등성의 개념을 포함하게 된 것은 19세기 초에 들어와서이다.[298] 고비노의 주요 저서를 영어로 번역한 노트Josiah C. Nott는[299] 노예제도의 근원을 아프리카계 미국인들의 민족적 열등성으로부터 찾고자 하였다.[300] 인종과학은 노예무역에서 가장 많이 사용되었다. 가축을 연구하는 수의학과는 다른, 인간을 상품처럼 분류하는 인종과학의 기술은 현대사회의 특이할 만한 제도로 볼 수 있다.[301] 돌이켜 보면, 당시 과학은 적어도 노예제도를 정당화시키는 최적의 수단으로 간주되었을지 모른다. 한 예로, 카트라이트S. A. Cartwright는 턱이 나온 인종, 즉 아프리카인들은 체벌을 좋아한다고 주장했다. "턱이 나온 인종의 민족적 특징은 회초리, 소가죽, 채찍 등으로 가하는 모든 체벌이 그들 자신과 체벌 집행인의 기분을 풀어줄 수 있는 수단이라는 점이다."[302]

남부의 인종차별적 논의는 기독교와의 충돌을 경계하며 반동적 계몽운동의 온정주의적 보수주의paternalistic conservatism를 답습하였다. 일반적으로 과학이, 구체적으로 말하자면 인종과학이, 성경 담론에 비해 부차적인 것이었기 때문에, 인종 담론 역시 주변적인 것이었다. 인류의 단일유전 번식은 중요한 신조였다. 다원유전 번식의 논의는 이교도적인 것으로서, 소수 의견이었다. 생물학은 마침내 조지 모턴George Morton이나 조지 글라이든George R. Gliddon을 포함한 미국 지성계를 통해 과학적이고 경험적인 근거를 이용하여 단일유전 번식에 대한 믿음을 비판하였고, 결국 생물학은 신학을 추월하게 되었다. 이들 대부분이 노예제도 폐지론자이자 교권 개입 반대자였기 때문에, 남부의 일반적인 입장은 이를 반대하는 것이었다.[303] 이와 관련, 스콥스John Scopes — 보통 남부인들의 선입견에 투쟁한 진보적 영웅으로 지칭되는 — 가 "진화론적" 교재로서 『도시생물학Civic Biology』(1914)을 사용했던 사실에 대해 생각해 볼 수 있다. 본 교재의 저자인 조지 헌터George Silken Hunter는 코카시안(백인) 인종을 "모든 인류의 가장 고차원적 유형"으로 주장하였다.[304]

제도이자 신분 속박의 도구였던 노예제가 사라지게 되자, 인종주의는 지위와 명예의 언어로부터 자유로워졌다. 남부 재건Reconstruction의 실패 이후 인종차별과 인종차별적 이데올로기가 부상하였다.[305] 남부 재건 운동 이후 피부색에 따른 구분은 인종의 혼종성과 인종 내부에서 나타나는 복잡성의 실제를 부인하며 더욱 단순화되고 강화되었다.[306] 아프리카계 미국인을 정의하는 '한방울 규칙one-drop rule' ── 미국 노예제도의 대표적 사례로 간주되는 ── 이 국가 전반적으로 채택되었다.[307] 참정권 박탈과 인종차별은 '린치lynching'가 백인이 흑인을 완전히 지배함을 상징하던,[308] 1890년대부터 1910년대까지 절정에 달했다.[309] 전쟁 이전 남부 사회에서 서로 다른 인종 사이의 출산은 보편적인 것이었다. 그러나 흑인 차별 정책이 도입된 '짐 크로Jim Crow' 시대 이후, 서로 다른 인종 간의 성관계는 금지되었다.[310] 딕슨Thomas Dixon의 『표범의 반점Leopard's Spot』(1902)과 『가문의 사람The Clansman』에서 볼 수 있듯, 19세기 말과 20세기 초 남부와 북부의 노예제도와 아프리카계 미국인들에 대한 기술과 기록에는 이들의 인종적 열등성이 전제되어 있다.[311] 벌린Ira Berlin은 다음과 같이 논했다. "미국 노예제도의 초기 200년의 역사에서 아프리카 혈통의 후손들에 대한 지극히 사악한 공격은, 백인들의 믿음 ── 즉, 흑인들에게도 동일한 기회가 주어졌었다면 그들 역시 백인들과 마찬가지로 행동할 수 있었다는 강한 믿음 ── 때문이었다. 이는 아프리카 및 아프리카계 미국인 노예들을 매우 가치 있게, 또 위험하게 만드는 것이었다. 신 인종주의는 이런 논리를 거부한다."[312] 노예의 해방은 인종주의를 해방시켰다.

9

인종의 범주는 따라서 현대적이다. 인종으로서 'race'에 관한 가장 일반적인 현대적 정의 — 옥스퍼드 영어사전에 따르면, "공통적으로 나타나는 일정한 신체적 특징을 나타낸 인류의 대분류 중 하나" — 는 18세기 후반에 나타났다. 이전에는 'race'란 젠더(스펜서나 스틸이 사용한 여성(the race of women)) 또는 와인(와인의 종(the race of wine), 즉 맛)과 같은 모든 종류의 대분류를 나타내는 용어였다.[313]

인종 분류의 개념은 여러 지식인들 중 베르니에François Bernier, 또는 칸트Immanuel Kant가 창시자라는 의심을 받기도 하지만,[314] 일반적으로 블루멘바흐Johann Blumenbach의 1775년 논문, 「인간의 자연발생적 다양성에 관해De generis humani nativa varietate」로부터 시작된 것으로 본다.[315] 블루멘바흐는 인간을 네 종류로 분류할 수 있음을 주장하면서도 다음과 같이 기록했다. "본 문제를 깊이 살펴보면, 당신은 이들이 서로 충돌한다는 사실과, 인류의 한 종이 다른 종과 매우 유사하여 이들 사이를 분명히 구분 지을 수 없다는 사실을 알게 될 것이다."[316] 그는 인간의 점진적 변화와 인류 다양성의 양적 속성과 더불어, 환경적 요인들이 피부색이나 두뇌 크기와 같은 신체에 영향을 미친다는 사실을 주장했다.[317] 1795년의 제3판에서 그는 인간의 다양성을 크게 다섯가지로 나눌 수 있음을 주장하면서도,[318] 자연 환경설을 계속해서 주장하며 인류는 생물학적으로 단일기원의 존재라는 사실을 강조했다.[319] 비록 그는 코카시안이 다섯 부류 중 가장 먼저 된 존재이고 조지아 사람이 "인류 중 가장 아름다운 인종"임을 주장하였지만,[320] "니그로의 정신적 능력과 재능의 완전성perfectibility"을 주장함으로써 당시 초기적인 인종주의적 사고에 반대했다.[321] 꽤 분명하게도, 블루멘바흐는 현대적 의미의 인종주의자도 인종과학자도 아니었다.

보편적 인간본성에 대한 계몽주의적 믿음 때문이든지, 아니면 인류 단일기원론에 대한 성경적 믿음 때문이든지, 18세기 유럽에서 인종 통합은 당연한 것이었다.[322] 보수주의의 창시자로 불리는 에드먼드 버크Edmund Burke는 1757년 다음과 같이 기록했다.[323] "피상적으로 우리는 우리의 다양한 근거 못지않게 우리의 즐거움 때문에 서로를 매우 다르게 보고 있을지도 모른다. (…중략…) 근거와 기호嗜好의 기준 모두 아마도 모든 인간에게 동일할 것이다." 환경적 요인은 인간의 다양성을 설명해주는 근거였는데, 이에 대한 예로 몽테스키외의 『법의 정신』(1948)을 들 수 있다.[324] 또한 뷔퐁Buffon은 다음과 같이 논했다. 인간의 "다양성은 언제나 경미하고, 따라서 그 다양성은 시간이 지남에 따라 사라질 수도 있다. 흑인들이 덴마크로 이주한다면, 그들의 본원적 속성인 '백인다움'을 되찾게 될지도 모른다".[325]

19세기 인종은 생물학적 혈통집단, 즉 현대인족의 치환置換으로서 구체화되었다.[326] 언어학은 인종과학에 근거하여 가계와 혈통을 중시하고 신학과 기독교적 보편주의는 무시되었다.[327] 기독교와 신분사회가 쇠퇴하고 진화론이 대두하면서 인종과학의 위상은 보다 높아졌다.[328] 기후와 문화로 설명되던 것들은 태생적 차이로 설명되기 시작하였다.

그럼에도 불구하고, 20세기 초까지 인종은 일반적으로 지리나 종교, 계급 또는 피부색에 기초한 거대 인간 집단을 지칭하는 데에 사용되었다.[329] 이를 보여주는 한 예로, 19세기 인류학에 대한 정의가 일반적으로 인간을 통합하는 것이 무엇인지에 대한 연구였다는 사실을 들 수 있다. 20세기에 들어오면서 인류학은 인간을 분류하는 연구로 변화하였다.

인종 담론을 발전시킨 것은 다름 아닌 현대국가와 생명정치학이었다. 유럽국가들은 그들 민족 스스로를 찬양하는 한편, 그들의 적은 인종 또는 인종 운명적 담론을 통해 맹렬히 비난하였다. 이를 보여주는 한 예로, 『포린 어페어스*Foreign Affairs*』잡지의 전신이 『인종 발달*Journal of Race Development*』(1910)이었다는 점을 들 수 있다. 민족주의의 신화는 인종의 신화를 통해 이해할 수 있다. 19세기 말 인종 담론 확산의 원인을 바로 이 부분으로부터 찾을 수 있다. 민족주의와 함께 발전한, 당시까지 통합된 존재였던 코카시안 인종은 민족 개념에 기반하여 다양한 인종들로 다시 분류되었다.[330] 블루멘바흐나 린네의 경우와 같은 인종과학적 주장 — 예를 들면, 독일은 혼합 인종으로 구성되었기 때문에 프랑스가 더 우월하다는 주장 — 은 설득력이 없었다. 이에 따르면 결국 갈리아족을 정복한 프랑크족인 프랑스 귀족은 독일 미개인들을 그들의 진정한 조상으로 생각할 수밖에 없게 된다.[331] 또한 유럽국가들은 식민지 점령의 수단으로 인종과학을 사용하였다. 한 예로, 칼 피어슨Karl Pearson은 "백인종"이 비백인종들을 지배할 수 있는 과학적 정당성을 찾았다.[332] 돌이켜 보면, 유럽의 정복은 기독교적 세계관에서 유럽인의 우월성에 대한 생물학적 인식으로의 전환을 통해 가능해진 것이라 볼 수 있다. 인종은 민족의 위대함을 드러내고 식민주의적 지배를 정당화하는 범유럽적 담론이 되었다.

제4장에서 논하겠지만, 인종과학은 생명정치의 중요한 부분, 보통의, 또는 규범적인 시민을 구축하기 위한 노력의 산물이 되었다. 1883년 갈톤Francis Galton에 의해 형성된 우생학은 실제적 적용을 통해 가장 체계적인 방법을 사용하여 완성한 진정한 과학과 같이 보였다. 인종학, 또는 우생학 전문가들은 대부분 내부 불평등에 대해서만 연구하였다. 그들은 인종 내부 또는 인종 그 자체보다 지위와 계급에 집중하였다. 그러나 20세기 인종은 불완전하게 형성된 민족 집단, 즉 소수 인종racial minority을 지칭하는 개념으로 사용되었다. 인종과학은 불평들에 대한 지배담론으로서 존재하던 신분·종교 담론을 대체하는 지배담론으로 부상했다. 이에 관한 가장 끔찍한 담론은, 제5장에서 설명할 독일 나치의 말살 정치에서 볼 수 있다.

고비노는 이에 대한 흥미로운 사례를 소개한다. 인종 불평등에 대한 이론의 창시자로서 추앙되기도, 비난받기도 하는 그는 「인종 불평등론De l''inegalite´ des races」(1853~1855)에서 국가의 감소와 쇠퇴에 대한 보편 역사를 제시한다.[333] 그는 세 개 인종(흑인, 황인, 백인)이 존재함을 주장하는데, 그는 이 세 인종 모두가 프랑스에 있다고 주장하였다.[334] 다시 말해, 그의 구체적인 관심은 민족 집단들과 비민족 집단의 신분 불평등이었다. 그는 다음과 같이 주장하였다.[335] "타락한 시내의 인간, 아마도 소위 **퇴화된 인간**으로 불리는 자들은, 인종적 관점에서 볼 때, 고대 영웅들과는 다른 존재일 것이다." 누가 "고대 영웅들"이란 말인가? "지구상의 과학, 예술, 문명의 위대하고 귀족적이며 풍성한 모든 작업은 단일한 출발지점에서 시작되었고, 단일한 기원으로부터 발전하였으며, 단일한 생각의 결과이다. 이는 단일한 족보에 속한 것으로, 세계의 모든 문명국가들을 통치하는 단일 족보의 여러 지류들이다."[336] 다시 말해, 지배하는 귀족들과 지배 받는 수많은 이들은 오랜 세월동안 뒤섞인 서로 다른 인종들이다.[337] 그는 반민주주의자이자 반평등주의자일 뿐 아니라 반민족주의자였는데, 이는 민족주의가 신분차이를 인정하지 않았기 때문이었다.[338] 그가 범민족적인 귀족 의식을 보유하고 있었을 뿐만 아니라 그의 관심이 프랑스에서 영국, 독일로 옮겨간 것을 고려하면, 그를 반애국주의자로 볼 수도 있다.[339] 그는 인종이론의 창시자였으나, 19세기 쇠퇴하는 신분질서의 세상 속에 있었다.[340] 다시 말해, 그는 변하지 않는 귀족 엘리트주의자였다.

고비노의 대중에 대한 관심은 20세기 초 인종과학에서 가장 대중화된 운동이었던 우생학 운동에서 찾을 수 있다. 선택 교배란

유전, 가축 교배 실험, 대중 불안 정치에 대한 개념을 종합한 것이었다.[341] 가축 교배에서 영감을 받은 이 계획은 긍정적 의도로서보다 나은 시민을 양성하기 위한 것이었다. 갈톤은 다음과 같이 논했다.[342] "우생학의 목적은 모든 계급과 종파를 그들 최고의 표본을 통해 만들어내는 것이다."[343] 여기서 강조되었던 것은 인종이 아니라 계급이었다.[344] 갈톤은 계급 내 출산을 장려했다. "인종 발달에 대한 이상은 선택된 계급의 젊은 남성과 여성에게 증서를 주거나, 이들의 계급 내 결혼을 장려하는 것, 아니면 높은 계급의 여성의 결혼연령을 앞당기는 것, 또는 아이들을 건강하게 양육할 수 있는 대책을 세우는 것 등을 통해 표현할 수 있다."[345] 국가의 발전을 기원하는 만큼, "모든 국가에서 뛰어난 이들 중 얼마나 많은 비율이 외국 이름을 가지고 있는지"를 기록하며, "탁월하고 훌륭한 난민들을 유치할 수 있는 정책"을 주장하였다.[346] 그는 영국인들의 태생적 우월성을 주장하지는 않았다.

우생학의 목적은 가장 지적이고 탁월한 자손을 만드는 것이었다. 전통적 귀족사회를 고수하는 자라면, 귀족 간 성행위를 장려할 것이다. 이와 같은 논리로, 우즈Frederick Adams Woods는 갈톤의 혈통적 유전에 대한 법칙을 증명하고자 하였다. 유럽 왕실 연구에서 그는 다음과 같이 말했다. "왕족이 그들 스스로를 구분하는 가장 극명한 두 가지 활동은 군사 지휘와 국정 운영이다."[347] 따라서 "왕실 가문의 형성이란 통치와 전쟁 수행에 가장 뛰어난 존재를 선택하는 문제였다".[348] 사실 왕실은 전통적으로 그들의 탁월한 우수성을 적법

제2장_ 차이의 귀속

한 부모 밑에서 태어남을 통해 취득하였음에도 불구하고 말이다. 우즈에게 왕족은 인류의 미래를 위한 희망이었다.[349] "인류에게 필수적인 발전의 신념에 근거하여 우리는 왕실 가문으로부터 도덕적으로 우월한 생존능력과 정신적이고 도덕적인 탁월함이 계승되고 있음을 발견할 수 있다." 역설적이게도, 현대 유전학 교과서에는 윈저 왕가의 혈우병의 만연과 같은 유럽 왕실 내 근친상간에 따른 부정적 결과들을 가르친다.[350]

우생학은 사회진화론적 세계관을 반영한다. 인종개선과 인종 퇴화방지를 위한[351] 우생학의 긍정적 프로젝트로서, 방지·예방을 장려하는 열생학dysgenics이 발전했다. 19세기 말 유럽사회의 위험계급에 대한 두려움이나, 패전 이후 국가의 생존에 대한 우려(프랑스-프로이센 전쟁 이후 프랑스나 1차 세계대전 이후의 독일)는 인종적이거나 민족적 능력에 대한 우려를 확산시켰다.[352] 찰스 페레Charles Féré는 1888년 다음과 같이 논하였다. "병자, 정신이상자, 범죄자 등 어떤 형태로든 타락한 자들은 부적응의 폐기물, 문명화의 실패자로 간주되어야만 한다."[353] 1883년 최초 발간된 『인종투쟁Der Rassen-kampf』에서 굼플로비치Ludwig Gumplowicz는,[354] 인종투쟁은 우리가 계급 또는 신분이라 부르는 집단 사이에서 발생한다고 설명한다. 필자가 강조한 바와 같이 이러한 표현은 전근대 사회의 신분 집단 사이에서 가장 보편적으로 나타나는 것이다. 그랜트Madison Grant는 『위대한 인종의 멸망The Passing of the Great Race』에서 이를 다음과 같이 표현했다. "인종이 발전하는 가장 실제적이고 바람직한 방법은 국가의 가장 바람직하지 않은 요소가 미래 자손에게 이양될 영향력을 제거하는 것이다."[355] 시간이 지남에 따라, 계급 또는 신분적으로 열등한 자들을 제거하는 부정적 프로젝트는 절정에 달하였다. 즉, 우생학은 "정신병과 빈곤의 기하급수적 증가"를 방지하기 위해, "공동체의 어떤 계급들이 가장 빠르게 번식하는지"에 대한 연구를 수반하였다.[356]

미국에서는 근절을 위한 부정적 프로그램이 널리 확산되었다. 홈즈Samuel J. Holmes의 『인종의 추세The Trend of the Race』[357]는 다른 인종이나 이종 간 출산보다 인종 내부 또는 계급 내부의 불평등에 주목하였다. "무지와 빈곤으로 가득한 프롤레타리아인들은 통제되지 않는다면 급속도로 번식할 것이다."[358] 열등한 이들의 빠른 번식을 막기 위해, 그는 "우생학적 의식"을 가질 것을 주장하였다. "가장 축복받은 유전 능력을 소유한 이들은 그들의 능력이 지구상에서 소멸되지 않도록 지켜야 할 중요한 의무가 있음을 알고 있어야 한다."[359] 반면, 열성 유전자의 번식은 제한되어야 했다.[360] 이런 맥락에서, 사회학자인 한킨스Frank H. Hankins는 다음과 같이 논했다. "그러나 오늘날 열성 유전자 번식에 대한 입장은 분명 인구 집난에서 추출된 소수의 자손만을 남기고, 대부분의 유전 형질과 잠재적으로 존재할지 모르는 천재성을 파괴하는 것이다. 이는 앵글로색슨족을 보전하는 것에 대한 문제가 아니다. 이들 대부분은 극히 무가치하고 최대한 빠른 시일 내에 제거되어야 할 존재이다. 이는 인종 사이의 경계를 확립하는 것도, 인종에 따른 위계감을 조성하는 문제도 아니다. 이는 사회적 마찰을 조장하고 사회적 효율성을 떨어뜨리기만 할 뿐이다."[361] 한킨스가 인종 평등주의를 주장한 것은 아니었지만, 그의 "혼합 인종으로서의 조상"에 대한 논의는 분명 호의적인 것이었다.

이와 같이 우생학은 현대국가와 생명정치학의 지지 속에서 발전하였다. 이는 부분적으로 20세기 초 우생학에 대한 범구가적인 관심을 보여주는 부분이기도 하다.[362] 보편적으로 과학, 특히 생명정치학의 정당성을 통해 패권을 잡은 곳에서는 우생학이 곧 지성의 중심이 되었다. 우생학은 갈톤의 영국에서부터, 유럽, 그리고 아시아와 미국 전역으로 전파되었다.[363] 우생학과 인종과학이 인종차별적 성향을 가지고 있고, 우생학이 때때로 독일 나치나 20세기 초 미국과 라틴아메리카와 같은 인종주의 정치에 사용되었다고 하더라도,[364] 인종주의자들의 관심은 일반적으로 생명정치와 국가 권력에 보다 집중되어 있었다. 독일 나치의 인종과학은 인종보다는 계급에 집중하였다.[365] 돌이켜보면, 우생학은 인종과 민족을 동일한 것으로 간주하던 당시, 보다 흥미롭게는 신분과 계급의 중요성을 강조하던 당시에 인종과학을 대표하는 학문이 되었다.[366]

우생학과 인종주의를 동일한 것으로 간주해서는 안 된다. 이는 인종이나 인종주의가 우생학에 반드시 필요한 개념이 아니기 때문이다. 가까운 미래에 우리는 개별적인 유전적 적합성에 기반한 사회집단을 보게 될지도 모른다. 생식기술과 유전공학의 발전은 개별적인 우생 유전자의 획득을 위한 사회적 선택을 가능하게 할지도 모른다.

미래의 생명공학자들이 사회적 일체화나 구분의 객관적 근거를 신분과 대신, 헉슬리Aldous Huxley의 소설 『멋진 신세계Brave New World』(1932)나 니콜Andrew Niccol의 영화 〈가타카Gattaca〉(1997)를 따라 제시할지도 모른다.

10

21세기 초 대중적인 인종의 범주를 객관성, 명확성, 필요성의 측면에서 보면, 그 자체의 오류에 빠지게 된다. 인종주의 담론은 영속성 또는 운명과 같은 언어로 표현되는데, 이는 인종에 대한 초기 이론에서부터 나타났다. 고비노는 다음과 같이 논했다. "이와 같이 인간 집단에는 불평등의 미학이 있다. 이러한 불평등은 이성적이고, 논리적이며, 영속적이고, 확고하다."[367] 녹스Robert Knox는 다음과 같이 기록했다. "인종은 세상의 모든 것이다. 문학, 과학, 예술, 한마디로 문명은 이에 편승한다."[368] 생물학에 기반한 인종의 특성은 영속적이고 역사를 초월한다. 게링Albert Gehring은 다음과 같이 말했다. "각 인종의 예술에서 나타나는 근본적 특성과 차이들은 보편적으로 모든 시대와 국가에서 나타난다. (…중략…) 그리스-라틴의 예술작품은 간결하고 단순한 경향이 있고, 독일의 작품은

제2장_ 차이의 귀속

복잡한 경향이 있다."[369] 어느 누구도 과거와 현재의 도덕, 지성, 미의 가치를 지닌 인류의 문화가 인종에 따라 불공평하게 분포되어 있다고 말하지 않았다. 또한 어느 누구도 이런 문제에 관해 인종 분류와 범주화의 가능성을 증명하지도 않았다. 그럼에도 불구하고, 인종과학은 지성이나 특성의 차이와 상관없이 사회적 차별을 통해 정착되었다. 이는 과학적 사실이 아닌 민간 지식으로 존재하였다.

돌이켜보면 인종과학의 많은 증거나 결론들은 확실히 공상적이고, 이들이 과학적이거나 도덕적인 근거를 가지고 있는지에 상관없이 현대인들의 입장에서는 비난받아 마땅하다. 그러나 과거의 표현과 담론들을 오늘날의 생각과 가치로 평가한다거나, 모든 인종과학자들을 하나로 묶어 생각한다거나, 아니면 이들을 단순히 미치광이나 공론가로 비난하는 것이 무조건적으로 옳다고 볼 수는 없다. 한 예로, 역설적이겠지만, 우리가 만일 인종과학에서 상대적으로 인종에 대한 관심이 적은 학문들을 우생학과 동일하게 간주한다면 인종과학의 몇몇 고무적인 연구들을 놓치게 된다.

인종과 인종주의를 범역사적이거나 범문화적인 개념으로 다루고자 하는 유혹이 있으나, 이는 기만적 행위이다. 인종은 사회적인 것이므로 역사 속에서 그 범주는 변화한다. 우리가 살펴본 바와 같이 인종담론의 정당성을 확보하기 위해 반복한 노력들은 다양성과 혼종성, 그리고 역사의 복잡한 실체 속에서 성공하지 못했다. 이를 생물학의 영역에서 살펴본다고 할지라도, 추정적으로 만들어진 자연적 기초는 많은 사회적 범주들과 다를 바가 없다. 사회적 구분에 대한 인식 작업은 사회적인 것의 자연성을 강조한다. 우리가 인종 주의를 인종 불평등에 대한 개념으로 제한하는 한,[370] 고대 사회나 유럽의 팽창 속에서 이러한 사례들을 찾는 행위를 통해 과거를 제대로 이해할 수 있는 방법은 없다. 유럽의 초기 우주 구조학자들이 제안한 초창기 유형이든지, 19세기 생물학자들이 형성한 보다 체계적인 방법론이든지, 인종은 과학적 기반을 수립하기 위해 노력했다. 그러나 인종은 민족화될 때, 또는 현대인족의 담론을 따르거나 대항하게 되는 바로 그때, 유의미한 존재가 되었다. 제4장에서 설명하는 바와 같이, 현대의 인종담론은 신분적 차이 또는 차별과 같이 수평적으로 범주화된 불평등에 편승하여 형성되었다. 그 이후 인종은 추측에 기반한 초기 인류학의 장에서 비로소 국가 정치 담론의 장으로 옮겨갔다.

인종과학은 현대 학자들에게 의분義憤의 대상이 되어왔다.[371] 미국 시민권 운동과 함께 1960년대 반인종주의 작품들이 쏟아져 나왔다.[372] 1960년대 중반을 과학과 도덕이 발달한 최절정의 시기로 보는 것에는 오해의 소지가 많다. 제2차 세계대전 이후 유네스코와 같은 국제기구들은 인류의 생물학적이며 도덕적인 통합을 강조했다.[373] 제2차 세계대전 이전 미국 내 다수의 학자들은 인종 신화에 반대를 표했다.[374] 인종과학에 반대하는 수많은 서적과 운동보다도 많은 작업을 나치가 수행했을지 모르지만, 나치 정권이 수립되기 이전 우생학이 유행함에 따라 인종과학을 반대하는 강력한 대항세

제2장_ 차이의 귀속

력들이 이미 나타났다.[375] 다윈은 인종 분류에 반대 의사를 표했다. 또한 인종주의를 반대하는 최초의 논의들—여기서 논의하는 바는 인간은 생물학적으로 다른 종으로는 나누어질 수 없다는 논의에 한한다—은 인종과학만큼 오랜 역사를 지니고 있다. 18세기 중반 인종과학이 나타난 초창기, 헤르더, 루소, 알렉산더 본 훔볼트, 빌헬름 본 훔볼트 등은 이를 날카롭게 비판했다.[376] 인종주의자와 반인종주의자들의 저작물들은 동시대적으로 출판되었다.

인종과학이 그 학문적 결함에도 불구하고 계속해서 중심적 권위를 유지할 수 있었던 원인은 무엇인가? 인간을 분류하고 이를 뒷받침할 수 있는 근거를 자연에서 찾고자 하는 이유는 무엇인가? 인종 분류에 대한 추동은 인류 다양성의 현상에 기초하는데, 이는 동시에 이데올로기의 귀속을 의미하는 것이기도 하다. 범주의 분화는 이를 유지하는 권력 관계, 제도, 담론의 결과이고, 범주는 실생활 내 우리의 인식 속에 스며든다. 제6장에서 설명하겠지만, 인종과학은 인간의 차이가 자연적인 것임을 증명하기 위한 보편적인 노력의 한 사례로 볼 수 있는데, 이는 임의적 인지를 근원적 본질로 변화시키는 작업이다. 신화가 비기독교로부터 기독교를 방어하고 정의하기 위한 불가피한 수단이 되는 것과 같이, 19세기 이래 생물학은 인종의 차이를 정의하고 방어하기 위한 수단으로 사용되었다. 발전된 과학이 인종의 범주나 인족의 분류를 없애버리지는 않을 것이다. 현대인족은 현대국가 시대에서 논쟁의 여지가 없는 대전제이기 때문이다.

제3장

현대국가 / 현대인족

—
1
—

1914년 7월 장 조레스^{Jean Jaurès}는 다음과 같이 묻고 답했다. "당신은 프롤레타리아가 무엇인지 아는가? 함께 평화를 사랑하고 전쟁을 싫어하는 인간 군중이다."[1] 그는 프롤레타리아 평화주의와 사회주의를 **라파트리**^{la patrie}*의 완성으로 생각했다.[2] 연설 며칠 후, 이러한 그의 이상은 가브릴로 프린치프^{Gavrilo Princip}의 총성과 함께 날아갔고, 조레스 자신 역시 같은 달 살해되었다. "세계 제일의 반군사주의 정치조직"[3]으로도 불리는 제2인터내셔널^{Second International}은 국제주의적 사회주의를 애국주의적 민족주의로 전이시켰다. "조국

---

* 조국의 뜻.

의 수호"를 "자본주의적 기만"으로 조롱하던 레닌은 오직 한 국가 안에서 사회주의 혁명을 성취할 수 있었고,[4] 이에 따라 사회주의는 현대국가의 용광로 속에 녹아들었다.

제1차 세계대전을 통해 애국주의적 민족주의는 정치 통합과 군사 동원을 함께 작동시킬 수 있는 강력한 수단임이 증명되었다. 슈테판 츠바이크Stefan Zweig는 제1차 세계대전에서 형성된 환희의 통합에 대해 다음과 같이 회고했다. "이전의 어떤 순간도 수천만의 사람들이 (…중략…) 그들이 하나라는 느낌을 받은 적은 없었다. (…중략…) 서로 다른 계급, 지위, 언어의 모든 사람들이 일순간 뜨거운 형제애로 뒤덮였다."[5] 베르사유 조약의 원칙하에서 개인의 자유를 보장하는 것은 민족자결의 이상과 불가분의 관계가 되었다. 국경의 존엄은 참호전의 비극 속에서 자체적으로 부상했다. 수백만의 전사자들은 국가를 위해 죽음을 불사한 이들로 추앙되었고, 민족주의는 그 제일의 이유로 설명되었다.[6]

본 장에서는 유럽 내 현대인족의 형성과 보급, 그리고 비유럽 세계로의 전파에 대해 살펴보고자 한다. 비록 원인, 특성, 속도는 각 통치기구의 형태에 따라 달라지겠지만, 여기서는 이들 사이에서 나타나는 유사성에 집중하고자 한다. 지정학은 국가 경계를 형성하였고, 현대국가는 인족의 정체성을 형성하고 전파하는 데 중요한 역할을 하였다. 현대국가의 사회 기반 시설의 발달은 과거의 국가하부적(예를 들어, 마을)이고 국가초월적(예를 들어, 종교)인 일체화의 요소를 대신해 인구 집단을 민족화하였다. 민주주의 혁명은 신분 계층을 소멸시키고 대중을 귀족화하였다. 요약하자면, 현대인족은 정치·지식·과학 담론을 통치하는 규제 이상으로서 현대국가의 산물이자 속성이다. 이는 식민주의를 통해 비유럽국가들에게 전파되었고, 20세기 중반까지 인류를 구분하고 식별하는 우선적 방편이 되었다. 지구상의 모든 인구population(지리적·행정적 범주에서의)는 국민(인민)people(스스로 자각하는 통합체)이 되었다.

2

현대국가의 경계는 인족 정체성의 대략적인 틀이 되었다. 문화 통합은 지역적 다양성보다는 민족의 공통성을 강조했다. 우리가 국가라고 부르는 복합적 조직체는 그 장악력을 확대·강화시킴으로써 급속히 발전하였다. 교육, 사법제도, 군사, 복지 등 국가 제도의 발전은 언어와 법률, 문화와 재화의 통합을 통해 정부체계를 구성·통합하였다. 따라서 국가의 영역은 그 외부와 구분되는 명확하고 실질적인 공간으로 정의되었다. 신분 통합은 공식적 평등을 제창했는데, 이는 신분 또는 질적인 정체성을 대체하였다. 정부 체제하에서 대부분의 사람들은 포괄적 정체성inclusionary identity을 갖게 되었다. 국가와 인족은 지배자와 피지배자의 인종, 종족, 민족적

동질화와 함께 결합되었다.[7] 즉, 현대국가와 민주주의 혁명은 즉자적 존재로서의 사람들(인구)을 대자적 존재(인족)로 전이시켰다. 현대국가는 현대인족의 객관적 상관물이다.

현대국가는 제한된 영역 내의 정치·군사 권력을 장악한다. 이는 공화주의적 미덕을 이상으로 하는 결속적 도시국가나 제국의 확장 통치를 결합한 전근대적 정치체와는 다르다.[8] 이는 새로운 정치공간을 상정한다. 초기의 현대 유럽국가 또는 제국은 지역적 경계가 불확실했을 뿐만 아니라 역사도 불명확했다. 대부분 변경 지역이 경계를 이루어주고 있었고, 중앙 통치는 명목상 존재하였다. 교회와 지방 권력은 왕실 권력과 대립하였다. 언어·문화적 차이는 모든 곳에 존재했다. 이들을 급격히 변화시킨 존재는 전쟁이었다. 18세기 말, 합스부르크 제국은 오스만 제국의 헝가리 대부분의 지역과 스페인이 통치하는 남부 네덜란드 지역을 점령하였다. 프랑스는 로렌주, 나폴리, 시실리를 점령했으며, 러시아 제국은 스웨덴으로부터 에스토니아와 리보니아를 빼앗았다. 18세기 유럽의 외교관들은 20세기의 그들이라면 통합된 정치체로 간주할 만한 것들을 거리낌 없이 분할하였다.[9] 영토의 변화에 상관없이, 사람들은 지역적 소속에 관한 공식 증서 없이 자유롭게 이동하였다. 외국인이라는 용어는 그들의 지역을 벗어난 모든 이를 지칭하였다.[10]

현대국가의 경계는 명확하고 확정적이다. 웨스트팔리아 조약 이후, 국가는 인접 지역을 통치하는 주권의 기본 단위가 되었다.[11] 19세기 말까지 터너Frederick Jackson Turner는 미국에 여전히 존재하는 "야만과 문명이 만나는 접점"으로서의 변경지역과 대조적인 존재로서, "인구 밀집으로 인해 경계가 강화된" 장소로서 유럽을 묘사하였다.[12] 현대 정치에서 변경지대는 사라졌고, 경계선이 중요해졌으며, 국경 감시는 일반적인 것이 되었다.[13] 국가는 정치·군사 권력을 장악한 단일적 존재로서 교회와 지방의 정치권력을 대신했다. 국가는 교통과 통신망을 통해 하나의 통합된 존재로서 공간을 정의하고 관리한다.[14] 현대 지형과 지도에는 명확한 국경선이 표시되는데, 이를 통해 분류되고 경계 지어지며 통솔되는 지역으로서 영토권의 개념이 창출되었다.[15] 영토권은—종종 태고적부터 시작되는—역사적 기반을 통해 수립되는데, 이에 따라 무인도와 같은 상징적인 영토의 확장을 둘러싼 전쟁이 일어나기도 한다. 기독교의 선교적 이상으로서 재구성된 실지회복주의irredentism와 분리주의secessionism는 진지한 논쟁거리로 부상하였는데, 이는 오늘날 학자들이 왜 "플라톤, 홉스, 로크, 루소, 헤겔, 마르크스, 밀 모두가 분리주의에 진지한 관심을 기울이지 않았는지"를 묻는 주제이다.[16] 국가 통합과 독립은 신성불가침의 존재가 되었다.[17] 사람들은 신분을 확인하고 허가하는 국가의 승인 절차 없이 그들이 원하는 대로 오갈 수 없게 되었다. 외국인이라는 용어는 무국적자나 비시민권자를 가리키는 말이 되었다.[18]

문화 통합뿐 아니라 신분 통합도 이루어졌다. 정치학에서 "정치 공동체에서 최종적이고 절대적인 권력"을 의미하는 주권은 신성하고 개인적인 군주의 통치로부터, 대중과 관료제를 통한 비인격적 통치로 변화하였다.[19] 중세 유럽은 13세기 국가이성에 대한 개념이 일찍이 존재했음에도 불구하고,[20] 주권의 개념은 없었다.[21] 장 보댕이나 토마스 홉스의 고전적 논의는 군주 통치를 지지하였고, 주권은 티에리Augustin Thierry가 논한 "의무의 거대한 굴레"의 개념에서와 같이 상급자들을 지칭하는 어원상의 의미와 가까웠다.[22] 주권에 관한 선구적 이론가였던 보댕Bordin은 16세기 이를 "최상의 절대적이고 영속적인 권력"으로 정의하며, 군주나 왕으로 하여금 "백성의 동의와 상관없이 이들 전체에 관한 법률"을 반포하도록 했다.[23] 홉스는 "주권이란 국민의 동의에 의해 부여된 것"이라 논했으나,[24] 이들은 "모든 권력과 힘을 한 사람 또는 한 집단에 부여"해야 한다고 주장했다. 두 논의 모두에서 주권은 백성 위에 군림하는 왕실의 권력과 사법권을 의미하는 것이었지, 정해진 영토에 기반한 것이 아니었다.[25]

　게다가 민족nation 또는 국민(인민)people은 기본적으로 특권층을 지칭하는 개념이었지, 모든 일반 대중을 의미하는 것이 아니었다.[26] 보댕은 신분 계층을 당연한 것으로 생각하였다.[27] 일반 대중은 발언권이 없었으며,[28] 이들은 사실 국민도 아니었다. 홉스에 따르면, "민주국가의 형성 이전, 국민a people, Populus은 존재하지 않았다.[29] 왜냐하면 이들은 한 사람이라기보다는 개별 인간들의 군중형태Multitudo에 불과했기 때문이다". 물론 보댕과 홉스가 주권의 요소들을 논할 때 인종, 종족, 민족의 개념은 언급하지 않았다.[30] 웨스트팔리아 조약은 "주권은 국민보다는 통치자에게 속한 것"으로 상정하였다.[31] 폴란드 계몽운동의 대부 중 한명인 포토키Marshall Ignacy Potocki는 1789년 다음과 같이 기록했다. "우리의 운동은 민족이나 시민만을 나타내는 것은 아니다. 사실 민족은 제1신분이고 시민은 귀족을 말한다."[32]

루소에 의해 제시되고, 1776년 미국독립선언과 1789년 프랑스의 「인간과 시민의 권리의 선포Déclaration des droits de l'Homme et du Citoyen」에 묘사된 주권의 현대적 개념은 국민의 포괄적 이상에 기반하고 있다. 왕실과 종교의 권위는 국민(인민)의 개념이 부상함에 따라 점차적으로 축소되었다.[33] 국민주권의 현대적 개념 속에서 시민은 궁극적인 권한을 가진 존재이다.[34] 시민권에 대한 공화주의적 개념은 민족적이거나 문화적인 구분의 문제가 아닌 신분 또는 수직적 통합을 의미한다. 이는 반군주적이고 반귀족적 함의로서의 국민, 평민commoners, 제3신분을 지칭한다.[35] 거버넌스를 통해 나타나는 존재―그 자체가 현대적 개념의 상징으로서―일지 모르나, 국민 또는 민족은 통치하는 자이다. 전근대의 제국이나 절대주의 국가는 대중적 정당성에 기반하지 않았던 반면, 현대국가는 독재국가이든지 민주국가이든지 반드시 대중적 정당성을 확보해야만 한다. 이미 1749년 볼링브룩Bolingbroke은 "통합된 국민의 수장으로 애국적인 왕"임을 변론하며 군주제를 정당화해야 했다.[36] 왕실 애국주의는 대중적 민족주의로 탈바꿈했다. 충성의 대상이 군주(왕)에서 국가(국민)로 변했다. 변모한 왕족은 민족적 유래 또는 연속성을 증거하고 상징하는 존재가 되었다.

신분 통합은 사회, 문화, 인족과 관련한 현대적 개념의 기저가 된다. 국민주권은 정치 핵심 사안으로서 시민 사회와 함께 부상하였다.[37] 공공영역public sphere의 창출은 민주주의 혁명의 한 결과로 볼 수 있다.[38] 유럽의 사회에 대한 개념—프랑스의 '몬데monde'나 독일의 '소시에트Sozietät'—은 18세기까지 상류층을 의미하는 것이 있으나, 현대적 개념의 사회—프랑스의 '소시에테société'나 독인의 '게젤셰프트Gesellschaft'—는 모든 대중을 포함한다.[39] 이를 통해 국민의 개념은 이전의 일반군중이나 대중에서의 업신여김의 의미를 지우고, 이전까지 제한되었던 상류사회의 영역에 도달하게 되었다. 인구의 개념은 국가가 사회적인 것the social에 대한 정의를 찾기 시작한 18세기에 들어오면서 부상하게 되었다.[40]

인식의 전환은 고등 철학에서 분명하게 나타났다. 계몽주의자들의 부인할 수 없는 업적에도 불구하고, 칸트는 국민Volk, populus을 민족Nations, gens과 하층민Pöbel, vulgus 두 그룹으로 나누었다.[41] 하층민으로서 대중은 "시민화되지 않은" 자들이었으므로 법률에서 제외되었다. 헤겔은 그의 국민주권의 개념이 포괄적이고 비자발적인 인족의 현대적 개념에 근접하였음에도 불구하고,[42] "국민"을 "그들 자신이 진정으로 원하는 바를 모르는 시민의 범주"로 정의하며 신분에 관한 논의를 이어갔다.[43] 헤겔적 관점에서 국가가 국민을 형성한 것은 당연한 것이다. 신분적 위계질서는 현대인족이 보편화됨에 따라 점차 쇠퇴하였고, 이는 멀포드Elisha Mulford의 1887년 글에 잘 나타나 있다.[44] "유기적 통합체로서 국민은 민족을 구성한다.

이는 인간의 요약도 총합도 아니다. (…중략…) 이들은 군중이 아닌 국민이다. 하층민vulgus가 아닌 국민populus이다.” 칸트와 멀포드 사이에서 우리는 현대인족의 개념적 변화를 목도할 수 있다.

영토권과 주권의 변화는 현대국가의 발전과 분리하여 설명할 수 없다. 광범위하고 효율적인 관료제는—그 감시와 허가, 지배 및 관습과 함께—왕국과 변경지역을 국가 영토와 경계로 귀속시켰다. 통치 제도와 통치이념은 민족의 개념을 통한 추정적 통합과 함께, 구체적 단일 존재인 국가에 대한 문화적 이해 속에서 운용되었다. 국가는 스스로를 군주적이고 제국적인 통치의 유산, 통합적 주체, 즉 ‘리바이어던leviathan’으로 간주했다. 그러나 모든 영역에 산재한 명령에 따른 통제의 굴레 속에서 국가는 ‘히드라Hydra’와 같이 작동하였다. 교육에서 경제에 이르기까지 국가는 최상위 기관이었다.[45] 리바이어던의 철학은 또한 에라스투스적이었다. 국가는 교회를 대체하였고, 제도와 사상을 세속화시켰다.[46] 선악의 개념, 삶과 죽음의 관할과 같은 영도적 의무와 형이상학적 이념들에 대해 국가는 종주권을 갖게 되었다.

민족 통합은 현대국가의 확고한 힘과 권력을 통해 성취할 수 있었다. 초기의 현대 유럽국가들과 제국들은 명목상 절대성을 보유하고 있었다. 그들이 주권과 절대적 권력을 행사하는만큼 그들의 제도적이고 규율적인 힘은 제한되었다.[47] 19세기 프로이센의 법학자 엘버티Felix Eberty는 천진하게도 “만일 왕이 원한다면 왕은 그의 모든 백성들의 코와 귀를 자를 수 있다”고 믿었지만,[48] 페더릭 윌리엄Frederick William은 자격을 갖춘 관료들을 선임하는 데 어려움을 겪었고, 세금제도를 집행하기 위한 체제적이고 효율적인 수단도 보유하고 있지 않았다.[49] 즉, 군주는 백성들을 처형할 수는 있었지만, 세금을 걷을 수는 없었다. 전근대 유럽에서 공적 자금은 군주의 필요가 반영된 것이었고, 개별 방문을 통한 세금 징수는 지방 귀족들 사이에서는 "구걸 순회"로 여겨졌다.[50] 국가기구들은 돈에 매수되었고, 장 바티스트 콜베르Jean-Baptiste Colbert는 부패한 정부기관들의 가치가 프랑스 전체 가치보다 크다고 말했다.[51] 값비싼 왕조의 전쟁, 그리고 왕실의 사치로 인해 왕실 재무는 파산 직전이 되었다. 프랑스혁명 역시 고대 정권의 재정붕괴와 무관하지 않다.[52]

대조적으로 현대국가는 체계적인 세금 징수와 함께 발전하였다.[53] 18세기 몇몇 국가의 관료체계는 막스 베버가 칭송한 이상적 모형과 유사할 만큼 성숙해 있었다.[54] 만약 현대국가가 세금 징수 체계 없이 존재할 수 없다면, 세금 징수 역시 대중적 정당성을 확보하지 않고 존재할 수 없다. 대의권 없는 세금 징수는 불가능하다는 논리는 미국 혁명가들 역시 마찬가지였다. 세금은 국가 소속원 제일의 임무이자 국민주권의 비용이었다.[55] 소득세와 같은 세금 징수의 집행은 효율적 관료주의와 대중적 동의를 통해 구축되었다.[56]

세금제도는 전쟁에 필수적인 것이었는데, 이는 현대 민족국가가 가장 집중한 사안이었을지도 모른다. 투키디데스Thucydides[57]는 전쟁과 국가를 불가분의 관계로 보았고,[58] 오토 힌체Otto Hintze는 1906년 다음과 같이 논했다. "모든 국가조직은 본래 전쟁을 위한 군사조직이었다."[59] 조직화된 삶과 전쟁은 불가분의 관계이다. 전근대 시대의 유럽 정부 수익의 4분의 3이 군사비용으로 지출되었음에도,[60] 18세기 이전까지 국가와 사회는 군사적으로 단절되어 있었다. 전근대 유럽의 전쟁은 내부 분열에 의한 것이었고, 군사 규모는 경찰의 두 배였다.[61] 전쟁은 대부분 왕조나 군주, 교회와 같은 다른 권력자들을 위한 것이었고, 일반 민중을 위한 것은 아니었다.[62] 초기 현대국가는 범국가적 귀족, 외국상인, 그들 지역 범위 내의 가난한 자, 주변인에 의존하였다.[63] 전쟁에 참여하는 이들은 영예롭고 귀족적인 존재였으며 대중으로부터 완벽히 구분되는 엘리트집단으로 간주되었다.[64] 신분과 명예 등 귀족적인 가치는 도시 행정관들에게 부여되었다.[65]

19세기 들어 군대와 사회는 급속히 결속되었다.[66] 사회의 군사화는 전쟁의 산업화와 함께 나타났다. 국가는 폭력의 수단을 독점했을 뿐만 아니라 ― 베버가 제안한 국가의 영향력에 대한 정의와 같이 ― 전쟁은 국민의 이름으로, 국민에 의해, 국민을 위해 발발했다.[67] 국가는 궁극적으로 신도, 왕도 아닌, 전쟁을 위해 정당화되었나. 현대 군대는 가난한 자, 주변인, 상인보다 시민군에 의존하였다.[68] 관료와 군인의 통합체는 곧 통치조직이 되었다.[69] 이전까지 민족초월적이었던 관료들의 민족화는 강력한 전쟁 발생의 가능성을 이완한 범민족적 유대관계를 해체했다.

프랑스혁명 이후의 징집령levée en masse에서 볼 수 있듯, 대중적 군국주의는 규범화되었는데, 그 비극적 결과는 두 차례의 세계전쟁에서 볼 수 있다.[70] 전쟁에서 군사와 시민 간의 명확한 구분이 사라지게 되면서,[71] 징병제는 대부분의 현대 민족국가에서 필수적인 것이 되었다.[72] 유럽의 교육이 애국전쟁을 위한 육체적·정신적 준비 태세를 강조함에 따라,[73] 19세기 말 군사적 의무는 시민권의 주요 요소가 되었다.[74] 대중 징집은 남성 참정권을 확대하는 형태로서 민주적 시민권에 공헌하였다.[75] 전쟁의 기대와 경험은 대중적 수준에서 민족의 의미를 공고하게 만들었고, 전쟁과 선전propaganda은 민족의식을 고취시켰다. 귀족과 대중은 함께 국민이 되고, 시민군이 되었다. 귀족성은 더 이상 독점 불가능했고, 명예는 민족 전체의 미덕이 되었다. 현대 군인은 전문적이고 교육적인 조직체로 탈바꿈했고, 결과적으로 이는 시민정부를 형성하는 데 일조한 현대국가의 통합적이고도 특징적인 존재가 되었다.[76]

물론 구체적인 변화는 희미하게 나타났지만, 현대국가의 빛을 그 전조적 어둠과 비교해보는 것도 유의미한 일일 것이다. 전근대 국가들은 공통의 정치·문화적 정체성을 주입시킬 의지도, 능력도 없었다. 그들은 넓은 영토 전역에 공통의 정체성을 부여할 만한 체제적인 능력도, 대중매체나 보편의무 교육과 같은 기초 수단도 없었다. 중요한 것은, 전근대 사회의 정치적 이상은 피지 배자들에 대한 지배자들의 우월성에 기반하고 있었다는 점이다. 전근대 사회의 통치자들이 통치하는 자와 통치 받는 자의 정체성에 대해 주장할 수 있는 능력이 있었다고 해도, 그들은 이러한 행위 자체에 관심을 기울이지 않았다. 능력과 개념의 부족으로, 민족 정체성은 수면 아래에 가라앉아 있었다.

이와 대조적으로, 현대국가는 개념적으로 국민이 사용하는 단일한 언어, 법률체계, 통화, 가치관이 존재하는 하나의 공간을 의미한다. 이는 자연적 경계(지리)에 대한 통치의 정당성을 국민(사회)의 이름으로 주장한다. 시민군과 전쟁을 하고 대중적 정당성을 확보하기 위해, 시민권은 역사와 자연에 기반한 지역적 소속을 표현하는 개념이 되었다. 현대국가는 언어, 종교, 문화를 영토와 결속하고자 노력했고, 이는 결국 비자발적인 정체성의 기초를 형성하였다. 요약하자면, 이는 민족 통합을 촉진하고 민족 정체성을 전파했다. 민족주의—주권자로서의 국민과 국가 경계와의 합치—는 현대 유럽의 강력한 이상이자 견고한 실제가 되었다.

━━

3

━━

현대국가는 단일적인 통합체도, 자주적인 권력체도 아니다. 국가기구의 변이는 정치적·관료적 갈등으로 인해 나타난다. 프랑스 혁명 이후 국가통치의 강화와 확대에 대한 토크빌Tocqueville의 논의는 비프랑스 정치체에서 확인할 수 있다.[77] 다시 말해, 국가 체제와 주권, 사회문화적 통합, 포괄적인 인족에 대한 개념들은 동시에 발생했다. 이러한 추세는 19세기 유럽의 기초 동력으로부터 그 원인을 찾을 수 있다. 지정학적 경쟁은 모든 정치조직들로 하여금 세금 징수와 징병제도의 촉진을 통해 전쟁능력이 향상되도록 만들었는데, 이는 결과적으로 대중적 정당성과 이에 따른 인족 정체성 확보의 필요성을 고조시켰다. 또 다른 혁신적인 추동은 자본주의 산업화로서, 이 역시 민족 통합을 촉진했다. 대중의 격변은 정치참여의 요구와 민족주의 정치를 발생시켰다.

민족주의자, 민족통일주의자, 분리독립주의자들의 주장에도 불구하고, 군사적·외교적 갈등은 유럽의 정치 경계를 새롭게 형성하였다. 웨스트팔리아 조약이 외부 불간섭 및 미개입의 원칙을 구축했음에도 불구하고, 이후 국제정치의 현실은 강대국들의 위선과 횡포로 나타났다.[78] 즉, 영토권은 국가 간 연대 또는 갈등적 교섭의 결과로 나타났다. 예를 들면, 프랑스 혁명가들은 프랑스의 자연적 경계에 사보이Savoy와 벨기에를 포함해야 한다고 주장했지만, 이들 지역은 군사적 패배와 외교적 합의의 결과로 프랑스에 포함되지 못했다.[79] 이와 유사하게, 미국의 영토는 매우 유동적이었다. "미국 혁명이 끝나갈 무렵 서쪽의 자연적 경계는 미시시피강이었다. 1803년 제퍼슨파는 로키산맥이 경계가 되어야 함을 주장하였다. 1840년대 야심가들은 이를 태평양으로 할 것을 주장했다. 대륙 전체, 북반구를 주장하는 이들도 다수 있었다."[80] 이는 21세기 초 미국의 팽창을 예측한 충실한 믿음의 결과였는지도 모른다. 그러나 이미 형성된 영토권은 분명하고 자연적이며 명확하게 확정된 것처

럼 보였다.[81]

지정학적 경쟁은 현대국가의 부상에 중요한 배경이 된다. 중세 유럽의 이상은, 단테의 『제국론De Monarchia』이든지 파두아의 마르실리우스Marsilius of Padua의 『평화의 수호자Defensor pacis』이든지, 정치와 종교가 결합된 기독교적 국가 통합의 이상을 달성하는 것이었다.[82] 군주와 귀족들은 그들이 통치하는 백성들에게 관심을 기울이지 않았다. 종교적 이상 또는 군주적 이상은 국민의 태동을 제약했다. 웨스트팔리아 조약이 정치로부터 종교를 분리시켰다면, ─ 현대국가 체제가 기독교왕국의 쇠퇴에 기반한 것임을 함께 고려할 때[83] ─30년전쟁은 강력한 군사력이 반드시 필요한 것임을 영속적으로 각인시킨 사건이었다. 17세기부터 민족국가들은 전쟁을 통해 제국과 도시국가에 대한 그들의 우월성을 증명했다.[84] 도시국가나 공국公國은 그들보다 큰 정치조직으로부터 그들을 방어하지 못했고, 제국은 대부분 효과적으로 군사력을 동원하지 못했다. 작은 단위의 합병(도시국가와 공국들)이나 큰 정치통합체(제국)의 분화를 통해 유럽의 지형은 인접한 민족국가들이 한데 얽힌 모습으로 변화했다. 1500년경 대략 200여 개의 자주적 정치조직체가 존재하였으나(정의하기에 따라 500여 개까지 된다), 제1차 세계대전 이후 집계된 국가들은 약 25개에 불과하였다.[85]

이러한 경향은 오랜 기간, 적어도 웨스트팔리아 조약까지 지속되었으나, 변화의 동기가 된 결정적 순간은 프랑스혁명이었다. 프랑스혁명 후의 군사적 승리와 나폴레옹의 집권을 통해 시민군의 힘과 군사 국유화의 효용성이 증명되었다.[86] 프랑스 군대는 인근의 영토를 점령하고, 그들의 혁명적·공화적 이상을 전파하였다.[87] 대부분의 유럽 정권은 과거의 왕권 체계를 회복하고 혁명 세력을 진압하고자 하였으나, 계승 국가들은 프랑스 모델에 저항하기보다는 이를 따랐다. 제1차 세계대전이 발발하게 되면서 모든 국가들은 시민군에 의존하였다. 국민의 의무, 특히 징집제와 세금제의 의무 확장을 위해서는 정치참여와 사회적 인식과 같은 반대급부적 특혜가 필요했다. 국가는 상류층의 정치적 지지(충성)를 확보하는 동시에, 주권의 공유를 통해 일반 대중을 통합하고자 했다. 대중적 지지는 정치적 정당성을 통해 수반된다. 나폴레옹 이후 유럽국가들은 혁명 이후의 지정학적 결과라고 볼 수 있다.

국가 체제를 수립하기 위해서는 국가 건설과 민족 건설이 우선적으로 수행되어야 했다.[88] 새로운 국가체제의 성공적 수립은 왕권 결속이나 외교적 기교가 아닌 군사와 경제적 능력에 따라 나타났다. 카슬레이Castlereagh, 메테르니히Metternich 등 여러 정치가들이 유럽 권력균형의 회복을 위해 참여한 1815년의 빈 회의는,[89] 기념비적인 최후의 범민족적 왕족 정치였다고 볼 수 있다. 국경과 방어의 시대로 접어들며, 영토적 갈등과 대중적 변동은 모두 민족 문제로 수렴되었다. 외교관들은 이전의 초국가적이고 귀족적인 모습에서 탈피하여 민족주의 관료로서의 모습을 갖추었다. 1860년대 프로이센, 이탈리아의 도시국가들이나 합스부르크의 군주국에서 온 외교관들은 프랑스어로 소통했으나, 본국 사무소에서는 각각의 민족어로 문서를 작성하였다.[90] 결국 전투 때문이든지 교육 때문이든지, 대중은 적과 아군, 자국민과 비자국민을 구분하기 시작하였다. 헨리 키신저는 유럽적 상식의 급작스러운 변화를 다음과 같이 설명하였다.[91] "18세기 어느 누구도 국가 정당성을 언어 통합을 통해 획득할 수 있을 것이라고 생각하지 못했을 것이다. 베르사유 조약을 체결한 당사자들은 다른 어떤 합법적 통치 기반이 있을 것이라고 생각조차 하지 못했을 것이다."[92]

군사 및 외교적 경쟁이 국가의 발전과 민족 통합을 촉진하는 유일한 동력은 아니었다. 권력을 위해서는 19세기 산업화의 주요 동력이 된 부의 축적이 필요했다. 전쟁의 기계화를 위해서는 최소한 경제적 산업화가 필요했다. 부와 기술의 발전으로 인해 지역 간 통행료 등의 무역 장벽이 제거되고, 질량, 부피, 통화, 무역법, 규제 등의 표준화를 주장하는 무역상과 기업인들은 중요한 존재가 되었다. 일례로 프랑스는 국가 기반시설을 구축하고 세금제를 도입하며 경제활동에 적극적으로 개입하였다.[93] 결국 자본주의 산업화는 민족 통합을 촉진시켰다. 자본주의 산업화와 기계화를 통해 철도와 통신 발달이 촉진되었고,[94] 이는 공간적 축소와 시간의 단축 ─ 현대적 삶의 경험적 기초 ─ 과 함께 밀도 높은 국가망이 구축되었다.[95] 마르세유Marseille이든지 바르Var이든지, 19세기 정치적 · 경제적 변화를 통해 지역민들은 국가 정치조직과 경제에 편입되었다.[96] 자본주의 산업화는 국가에 기초한 정체성의 조류 속에서, 그것이 군사 동원을 위해서든 정치적 정당성을 위해서든, 도시화를 촉진시키고 전통을 파괴했다.

자본가들의 관심이 국가기반적 발전과 경제 통합에 있다면, 국가의 관심은 재정문제와 지정학적 위협을 완화할 수 있는 경제발전에 있다고 볼 수 있다. 전근대 정치조직들이 종교 체제와 결속한 것과 같이, 현대국가는 경제 체제와 협력하였다. 국가는 경제와 사회 영역에 직접적이고 강력하게 개입하였고, 자본주의 산업과 결부된 교육, 미디어 등의 다양한 체제를 구축하며 시민사회에 침투하였다.[97] 현대 정치는 자본주의 산업화와 불가분의 관계가 되었다.

현대국가와 자본주의 산업화는 대중의 변화를 촉진시키는 주요 동력이었다. 정치체는 높은 세금 징수와 확장된 징집제도에 반발하는 대중에 직면하여 보다 확실한 대중적 정당성을 추구하게 되었다. 1830년과 1848년 유럽 전역에서 시행된 반대집회와 같이, 정치적 참여와 사회적 인식을 촉구하는 캠페인을 통해 정치적이고 경제적인 요구가 결합되어 나타났다. 이 두 반대집회는 정치조직 내 국민의 공간—특히 도시의 중간계급—을 요구했고, 1848년은 특히 현대국가와 자본주의에 대항한 대중적 요구가 드러나는 최초의 집회로서의 상징성을 갖게 되었다.[98] 18세기 프랑스의 집단 운동이 세금과 음식 폭동과 같은 방어적인 성격의 것이었다면, 19세기 중반의 갈등은 참정권과 계급 이익에 관련된 것으로서 보다 공격적인 성격을 띠었다.[99] 따라서 현대국가는 대중적 요구를 수렴할 것인지 계속적인 적의 공격에 대응할 것인지 선택의 기로에 놓이게 되었다.

이러한 조류 속에서 정치는 결연히 민족적인 것이 되었다. 19세기 프랑스 계급 전쟁의 바리케이트는 더 이상 군주제 옹호자와 공화주의자 두 인종의 구분이 아니라, 하나의 민족 내 두 개 정당의 구분이 되었다. 군주제의 개념은 민족적인 것이 되었다. 1766년 루이 15세가 "주권은 오직 나 개인에게만 있다"고 공포한 반면,[100] 나폴레옹과 루이 필립은 모두 민족의 이름으로 통치하였다.[101] 시민의 평등은 지방이나 지역적 특권을 없애고 개신교나 유대교와 같은 소수 종교를 해방시켰다. 선거권 역시 확대되었다.[102] 범세계주의적 귀족들은, 마을 주민과 지방의 농민들과 함께, 시민이 되었다.

또한 자본주의 산업화의 부정적 결과는 보다 높은 임금과 개선된 노동환경을 찾는 노동자들이 동원될 수 있도록 만들었다. 국가는 자본가와 노동자 간의 갈등을 매개하고 조정하는 최종 기관이었고, "국민과 다른 이들 사이에 사회적 갈등이 유발되었을 때 싸울 수 있는 지지대가 되었다".[103] 정체성의 범주이든 집합적 행동이든 사회운동은 민족적인 것이 되었다.[104] 프롤레타리아 세계주의를 주장하는 노동자 조직조차 민족적으로 구성되었다.[105] 사회와 인족으로 구성된 복지국가의 확장과 사회적 시민권의 발생 그 자체가 국가권력을 의미했다. 정치를 말하는 것은 민족정치를 의미하는 것이 되었다.[106]

정치 지도자들의 행위가 프랑스의 대중 동원과 국가기반시설의 확충을 따라한 것이라면, 대중운동 역시 프랑스혁명의 정치적 이상을 우상화하고 모방한 것이라 할 수 있다. 다시 말해, 정치의 민족화는 정치적 이상, 기술의 전파와 함께 부상하였다. 19세기 유럽에서는 국제조직과 같은 혁신적인 존재가 나타났다. 이에 관해 토크빌은 다음과 같이 논하였다.[107] "지금까지 알려지지 않았던 혁명가들이 무대에 등장했다. 이들에게는 광적인 대담성이 있다. 혁신에 미쳐, 어떠한 양심적 회고도 없이, 전례없는 잔인함으로 무장하고 있다. 이들이 단명할 것임을 예상하는 것은 어렵지 않다. 잠시 동안의 위기에서 태어나 위기가 종결될 때 함께 죽을 수밖에 없는 운명을 가진 자들이다. 어느 곳에서든지 동일한 특성을 가지고 문명화된 세계의 모든 곳에서 결과적으로 성공하고 번영하는 최초의 새로운 인종이다." 지식인에게는 제한적이었을지 모르지만 혁신적인 사상들과 혁명가들은 유럽 모든 곳에 있었다. 민족 해방의 사상은 범민족적 운동이 되었다. 헤르더Herder는 범슬라브 민족주의자들에게 영감을 주었다.[108] 독일 낭만주의자들은 청년 터키당 형성에 일조하였고, 콜레주 드 프랑스의 미슐레Michelet의 강의는 루마니아 민족주의자들을 자극하였다.[109]

말할 것도 없이, 현대정치는 전근대적인, 민족 원형적 의식과 상황을 이용하였다. 현대인족을 한때 같은 왕을 섬겼던 이들의 후손들로 개념화하는 것은 일리가 있는 행위이다. 왜냐하면 과거는 어쩔 수 없이 현재를 상정하고 — 무에서 유가 창출되는 것은 아닐 뿐더러 — 전신前身이 있어야 그를 계승하는 존재가 있기 때문이다.[110] 정치적 충성과 이에 따라 발생하는 정치적 정체성의 표현은 정치체의 출현과 함께 나타났다. 인쇄술의 발전 속에서 민족어는 초기의 현대 유럽 사회, 특히 사고하고, 여행하고, 무역하며, 싸우는 이들 사이에 원형적 민족의식이 발달하도록 만들었다. 그러나 제1장에서 언급한 바와 같이, 전근대 유럽사회에서 문화 통합은 쉽게 달성될 수 없었다. 마을, 지역, 지방에의 소속이 민족 정체성을 대신하였다. 기독교인 또는 귀족과 같은 정체성이 지역적이지 않은 존재들만이 민족 초월적 성격을 띠었다. 보다 중요한 점은, 신분 통합의 제약이 있을 경우 민족 일체화의 범위가 축소되었다는 점이다. 신분 기반의 사회 ─ 우리가 현대적 개념에 따라 사회라고 부를수 있지만, 실제 "사회"는 엘리트 집단을 의미하는 것이었다 ─ 는집단 간 질적 차이에 기반하고 있기 때문에, 통합된 정치체에 대한이상은 기껏해야 불완전한 개념일 뿐이었다. 1848년까지 민족주의 혁명으로 불리는 사건들은 대다수의 소작농들에 대한 지원도, 이들에 대한 의식도 거의 없었다.[111]

현대국가가 형성되는 데 있어 이전의 언어, 종교, 문화 통합의혜택을 받았을지는 모르지만, 현대인족의 구체적 윤곽이 형성된것은 원형적 민족의식이 아닌 지정학 덕분이었다. 전통성과 연속성에 대한 주장은 언제나 중요하지만,[112] 또한 언제나 논쟁의 가능성을 내포하고 있다. 민족의 역사는 개인의 족보와 같이 확장된 수많은 선대와 선조의 영향을 받을 수밖에 없다. 한 예로, 그리스인, 불가리아인, 세르비아인, 마케도니아인 모두의 기원이 마케도니아라는 사실이 20세기에 주장되었다.[113] 특정한 민족주의 담론이 승리하였다면, 이는 역사적 정확성보다는 정치적 능력에 따른 것이었다. 이러한 최종적 담론의 주장을 통해 민족 담론이 재구성되지만, 그 목적telos*은 궁극적으로 정치적이고 군사적인 갈등의 우연한 결과물에 불과하다. 19세기 중반 민족주의적 이상과 운동이 중요한 역할을 했으나, 유럽의 정치적 틀을 형성한 것은 군사적이고 외교적인 갈등이었다.

지정학적 경쟁의 강력한 영향력과 국가 건설의 예측불허의 결과들은 각 민족국가의 문화적이고 신분적인 통합의 범위와 속도를 결정하였다.[114] 프랑스, 핀란드, 독일, 그리스 할 것 없이 정치체는 분명한 영토적 통합을 필요로 했다. 즉 현대 민족국가는 모더니티의 지배적인 정치 형태이자 불가피한 결과물이었다. 지정학적 갈등이 정치적 경계를 형성하였다면, 현대국가는 영속적인 민족 공간을 구축하기 위해 노력하였다. 명목적으로 군주제를 지속해야 했음에도 불구하고, 정치체는 모든 곳에서 지배적 정체성과 사상으로 현대인족을 강탈하고 재창조함으로써 사실상 민족 통합과 신분 통합을 촉진하였다.

이와 관련하여 문화 통합의 열망이 가득했던 19세기 중반의 독일을 살펴보기로 하자.[115] 당시 독해와 작문이 보편화되었는데, 이는 프랑스어권의 귀족집단을 넘어, 독일 중산계급의 '교양bildung'을 형성하였다.[116] 대중, 특히 도시에서, 공화주의적이며 민족주의적인 이상이 주장되었는데, 이는 귀족적 관습에 대항하는 프랑스혁

● 텔로스(telos) : 아리스토텔레스 철학에서 논하는 목적인(目的人).

명의 강력한 영향력에 따른 것이었다. 이를 통해 원형 민족적인 전문적 시민연맹이 형성되었다.[117] 상인과 기업인들은 질량, 부피, 화폐의 통합체계 수립, 무역장벽의 완화, 정치적 영향력 확대를 촉구하는 경제 통합을 주장하였다.[118] 도시화와 산업화는 지역 제한적 관계망을 초월하는 지역 간 관계망과 민족 관계망을 강화하였다.[119]

　19세기 중반 독일의 정치 통일은 합스부르크 제국과 프로이센 사이의 지정학적 경쟁으로 인해 좌절되었다. 독일 통일은 1864년 덴마크, 1866년 합스부르크, 1870~1871년 프랑스와의 전쟁에서 프로이센이 승리할 때까지 보류되었다.[120] 1848년 유럽 반대세력들로 인해 독일의 통일이 저지되었다면, 1871년 독일의 통일은 프로이센의 권력을 통해 성취된 것이었다.[121] 신성 로마 제국 밖에서 오늘날의 폴란드를 점령하고 있었던 프로이센은 지역 제한적 정체성이 프로이센의 정체성을 대신하던 18세기 서로 단절된 지역 모두를 통치하였다.[122] 프로이센의 관료제도는 궁극적으로 융커 계급Junkers 또는 조합국가들보다 우위에 있었다.[123] 18세기 프로이센의 부상은 대부분 군사력에 기반한 것이었다.[124] 독일은 1871년 프로이센으로서 뚜렷이 부상하였다.

　이탈리아도 비슷하였다. 채드윅Owen Chadwick은 다음과 같이 표현했다. "이탈리아를 인지하는 이는 거의 없었다. 그들이 인지한 것은 롬바르디아, 베네치아, 교황령, 나폴리, 시실리, 공작의 영지였다. 토리노는 심리적으로 파리에서 멀지 않았다. 밀라노는 비엔나와 가까웠다. 나폴리는 마드리드와 심리적으로 또 정치적으로 훨씬 가까웠다. 팔레르모Palermo는 어떤 곳과도 가깝게 느껴지지 않았다."[125] 문화 통합 없는 신분 통합은 존재하지 않는다. 이탈리아의 통일은 영국과 프랑스를 모방한 피에몬테의 군사적이고 외교적인 성공에 따른 것이었다.[126] 마치니Mazzini의 높은 이상보다는 카보우르Cavour의 외교적이며 군사적인 성공으로 인해 현대 이탈리아 국가는 형성되었다. 프로이센과 같이 피에몬테의 지정학적 성공은 많은 부분 국가적 능력을 통한 것이었다. 1866년 오스트리아와 프로이센의 전쟁에서 합스부르크 제국에 맞선 피에몬테의 프로이센과의 연합을 통해 이탈리아 통일 운동Risorgimento은 성공을 보장받을 수 있었다. 독일이 프로이센이었던 것과 같이 이탈리아는 피에몬테였다.

서유럽국가들이 통합하며 왕국은 변모하였고, 이 과정에서 작은 정치조직체들은 병합되었다. 지정학에서 우선시된 것은 민족국가의 설립이었고, 이는 다른 형태의 정치조직에 대한 탄압으로 이어졌다. 프로이센, 피에몬테, 하노버, 사르디니아 할 것 없이 핍박받는 정치체들은 보다 큰 정치적·문화적 통합을 도모하였고, 이러한 정치·문화적 연대를 구축하기 위해 언어, 종교, 문화가 이용되었다. 동유럽은 보편적으로 제국 — 합스부르크와 오스만투르크로 대표되는 — 의 몰락과 이를 계승한 새 국가들이 수립되는 양상을 보였는데, 이들은 이전의 행정조직을 기초로 했다.[127] 서유럽국가들 역시 로마 제국 또는 신성 로마 제국의 — 물론 고대 제국들이지만 — 계승국가들이었다. 독립국가들은 민족주의 담론을 펼치기도

하였지만, 그들의 성공여부는 지정학에 달려 있었다.

그리스와 그리스의 기념비적인 민족 해방 운동에 대해 생각해보기로 하자. 19세기 초, 그리스 인족의 기반은 기본적으로 종교적인 것이었는데, 그리스인들은 이를 기반으로 오스만투르크의 아르메니아인, 유대인 등 다른 종교집단으로부터 스스로를 구별하였다.[128] 확실히 19세기 초 그리스 민족주의자들은 표준화된 민족어, 문화, 종교 체제를 구축하고자 노력했다.[129] 그리스 독립을 이끈 주체는 당파적인 반식민주의 동력이 아니라, 오스만 제국을 약화시키고자 한 외부의 간섭—대부분 영국, 프랑스, 러시아—이었다.[130] 이는 그리스 국민이 1832년 독립조약에 참여하지 않았고, 바이에른의 한 10대 소년이 그리스의 왕이 되었으며, 1830년대 외부 세력들에 의해 그리스가 통치되었다는 사실을 통해 확인할 수 있다.[131] 그리스에 파견된 영국대사 에드문드 리옹Edmund Lyons은 1831년 다음과 같이 기록했다. "독립국 그리스는 진정 부조리로 가득하다. 그리스는 영국적으로도 러시아적으로도 될 수 있는데, 절대로 러시아적으로 될 수는 없으므로 영국적으로 될 수밖에 없다."[132] 그리스 민족의 3분의 1이 오스만 제국에 거주했기 때문에, 20세기 "더 위대한 그리스Greater Greece"의 비전을 통해 확장주의 운동이 고취되었다.[133] 1919년에서 1922년까지의 그리스-터키 전쟁은 역설적이게도 터키의 독립전쟁이 되었는데, 이를 통해 그리스 제국주의자들의 야망이 저지되었다.[134] 결과적으로 그리스 독립은 좌절되었다. 이는 그리스 디아스포라—암스테르담부터 오데사에 이르는, 명목상 그리스정교회로서 통합되는—가 미래 이스라엘의 유대인 디아스포라의 역사를 전조적으로 경험한 것인지도 모른다.

역사가들이 민족의 역사를 기술하고 민족의식과 민족운동의 중요성을 강조함에 따라, 성공의 역사는 분명하고도 필연적으로 민족화되있다. 실러Friedrich Schiller의 『빌헬름 텔Wilhelm Tell』(1804)에 대략적으로 설명되어 있듯이, 스위스는 스위스연방Eidgenossenschaft의 기원으로부터 1296년 뤼틀리Rütli 서약에 이르기까지의 역사를 추적하는데, 이러한 신화는 사실 단절성을 무시한다.[135] 스위스는 본래 3,000여 개의 계곡 공동체Talgenossenschaften 집단으로 이루어졌는데, 이들에게는 각각의 특별한 지역성이 있었다.[136] 자주권 역시 스위스 국민이 아닌 주州, canton에 기초하고 있었다.[137] 민족 개념은 지역성을 의미하는 것이었다.[138] 또한 시민과 백성 사이의 신분 차이는 19세기까지 존속되었다.[139] 현대 스위스가 존재할 수 있었던 이유는 통합된 스위스로서의 오랜 역사나 현대 민족주의 운동보다도, 영토적 주장을 할 수 있었던 세 권력—프랑스, 독일, 이탈리아—이 헤게모니를 장악할 수 없었기 때문이다. 스위스의 생존이 일부 군사력에 기반했다는 사실을 고려할 때, 진정한 스위스 정체성rechter Schweizer에 스위스 군대가 주요한 함의를 가진다는 사실을 주지할 필요가 있다.[140]

반면 유럽연합European Union을 생각해보자. 유럽 통합의 개념이 민족주의 추종자들에게 터무니없이 들릴 수도 있겠지만, 유럽의 미래

국가가 신성 로마 제국이나 기독교 국가와 같은 민족성nationhood을 주장하게 될지도 모르는 일이다.[141] 이에 관해 르낭Renan이 유럽문명의 통합을 주장했다는 사실과,[142] 마치니가 유럽 통합에 호의적이었다는 사실보다 더한 근거는 없다.[143] 차보드Federico Chabod가 주장한 바와 같이, 유럽과 기독교 국가를 동일시하는 것은 잘못된 일이다.[144] 유럽연합은 터키(사라센)와 러시아에 대항하는 하나의 존재로서 스스로를 나타내고자 하지만,[145] 유럽의 어떤 역사도 이슬람이나 비잔틴의 영향에서 독립적일 수는 없다. 토니 저트Tony Judt는 다음과 같이 논하였다. "유럽은 어떤 분명한 인류 공동체로 인지하기에는 지나치게 넓고 지나치게 모호한 개념이다."[146] 가장 많은 인구와 가장 넓은 영토를 소유한 중국이 민족주의적 주장을 펼친다면 유럽이라고 왜 못하겠는가? 정치적인 통합은 고대부터 그 존재를 증명할 수 없는, 오직 몇 세대만이 공유할 만한 공통의식을 창출한다. 유럽인들은 니체Nietzsche가 추정적으로 공포한 다음의 논의를 생각해 볼 수 있다. "우리 고향 없는 자들은 '현대 사람들modern men'로서, 혈통이 지나치게 다양하며 인종은 급격히 혼합되었다. 결국 (…중략…) 우리는 훌륭한 유럽인들good Europeans로서, 유럽의 수천 년의 정신을 소유한 풍요로운 계승자들이다."[147]

실패는 꿈처럼 허무하게 잊혀지거나 사라진다. 원형적 민족주의 정체성이 보편화되지 못할 것을 슬퍼한 자는 없었다. 따라서 오직 소수의 이상주의자들만이 사보이나 오스나브뤼크, 또는 루멜리아나 루테니아에서 그럴듯한 인족 정체성을 발견할지 모른다. 오늘날 어느 누가 치살피나Cisalpine, 치스파타나Cispadane, 레만Leman, 리구리아Liguria 공화국을 기억하겠는가? 그러나 만일 네덜란드가 명확한 하나의 민족이라면, 하노버Hanover는 왜 안 되는 것인가? 비스마르크인들은 하노버인들이 "잡아먹기 힘들" 것으로 생각해 두려워했지만,[148] 이들을 성공적으로 잡아먹게 되자 하노버인들의 원형적 민족의식은 소멸되었다. 오늘날 체코와 독일 사이에서 비민족적이고 민족초월적인 정체성을 가졌던 부트바이스인Budweiser들을 기억하는 이가 있는가?[149] 19세기 중엽의 일리리아 운동Illyrian movement은 오늘날의 관점에서는 불합리하게 보인다. 왜냐하면 일리리아인들은 불가리아, 슬로베니아, 세르비아, 크로아티아 민족으로 나뉘어졌기 때문이다.[150] 일리리아가 민족국가로서 살아남았다면 스위스만큼이나 의미있는 존재였을 것이다. 이와 유사하게 1950년대 대부분의 학자들이 "단순히 국가는 계속해서 존속할 것이고, 존속해야만 한다고 전제"했을 때, 유고슬라비아의 붕괴는 학자들로 하여금 그 인위성을 설명해야만 하도록 만들었다.[151]

존재하는 것은 곧 타당한 것으로 간주되고, 존재하지 않는 것은 단순한 공상이 된다. 현대인족의 담론은 확실히 **휘그당**Whiggish적이다. 오늘날의 불가피한 사실들은 결정된 과거로부터의 경로에 맞추어 설명될 수밖에 없다. 그 마지막 지점이 옮겨져야만 한다면, 그것은 또한 승리자들의 담론으로 형성될 것이다. 현대인족은 추정적, 사후적 이론화에 기반한다.

현대인족은 점차적으로 확립되었다. 19세기 유럽의 정치조직은 전반적으로 군주제에 기반하고 있었고, 귀족은 여전히 지배 집단이었으며, 교회는 계속적인 영향력을 행사하고 있었다. 대부분의 사람들은 농민이었다. 다시 말해, 19세기 유럽의 산업화와 부르주아 이전의 요소들을 간과해서는 안 된다.[152]

한 예로, 프랑스인들이 혁명 직후 돌연 애국주의적 민족주의자가 된 것은 아니었다. 혁명전쟁 당시 많은 지역들은 적대적이지 않다면, 대부분 무관심했다.[153] 나폴레옹의 대육군Grande Armée — 과 그 자신—중 프랑스인은 절반도 되지 않았다.[154] 무관심, 저항, 이탈은 혁명군과 나폴레옹군의 특징이었다.[155] 정치·문화 통합의 과정은 초기부터 저항에 부딪혔는데, 중앙집권화와 국유화는 프랑스 지방에 서서히 침투되었고,[156] 19세기까지도 지역간 차이는 명확하였다.[157] 보수적 대응conservative reaction — 프랑스혁명에 의해 새롭게 생성된 언어—은 군주제와 종교적 세계관의 정당성을 재확보하기 위해 노력했다.[158] 1830년대까지 프랑스인의 2퍼센트 미만에게만 참정권이 주어졌다.[159] 프랑스는 1840년대까지 기본적으로 계급주의 사회였고,[160] 샹보르Chambord나 벨발Belleval과 같은 정통주의자들은 1860년대까지 신분계급을 공개적으로 옹호하였다.[161]

그러나 사회 전반적 흐름은 이와 다르게 흘러갔다. 상인과 기업주들이 민족 통합을 위해 투쟁할 동안, 공화주의와 대중 세력은 신분계급의 타파를 위해 투쟁하였다. 군주제와 교회세력은 지방의 인구 감소와 함께 급속히 약화되었다. 노예제는 철폐되었고 참정권은 확대되었다. 현대 민족국가는 민주화, 세속화, 산업화, 도시화되었다. 이와 관련, 제1차 세계대전은 구세계에 결정적인 영향을 미쳤다. 프란시스 페르디난드Francis Ferdinand는 이를 의인화하여 다음과 같이 말했다. "그는 오만한 귀족이자 거만한 절대주의자, 방자한 오스트리아계 독일인이며, 열결한 카톨릭 신봉자이자, 건방진 군국주의자이다. 전면적인 반동분자로서 그는 적극적인 반민주주의, 반자본주의, 반자유주의, 반사회주의자이며, 반마자르Magyar, 반슬라브Slav, 반유대주의자이고, 반모더니스트이다."[162] 민족국가는 제국 등 비통합적인 정치조직의 형태보다 더욱 통합된 정치체의 기초 모형으로서 부상하였다. 이를 보여주는 한 예로, 이전까지 권력power을 의미하던 국가state는 제1차 세계대전 이후 민족nation으로 불리게 되었다.[163]

현대국가가 군사적이고 외교적인 투쟁을 통해 영토권을 확보했다면, 민족 정체성과 국가에 대한 충성을 고취하기 위해서는 정치적, 경제적, 언어적, 문화적 통합이 추구되었다. 경제 통합, 국가 건설, 민족 건설은 함께 이루어졌다.[164] 언어, 종교, 문화의 민족 단위 통합은 지역과 지방의 정체성과 차이를 불식시켰다. 민족 건설의 진정한 의의는 임의적이고 인위적인 조직으로서의 현실을 극복하고, 고전성과 연속성을 보유한 세련된 정통성을 형성한다는 점이었다. 민족주의 역사는 구조화된 기억이다. 이는 현재에 대한 피할 수 없는 예측으로서 과거를 기억한다. 제도와 상상으로서 민족nation은 외부로부터 내부를, 그리고 그들로부터 우리를 제한하고 구분 짓는다.

현대국가가 인구population를 인족peoplehood으로 변화시키기 위해 사용한 것은 통합의 힘이었다. 명목상의 정체성은 민족화된 교육, 경제, 문화를 통해 보다 공고해졌다.[165] 즉, 추상적인 범주가 체계화된 연결망과 유의미한 정체성으로 변화되었다. 국가는 민족을 일체화된 특권적 단위로 상정함으로써 사회적 삶을 주조하였다.[166] 국가 영토권으로 경계가 나누어진 시민사회는 민족화된 특정 영역이 되었다. 국가 경계는 정치, 경제, 사회적 공간에 상징적으로도, 현실적으로도 중요한 존재가 되었다.[167] 프랑스에서 혁명군대는 공화주의적 애국주의 최고의 교육기관이었고, 시민군은 "어느 곳에서든지 자유, 평등, 공화주의, 민족과 같은 위대한 언어, **마르세예즈**Mrseillaise*를 외치는 함성, **카르마뇰**Carmagnole**의 가벼운 선율을 들을 수 있었다. 그들은 막사에서 매일같이 삼색기를 보았다".[168] 혁명전쟁부터 냉전체제에 이르기까지 프랑스 인족의 개념은 외부의 적군과 끊임없이 투쟁하며 변화하였다.[169] 국가 정책은 국가의 언어와 문화를 체계화하였고, 교육, 매스미디어, 노동시장, 군사 징

●   프랑스 국가.
●● 프랑스혁명 당시 민중들이 광장에서 춘 춤.

집, 공공 보건 및 사회복지 전반을 통제하였다.[170] 세속적인 의무·무료교육 체계는 언어와 문화 통합을 촉진시켰다. 마치니는 다음과 같이 기록하였다. "교육(…중략…)은 우리의 모든 원칙을 요약한 최고의 단어이다. (…중략…) 민족의식을 창출할 수 있는 유일한 수단인 민족교육 없이는 민족이 도덕적 존재가 될 수는 없다."[171] 보편·의무교육은 20세기 초부터 유럽의 기본 규범이 되었는데, 이는 국가의 주된 의무사항 중 하나가 되었다.[172] 시민들은 다른 여러 복지혜택—사회주의적 행군을 미연에 방지하기 위한 하나의 방편이기도 한—도 누릴 수 있게 되었다. 19세기 들어 국가 무역과 재무 체계가 공고히 갖추어졌고, 지역 간 교통과 통신 역시 발전하였다.[173] 경제적으로 무역과 노동시장에서 외국자본에 대응한 내수시장의 특혜가 주어졌다. 철도와 전화로 대표되는 교통과 통신이 발달하며 국가 통합을 촉진시키는 국가연결망이 구축되었다. 국가에서 발급한 신분증 등 소속의 증명은 사람들로 하여금 전조적으로 다른 민족국가로부터 스스로를 구분하도록 만들어주었다. 정치는 민족화되었고, 이는 법률과 사법권을 통한 전국적인 연결망을 통해 일상생활에 침투되었다. 인간manhood으로서의 보편 참정권은 1914년 유럽 전역의 정치에 보편적으로 전파되었다.[174] 계급정치의 주요 견인차인 사회주의와 공산주의 역시 국가적 기제가 되었다.

대중의 민족화nationalization와 민족의 귀족화aristocratization는 함께 나타났다. 제1장에서 논의한 바와 같이 분류를 위한 구분과 특성의 기제로 가득한 현대국가에서, 국가 지도자들은 민족적 특성의 기초를 제공하고, 대중의 민족화를 도모하였다.[175] 교육받은 중산계급은 인족 정체성의 주창자이자 인도자였다. 중앙의 언어와 문화는 강제와 유인을 통해 국가 전역으로 전파되었다. 국민(인민)people은 사실상 사회에 합류했다.

인구에서 국민(인민)으로의 변화에 있어, 군중 또는 대중은 혈통의 계보로부터 정치 참여에 이르는 모든 방면에서 신분이 상승되며 귀족성이 고취되었다. 자부심, 위엄, 명예와 같은 귀족 특권적 언어는 민족 전체의 자산이 되었다. 따라서 모든 이들은 전쟁에서의 승리, 식민지 정복, 경기에서의 우승을 함께 향유하는 민족의 상징적 승리자였다. 프랑스의 군주 또는 귀족의 법도 — 일반 민중들을 통치하는 우월한 인종으로서의 군왕과 귀족[176] — 를 통한 고전적 정당성은 완전히 전복되었다. 시에예스Abbé Sieyès은 다음과 같이 외쳤다. "왜 (제3신분은) 점령자들의 후손이라고 주장하는 많은 가문들을 프랑코니안 산맥으로 돌려보내면 안 되는 것인가."[177] 오히려 "모든 인종은 혼합"되었고,[178] 영도되었다.[179] 시에예스에 따르면, 귀족은 "우리 사회의 일부가 전혀 아니"고,[180] 제3신분이 오히려 "완전한 민족"을 구성하는 "모든 것"이다.[181] 혁명이 다른 것들은 몰라도 신분사회société d'ordres의 법적 권리와 의무를 무너뜨리고 신분 통합에 기반한 새로운 민족을 건설하였다는 사실은 분명하다.[182] 프랑스혁명이라는 단어는, "자유, 평등, 박애"의 슬로건에 나타나 있듯이, 국가가 국민과 그들의 자유를 대변함을 의미한다.[183]

1789년 생테티엔Rabaud de Saint-Etienne이 표명한 바와 같이, "시민이라는 명칭은 국가에게도 새로운 개념인 동시에 우리에게도 새로운 단어이다. 시민이라는 명칭은 이제 우리의 승리를 나타낸다".[184] 자주권과 시민권은 통합되었다.[185] 현대 초기 프로방스의 소작농들은 파리의 문화적 승리와 아무런 관계가 없었을지 모르나, 파리와 프로방스에 있는 그들의 후손들은 새로 발견된 민족 유산을 동등하게 나누어 가질 수 있게 되었다. 즉, 프랑스의 소작농들은 범세계주의cosmopolitanism에 영향을 준 프랑스 귀족들의 거대 역사를 공유할 것을 주장했다. 그들은 말 그대로 서로 다른 두 인종으로 간주되었으나, 하나의 공통된 민족 정체성과 특성을 가진 공동체로서 통합되었다. 즉, 귀족 사회의 기초였던 출신과 신분의 특권이 대중에게로 확산되었다. 특히 현대국가의 발전과 관료제의 확산에 일조한 중산계급이 집단적 신분상승을 획득하게 되었다.

문화의 구축과 구분의 작업을 통해 현대인족은 규정되고 칭송되었다. 유럽의 모든 민족국가들은 제1장에서 논의한 바와 같이, 인족을 언어, 종교, 문학, 역사, 의복, 음식, 관습 등 모든 것을 포함하는 총체로서 정의하였다. 예를 들어, 쥘 페리Jules Ferry, 에르네스트 라비스Ernest Lavisse와 같은 제3공화정의 관료와 사상가들은 부지런히 프랑스 정체성을 전파하였고, 국가 관료들은 프랑스 민족 정체성의 가장 현대적인 상징으로서 혁명 기념일Bastille Day, 라 마르세예즈La Marseillaise(프랑스 국가), 삼색기를 도입하였다.[186] 레옹 부르주아Léon Bourgeois가 언급했듯이, 프랑스는 "함께 행군하고 같은 생각으로 움직이는, 그리고 하나의 존재로 보이는 (…중략…) 단일한 군대"가 되었다.[187] 다른 민족들과의 구분과 차이를 강조하는 민족 정체성의 형성은 범세계적 현상이었다. 모든 민족국가들은 국기를 제정했고, 국가國歌, 심지어 국조國鳥까지 제정하였다. 각각의 국가들은 국가기념일과 공휴일을 공포했다. 주요 유럽국가의 "화폐보다 공적인 이미지를 가진, 가장 보편적인 형태인 우표"에 기록된 역사적 기념일들은 1896년과 1914년 사이에 발생한 사건들이었다.[188] 국가는 "정치와 법률(부터), 측량, 수치, 언어, 여론opinion publique, 재화, 관세, 무역, 제복, 아이스크림, '황태자'의 신붓감까지" 모든 것에 대한 합법적 기본단위가 되었다.[189]

사회적 분류와 구분의 프리즘은 변하였다. 형이상학적 세계로서 전근대 유럽을 규정하였던 기독교는 현대국가와 그 수식어인 현대 인족으로 대체되었다. 피히테나 헤르더의 민족은 기독교적 언어로 이루어져 있었다.[190] 그러나 마치니, 미키에비치, 미슐레의 민족은 선택된 사람들로 구성된 집합체가 되었다.[191] 마치니가 공포하였듯 "신은 이를 원했다 — '신은 이를 원했다!'라는 말은 국민people의 외침인 것이다, 형제들이여. 이는 당신의 국민들의 외침, 이탈리아 민족의 외침인 것이다".[192] 세속국가는 신성한 사회와 사회의 일체화에서 나타나는 부담을 그대로 안고 갔다. 이전에는 신분이 사회적 구분의 기초가 되었지만, 인종·종족·민족에 따른 집단화가 점차 뚜렷해졌다. 수직적 구분의 경계가 정치적이고 지역적인 것이라면, 그 기초는 생물, 언어, 종교, 문화, 역사 할 것 없이 현대인족의 담론과 연결된다. 물론 이러한 추정상의 기반들이 인족을 만들어낸 것이 아니었다고 할지라도, 이들은 결국 인족의 기반을 형성했다.

지식인들은 인족의 새로운 원리체계를 구성하는 데 한 역할을 했다. 이들은 초기 민족문화에 대한 "학자적 관심"을 매우 중요하게 보았기만, 이후 "애국적 시위"와 "대중적 민족운동"의 계승을 보다 중요하게 여겼다.[193] 이상적 열망이든지 냉소적 바람이든지, 지식인들은 국민(인민)의 이름으로 국가의 이익을 위해 공헌하였다. 그들은 공공영역과 민족적 애국심을 창조하고 지지했다.[194] 그들은 과거를 종합하고 미래를 예견하며 비이성적 구조에 대한 이성적 기반을 구축하였다. 그들은 민족 영혼의 주조자로서 그들 스스로 세속적 사제가 되었다.

인간 본성에 대한 인식은 중대한 변화를 겪었다. 현대 철학인류학philosophical anthropology은 인족 정체성을 그 최우선에 둔다. 18세기 계몽주의는 보편주의 원칙과 범세계적 역사의식을 받아들였다. 20세기 인류의 다양성과 민족적 차이는 당연한 것이 되었다. 이전 장에서 논하였듯이 전근대 유럽에서 신분은 인종과 동일한 역할을 하였다. 현대사회에서 인종은 인류의 수평적 구분체계를 지칭한다. 따라서 인족은 독일과 프랑스 귀족 사이의 연계보다 독일 귀족과 독일 소작농 사이가 보다 가깝다는 사실을 의미하게 되었다.

역사학은 민족적 차이를 나타내는 수단으로서 인간과학의 주요 학문으로 부상하였다. 민족주의적 색채를 띠는 역사기록학에서는 민족국가가 분석의 주요 단위가 된다.[195] 프랑스혁명 이후 프랑스 및 각지의 민족주의 역사는 사회적이고 이데올로기적인 논쟁에서 중요한 역할을 했다.[196] 인간으로서 보편적 참정권의 권리 또는 민속학의 인기로 나타난, 프랑스의 인족에 대한 개념은 19세기 중엽 미슐레의 『민족Le peuple』(1846)을 통해 널리 전파되었다.[197] 생트뵈브C. A. Sainte-Beuve는 역사에서 고전적 지혜를 찾는 것이 "우리 세대의 임무이자 능력"이라고 논하였다.[198] 또한 미슐레와 프랑스, 앙리 피렌느Henri Pirenne와 벨기에, 파파리고포울로스Paparrigopoulos와 그리스, 매닝 클라크Manning Clark와 호주 등 역사가와 민족국가는 더 이상 분리해서 생각할 수 없게 되었다. 카브랄Amilcar Cabral[199]은 다음과 같이 설명했다. "민족해방의 기초는 모든 사람들이 그들만의 역사를 가지고자 하는 당연한 권리에 기반하고 있다."[200]

기억이 연속성의 기초를 제공한다는 개인 정체성에 대한 로크의 이론과 같이, 역사는 기원에 대한 영웅적이고 신화적인 담론뿐 아니라 공동체에 연속성을 제공한다.[201] 민족 역사는 역동적이거나 자기 고백적인 연대기보다는 현재의 민족국가로 향하는 진화론적 발전을 묘사한다. 탈문화적·탈지역적 사건과 영향력들은—과거의 정치체에 속했을지 몰라도—체계적으로 제거되었다. 기억의 상실과 연대적 착오에 의해 과거는 민족 역사의 부분이나 파편으로 변화하였다. 가장 주요한 작업은 국민(인민)의 동면과 자각을 연대순으로 기록하는 것이었다.[202] 그렇게 함으로써 민족 담론은 과거 민족 정체성의 부재로부터 그 연속적이고 목적론적인 발자취를 성립하도록 도왔다. 민족의 역사는 특성상 자연적 환경 — 지리와 기후 — 의 묘사와 저자와 독자, 주체와 객체 사이의 동질화를 통해 수립된다. 미슐레는 장엄히 외쳤다. "이 책은 단순한 책이 아니다. 이 책은 나 자신이고 이것이 왜 당신에게 속해있는지를 알려준다."[203] 역사의 목적은 정체성과 그 결정結晶과정을 발견하는 것이 되었다. 상징적으로 돌아갈 곳이자 미래의 영광을 나타내는 단일한 대상으로서, 또한 본향의 연대기로서 역사가 존재하게 되었다. 이를 통해 민족주의 사학자들은 과거의 기만적이거나 차용된 언어를 복원시킴으로써 과거의 정신을 되살렸다. 세속적 신정론神正論으로서 이는 운명의 문제에 답하고 미래와 영원성에 대한 단편적 지식을 제공하였다. 인간은 인간의 조건을 알기 위해 성경보다는 역사를 참고하였다.[204] 민족 정체성은 과거와 미래를 결합하였다.

집단적 기억 — 대부분 친족, 종교, 지역에 기반하거나 대항하여 생성되는 — 은 민족화되었다.[205] 정확히 노인이나 마을 원로와 같은 전통적인 문화 전달자들이 현저히 감소할 때, 학교와 미디어 등 공식 기관들이 공통의 민족적 의의나 기억을 전파하였다. 즉, 집단적 기억의 단위가 마을에서 민족으로, 비공식적 구전口傳에서 공식적 문헌 유산으로 변화하였다.[206] 시간과 공간을 통해 정체성은 상기되었다. 산이나 강 같은 자연으로부터 건물이나 랜드마크와 같은 건조建造 환경들까지 민족의 상징으로 칭송되었다. 자연은 민족화되었고 민족은 자연화되었다. 미국적 상상에서의 변경지역, 또는 스위스의 알프스와 같은 지역들이 집단을 규정하거나 구분 지었다.[207] 장소와 기념물들이 의미를 갖게 되었고, 지도와 박물관은 민족의 발전을 칭송하였으며, 이야기나 노래는 공통의 인족을 표현하였다. 민족 영웅과 반역자들은 민족 신화와 의식儀式 속에 담겨졌다. 집단 의식이나 물리적 관행들이 민족적인 것으로 이해되는 등 문화는 민족의식을 반영하는 한 측면이 되었다. 가족, 이웃, 종교로 인식되던 부분들이 국가의 영역에 편입되었다. 민족적 상상력은 동요에서 전래동화에 이르기까지 어린아이들을 점령하였고, 민족 정체성은 향수와 같은 잠재적 정서의 기반이 되었다. 인식에서 감정으로, 시각적인 것에서 청각적인 것으로 공공의 지식과 상징은 근원적 소속감과 신분을 부여했다. 지리와 역사에 기반한 현대인족은 따라서 자연적인 것이 되었다. 국가는 이런 통합 담론의 주요 생산자이자 전달자였다. 인간human이 된다는 것은 민족화됨을 의미했고, 개인individual이 된다는 것은 어떤 면에서는 민족을 대표하는 의미가 되었다. 마치니는 다음과 같이 논했다. "국가가 없는 당신은 여러 민족들 속에서 이름도, 투표도, 권리도, 세례도 받지 못하는 (…중략…) 인류의 사생아다."[208]

따라서 현대인족은 사회적 상상력의 기초 단위가 되었다. 사회를 상상하는 능력은 민족의 부상과 거의 동일하게 형성되었다. 국가, 사회, 민족, 국민 등의 외피하에서 철학과 고고학, 역사학과 지리학이 거의 동시에 형성되었다. 과학적 분석을 위해서든지 정치적 해결 방도를 찾기 위해서든지 국가는 사회과학의 기반이었다.[209] 통계 ─독일의 전통을 따라 ─ 는 국가단위를 중심으로 수행되었다. 이에 대응하는 전근대적 존재인 기독교나 고전적 보편주의와 달리, 현대사회의 모든 학생들은 민족주의 역사학, 지리학, 사회학을 공부했다.[210] 고고학은 민족적 기원을 밝히는 과학이었고,[211] 지리학은 경계와 민족을 강조하였다.[212] 정치학은 국가와 민족을 분석의 기본단위로 사용하였고,[213] 민족사회를 집중적으로 보는 사회학은[214] 19세기 말 형성되었다. 문화와 인성 학파의 민족성national character 연구는 사회적 계층화와 일체화의 단위로서 현대인족이 본원적 특성에 따라 형성되는 것임을 전체론적 접근을 통해 보여주었다. 민족국가 단계로 아직 진화하지 못한 공동체는 부족에 속하는 존재로서 원시인족ur-peoplehood으로 이해되었다. 현대인족의 개념은 현대 사회과학에서 필수불가결한 요소가 되었다.

세계는 사회들의 사회로 이해되었다. 민족적인 것과 국제적인 것의 이행연구二行聯句는 현대 사상의 기초가 되었다.[215] 사소한 차이에 대한 자기애적 이해는 민족과 국제 관계를 지배하는 지적 담론이 되었다.[216] 경제부터 스포츠에 이르기까지의 모든 사안은 국제적 논쟁 거리가 되었고, 따라서 이들은 인족 정체성의 또 다른 기초가 되었다. 전쟁은 특별히 동료를 벗으로, 타국민을 적으로 분류하도록 만들었다. 결국 "우리"와 "그들" 사이에 대한 기본적인 구분이 내부의 비국적자들을 내부의 적으로 만들었다. 이에 관해서는 이후의 두 장에서 논하도록 하겠다.

현대인족의 제도적이고 인식론적인 세계는 제1차 세계대전까지 유럽의 체제적 특성이었다. 강과 산으로부터 먼 과거에 이르기까지, 모든 곳에서 목격되고 상상된 민족은 그 자체로 신분을 나타내는 자연적 기초 단위가 되었다. 이후, 민족자결 원칙과 민족주의의 어원적 개념 — 하나의 국가, 하나의 국민one state, one people — 이 보편적으로 수용되었다.[217] 민족 통합이 이루어지면서, 민족국가는 영토적 변동의 가능성을 차단하게 되었다. 20세기의 변화들은 합병이 아닌 군사적 패배나 권력이양의 결과로 나타났다. 유럽 정치조직이 반드시 현대인족에 기반하여야만 한다는 원칙은 큰 문제 없이 보편적으로 받아들여졌다.

5

친족이나 근접한 거주지를 기반으로 형성되는 두터운 정체성이 우선적인 것은 문화보편적인 현상이다. 그러나 친족이나 친구 사이의 긴밀한 관계와 현대국가 내 시민 사이의 추상적 관계가 혼동되어서는 안 된다. 이사야 벌린은 다음과 같이 논했다.[218] "아마도 특정한 믿음을 보유하고, 특정한 정책을 추구하며, 특정한 목적에 헌신하고, 특정한 삶을 사는 가장 설득력 있는 (이유는) 이러한 목적, 믿음, 정책, 삶들이 **우리**이기 때문일 것이다." 그러나 "우리"라는 것이 왜 우리 민족의, 또는 우리 국민의 것이 되어야만 하는가?

이는 구체적인 것과 추상적인 것 사이의 간극을 통해 설명할 수 있다. 로이드 조지Lloyd George의 정치적 견해에 관해 1919년 케인즈John Maynard Keynes는 다음과 같이 논했다. "민족은 당신이 사랑하는, 그 외의 것들에는 무관심하거나, 심지어 싫어하는 감정을 느끼도록 만드는, 실제하는 존재이다. 당신이 사랑하는 민족의 영광은 훌륭한 이성이다. 그러니 이를 성취하기 위해서는 대부분 당신 이웃의 희생(대가)을 필요로 한다."[219] 이 논의가 상식적인 것처럼 들릴지 몰라도, 이를 통해 "실제하는 존재"로서 "민족"이 출현하고 유지되기 위한 어려움을 간과해서는 안 된다. 제1장에서 논한 바와 같이 전근대 유럽 소작농들은 그들의 이웃마을 사람들이나 귀족들 모두를 "이방인"이나 "외부인"으로 인식하였다. 그들의 후손은 "우리 중 하나"로서 절대 만날 일 없는, 혈연, 지연, 역사, 문화에 관한 어떠한 특별한 관련도 없는 수백만의 사람들을 왜 생각해야만 하는가? 벌린이나 케인즈의 논의는 어떻게 이토록 분명한 것이 되었는가?

혈통이나 지역성으로부터 민족으로의 전환, 즉 대중 의식의 민족화民族化는 현대국가의 위대한 업적이다. 공간과 신분의 거대한 구분을 초월하는 민족의식과 같은 추상적이고 포괄적인 정체성의 전파와 존속을 위해서는 혁명적일 만큼 강력한 사회적 삶의 변화가 필요하다. 정치적으로는 지역 거주민들로 하여금 그들 공동체가 운명적이며 독특한 특성이 있음을 믿도록 해야 한다.[220] 이탈리아와 폴란드의 정치 지도자들은 현대국가 설립 이후 이탈리아 민

현대인족
인종, 인종주의, 민족주의, 종족, 정체성에 관해

John Lie ｜ 212

족과 폴란드 민족 형성의 필요성을 명확히 이해하고 있었다. 마시모 다젤리오Massimo d'Agelio는 이탈리아 통일 후 다음과 같은 기념비적 표명을 하였다. "우리는 이탈리아를 만들었다. 이제 우리는 이탈리아인들을 만들어야만 한다." 또한 폴란드 해방운동가인 피우수트스키Józef Piłsudski는 다음과 같이 논했다. "국가가 민족을 만드는 것이지, 민족이 국가를 만드는 것은 아니다."[221] 인위적 국가는 자생적인 민족으로 전환되어야 했다. 곧, 인구는 국민(인민)이 되어야 했다.

군주제에 대한 다양한 논의가 존재하지만, 이를 명확하게 보여주는 것은 개인의 통치를 통해서였다. 멋지게 차려입은 군주는 정치조직을 구현하고 상징하는 존재가 된다. 대조적으로 현대국가는 회색의 인공적인 기계장치를 상기시킨다.[222] 1862년 로드 액튼Lord Acton은 그의 기념비적인 논문에서,[223] 민족 이론은 "모더니티의 체제전복적 이론"들 사이에서 "외관상 가장 최근에 나타난 것"으로 보았다.[224] 20세기 초 주요 사회 이론가들은 현대국가의 건립을 주목하며 그들이 간과한 인족의 문제를 부분적으로 설명하였다.[225] 만일 현대국가가 전근대 국가에서 행했던 것과 같은 신성한 정당화 작업이 없었다면, 그 구성원의 자격 — 시민권 — 은 자연적이거나 필수적인 것으로 인식되지 않았을 것이다. 무엇이 거대한 국민을 결속하는가? 무엇이 사회를 하나로 묶는 것인가?

현대사회는 정치적 충성심을 동원하기 위하여 민족이라는 외피를 장식하고 이에 따라 정치적 정체성은 민족화된다. 국가 구성원이 되는 자격은 인위적이거나 '하향식top-down'의 개념보다는 자연적이거나 '상향식bottom-up'의 개념이 되었다. 우리는 프랑스 사상에서 인위적 복합체가 자연발생적 총체로 변화하는 모습을 볼 수 있다. 백과사전에 민족은 동일한 지역에서 생활하고 같은 정부를 따르는 국민의 군집으로 설명된다.[226] 한 세기 후, 르낭은 이는 정신을 수반하는 것이라고 정의하였다.[227] 국가(인위적 총체)와 민족(기생적 공동체)의 동질화는 그 구성원을 지칭하는 묘사와 규범이 혼합되고 혼동되어 나타났다. 즉 민족 논의 그 자체는 언제나, 그리고 이미, 누가 정치조직에 속해야 하는지에 대한 가치판단을 수반하였다.

시민권의 의미는 변화하였다. 고전적인 공화주의 사상에서 시민 종교와 군율은 조국에 대한 헌신의 가치를 약화시켰으나,[228] 애국심은 그들의 지역이나 확장된 정치체를 향한 것이었다.[229] 아리스토텔레스나 마키아벨리에 의해 논의된 고전적인 시민권의 개념은 토지 소유권이나 정치 참여와 같은 엘리트적 특성을 의미했다. 시민공화주의에서 시민권은 공동체로의 헌신과 같은 시민적 의무가 수반되는 것으로 정의되었다.[230] 로마니타스Romanitas는 성취되었고, 우리는 프랑스혁명의 공화주의 시민권과 인족에 대한 이상에서 그 유산을 확인할 수 있다.

현대 시민권은 적극적이며 자주적인 시민의 개념과 전근대 사회의 수동적이며 통치 받는 백성으로서의 개념이 함께 나타난다. 이는 의무뿐 아니라 특권—사법적 이득과 정치참여부터 고용 선택과 복지혜택까지의—모두를 포함하는 개념이다.[231] 새로운 이상은 민족적 소속(민족성)과 국가적 소속(시민성) 사이의 간극을 제거한다. 확실히 시민권의 특정한 기준은 민족국가와 역사에 따라 다양하게 나타났다. 심지어 미국—이주민의 땅이라는 민족적인 자기 규정에도 불구하고—역시, 시민권의 개념에서 인종, 문화, 민족의 수평적인 구분이 강조되었다.[232] 시민권의 추상적인 이상과 달리 국가 소속은 인종화되었고 소수자 집단을 배제하는 데 사용되기도 하였는데, 이후에 더 자세히 논하겠지만, 이는 부분적으로 배제의 대가를 통해 다수의 연대를 구축하기 위함이기도 했다. 현대 시민은 민족화되고 귀속화된 대상이다.

국가 소속state membership이라는 말은 귀속naturalization의 개념을 상정한다. 인위성에 반하는 개념으로서 시민권은 보편적으로 귀속적이고 비자발적인 지위가 되었다. 신분 통합과 민족자결의 수직적 이상은 민족의 사적 욕구에 기인한 수평적 이상으로 전환되었다. 다시 말해, 광범위한 군집 속에서 하나의 정체성을 찾기 위한 순환적 구조를 명시화하기 위하여, 명목적인 소속을 통해 깊이 있는 공통성을 보유한 공동체를 나타낼 필요가 있었다. 즉, 운명 공동체로서 국가는 이상ideal의 공동체(이익사회 : Gesellschaft) 이상의 무엇인가를 필요로 하였다. 이는 특성의 공동체(공동사회 : Gemeinshcaft)가 되거나 혈통과 친족에 기반한 비자발적 공동체가 되어야 했다.[233] 사회는 더 이상 자발적 집단이 아닌 자연적 공동체가 되었다. 정치적 충성심은 인간이 선택하는 것이 아니라 선험적으로 선택받은 귀속적 정체성이었다. 인족 정체성은 시민권의 의식적인 획득이라기보다, 그 이름과 형태로 각인되었다.[234] 유아 세례가 교회의 확장을 보장하였던 것처럼, 귀속성에 기반한 선천적 시민권은 국가의 지지기반이 되었다. 국가 소속에 대한 인위적 특성은 민족적 귀속의 원시적 특성으로 변모하였다. 윤리적 국가와 낭만주의적 민족은 동일한 대상이 되었다.

국가 소속에의 명목적인 특성은 시민권(선택)과 민족(피선택) 사이의 간극을 제거함으로써 형성되었다. 지역적 애착은 범세계주의 담론에 수렴되었다. 민족 정체성은 지역적 충성심을 대체하기보다 이들을 포괄하는 동시에 이들의 총체적 기표가 되었다. 확대된 정체성으로서 모든 민족기반적 애착들은 집단의 이름으로 전용될 수 있게 되었다. 가족, 혈통, 마을, 지역과 같은 두터운 정체성thick identity들은 현대민족의 얇은 정체성thin identity으로 변이되었다. 이들은 하나의 동일한 존재가 되었다. 이로 인해 작은 지역 공동체는 큰 국가의 일부분이 되었다.[235] 고향heimat은 지역이 아니라 국가를 의미하는 것이 되었다.[236] 헤르더를 논하며, 벌린은 다음과 같이 논했다. "그렇다면 무엇이 인간의 올바른 삶이란 말인가? 인간은 자연적인 단위, 즉, 동일한 문화로 통합된 사회 내에서 살아가야 한다."[237] 가족 또는 아리스토텔레스적인 공동체보다, 헤르더와 벌린 등에 의해 오히려 작지 않은 "자연적 부분"들이 민족이 되었다. 따라서 우리는 피와 흙Blut und Boden, 땅과 죽은 자들la terre et les morts과 같은 혈통과 영토를 통합하는 일련의 개념들을 찾을 수 있다. 이러한 생각은 전형적으로 샤를 모라스Charles Maurras의 글에서 찾아볼 수 있다. "조국la patrie은 자연적 사회이다. (…중략…)조국의 결정적인 특징은 출생이다. 개인은 자신의 아버지나 어머니를 선택하지 않는 것처럼 조국—그 아버지의 땅—을 선택하지 않는다."[238] 두터운 정체성의 감상적 여운은 상상된 공동체의 추상적 평면에 투영된다. 마이클 이그나티에프Michael Ignatieff가 논의한 바와 같이, "종족 민족주의는 직감적으로 명확한 답을 제공한다. 오직 당신의 혈통에 따른 확신 말이다".[239] 이러한 확신은 가족 및 가계로부터 민족과 인종으로 이어지는 혈통적 연계의 순환을 확장시키기 위한 특별한 교육을 필요로 한다.

국가의 시민종교civil religion는 관념적일 뿐 아니라, 동일성에 기초한 연대나 물리적 결합과 같은 특정한 존재론적 가치, 그리고 잔인한 살인마저도 영예롭고 자기희생적 행위로 신성화하는 특유의 도덕적 가치를 부여한다. 많은 죄들이 국민의 이름으로 용서되었다. 청렴과 타락 또는 선과 악의 양분은 내부와 외부의 본능적 구분에 의해 결정되었다. 보다 강화된 국제 관계는 모든 개개인들을 그들 민족을 위한 외교대신 또는 사절단으로 변화시킴으로써 민족 구분을 강화하였다. 경쟁은 가장 파괴적으로는 전쟁에서, 가장 흥미롭게는 올림픽이나 월드컵과 같은 스포츠에서, 민족과 민족이 서로 대항하도록 만들었다. 그 유명한 '국가 없는 사람the man without a country'이든 국가 없는 국민으로 비판한 히틀러의 장황한 유대인 비난이든, 국가 귀속은 그 부재 자체가 공포와 혐오가 유발되는 필수불가결한 존재가 되었다.

유럽의 정치는 가공된 국가로부터 자연발생적 민족으로의 전이를 통해 그들의 현대성을 표명하였다. 초기 민족주의자들은 보편주의와 민족주의의 통합을 주장하며 수직·수평적 통합의 요소들을 결합하였다. 미국혁명과 프랑스혁명은 그들의 정치적 메시지를 전 세계에 전파하기 위해 노력했다. 페인Thomas Paine은 『상식Common Sense』(1776)에서 다음과 같이 논했다. "미국의 이상은 모든 인류의 이상이라 볼 수 있다. (…중략…) 이는 지역적이기보다는 세계적이고, 인류를 사랑하고 그에 영향을 받는 모든 이들의 원칙을 통해 존재한다."[240] 이에 토크빌은 "프랑스혁명은 전세계적인 영향력을 바랐고, 그 영향력으로 인해 이전의 모든 민족주의 선구자들은 지도상에서 제거되었다"며, 대신 "모든 국적의 사람들에게 시민권이 개방되고 인종 구분이 없는 공동의 지적인 조국"이 설립되었다고 기록했다.[241] 프랑스의 혁명주의적 이상은 국민을 군주, 귀족, 성직자와 대항할 수 있도록 만들었다. 민족은 독재와 억압에 대항하는 존재로서의 시민을 의미했다.[242] 혁명노래인 "출발의 노래chant du départ"는 다음과 같다. "프랑스의 적들은 떨고 / 왕은 피와 자만에 취했네."[243] 즉, 국민의 적은 왕이었지 외국인이 아니었다. 신분 통합의 강조는 수평적 차이에 대한 의미를 최소화시켰다. "프랑스에서 태어난 이들 모두가 온전한 의미로서의 프랑스 국민이 아니라면, 프랑스 이상을 가진 이방인들 역시 이와 동일선상에서 생각할 수 있다."[244] 시민권은 헌법과 보편적 이상을 기반으로 한 연대를 의미하는 것이었지, 인종이나 종족, 민족적 정체성에 관한 것은 아니었다. 국가 소속 — 그리고 궁극적으로는 민족적 귀속 — 은 동일한 정치적 이상의 공유를 통해 이루어졌다. 이는 또한 민족주의적 이상의 범민족적 특성에 대해 설명하고, 다른 민족과 투쟁하는 민족주의자들의 모순의 문제를 해결해 주었다. 마치니는 다음과 같이 외쳤다. "여러분의 첫 번째 의무는 (…중략…) 인간성을 획득하는 것이다."[245] 1792년 국민공회는 프랑스가 "조합에 합치되어야 하며 자유를 되찾고자 하는 모든 이들을 도와야" 할 것을 법령으로 선포했다.[246] 따라서 1776년 조지 워싱턴을 위해 싸우고 1794년 파리에서 폴란드 민족주의를 주창한 타디어스 코시우스코Thaddeus Kosciuszko나, 대서양을 횡단하며 국민의 이름으로 투쟁한 조국 없는 혁명가 톰 페인Tom Paine의 기조는 모두 같은 것이었다.[247]

18세기 후반과 19세기 초 민족주의자들은 포퓰리즘적, 즉 수직적 측면을 중시했다. 국민(인민)people, 마을pueblo, 또는 민중narod의 개념은 대중이 권력가와 기득권층에 대항하도록 만들었다. 민족주의는 국가의 비인격적 특성, 왕족과 귀족과의 연계 등을 이유로 반국가주의적 노선을 취하였다.[248] 민족과 국민(인민)이 동일시되며, 민주주의, 민족주의, 사회주의가 때로는 중첩되었다. 마치니는 개인의 기본적 자유를 강조하였다.[249] 19세기 유럽에서는 대중 민주주의와 민족주의가 함께 부상하였는데,[250] 이는 특정한 이들(엘리트)에 대항하는 보편적 이익(국민)을 주창하였다.[251] 1830년, 1848년, 1871년의 연도적 상징성은 민족의 공화주의적이고 혁명주의적인 이상을 드러냈고, 이는 19세기 전반에 걸쳐 귀족주의에 대항한 계급의식과 민족의식을 성장시켰다.[252] "인터내셔널 / 깃발 아래전진 또 전진." 즉, 혁명 공화주의적 이상은 파벌주의나 배타주의가 아닌 범세계주의와 보편주의를 강조하였다.[253]

19세기 혁명주의의 추동은 그 스스로 사회주의, 공산주의 등의평등주의 정치 철학의 형태로 점차 변화하였다. 윌슨이 이상주의에 대부분 침투되어 있던 혁명적 추동의 자유주의 국제주의로의변이를 통해 인간의 보편적 자유가 주장되었다.[254] 범세계주의적유산에 경도되어 있는 사회주의와 공산주의 운동은 인족의 수직적측면을 강조하였다. 마르크스와 엥겔스는 "일하는 자에게 국가는없다"고 말했다.[255] 그들은 프롤레타리아는 "스스로 민족을 구성해야 한다. (…중략…) 그러나 이는 부르주아적 개념을 의미하는 것이 아니다"라고 논하며,[256] 미래 공산주의 혁명은 민족경계를 초월하게 될 것이라고 예측하였다. 범세계주의 정신은 1892년 독일사회민주당의 에어푸르트Erfurt 강령에서 확인할 수 있다. 카우츠키Kautsky는 다음과 같이 주장했다. "현대 프롤레타리아인들은 세계적시민이다. 세계 전체가 그의 집이다."[257] 마르크스, 엥겔스와 같이그는 "서로 다른 지역의 인민들people이 국제적으로 합쳐지는 모습"을 상상하였다.[258] 마르크스주의자들은 민족주의의 이론화가 불가능하다 주장했지만,[259] 선구적인 민족주의 이론가들 중 몇몇은 명백히 마르크스주의자였다.[260] 많은 마르크스주의자들은 애국주의적 민족주의를 긍정적으로 생각하고 있었고, 그들의 정치적 전략은 다름(국가)을 넘어선 연대(계급)의 단일 형태를 형성하는 것이었다.[261] 분명 제3세계나 탈식민주의 지식인들은 반식민주의자나 민족주의자, 사회주의자, 포퓰리스트로 전환하기 위하여 마르크스주의를 수용하였다.[262]

보수주의는 프랑스혁명의 공화주의 및 교권 반대주의 세력에 대항하며 부상하였다. 보수주의가 프랑스혁명의 범세계적 보편주의를 거부했다는 점을 고려하면, 이는 그 자체가 민족주의를 부정했다고 간주할 수 있다. 메스트르Joseph de Maistre는 종종 민족주의자로 해석되지만, 피에몬테-사르디니아 제국에서 대부분의 생을 보낸 사보이인을 민족주의자로 해석할 수는 없다. 오히려 그는 세속주의와 공화주의에 대항하였다. 『프랑스에서의 고찰Considération sur France』(1794)에서 그는 민족을 "누구나 원하는 대로 의미 붙일 수 있는 경이로울 만큼 편리한 단어"로 일축하였다.[263] 민족주의를 제창하기보다 그는 열정적으로 "마치 사각 원과 같이, 큰 공화국은 그 자체가 모순"임을 보여주거나, 신앙과 애국주의, 즉 "복종과 믿음"을 옹호하기 위해 "프랑스혁명의 악마적 가치"를 축소하고자 노력하였다.[264] 그가 비록 "민족의 혼"을 논했다 할지라도, 그는 왕좌나 제단에 사로잡힌 것만큼 국민 다수에게 관심을 갖지 않았다.[265] 신앙과 애국주의는 그에게 교회와 군주제을 의미했다.

초기 보수주의자들은 현대적 의미에서 민족주의자라기보다는 범세계주의적 이상이나 신분 통합을 반대하는 자들이었다. 메스트르Maistre는 — 프랑스인과 독일인을 제외한 — 일반인을 만난 적이 없다는 유명한 주장을 하였으나, 이러한 배타적 논의가 현대 민족주의적 관점으로 이해해서는 안 될 것이다. 제1장에서 언급한 바와 같이 원형적 인족 의식은 대부분 엘리트주의였으며, 이는 인구 대부분을 배제하였다. 프리스Jacob Friedrich Fries는 1815년 다음과 같이 기록했다. "조국 독일에 대한 사랑은 일반인들이 아닌 배운 이들의 최초이자 최우선적인 이유가 되어야 한다."[266] 또 한 명의 선구적 보수주의 사상가인 프란츠Konstantin Frantz는 민족주의자도 인종주의자도 아니었다.[267] 프리스와 프란츠에게 세속주의보다 더 나쁜 것은 신분적 평등을 약속한 혁명주의적 민주주의, 즉 공화주의였다. 귀족적—또는 반동적이거나 왕족의—민족주의는 신분 통합을 반대하였다.

민족주의에 대한 초기 보수주의 담론은 정치권력에 대한 다양한 열망을 보여주었다. 1840년대까지 헝가리의 마자르Magyar 귀족은 국회 회의를 라틴어로 주재하였으나, 이들 대부분은 독일어를 사용했다. 이 독립적인 정치체는 마자르 귀족을 위한 것이었지 전체 국민을 위한 것이 아니었다.[268] 국가 권력을 확보하기 위한 노력은 19세기 중반의 영국 제국주의에서 보여지듯, 반드시 민족주의를 동반한 것은 아니었다.[269]

보수주의가 현대적 의미의 민족주의로 변모한 것은 현대국가와 현대인족이 생성되고 난 이후이다. 이후의 논의들은 신분 통합을 위한 좌익진영의 주장과 국가권력을 강조한 우익진영의 논의가 결합되며 나타났다. 국가권력과 자본주의의 이익 추구에 따라 연대가 조성되었다. 이러한 모더니티의 두 추동 세력이 전통과 공동체를 파괴하였다 할지라도, 이들은 국민(또는 인민)의 이름으로 스스로를 정당화시켰다. 사회주의자들과 공산주의자들이 보다 확장된 평등을 추구한 것과 같이, 보수주의자들은 정치-문화적 구분의 원칙을 강조했다. 좌익 진영이 보편주의와 범세계주의적 이상—자유, 평등, 박애, 평화—을 주장한 것에 반해, 우익진영은 민족 배타주의와 쇼비니즘을 흡수하였다.[270] 민족적 뿌리, 소속, 가족, 고향의 강조를 통해 국가 소속에는 감정적 색채가 보다 강하게 나타났다. 보수주의자들은 민족주의의 본래의 의미에 충실하게—1798년 아베 바넬Abbé Barruel의 외국인에 대한 혐오에서 보여지듯—일단 대중보다는 유대인이나 이주민들과 같은 국외인들을 대상으로 한 적대감에 집중하였다.

보수적인 국가주의나 민족주의의 극단적 논리는 반공산주의적이자 반민주주의적인 동시에 포퓰리즘적이며 민족주의적인 파시즘에 가까웠다.[271] 이들은 단일성과 평등주의를 강조한 순수정치를 표방하였다. 무솔리니와 히틀러는 사회주의적 요소를 노골적으로 사용하였다. 이와 반대로 일본에서는 추축동맹Axis alliance으로 오용된 파시즘이 나타났다.[272] 사실, 인종주의가 파시즘 통치에 핵심적 요소는 아니었다.[273] 파시즘은 오히려 신분 통합을 도모하는 동시에 문화적 차이를 강조하였다.

보수주의의 민족주의로의 뒤늦은 전이는 민족주의와 군사주의의 관계 변화로부터 나타났다. 18세기와 19세기 대부분의 공화주의와 민족주의 사상가들은 군사주의의 귀족적이며 봉건적인 성향을 비난하며 국민의 승리에 따른 국제사회의 평화를 상상하였다.[274] 초기 민족주의자들은 민족자결이 민족에게 자기만족을 부여하고 세계평화를 창출할 수 있을 것이라 보았다.[275] 국민 또는 대중은 국가와 투쟁 계급의 반대선상에 위치하였다.[276] 민족주의의 선봉적 사학자였던 헤이스Carlton Hayes는 "인류 평화와 번영을 위한 이타적 열망은 현대 민족주의의 조류로 설명할 수 있다"고 논했다.[277] 사실 현대 민족주의자들은 그들의 선조에 비해 자기만족적이거나 평화적이지 못했다. 민족주의의 부흥을 예상하지 못했던 것처럼, 민족주의가 군사주의적 민족주의로 전이된 것은 초기 민족주의자들이 예측하지 못한 부분이었다. 그러나 국가적 이익과 민족주의가 결합된 19세기 말의 역사적 배경을 함께 고려하면 이는 놀라운 일이 아니다.

민족주의 진영의 보수주의 논의에 대해, 범세계주의 좌익진영을 포함한 자유주의 진영은 보수주의자들을 체계적으로 비판하였는데, 이는 사실 민족주의 논리에서 기인한 것이었다. 민족주의는 따라서 초기의 대중 민주주의와 공화주의의 연대의 미덕 속에서 강화되었다. 존 던John Dunn은 이와 관해 다음과 같이 상세히 논했다. "민족주의는 20세기 가장 냉혹한 정치적 실패라고 볼 수 있다. 이는 1900년 이래로 전 세계 정치사에서 가장 깊고 가장 다루기 어려우며 가장 예상하기 힘든 오점이 되었다."[278] 감정적이며 비정형적인 민족주의는 자유주의적이며 이성적인 조류와 점차 멀어지게 되었다.[279] 지속적으로 폄하되고 비난받는 애국주의적 민족주의는 고상한 이들의 채찍대가 되었다. 이에 따라 정밀한 분석과 검사는 피할 수 있었다.

시민성과 민족성에 대한 많은 국가적 논의 속에서 이데올로기의 자발적 전환이 이루어졌다. 전반적으로 인족 정체성의 추구는 국가와 민족, 시민성과 민족성 사이의 구분을 혼재시키며 혼동적 개념으로 형성되었다.[280] 광범위한 지역 기반에 입각한 시민성은 수직적 측면을 강조하였고(지역 내에서 태어난 모든 이들은 같은 시민), 혈통 기반적인 시민성은 수평적 측면을 강조하였다(지역적인 것이 아닌 가계를 중시). 이러한 차이는 일반적으로 출생지주의jus solis에 기반한 시민성(프랑스와 미국)과 혈통주의jus sanguinis에 근거한 시민성(독일과 일본)으로 나누어 설명할 수 있다.[281] 브루베이커Rogers Brubaker가 논했듯이 "민족에 대한 프랑스적 이해가 국가중심적이고 동화주의적이라면, 독일적인 이해는 민족중심적이며 구별적이다".[282] 이들을 구분하기 위한 사회과학적 노력, 특히 민족주의의 유형화—동과 서, 정치와 문화, 시민과 민족, 선과 악, 잠자는 공주와 프랑켄슈타인의 괴물 등[283]—는 민족 분류 담론의 영향을 받아 형성되었다. 이러한 구분은 정치 주도적 사회 속에서 그럴듯해 보인다. 인족은 궁극적으로 정치, 문화, 시민, 종족적 기준이 뒤섞인, 분리 불가한 개념이다.

다음 장에서 논의하겠으나, 시민법이나 인족 정체성은 고정적이지 않다.[284] 만일 지정학, 자본주의 산업화, 정치·사회 운동이 현대인족의 틀을 형성한다면, 이들의 영향력은 시시때때로 변화할 수밖에 없다. 프랑스혁명 이후 혁명주의적 공화주의 이상으로서 부상한 신분 통합의 사안은 국가 소속에 있어 필수적인 것이었다. 이미 논의한 바와 같이 몇몇은 제1장에서 논한 르낭의 정의와 같은 시민권에 대한 순수한 자발적 의지에 따른 승인을 주장하였다. 국적법은 이주와 귀화를 체계화시켰다. 프랑스 법은 계속적으로 변하였는데, 이에 따라 프랑스 정체성의 정의에는 상당한 갈등요소가 존재한다. 예를 들어, 프랑스 전 대통령인 발레리 지스카르 데스탱Valéry Giscard d'Estaing은 20세기 말 프랑스 시민권의 주요 특성으로 생득권droit du sang(피의 권리)과 속지주의droit du sol(땅의 권리)를 들었다.[285] 이와 비슷하게 미국 시민권과 이민법 역시 계속적으로 변화하였다. 다음 장에서 설명하겠지만, 원주민 보호주의는 혈통주의적 기준을 적용함으로써 이주 및 소수자 집단의 시민권을 제한하고자 했다.[286] 다시 말해, 출생지주의 국가는 혈통주의 원칙에 기반하고, 때로는 혈통주의 원칙에 지배당하기도 했다.

많은 국가가 민족의 혈통적 특성을 강조함으로써 정치적 충성을 요구하고, 이에 따라 시민법은 이주나 귀화에 상대적으로 폐쇄적인 특성을 보인다. 독일은 폐쇄적 민족주의와 혈통주의 원칙을 적용한 대표적 국가로 인식되지만, 시민법은 결코 안정적이라 할 수 없다.[287] 일례로, 제1차 세계대전 당시 18명의 폴란드인과 9명의 덴마크인이 독일의회에 소속되어 있었다.[288] 독일에서 이들의 민족에 대한 개념이 논의되기 시작한 것은 제2차 세계대전 이후였다.[289] 21세기 초 시민법은 혈통주의보다 속지주의에 기초하는 경향을 보였다. 또 다른 예로 일본은 시민이라는 용어를 지극히 확장된 개념으로 사용하였는데, 일본 제국주의 시기 식민국가의 국민 모두에게 적용되었다. 제2차 세계대전 이후 구속적이며 혈통 중심적이었던 법 체계는 21세기 초에 들어서면서 중대한 변화를 경험한다.[290]

역사적 변동성과 내부적 이질화는 유형론에 대한 논의를 문제적으로 반증한다. 인종차별과 같은 유형론적 분류는 모든 특정한 장소와 시간하에서 일정 정도의 사실성을 보여준다. 정치적 정의나 영토적 정의, 그리고 종족·인종 또는 혈통주의적 기준 등은 모두 생물학적 기원과 계승의 강조를 통해 나타난다.[291] 시민에 대한 정의는 어떠한 경우라도 고정적인 것도 불가분의 것도 아니다. 시민은 여러 형태로 변화 가능한 권리, 특권, 의무의 총체이다. 또한 사회적 실제는 유형론적 특성이 제시하는 것과는 전혀 다를지도 모른다. 제2차 세계대전 이후 서독은 혈통주의적 전형을 따랐다고 볼 수 있으나, 실제 인구 구성에 있어서는 비독일인들의 비율이 훨씬 높았다.

일반적으로 민족적 특성과 문화적 전통에 기반한 논의는 역사적 변화를 통해 쉽게 부정할 수 있다. 클라우제비츠Carl von Clausewitz는 1807년 다음과 같이 구체적으로 논했다. "프랑스인(…중략…)은 정부의 목적에 부합하여 변화하는 단일한 총체로서 더욱 쉽게 변화한다. 따라서 무한한 정신, 다채로운 독창성과 개인주의, 사색하는 경향, 그리고 보다 높은, 스스로 세운 목적을 향한 끊임없는 노력의 정신을 보유한 존재로서, 독일인보다 월등한 정치적 존재이다."[292] 한 세기 이후의 사람들은 이에 정반대로 논할지 모른다. 정치적이고 군사적인 독일인과 다른, 지성적이며 낭만주의적인 프랑스인으로 서 말이다. 1945년 독일의 독재체제에 대한 설득력있는 해석을 내 놓은 사회학자들은 1939년 독일 나치의 '제3제국'만큼이나 견고하 게 보이는 2003년 독일 민주주의의 돌이킬 수 없어 보이는 현실에 직면했다. 역사적 설명에 있어 불가피한 과거적 관점은 임의적이며 시대착오적인 설명을 보다 깊이있게 만들어 준다. 논의의 목적이 변 화하듯이 논의 그 자체도 변화하는데, 과학적 관점에서 볼 때 이러 한 사실이 문제적일 수 있다는 사실을 제외하면 합리적이다. 이런 논의의 반복은 확신에 찬 것일지 몰라도, 변동하는 실제는 보다 체 계적인 논의를 필요로 한다. 이는 일반적으로는 민족주의 정치와 문 화의 형성에 있어, 구체적으로는 시민법 형성에 있어, 지리학 또는 외생적이고 거시사회학적인 요소를 역설적이게도 진지하게 필요로 한다.

현대인족의 개념은 유럽의 팽창과 함께 전 세계적으로 전파되었다. 유럽 왕국의 몰락과 함께 몇몇 민족국가들은 제국주의적 팽창에 가담하였다. 19세기 말 아프리카와 아시아 쟁탈이 가속화되며 전 세계가 유럽의 관할에 맞추어 분할되었다. 식민지 통치자들은 현대인족의 개념을 피식민 주민들에게 전파했다. 또한 중요한 점은, 반식민주의 운동이 유럽의 정치와 이데올로기를 모방하였을 뿐만 아니라 식민지 분할에 따라 스스로를 조직하고 통합하였다는 점이다. 식민주의와 반식민주의의 담론은 각각 서로 다른 인족을 창출했다.

식민지 이전 아프리카에는 현대국가나 현대인족에 상응하는 제도나 이념은 없었다. 왕국, 제국, 전국시대가 존재했음에도 불구하고,[293] 문화는 제한적으로 통합되어 있을 뿐이었고, 신분 위계질서 역시 뚜렷했다. 전근대 아프리카의 가장 복합적인 정치체는 120~160,000명의 인구를 보유한 쿠바왕국이라 할 수 있는데, 이는 내부 결속력이 결여된 다섯 개의 다른 집단으로 나뉘어져 있었다.[294] 식민지 이전 아프리카인들은 족장, 씨족, 길드, 종교에 구속되지 않았다.[295] 마을 정체성은 중요하였지만 마을은 독립적이지도, 평등하지도 않았다.[296]

19세기 말 영국, 프랑스, 이탈리아, 독일, 포르투갈, 벨기에는 아프리카 대륙의 대부분을 점령했다. 1980년대까지 유럽의 지리적 개념은 특권과 이익을 소유한 땅 전체를 의미했다.[297] 식민법의 기준이 서로 다르다 할지라도, 식민지 개척자들은 식민지 이전 아프리카 정치체를 나타내는 변경지역 대신 경계선을 강조했다. 식민지 경계는 자연적이거나 정치적인 경계를 따르지 않았고,[298] 식민지 개척자들 역시 그 인위성을 중요하게 생각하지 않았다. 1890년 앵글로-프랑스 회담 이후 영국 총리였던 솔즈베리Lord Salisbury는 다음과 같이 과장되게 말했다. "우리는 백인이 지금껏 밟아본 적 없는 지역에 금을 그었다. 우리는 산과 강과 호수를 나누어 주었는데, 우리를 방해하는 것은 오직 산과 강과 호수가 어디인지 정확히 모른다는 작은 장애물뿐이었다."[299]

경계가 그어지자, 그들은 정치, 경제, 문화적 체계에 따라 공간을 정의했다. 교통, 통신망, 언어, 상업이 식민지에 유입되었다.[300] 사실 유럽의 통치 범위는 제한적이었는데, 한 조사에 따르면 2,900평방마일, 45,000명의 아프리카인들마다 한 명의 유럽 시민 행정관이 배치되었다.[301] 물론 유럽은 간접 통치를 선호했다.[302] 그들은 유럽 인족의 개념으로 아프리카인들을 이해하고 관리하였다.

유럽의 통치자들과 인류학자들은 아프리카 인족을 부족 형태로 인식했는데, 이는 환경, 언어, 종교적 행위, 관습, 문화의 중첩을 상정하는 것이었다.[303] 그들은 현대인족의 낭만주의적 민족주의 개념을 아프리카에 적용하며[304] 혈통적 생물학을 강조하였다.[305] 이러한 관점에서 부족은 민족의 미성숙한 형태로 인식되었고, 부족민들은 자기통치 능력이 결여된 이들로 간주되었는데, 이는 식민 통치의 가장 기본적인 정당화 작업이었다.[306] 인족을 설명하는 언어, 종교, 관습과 같은 특징들을 규정함으로써,[307] 인류학자와 선교사들은 원주민들을 통제와 변이를 위한 편의의 민족언어학적 집단으로 전이시켰다.[308] 다시 말해, 부족의 개념은 유럽 통치를 정당화시켜주는 동시에, 통치의 유용성을 제공했다.

아프리카인들은 유럽의 제도와 관념을 차용하여 범주화와 정체성의 개념을 구체화하였다.[309] 흑색주의Negritude 시인이자 세네갈 대통령인 상고르Léopold Sédar Senghor가 기억한 바와 같이, "마셀 모스나 폴 리베에게서 배운 바와 같이, 모든 민족 집단, 모든 국민들은 저마다의 문명이 있고, 이는 그들의 지역과 역사, 언어로부터 발생한다. 간단히 말해, 사회생활의 산물이다".[310] 그는 유럽 사회과학자로부터 아프리카를 배우고 모리스 바레스의 통합적 민족주의로부터 상당한 영향을 받았다.[311] 상고르가 특이한 경우는 아니었다. 민족 정체성을 찾는 작업은 명확한 이데올로기의 획득을 의미하는 문제만은 아니었다. 오히려, 아프리카 지도자들은 유럽으로부터 인정받고 정치적이고 경제적인 문제에 영향력을 행사하기 위해, 그들의 "국민"을 부족으로 조직했다.[312] 반식민주의 저항운동은 식민지 경계와 구획을 따라 나타났다. 다시 말해, 부족주의와 민족주의는 식민주의적 침략과 통치에 대응하며 부상하였다.[313]

탕가니카 / 탄자니아를 생각해보자. "19세기 초 탕가니카는 뚜

렸한 영토, 언어, 문화, 정치체계를 보유한 별개의 밀집된 부족들로 이루어진 지역이 아니었다."[314] 독일과 이후의 영국 관리들은 부족들에게 통치를 위임하였는데, 이는 부족이 아프리카 사회조직의 기초라고 여겼기 때문이다. "부족은 '공통의 언어와 유일한 사회체계, 관습법을 보유한' 문화단위로 간주되었다."[315] 또한 급속한 도시화는 지방의 친족과 마을 관계망을 대체하였고, 부족 조직의 특성은 도시의 정치와 사회적 체계로 전환되었다.[316]

유럽에서 교육을 받은 야망있는 탕가니카인들은 이웃한 아프리카 국가의 민족주의 운동의 부흥에 영향을 받아, 1954~1955년 탕가니카 아프리카 민족 연맹TANU : Tanganyika African National Union을 조직했다.[317] TANU의 지도자이자 최초의 탄자니아 대통령인 니에레레Julius Nyerere는 다음과 같이 말했다. "우리가 식민지 통치를 받을 때, '민족'은 존재하지 않았다. (…중략…) 독립운동이 부흥하고 사법적 통합의 골격에 정서 통합의 살을 붙이기 전까지, 공통의 법을 도입하고 유지시킨 존재는 식민지 권력이었다."[318] 반식민주의 독립운동은 식민지로 정의된 영역 내의 신분 통합을 촉구했다. 우후루uhuru(자유)로의 촉구는 평등의 이상과 같은 것이었다.[319] 탄자니아 인족은 식민지 단위에 기초하였다.

다른 사례로 케냐를 볼 수 있다. 19세기 농업 이주와 정착이 확산되며 캄바, 기쿠유, 메루 등 서로 다른 집단 사이의 언어적·문화적 차이가 공고해졌다.[320] 그러나 이들이 명확하고 확고하게 경계를 구분하고, 단일 통합적 정체성을 소유하며 안정적이고 배타적인 의식을 가지고 있는 것은 아니었다. 정체성은 오히려 지역적이었으며, 다양하고 중첩된 소속들이 있었다.[321] 영국인 통치자들은 그들의 이해에 맞추어 행정 구획을 나누고 그에 따라, 민족적 특성을 부여했다.[322] 부족의 지도자들은 그 경솔한 기반에도 불구하고,[323] 국가 자원을 확보하고 개인과 공동체의 이익을 도모하기 위해 식민지 범주를 그대로 사용하였다.[324] 현대인족의 논리는 통치자들이 부족을 이해하지도, 형성하지도 못한 상태에서 전파되었다. 몸바사 내륙의 주민들은 1930년대 급속한 도시화를 겪으며 미지켄다족Mijikenda으로 규정된 반면, 도시에 거주하던 대부분의 무슬림들은 스와힐리족이 되었다.[325] 지방의 전근대적이며 원시적인 정체성과는 다르게, 미지켄다의 정체성은 안정적 고용과 혜택을 보장할 수 있는 사회적 관계망을 구축한 신 도시인을 가리켰다.[326] 식민주의 행정과 반식민주의 저항으로 케냐의 정체성은 구체화되었다.[327] 기쿠유인Gikuyu과 같이 가장 급속도로 완전하게 식민화된 집단이 반식민적인 주요 세력을 형성하였다.[328] 케냐의 민족운동은 영국의 식민지 단위를 기반으로 형성되었다.

　탄자니아와 케냐의 사례에서 볼 수 있듯이, 식민지 구획은 새로운 민족과 인족을 구성하기 위한 반식민주의 독립운동의 대략적인 기초가 되었다. 물론 유럽 선교사와의 경제적 계약이 먼저 이루어진 곳도 있으나, 부족과 민족은 식민주의와 반식민주의의 역사와 함께 형성되었다. 유럽의 창작물인 모더니티는, 그러나 대부분의 유럽학자들이 부족의 원시적 특성을 강조함에 따라, 인정되지 않았다.[329] 당시의 아프리카인들 역시 그들 부족의 고대로부터의 기원을 주장하였다. 케냐타Jomo Kenyatta는 케냐의 초대 대통령일 뿐 아니라, 인류학자 말리노브스키의 친구이기도 했다.[330] 당대 영국 인류학의 영향을 받은 케냐타는 케냐문화의 "열쇠"가 "부족 체계"에 있음을 주장하였다.[331] 가나의 아파오Ahfao 역시 한 예로 볼 수 있다. "시민은 당황하지 말고 당당하게 '나는 아파오인이다'라고 말할 것이다."[332] 그러나 아파오 인구의 3분의 2가 아파오 밖의 이웃지역인 아샨티Ashanti에서 태어났고, 16퍼센트 이상의 사람들은 오늘날의 부르키나파소 출신이었다.[333] 이들 부족장은 "백인이 우리에게 우리의 경계를 가르쳐주었다"는 사실을 인정하였다.[334] 이와 관련하여 콜손Elizabeth Colson은 다음과 같이 논했다. "1940년대 나는 잠비아 남부 지역은 부족주의나 민족주의의 문제에 대부분이 무관심하다는 사실을 발견했다. 그 지역의 중·고등학교에서 갓 공부하고 돌아온 학생들만이 다른 아프리카 언어에 대항하여 지역 언어에 대한 권리와 지역문화의 발전을 열렬히 주장하였다."[335] 이 아이들이 결국 1950년대 부족과 민족에 대한 가치를 부여하는, 아프리카의 학습된 공통가치의 핵심을 제공하게 된다.[336]

민족의 해방과 함께 인족 정체성이 전파되었다. 피식민 사회들은 중앙의 통제에서 벗어났지만, 지정학적 염려와 반식민주의 조직에 의해 대부분 식민지 행정 경계에 맞추어 움직였다. 반식민주의 독립운동은 보통 유럽에서 교육받은 자들에 의해 주도되었는데, 이들은 민족해방과 현대인족의 개념을 교육받은 자들이었다.

이들이 신분 통합을 이루기 위해 노력한 만큼 많은 이들이 민족주의에 대한 유럽의 담론을 차용하였고, 유럽 민족국가를 따라 그들의 국가를 건립하고자 하였다.[337]

식민주의와 반식민주의의 변증법은 아프리카 대륙에 국한되지 않았다. 식민지 행정단위는 보편적으로 신생국에게는 시련의 장이었는데, 인도네시아 같은 국가 역시 마찬가지였다. 13,000개의 섬으로 구성되고, 종단 3,000마일에 이르며, 다양한 언어, 종교, 문화를 보유한 인도네시아는 민족국가의 이상과는 가장 동떨어진 지역으로 볼 수도 있다. 그럼에도 불구하고, 네덜란드령 동인도제도는 인도네시아에 귀속되었다. 식민지 경계는 이후 민족경계로 인식되었다. 예를 들어, 동인도제도에 속해 있던 보르네오 남부지역은 인도네시아의 한 지역인 칼리만탄Kalimantan이 되었으나, 영국령이던 북부의 두 지역은 말레이시아와 브루나이의 일부 지역으로 속해졌는데, 이는 독립된 민족국가가 되었다.

네덜란드 통치지역은 네덜란드 교육을 받은 원주민 엘리트가 새로운 민족의식을 주창하며 향후 인도네시아의 전형이 되었다.[338] 새로운 언어인 인도네시아어Bahasa는 1930년대에 들어 공용어가 되었을 뿐만 아니라, 민족문학의 전통적 기반이 되었다.[339] 민족주의 지도자들은 민족 정체성과 진정성에 대한 기준을 수립하였다.[340] 현대 무슬림의 부상과 공산주의 운동에 맞서 수카르노Sukarno는 1933년 문화 통합 및 신분 통합을 이루기 위한 강령을 제시했다. "우리는 (…중략…) 모두가 투쟁에 참여함으로써 (…중략…) 독립을 달성할 것이다." 그리고 새로운 국가는 "귀족도, 부르주아도, 계급도, 자본주의도 없다".[341] 그가 민족이나 부족의 차이 자체를 부정한 것은 아니었으나, 탄자니아와 케냐의 경우와 같이, 범주는 식민주의와 반민족주의의 변증 속에서 공고해졌다. 보르네오 중앙에서는 "같은 이름의 집단이 서로 다른 언어를 사용하고, 서로 다른 이름의 민족들이 동일하게 간주될 수 있다".[342] 그러나 네덜란드의 인류학자, 선교사, 탐험가들은 보르네오 사람들의 중첩되고 유동적인 관계망을 범주화하고자 했다.[343] 현대정치에서 민족 정체성의 중요성이 부각됨에 따라 많은 민족의 이름들이 최근 들어 생성되었다.[344] 실제 보르네오인을 나누는 기준은 종교였음에도 불구하고,[345] 인류학자들은 계속해서 민족 정체성을 구분의 최우선적 요소로 상정하였다.[346]

몇몇 지역에서는 카스트 범주가 부족과 민족의 개념을 대신하였다. 간단히 말해, 부족은 문자를 모르는 미개인들을 의미했고, 따라서 보다 발달된 문명으로 간주되는 유럽에는 적합하지 않은 개념이었다. 식민주의 이전 노예제도와 서로 교전 중인 왕국들로 이루어진 발리의 역사는 촌락생활과 카스트 계급사회로 이루어진 낭만주의적 역사로 대체되었다.[347] 미드Mead와 베이트슨Bateson부터 기어츠Geertz에 이르기까지 서구의 인류학자들은 지역성에 입각한 임의적 특성을 구체화하였고, 네덜란드와 일본의 식민화나 이들의 협력, 또는 마을과 카스트 경계의 유동성 등의 역학관계는 무시하였다.[348] 발리는 아프리카의 한 부족이 아니라 실제로는 존재하지도 않는, 지역 통합을 저해한 카스트 제도와 견고하고 신성한 전통과 종교성이 남아있는 곳이 되었다. 발리는 결국 파라다이스로 탈바꿈되었다.[349]

문명화된 신분의 범주를 통해 남아시아 부족을 분류할 수는 없었다. 대신 영국 관료와 학자들은 종교와 카스트 범주를 이용하였다. 그러나 20세기 카스트 개념은 종교에 기반한 그들의 실제와는 동떨어진 것이었다.[350] 이를 가능하게 만든 것은 영국의 통치자들이었다.[351] 19세기 유럽의 이론들은 견고한 카스트 위계질서를 선사시대로부터 이어진 인종적 예속에서부터 유래한 것으로 생각했다.[352] 영국인들은 인도의 시골 마을 생활의 특징을 고정적이고 정체된 것으로 가정하고, 심지어는 이를 증명하기 위한 역사적 연구까지 수행하였다.[353] 실제로 씰Anil Seal은 다음과 같이 주장했다. "소도시나 마을 내의 서로 다른 종교, 카스트, 직업의 사람들은 인구나 법령에 따른 분류와 상관없이 서로 뒤섞여 함께 일하였다."[354] 영국인에게 조직의 범주는 마을(촌락), 지역, 카스트, 종교였다. 야망 있는 정치 지도자들은 그들의 이익을 도모하기 위해 이를 강력히 주장하였다.[355] 따라서 영국의 인도 통치는, 인도 인족에 대한 추정을 통해 인도인들의 정치적 동원과 사회적 범주화의 장을 형성할 수 있었다. 인도 지식인들은 아프리카나 다른 지역의 지식인들과 같이 인족에 대한 유럽적 개념을 적용하고자 했다. 스리니바스M. N. Srinivas는 이를 다음과 같이 기록했다. "인도의 민족주의는 유럽의 역사와 영국문학의 연구를 통해 형성되었다."[356] 징후적으로,

"민족주의 원칙에 대한 인도 최초의 체계적인 이론가 중 한 명"인 차토파디아야Bakimchandra Chattopadhyay는 유럽 문학과 사회과학에서 주로 언급되는데,[357] 간디가 영국에서 교육받고 해외에서 많은 시간을 보내는 동안, 여러 여행을 통해 **스와라지**swaraj(자치)에 대한 개념을 점차적으로 형성하였다.[358]

인족의 유럽적 개념은 인도인들의 자기인식에 영향을 주었다.[359] 독립 이후 정치적 동원을 통해 카스트 계급은 종족-인종 집단으로 변화하였다.[360] 달리트Dalits(불가촉천민) 계급은 그들 스스로를 유사 인종집단으로서 인종주의의 희생자로 간주한다.[361]

지정학적 변이와 정치 엘리트의 권력을 통해 유럽 식민주의의 일부 정치조직은 존속될 수 있었다. 전근대 일본사회가 어느 정도의 언어적, 종교적, 문화적 보편성을 보유하고 있었다고 하더라도, 이를 사회적 통합이나 민족의식이 확립된 것으로 주장하는 것은 지나친 일이다. 봉건주의 권력은 지역적 다양성과 엄격한 신분 위계질서를 계속적으로 유지했다. 현대 일본은 지역의 확장, 통합, 신분 질서의 청산을 통해 형성될 수 있었다.[362] 이러한 과정에서, 현대화된 지도층은 군사주의부터 제국주의에 이르는 유럽의 정치 모델을 그대로 모방하였다. 메이지 일본은 봉건세력을 완전히 청산하고, 확실한 자주권이 없었던 변방 홋카이도 및 류큐 왕국(현재 오키나와 지방)을 합병하며, 국경 통치의 공고화와 지방 세력의 압제를 통해 영토에 대한 정치적 통치권을 강화하였다. 이와 더불어 일본은 유기적인 가족국가family-state를 형성하기 위해, 황제하 민족의 충성심을 확립하고자 노력했다. 일본은 또한 동아시아 및 동남 아시아의 많은 지역을 식민지화함으로써 제국주의 세력으로 자리 잡았다. 일본은 이러한 작업을 통해 식민지 국가들, 한국과 같은 국가들에 현대인족의 불씨를 제공하였다.[363]

일본의 사례가 민족의식의 의의를 보여줄지 모르나, 현대화나 민족 통합이 정치적 생존을 위해 반드시 필요한 것은 아니다. 현대 국가의 존재를, 그리고 마침내는 현대인족의 발전을 가능하게 한 것은 민족의식이 아닌 지정학이었다. 미얀마 영국령, 말라야 영국 령, 프랑스령 인도차이나 사이에 위치하는 샴Siam은 프랑스와 영국 간 갈등을 통해 이득을 얻고, 19세기 행정개혁을 수행하였다.[364] 태국 정체성의 기반은 지역적 경계였다.[365] 그러나 피분송크람Luang Phibunsongkhram의 정치적이고 경제적인 민족주의가 나타난 1930년 대 말까지 신분 통합은 완성되지 못한 채 왕국이 지속되었다.[366] 이 와 유사하게, 에티오피아는 아비시니아Abyssinia의 지도층과 유럽 권 력과의 연대를 통해 유럽 식민주의를 피할 수 있었다.[367] 그러나 이 역시 전근대 정치조직과 마찬가지로 근본적인 지역 및 신분 통합 은 20세기 말까지 성취하지 못하였다. 정치적 독립을 가능하게 만 든 가장 큰 요인은 민족의식이 아닌 지정학이었다.

대부분의 남미 국가들은 미국 헤게모니하에서 정치적 독립을 획 득하였다. 현대인족의 이상은 서서히 확산되었으며, 이 역시 엘리 트 지식인 층에 한정되어 있었다.[368] 오늘날 라틴아메리카의 특성 을 잘 보여주는 멕시코는 카스티야 왕국 내 하나의 행정지역이었다.[369] 영토적 구분은 명목상의 것이었다. 멕시코는 오늘날 캘리포니아와 뉴멕시코 지방의 사막지대에서부터 유카탄 반도의 늪지 및 삼림지대까지를 포함하였다.[370] 따라서 소속감은 지극히 지역적patria chica이었다.[371] 20세기 이전의 멕시코 통합은 17세기 형성된 봉건사회의 유산인 대농장haciendas에 기반하고 있었다.[372] 미 대륙에서 태어난 유럽인들criollos은 식민지 건설 이후 스스로를 유럽에서 내어난 자들peninsulares로부터 구분하였고, 지도층은 토착민과 아프리카 노예를 포함한 카스타Casta로부터 스스로를 구분하였다.[373] 유럽 지도자들은 메스티소mestizo 인구를 제외시켰는데, 그들의 교회, 축제, 지역 출입을 금지하였을 뿐만 아니라, 유럽 의복의 착용도 금지하였다.[374] 그들은 원주민들을 착취하고 배척하였다.[375] 요약하자면, 문화 통합이나 신분 통합은 18세기까지 나타나지 않았다.

1810년 멕시코의 정치적 독립은 '크리오요criollo'와 '카스타casta'가 조직한 스페인 통치에 대한 대항연대를 통해 쟁취되었다.[376] 그럼에도 불구하고, 포르피리아토Porfiriato — 1876년부터 1911년에 걸친 포르피리오의 장기집권 — 에서 보여지는 바와 같이, 새로운 멕시코 정치체제는 유럽 절대주의 국가를 시전한 주종관계에 기반하였다.[377] 1910년 멕시코 혁명기간 동안, 지역 엘리트들은 정치·경제적 형태의 민족주의를 주장하였다. 그러나 혁명으로 상징되는 대중운동에서 집단 정체성이 나타난 것은 아니었다. 농부campesino도 마야인도 집단적 통일의식을 보여주지는 않았다.[378] 20세기 초 대부분의 소작농들은 명확한 지역적, 종교적 정체성을 가지고 있었다.[379] 1960년대 말까지, 인류학자들은 여전히 "소작농들이 국민생활에 효율적으로 참여할 수 있도록 만드는 문제"를 해결하고자 하였다.[380]

1960년대까지 세계를 이해하는 가장 보편적인 논리는 국제사회를 민족국가들로 구성된 하나의 가족으로 보는 것이었다.[381] 즉, 민족국가를 통해 세계 정치는 정의되었다.[382] 국제연합에서부터 올림픽에 이르기까지, 세계는 민족 기반의 국민과 사회로 구성된 존재였다.

유동적 개인의 중층적 연결망을 대신하여, 부족, 카스트, 종족, 민족을 불문한 '출신'이 인족의 독립적이고 항상적인 범주로 자리 잡았다. 공간과 민족 연구는 최근의 해방국가나,[383] 부족이나 종족 집단을 설명하는 학문으로서 부상하였다.[384] 유럽 사회과학이 많은 부분 지역적 실제를 제대로 설명하지 못했음에도 불구하고,[385] 유럽에서 교육받은 지식인들은 유럽적 범주와 개념을 사용하고자 하였다. 유럽 인족적 제국주의는 제국주의 정치를 따랐을 뿐만 아니라 현대인족의 개념을 전파하고 제도화하였다. 민족국가의 개념 자체가 유럽적인 것이지만, 파리에서 수학한 호치민이나 케임브리지에서 교육받은 네루Nehru, 런던에서 공부한 케냐타kenyatta와 같이 유럽에서 교육받은, 물론 그들만의 개념이었을지라 하더라도, 엘리트 집단에 의해 민족국가는 각 지역에 실현되었다.

법률이든 정당이든 현대 정치체제의 용어와 제도는 분명히 유럽의 것이었다.[386] 비유럽인들은 그들만의 역사적이고 생물학적인 기반과 함께 유럽의 인족의 개념을 매우 진지하게 살펴보았다. 그러나 유럽의 개념적 근원은 이와 같이 진지한 것이 아니었다. 두 민족은 완전히 같을 수 없다. 이후 장에서 설명할 것이지만, 각각의 민족은 동일한 형태의 공식적인 담화를 통해 그들 자신만의 구별적 특성을 나타낸다. 그러나 현대국가의 동일한 지정학적 세계의 적용을 통해 현대인족의 개념은 서로 다른 차이를 설명할 수 있는 명목적인 이상이 되었다.

　신생 국가들은 인위적인 단위조직으로부터 유기적인 통합체로 변모해야 하는 문제에 직면했다. 유럽의 민족국가들이 안정화될 때 탈식민주의 국가들은 국가 건설의 단계에 접어들었다. 결국 유럽의 식민주의 통치세력은 민족에 대한 개념조차 없던 이들을 현대인족의 범주에 투입시켰다. 에드워드 쉴즈Edward Shils는 다음과 같이 기록했다.[387] "신생국들의 기조가 되는 유권자 사회는 개별적으로 볼 때 시민사회가 아니며, 함께 보아도 하나의 단일한 시민사회를 형성하고 있지 않다. (…중략…) 정체성의 감각sense of identity은 기초적이고 (…중략…) 국가전반적 사회에 대한 소속감(은) 크지 않다."[388] 흥미로운 사실은 쉴즈가 한 세기도 채 되지 않는 과거의 유럽에 관해서도 동일하게 묘사할 수 있었다는 사실이다. 탈식민국가는 제3세계에서 곧바로 시민사회에 노출되었으나, 유럽의 민족 통합은 한 세기 넘어 형성되었다. 추정적으로, 부족사회와 부족 정체성은 전통적이거나 원시적인 사회나 정체성과는 전혀 다르며, 실제로는 오히려 현대적인 구조를 보유하고 있었다. 민족주의는 유럽 내에서는 쇠퇴하였지만, 비유럽 세계에서는 오히려 지속되고 발전하였다. 유럽의 낡은 사상에 입각한 탈식민주의 사회는, 여전히 비유럽인들의 원시적이고 원초적인 본성을 증명하는 새로운 근거가 되었다.

제4장

인족의 역설

―
1
―

애국주의적 민족주의가 온전히 제1차 세계대전의 결과로서 나타난 것은 아니었다. 대중적 열정의 기억은 편향적인 역사 재건의 일부였다.[1] 자유주의, 민주주의, 평화주의에 대한 이상과[2] 모험과 영웅적 행위에 대한 혈기왕성한 욕구는,[3] 애국심과 같은 중요한 동원의 이상이었다. 전선에 투입된 병사들은 전쟁의 환희나 동지애 같은 것들로 견고해졌다.[4] 민족의 의무 또는 영광에 대한 수려한 담론들은 세대와 젠더, 계급과 종교에 관한 여러 경험들을 무색하게 만들었다.[5]

전쟁의 소용돌이 속에서 세대적 정체성은 애국주의적 열정, 시대적 절망, 단순한 무관심 등으로 대체되거나, 아니면 이 모든 것들이 한데 섞인 형태로 나타났다.[6] 에른스트 윙거Ernst Jünger의 『철의 폭풍 속에서In Stahlgewittern』(1922)에 등장하는 주인공은 "위대한 국가를 위해 흘린 피로 조국과 단단히 묶여 있다는 슬프고도 자랑스러운 감정 속에" 있었지만,[7] 그 반대편에서 프레데릭 매닝Frederic Manning의 『운명의 중간The Middle Part of Fortune』(1929)에서 민족적 위대함은 "명예가 (…중략…) 빛바래고 은폐된 미덕이 되어버린" 전쟁 속에나 있는 것이라고 설명되었다. 에리히 레마르크Erich Maria Remarque의 『서부전선 이상 없다Im Westen Nichts Neues』(1929)에서 "그들은 조국에 대한 의무가 가장 위대하다고 가르쳤"지만 "우리는 이미 죽음의 고통이 더욱 강렬하다는 사실을 알고 있었"음을 상기했다.[8] 집으로 돌아와 그는 "외부세계에 존재하며, 이곳에 속해있다"는 느낌을 더 이상 갖지 못했다.[9]

무모한 모험심으로 변한 애국적인 자부심은 그 환상을 파괴했다. 글 속에서든 생활 속에서든 대량살상 경험의 악몽은 많은 이들을 민족적 이상에서 멀어지도록 만들었다.[10] 에즈라 파운드Ezra Pound가 『휴 셀윈 모벌리Hugh Selwyn Mauberley』(1920)에서 열정적으로 표현하였듯이, "눈까지 차오른 지옥을 걸었고 / 늙은이의 거짓말을 믿었고 (…중략…) / 그리고 믿지 않았다".[11] 세계대전 그 자체는 반군국주의와 반민족주의를 촉구하는 전세계적인 문화적 기억이 되었다.

앞 장에서 현대인족의 개념을 설명하였다면, 이번 장에서는 그

한계와 모순에 대해 논하고자 한다. 피와 땅, 지리와 역사, 생태와 문화의 개념은 현대인족의 범주를 사회적 분류와 일체성에 대한 자연적 단위로서 정밀화한다. 그러나 모든 현대국가 경계의 형성에는 역사적 우발성이 존재하기 때문에, 인족을 정의할 수 있는 역사초월적인 지점은 존재하지 않는다. 또한, 민족주의적 이상은 불가능하다. 이번 장에서는 현대인족의 부정적 측면을 강조하며 논의하고자 한다. 인족 정체성의 공식적이고 명목적인 특성은 이질적이고 구분 가능한 현실을 설명할 수 있도록 만드는 것이다. 만일 현대인족이 문화와 신분 통합의 산물이라면, 비통합은 곧 소수인종, 소수종족, 소수민족을 설명하는 비민족적 정체성을 가리킨다. 규범과 일탈, 다수와 소수의 정체성은 서로 연계되어 형성되었다. 인족의 불완전한 통합은 인종주의의 구조적 요소라 할 수 있다.

2

현대인족의 개념은 제한된 영토 내의 통합적 정체성을 상정한다. 20세기 초 기노 스페란자Gino Speranza는 다음과 같이 논했다. "우리는 공화주의가 오직 단일인종에게만 형성될 수 있다는 사실을 알고 있다."[12] 그러나 이러한 조건을 갖춘 곳은 어디에도 없다. 실질적으로, 한 국가 한 민족의 이상은 실현 불가능하다.

그 이유는 무엇인가? 제1장에서 논의한 바와 같이 전근대 정치 조직은 수평적으로도 수직적으로도 통합되지 않은 상태였다. 정치적 경계에 맞게 인족이 분포되는 것은 불가능하다. 또한 현대 정치·경제 건설 노력은 경제적 팽창과 노동력의 유입을 의미하는 것인데, 이에 관해 마키아벨리Niccolò Machiavelli는 다음과 같이 주장했다. "도시를 거대 제국으로 만들고자 하는 이들은 거주할 사람들을 채우기 위해 모든 수단을 동원해야 한다."¹³ 대량 이주는 문명화의 주요한 특성이다.¹⁴ 강한 정치체는 종종 인접하거나 떨어진 지역을 합병하며 제국주의적 면모를 드러낸다. 팽창국가는 따라서 대부분 인종적이거나 민족적인 단일화를 추구하지 않았다. 반면, 정체국가는 보다 단일한 특성을 보이는데, 이를 위해서는 제한된 민족 통합의 대가를 치러야 했다. 정치체들은 어떤 국가든지 복잡한 민족 현실의 실제에 직면했다. 이러한 명암 대비는 정치적 경계뿐만 아니라 정치체 자체를 특징짓는다.

단일인종 또는 단일민족을 형성하고자 했던 광적인 사건을 생각해 보도록 하자. 독일 나치는 생활공간Lebensraum의 안정성을 확보하고 민족공동체Volksgemeinschaft를 형성하고자 했다. "하나의 민족, 하나의 국가, 하나의 지도자ein Volk, ein Reich, ein Führer"의 슬로건은 이들의 극단적 민족주의로의 이상을 전형적으로 보여주는 것이다. 다음 장에서 논할 것이지만, 나치 정권은 유대인, 집시, 동성애자, 좌익세력 등 민족공동체의 비전에 부합하지 않는 모든 이들을 체계적으로 학살했다.

세계 대공황이 나치 통치를 가능하게 하였다면, 1930년대 중반의 경제 호황은 그 통치가 지속될 수 있도록 만든 주된 원인이었다.[15] 1937년 독일경제는 극심한 노동력 부족 현상에 직면했다.[16] 가능한 해결책은 농민과 여성을 산업 노동자로 전환시키는 것이었다. 그러나 농민들은 "1939년 독일의 공식적인 이념적 총아"가 되었다.[17] 농업적 자립을 주장하던 그들은 '민족의 혈통적 기원Blutquell der Nation'이 되었다.[18] 또한 나치 정권은 근로를 포함한 공적 영역의 여성 참여를 저지하였다.[19] "아동, 주방, 교회Kinder, Küche, und Kirche"라는 나치의 선전은 여성에게 아내와 어머니로서의 역할만을 부여하였고,[20] 나치 사회의 기초는 부계가정으로 상정되었다.[21] 1939년부터 1944년 사이 여성노동자의 참여율은 1%에 불과했다.[22]

제1차 세계대전을 거치며 악화된 노동력 부족 현상은 비독일인들에 의해 충족되었다.[23] 나치의 인종정책에 무색하게 전쟁의 급변 사태는 독일 인종을 다양화시켰다.[24] 농촌인구의 대규모 유출보다는 이탈리아와 동유럽으로부터 지속적인 외부 노동력의 유입이 이루어졌다. 1944년 독일 농업 종사자의 22%가 외국인이었고,[25] 산업노동자의 21%, 전체 노동력의 4분의 1이 비독일인이었다.[26] 외국인들이 독일 군용품의 4분의 1을 생산하였다.[27]

민족주의와 인종적 지배에 대한 이상은 독일을 다민족 사회로 만들었다. 나치 통치의 역설적 결과로서 주변국들은 상대적으로 동질화되었다. 전쟁 이후 폴란드와 체코슬로바키아에서 독일인들은 대량 추방되었다.[28] 이에 따라 1955년 체코슬로바키아의 독일인들은 3백만에서 20만 미만으로 감소하였다.[29]

　정치체와 민족의 일치를 약속하는 민족주의의 이상으로 인해 많은 정부들은 단일화된 사회를 구축하고자 했다. 1922년 로잔 조약은 이와 관련된 참혹한 사례이다. 민족주의 원칙을 수행하기 위하여 120만에서 150만의 아나톨리아인들과 3백에서 40만 명의 에게해 마케도니아인들은 추정상의 조국으로 강제이주를 당했다.[30] 이로 인해 이들이 형성하였던 언어, 종교, 문화 공동체는 일순간 사라졌다. 강제이주는 난민문제뿐만 아니라 오늘날까지 지속되는 새로운 소수자 정체성과 민족 대립의 문제들을 야기했다. 즉, 민족 동질화로 인해 혼란과 다양성이 발생했다.

　민족주의 이상은 확실히 20세기의 거대한 난민문제의 원인이 되었다.[31] 제1차 세계대전 이후 이는 새로운 민족국가의 형성과 함께 주요한 사안으로 부상하였다.[32] 현대적 개념의 난민은 민족국가의 개념과 연계되는데, 즉 영토와 인족의 일체화 노력에 따라 발생하였다. 전쟁은 민족통일과 인종청소를 통한 영토권과 인족의 동질화를 위한 전투였으나, 거대한 혼란만 가중시켰다. 난민들은 보편적인 국가 귀속으로부터 소외되었다.

　어쩔 수 없는 민족의 다양성에도 불구하고 몇몇 국가들은 절대적인 민족 동질화를 선포하였다. 대표적인 국가 중 하나가 대만이다. 17세기 중국 청나라 본토 정권에 대항한 네덜란드와 일본은 하나의 섬을 정복하고 다양한 인구 집단을 형성했다.[33] 국민당(민족주의 정당)은 1949년 이 섬을 정복하고 통일중국의 정체성을 주장하며 북경어 표준화작업을 시도했다.[34] 국민당은 중국 전역에 대한 통치를 주장하는 동시에 대만을 북경어 사용자들과 한족으로만 구성된 단일한 섬으로 계획하였다. 단일어 사용 계획은 다수의 대만어, 일본어, 하카어 사용자들의 현실과 상충하는 것이었다.[35] 방언과 서로 다른 정체성을 보유한 이민자들은 모두 중국 본토로부터 유입된 자들이었다.[36] 게다가 대만 토착민들은 '위엔주민yuanzhu-min'(원주민)으로서 그들의 범민족적 정체성은 1980년대까지 분명하게 나타났다.[37] 이와 동시에, 중국 본토에 대한 대항을 의미하는 **대만인 의식**Taiwanese consciousness이 부상하였다.[38] 민족 정체성과 민족 갈등은 오늘날 대만에서도 계속적으로 나타난다.[39]

이와 유사하게 이스라엘은 스스로 유대인의 땅임을 주장하여 왔다. 이스라엘이 존재하기 이전 팔레스타인으로 이주한 유대인들은 광대한 텅 빈 토지를 상상하고 있었다. 요세프 브레너Yosef Brenner의 소설 속 인물은 다음과 같이 회상한다. "팔레스타인으로 떠나기 전, 상상 속의 (…중략…) 국가는 (…중략…) 보다 많은 사람들이 와서 경작하기를 기다리는 텅 비고, 텅 비고, 텅 빈 대지로 둘러싸인 비종교적인 유대인들이 거주하는 하나의 도시였다."[40] 1948년 이스라엘의 건립으로 인해 70여만 명의 난민이 발생하였다.[41] 또한 이스라엘 내 비유대인들이 상징적으로 축출되었다.[42] "(미국무장관 폰 포스터) 덜레스Dulles는 1950년대가 되면 팔레스타인들은 사라질 것이라고 말했고, 골다 메이어Golda Meir는 1969년 이들이 이미 사라졌

제4장_ 인족의 역설

으며 태초부터 존재하지 않았었다고 주장하기까지 했다."[43] 이는 팔레스타인 100만의 인구가 이스라엘 인구의 5분의 1을 구성하고 있을 당시 언급된 내용이었다. 과격한 논리들로 인해 팔레스타인의 과거는 사라졌다.[44] 팔레스타인과 아랍의 정치운동은 팔레스타인 인족을 주장하기 위한 인정의 정치the politics of recognition였다.[45]

———
3
———

　　현대국가의 발전으로 현대인족이 실재할 수 있었다. 현대국가가 자연적 경계나 기존의 민족에 기초하여 설립된 것이 아니기 때문에, 인족에 대한 규범적 개념은 계속해서 변화하고 논쟁은 지속되었다. 다른 한편으로 범인종 또는 범문화적 정체성은 인족의 포괄적 이상을 향유했는데, 이는 전근대 제국과 같은 추정적인 과거 속 선구자의 영토를 떠올리거나, 아니면 영광스러운 미래를 꿈꾸게 만들었다. 범터키주의나 범슬라브주의는 오스만 제국이나 러시아 제국의 부흥을 상기시켰고, 범아프리카주의나 범아리아주의는 미래의 통합을 소망했다. 팽창적 정치체들은 인족에 대한 정의를 최대한 광범위하게 규정했다. 일례로 구소비에트 연방은 범슬라브적 통합을 주장하였다.[46] 문제는 그 자체가 공허할 수 있다는 사실이다. 이러한 얕은 정체성은 다분히 인위적이기 때문에 연대를 형성하지 못한다. 한편으로 국가는 특이성, 고결성, 진정성, 단일성을 추구하며 보다 두터운 정체성을 모색할 수 있다. 한 예로, 구소련의 해체로 인해 표면적으로 러시아와 우크라이나 같은 유기적인 민족국가가 형성되었으나, 이들 중 어느 국가도 단일한 민족국가는 아니었다.[47] 두터운 정체성은 오로지 가족이나 마을 단위의 생활 속에서 형성된 극도의 친밀감 속에서 발생할 수 있는 퇴색적 이상이다.

제도적인 관점에서 강대국은 팽창적 경향을 띠고, 따라서 민족통합은 어려움에 직면한다. 이는 특히 민족국가와 근대 식민주의가 결합하며 나타났다. 즉, 민족주의는 제국주의적 민족주의의 형태로 나타났다. 대조적으로 본질적 요소에 대한 탐색은 인구 축소로 이어지는데, 이는 분리독립이나 해체운동, 그리고 지정학적 종말의 가능성을 높일 수 있다. 인족에 관한 거대하고 광활한 비전과 작고 소규모적인 이상 사이 항시적인 긴장이 존재한다.

이러한 이분법적 현상을 독일인들에게서 찾을 수 있는데, 이사야 벌린에 따르면, 이들은 "최초의 진정한 민족주의자들"이었다.[48] 신성 로마 제국은 최대한의 포괄적 정의를 사용함으로써 비독일인 모두를 흡수하였다.[49] 광범위한 농노제와 언어·신앙·문화적 다양성을 특징으로 할 수 있는 농경 지역은 300개 이상의 국가와 1,500여 개의 영지領地가 존재했다.[50] 언어가 통일되었다고 알려졌으나, 지방어의 다양성이 분명하게 존재했고, 귀족들은 프랑스어

제4장_ 인족의 역설

를 사용하였다.[51] 따라서 독일어 사용 지역들을 하나의 단위로 간주하는 자들도 없었고,[52] 신성 로마 제국에 충성을 표하는 자들도 없었다.[53] 뷔일란트C. M. Wieland는 1793년 다음과 같이 논했다. "색슨, 바이에른, 뷔르템베르크, 함부르크를 대상으로 하는 애국자들은 찾을 수 있지만, 그들의 조국인 전체 독일Reich을 사랑하는 애국자들(…중략…)은 어디 있는가?"[54] 바이에른인, 색슨인 등은 그들 스스로를 민족 집단이라기보다는 정치적 행정 단위로 생각했다.[55]

18세기 독일은 언어적으로나 민족적으로 단일하지 않은 광대한 영역이었다.[56] 당시 고향Heimat은 지역이나 지구地區를 의미하는 것이었다.[57] 19세기 민족의 개념에는 다소 멸시의 함의가 있었다.[58] 이는 대토지를 소유한 귀족들과[59] 지역적 사고를 가진 소작농들로[60] 가득한 농촌 지역을 고려하면 놀라운 일은 아니다. 19세기 초까지 애국주의는 지역 국가나 귀족에 한정되어 있었다.[61] 압트 Thomas Abbt의 『조국을 위한 죽음에 대하여Vom Tode fürs Vaterland』(1761)나 손넨펠Josef Sonnenfels의 『조국에 대한 사랑에 대하여Ueber die Liebe des Vaterlandes』(1771)의 **조국**은 애향심을 의미하는 것이었지 범독일적인 애국심을 의미하는 것은 아니었다.[62] 만일 '조국Vaterland'이 자신의 지역을 의미하는 것이라면, 다른 "독일"의 국가들은 '외국Ausland'이었다.[63] 유스투스 뫼저Justus Möser의 반계몽적 배타주의는 오스나브뤼크Osnabrück의 역사에서 나타난 것이었지,[64] 독일의 역사에 속한 것은 아니었다.[65] 이는 왕자를 대상으로 한 것으로, 일반인 대상은 아니었다.[66] 헤르더의 조국의 개념이 모든 독일어 사용자들에게까지 확대되기 전, 이는 오늘날 라트비아에 속하는, 스위스와 러시아 제국의 일부였던 리가Riga를 의미하는 것이었다.[67] 워커Mack Walker가 날카롭게 요약한 바와 같이 "민족공동체volksgemeinschaft라는 용어 자체에 모순이 있다. 모든 국민이 한 공동체 안에 있을 수 없다. 끔찍하다".[68]

애향심, 지역 또는 신분 정체성과 대조적으로, 독일인족에 대한 초기의 논의는 보편주의적이었다. 프랑스혁명의 이상은 피히테[69]나 헤겔[70]과 같은 주요 철학자들에게는 충격적인 일이었다. 독일 낭만주의자들은 보편주의적 인본주의자들이었다.[71] "레싱, 클롭스톡, 횔덜린에게와 마찬가지로, ('칸트, 헤르더, 실러'에게) 가장 완전한 의미를 담은 단어는, '민족'이 아니라, '인류'이다."[72] 이들이 괴테를 우상화하였을지는 몰라도, 셰익스피어, 나폴레옹을 포함한 다른 비독일인 명사들 역시 존중하였다. 사실 이들은 고대를 소환할 수 있는 범세계적 주제를 거의 항상 강조하였고,[73] 고대 그리스를 궁극적인 이상향으로 삼았다.[74] 즉, 독일은 고대 그리스인들의 영광스러운 문화에 연계하면서도, 그들의 혈통적 조상인 야만인barbarian과는 연결 짓지 않았다. 고대 그리스의 보편주의적 인본주의를 거부한 이들은 중세유럽의 기독교 보편주의를 수용했다.[75] 노발리스Novalis는 다음과 같이 기록했다. "독일의 특성은 로마, 그리스, 영국과 같은 특정한 국가에 제한되지 않는다. (…중략…) 독일의 본질은 순수한 인간성을 나타내는 것으로서, 따라서 이상적이다."[76] 민족volk의 예언자인 헤르더 역시 예외적이지 않았다. 민족 배타주의를 강조한 그의 논의에서 범세계적 보편주의의 이상이 부정된 것은 아니었다.[77] 평등이 강조되는 혁명주의적 논의를 따르면, 민족 또는 국민은 귀족에 대응한 것이었지 프랑스나 영국에 대응하여 정의된 것은 아니었다. 헤르더는 국가에 대한 민족을 칭송하였고, 애국주의적 민족주의보다는 신분 통합을 강조하였다.[78] 나폴레옹의 침략 당시 피히테[79]의 민족주의 작품인『독일 국민에게 고함 *Reden an die Deutsche Nation*』(1807)은 정치적 통일보다는 민족교육을 주장하였다.[80]

독일 애국주의의 초기 발현은 나폴레옹 전쟁 당시 친가톨릭 정서와 반프랑스 정서의 결합에 따른 것이었다.[81] 반프랑스 정서는 민족주의보다는 반혁명주의에 가까웠다.[82] 반혁명주의, 반계몽주의, 반평등주의 등의 독일 보수주의는 신분 위계와 전통 종교를 옹호하였다.[83] 이전 장에서 논한 바와 같이, 초기 보수주의자들은 현대 민족주의보다는 전근대적 신분 위계질서와 종교에 보다 주목하였다. 배타주의적 충성이 범독일적 정서를 대신하였다.[84]

독일 통일에 대한 개념이 발생하자, 큰gross 독일과 작은klein 독일 사이의 논쟁이 발생했다.[85] 언어적, 문화적 영향력은 유럽 거대지역이 독일의 일부로 편입될 가능성에 대해 생각하도록 만들었다. 열렬한 독일 민족주의자이자 『게르마니안과 유럽*Germanien und Europa*』(1802)의 저자인 아른트Ernst Moritz Arndt는 초기에는 자신을 스웨덴인으로 여겼으나 이후 스칸디나비아인을 독일인에 포함하였다.[86] 지역과 지방의 다양성, 그리고 종교와 문화의 혼합으로 인해 독일은 분명한 통합도, 명확한 경계도 없었다. 대조적으로 작은 독일의 개념은 결합된 독일의 중심부로서 프로이센을 의미했다.[87] 프로이센은 신성 로마 제국 바깥에 위치한 지역으로서 독일의 중심부는 아니었다. 오직 민족주의적 언어 또는 문화를 통한 실용적이고 정치적인 기반을 다짐으로써 작은 독일은 구현될 수 있었다.

프로이센의 독일 통합으로 인해 독일다움에 대한 정의는 미해결의 난제로 남겨졌다. 비스마르크가 "최고의 야망은 독일인들을 하나의 민족으로 만드는 것"이라고 표명했음에도 불구하고,[88] 이를 무엇으로 구성하고 무엇으로 일체화할 수 있는 것인지에 대한 혼란이 계속되었다.[89] 비스마르크 자신은 1864년 다음과 같이 기록했다. "'독일인'이라는 말에는 분명 특별한 마법이 있다. 그에게 어떤 것이 어울리든지 또는 그가 어떠한 정당을 지지하든지, 혹자는 이들 모두를 '독일인'이라고 부르는 것을 볼 수 있다. 따라서 이 어휘는 요구에 따라 변화한다." 비스마르크의 프로이센화 노력은[90] 독일다움에 대한 논쟁을 종결시키지 못했다.[91] **문화투쟁**Kulturkampf은 종교적 분화의 구심점이 되었다.[92] 프랑스와 폴란드의 영토 갈등은 독일적인 의식을 향상시켰을지 모르지만,[93] 알자스로렌Alsace-Lorraine이나 루르Ruhr 지방의 사람들에게는 독일다움에 대한 새로운 질문을 안겨주었다. 지역 정체성은 오랜 시간 분명하게 남아있었다.[94] 강조하였듯이, 고향Heimat은 기본적으로 분명한 반프로이센과 반엘리트적 함의를 담은 지역성을 의미하는 것이었다.[95] 유럽의 가장 영향력 있는 사회주의 정당인 독일 사회민주당은 '포크Volk'●의

제4장_ 인족의 역설

개념을 비민족적 계급 정체성으로 규정하였다.[96] "'포크'에는 자본주의자들이 포함되지 않았다. 이는 세계대전 이전 '민족nation'에 프롤레타리아가 포함되지 않았던 것과 같다."[97] 독일에 계속적으로 유입되고 유출되는 이주민들이 존재했다.[98] 독일다움에 대한 정의의 어려움은 그 명목적 범주와 민족적 상징이 뒤늦게 나타났다는 사실을 통해 확인할 수 있다.[99] 독일 국기는 1892년 확정되었고, 국가는 제1차 세계대전 이후 결정되었다.[100]

독일의 공격적인 외교정책은 애국주의적 민족주의와 함께 수집되었다. 그러나 독일 제국주의 전성기 독일다움의 영향력은 독일 지역을 훨씬 넘어섰다.[101] 제국주의적 야심과 함께 독일의 범위는 언어적, 문화적인 최대 개념을 넘어섰고, 몇몇 사람들에게는 킬리만자로가 "독일의 가장 높은 산"으로 인식되는 수준으로까지 확장되었다.[102] 나우만Naumann은 1897년 보다 거창하게 다음과 같이 기록했다. "무엇이 민족주의인가? 그것은 독일인들이 그 영향력을 전 세계에 확장시키려는 노력을 의미한다."[103] 세계대전은 독일 민족주의적 이상을 촉발한 유럽 문명화의 한 사례였다.[104] 막스 셸러Max Scheler는 1917년 그의 논문 「전쟁의 천재성과 독일 전쟁Der Genius des Krieges und der deutsche Krieg」[105]에서 독일 통치하 유럽의 통일을 주장하였다. 제1차 세계대전에서의 독일의 패배와 독일 식민주의의 종결은 범독일주의 정체성의 형성을 억제하는 한편, 독일 나치의 제3제국을 부활시켰다. 나치즘은 축소된 형태의 독일 정체성

● 포크(Volk) : 국민 또는 민족을 뜻하는 독일어.

을 주장하였고, 그 제국주의적 열망은 진정한 의미에서 팽창주의적이었다. 히틀러는 아리아인의 통합을 주장하였는데, 이는 범유럽적 정체성—실질적으로는 범유라시아 정체성—과 마찬가지의 것으로서, "이탈리아의 고트족과 롬바르드족, 스페인과 남부 프랑스의 서고트족, 영국의 앵글로색슨족, 갈리아의 부르군트족과 프랑크족"을 포함하는 "라인강과 다뉴브강을 넘어서는 지역으로서" 중세 게르마니아인들을 되찾고자 하였다.[106]

나치의 붕괴 이후, 독일인종에 대한 정의는 쉽게 합일점을 찾지 못하였다.[107] 40년 동안의 영토분할은 국가에 대한 분할적인 충성심과 사회적 특성들을 만들었고,[108] 동독인과 서독인 사이의 격차는 독일 재통일 이후에도 한 세기 동안 분명하게 남아있었다. 보다 중요한 것은, 1970년대 초 서독 노동인구의 10분의 1을 차지한 외국인 노동자를 포함한 다수의 이주민들의 존재가 독일 정체성의 기초에 문제를 제기했다는 점이다.[109] 신 나치 인종주의자들이 존재하였지만, 하버마스Habermas 등은 헌법주의적 애국주의와 탈민족적 정체성을 주장하였다.[110]

비슷한 사례를 잉글랜드England와 영국Britain 사이의 긴장 속에서도 살펴볼 수 있다. 영국 정체성의 혼란은 잉글랜드와 영국의 동격화로부터 시작되었다. 테일러A. J. P. Taylor는 다음과 같이 논했다. "『잉글랜드 옥스퍼드 역사the Oxford History of England』는 한 세대 전에 발간되었는데, '잉글랜드'는 여전히 모든 것을 포함하는 단어였다. 이는 잉글랜드와 웨일즈, 대영국, 연합왕국, 심지어 대영 제국까지 구분없는 모두를 의미하였다."[111] 영국 역사의 범위는 잉글랜드, 잉글랜드와 웨일즈, 잉글랜드와 웨일즈와 스코틀랜드, 잉글랜드와 웨일즈와 스코틀랜드와 아일랜드의 긴 역사부터 시작하여 대영 제국에까지 이르는 유연성을 가지고 있다.[112] 이에 영국 국민에 대한 개념도 없었을뿐더러 영국 국적이라 함은 보통 "군주와 신하 사이의 일종의 개별적 유대"를 의미하였다.[113] 몇몇은 영국Britain을 국가와 연관 짓고, 잉글리쉬English는 민족이나 국민과 연관지어 생각한다.[114] 사실 이들이 주로 외부 통치자들에 의해 통치를 받았다는 사실을 고려하면, 이러한 혼란은 당연한 것이다. 현대인족의 언어로 설명하자면, 프랑스인French : Plantagenets, 웨일즈인Welsh : Tudors, 스코트랜드인Scots : Stuarts, 네덜란드인Dutch : House of Orange, 독일인Germans : Hanoverians이 대영 제국을 통치해왔다.[115]

18세기 영국 정체성British identity은 널리 확산되었으나, 동시에 지역 정체성 역시 빠르게 확산되었다. 교통과 통신의 발달에 따른 산업화는 민족 통합을 촉진시켰지만, 이는 영국 정체성을 대신하는 지역 정체성을 보다 정교하게 만들었다.[116] 예를 들어 19세기 랭커셔Lancashire는 그들의 특별한 지역방언을 고수하며 그들만의 지역적 특성을 기념하였다.[117] 이는 대부분의 영국 내 주요 민족과 인종에게서 나타났다. 일례로, 1870년까지 웨일즈 거주민의 3분의 2는 웨일즈어를 제1언어로 사용하였다.[118] 많은 아일랜드인들은 스스로를 아일랜드 인종으로 생각하기 시작했다.[119]

그보다 더 중요하게 살펴볼 수 있는 것은 18세기 식민주의가 민족초월적supranational 의식을 창출했다는 점이다.[120] 영Arthur Young의 「대영 제국의 현재상태에 관한 정치학 논문Political Essays Concerning the Present State of the British Empire」(1772)에서 식민주의적 보편주의에 대한 초기 해석을 볼 수 있다. "영국의 범위는 그레이트 브리튼Great Britain, 아일랜드, 그리고 전 세계의 여러 식민지와 정착지로 구성되어 있다. 이들 국가들을 하나의 전체에 속한 각 부분들로 보지 않을 정당한 이유는 없다. (…중략…) 이들을 고려하는 가장 명확한 방법은 이들을 하나의 주권 아래에서 통합되고 동일한 언어를 구사하는 동시에 동일한 자유를 누리는, 전 세계 서로 다른 지역에 거주할 뿐인 하나의 민족으로 인식하는 것이다."[121] 영국의 제국주의는 영국인들을 "세계적 국민"으로 만들었다.[122] 제국 전역으로의 이주는 범영국적 정체성을 고취시켰다.[123] 로드 액톤Lord Acton이 목격한 바와 같이 영국과 오스트리아 제국과 같이 "다양하고 뚜렷한 국적들을 포함하는 이 국가들은, 가장 완벽하다".[124] 식민주의적 보편주의는 신사적 이미지로서 훌륭히 구현되었다. 18세기 귀족이나 상류사회의 문화는 민족적이기보다는 범세계적이었다.[125]

연방주의의 이상은 신분 위계적 담론과 그 실재에도 불구하고 제국주의적인 비인종주의적 비전을 투영하고 있었다.[126] 물론 종교나 신분의 언어로 우회되기는 하였으나, 토머스 칼라일Thomas Carlyle의 「검둥이 문제The Nigger Question」(1849)나 로버트 녹스Robert Knox의 『인간의 인종들The Races of Man』(1850)에서와 같이 몇몇 지식인들은 분명 인종주의적 사상을 촉구하였다. 그러나 직설적인 인종 위계질서로 보

제4장_ 인족의 역설

일 수 있음에도 불구하고, 국가 지배 이념은 인종 평등을 주장하였다.[127] 1914년 '영국국적과 외국인 신분법British Nationality and Status of Aliens Act'에서 영국 시민은 "왕권의 통치와 충성하에서 태어난 모든 사람"으로 정의되었다.[128] 로마 제국과 같이 영국의 제국적인 특성은 신분 위계질서에 따라서 시민 정체성이 강조되었다는 점이었다.[129] 팽창적인 영국의 정체성이 식민주의 통치를 정당화하는 편리한 이념이 될 수 있음에도 불구하고, 상당수의 백성들은 이를 열정적으로 지지하였다.[130] 비록 몇몇은 신사gentleman의 개념이 혈통과 종족 같은 생물학적 의미의 재생산에 근거하고 있다고 생각하였지만, 다른 이들은 이를 "개별적 특성이 인간성의 본질로 변화되는" 사회학적 의미의 재생산으로 이해했다.[131]

일본의 사례에서 인족의 유동적 기준에 관한 다른 모습을 확인할 수 있다.[132] 배타적 민족주의의 흐름에도 불구하고, 20세기 초 일본의 식민주의는 아시아 통합이라는 유토피아적 비전을 제시하였다. 초기 메이지 유신 선봉에 있던 자들은 일본을 하나의 가족국가로 이해하였고, 실제 일본 제국은 한국, 중국 등을 한 가족 내의 아우로서 흡수하고자 했다. 실제로 제국주의 이데올로기는 일본인과 한국인이 동일한 조상을 가지고 있는 것으로 상정하였다. 만일 제2차 세계대전이 일본의 제국주의적 야심을 무너뜨리고 강력한 단일민족의 신념을 가진 작은 일본으로 유도했다면 제2차 세계대전 이후 1980년대의 일본경제는 보다 강력하게 성장했을 것이다.

이러한 역동성은 제국주의적 기조가 없는 국가들에서도 찾아볼 수 있다. 방대한 언어적, 종족적, 문화적 다양성을 지닌 아프리카 민족 연맹인 타누TANU, 특히 니에레레Nyerere는, 탄자니아 인족에 대한 좁고 넓은 비전을 모두 지지하였다. 니에레레[133]는 탄자니아 국가를 가족ujamaa의 개념으로 건설하고자 했다. 친족은 인간 연대의 기초로서 탄자니아의 가장 좁은 기초를 이루었다. 다른 한편으로 그는 **자유**uhuru라는 개념으로 범아프리카적인 이상과 보편적인 인본주의를 주장하였다. "타누가 **자유**를 주장한 모든 시간 동안 우리의 싸움은 전인류의 평등과 위엄에 대한 믿음에 기초한다."[134] 가족ujamaa과 자유uhuru 사이에서 니에레레는 인간 연대를 가능하게 하는 가장 좁고 가장 넓은 기초를 관할하였다. 은크루마Kwame Nkrumah는 가나 민족주의와 아프리카 통합, 보편적 인본주의를 동시에 주장하였고,[135] 생고르Senghor는 세네갈 독립과 범아프리카적 사회주의, 그리고 보편적 인본주의를 주장하였다.[136]

각 민족이 그들의 구체적 인족에 대한 합의점에 도달하는 데 실패했다면, 민족이나 인족에 대한 추상적인 정의에 합의하는 이들이 없다는 사실 역시 놀라운 일이 아니다. 휴 시튼 왓슨Hugh Seton-Watson이 논의한 바와 같이 "대부분의 정의definition는 실제로 정의하는 자들이 속한 집단과 다른 몇몇 집단들이 한 민족으로 불릴 수 없다는 사실을 증명하기 위해 만들어져 왔다".[137] 스튜어트 밀은 민족으로 볼 수 있는 많은 대상의 정당성을 간단하게 무시하였다. "프랑스 나바르Navarre에 있는 브르타뉴, 바스크인들에게 (…중략…) 고도로 문명화되고 교양 있는 자들의 현재적 개념과 감정들을 도입하는 것이 (…중략…) 과거의 반쯤 흉폭한 유물로서 세계에서 일반적으로 일어나는 변화에 관심도 참여도 없이 그의 협소한 정신세계에만 머무르며 홀로 얼굴을 찌푸리고 있는 것보다 더 유익하지 않을 것이라고 생각하는 사람은 없을 것이다."[138] 밀과 마치니는 아일랜드가 작다는 이유로 그들의 민족주의적 열망을 평가절하 했는데, 20세기 민족독립을 주장한 이들은 사실 이들보다도 작은 규모였다.[139]

영토적 변화와 이념적 대립 사이에서 인족의 개념은 기술적인 동시에 규범적이다. 규범적 명령 또는 고정적 유형화를 통하여 혼돈을 정리하기보다는 그 다양한 변화의 요소를 살펴볼 필요가 있다. 즉, 우리가 현대인족의 구체적인 현상을 살펴보아야 하는 지점들은 이를 설명하는 변수들(언어, 종교, 문화)이나 원리들(인종, 종족, 민족)이 아닌, 국가와 정치적 소속이다. 정치권력의 현실을 통해, 우리는 인족 정체성의 변수들이 어떻게 변화하여 왔는지 보다 잘 이해할 수 있다.

4

샤를르 드 골Charles de Gaulle의 회고록은 다음과 같이 시작한다.[140] "프랑스는 유구한 역사 속에서 태어났다. 그는 살아있는 총체이다.

그는 수 세기 동안의 부름에 응답하였다. 그는 세월 속에서 스스로 살아남았다. 경계는 변화할지 모르지만, 등고선, 날씨, 강, 바다와 같은 영원불멸한 각인은 변화하지 않는다. 그 땅에는 역사의 흐름 속 정치적으로 변화하는 운명과 상황 가운데에서 끊임없이 하나의 민족으로 주조된, 가장 다양한 경험을 가진, 사람들이 거주한다. (…중략…) 세상의 중심인 그 영토의 사람들의 결합은 과거와 현재와 미래의 분리불가한 총체이다. 따라서 프랑스에 대한 책임을 지닌 국가는 과거의 유산과 현재의 관심, 그리고 미래의 기대에 대한 모든 책임을 진다." 프랑스에 대한 샤를르 드 골의 논의는 자연과 역사에 기반한다. "살아있는 총체"로서 가장 분명한 민족경계와 같은 변화하는 모든 것들은 임의적이므로 부차적인 것이다. 가장 중요한 것은 이전에도 존재했고 앞으로도 존재할 프랑스이다. 지리, 역사, 국민, 국가는 하나이며 동일한 존재이다. 만일 드 골의 프랑스에 대한 개념이 갈리아적이라면, 그의 친프랑스적 증거들은 프랑스를 잉글랜드나 이집트, 인도네시아, 이란, 오스트리아, 호주로 대체할 수 있게 만든다. 이는 프랑스만의 특성으로 보기에는 무리가 있는 것으로, 그 논의를 모든 국가에 적용할 수 있다.

이전 장에서 인족에 대한 논의는 지정학적 담론의 확산과 함께 발전하였고, 대중 민족주의의 발기로 인해 견고해질 수 있었음을 논하였다. 문화와 신분 통합의 실현과 더불어 인족에 대한 담론은 인족 정체성을 자연적이고 불가피하며 형언할 수 없는 것으로 만들었다. 연역적으로 논하자면, 현대인족의 개념은 지극히 부정적이다. 범주화가 현실세계 속 복잡성과 역사적인 변화를 단순화한다는 점에서 이는 명목적이다. 사람들을 묘사하고 구분하는 데 동일한 수단이 쓰이므로 이는 형식적이다. 동일한 정체성을 상정한다는 점에서는 본질주의적이라 할 수 있다. 범주에 대한 본질화와 차별화를 제외한다면, 결국 특별한 본질은 없다.

인족 정체성의 명목적 특성은 이를 유동적 존재로 만들 수 있게 해준다. 비록 전근대적 프랑스 인족의 개념이 전반적으로 프랑스 귀족에게만 적용되었다 하더라도, 현대 프랑스 인족의 개념은 과거 엘리트들로부터 지속적으로 이어지는 연속성과 정체성을 의미한다. **파트리아**Patria는 과거 지역을 의미하였을지 몰라도 이는 애국심에 대한 전통적 연속성을 정당화하는 데 이용되기도 한다. 이와 비슷하게 20세기 독일에서 민족화된 단어 '하이마트Heimat'는 19세기에는 지역의 의미를 지니고 있었다.[141] 현대인족의 담론은 명목상의 단일성과 연속성을 이루며 다양성과 단절성을 체계적으로 왜곡하였다. 결국 가족이나 마을과 같은 두터운 정체성의 감정적 견고성은 얕은 정체성의 추상성 속에 흡수되었다.

인족의 범주는 이를 설명하는 수단이 동일하므로 형식상 동질적이다. 다시 말해, 중국인, 벨기에인, 프랑스인, 수단인 모두 동일한 개체 질서에 속하고 동일한 설명적 변수들을 통해 특징지어진다. 국제연합United Nations의 구성원들인 각 국가—인구가 1,200만이든지 120만이든지—모두 단일 투표권을 행사하는 것처럼, 이들은 모두 각각의 영토와 역사, 상징, 의식과 같은 민족적 특징들을 지닌다. 즉 모두가 조상들의 본토, 후대로 내려오는 역사, 삶의 방식을 가지고 있다. 이전 장에서 언급한 바와 같이 인족 정체성의 범민족적 확산으로 인해 모든 민족국가가 동일한 특성과 설명 변수들을 통해 특징화되었다. 특별히 언어, 종교, 문화는 명백한 구분의 요소들로 인식되었다. 이들은 대부분 현대국가의 발전과 함께 뒤늦게 부상하였으나, 인족의 유기적 기초로서 강조되었다. 민족의 차이는 언어, 종교, 문화 때문이 아니라, 언어, 종교, 문화를 강조하는 민족국가의 존재 때문이다.

인족의 범주는 본질적이다. 경계는 집단을 규정하고 구분하며 집단 내부의 차이를 넘어 집단 간 차이를 상정한다.[142] 귀족과 소작농은 서로 다른 인종을 형성하고 있었을지 모르지만, 다시 돌이켜보면 이들은 근본적으로 단일한 사람들이었다. 인족은 구체적이고 정형화된 특성으로 설명되는 뚜렷한 성격이라 할 수 있다. 다시 말해, 이는 범주적 속성을 지닌 개인들의 자기표출적 총체이다. 이는 기계적 연대의 형태, 또는 동일성에 기초한 통합이다. 실제에 상관없이 본질주의적 구성은 정교하다. 변화와 차이는 종종 정의된 명령에 의해 무력화된다. 만일 몇몇 특성들이 변화하거나 본질을 나타내지 못하는 것처럼 보인다면, 이러한 변화적이거나 이질적인 요소들은 오히려 더 깊은 동질화를 표현하는 데 사용될 것이다. 그렇지 않으면, 이들은 없어도 되거나 주변적인 것이 되어버린다.

결국 인족 담론은 분화된다. 범주화된 특징을 강조함으로써 구별적인 특성들은 과도하게 부각된다. 현대적 개인들과 같이, 독특하거나 다르게 보이는 것들이 민족 정체성을 규정한다. 국가는 민족을 형성함으로써 임의적인 구조를 자연적이고 필수불가결한 것으로 만들었다. 이러한 정체성을 구축함으로써 인족 정체성의 창시자들과 보호자들은 다른 이들과의 차이, 가급적이면 독특성을 설명하는 과거의 다양한 유물들을 임의적으로 섞는 주조자가 되었다. 니체는 나음과 같이 발했다. "독일인들의 특징은 '녹일적인 것이 무엇인가'를 끊임없이 묻는 것이다."[143] 그렇지 않은 국가가 어디 있는가? 일본인들은 수많은 일본인들의 독특성을 설명하는 이론, **니혼진론**Nihonjinron을 가지고 있고,[144] 미국인들은 미국 예외주의에 대해 수없이 많은 논쟁을 지속하고 있을 뿐만 아니라,[145] 그리스인들은 그리스적인 것에 대한 확고하고 강박적인 글들을 출판하며,[146] 태국인들은 태국적인 독특성을 규정한다.[147] 모든 국가는 모든 다른 이들이 합의한 규범에 반하는 단호한 개인주의자들이다. 인족 담론은 그 본질과 정체성, 차이와 독특성에 관한 필수불가결한 논쟁이다.

따라서 인족 정체성은 유동하는 기표signifier이다. 역사적 역동성과 현시적 다양성의 불가피성을 고려하면 그럴듯한 다양한 설명변수들을 발견할 수 있다. 이를 통해 현대인족의 담론은 다변적이며, 서로 다른 논쟁적 사안들이 설명될 수 있다는 점에서 다층적이다. 이는 뒤늦게 형성된 몽상적 논리를 따른다. 인족의 설명변수들은 논리적이고 경험적인 반박에 대응하는 전후관계를 혼동한 인과적 주장이다. 프랑스적인 것의 특징적인 가치는 프랑스를 대변하는 자유, 평등, 박애와 같은 혁명주의적이거나 공화주의적인 이상들일 것이다. 만일 산업주의 국가들이 대부분 비슷한 이상적 틀을 공유하고 있다면, 라비스Lavisse의 "프랑스는 인류를 사랑하며 봉사하였기 때문에 인류는 프랑스를 사랑한다"[148]는 말을 언급할지도 모른다. 비쉬Vichy 정권이 만일 이들이 문제적임을 알았다면 그들은 슬로건을 "노동, 가족, 조국"으로 바꾸었을지도 모른다.[149] 민족주의적 기조가 독일 나치를 표방한다면, 삼색기는 프랑스의 특징을 대변한다. 모든 민족국가가 각자의 국기를 가지고 있지만, 이들은 서로 비슷하게 보인다. 사실, 차이는 서로 간에 닮아있다. 신성한 상징과 특성들은 변화하는데, 이들은 오직 서로를 구분 짓기 위하여 필요한 것일 뿐이다. 차이의 변증은 공시적 논의로서, 통시적인 것은 아니다. 결국 차이에 대한 오랜 역사적 논의는 인족 정체성의 완결성을 설명하기 위해 존재한다.

이와 함께 인족에 관한 담론에서 언어가 하는 역할을 생각해 볼 수 있다. 명목상 추정적으로 미국 사람들은 미국어를 하고 브라질 사람들을 브라질어를 한다고 생각할 수 있다. 실제로 누구든지 언어를 배우는 데 있어 근본적인 장애물은 없으나, 모든 언어는 독특하기 때문에 언어는 인족의 특성적 차이differentia specifica를 나타내는 준비된 요소라 할 수 있다. 또한 인족의 모든 구성원들은 동일한 언어를 사용한다고 간주한다. 결국 프랑스어의 아름다움과 명확성을 주장하든지 일본어의 모방할 수 없는 독특성과 불가해성을 강조하든지에 상관없이, 언어는 한 집단을 다른 집단으로부터 구분한다.

만일 스위스 사례와 마찬가지로 한 집단이 여러 개의 민족어를 사용해야만 한다면 이는 독특성을 나타내는 또 다른 요소가 된다.

역사 역시 중요한 역할을 수행한다. 모든 국민은 기원 신화를 가지고 있는데, 이는 보통 기억할 수 없는 과거 또는 사실여부를 판단할 수 있는 기록문명이 존재하지 않던 시절부터 시작한다. 이러한 신화는 그 집단만의 특별성, 선택받은 자들과 같은, 자민족중심적 전제가 강조된다. 차이에 대한 지배적인 담론은 목적론적이고 이는 현재와 연계할 수 있는 편의적인 기원에 근거한다. 따라서 고고학과 신화학은 인족 담론에 있어 중요한 의의가 있다. 민족의 발달에 대한 담론이 매우 비슷하다고 할지라도, 모든 인족은 정의된 명령에 따라 특유의 역사를 가진다. 독일의 역사기록학은 오랜 역사적 시간 동안 독일의 특별함, '존더백Sonderweg'을 강조하였는데,[150] 이는 특별함을 강조하는 독일 정치체가 부상하기 전부터 존재하였다. 오늘날 프랑스 시민의 다양성은 독일, 이탈리아, 포르투갈 출신자들로 인한 것이지만, 이를 이질적이라 할 수는 없다. 그보다는 프랑스 민족의 유기적 통합과 발전을 주목할 필요가 있다.[151] 혼종성 역시 21세기 미국의 사례와 같이 특정한 집단의 또 다른 특이성으로 볼 수 있다. 다시 말해, 언제나 한 집단은 다른 이들과 다른 범주적 특성을 뒷받침할 수 있는 요인들을 제시할 수 있다. 현대인종의 개념은 공허하다. 본질화와 차별화 없이는 어떤 본질도 없다.

인족의 인위성은 현실과 동떨어진, 추정적인 이상을 품고 있는 비유럽 사회에서 보다 명확히 나타난다. 인도네시아, 필리핀, 나이지리아, 콩고의 국가에 대한 낯설음 자체가 인족의 자연성이나 필수성에 의문을 가지게 만든다. 이는 유럽의 민족들에게도 마찬가지였다. 채드웍H. Hunro Chadwick에 따르면, "현대 민족주의가 스스로 최초로 나타난" 곳은 오스트리아이다.[152] 그러나 18세기 오스트리아는 왕정 국가였다.[153] 합스부르크 제국의 중심으로서 오스트리아—보다 명확히 비엔나—는 음악, 건축, 문학의 범세계적 중심지였다. 전통적인 종교적 정체성과 현대적 계급 정체성 사이에서 오스트리아에는 명확한 민족적 정체성이 없었다.[154] 오스트리아가 1918년 독립을 쟁취하였을 때, 포르알베르크는 스위스에 합병되기를 원했고, 티롤 지방은 독립을 원했으며, 다른 지역들은 독일에 합병되기를 원했다.[155] 프랑스와 이탈리아의 반대로 1918년 오스트리아 합병Anschluss은 저지되었다.[156] 사실 오스트리아가 존재할 수 있었던 이유는 국제연맹the League of Nations 덕분이었다. 많은 사람들이 오스트리아적인 것에 대해 의문을 품었다. 오스트리아적 정체성은 1920년대 유대인 시인인 빌트간스Anto Wildgans가 "오스트리아 인간der österreichische Mensch"으로 표현한 것이 전부였다.[157] 그러나 이러한 오스트리아적인 것에 대한 초기 표현들은 대부분 민족초월적이거나 보편적인 것으로서 범세계주의 비엔나의 산물이었다. 분명한 민족 정체성이 결여된 채 성취된 1938년 오스트리아 합병은 따라서 강력한 반대 세력이 없었고, 심지어 1945년 이후 대부분의 오스트리아인들은 오스트리아가 독일의 일부로 남기를 원하였다.[158] 오늘날의 오스트리아적 정체성은 독일에 대항하여 오스트리아를 정의하는 탈나치화의 결과물이다.[159]

벨기에는 또 다른 사례를 보여준다. 1830년 네덜란드 연방으로부터의 분리독립의 추동은 근본적으로는 가톨릭으로부터, 특별히 플라망에서부터 발생하였다. 네덜란드의 지정학적 고립으로 인해 벨기에는 독립할 수 있었다.[160] 벨기에는 가톨릭 국가로 남았으나, 종교적 성향이 특징적 요소가 될 수는 없었다. 19세기 대부분의 사람들이 플라망어 구사자들이었음에도 불구하고, 국가는 프랑스어 구사자들과 연합하였다. 1918년 플라망 민족주의자는 이에 관해 다음과 같이 외쳤다. "벨기에는 외교관들에 의한 발명품이다! 플라망어는 신의 창조물이다!"[161] 네덜란드인들과 언어적으로, 또 문화적으로 가까웠던 플라망인들은 네덜란드, 프랑스와 구분되는 벨기에적 정체성을 가질 수 없었다. 무엇이 벨기에인가 하는 질문에 대한 대답, 벨기에적 정체성을 어떻게 정의할 수 있는지에 대한 관심 그 자체는 민족적 강박으로 여전히 존재한다.

인족의 범주는 범역사적인 사실로서 발견되어야 할 고정불변의 본질적 상태로 존재한다고 추정된다. 우리가 어떻게 독일적인 것과 일본적인 것을 알 수 있는가? 미리 부여된 의미나 본질이 없다고 하더라도, 기표signifier는 무無의 상태를 거부하고 해석적 동기를 촉구한다. 인족 정체성을 확산하는 자들은 의심스러운 존재론적 질문에 답하고, 인족 정체성의 또 다른 표식이 될 수 있는 공통의 상식을 형성할 수 있는 인식론적 구조를 창출한다. 즉 모든 범주는 학술적 논의를 생성하는 하위의 설명변수를 창출한다. 지식인들은 인족의 주요한 설명변수를 찾아낸다. 그들은 좁은 의미에서 도구적이지도 이념적이지도 않다. 그러나 민족주의 지식인들은 대부분 인족 담론을 구성하고 형성하는 민족의 장field에서 불가피하게 활동할 수밖에 없다.[162] 민족 또는 국민에 대한 개념을 들여온 주체가 이들일지 몰라도, 이들은 지역 실제와 적어도 조금의 괴리가 있는 특징적이고도 고유한 설명을 찾고자 한다.

이러한 과제는 인족의 요소 또는 주요한 원칙을 알아내는 작업을 수반한다.[163] 인족을 구축한 이들은 과거의 유물에서 그 의미의 파편을 찾아내고자 하였다. 이들은 어떤 상황에서도 유지될 수 있는 지적 건축물을 건설한다. 니체가 논한 바와 같이, 인간은 인족의 의미를 지속적이고도 강박적으로 생각한다. 지적 게임은 차이를 나타낼 수 있는 설명변수를 찾아내고자 한다. 지식인들의 우월성은 그들의 글이 논리적이고 이성적이며 견고하다는 사실에 기초하는 것이 아니다. 민족주의적 사고가 저급한 질적 정신세계로 유도한다는 친절하지 않은 논의는 유감스럽게도 사실이다. 오히려 이들은 민족화된 대중들에게 현대인족의 연속성과 실제를 확신시키기 위하여 자연적 존재로서 인족 정체성을 둔갑시켜야만 한다. 다른 이들에게 확신을 주거나 속이기 위해 그들은 먼저 그들 자신을 확신시키거나 속여야 한다. 따라서, 지리, 언어, 역사와 같은 영속적으로 보이는 모든 것들은 칭송받는다. 타키투스Tacitus는 로마인 친구를 위해 거울에 게르마니아Germania라고 썼을지 몰라도, 독일인 인본주의자나 민족주의자는 이러한 표현을 진지하게 받아들였다.[164] 살아있는 기억은 기억되기 이전의 시대로부터 민족이 그 성장을 주장할 수 있기 이전에 계승되어야 한다. 인족 담론은 심도 있는 논의를 획득하거나 새로움이나 인위성을 은폐할 수 있는 불확실성을 확보하기 위한 잉태기간이 필요하다. 그런 이후에야 비로소 오스드리아인, 벨기에인, 필리핀인, 인도네시이인에 상관없이 명확성과 자연성에 기반한 인족의 주장을 펼칠 수 있게 된다.

인족의 타당성은 경험적인 근거에 기반하고 있지 않고, 르낭의 유명한 구절을 바꾸어 다시 말하자면, 사실을 잊어버렸거나 잘못 기억하고 있다. 지역적 다양성이 민족의식의 형성을 방해했지만, 루이 마랭, 샤를 모라스, 모리스 바레스는 이 다양성을 현대 프랑스 인종주의를 부화시킨 이념적 뿌리가 된,[165] 진정한 프랑스pays réel 라 여겼다.[166] 중요한 것은 경험주의적 주장의 정확성이 아니라, 명확하게 주장하는 방식 자체, 즉 유형이다. 실질적으로 유입된 총체로서 인구를 고려하기보다는, 유형화된 사고방식으로서 다른 이들과 구분되는 본질적인 속성을 통한 동질적이고 정형화된 집단이 상정되었다. 다양성이나 혼종성은 고려 외의 사안이었다. 유형은 선험적 결정이므로 경험적 반박은 영향을 줄 수 없다. 책이나 팜플릿에 구체적으로 설명되었듯이, 인족 담론은 인족 정체성 지지자들이 발견한 역사적 근거에 따라 부흥하거나 쇠퇴했다.

현대인족의 담론은 현대적이고 세속적인 교리문답으로 압축되기도 한다. 진부하거나 동어반복적일 수 있음에도 불구하고, 국민

(인민)people은 독일적이거나 스위스적인 것, 태국적이거나 대만적인 것을 구성하는 모호한 개념으로부터 창출된다. 무지의 영원불멸성에 대항하여, 지식의 빛은 희미하나마 인족의 특별한 가치를 찾아낼 수 있는 또 하나의 힘이 된다. 담론과 실천이 역사적으로 일시적이었고 문화적으로 주변적이었을지 몰라도 이는 상관이 없다. 언어든 음식이든, 역사이든 지리이든, 반드시 존재하는 차이는 구분과 확신에 대한 잠재적 근거를 제공한다. 때때로 1808년 스페인에서와 같은 말 그대로의 교리문답이 존재할 수도 있다.[167] 대중교육과 대중매체로 인해 인족 일체화와 구분에 대한 보편적 인식은 확고해졌다. 인족의 소소한 하나의 작업으로서 교육은 국민의 최우선적 지적 구분화 작업의 기능을 수행하였다. 롤랑 바르트Roland Barthes는 다음과 같이 논했다. "신화는 지식의 낭비를 막는다. 이는 현실을 보다 값싸게 이해할 수 있게 만든다."[168]

인족 담론은 신앙이나 신화와 같은 추론 또는 총체성에 기반하여 설득력을 확보한다.[169] 신화적, 종교적 세상의 신자들이 논리적 비연속성이나 경험적 실패에 좌절하지 않는 것과 같이, 인족을 추종하는 자들 역시 근거나 사실에 따라 변화하지 않는다. 추론감각은 믿지 않는 이들의 의심으로부터 발생한 것일 뿐이다. 이들의 불신은 이들의 주변부적인 신분, 인족으로부터 배제당한 지위에 대한 또 하나의 근거로 생각할 수 있다. 실제로 범주의 지속적 반복은 담론의 교감적 기능을 나타내는 것으로, 이는 대표성을 표방하는 관계 자체를 확인해준다. 상징적 대표성은 사실적이라기보다는 형식적으로 중요하다. 국기國旗나 국가國歌는 지나치게 감성적이어서, 이들이 유구한 역사성을 지닌 존재가 되기까지에는 한 세대면 충분하다. 향수에 젖은 현대적 창조물들과 구조들은 인족의 불변하는 관념적 세상을 드러낸다.

전세계적으로 종교가 쇠퇴하고, 역사학과 생물학, 윤리학과 철학, 신정론과 우주론이 결합하며 인족 담론은 신임을 얻게 되었다. 게다가 종교는 인족의 한 부분 또는 파편으로 통합되었다. 세속 국가와 신성모독적인 산업주의가 전통과 공동체를 파괴하는 동안, 인족 담론은 내부와 외부, 태생적인 것과 외생적인 것, 순수와 오염, 선과 악의 분석적 틀을 제공하였다.[170] 생리학적 신체에 대한 가상적 추측에 기반한 인족은 개인적인 것과 정치적인 것을 결합시켰다. 다시 말해, 개별적인 것은 정치적인 본체에 일순간 용해되었고, 인족은 개인에게 각인되었다.[171] 또한 민족은 두 개의 몸체로 이루어졌다. 하나는 영원하며 목적론적인 것이고, 또 하나는 제한적이고 임의적인 것이다. 영원한 민족의 몸체는 동시에 민족의 정신적 본질이라고 할 수 있다. 인족 담론은, 쓰인 글자를 지우고 새로 만든 양피지와 같지만, 사실 이는 그보다는 비전이나 상상의 지평을 형성하는 명목적인 범주가 스며든 펜티멘토pentimento*에 가깝다. 인족의 설명변수들은 그 논의가 신화적일 뿐 아니라, 실제 여러 이질적인 부분을 연결해주는 형태이므로, '키메라적'이라 할 수 있다.

● 펜티멘토(pentimento) : 변경되기 이전의 형상이 어렴풋하게 나타나는 자취.

드골의 찬가로 다시 돌아가면, 찬가 속에서 인족 담론에서 나타나는 신화적 세계를 볼 수 있는데, 별이나 산조차도 인족의 과거와 현재를 노래한다. 이는 그 흐름과 과정을 부동의, 구체적인 총체로 주조하며 양적이고 점진적인 변화를 질적이고 갑작스러운 파열로 변화시킨다. 이것이 바로 드골의 민족주의 찬가가 모든 사람들에게 적용될 수 있었던 이유다. 유동적이고 규정하기 힘든 특성으로 인해 인족은 언제나 변화 가능하지만, 변화의 도구들은 실질적이며 분명해야 한다. 따라서 현대인족의 모든 수사여구들은 비슷할 것 같지만 미세하게 다르다. 일본인 소설가 나쓰메 소세키는 일본에서 일본적이라는 것을 후지산과 동일시하는 바보들은 없다고 냉담하게 풍자하였다.[172] 그러나 정확히 이러한 피상적이면서 반박할 수 없는 조합이 현대인족의 신화적 세상을 유지하고 있다. 부모와 학교에 의해 각인되고 대중정치와 대중매체에 의해 강화된 현대인족에 대한 신념은 거의 회피할 수 없는 존재가 되었다. 페브르Lucien Febvre가 라블레Rabelais적 정신세계에서 무신론을 주장하는 것은 불가능하다고 말한 것처럼,[173] 현대인족의 범주 없이 20세기 인간의 범주화와 일체화를 생각하는 것은 불가능하다. 현대인족은 현대국가의 시대에 반론의 여지 없는 필수불가결한 대전제이다.

인족의 설명변수들은 귀납적으로 증명되기보다는 절대적으로 규정된다. 서술적이기보다는 규범적으로, 이들은 유형적이고 정상적인 구성원이 무엇을 의미하는 것인지를 제안하고 강제한다. 현대국가에서 정치적 정체성은 시대에 따라 변화하지만, 임의적인 규범은 강요되고 귀속된다. 다시 말해, 국가와 그 제도는 사회와 시민의 모습을 주조하는 생체권력biopower을 행사함으로써 그들의 이상적인 이미지에 맞게 국민을 구성한다. 정체성의 수호자들은 그들 동료의 행위와 믿음을 구축하고 제한하며 심지어 국민의 이름으로 개개인들이 이에 속할 수 있는지 판단하기도 한다. 규범은 반드시 일탈을 창출한다. 이에 따라 현대인족이 포괄적 정체성을 찾고자 하면 할수록, 그 본체와 정신으로부터 소수자로 규정된 이들은 상대적으로 배제된다.

현대국가는 모더니티의 강력하고 항시적인 제도로서 존재하며 거대한 사회기반적 권력과 규범적 영향력을 가진다. 모든 제도적 기관과 같이, 이는 규범을 창출하고 순응을 강제한다. 민족의 건설은 따라서 개인의 건설이라 할 수 있다. 즉, '호모 소비에티쿠스 Homo Sovieticus', '금발의 야수 아리아인the Aryan Blond Beast',• '이스라엘

• 금발의 야수(the Blond Beast) : 니체가 『도덕의 계보학』에서 사용한 표현으로, 히틀러

본토인Israeli Sabra'은 대부분 정치체 속에 그들의 대상counterpart이 존재한다. 실패하거나 반대하는 이들은 이탈자로 정의된다. 상호간 또는 서로 관계되어 형성되는 다수와 소수의 정체성은 동시적으로 형성된다. 대부분 교육받은 중간계급으로 구성된 관료와 전문가들이 인족의 규범을 고안하고 강제한다. 여기에서 20세기 유럽과 제2차 세계대전 이후의 개발도상국에서 학식있는 노동자들의 최대 고용주는 국가였음을 기억해야 한다.[174] 국가에 의해, 또는 스스로 위임된 민족의 관리자들은 국민의 출생과 사망, 성과 건강, 정신과 육체를 포함한 모든 것을 지속적으로 추적한다.

규범을 창출하고 강제하는 이들은 그들이 관리하고 보호하는 동료 국민들 중 불완전하고 부적절한 이들에 대해 양가적 입장을 취한다. 정체성의 수호자들은 이들을 동화하고 통합할 방법을 찾고자 노력하는데, 이는 그들의 목양적 의무를 정당화하지만 때로는 전면적 소외와 파괴도 가능하게 만든다. 정체성의 수호자들은 국가를 초월하여 국가의 제재규범과 제재집행을 가능하게 하는 국가 초월적 장치들을 고안하고자 한다. 대체로 중산층으로 일컬어지는 친목 집단은 민족적 규범과 국가에 대한 충성심을 고취시킨다.[175] 한 예로, 20세기 영국의 보이스카우트는 항복, 규율, 금욕, 군국주의와 같은 "사회적 동조의 최고덕목"을 주입함으로써 영국의 도덕적, 물리적, 군사적 약화를 방지하고자 하였다. 여기에는 애국주의

는 니체가 예언한 '금발의 야수'가 자기 자신이라 믿었다. 나치 정권의 선전장관이었던 파울 요세프 괴벨스는 독일 '민족' 전체는 히틀러를 따라 금발의 야수가 되어야 한다고 주장했다.

제4장_ 인족의 역설

적이고 군사주의적인 덕목이 있었는데, 영국에서 이는 제국적 방어체제를 수호하기 위한 것이었다.[176]

젠더gender는 국가 소속의 모순을 보여주는 흥미로운 사례이다. 비록 유럽의 역사가 지속적인 남성중심의 억압적 연대기를 이루어온 것은 아니지만, 세습적 통치와 가부장적 지배체제는 일반적인 것이었다. 계몽운동과 프랑스혁명은 페미니즘의 현대적 담론을 촉진하였고, 이에 따라 여성의 정치, 경제, 사회적 참여권이 부여되었다.[177] 현대국가와 자본주의 산업화는 전반적으로 여성의 교육과 노동참여에 우호적이었다.[178] 민족이 귀족에 대항하여 그 지위를 주장한 것과 같이, 여성도 "남성 압제"의 속박을 해체하기 위해 노력하였다.[179]

여성 통합의 불굴의 사례에도 불구하고 민족은 많은 경우 가부장적이었고 집단은 남성 중심으로 구축되었다. 현대국가의 투쟁적 특성은 남성을 시민군으로 규정하였고, 용기와 동료애, 남자다움과 남성성 등을 미덕으로 보았다.[180] 이로 인해 여성은 상징적으로 국가 또는 가정의 영역에 국한된 자들로서, 체제적으로 가치 절하된 존재였다.[181] 남성 시민군은 민족을 수호하기 위해 선거권을 획득한 반면, 여성은 20세기까지 정치와 군사 문제에서 제외되어 있었다. 현대 초기 유럽의 정치에 귀족이 아닌 자들이 제외되었다면, 현대 유럽의 국제정치와 전쟁에서는 여성의 참여가 금지되었다.[182] 가정과 국가의 가부장적 풍토 속 구조적 이질화는 잠정적으로 아동과 여성을 의존적 존재로 정당화시켰다. 남성 정치 철학자들은 시민군과 공화주의의 고전적 이상을 남성적 모임으로 이상화하며 시민을 가부장적 범주로 형성하였다.[183] 남성성의 무력화는, 가부장적이며 세습적인 의무로부터 여성, 아동과 같은 부양가족을 보호하고자 하는 암묵적인 노력이 부여된, 수많은 민족적 갈등과 반식민 운동의 시금석이었다. 신시아 인로Cynthia Enloe가 언급한 바와 같이, 민족주의는 "남성적 기억, 남성적 수치, 남성적 바람"으로부터 야기되었다.[184] 따라서 민족주의는 오랜 기간 가부장적 민족주의였다.

여성의 정치참여는 대부분 20세기 들어 시작되었다. 호주에서는 1902년, 미국에서는 1920년, 프랑스에서는 1944년 여성에게 투표권이 부여되었다. 초기 민족주의자들과 마찬가지로 페미니스트 선구자들은 신분 통합을 강조하였다. 1848년 혁명운동의 일부로 여성참정권의 확보를 위한 범세계적 운동이 19세기 중반 일어났다.[185] 정치적 민족화를 따라 페미니스트 정치 역시 민족화되었다.[186] 통합을 위해 투쟁한 여성운동은 민족주의적이었고, 때로는 식민운동과 인종주의적 배척에 가담하기도 하였다.[187]

비유럽국가 페미니스트들은 유럽의 전형을 모방하거나 저항하는 형태로 나타났다. 유럽의 페미니스트 이상이 전세계적으로 확산되는 동안,[188] 반식민주의 투쟁으로 인해 여성은 민족주의 운동의 한 부분으로 편입되었다.[189] 이들 모두 여성의 민족적 통합에 영향을 미쳤다.

이와 같은 인족의 논쟁적인 위치와 달리, 출산reproduction에 대한 여성의 중심적 지위는 어느 누구도 부인하지 못한다. 출산은 국가의 번영과 직결되어 있다. 생명정치학은 영광스러운 과거와 밝은 미래를 결합하였다. 19세기 출산과 아동양육은 대부분 유럽의 경우 국가의 관리하에 있었다.[190] 국가는 특히 생물학적 재생산에 개입하였다.[191] 인종 갱신racial renewal은 19세기 말 유럽의 보편적 관심사였는데, 제2장에서 밝힌 바와 같이, 이는 언제나 추정상 같은 인종에 관한 것이었다. 독일의 출산 촉진정책은 아리아적 담론에서 시작되었으나, 동일한 아리아인들이자 심지어 독일인들의 후손인 영국인들은 고려되지 않았다. 생명정치학은 출산과 아동을 넘어, 전염병을 방지하고,[192] 사망률을 제어할 수 있는,[193] 공중위생학을 발전시켰다. 요람에서 무덤까지 관할할 수 있는 보건국가로 확장되며 국가는 삶과 죽음을 넘어선 자주적 기관으로서 교회를 대체하게 되었다.

출산 관리는 성性 규제와 함께 수행되었다. 전근대 유럽에서 성행위에 대한 규범과 일탈에 관한 사안은 전반적으로 종교적 관할하에 있었다.[194] 19세기에 들어 성생활은 국가의 건강과 사망률의 지표로서 국가의 관리하에 들어왔다.[195] 영국의 경우 1857년 외설, 1885년 매춘, 1889년 외설적 광고, 1898년 동성애에 관한 국가적 규제가 실시되었다.[196] 민족국가에서 성적 규범이 이성 간의 관계에 국한된다면, 다른 모든 종류의 성행위는 반국가적이거나 탈선적인 것이었다. 구별적 정체성으로서 동성애에 대한 정의는 19세기 법적이며 과학적인 문제가 되었다.[197] 법과 과학의 범주를 넘어 동성애적 정체성은 국가 정책에 의해 중층적으로 정의되었고,[198] 때로는 국가안보의 위협으로 인식되기까지 하였다.[199]

성적 규범에 따라 신체적 규범도 나타났다. 국가는 이상적인 신체 사이즈부터 행동처신에 이르기까지의 모든 것들을 규정하였다. 이를 통해 국가는 신체와 민족을 일체화하며 개별 신체에 사회를 각인시켰다. 신체 사이즈와 몸매의 차이가 모든 사회집단을 특징 짓는 동안, 국민의 한 사람으로서의 이상이 19세기 보편적으로 전파되었다. 사회진화론은 적합한 자들을 부적합한 자들로부터 구분하는 방법을 제시하는 우생학, 생물학적 퇴화, 공중위생에 관한 담론들을 제공하였다.

장애인들은 하나의 유사인종으로 간주되었다. 18세기 기형에 대한 폭넓은 논쟁이 있었으나, 장애인들의 범주적 통합은 훨씬 이후에 나타났다.[200] 신체적인 차이는 개별적으로 표시되거나 범주화되며 제한된 시민권을 보유한[201] 결손 시민으로 정의되었다.[202] 최악의 경우 이들의 출산을 막는 강제적 불임 수술이나 안락사의 방법이 사용되기도 하였다.[203] 20세기 장애인들의 사회복귀를 위한 시도가 있었으나, 장애인들은 여전히 구별적 정체성을 보유했다.[204] 정신 건강 역시 마찬가지였다. 20세기 초 생명정치학이 부상하게 되면서, 현대 유럽국가들은 정신이상자들을 억제하기 위해 불임 수술과 같은 우생학적 방법을 사용하였다.[205] 다운 증후군과 같은 정신적 장애는 몽골리즘Mongolism과 같이 인종화되었는데, 이는 자민족중심주의적 이상異常으로 변질되었다.[206]

신체적 규범 이외에 국가 제재적 규범 신앙이 나타났다. 전근대 유럽에서 종교기관이 행동, 성격, 인식에 대한 허용범위를 규정한 데 반해, 현대국가는 특히 교육기관을 통하여 국민 도덕의 관리자가 되었다. 인족 담론은 확고한 운명 또는 선택받은 자들의 이상을 명확히 하고, 국가의 적, 따라서 인족의 적을 규정했다. 중세 유럽에서 교회의 주된 적은 이단이었던 것에 반해, 국가에 위협이 되는 존재는 현대국가와 현대인족을 불신하는 세속적인 무신론자들이었다. 제2차 세계대전 당시 일본은 히코쿠민hikokumin(비국민 또는 비시민)의 범주를 만들어 기독교인, 마르크스주의자, 평화주의자 등 국가 강제적 전쟁에 반대하는 이들을 포함시켰다. 냉전 속 반공산주의는 미국사회에서 비미국인(공산주의자)을 규정하고 배척하도록 만들었다. 이와 반대로 유럽의 공산주의는 공통의 혈통과 동시대적인 공통성의 요구가 결합된 유사 민족 정체성으로 인식되었다.

현대국가의 합법성을 반대하는 무정부주의자들은 아마도 가장 이탈적인 존재로 볼 수 있을 것이다. 19세기 말과 20세기 초 무정부주의의 검은 깃발이 분명하게 나타났는데,[207] 이는 시민사회의 기반을 위협하는 테러리즘과 결합하였다. 이러한 사실은 물론 무정부주의의 반민족주의와 반국가주의적 움직임으로 볼 수 있다.[208] 톨스토이는 국가 및 정체성의 수호자들을 다음과 같이 신랄하게 비판하였다. "공무원이 애국적일수록 그의 업적은 더 훌륭해질 것이다.[209] (⋯중략⋯) 작가나 교사, 교수가 애국주의에 대해 말하면 말할수록 그의 지위는 더욱 견고해질 것이다."

현대국가는 인족 정체성에 관한 규범을 젠더와 성^性에서 시작하여 신체와 신앙에 이르기까지 광범위하게 설정하였다. 이를 통해 국가는 국가에 예속된 자들과 국가에 대항하는 자들이 한데 섞인 다양한 종류의 일탈자들을 구별적 범주에 포함시켰다. 동성애자, 장애인, 공산주의자들은 민족 집단에 속해 있었으나, 이들의 통합은 불완전한 것이었다. 비민족 일탈자들의 유형화에 있어 상당한 역사적·문화적 다양성이 존재하지만, 생명정치학은 현대국가에서 간과할 수 없는 중요한 동력이었다.

—

6

—

내부인과 외부인의 구분이나 정착자들과 이주민들의 구분은 사회생활에서 나타나는 보편적 현상이다.[210] 애완견이든지 인간이든지 우선권은 ─ 적어도 초기에는 ─ 우월적 지위를 나타낸다. 외국인 혐오주의나 자민족중심주의는 전 세계적인 현상이지만, 이는 대부분 옆 마을이나 옆 대륙에 적용되는 것으로, 그 표현은 지역적이다. 그러나 전근대 사회는 정치체로서의 실질적 귀속감이 없었기 때문에, 민족적 차원에서 내부인의 의미는 대부분의 사람들에게 공허하게 들릴 뿐이었다. 이와 반대로 현대국가는 신분과 문화 통합을 촉진하고 정치적 통합과 배제의 정치를 수행한다. 시민을 의미하는 내부인들은 비시민인 외부인들에 비해 정치참여, 노동시장, 복지조항 등 공공영역에서 제도적 이권을 부여받는다.

현대인족이 신분과 문화 통합의 산물이라면, 인종주의는 불완전 통합의 일부 또는 파편이라 볼 수 있다. 인종주의는 인족 일체화에 기반한 민족규범의 배제로부터 시작된다. 인종주의는 수직·수평적 통합이 지역적 다양성과 신분 불평등을 대신할 때, 그리고 사람들의 비자발적·고정적 범주화가 나타날 때 부상한다. 앞서 논한 바와 같이 정치체에는 불완전성이 내재되어 있다. 배제는 고질적이다. 문화 통합은 공통의 정체성을 전파하고, 인족의 규범에서 벗어나는 이들을 소수자 집단으로 형성한다. 결국 인종주의는 다수의 연대와 통합을 강조하게 된다. 통합과 배제의 정체성들은 상관적 구조물이다. 인족 정체성과 인종주의는 함께 발전한다.

인종주의는 외부가 아닌 내부에서 외부인들을 식별한다. 갈등이 기군집基群集, sociation의 한 형태인 것과 같이, 인종주의는 최소한 상호 영향력과 함께 고려되어야 한다. 간단히 말해, 먼 지역에 떨어져 사는 이들과 같은 진정한 외부인들은 대부분 아무런 문제가 되지 않는다. 독일인들은 그들 스스로를 터키인들보다 우월하다고 생각할지 모르지만, 독일 인종주의의 대상은 독일에 거주하는 터키인들과 그 후손들이지 터키에 사는 터키인들을 겨냥한 것은 아니다. 독일 나치는 그들의 아리아적 우월성을 제창했으나 일본 정부가 시위할 때에는 재빨리 철회하였다.[211] 1950년대 미국의 인종차별은 아프리카계 미국인들을 겨냥하여 전파된 반면, 아프리카인들에 대한 태도는 대부분 무시와 무관심에 가까웠다.[212] 코피 아난Kofi Annan이 국제연합의 사무총장이 되기 이전인 1961년 미국에서 머리를 자르려고 했을 때, 백인 이발사는 "우리는 검둥이들의 머리는 자르지 않습니다"라고 했다. 코피 아난이 "나는 검둥이가 아니라 아프리카인입니다"라고 하자 이발사는 "그렇다면 괜찮습니다. 이리 와서 앉으세요"라며 머리를 잘라주었다.[213] 영국 흑인인 게리 영Gary Younge은 다음과 같이 논했다. "미국에서 인종은 모든 곳에 존재하는 것으로 (…중략…) 당신은 벗어날 수 없다."[214] 그러나 그가 인종차별이 심한 남부의 백인교회를 방문했을 때, 그는 영국인으로서 환영받았다.[215] 자문화중심주의적 편견은 대부분 국제적 갈등 속에서 널리 전파되었다. 현시대에서 세계정복에 대해 진지하게 생각하는 지도자는 없다. 따라서 현대인족에 대한 주장은 범세계적인 것이 아니다. 다시 말해, 외부인들은 언제나 존재한다. 인종청소와 같은 인종주의의 극단적인 주장은 내부의 외부자들을 축출하기 위한 것이지, 외부인 자체를 없애고자 하는 것이 아니다.

인종주의는 표면적으로 다양한 단계를 거치지만, 이는 대체로 구조와 상징의 두 가지 방식으로 나타난다. 구조적인 것은 제도적 배제와 불평등이다. 상징적인 것은, 제6장에서 논할 것이지만, 자민족중심주의적 배제와 열등성으로 드러난다. 구조적 인종주의는 결국 수평적이고 정치적인 인종주의 또는 수직적이고 경제적인 인종주의로 나타난다. 전자는 범주적 배제를 허용하고, 후자는 범주에 따른 불평등을 정당화한다. 인종주의는 구별과 위계가 결합될 때 견고해진다.

　문화 통합, 민족 통합은 중심 인족을 규정하고, 이에 해당하지 않는 자들을 외부인으로 만든다. 형식적으로 가장 주요한 구분은 시민과 비시민의 구분인데, 이는 종종 민족 및 비민족으로 보다 분명하게 나타나기도 한다. 여성과 장애인이 규범적인 민족 정체성에 온전히 통합되지 못하는 것처럼, 어떤 시민은 그들의 공식적인 시민권에도 불구하고 불완전한 민족으로 인식되거나 심지어는 민족 자체가 없는 존재로 인식되기도 한다. 한 예로, 이종족 혼교混交 반대법은 배제된 소수자들에 대한 정의定義이자 차별이다.[216] 언어, 종교, 문화가 통합되지 않은 몇몇 집단은, 따라서 자신들만의 인족 정체성을 통해 스스로를 인식한다. 이는, 대한민국의 전라도 지방이나,[217] 영국의 스코틀랜드와 웨일즈와 같이,[218] 과거 정치적 독립 지역으로서 오늘날 지역적 특성이 인식되는 경우 나타난다. 이와 관련하여 한 정치조직이 가깝거나 먼 지역을 식민통치할 때, 의도하든 의도하지 않든 간에 그 영토에서 살고 있는 사람들을 포함할 수밖에 없다. 성공적인 통합으로 인해 구분에 대한 기억이나 그 사안들이 없어진다고 할지라도, 이는 여러 세대가 지나서야 가능해진다. 배제의 경향은 다른 민족국가가 인구의 불완전한 통합에 대한 의문을 제기할 때 보다 명확해진다. 특히 이민자, 망명자, 난민들은 뒤늦은 정착뿐만 아니라 다른 정치체에 속하는 그들의 신분 때문에 외부인으로 인식될 수밖에 없다.

정치적 인종주의는 대부분 외부인인 이주민을 잠재적으로 겨냥하고 있다. 차이에 대한 설명변수들인 언어, 종교, 문화, 신체조건 등은 새로 유입된 자들로부터 토착민들을 명확히 구분하는 수단이 된다. 이러한 관점에서 난민은 대부분 잠재적인 파괴분자나 민족 경계에 대한 전복자로서 민족 안보에 위협적인 존재로 인지되기도 한다.[219]

인족에 대한 정의 자체가 유동적이므로, 배제되는 이들 역시 유동적이다. 인종주의는 역사적으로 정치적 갈등과 경제적 변화에 반응하며 계속적으로 변화했다. 팽창적 인족개념과 신분평등의 강조는 인족의 포괄적 개념을 촉진하였다. 예를 들어 1948년 영국국적법은 영연방으로의 이상을 표현한 것이었다. 역으로 제국의 붕괴와 경기침체는 반이주민 운동을 야기시켰다. 1981년 영국국적법에 따라 혈통주의는 영국 시민권의 기본적인 판단기준이 되었다.[220] 이와 유사하게, 한반도에 대한 일본의 침략을 통해 일본인과 조선인 사이의 인종 단일화에 대한 이상이 촉진되었다. 제국의 몰락을 통해 조선인들의 시민권은 박탈되었고 일본인 사회에서 조선인 거주자들이 축출되었다.[221] 드레퓌스 사건Dreyfus Affair*으로 대표되는 프랑스의 반유대주의는 정치체에 유대인 통합이 가능할지에 대한 의문을 제기하였지만, 공화주의 또는 보편주의적 이상은 프랑스 주류 사회에 통합될 수도 있다는 사실을 의미하기도 한다.[222]

---

* 드레퓌스 사건 : 1894년 유대인 출신 프랑스 군인인 Alfred Dreyfus(1859~1935)를 군기밀 누설죄로 종신형을 받게 한 사건. 반유대주의 보수언론과 가톨릭교회로 인해 진범이 잡혔음에도 불구, 종신형을 선고하였다.

제4장_ 인족의 역설

또한, 20세기 말 프랑스 시민의 5분의 1이 적어도 부모나 조부모 중 한 명이 이주민이었음에도 불구하고, 이주민 국가로서 프랑스의 개념 자체는 생소한 것이었다.[223] 21세기 초 프랑스 내부에 식민지 이주민들을 반대하는 대규모의 인종차별 운동이 일어났다.

배제에는 특별히 두 가지 원인이 주요하게 작용하였다. 첫째로, 전쟁은 내부인과 외부인 사이 첨예한 경계를 만들었다. 외부의 적과의 갈등은 내부의 적을 축출하기 위한 노력을 고조시켰다. 현대 정치에서 외교정책은 군사주의적 징고이즘jingoism과 저속한 애국주의를 통한 교조주의 강화라는 대중적 문제로 변질된다. 따라서, 정치적 인종주의의 부침은 국제적인 사안과 많은 경우 직결된다. 아프리카계 미국인들에 대한 미국정부의 행위가 내부적인 사안으로 인식될 수 있다는 사실을 생각해보라. 그들의 일본, 공산주의, 반식민운동과의 연합에 대한 두려움은 인종 통합을 촉진시켰다.[224] 미국 인종주의에 대한 소비에트 연방의 선전propaganda과 탈식민사회 사이의 연합을 도모하는 미국의 노력은 1960년대 시민권의 합법화를 촉진시켰다.[225] 이와 관련하여 보편(남성) 선거권으로 대표되는 민주주의 혁명은 선거경쟁에 대한 역할을 강화하였다. 분리독립운동, 국경분쟁, 경제적 경쟁 등 여러 종류의 국제적 갈등에 직면하여, 내부의 적을 이용하는 것은 정치적 연대와 지지를 확보할 수 있는 제한적이지만 유용한 도구였다. 정치적 인종주의는 위로부터는 정치적 편의와 아래로부터는 외국인 혐오 풍토를 통해 구축되었다.

정치적 인종주의는 배제된 이들을 구축함으로써 포함된 이들의 통합을 가능도록 만들었다. '다른 이'들이 논리를 통해 스스로의 정체성을 규정한다면, 이런 '다른 이'들을 싫어하는 데 합의함으로써 사회의 근본적 결속이 형성되었다. 민족이나 인족이 문화와 신분 통합을 통해 형성된 것과 같이, 배제된 이들 역시 동일한 과정을 통해 형성되었다. 다시 말해, 다수의 형성은 소수의 규정을 통해 일정 부분 가능해진다. 인족 정체성의 형성은 동시에 배제된 이들을 인종화하였다. 이러한 관점에서 피에르 반덴베르그Pierre van den Berghe가 "인종주의의 부상에 가장 중요한 필요조건(그러나 충분조건은 아닌)은 충분히 서로 다르게 보이는 두 개 이상의 충분한 집단 수이다. 그래야만 그들 사이에 서로 다른 유형화 작업이 가능해진다"고 논한 것을 상기한다면,[226] 인종의 존재론적 우위를 전제하는 것은 잘못되었음을 알 수 있다. 결국 배제된 이들은 공통의 정체성을 공유하지 않는다. 선험적 공통성이 "우리"와 "그들" 간의 식별을 가능하게 할지 몰라도, 이는 수많은 잠재적 분기점들 사이에서 형성된 것일 수 있다.

독일 제국의 반유대주의와 반가톨릭주의 사이의 차이를 생각해 보자. 비스마르크의 민족 건설은 비독일인을 정의함으로써 일부분 독일적인 것에 대한 정의를 도출하였다. 전쟁이 외부의 적을 규정하였다면, 또한 내부의 적을 축출하는 데에도 일조하였다.[227] 반유대주의는 민족주의의 부정적 표현으로 볼 수 있는데, 이는 역으로 주류집단의 공통성을 강조하는 결과를 낳았다.[228] 반유대주의는 반

현대주의antimodernism 및 반자유주의와 함께 "모든 독일인들을 하나로 묶을 수 있는 새로운 민족 종교"를 찾는 이들이 지향하는 목표가 되었다.[229] 따라서 정치적 반유대주의는 주류집단의 공통성을 강조하였다. 신분평등을 주장하는 포퓰리즘적 민족주의의 요구에 따라,[230] 정치적 권리는 민족이라는 이름을 지배하고자 하였다. 범독일연맹Pan German League은 독일 민족주의뿐만 아니라 반유대주의의 제1의 기관이었다.[231]

그럼에도 불구하고, 현대 독일의 역사 속 반유대주의의 역할을 과장해서는 안 된다. 19세기 중반 독일 민족주의자들에게 반유대주의는 주요한 사안이 아니었다.[232] 보다 중요한 점은 인종적 반유대주의가 독일 제국에서 주요한 운동으로 발현된 적이 없다는 사실이다.[233] 홀로코스트로 인해 우리는 독일 제국에서의 반유대주의의 역할을 과장 해석한다. 실제로 반유대주의 정당은 소규모였을 뿐만 아니라 영향력도 미미했다.[234] 범독일주의적 반유대주의 정치는 게오르크 리터 폰 쇠네러에 의해 주도되었는데,[235] 이는 19세기 말 오스트리아에서 훨씬 많은 대중적 호응을 얻었다.[236] 다음 장에서 논할 것이지만, 나치는 그 광적인 반유대주의를 은폐하고 포퓰리즘적이며 민족주의적인 비전을 제공함으로써 선거 주류당이 될 수 있었다.

국가중심적 민족주의의 의의는 문화투쟁Kulturkampf 시기 반가톨릭 운동anti-Catholic campaign을 통해 살펴볼 수 있다. 1871년 독일나치 집권 당시 가톨릭 인구는 전체의 약 3분의 1 정도였다.[237] "'태생적 소수자'라는 소수자 의식은 1871년의 신독일 민족국가에서 가톨릭 신자들의 가장 은밀한 자기이해의 한 부분이었다. 이는 그들 스스로 정의한 카톨릭주의의 정치와 언론의 대변인들이 수집한 핵심 분류를 따른 것이었다."[238] 종교 정체성의 존속은 독일 정체성의 우선성에 반한 위협적인 존재였다.

반유대주의 운동과 근본적으로 다른 독일 문화전쟁은 가톨릭에 대한 강력한 국가주도의 탄압이었다. 비스마르크는 모든 다른 제도와 기관에 우선하는 국가를 설립하고자 하였고, 가톨릭을 "독일의 적"으로 표현하였다.[239] "1870년대 말 (…중략…) 프로이센 지방의 가톨릭 주교의 절반 이상이 추방되거나 구속되었고, 4분의 1에 근접하는 교구 목사가 없어졌으며, 3분의 1 이상의 수도원과 수도회가 탄압을 받았다."[240] 국가주도의 박해는 종교적 범위를 초월하여 확장되었다. 1870년대 말 "수많은 신문이 몰수되었고, 가톨릭 연맹과 집회는 분해되었으며, 회중과 개인들은 추방되거나 억류되었다."[241] 19세기 말 반가톨릭 정서는 반유대주의 풍조보다 강하게 나타났고,[242] 이는 20세기까지 지속되었다.[243]

왜 반가톨릭주의는 정교한 인종주의에 병합되지 않았는가? 현대인족의 인종주의적 관점에서 살펴보면 그 답은 명확하다. 가톨릭 교인들과 개신교인들 모두 독일인이었다. 이러한 답은 19세기 말 반가톨릭주의의 야만성과 독일 가톨릭 교인들의 강력한 기구적 정체성의 문제 모두를 상정한다. 오히려, 가톨릭에 대항한 엘리트 집단은 통합되지 않았고, 국가 기반 권력은 상대적으로 제한되어 있었으며, 19세기 말 나치독일에는 군사적이거나 정치적인 위기가 없었다. 보다 중요한 것은, 독일 가톨릭 권력의 근간인 중앙당과 보수주의가 정치적으로 결합됨에 따라 가톨릭의 민족 통합이 고무되었다는 점이다.[244] 중앙당은 기독교인들의 통합을 강조하고, 폴란드인과 유대인에 대항하여 반가톨릭주의를 대신하는 반외국인 정서를 촉진시키고자 하였다.[245] 유권자 연대는 종교적 이단 집단에 대한 국가주도의 박해를 종식시켰을 뿐만 아니라 이들의 민족·인종 집단으로의 변이를 저지하였다. 강력한 정치적 권한을 통해 가톨릭의 인종화는 저지되었다.

　미국이 보편적으로 이민족국가로 일컬어짐에도 불구하고, 미국 역사에서 정치적 인종주의는 빈번하게 나타났다. 1830년까지 미국 정체성은 앵글로색슨에 지배적으로 기반하고 있었다.[246] 1875년까지 이민자에게 상대적으로 개방적인 정책이 적용되고 있었음에도 불구하고,[247] 1850년대에 이미 모르쇠주의Know-Nothingism의 미 정당은 반이민주의적 기조를 표명하였다. 토착주의는 민족주의의 또 다른 표현이었다. 토착민들은 이주민들을 배척하고 맹비난하였다. 존 하이엄John Higham은 1850년대 토착주의 집단의 주요 공격 대상을 가톨릭교도, 급진주의자, 비앵글로색슨인으로 규정하였다.[248] 다시 말해, 미국인의 전형은 정치적으로 중립적인, 앵글로색슨의, 개신교도였다. 여기에서 제외된 자들은 종교적 타인(가톨릭 교인과 유대인), 정치적 타인(파괴분자), 인종적 타인(비앵글로색슨), 그리고 생물정체적 규범에서 벗어나는 자들, 즉 "모든 바보, 정신병자, 극빈자나 공공부조를 받아야 하는 자들, 혐오스럽거나 전염되는 병을 앓고 있는 자들, 흉악범이나 비도덕적 범죄인, 일부다처주의자"들이었다.[249] 인종주의는 다양한 집단의 비미국적 특성들을 규정하였다. 이탈리아인들은 "가인°의 표식을 가진 (…중략…) 폭력성을 지닌 자들"로서,[250] 아프리카에 근접한 자들로 인식되었다.[251] 이들은 대부분 가톨릭교도로서 인종적으로 배제되었을 뿐만 아니라, '사코Saco'와 '반제티Vanzetti'와 같은 정치적으로 배제된 이들도 포함하였으며, 이들은 인종으로서도 "흑인종과 같은" 특징으로 예속되었다.[252] 이와 함께 유대인 역시 종교·정치·인종적으로 다른 부류로 규정되었다.[253]

토착민들에 대한 정의는 빠르게 변화하였다. 수평 통합의 유동성을 고려할 때, 멸시의 대상이었던 이주민들은 세대를 지나며 미국 토착주의의 견고한 지지자로 변화하였다. 아일랜드 이민자들은 보스톤의 흑인들보다 상황이 열악하였고, 이들은 심지어 흑인 아일랜드인으로 불리기도 하였다.[254] 그러나 가톨릭교회와 민주당은 아일랜드 이주민들을 토착민 주류에 통합시켰다.[255] 백인으로서 유럽인 후손만을 인정함으로써, 인종 이념은 백인과 흑인 노동자 사이의 근본적 경계를 형성하였다.

이주민 집단으로 규정된 자들은 종종 그들의 인종주의적 분노를 후기 정착민들에게 분출하였다. "가인의 표식을 지닌" 집단의 후손인 스페란자Gino Speranza는 다음과 같이 논했다. "미국 및 전세계 유

• 가인(Cain) : 성경적 인물. 동생인 아벨을 죽이고 신에게 버림받은 인물.

대인들은 집요하게도 이러한 인종적이고 특별한 문화를 보존하고 있다. 물론 개인은 어떤 국가에서든지 정치적으로 시민으로 인정받을 수 있(…중략…)지만 (…중략…) 문화적이고 민족적인 정신적 관점에서 볼 때, 그들이 유대인이 아닌 어떤 존재가 될 수는 없다."[256] 19세기 중반, 통합에서 제외되고 심지어 흑인으로 비난받아 온 아일랜드계 미국인들은 1870년대 캘리포니아의 중국인 이주 반대 운동을 주도하였다.[257] 궁극적으로 미국에서는 반흑인 인종주의가 반이주민 인종주의를 대체하게 되었다. 랄프 엘리슨Ralph Ellison이 예리하게 지적한 바와 같이, "많은 유럽 이주민들이 선착장에 도착하자마자 가장 먼저 배운 어휘 중의 하나가 바로 '검둥이nigger'이다. 이 어휘가 이들을 미국인으로 곧 자각할 수 있도록 만들어 주었다".[258]

또 다른 이들은 앵글로색슨계 개신교인들로서의 우월성을 지니고 1894년 이민규제 연맹의 핵심을 형성한 초기 미국인의 혈통적 계보를 중시하였다.[259] 사회 지도자층의 반이주민 풍토는 수평적 구분에 초점을 맞춘 것이라기보다는 외국인들에 대한 반감과 사회 하층민에 대한 무시가 결합된 것이었다.[260] 20세기 반이주민 운동이 절정에 이르렀을 때 반아프리카계 미국인 운동도 일어났다.[261]

토착주의 정서, 즉 반이주민 풍토는 20세기 초 이주민들과의 갈등으로 이어졌다. 우생학과 인종과학의 언어를 차용한 반이주민의 개념은 수평적 구분과 수직적 구분을 결합하였다. 애국주의적 열망은 제1차 세계대전과 결합하며 "외국계 미국인hyphenated Americans"

을 반대하는 운동을 촉진하였다.[262] "100퍼센트인들"로서 스스로를 주장하는 이들은 민족적 일체성과 충성심을 고취시켰다. 미국과 독일 사이 충돌이 발생하게 됨에 따라, 독일계 미국인들은 맹렬한 민족주의적 비난의 대상이 되었다. 또한 "강력한 적색공포"는 급진주의자들을 배척하도록 만들었다. 1920년대 쿠클럭스클랜KKK : Ku Klux Klan*과 1924년 이민법이 대중적 호응을 얻으며 미국 민족주의에 대한 세 가지 요소가 강조되었다. 쿠클럭스클랜은 개신교도, 보수주의, 백인 우월주의를 대표하였고, 1923년 300만 명의 회원을 보유함으로써 그 절정을 이루었다.[263] 그 악마적 표적은 아프리카계 미국인과 같은 다른 인종을 포함할 뿐만 아니라 가톨릭과 같은 소수종교와 급진주의자와 같은 정치 이단자들까지 포함하였다.[264] 1921년 할당이민법Quota Act[265]은 초기 아시아인들보다는 인종적 규제를 제도화하기 위한 것이었다. 1924년 이민법은 북유럽계 유럽인들이 아닌 이들의 유입을 최소화할 수 있는 민족 혈통적 제한을 강조하였다.[266] 여기서 강조된 부분은 인종이었지 계급이 아니었다. 제2장에서 살펴본 바와 같이 우생학의 아버지인 골튼은 능력있는 난민들은 환영하였음에도 불구하고, 미국의 우생학자들은 유대인과 같은 하층계급이나 열성 인종의 이민을 격렬히 반대하였다. 이들이 반대하는 정당성은 그들의 낮은 아이큐IQ 점수에 근거하였다.[267]

정치적 인종주의는 정치적 민족주의와 현대국가 건립의 보편적

● 백인우월주의 단체.

산물이다. 불완전한 수평적 통합은 민족규범에 맞지 않는 언어와 종교를 포함한 많은 집단들을 규정하고 배제할 수 있는 원인을 제공한다. 군사적 이동이 활발하던 시대에 특히 외국의 적군들과 이들 후손과의 연계를 통한 정치적 인종주의의 잠정적 동기가 형성되었다. 또한 선거경쟁은 내부의 적을 규정하도록 만들었다. 정치적 인종주의는 자민족중심적이거니 외국인 혐오적 태도와 행위를 조장하는 유용한 수단이 되었다.

———

7

———

문화 통합은 언제나 불완전할 수밖에 없으므로, 인종주의는 어디에나 존재한다. 인종주의는 어디에서나 잠재적으로 나타날 수 있지만, 고정적 존재는 아니다. 수평적 통합을 방해하는 조직적·이념적 장애물이 이를 계속적으로 침식한다. 다시 말해, 민족주의적 배제는 보이는 것만큼 견고하지 않다. 출생지주의jus solis가 보편적이지 않다고 하더라도, 귀화, 즉 형식적인 통합은 어느 곳에서든지 가능하다. 대부분의 현대국가가 종주권의 극대화를 추구한다는 사실을 고려하면, 흡수주의 또는 통합주의는 보편적 현상이라는 사실을 알 수 있다. 국가 공공 기반시설은 세대에 걸친 문화통합을 촉진하고, 대중문화는 이를 공고화한다. 세대간 전이는 부식되고, 친숙함은 경멸을 초래할 수 있으나, 이는 동시에 배제적 요소들을 제거한다. 인종주의 정당이 온전히 인종주의에만 집중했다는 점을 고려하면 성공적이지 못하다 할 수 있지만, 이들이 혐오적 풍토를 넘어선 포퓰리즘적 민족주의를 제시했다는 점을 보면 성공적이라 할 수 있다. 고정불변의 존재로 보이는 인종주의는 사실 매우 가변적이다.

정치적 인종주의는 존속될 만한 진정한 차이가 존재하지 않기 때문에 가변적이다. 외국인거주자, 임시 거류민들은 치외법권부터 상징적 매력까지 겸비한 특권으로 가득찬 명예로운 내빈으로서의 지위를 획득할 수도 있다. 이는 특히 경제적·문화적 매력을 지닌 부유한 국가에서 온 이주민들에게 적용될 수 있다. 외국인거주자는 토착민들로부터 자민족중심적인 경시나 상징적 배제를 경험할 수는 있지만, 이들을 인종주의적 배제의 희생자로 간주할 수는 없다. 전반적으로 소수 인족으로서의 지위는 연계되는 민족의 위상과 높은 상관관계를 지닌다.

불평등은 우월감을 지속하는 중요한 요소다. 수평적 차이는 시간이 지남에 따라 축소되는 반면, 수직적 불평등은 계속적으로 유지되는 경향이 있다. 다시 말해, 소수자 집단은 (수평적으로) 다를 뿐만 아니라 (수직적으로) 열등하기 때문에 스스로 재생산된다. 그들은 배제와 불평등, 즉 정치적이고 경제적인 인종주의 모두로 인해 고통받는다.[268] 이는 정착민들의 사회에서 토착민이나 원주민으로 불리는 피지배인이나 식민지 거주민들을 통해 확인할 수 있다.[269] 미국이나 호주와 같은 현대 식민주의 정착 국가들에서, 토착민이나 원주민들은 정복자들로부터 배척되고 열등한 자들로 인식되었다. 제2장에서 살펴본 바와 같이 정복은 반드시 인종주의적 동기로 이루어진 것이 아니라, 살아남은 토착민들이 그들 과거의 지배와 현재의 불평등을 정당화하기 위해 형성한 인종차별적 담론이라 볼 수 있다. 한 예로, 미국 원주민들은 본래 게으르고 야만적으로 인식되었으나, 이후에는 소멸하고 사라지는 인종으로 인식되었다.[270] 이주민과 난민은 빈곤이든지 교육의 결핍 때문이든지 모두 구별되는 존재일 뿐 아니라 열등한 존재로 인식되었다. 최소한, 지방어나 문화에 대한 무시는, 이들을 인종적 또는 문화적 열등자로 만들었다.

피식민국가의 이주민들은 대부분 정치·경제적 인종주의로 고통 받았다. 식민지 시기의 관계성에 기반하여 피식민지 주변부의 많은 수의 저임금 노동자들은 통치국가의 대도시로 이주하였다. 이들은 이중으로 고통 받았는데, 하나는 열등한 역사의 기억 때문이었고, 다른 하나는 빈곤한 현실 때문이었다. 결국 피식민 집단은, 19세기 미국의 토착민들이든지 멕시코인들이든지, 정복당한 자들이었다.[271] 21세기 말 미국에서 "가장 극심하게 비난받는 이주민 집단은 멕시코인들로서, 빈곤과 막노동, 저학력, 불결함이 연상되는 집단으로 인식되었다".[272] 난민 역시 동정과 편견이 뒤섞인 유사인종 집단으로 인식된다.[273]

경제적 인종주의는 범주적 불평등의 보루로서 나타난다. 앞서 논한 바와 같이 현대국가의 형성과 함께 신분차별은 철폐되었다. 대부분의 경우 전근대 사회의 하층계급 집단은 그들 스스로 특성을 제거하였다. 소작농들의 가난함은 여전했지만, 보통의 독일인이 되었다. 잔재적 불평등은 계급과 같은 범주들을 통해 이해할 수 있다. 반대로, 하층계급 집단이 어떤 뚜렷한 지위에 존속되는 경우도 있다. 비록 현대인족이 제한된 영토의 사람들에게 질적으로 동일한 평등을 표명하는 포괄적인 정체성을 가지고 있다 하더라도, 불평등의 견고성을 통해 그 스스로 명확한 인족의 범주가 나타나고 있을지 모른다. 경제적 인종주의는 시민의 형식적 평등 속에서 집단적 불평등을 정의하고 수호한다.

범주적 불평등은 뚜렷한 직업군과 계급문화를 나타내고 이를 재생산한다. 이에 따라 소작농이 농업사회에서 하나의 뚜렷한 집단인 것과 같이, 산업사회에서는 노동계급이 뚜렷한 집단으로 간주될 수 있다. 이와 반대로, 다음 장에서도 논하겠지만, 이전의 특권적 계급 정체성은 스탈린 시기의 소비에트 연방이나 폴 포트 시기의 캄보디아와 같은 사회주의 국가에서 불리하게 작용될 수 있다. 그러나 현대인족은 신분 통합을 상정하므로 계급적 불평등은 인족의 내부 불평등으로 이해될 수 있다. 현대사회에서 범주적 불평등이 지속되기 위해서는 수평적 구분이 그 역할을 감당해야만 한다.

정치적 인종주의가 시민권 및 민족적 귀속을 고려하는 반면, 경제적 인종주의는 계층과 관련되어 있다. 산업화와 현대화 사이의 상호 연계성 속에서 경제는 현대사회의 중요한 영역으로 부상하였다. 투표권에 있어서도 사유재산권은 오랜기간 주요한 요소로 간주되었다. 개인주의와 능력주의의 강조에도 불구하고, 고용주들은 저임금을 정당화거나 노동연대를 방지하기 위해 집단적 불평등을 이용하였다.[274] 결과적으로 노동자들은 열등 집단에 대한 물질적이고 상징적인 이득으로 그들 최소한의 혜택이 보장될 수 있는 차별적 장치가 필요하였다.

급여와 노동 조건의 불평등한 특성은 노동시장 어디에서나 나타난다. 이러한 차별적 요소는 성별, 세대, 지역, 종교와 같은 수많은 범주들을 포함한다. 그러나 정치적 인종주의와 같이 경제적 인종주의는 오직 현대인족의 타당한 범주에 기반하여 차별을 생성한다. 이는 공식적인 신분 위계 체계가 사라짐에 따라 발생한 공간을 인종주의가 대체하는 것이라 볼 수 있다. 수직적 위계는 계급의 언어보다는 수평적 차이를 통해 정당화된다. 즉, 문화적 차이라는 말로서 불평등은 유지되고 있다. 인종적으로 계층화된 노동시장은 계속적으로 존재하는 신분 차이에 의존할 뿐만 아니라 이를 부각시킨다.[275] 보다 보편적으로, 산업화에 따른 대규모 인구이동은 잠재적 노동집단의 구분을 확대시킬지도 모른다. 역설적으로, 아서 루이스Arthur Lewis가 주장한 "차별을 타파하는 가장 효과적인 수단은 빠른 경제성장"이라는 논의 속에는 수많은 진실이 내포되어 있다.[276] 즉, 수직적 불평등의 약화는 동시에 수평적 차이의 견고성을 약화시킬 수 있다.

전근대 일본사회의 소외집단의 후손인 '부라쿠민Burakumin'의 역사를 고려해보자. 메이지 유신 이전, 훗날 부라쿠민이라 불리는 이들은 가죽세공인과 장의사에서부터 나병환자와 장애인, 노숙자, 빈민에 이르는 다수의 하층계급 집단이었다.[277] 1871년 해방법령으로 인해 이들은 "신평민shin heimin"으로 탈바꿈하였다.[278] 도쿠가와Tokugawa 통치 당시 직업 이동 및 다른 계급과의 혼인을 금지하는 엄격한 신분적 구분과 달리, 메이지 국가는 직업 이동, 거주의 자유, 성姓 권리 등 형식적으로 평등한 시민권을 보장해주었다.

일본의 초기 민족주의 이념은 일반 일본인들이 부라쿠민을 포함한 다양한 사회 소외집단에 대항하도록 만들었다. 호적제도koseki는 신평민shin heimin과 평민heimin을 구분하는 문서적 차별의 근거가 되었다. 거주에 있어서도 지역적으로 분리되어 있었던 신평민들은 일본인 주류에서 벗어난 별개의 집단이었다. 20세기 초 부라쿠민의 "대중적 개념"은 "하나의 갈비뼈가 부족하고, 개의 뼈 하나를 가지고 있으며, 기형적인 생식기관, 결함 있는 배설체계를 가지고 있는 존재, 그리고 달빛 아래에서 걸으면 그들의 목은 그림자가 비추지 않고, 짐승으로서 맨발로 걸을 때 흙이 발에 묻지 않는 자들"이었다.[279]

메이지 일본은 차별적인 법적 기반을 없애는 동시에, 부라쿠민 선조들의 삶을 지탱하던 여러 직업군의 독점과 같은 법적 보호 장치를 함께 제거하였다. 이에 따라 부라쿠민은 그들의 삶의 원천을 잃고, 강제적으로 소규모의 메마른 땅을 경작하거나, 신발, 성냥과 같은 저임금의 공예업,[280] 또는 건축이나 탄광과 같은 2차 노동 산업에 종사하였다.[281] 빈곤, 지역적 분리, 사회적 고립은 부라쿠민 생활의 특징이 되었다. 1930년대 부라쿠민 가정의 소득은 국가 평균 소득의 4분의 1에 불과하였다. 이들의 생활조건 역시 일반 일본인들에 비해 열악했다.[282] 한 마디로 부라쿠민은 현대 일본사회 내 최악의 직업과 거주환경 속에서 생활하였고, 이들에 대한 법률적 차별은 경제적 경쟁과 계급 재생산으로 대체되었다.

제2차 세계대전 당시 부라쿠민은 계속해서 일본사회의 차별적 영역에 존재하였고, 이는 주거지 분리, 저학력, 저임금, 높은 복지 의존 등으로 특성화되었다.[283] 미국 남부의 '짐 크로Jim Crow' 제도와 다르지 않게, 농촌 지역의 일용직에 종사하는 부라쿠민 노동자들에게는 식사와 위생에도 그들만의 구별된, 수준 이하의 시설이 제공되었다.[284] 법적 평등에도 불구하고 이들은 일류기업의 채용이나 주류사회의 일본인과의 혼인에서 배제되었다.[285] 1960년대 존 코넬John Cornell이 인터뷰한 일본인들은 부라쿠민을 "거칠게 말하고, 서로 무례하고, 폭력적으로 행동하며, 쉽게 화내고, 투쟁적이며, 모욕에 민감하고, 이해타산에 뛰어난 자들로, 어떤 집단보다 결속력이 뛰어난 집단"으로 표현하였다.[286] 고전적 의미의 다름의 관점에서 부라쿠민은 "은밀하게 악명 높고, 기이하며, 알 수 없는 존재"였다.[287]

부라쿠민은 주류 일본인들과 분명히 다른 인종적 기원을 가진 타인종으로 인식되었으나, 이들은 20세기 말에 들어와 일본 인족의 하나로 포함되었다. 1960년대부터의 급속한 경제성장과 적극적인 국가 통합정책 속에 일본사회 내 부라쿠민의 지위는 변화되었다. 주류 일본인들과 부라쿠민 모두 인종적·민족적 차이에 관한 논의를 철회하였다.[288]

한 집단이 인종적 특징으로 인식되는 과정으로서의 인종화racialization는 불평등이 존재하는 사회에서 나타날 수 있다. 인종주의는 때에 따라 인종을 실제적으로 구성하기도 한다. 이러한 관점에서, 계급은 인식의 정도만큼 존재하고, 따라서 그 인식 자체가 인종화의 정도를 결정한다. 중국 쑤베이 지역의 사람들은 상하이의 다른 거주민들과 생물학적으로나 사회적으로 다르다고 증명되지 않았음에도, 다른 집단으로 인식된다. 무엇보다도 그들은 가난하기 때문에 쑤베이인이다.[289] 즉, 계급의식과 인족 정체성은 동일한 기능을 수행한다.

더욱이 계급은 인종과 쉽게 구별되지 않는다. 평등에 대한 강조에도 불구하고, 신분 위계질서는 프랑스혁명 이후에도 오랜기간 지속되었다. 심지어 제3신분을 쟁취한 위대한 아베 시에예스 신부조차 "위대한 민족"은 두 개의 국민(또는 두 개의 신분 집단)으로 이루어진다고 설명하였고, "'검둥이(니그로)들'에게 감독받는 '수동적 노동자'로서 '인간화된 원숭이'가 임무를 완수하도록 새로운 종의 생산"을 제안하기까지 하였다.[290] 19세기 프랑스 도시민들은 소작농들을 "타인종"으로 생각하였다.[291] 역설적인 것은, 농민들이 확고히 정착한 이후에도, 진정한 프랑스인으로서 도시민들도, 또한 그들 스스로도 간주하지 않았다는 점이다. 소작농들이 도시민들이 됨에 따라 수직적이고 수평적인 차이를 나타내는 사회적 구분 범주로서 계급이 나타났다. 19세기 프랑스 노동자 중 한 명인 저명한 연대기 기록자였던 유진 뷔레Eugène Buret 역시 이들의 "생물학적 특성과 신체적 특징"을 강조하며 이들을 "야만인"이나 "미개인"으로 칭하였다.[292] 19세기 초 루이 슈발리에Louis Chevalier는 다음과 같이 기록했다. "파리인들에게 광범위한 노동자 집단의 출신지역보다 더 익숙한 것은 없다. 그들은 언제나 그들의 복장, 방언, 일상행동을 통해 일순간 그들이 누구인지 식별할 수 있다. 그보다 더 쉽게는 그들이 하는 일, 살고 있는 구역과 거리를 통해 알 수 있다."[293] 다시 말해, 그들의 다름은 과도하게 규정되어 있었다. 그들이 "오늘날 우리가 인종차별이나 민족차별이라고 부를 수 있는 것들을 통해 보편적으로 묘사되고 있었음"은 놀라운 일이 아니다.[294]

영국에서도 계급 정체성의 인종화가 나타났다. 로이 포터Roy Porter는 18세기 잉글랜드를 "뻔뻔하게 위계적이고, 세습적이며, 특권적"이라고 묘사하였다.[295] 범세계적 신사에 대한 이상과 범민족적인 귀족의 실제는 민족의식의 발달을 저해하였다.[296] "사회society"는 상위계층을 의미하였고, 이에 보통의 민족문화는 존재하지 않았다.[297] 부자와 가난한 자 두 민족에 대한 주장은 잉글랜드England 또는 브리튼Britain의 민족 통합이 허구임을 드러냈다.[298] 19세기 초 윌리엄 코베트William Cobbett는 다음과 같이 기록했다. "노동계급은 **다른** 집단이다. 그들은 오늘날 신사들에게 '소작농'으로 불린다.

(…중략…) 이는 그들이 그들 자신을 어떤 의미에서든 같은 사회, 공동체, 젠트리Gentry에 속한 존재로 간주할 수 없는, 구별된 비천한 계급의 사람들임을 의미한다."[299]

산업화의 시작과 함께 질서, 등급, 사유지 등의 언어는 계급class으로 단일화되었다.[300] 매튜 아놀드Matthew Arnold의 1869년 논저에 기록된 "노동계급은 (…중략…) 잉글랜드인으로서, 원하는 대로 행할 수 있는, 그 천부적 권리를 주장하고자 은폐된 장소에서 흘러나왔다"는 문장을 보고,[301] 19세기 말 잉글랜드인 또는 브리튼인들 중 농민이나 노동자들의 이러한 지위에 대해 반문하는 이는 아마도 없을 것이다. 교육기회와 선거권의 확장, 계급 간 종교적 통합을 통해 노동자 집단은 사회 내에 통합될 수 있었다.[302] 포스터Foster의 1870년 교육법과 1885년 및 1919년 선거법 개정을 통해 초등교육과 선거권이 확대되었고, 이를 통해 영국은 1928년 이론적 민주주의를 달성하였다.[303] 1918년 4차 개정법을 통해 대부분의 성인남성에게 선거권이 부여됨에 따라 민족의식은 보편적으로 전파되었다.

그럼에도 불구하고, 영국 내 계급은 차별을 드러내는 중요한 개념이었다. 첫째로, "우리"와 "그들" 사이의 구분의식은 계속되었다.[304] 20세기 계급의 개념은 보편적이었다.[305] 결과적으로 과거 가난한 자들이라고 알려진 집단은 정치화된 집단이 되었고,[306] 20세기 중반까지도 공장 노동자들은 계급의식을 유지하고 있었으며 매우 연대적이었다.[307] 20세기 초 계급의식을 통해 스포츠, 독서, 음악과 같은 대중문화 활동이 이루어졌다.[308] "말하는 예절"에서부터 복장에 이르기까지의 폭넓은 인식의 차이는 영국 중산층과 노동자 계층에 각각 형성된 하위문화를 통해 확인할 수 있다.[309] 분리된 주택지 형성 등과 같은 중산층의 편견은 일상화되었다.[310] 다시 말해, 계급 분리는 인종차별적 사회에서 인종 구분이 이루어지는 것과 같이 분명하고 철저하게 실행되었다.

제2차 세계대전 이후, 계급적 실체와 담론은 점차적으로 소멸하였다.[311] 20세기 말 신분 위계를 나타내는 계급기반적 하위문화는 많은 부분 약화되었다. 보수주의자들조차 신분 위계에 대한 추종을 더 이상 드러내지 않았다.[312] 한 세기 후, 옥스퍼드 출신의 수상은 일반 사람들과 같이 "토니"라는, 보통의 영국 동남부식 호칭으로 불리어졌다.[313]

앞서 강조한 바와 같이, 현대인족은 사실 수평적 구분에 관한 것이다. 지정학과 영토권에 있어 가장 우선적인 사안인 문화 통합과 인종 통합은 사회분화를 드러내는 주요 기표가 되었다. 신분 통합은 도덕적 통합에 중요한 영향을 미치는 대중적 정당성에 반응하며 점차적으로 발전해 왔다. 즉, 범주적 불평등은 정치적으로 설명 가능할 수 있도록 수평적 차이를 나타내는 언어로 표현되어야만 했다. 따라서 노동계급의 인종화는 아일랜드인과 웨일즈인과 같은 지역적 특성을 가진 이들에게서 가장 극명하게 나타났는데, 이들은 지역적 낙후 및 노동계급의 정체성 모두를 보유하고 있었다.[314] 그러나, 보다 중요하게 보아야 할 것은, 제2차 세계대전 이후 대부분 영국 식민사회로부터 이주해 온 이민자의 유입이다. 파월리즘 Powellism*으로 인해 영국인British 인종과 민족은 일체화되었고, 이에 따라 모든 유색인 이주민들은 비영국인으로 규정되었다.[315] 이를 통해, 흑인 이주민들은 영국의 적이자 제국 몰락의 원인으로서 일순간 배척되었다.[316] 앞서 논한 바와 같이 식민주의의 경험은 차이와 불평등을 일체화시켰다. 예상할 수 있듯, 식민지로부터 이주한 이주민들은 극단적인 인종차별의 표적이 되었다.[317]

본서에서 강조한 바와 같이 수평적 차이는 문화적 동질화, 이종 간 혼인, 정치적 통합과 같은 흡수정책에 따라 점차적으로 소멸되었다. 수직적 위계질서는 어느 정도 유지되는 경향이 나타났지만, 대부분의 사회에서 노동자 계급이나 가난한 이들은 정치조직의 일부로 흡수되었다. 인종주의는 궁극적으로 민족규범으로부터 벗어난 수평적 차이에 관한 것이기 때문에, 소외된 집단이 통합됨으로써 이는 점차 희석된다. 지속적으로 소외된 자들은 아프리카계 미국인이나 부라쿠민과 같은 사회 최하층에 속한 자들이었다. 인종적 지배는 정치적 인종주의와 경제적 인종주의의 결합으로 볼 수 있다.[318] 다시 말해, 인종적 위계는 경제적 불평등으로 인해 재생산되었다. 그들만의 계급이나 신분 지위를 지닌 자들은 동족결혼이나 세대 간 부동성, 분명한 계급문화를 보유하고 있을지 모르나, 그들이 비민족적 타인으로서 인종화되지 않는 한, 하나의 국민이

• 파월리즘(Powellism) : 영국의 John Enoch Powell이 주장한 정책으로서 자유경쟁 경제와 흑인들의 영국에로의 이민을 금지한 정책.

제4장_ 인족의 역설

되지는 않는다.

남북전쟁 시기 미국의 남부, 나치 정권의 독일, 인종차별정책의 남아프리카공화국과 같이, 정치적·경제적 인종주의가 명확한 국가의 정책적 사안으로 이어질 때, 신분사회 또는 인종주의 사회가 현대적으로 재현되는 것을 보게 된다. 그러나 인종주의 사회는 현대사회의 주요 동력에 반하고 있으므로 불안정한 경향이 있다. 인종주의 사회가 유지되기 위해서 폭력을 동원할 수밖에 없음을 고려할 때, 부인할 수 없는 사실은 인종주의 사회가 결국은 군국주의 사회가 될 수밖에 없는 점이다. 불안정성과 폭력성의 결합으로 이러한 사회들은 종종 짧은 통치기간 동안 참혹한 황폐화를 경험하기도 한다. 이에 관해서는 다음 장에서 자세히 살펴보겠다.

8

정치적 인종주의와 경제적 인종주의 사이에는 분석적 차이는 있지만 이들의 인종주의 담론은 별반 다르지 않다. 소외된 소수자들은 주류에 속한 이들과 같이 동일한 집단 질서를 형성하지만 구축되는 이미지는 정반대이다. 본질적인 양분화를 통해 주류 집단과 소외 집단은 순수와 오염, 선과 악, 미덕과 악덕, 건강과 허약,

신의 자식과 악마의 자식 등으로 구분된다. 통합과 배제의 논리는 정반대적 대조의 도식으로 이루어진다. 하나의 집단이 도덕적이고 지적이며 아름답다면, 다른 집단은 이와 정반대의 속성을 가진다. 양분화된 본질화를 통해 범주적 차이는 확정된다. 인종주의는 반국민anti-people을 정의한다. 즉, 인종주의 시학詩學은 인족의 서사시를 만들어낸다.

인족 정체성이 본질주의에 기반한 것과 같이, 인종주의는 인류의 다채롭고 다원적인 가치를 본질적 관점으로 구체화하고 자연화한다. 아리스토텔레스는 『정치학Politics』에서 다음과 같이 논하였다.[319] "그러나 야만인barbarians들 사이에 여성이나 노예의 구분이 없다. 왜냐하면 그들 사이에는 타고난 지도자가 존재하지 않기 때문이다. 그들은 남성과 여성, 노예로만 이루어진 하나의 공동체이다." 사실 야만인들 내부에는 많은 차이가 존재했다.[320] 즉, 전근대 사회의 "그들"이 문명 사회의 "우리"보다 더 많은 공통의식을 보유한 것은 아니었다. 인종주의는 통합을 강요한다. 말콤 엑스Malcolm X[321]는 "한 특정한 학교에 '형식적으로 통합된' 흑인 부교수"에게 다음과 같이 질문했다. "'당신은 백인 인종주의자들이 흑인 박사를 뭐라고 부르는지 아십니까?' 그는 '저는 잘 모르겠습니다'라고 말한 것 같다. 얼마나 적절한 말을 하는 흑인 중 한 명인가. 나는 그에게 큰 소리로 말했다. '검둥이nigger!'" 샬롯 델보Charlotte Delbo[322]는 아우슈비츠에서 나치에게는 유대인 집단에 불과했던 여러 유럽인들에 대해 다음과 같이 기록하였다.

바르샤바에서 온 이들은 큰 숄을 걸치고 묶은 보따리를 들고 있었다.

자그레브에서 온 여성들은 스카프로 머리를 두르고 있었다.

다뉴브 연안에서 온 이들은 오랜 밤 동안 뜨개질한 알록달록한 울 스웨터를 입고 있었다.

그리스에서 온 이들은 블랙 올리브와 루쿰 젤리를 가지고 왔다.

몬테카를로에서 온 이들은 카시노에 있었다.

여자와 남자, 뚱뚱함과 홀쭉함, 크고 작음, 친절함과 비열함, 부유함과 가난함, 예쁨과 못생김, 글을 읽을 수 있는 것과 읽지 못하는 것, 나이의 많고 적음과 같은 일상적인 속성들은 모두 사소한 것들이지만, 이들 모두가 인종적 존재론에 영향을 줄 수 있는 속성들이다.

특성화된 소수집단은 주류집단의 특성에 대칭적으로 반사된 형상이다. 이러한 인종주의적 형상은 이들의 실제모습을 반영하는 것이 아니라, 이상적이거나 비이상적인 반대적 이미지를 창출한다. 즉, 인종주의가 소외된 이들에 대한 끔찍한 이미지를 나타내는 만큼, 이들은 주류에 속한 이들에 대한 긍정적이고, 적절하며, 건전하고, 바람직한 형상의 어두운 이면을 담당한다. 이것이 바로 인종주의 담론이 규범 — 인종주의 사회의 환상적인 이상 — 에 관한 빈약한 근거를 제공할 수밖에 없는 이유이다. 따라서 헤로도토스의 스키타이인에 관한 논의는 소문에 따른 것이었다기보다는 그리스인 자신들의 그리스적 개념에 따른 것이었다고 볼 수 있다.[323] 자민족중심주의는 아프리카인에 대한 영국적이거나,[324] 프랑스적인 견해를[325] 만들었지만, 이들은 그 담론이 추정하는 대상보다는 그들 스스로를 드러낸 것이었다. 라가르데Paul de Lagarde가 지적한 바와 같이, '회색 세계Gray International'는 무연고자, 무신론자, 자본주의 집단의 연대로서, 연고가 있는 자나 지방인, 기독교인, 농업이나 수공예 집단과 대비되는 이들로 구성되어 있었다.[326] 히틀러의 관점에서 유대인들은 끔찍한 잡종이거나 무국적자들이었다.[327] 물론 히틀러는 독일 인종의 순종화와 강력한 정치조직을 소망했다.

인종주의라는 거울은 차이의 형상을 왜곡한다. 즉, 차별의 요소는 시시때때로 변화하고, 서로 모순적이기도 하다. 예를 들면, 유대인들은 독일 제국, 바이마르 공화국의 모더니티를 저해하는 대표적 존재가 되었다.[328] 강력한 반유대주의에 따라 반자본주의 정서가 촉진되며,[329] 이는 아우구스트 베벨("der Sozialismus des dummen Kerls"),[330] 페르디난드 크로나베터("der Sozialismus des blöden Mannes")[331] 등을 통해 바보들의 사회주의라는 논의를 펼치게 된 계기가 되었다. 다음 장에서 논의하겠지만, 유대인들은 자본주의뿐 아니라 사회주의와 마르크스주의와도 연계되어 있었는데, 이는 히틀러의 주된 불만 중의 하나였다.

인종주의 담론이 이질적이거나 때로는 모순적인 이유 중의 하나는 그 기저를 이루고 있는 인종주의의 근본적인 양면성 때문이라 할 수 있다. 불완전한 통합의 실제에는 양면성이 존재한다. 모호한 이방인 — 만일 그가 단기 체류하는 완전한 이방인이었다면, 그는 영예로운 손님이 되었을 것이다 — 은 문제가 된다. 왜냐하면 그는 통합된 주류집단의 순결성을 오염시키고 위협하는 존재이기 때문이다. 이러한 점에서 차별의 대상은 경계적 집단으로, 따라서 더 오염된 집단이다. 그러나 소외된 자들은 사실 규범집단과 공통적인 양식을 가지고 있을지도 모른다는 사실을 의심할 수밖에 없다. 이와 비슷하게, 인종수의 담론이 차별 집단의 열등한 특성을 끈질기게 논함에도 불구하고, 이러한 사실로 주류집단의 절대적 우월성이 영원히 담보될 수는 없다. 결과적으로 배제 자체가 반작용의 동력을 유발할지도 모른다. 즉, 미학적인 오점으로서의 주장은 몇몇에게는 혐오감을 불러일으킬지 모르나, 오직 금기의 유혹으로서 다른 이들에게는 매력적으로 느껴질 수 있다. 흑인의 미학적 열등성에 대한 견고한 전통이 성性적 판타지를 억제한 적은 없다. 실제로 이는 전후 미국 남부 흑인의 남성적 성性에 대한 공포와 같은 심리성적心理性的 위협으로 나타났다. 여성에 대한 가부장적 보호는 신분적 위계 및 문화적 경계를 동시에 유지하는 데 일조한다.

　역사적·문화적 다양성에도 불구하고, 인종주의 담론들에는 놀랍게도 많은 유사성이 존재한다. 이는 형식적이면서도 서로 다르지 않다. 이는 과거 다른 집단을 견제하며 형성된 비유를 사용한다. 즉 인종차별적 담론은 "그들"로부터 "우리"를 차별화하기 위한 통칭적 표현의 일부이다. 우리는 한 집단을 다른 집단으로 대체할 수 있을 뿐 아니라, 이전 집단과 동일한 지적 열등성, 불성실, 과도한 성욕, 도덕의 결여, 예절의 부족, 불결 등의 불만요소들을 찾을 수 있다. 초대 기독교 역사에서 기독교인들은 "문란한 교제와 인간의 살점을 먹는 등의 의례를 포함한 은밀한 의식들로 고발당하였다".[332] 수 세기 후, 중세 유럽인들은 "성적 문란, 비범한 성기능과 유혹의 기술" 등으로 이단을 고소하였다.[333] 반유대주의자들이 유대인들을 천박함, 더러움, 비겁함, 강력함과 무력함의 동시적 특성 등으로 고발할 때, 유대인들은 반유대인 담론을 아랍인들에게로 전이시켜 이들의 천박함, 더러움, 비겁함, 유대인이면서 유대인이 아닌 동시적 특성 등을 논하였다.[334] 우리는 그 고전성으로 인해 보다 강력해진 현대 인종담론에서의 맹렬한 고전적 비난을 발견할 수 있다. 뛰어난 야만인으로서 스키타이인들은, 아일랜드인부터 인도인에 이르는 다양한 소외집단의 조상들로 인식되어 왔다.[335]

시간과 장소에 따라 인종차별 담론은 변화한다. 대중매체는 다른 인종에 관한 오랜 시간 잊혀진 터무니없는 논의들을 부활시켰다. 따라서 인종과는 상관없는 인종주의가 존재하기도 한다. 놀면 콘Norman Cohn이 '세계 반유대 운동Antisemite International'이라 부른 행위는,[336] 『시온장로 의정서The Protocols of the Elders of Zion』와 같은 유대인에 관한 수많은 상징과 개념을 전파하였다. 범세계적 인종주의 전파에 따라 일본 역시 완고한 반유대주의가 나타났는데, 이는 유대인이 실제로 존재하지 않는 국가에서의 온전히 상상에 따른 위협적 존재의 모습이었다.[337] 인종주의가 이와 같이 강력하게 나타나는 하나의 원인으로 그 발화와 재발을 막을 수 없다는 사실을 들 수 있다.

구전은 기록된 지식을 보완한다. 특히 "집단적 역사의식이 형성되는 과정"으로서,[338] 소문은 때때로 중심지로부터 전해진 상투적 표현, 고정관념, 관용어의 아래로부터 위로의bottom-up 전이를 수행한다.[339] 직접적인 대화는 인종차별의 기억 또는 지식에 대한 공동 저장소의 역할을 수행한다.[340] 인종차별적 지식은 보통 별명이나 호칭, 농담 등에 압축되어 있고,[341] 이는 집단에 관한 은유적 이해를 가능하도록 만든다. 그러나 인종주의에 관한 완성된 담론은 지방에서는 나타나지 않는다. 인종주의 담론은 지역 자발적으로 발생되기보다는 중앙에서 교육받은 자들에 의해 전파된다. 성문화成文化된 지식은 지역적인 외국인 혐오주의와 범세계적인 인종주의를 결합하는 주요 매개체이다.

민족주의에 대한 진보주의자들의 대응과 같이, 대부분의 반인종주의자들은 인종주의를 진지하게 생각하지 않았다. "인종주의 운동에 대한 무지의 정도를 과대 평가할 방법은 없다. 운동의 많은 참여자들은 단편적 지식을 통해서만 활동하고 있다. (…중략…) 백인 우월주의 매체들은 무지로 가득차 있다."[342] 그러나 인종주의자와 인종주의 운동은 개념적 중요성을 강조한다.[343] 오늘날 조롱의 대상인 인종차별적 개념들은 과거 상류사회의 역사적이고, 존중받으며, 심지어 과학적으로 인정받던 논의들의 현재적 생존 또는 부활의 형태라고 볼 수 있다. 보다 중요한 것은, 인종 정체성의 이면적 형태라 할 수 있는 인종차별적 세계관이 신화적이며 추론적인 논리에 확신을 부여한다는 사실이다. 잘못된 사실과 근거를 사용하는 것이 순수와 오염, 선과 악의 구별 논의에 영향을 미치는 것은 아니다. 만일 인족의 통합이 정서적 편안함과 가족적 사랑과 같은 따뜻한 감정에 기반하는 것이라면, 배제는 본능적 거부에 따른 냉담함의 경험이다. 개별 신체와 국가의 일체화 주장에 있어 현대 인족의 정체성에 대한 논리의 정착점은, 그것이 친근하든지 낯설든지 간에, 오염과 감염에 저항하는 것이다. 따라서 논의의 중요성만큼 인종차별 담론은 그 스스로 오염과 감염에 대한 두려움을 표출한다.

인종주의에 대한 반감으로 인해 인종차별적 논의의 중요성을 부정해서는 안 된다. 인종, 종족, 민족 소속이 개인의 출신 또는 장래를 설명해주는 집합체인 것과 마찬가지로, 인종차별적 담론 역시 대중적인 사회학, 형이상학 등의 역사 및 사회이론으로서 존재한다.[344] 마르Marr나 모라스Maurras에서 시작하여 히틀러와 파월에 이르기까지의 인종주의 지도자들은 인간사회에 대한 총체적 논의를 이끌었다. 제국주의의 쇠퇴와 흑인의 이주, 또는 흑인 이주민과 범죄율 상승 사이에는 대부분 긴밀한 상관관계가 존재한다.[345] 현대인족의 상상 속 사회적 관계에서 배제된 타인들은 희생과 이주를 강요받는다. 차이, 빈곤, 또는 외부 사회적 병폐의 일시적 현상들이 인종차별적 사고를 통해 귀속되고 설명된다. 이는 우둔함에서부터 태만함이나 성적 이상性的異相에 이르는 결함적 특성에 관한 모욕적 호칭들을 설득력 있게 정당화한다. 이러한 관점에서 볼 때 인종 구분의 논의는 인종 분할과 범주화를 지지한다.[346]

인족 담론과 인종주의 담론의 양극단은 상호 기생적으로 공생한다. 이는 실증이 불가능할 뿐만 아니라 왜곡도 불가능한, 따라서 가장 강력한 범사회적 논증이다. 이에 희생되는 집단은 어쩔 수 없이 사회적 병폐의 원천이 된다. 이에 따라 인종주의는 위기 상황에서 특히 공고해진다. 보다 구체적으로, 인종주의와 음모이론 사이에는 밀접한 관계가 있다. 역사학자 리처드 홉스테터Richard Hofstadter는 이를 편집증적 유형으로 설명하였다. "방대하고 사악한 음모, 삶의 방식을 무너뜨리고 파괴하는 거대하고 교묘한 조직적 집합체이다."[347]

인종주의에 관한 사회학적 논의는 수직적이고 수평적인 구분이 동시에 발생할 때 견고해진다는 일반론적인 강조에서 시작된다. 만일 소외된 자들의 대부분이 가난하고 교육을 받지 못했다면, 이러한 상관관계는 인종주의적 담론의 확실한 근거가 된다. 계급 불평등이 문화적 차이에 근거하는 것이라면, 인종주의는 인간의 실제적인 삶 속에서 그 실제성을 증명할 수 있는 잠재적 요소이다. 다시 말해, 인종차별적 고정관념은 진실의 일부로서 표현되고, 때때로 사회학적 일반화로 나타난다. 하워드 오덤Howard Odum의 아프리카계 미국인에 대한 선구적인 연구논문인 『흑인의 사회적이고 정신적인 특성Social and Mental Traits of the Negro』(1910)은 불결하고, 무지하며, 비도덕적인 남부 흑인들에 대한 부정적 담론을 끊임없이 제시한다. 오덤을 인종주의자나 "대강의 사회학자"로 비난하기 쉽다.[348] 그러나 오덤 역시 20세기 초 남부의 외곽지역에서 가난 등의 병폐로부터 고통받는 아프리카계 미국인들의 삶을 바꿀 수는 없었을 것이다. 심지어 몇몇은 이러한 인종차별적 담론을 받아들였을지도 모른다. 유대인들의 전통적인 자기혐오 사례 역시 유대인 지식인층의 빈곤하고 동화되지 않는 상대방에 대한 경멸에서 일부 기인했다고 볼 수 있다.[349]

따라서 사회학적 일반화는 단지 폄하되는 집단의 지적인 성취나 도덕적 가치와 상관없이, 인종주의자들의 확신을 지지해주는 존재일지 모른다. 사회학적 일반화는 주거형태, 교육 성취도, 직업적 지위와 같은 일시적인 사실들을 오인한 불안정한 고정관념으로 볼 수 있다. 과도한 인종화로 인해 모든 문제를 인종적 사안으로 치부할 수 있다.[350] 일례로 오늘날 미국에서 사회문제를 개선하고자 하는 의도는 칭송할 만할지 모르나, 빈곤과 인종을 불가피하게 동일시하는 문제가 있다.[351] 중요한 점은 이러한 문제를 어떻게 설명할 것인가 하는 것이다.[352] 인종주의적 일반화를 피하고 싶어하는 사회과학자들은 인종차별이 없는 세계를 상정해야만 하고, 절대적인 세대 간 유전이 인종주의적 일반화의 근거가 될 수 없음을 주지해야만 한다. 개인적 특성의 강조는 인종 불평등의 결과를 야기할 수 있는데, 이는 경제적 기회구조로부터 생성될 수 있다.[353] 그들은 반드시 인종적 또는 인종차별적 세대를 넘어 집단적 차별과 빈곤의 악순환을 규정하는 문화적 소외와 경제적 불평등 사이의 합류점을 고려해야 한다.[354] 일시적인 상황이 근본적인 기질로 치부되어서는 안 된다.

인종주의 담론의 근본적인 문제는 범주화된 구분이다. 인종차별 담론의 모든 수식어는 결과적으로 인종의 경계를 강조하거나 견고하게 만들었고, 주류집단의 도덕적이거나 그 외의 우월성을 담보하는 한편 불결하고 열등한 자들에 대한 탄압을 강화하였다.[355] 인종차별적 수식어를 따르는 것은 이를 구분하는 범주화에 대한 본질과 차이에 대한 근본적 진실을 간과하는 것이다. 히틀러가 유대인을 진압하고자 한 이유는 그들이 공산주의자이거나 자본주의자이기 때문이 아니었다. 히틀러는 그들을 증오했고 따라서 그들이 가지고 있는 모든 특성들을 싫어하게 된 것이다.

인종주의에 관한 지식이 논리적 일관성도 없고 경험적 타당성도 없는 만큼, 인종차별적 심리를 강조하는 것 역시 문제의 소지가 있다. 태도와 의견은 때때로 급변한다. 미국의 타인종간 결혼을 생각해보자. 1950년대 연기자인 킴 노박Kim Novak이 새미 데이비스 주니어Sammy Davis, Jr.와 데이트를 했을 때, 킴 노박의 에이전트는 그녀에게 다음과 같이 말했다. "내가 새미와 관계를 이어간다면 '나의' 커리어는 끝날 것이다. 몇몇 친구들은 전화를 받지도 않을 것이다."[356] 1960년 스웨덴 연기자인 매리 브리트Mary Britt가 데이비스와 결혼했을 당시, 20세기 폭스사는 브리트와의 계약을 해지하고 커리어를 중단시켰다.[357] 반세기 후 이러한 역사는 어두운 과거의 한 사례로서 기억될 뿐이다.

인종차별적 태도는 빠르게 변화할 뿐 아니라, 이러한 태도의 원인을 밝히는 것 역시 쉽지 않다. 권위주의적 성격,[358] "걷잡을 수 없는 공격성",[359] "인간 본질에 대한 두려움"[360]이 존재할지 몰라도,

이들이 인종주의 운동의 핵심적인 정치적 배경이 되었다고 볼 수는 없다. 이러한 강경한 인종주의자들은 소수일 뿐이고 이들의 영향력 역시 미미하다. 예를 들어, '아프리카너Afrikaner'* 속에서도 급진적인 인종주의자가 존재하였지만, 인종주의는 반제국주의로 인해 오랜 기간 부수적으로 존재하였다. 1948년 아프리카너 국민당Afrikaner National Party의 집권 이후 아파르트헤이트apartheid**가 국가정책으로 채택되면서 끔찍한 결과는 초래되었다.[361]

인종주의자들에 대한 심리적인 질문들은 흥미롭고 중요하지만, 이들이 정치, 경제, 사회적 갈등과 근본적으로 얽혀있는 인종주의 운동의 부활과 쇠퇴를 설명할 수는 없다. 인종주의자들이 위협적인 이유는 그들이 정치 세력과 결탁하기 때문이다. 다음 장에서 논의하겠지만, 인종주의 그 자체가 인종주의의 가장 무서운 비극, **제노사이드**genocide에 대해 명확히 설명할 수 없다.

● 남아프리카공화국에서 Afrikaans를 제1언어로 쓰는, 네덜란드 이민자를 중심으로 형성된 집단.
●● 이전 남아프리카공화국의 인종차별정책.

제5장

제노사이드

1

프리모 레비Primo Levi는 홀로코스트the Shoah에 대한 깊은 성찰 후 다음과 같이 논했다. "대량 학살이, 특히, 서구사회, 일본, 소비에트 연방에서 일어나지는 않을 것이다. 제2차 세계대전 당시의 집단수용소는 여전히 많은 이들─대중과 정부차원 모두에서─의 기억의 일부이고, 이에 대한 예방 작업은 현재에도 이루어지고 있다."[1] 불과 10년 후, 유럽은 구舊 유고슬라비아의 집단수용소와 인종청소 기록들로 넘쳐났다. 다른 지역 역시 마찬가지였다. 데이비드 리프David Reiff와 많은 이들은 다음과 같이 기록했다. "유럽사회는 일어나고 있는 일들에 아연실색하였다. 사람들은 이러한 일들

이 어떻게 이 자리에서 일어나는지 계속해서 물었다."² 공산주의가 몰락하고 민주주의가 부활한 유럽에서 수용소가, 비록 그 규모와 잔혹성이 축소되었음에도, 왜 다시 나타나야만 하는가? 이러한 관점에서 왜 제노사이드는 괴테와 베토벤, 칸트와 레싱의 국가인 독일에서 일어나야만 했는가?

아르메니아인의 대학살과 제1차 세계대전의 학살, 그리고 스리랑카와 수단, 보스니아와 르완다의 연속살인에 이르기까지 홀로코스트는 수백만의 삶을 앗아간 최악의 대략살상 사태였다. 이전 세기는 제노사이드의 세기로 기억할 수 있다. 대중적 이성, 집단적 증오, 인종차별 등은 인종이나 종족 사이의 일상적인 전투에서부터 대량 학살에 이르기까지의 다양한 갈등상황을 야기하였다. 제노사이드의 동기유발은 흉폭한 생물학, 또는 지독한 역사에 뿌리내린 원시성의 부활로부터 시작되었다. 이는 상상할 수 없는 공포에 맞서 인간본성 그 심연으로부터의 악마적 표출과 야만적 증오의 오랜 계보를 이어 형성된 준비된 반응이었다. 우리는 2천년 역사의 반유대주의가 홀로코스트를 야기하였고, 고대의 종족 간 증오가 1990년대 발칸 사태를 촉발하였으며, 원시 부족 간 갈등이 르완다 대학살의 결과로 나타났음을 볼 수 있다. 현대인족의 의식 세계에서 인종, 종족, 민족적 정체성의 돌출은 당연한 것으로, 이는 집단 내부의 연대와 집단 외부에 대한 적대감을 상정한다. 배타주의적 연합과 외국인 혐오 정서는 그 근거가 생물학이든 역사이든, 인종, 종족, 민족 간 갈등을 묘사하고 설명한다.

지금까지의 논의가 합당하다면, 인종주의의 인과적 우선성과 인족 간 갈등의 연속성에 대한 질문이 제기되어야 할 것이다. 원시적 야만성이나 종족 간 혐오에 관한 표현과는 달리, 인종주의와 제노사이드는 전반적으로 현대 정치체와 모더니티의 발달과 함께 복합적으로 나타났다. 수세기 동안의 갈등은 현대사회에 들어와 고풍스러운 외피를 입은 사소한 언쟁에 불과한 것이 되었다. 이는 깊고 심오하게 보이나 실제로는 얕고 공허하다. 제노사이드는 현대국가의 제도와 이념적 권력 사이의 복합성과 분리해서 생각할 수 없다. 정치적 갈등은 새로운 현대인족 집단을 창조하고 또 파괴한다.

2

국제연합United Nations의 1948년 협약에 따르면, 제노사이드는 "전체적으로나 부분적으로, 민족, 종족, 인종, 종교 집단을 파괴할 목적으로 행사되는 행위"로서, 이는 "역사의 모든 순간에서 (…중략…) 인류에게 막대한 손실을 안겨주었다".[3] 이와 유사한 개념의 인종청소ethnic cleansing는 집단의 신체와 기억을 제거하는 것으로, 반드시 파괴를 의미하는 것은 아니다.[4] 역사적으로 적을 근절하기 위하여 수많은 시도가 있었으나, 제노사이드는 왜곡된 현대성과 현대적 정치로 인한, 현대적 현상이자 결과이다. 제노사이드를 가능하게 한 것은 대량 살상을 가능하게 하는 현대국가의 기술적이고 관료적인 능력이다. 필자의 관점에서 제노사이드는 정권에 의해 적으로 규정된 자들의 범주화된 살상을 의미한다. 현대인족의 말살을 의미하는 제노사이드는 국가의 적―물론 많은 경우 국민의 적과 같은 의미로 사용되지만―과 같은 보다 넓은 범주의 하위 범주들로 구성되어 있다. 국내 총력전의 잠재적 가능성은 군사정권의 위기에서 나타난다. 이러한 주장의 근거를 확보하기 위해 홀로코스트에 대해 보다 자세히 논의해 보고자 한다.

쇼아Shoah 또는 **홀로코스트**Holocaust는 대부분 제노사이드의 전형적 사례로 인식되지만, 이를 특수한 사례로 보는 이들도 있다. 1980년대의 독일 역사가 논쟁Histoikerstreit은 절대적이고 특수한 상황 속에서 전개되었다.[5] 생존자들의 끔찍한 간증과 수용시설의 참상은 잊혀질 수 없는 것이었고, 이는 모두를 다소 냉담하고 냉정하게 만들었다. "절대로 다시는never again"이라는 말은 설명할 수 없는 것에 대한 설명 또는 비교할 수 없는 것에 대한 비교를 도덕적으로 금하고, 대신 그 단일성과 특수성을 강조한다.[6] 이러한 논리에서 제노사이드는 극본악으로서 인간의 이해를 넘어서는 것이었고, 따라서 역사나 인간의 과학이 아닌, 기억의 영역에 머물렀다.[7] 이러한 관점에서 엘리 비젤Elie Wiesel은 다음과 같이 말했다. "아우슈비츠는 상상과 인지의 영역을 벗어난다. 이는 오직 기억 속에 존재한다."[8] 그럼에도 불구하고, 도덕적 관점에서 볼 때 반유대주의를 조명하는 암묵적 설명모델이 존재한다. 즉, 독일의 반유대주의가 나치주의를 형성하였고 나치가 유대인들을 말살하였다는 것이다.

반유대주의가 나치주의를 야기했는가? 히틀러는 반유대주의자였고, 반유대주의는 나치 세계관의 중심적 개념이었으며, 반유대주의 정서로 인해 나치의 집권은 가능할 수 있었다. 1930년대 초 독일인 이발사 다니엘 게린Daniel Guérin은 다음과 같이 말했다. "유대인? 우리는 그 종족을 오래 전에 없앴어야만 했다. 그들은 우리의 불행을 책임져야 한다. 그들은 우리의 빵을 훔치러 왔다."[9] 제국주의 및 바이마르 독일의 반유대주의 정서와 홀로코스트의 실제는 우리로 하여금 독일인과 독일을 책망하고 악마화하도록 만든다. "독일계 유대인은 강력한 인종차별 문화의 희생양이 되었다."[10] 독일 반유대주의는 심지어 냉철한 역사가까지도, 20세기 초 유대인이 전체 독일인구의 1퍼센트 미만이던 당시, 독일 대학의 정식 유대인 교수가 3퍼센트 미만이라는 사실을 통탄해 하도록 만든다.[11] 국가사회주의와 홀로코스트는 현대 독일역사와 문화 전체의 낙인이 되어 독일인과 독일의 모든 것들을 죄의식 속에 가두었다.

반유대주의 정서에도 불구하고, 20세기 초 독일인 유대인들은 여러 분야에서 성공적인 커리어를 보유하고 있었다. 1930년대 초 독일 전체 의사의 11퍼센트, 변호사의 17퍼센트가 유대인이었다.[12] "독일 유대인 역사는 유럽 역사에서 가장 극적인 사회적 도약을 이루었다."[13] 결혼 전 개종자를 제외한 수치로서, 1933년 독일인의 44퍼센트는 비독일인들과 결혼하였다.[14] 1937년 조세프 로스Joseph Roth가 기록한 것처럼 "수년 전 (···중략···) 서유럽에는 유대인에게 영향을 미치는 어떠한 문제도 존재하지 않았다. 그들에게 문제가 되는 것은 서유럽의 유대인과 비유대인들에게 동유럽 유대인들의 비극을 이해하도록 만드는 것이었다. 특별히 무한한 기회의 땅에서 말이다. 물론 여기서 내가 말하는 땅은 미국이 아니라 독일이다".

이웃 국가들이 맹렬한 반유대주의를 고려할 때 독일이 유럽 내 가장 소극적인 반유대주의 국가였다는 프란츠 노이만의 농담은 이와 무관하지 않다.[15] 역사가인 피터 게이Peter Gay는 1930년대 중반의 학창시절을 다음과 같이 회상했다.[16] "내가 기억하는 한 나는 은밀하게라도 한 번도 놀림 받거나, 괴롭힘을 당하거나, 공격당한 적이 없었다."[17] 1933년 이후 독일을 떠나기를 주저한 유대계 독일인들은 이성적인 판단에 의한 것이었지, 독일에 비이성적인 애착을 가지고 있기 때문은 아니었다. 그러나 이것이 대재앙이었음을 깨달은 것은 훨씬 이후였다.[18] 확실히 동유럽의 유대인들이 소련이 아닌 제3제국the Third Reich의 통치영역에 머물기로 결정한 것은 타당한 것이었다.[19] 비록 유대계 독일인들에게 향한 모욕, 괴롭힘, 공격이 팽배하였고 반유대주의 정서가 바이마르 독일을 지배했음에도 불구하고,[20] 반유대주의는 동유럽으로부터 새롭게 이주한 유대인들인 **오스튜덴**Ostjuden에게 집중되어 있었다. 이러한 편견은 동화된 유대계 독일인들 역시 함께 보유하고 있는 것이었다.[21]

극단적인 반유대주의보다 우리는 비유대계 독일인들의 악마적인 순응과 무관심에 집중할 필요가 있다. 크리스토퍼 아이셔우드 Christpher Isherwood는 1933년 독일에 대해 다음과 같이 기록했다. "사람들은 카페에 앉아 나치당의 주장을 듣고 있다. 소와 같이, 별다른 호기심 없이, 현실에 안주하며, 일어난 일들을 인정하지만 책임은 지지 않는다. 이들 대부분이 투표를 하지 않았으니 어떻게 책임을 지고자 하겠는가?"[22] 레오 백Leo Baeck은 1933년 유대인 상인에 대한 보이콧을 다음과 같이 회상했다. "역사상 가장 비겁한 날이었다. 그 정도의 비겁함 없이 그런 일이 생길 수는 없었다."[23] 그러나 이들 모두의 기저에는 무관심이 있었다. 비록 나치가 개입한 1933년 보이콧이 성공했다 하더라도, 이것이 나치가 원하는 만큼의 대중적인 반유대주의적 정서를 증폭시키지는 못했다.[24] 전반적으로 나치의 통치는 반유대주의적 행위에 대한 대중적 동원이나 열정을 고무시키지는 못했다.[25] 아마도 이를 가장 열정적으로 수용한 이들은 유대계 독일인들을 행정직이나 전문직으로부터 축출하거나 유대인 소유의 기업들을 몰수함에 따라 이득을 본 비유대계 독일인들이었을 것이다.[26] 그러나 히스테리적인 선전과 무법주의를 통해 대중적인 반유대주의가 활성화될 수는 없었다. 전쟁 이후 기록되었지만, 악명 높은 반유대주의 학술지인 『돌격자Der Stürmer』에 대한 루돌프 회스Rudolf Höss의 평가, 즉 "진지한 반유대주의에 대한 논의와 거리가 멀고, 극단적인 모욕으로 가득하다"는 논의는 정확하다고 볼 수 있는데,[27] 그는 심지어 "논문은 유대인에 의해 편집되었다"는 사실을 고발하였다.[28]

독일인들은 대부분 나치의 공모에 수동적으로 연루되었지만,[29] 이에 저항하는 독일인도 존재했다.[30] 저항으로 인해 수많은 비유대계 독일인들은 투옥되거나, 심지어 사살되었다.[31] 1944년 6월 20일 히틀러 암살계획단인 칼 고델러Carl Goedeler, 클라우스 폰 슈타우펜베르크Claus von Stauffenberg 등은 보수주의자일 뿐 아니라 친나치주의자들이었으나, 나치의 유대인정책에 반대하였다.[32] 만일 우리가 독일의 저항집단을 과소평가하고 오직 프랑스 레지스탕스만 칭송한다면, 특히 이들이 비쉬 정권 또는 나치 정당을 타도하는 독일집단보다 실제적이지 못했다는 사실을 상기한다면, 우리는 독일 저항집단이 외부의 조력자들을 찾지 못했다는 사실과[33] 무장 조직체로서 운영되었다는 사실을 잊어서는 안 된다.[34]

반유대주의는 히틀러 세계관의 중심이었고, 그는 카를 뤼거Karl Lueger의 비엔나에서 반유대주의를 학습하였는데, 이는 그의 초기 정치사상에서부터 나타난다.[35] 히틀러에게 유대인은 민주주의, 공산주의, 파시즘, 국제주의와 같은 그가 혐오하는 모든 것의 총체와 같은 것이었다.[36] 열정적인 반유대주의는 상당수의 초기 나치 지지 세력을 구축하였으나, 초기의 나치 지지자들은 나치 인종주의에 의해 진압되었다.[37] 사실 민족주의적 사회주의는 초창기 일부 유대인들의 지지를 받았다. "한스 요하임 숍스Hans Joachim Schoeps는 히틀러를 따르는 독일 유대인집단을 이끌었다. 막스 나우만Max Naumann은 독일 민족주의의 유대인연맹 수장으로서 히틀러의 집권 이후 나치 정당으로부터 지원을 받기 위해 열렬히 활동하였다."[38] 유대계 나치주의자들은 자기혐오적으로 유대인을 싫어했을지 모르지만, 이들의 모순은 극단적 민족주의로의 호소와 유대인에 대한 나치의 약화된 담론의 결과로 나타났다.[39] 1930년대 나치는 배제주의적 반유대주의보다는 극단주의적인 민족주의를 강조하였다.[40]

초기 히틀러의 정치적 대중성은 경제회복의 달성, 민족 자긍심의 회복, 민족공동체Volksgemeinschaft의 조직 및 카리스마적 리더십을 통해 획득된 것이었지 유대인 배척을 통해 이루어진 것은 아니었다.[41] 베르사유 조약에서의 치욕에 대한 복수나 대독일 제국의 설립 등을 통해 히틀러와 그 추종자들은 민족주의 기조를 증폭시켰고, 히틀러 자신 역시 민족을 형상화하기 위해 노력하였다.[42] 요제프 괴벨스Joseph Goebbels는 1930년대 초 다음과 같이 기록했다. "국민은 우리 모든 노력의 처음이며 중간이자 끝이다."[43] 이러한 나치의 민족주의적 주장은 바이마르 독일 당시 만연했던 공동체 형성의 욕구를 해소시켜주는 것이었다.[44] 히틀러는 다음과 같이 말했다.[45] "(국가사회주의) 운동은 대중 민족화를 우선적으로 달성해야 한다." 그리고 "국가로서 독일 제국은 반드시 모든 독일인을 포용해야 한다".[46] 헤르만 괴링Hermann Göring에 따르면 "가장 중요한 것은 (…중략…) (활동초기) 하나의 통일된 민족 집단을 형성하였다는 점'이다".[47] 민족공동체에 대한 이상은 독일의 여러 사회적 분파를 초월한 대중적 호응을 유도했다.[48] 이와 반대로 주류 정당은 유권자들의 민족주의적 연대를 이끌어내지 못했다. 국가사회주의의 사회주의적 측면은 계급 및 신분 위계질서의 제거 노력으로 나타났다. 민족주의적 공동체를 약속하며 문화와 신분 통합이 칭송되었다. 그러나 나치는 이를 성공시키지 못했다.[49] 사실 나치의 통치는 그들이 의도한 것과는 정반대로 나타났다. 이들은 지방화를 추구했지만 도시화가 확대되었고, 소득 균형에 대한 이상은 극심한 불평등의 결과로 이어졌다. 평등성이 나타난 순간은 오직 모든 독일인들을 차별 없이 겨냥한 연합군이 폭격 당시였다.[50]

국가사회주의 운동에 이념보다 강력하게 작용한 동기는 국가권력을 취하고 이를 운행하고 확장시키고자 하는 욕구였다. 히틀러의 주요 목표는 정당을 통치하여 국가를 장악하고, 이후 '위대한독일'을 만드는 것이었다.[51] 히틀러의 초기 집권은 교조적 이념화보다는 권력의 행사와 독재체제의 구축에 집중되어 있었다.[52] 나치집권세력 2인자였던 괴링은 그가 "혁명주의자였기 때문이지, 어떠한 모순적인 이념 때문에 정당에 가입한 것이 아님"을 고백하였다.[53] 카를 슈미트Karl Schmitt와 같이 그는 정치철학을 통해 적과 동료를 구분하였다.[54] "독일의 부상과 부활을 도모하는 모든 원칙은 우리 정책 속에서 우리만이 알 수 있는 사안이다. 우리는 국가에 해가 될 수 있는 모든 것들을 규탄할 것이고 그들은 말살될 것이다."[55] 공산주의자, 유대인, 동성애자, 집시, 러시아인 등에 대한 대량 학살은 나치 통치의 이유이자 근거이며 정당성이 되었다.[56] 나치 정권의 존재의 이유는 곧 권력이었다.

1933년 히틀러가 총리로 부임하며 히틀러 정권의 통치는 강화되었다.[57] 이들은 우선적으로 정치적 반대파들을 무장 진압하였다.

돌격대SA : Sturmabteilung는 공산주의자, 사회민주주의자, 노동조합을 공격하였다.[58] "게슈타포의 우선적인 임무는 정치적 반대자들과 성직자들을 말살하는 것이었다."[59] 괴링Göring이 논한 바와 같이, 나치 정권의 첫 번째 임무는 "공산주의를 타도하고 무너뜨리는" 것이었다.[60] 통치 초기 히틀러의 연설은 극단적인 반마르크스주의에 집중되어 있었다.[61] 이러한 관점에서 반유대주의와 반마르크스주의는 서로 간에 상생 효과가 있었다.[62] "우리가 유대인을 규탄하는 주된 이유는 그들이 그들의 지도자에게 마르크스주의와 공산주의를 전파하였기 때문이다."[63]

정치적 반대파에는 공산주의자들과 사회민주주의자들뿐만 아니라 히틀러 정권에 잠재적 위협으로 작용할 수 있는 모든 이들이 포함되었다. 1934년 6월 히틀러는 내부의 위협이 되는 에른스트 룀 Ernst Röhm과 돌격대(SA)를 숙청하였다.[64] 이후 정당 발기가 금지됨에 따라 히틀러의 정권에 위협이 될 만한 존재는 없었다.[65] 친위대와 게슈타포는 폭력국가의 기반이 되었다. 획일화Gleichschaltung 정책을 통해 획일성과 동질성이 강요되었고, 대중과 반대되거나 이에 일탈한 자들은 진압되었다.[66] 나치는 위로부터는 정권을 중앙집권화하였고,[67] 아래로부터는 협회를 조직하였다.[68]

그러나 히틀러의 대중적 지지와 나치 통치의 정당성이 완전히 성취된 것은 아니었다.[69] 나치의 통치는 광적인 지지자들 외에 암묵적 동조자들과 정치적 무관심의 기반으로부터 구축되었다.[70] 대부분의 독일 노동자들은 그들의 임금과 업무 환경으로부터 우선적으로 영향을 받았다.[71] 농촌 마을도,[72] 대형 기업도,[73] 나치의 통치를 열광적으로 지지하는 이는 많지 않았다. 국가 행정조직은 공포와 무관심을 초월하여 히틀러의 지시와 통제에 순응하였다.[74] 1930년대 말 경제부흥은 나치의 통치를 공고하게 하였으나, 군사적 승리로 대중적 지지를 이끌어내기 전까지 대부분의 독일인들은 1939년 9월의 폴란드 침공에 동조하지 않았다.[75] 결과적으로, 히틀러에 대한 대중적 지지가 높아지게 되면서 나치의 통치와 독일 사회가 결합되게 되었다.

3

만일 나치 정권이 궁극적으로 추구하는 바가 권력의 획득과 확장이라면, 그 세계관은 현대인족의 정점, 즉 인종의 우월성과 민족의 위대함으로 나타났다. 히틀러가 강조한 바와 같이, 갈등은 "적들의 공동전선에 대항한 진정한 독일인들의 위대한 통일전선" 사이에 존재하는 것이었다.[76] "진정한 독일인들"은 물론 진정한 나치 당원들을 의미하였고, 국가의 목적은 "신체적으로나 정신적으로 단일한 공동체의 지속과 발전"에 있었다.[77] 나치는 그들의 이상에 따라 국가를 재창조하고자 하였다.

나치는 규범적 독일인의 형상을 구축하고자 하였고, 이에서 벗어나는 이들을 제거하고자 했다. 부합하지 않는 이들의 기회비용을 통해 부합되는 이들이 장려되었다. 생명정치는 성性과 결혼에서부터 출산과 양육,[78] 여성적·남성적 이상에 이르기까지,[79] 모든 분야에 대한 정상으로서의 규범을 부여했다. 특히, 히틀러 친위대(SS)는 그 구성원들에 대한 신체적 기준을 강화하며 그 스스로 인종적 엘리트 집단을 형성하였다.[80]

나치의 인종 엘리트주의에 대한 자가적 구축은 추정상의 정상성, 정합성, 이상성으로 인해 성공하지 못했다. 그들의 지도력을 살펴보면 그 계획이 성공하지 못할 것임을 알 수 있다. 저명한 우생학자인 막스 본 그루버Max von Gruber는 1932년 2월까지 독일 제국의 시민이 아니었던 오스트리아인인 히틀러를 다음과 같이 묘사하였다.[81] "얼굴과 머리가 나쁜 인종 유형으로, 잡종이다."[82] 히틀러의 조상이 유대인이었다는 소문은 히틀러를 괴롭혔다.[83] 가우라이터Gauleiter는 하인리 힘러Heinrich Himmler에 대해 다음과 같이 말했다.[84] "내가 만일 그와 같이 생겼다면, 나는 인종에 대해 아예 말하지 않을 것이다."[85] 하인리 힘러는 나치 친위대의 숨은 지도자이자 "금발의 야수Blond Beast"로 불리는 자로서 **최종해결책**Final Solution을 지시한 자였으나 유대계였고, 인종주의 이론가인 알프레드 로젠베르크 Alfred Rosenberg는 유대인 정부情婦를 둔 러시아 이민자였다.[86] 이상적인 아리아인과 규범적 독일인으로부터의 괴리에도 불구하고, 나치 지도층과 그 추종자들은 그들 스스로를 아리아 인종이나 독일 인종으로서 규정하고 귀속하였다. 나치 친위대가 순수 인종을 모집하는 데 어려움을 겪자, 이들은 "여섯 개의 어금니"가 부족하거나, "충치, 하지 정맥, 나쁜 자세, 이상 골격, 근육이상, 체중과 신장이 미달"인 자들을 색출하였다.[87] 이상화의 실패가 나치 지도층을 저지할 수는 없었다. 보통의 독일인들 사이에서 나타나는 대부분의 결함은 까다로운 인종주의의 시선을 벗어날 수 있었다. 보통의 독일인들이 외형적으로 더 크거나, 더 건강하거나, 더 아리아적인 인물로 변화한 것은 아니었다.

아리아 인종의 순수화 작업이 정체되자, 나치는 일탈자들에 대한 관리 작업에 보다 열정적이고 주도면밀해졌다. 나치는 독일 순수 혈통의 출산을 위해 출산장려정책을 촉진하였으나,[88] 그보다는 혼종 또는 열성의 독일인들의 출산을 저지하기 위한 출산 방지 운동에 더욱 집중하였다.[89]

나치주의의 민족공동체Volksgemeinschaft 운동은 민족의 적Volksfeind과 공동체의 이방인Gemeinschaftsfremde을 규정하도록 만들었다.[90] 공동체의 이방인은 민족의 통합과 복종을 강제할 수 있는 유동적 기표였다.[91] 다음과 같은 나치당원의 설명처럼 하나의 범주가 생성되었다. "성격과 생활방식으로는 한 사람이 그 자신만의 노력으로 민족공동체의 최소한의 요구를 수행할 수 없다."[92] 중요한 점은, 유대인들은 독일 민족의 수많은 적들 중 하나의 집단에 불과하였다는 점이다. 나치 생명정치학자들이 인종 혁신과 인종 순수화 작업을 강제함에 따라, 나치 친위대와 게슈타포는 구속과 국외추방,

불임, 안락사, 강제수용소, 집단학살수용소 등을 통해 리더십을 발휘하였다. 나치가 일탈자들을 관리하는 특권적인 방법은 바로 제거였다.

나치 정권의 최우선적인 관심은 저항세력에 대한 진압이었다. 상기한 바와 같이, 1933년 주요 진압세력은 공산당 세력으로서 당시 히틀러 최대의 적이었다.[93] 1930년대 말까지 나치는 정치적 반대세력을 최우선적으로 탄압하였고, 이들은 강제수용소에 집중 수감되었다.[94]

반대세력의 진압 이후, 나치 통치의 주요 관심대상은 "사회 부적응자(Asoziale, 또는 Volksschädling)"에게로 전이되었다.[95] 거지, 부랑자, 알코올중독자, 동성애자, 여호와의 증인 등은 "민족에 해가 되는 자"로서 인식되었다.[96] 이들은 유전적 결함을 가질 가능성이 있는 자들로 인종차별의 대상이 되었다.[97] 이들은 부적격자일 뿐만 아니라 생물학적 문제를 가진 자들로 인식되었다. 나치 정권의 통치가 시작된 첫해에 이미 거지와 부랑자들은 체포되기 시작하였다.[98]

나치의 생명정치는 신체적 일탈자들을 조직적으로 제거하였다. 히틀러의 명령에 따라 생물학자, 인류학자, 윤리학자들은 성욕을 통제하고 성에 관한 승인되지 않는 표현들을 금하고자 노력했다.[99] 히틀러는 극단적인 동성애혐오자였다.[100] 동성애는 자연에 위배되는 범죄일 뿐만 아니라 정권의 출산장려정책을 침해하는 존재로 간주되었다. 이에 대해 히믈러Himmler는 1937년 다음과 같이 간단히 말했다. "동성애자는 국가의 적이다."[101] 이들 중 일부는 거세당했고,[102] 대부분은 강제수용소에 보내졌다. 이들은 대부분 수용소의 가장 낮은 서열에 속하였고,[103] 나치 정권은 정치 수감자들이나 '여호와의 증인'보다 비율상 많은 동성애자를 사살하였다.[104] 그럼에도 불구하고, 많은 동성애자들은 그들을 도울 수 있는 훌륭한 독일인 네트워크를 가지고 있었다. 나치가 추정한 120만에서 200만의 동성애자 중 결과적으로 5천 명 이하만이 유죄선고를 받았다.[105]

다른 범주의 생물학적 부적격자들은 더 많은 고통을 받았다. 히틀러는 다음과 같이 기록했다. "신체적으로나 정신적으로 건강하지 않거나 부적격인 사람들은 그들의 자손에게 그 고통이 영속되지 않도록 해야 한다. 우리 민족국가는 반드시 광범위한 최대치의 교육 사업을 수행해야만 한다."[106] 이러한 교육 프로젝트는 수감, 불임, 제거를 모두 포함하는 것이었다. 정신병자Geisteskranke의 광범위한 범주는 정신적으로 문제가 있는 환자뿐만 아니라, 시각장애인, 청각장애인 등 신체적 장애가 있는 아리아인 모두를 포함하였다.[107] 유전에 대한 공포로 인해 생활상 가치가 없다고 간주되는 독일인들에게 불임 수술과 말살정책이 행해졌다.[108] 나치 독일은 이에 대해 강력한 의지를 나타냈지만, 사실 이는 복지국가와 엘리트 과학자들이 대체로 합의한 우생학 정책을 이어간 것뿐이었다.[109] 시간이 지남에 따라 우생학 정책은 복지 관료가 아닌 경찰과 나치 친위대가 집행하게 되었다.[110] 나치 정권 초기 유전적인 질병이 있는 자들의 단종법sterilization law이 통과되었다. 유전적 질병의 유형은 광범위했다.[111] 예를 들어, 정신분열증은 유전병으로 인식되었고,[112] 전염병으로 알려진 결핵은 부분적으로 유전되므로 불임이나 '말살'을 주장할 수 있는 근거로 사용되었다.[113] 부랑자 등 사회 부적응자들에게도 불임 수술이 강행되었다.[114] 1934년부터 1939년 사이 40만 명의 독일인들에게 불임 수술이 강제 집행되었고, 많은 여성들에게 낙태시술이 강행되었다.[115]

1939년 나치 정권이 "건강해질 의무"를 공포한 이후, 안락사가 불임 수술을 대체하였고, 강제 낙태는 "생활에 적합하지 않은 삶"을 관리하는 주요 수단으로 사용되었다.[116] 1939년 9월 히틀러는 **T4 작전**Aktion T4을 인가하였다.[117] 생명정치학적 관심과 더불어 의료용 침대와 같은 제도적·경제적 필요가 증가하며 집행은 보다 용이해졌다.[118] T4 작전은 정신이상자와 신체적 장애를 가진 이들을 나치의 가스실에서 살해한, 최초의 아리아인 희생자를 발생시킨 사건이었다. 이곳에서 7만 명의 독일 인종이 살해되었다.[119] "의사들은 (…중략…) 자칭 '군사'들로서 병동을 지배했다. (…중략…) 환자들은 말 그대로 '적군'이 되었다."[120] 기독교 시위는 표면상 1941년 8월 종결되었지만,[121] T4 작전에 투입되었던 인력, 제도, 기술은 1940년대 초 일제히 아우슈비츠 등의 집단학살수용소에 투입되었다.[122] 신체적 장애 아동과 정신이상 아동, 강제수용소 수감자에 대한 살인은 계속되어 자행되었다.[123] 독일이 말살 계획을 다른 집단에게로 바꾸어 이행함에 따라, 부적격자에 대한 말살 작업은 개별 병원에게 양도되었다.[124] 많은 이들이 대규모 총살로 인해 사망했고,[125] 정신병원에 있던 10만 명의 환자들은 의도된 아사餓死를 당했다.[126] 결국, 나치 정권은 신체장애나 정신이상을 가진 20만 명의 독일인들의 죽음에 대한 책임이 있다.[127]

　나치 독일이 겨냥한 근본적인 문제적 대상은 비아리아인들이었다. 1935년 뉘른베르크법Nuremberg Laws은 비아리아인들을 2등 국민으로 지정했고, 이는 유대인뿐만 아니라 "집시, 흑인, 사생아",[128] 그리고 슬라브 소수민족까지 포함하는 것이었다.[129] 소수의 아프리카계 독일인들을 고려해 볼 때 이들을 반대하는 명확한 법은 없었으나, 500여 명의 라인란트 사생아들—대부분 프랑스 흑인 군인과 독일 여성의 자녀로 이루어진—은 나치 불임화 정책의 첫 번째 희생자들로서 죽임당하였다.[130] 인종정화정책은 혼혈아Mischlinge에 대한 징계를 통해 알 수 있다. 독일의 초기 아프리카 식민통치 논의를 보면,[131] 이들에 대한 정의는 불확실하였고 관리 역시 불안정하였음을 알 수 있다.[132] 반유대주의의 대중적 근거는 유대인들이 "흑인과 동양인 사이에서 태어난 '잡종'"이라는 사실이었다.[133] 1935년 뉘른베르크법은 타인종 간의 출산을 금지하였을 뿐만 아니라, 나치가 규정한 다른 인종과의 성행위도 금지하였다.[134]

　1930년대 초, 주로 로마Roma와 신티Sinti로 대표되는 집시들은 독일 내 대략 26,000명이 존재하였는데,[135] 이들은 강력하고 지독한 편견에 시달렸다.[136] 1939년까지 타인종을 반대하는 나치 정권의 캠페인은 이들에게 집중되어 있었고, 이들은 불결하고, 비사회적이며, 범죄 가능성이 높은 인종으로 간주되었다.[137] 이 문제의 해결을 위해 독일은 1935년 **최종해결책**total solution을 제정하여,[138] 강제 불임화와 강제수용을 집행하였다.[139] 이러한 명확한 인종 구분에도 불구하고,[140] 이들은 인도에서 유입된 자들이라고 믿어졌기 때문에 어떤 의미에서는 아리아인이라고 볼 수도 있었는데, 어찌되었든지 이들 대부분은 독일 영토가 팽창함에 따라 나치의 통치하에 있게 된 자들이었다. 150여 건의 대량 학살 기록에 나타난 바와 같이 이들은 대량 총살로 사망하거나[141] 가스실에서 죽임을 당했는데,[142] 이는 아우슈비츠의 20~23,000명을 포함한 것이었다.[143] 나치는 대략 2만 명의 로마 및 신티 집시들을 사살하였다.[144]

광적인 반유대주의에도 불구하고 히틀러와 다른 나치 지도자들이 **최종해결책**에 도달하기까지에는 많은 시간이 필요했다. 홀로코스트는 결코 미리 결정된 것이 아니었다. "1933년 어떤 관료도 1938년 어떤 종류의 수단이 동원될지 예측하지 못했고, 1938년의 어느 누구도 1942년에 어떤 형태의 일이 벌어질지 예측하지 못했다. 1933년 비아리아인들의 국가채용을 금지하는 시민복지법이 제정되었고, 1935년 뉘른베르크법을 통해 이들은 타인종과의 결혼을 금지당했다. 1938년 법령은 독일 유대인들에게 '사라Sara' 또는 '이스라엘Israel'과 같은 이름을 강제하였고, 1942년에는 '다윗의 별' 착용을 강제하는 법령이 제정되었다.[145] 요약하자면, 나치는 유대인의 시민권을 점차적으로 빼앗았다.[146] 나치의 인종과학은 유대인 생체병리학에 대한 연구를 발달시켰다.[147] 그러나 1933년 보이곳부터 1938년 크리스탈나흐트Kristallnacht●에 이르기까지 반유대주의 정서를 대중화하기 위한 나치의 노력은 성공을 거두지 못하였다.[148] 그러나 각각의 실패는 더욱 새롭고 급진적인 수단을 창출하기 위한 더 큰 동기를 부여하였다.[149]

1935년부터 1939년까지 유대인 없는 독일을 만들기 위한 방편으로 **추방**Entfernung이 선호되었다.[150] 따라서 나치는 인종청소뿐 아니라 시온주의를 옹호했다.[151] 히믈러의 1940년 5월의 메모에는 다음과 같이 기록되어 있다. "나는 모든 유대인들이 아프리카나 다른 식민지로 이주하여, '유대인'이라는 용어가 완전히 없어지기를 희망한다."[152] 1941년까지 유대인들을 마다가스카르로 이주시킬 계획들이 수립되었고,[153] 히틀러는 이들을 시베리아로 이주시킬 것을 제안하기까지 하였다.[154] 크리스토퍼 브라우닝Christopher R. Browning은 이를 다음과 같이 보았다. "만일 나치 정권이 1941년 상반기에 없어졌다면, 그들의 인류학살에 대한 최악의 소행은 소위 7만에서 8만의 독일 정신이상자들에 대한 안락사와 폴란드 지식인들에 대한 조직적 암살로만 기록되어졌을 것이다."[155]

여러 개혁들은 유대인 난민문제였을 것을 홀로스트로 귀결시켰다. 이 과정은 점차적으로 발전한 것이었지, 목적론적으로 변화된 것은 아니었다. 전쟁과 제국주의는 군사정권에게 확장된 자주권을 부여하였다. 히틀러가 폴란드를 공격한 것은 유대인들을 잡기

● 크리스탈나흐트(Kristallnacht) : 1938년 나치 요원들이 독일 전역의 유대인 가게를 약탈하고 유대교 사원을 방화한 날.

위해서가 아니라 **레벤스라움**Lebensraum®과 **대독일**Great Germany을 만들기 위해서였다.[156] 독일의 군사적 승리를 통해 독일 통치하 유대인 인구는 급속도로 증가하였다. 히틀러가 권력을 잡았던 1933년 독일의 유대인 인구가 대략 50만 정도였던 데 반해, 1939년 폴란드를 점령하고 1941년 소련을 침공한 이후, 독일 통치하의 유대인 인구는 800만을 넘어서게 되었다.[157] 나치의 선전을 충실히 따라 내부의 적들을 규정하기 어려웠고, 이들은 어디에나 있었다.[158] 이전 장에서 논하였듯, 단일 인종에의 추종은 인종 다양성으로 귀결되었다.

유대인 인구가 증가함에 따라 나치는 이들의 추방에 어려움을 겪었다.[159] 1939년 이들을 니스코Nisko로 이송시키는 작전은 수송상의 어려움으로 실패하였다.[160] 마다가스카르 계획은 영국의 해양 점령으로 인해 불가능하게 되었다.[161] 동시에 1938년까지 약 15만여 명이 이주하였지만, 그들 스스로를 독일인으로 여기는 많은 독일 유대인들은 독일을 떠나고 싶어하지 않았다.[162] 크리스탈나흐트Kristallnacht 이후, 더 많은 이들이 나치 공포로부터 벗어나고 싶어했으나, 독일 연합국들은 무관심이든지, 아니면 유대인 혐오주의 때문이든지, 이주민이나 난민으로 유대인을 받아들이기를 꺼려했다.[163] "영국 정부는 (…중략…) 유대인 난민들의 유럽에서의 이탈을 막기 위해 최선두에서 일했다."[164] 연합된 통일체나 지도자가 없

● 레벤스라움(Lebensraum) : '생활권'. 독일의 식민지 확장을 위한 팽창주의에 사용된 개념으로 오스카 피셸(Oscar Peshel)이 최초로 제안.

었던 미국의 유대인들은 아무것도 할 수 없었다.[165] 정착촌Yishuv의 시온주의 지도자들 역시 유럽의 유대인들을 구출하기보다는 팔레스타인에서의 유대인 국가 건설에 집중하였다.[166] 유대인 단체는 정착촌을 대변할 수 없었고, 유대인 세계는 더더욱 할 수 없었으며, 정착촌의 많은 이들은 1943년까지 "디아스포라의 수동성에 대해 경멸"을 표하였다. 또한 이들은 "단지 유대인일 뿐인 자들"에 비해 "팔레스타인에서의 삶을 대비한 훈련을 받은" 자들로서 "선택받은 이주민"임을 주장하였다.[167]

1941년 10월까지 나치 정권은 유대인 이주를 금지하였지만,[168] 전쟁의 막바지까지 이들의 이주와 추방이 완전히 폐쇄된 것은 아니었다.[169] 이와 관련, 1941년 봄의 로젠슈트라세 시위Rosenstrasse protest를 통해 독일인과 결혼한 1,700명의 독일 유대인들의 추방은 저지될 수 있었다.[170] 이와 반대로 노르웨이로부터 루마니아까지 유럽 전역은 나치 정권과 함께 유대인들을 집단처형장death camp으로 이주시켰다.[171] 일례로, 프랑스의 비쉬Vichy 정권은 나치의 반유대주의 정책을 성실하게 이행하였다.[172] "아우슈비츠는 증오에 의해 만들어졌지만, 무관심을 통해 구축되었다"는 이안 커쇼Ian Kershaw의 유명한 말이,[173] 비독일인들의 무관심과 공모에 대한 혐의를 해명해줄 수는 없다.[174]

우연이 모여 거대한 인류의 비극은 초래되었다. 반유대주의와 반과격주의anti-Bolshevism 사이에서 나치 정체성을 공고하게 만들어준 소비에트 연방과의 전쟁은 반유대인 운동을 강화하는 결과를 낳았다.[175] 제1차 세계대전에서 독일 패배의 원인으로 비난받았던 유대인들은 내부의 적인 동시에 외부의 적으로 일순간 변하였다.[176] 이와 동시에 나치 친위대는 자주권을 획득하며, 나치가 점령한 지역들에 대한 과격 정책을 수행할 수 있는 자원을 확보하였다. 나치 정권의 영토 확장은 정치적 분파를 형성하였고 이에 따라 친위대와 게슈타포는 상당한 정도의 자율권을 가질 수 있었다.[177] 전쟁 이주속에서, 나치 친위대와 게슈타포의 과격화는 결국 1941년 봄과 가을 사이 최종해결책을 초래하도록 만들었고, 이에 따라 독일의 유대인 정화 목표는 전 유럽의 유대인 학살 목표로 변화하였다.[178]

1940년대 초 대량 학살은 기본적으로 세 가지의 형태가 있었던 것으로 보인다. 첫째, 유대인에서 전쟁포로에 이르는 많은 적들은 강제수용소나 게토에서, 또는 수송 중 열악한 환경으로 인해 죽임을 당했다.[179] 바르샤바, 로지 등의 게토에서는 기근과 전염병으로 인해 수천만의 사람들이 죽어갔다.[180]

둘째, 1939년 폴란드에서 시작된 공산주의자, "아시아적 열등자", 집시, 유대인들에 대한 대량총살이 있었는데, 이는 초기의 이념적 반대자들을 숙청하기 위한 것이었다.[181] 하이드리히Heydrich는 1939년 폴란드 캠페인 직후 다음과 같이 공포했다. "귀족, 성직자, 유대인들은 반드시 죽어야 한다."[182] 대량학살부대인 '아인자츠그루펜Einsatzgruppen'●은 독일의 장애인과 정신이상자를 포함한 반나치, 반독일분자들을 사살하였다.[183] 아인자츠그루펜의 대량 학살

●　아인자츠그루펜(Einsatzgruppen) : 이동학살 부대.

제5장_ 제노사이드

전략이 병사들에게 심리적 상해를 입히는 것으로 판명되자, 이동식 가스차나 다이너마이트와 같은 다른 대량 학살의 수단이 이용되었다.[184] 한 예로, 1941년 부헨발트에서는 8만 5천 명의 전쟁포로들이 줄지어 총살을 당했다.[185]

나치는 곧 강제수용소와 가스실을 병합할 방안을 생각해냈다. 유대인 나치 당원이었던 하이드리히의 죽음을 따라 이름붙인 라인하이트 작전은 무장의 제노사이드를 유대인에게 초점을 맞춘 대학살로 변화되었다.[186] 특히, 1942년 이후 유대인 학살Judeocide은 정권의 적을 소멸하기 위한 나치의 주요 캠페인으로 자리 잡았다. 특별히 폴란드 유대인들이 축출과 청산의 주요 대상이었다.[187] 1942년에서부터 1943년까지 벨제크Belzec(5만 5천 명 사망), 쿨름호프kulmhoff(15만 명), 소비부르Sobibor(20만 명), 트레블링카Treblinka(75만 명)의 강제수용소에 수감되어 있던 대부분의 유대인들이 사망하였다.[188] 1943년 이후 아우슈비츠(와 제2의 아우슈비츠인 비르케나우)는 대량 학살의 대표적 시설이었다. 요약하자면, 대략 6백만 명의 유대인들의 사망 중, 150만 명은 게토에서의 열악한 환경으로 인해 죽음을 당했고, 150만 명은 대량 총살로 인해 사망하였으며, 300만 명은 강제수용소에서 사망하였다.[189]

1942년 이후 유대인 학살이 집중 수행되었음에도 불구하고, 강제수용소와 대량 학살 정책은 반유대주의의 이상에 기반한다기보다는 관료주의적 통치와 집단적 순응에 의한 무지의 강요였다고 볼 수 있다. 수용소는 대량 학살을 체계화하기 위해 광범위한 노동

분업에 의존하였다.[190] 프리모 레비가 제안한 바와 같이,[191] 죄인과 희생자 사이의 회색지대gray zone인 이들은 수용소의 일상적 작업의 핵심이었다. 유대인들인 '존더코만도스Sonderkommandos'는 화장터를 관리하는 일을 맡았는데, 이와 같은 것들을 통해 유대인들은 나치 기능공으로 전락하였다.[192] 폴란드에서 83,000명의 유대인을 사살한 500명도 채 되지 않는 경찰부대에 대한 브라우닝Christopher Browning의 연구는,[193] 대량 학살을 가능하게 하는 집단순응의 영향력을 강조하고 있다. 반대로, 유대인을 구출한 폴란드인들의 특징은 집단순응에 휩쓸리지 않았다는 점이다. 네케이마 테크Nechama Tec에 따르면,[194] 이들 폴란드인 구출자들은 계층, 종교, 교육 면에서 다양한 배경을 가지고 있었다. 이들에게 친분이나 보상 기대와 같은 동기는 없었다. 이들 중 일부는 실제 반유대주의자임을 주장하기도 하였다.[195] 오히려 "환경과 어울리지 못하는 그들의 무능력"이 그들을 영웅으로 만들었다.[196]

홀로코스트는 나치의 핵심적이면서도 끔찍한 행위였지만, 이것이 나치 잔혹행위의 전부는 아니었다. 앞서 살펴본 것처럼 **열등인간**Untermensch이 오직 유대인만을 일컫는 것은 아니었고, 신체적 결함을 가진 이들, 집시, 아프리카인, 혼혈인, 폴란드인, 아시아인 모두를 포함하는 것이었다.[197] 외국인 노동자들은 인종적으로 바람직하지 않은 이들로서 강제 낙태와 불임 수술, 영아 살해로 고통 받았다.[198]

가장 놀라운 사실은, 히틀러가 "피지배인들은 추방당하고 몰살되어야 한다"고 주장한 사실이다.[199] 즉, 인종청소나 제노사이드는 유럽의 모든 비독일인들의 잠재적 운명이었다. 나치는 동유럽의 민족투쟁Volkstumskampf과 재개발작업Sanierungsarbeit을 구상하였다.[200] 히틀러는 독일국방군 지휘관들에게 1939년 다음과 같이 말했다. "나는 오직 나의 '해골부대'만을 동쪽으로 보내어 폴란드 인종과 언어를 쓰는 모든 남성, 여성, 아이들을 일체의 연민과 사비 없이 죽일 것을 명령하였다. 이러한 방법을 통해서만 우리는 우리가 필요한 생존의 공간을 확보할 수 있다. 오늘날 누가 아직까지도 아르마니아인의 말살에 대해 말하고 있는가?"[201] 나치 독일은 반슬라브주의를 형성하였다.[202] 히믈러는 슬라브 인구를 1,300만으로 축소시킬 것을 계획하였다.[203] 1940~1941년 **동부일반계획**General Plan East은 나치가 점령한 영역 내 80퍼센트의 폴란드인들을 몰살하는 것이었고, 체코인의 50퍼센트, 우크라이나인의 65퍼센트, 루테니아인의 75퍼센트 역시 제거할 것을 계획하였다.[204] 마이클 버얼리Michael Burleigh는 다음과 같이 논했다. "모든 폴란드인을 추방하거나 말살한다는 생각에 또한 확실히 많은 나치 관료들이 동의하고 있었고, 몇몇 폴란드인들을 브라질이나 서부 시베리아로 이주시키자는 기이한 생각을 지지하기도 하였다."[205] 폴란드인들을 노예와 같이 사용한 후, 나치는 이들을 말살할 계획을 수립하였다.[206] 이들의 600만 이상이 살해당하였고, 그중 반 이상은 기독교인이었다.[207] 인종말살을 목적으로 한 최초의 강제수용소인 '솔두Soldau'는 폴란드 전쟁포로 학살을 시작으로 1940년 개소하였다.[208] 또한 나치는 폴란드의 문화유산과 전통을 파괴하였다.[209] 다시 말해, 나치의 목표는 폴란드인들의 인종청소였다.

바르바로사 작전은 레벤스라움, 반볼셰비키주의, 반유대주의를 추종한 것이었고, 이는 소련인들의 대량 학살을 초래했다.[210] 550만에서 700만의 우크라이나인들(유대인 60만 명)이 학살당하였고, 이들 중 3분의 2는 민간인들이었다.[211] 570만의 소련 적군Red Army이 구금되었고, 이들 중 60만의 군인들이 총살당하였으며, 330만은 독일 감금하에서 사망하였다.[212] 제2차 세계대전에서 4퍼센트의 영국인 또는 미국인 전쟁포로가 사망한 것이나, 제1차 세계대전에서 5퍼센트의 러시아인 전쟁포로가 사망한 것에 비해,[213] 독일 감금하에 있던 제2차 세계대전의 소련 전쟁포로 중 57퍼센트가 사망하였다.[214] 2천만의 소련인 전사자 중 700만 명은 민간인들이었다.[215]

나치의 학대와 학살의 잔인한 역사에 다른 이들도 반드시 포함되어야 한다. 이들의 잔혹함은 순수 독일인들에게까지 확장되었다. 한 예로, 에른스트 윙거Ernst Jünger는 "호기심의 상위형태"로서 수많은 독일인 탈영병들을 무조건적으로 사살하였다.[216] 앞서 논한 바와 같이, 많은 "평범한" 독일인들이 살해되었다. "희생의 고리는 마지막 순간 경계에서 벗어난 모든 독일인들까지 포함하였다."[217] 보다 일반적으로, 제2차 세계대전은 5천만 명의 사망자를 기록하였고, 이 중 50~70퍼센트는 민간인이었다.[218] 전사들은 추모되고 애도되고 있지만, 2천 5백만에서 3천 5백만 민간인의 죽음은 어떻단 말인가?

홀로코스트의 인종화와 민족화는 20세기 미국을 비롯한 많은 국가에서 논의의 주요 주제이지만, 나치 테러에서 발생한 비유대인 희생자는 상대적으로 간과되는 경향이 있다.[219] 홀로코스트는 이스라엘 국가의 최우선적인 정체성으로 설명된 것도,[220] 전후 미국 유대인들의 정체성으로 설명된 것도 아니었다.[221] 홀로코스트는 이스라엘 국가 건립에 있어 종교적 정당성과 함께 강력한 건립의 근거로서 부상하였다. "이스라엘 사회의 주요한 정치적 신화, 이스라엘의 현재 상태를 나타내는 상징이자 이스라엘에 국가 정당성과 권리를 부여하는 것은 바로, 이스라엘이다."[222] 팔레스타인이 유대인 국가라는 시온주의의 강조와 함께 나타나는 디아스포라에 대한 무시와 경멸을 생각한다면, 유대인 디아스포라에게 고통을 준 홀로코스트가 이스라엘 국가의 근간으로 변형되는 것에는 문제가 있다고 볼 수 있다. 이스라엘인 역사가 이디스 제르털Idith Zertal은[223] 시온주의적 이해는 "재앙의 희생자들을 신성화하는 동시에 비하하는" 것이라고 논하였다.[224] 홀로코스트에 대한 집단적 기억은 독일 유대인 정체성의 기반이 되었다고 볼 수 있지만,[225] 또 한 가지 사실은 이것이 "미국 유대인 정체성의 상징적 구심점이 되었다"는 점이다.[226] 제노사이드와 관련 없는 미국 유대인들 중 일부는 무분별하게 현대 독일인들을 나치주의자로 규정하고, 심지어 독일의 유대인들이 비이성적으로 독일에 대한 애정을 가지고 있음을 비난하기도 한다.[227]

'과거의 정치'는 희생자에 대한 기억을 조정하고 수정주의를 타도한다.[228] 희생자에 대한 신성화 작업은 다른 이들을 억압하는, 신성성을 가장한 역동성을 보유하는 경향이 있다. "절대로 다시는never again"에 대한 주술적인 반복은 홀로코스트 이후의 대량살상의 확산을 저지하지 못했다.[229] 이는 또한 오랜 시간 보상을 거부당한 로마와 신티와 같은 집시들의 정당한 추모작업 역시 지나쳤다.[230] 우리가 만일 반유대주의와 유대인 학살에만 초점을 맞춘다면, 우리는 정치적 대항세력, 생물학적 결함을 가진 자, 집시 등에 대한 학살은 영원히 알 수 없게 된다.[231] 인종화된 관점은 희생자의 다양성을 비껴갈 뿐 아니라, 범죄의 극악무도함에도 범죄를 저지른 제도적 장본인, 바로 현대국가를 놓치게 만들 수 있다. 칼 야스퍼스Karl Jaspers는 단순히 독일 인종주의를 논했다기보다는 민족국가의 단절을 주장한 학자라고 볼 수 있다.[232]

나치 정권은 반유대주의였지만, 반유대주의가 히틀러와 홀로코스트의 부상을 설명하는 유일한 요소가 될 수는 없다. 홀로코스트는 하나의 민족을 말살시키기 위한 목적으로 현대국가에 나타난 전례 없는 사건이었지만, 나치는 유대인뿐만 아니라 국가의 모든 적들을 말살하고자 하였다. '적'은 사실 정권에 의해 만들어졌으나 국민의 이름으로 제거되었다. 나치 정권은 본래부터 존재하였던 인종주의보다는 현대국가의 관료주의적 역량을 활용하여 유대인뿐만 아니라 집시, 정신이상자 등을 범주화하여 살해하였다. 제도적 자원의 강조를 통해 우리는 프리모 레비의 경고, 홀로코스트는

"발생하였으므로, 또다시 발생할 것"이라는 말을 더 잘 이해할 수 있게 된다.

4

제노사이드는 내부의 적과 총력전을 펼치는 군사정권에 의해 구상되고 수행된다.[233] 즉, 국가와 그 연계 기관들이 범주화된 살상에 가담한다. 현대국가는 주권을 통해 합법적인 폭력을 독점하고 외부개입을 선점하므로 대량살상의 역량을 보유할 수 있다. 군사정권은 동기를 부여한다. 국가와 전쟁은 함께 출현하는 것으로, 분명 모든 국가는 그들의 통치에 대항하는 무장 세력을 진압하고자 한다. 인류의 역사에서 이와 관련된 극적인 사례들을 살펴볼 수 있다. 분명 제2차 포에니 전쟁은 리비Livy,[234] 또는 더 나쁘게는 폴리비우스Polybius[235]가 묘사한 것과 같이 끔찍했다. 그러나 외부의 적에 대항하든지 내부자를 대항하든지 전근대 전쟁은 제한적인 파괴 수단을 사용하였고, 적을 완전히 소멸할 능력도 없었다.

중세 유럽에서 유대인 최악의 학살은 제1차 십자군 전쟁으로서, 독일의 보름스, 마인츠, 쾰른 등지의 유대인 종교 집단을 파괴하였다. 교황 우르바노 2세는 이를 예루살렘 회복을 위한 성스럽고 정당한 전쟁으로 명하고, 이를 기독교의 정신적 투쟁으로 공포했다.[236] 십자군 원정에는 여러 동기들이 있었겠지만, 이들의 초기 행군은 종교적 열정으로부터 야기된 것이었다.[237] 예루살렘으로 향하는 도중 많은 군대가 유대인 공동체를 공격하였다.[238] 기베르 드 노장Guibert of Nogent은 다음과 같이 기록했다. "우리는 동방에 있는 하나님의 적들을 공격하고자 한다. (…중략…) 그러나 바로 우리 눈앞에 있는 이들은 유대인들이고, 그들보다 하나님께 더욱 적대적인 자들은 없었다."[239] 유대인들이 십자군 폭력의 유일한 희생자는 결코 아니었지만, 어찌되었건 그들은 기독교의 적이었다.[240]

십자군과 나치 사이에는 다음과 같은 두 가지의 차이점이 있다. 첫째, 1096년의 폭력은 현대적 관점에서 극악무도하게 여겨질지 몰라도, "일반적이지도 광범위하지도 않았다".[241] 제1차 십자군 전쟁에서는 최대 3천여 명의 유대인이 사망했을 뿐이었다.[242] 둘째, 기독교 군사들은 전향을 받아들였다.[243] 이와 대조적으로 나치의 제노사이드는 구제 불가능한 집단을 제거하고자 하였다. 그들의 잘못은 종교적 문제(선택)가 아니라 신체적 문제(운명)였다.

대학살은 인류 역사 이래로 항상 존재해 왔고, 범주화된 학살은 적어도 아테네인들의 밀로스인 학살에서부터 시작된 오랜 역사성을 지니고 있으므로,[244] 일부 학자들은 인간 도륙의 잔인한 행사로서 제노사이드의 고전성을 강조하기도 한다.[245] 격세유전의 놀라운 연속성 또는 재연과는 상관없이, 제노사이드는 현대적 능력일 뿐만 아니라 현대적 개념을 수반한다. 군사기술이 향상되며 대량 학살의 잔혹한 효과와 효율성이 증대되었다. 아인자츠그루펜에 의한 피해는 자동소총 없이는 불가능한 것이었고, 나치 수용소는 현대적인 교통과 통신의 연결망을 통해 운행될 수 있었다.[246] 학살수용소는 독가스인 자이클론 BZyclon B를 대량생산했는데,[247] 이는 1923년 살충제 또는 살균제로서 개발된 것이었다.[248] 다시 말해, 현대의 기술이 3년 내 3백만 명의 학살이 가능하도록 만들어 준 것이다. 반대로 멜로스인 학살은 수백 명에 그쳤다. 스페인 정복자들이 신대륙에서 많은 학살을 저질렀을지 모르나, 대부분의 사람들은 제2장에서 이미 논한 바와 같이 질병으로 사망하였다.

현대 과학기술과 함께 조직의 혁신 역시 중요한 역할을 했다. 극심한 혐오주의는 대량 학살의 동기가 되었으나, 학살 행위는 계획과 협력에 의해 수행될 수 있었다.[249] 독일의 시민 관료제는 유대인을 규정하고, 추격하며, 추방하는 데 결정적인 역할을 하였다.[250] 강제수용소는 지방관료, 지역 경찰대, 산업노동자 및 철도행정원들을 통해 수용자들을 이송할 수 있었다.[251] 다시 말해, **최종해결책**은 교육받지 않은 독일 인종에 의한 것이 아니라, 유대인종을 확인할 수 있고 배상할 수 있는 교육받은 의료과학자, 법률가 등의 전문직 종사자들에 의해 수행되었다.[252] 나치 의사들은 환자들을 분류하는 모든 중요한 결정을 도맡아 수감자들을 선별하고 관리하였다.[253] 나치 의사인 프리츠 클레인Fritz Klein은 다음과 같이 말했다. "물론 나는 의사이고 생명을 보존하고 싶다. 인간의 삶을 존중하므로 나는 질병이 있는 신체에서 괴사한 중추를 제거할 것이다. 인류의 괴사한 중추가 바로 유대인이다."[254] 중간 계층의 관료들이나 과학자는 홀로코스트를 계획하지도 명령하지도 않았다. 이들은 최종 해결책을 현실화하기 위하여 일반적인 관료주의적 계량화와 조직화 업무를 감당하였다.[255] 사실 관료 내부적 경쟁관계가 행정화된 살인의 효율성을 증가시켰다고 볼 수도 있다.[256] 관료주의적 이성을 통해 희생자들에 대한 비인간적 정당화가 가능하였다.[257] 다시 말해, 기계적인 이성과 관료주의적 사고는 많은 관료들의 양심과 가책을 극복하도록 만들었다.[258] 실제 많은 독일인들이 정권의 자행과 관련해 비판한 존재는 히틀러가 아닌 관료제였다.[259] 수백만의 학살은 히틀러의 과격한 인종주의보다는 그의 관료제 통치 능력에 따른 것이라고 볼 수 있으므로, 이들의 이런 논의는 사실이다. 분명한 것은 악의 평범성이 평범한 직원들의 무죄를 입증할 수 없다는 사실이다.[260]

과학기술과 조직체계의 발전을 넘어 현대적 개념들을 이해하는 것은 중요하다. 총력전total war의 개념은 경제적이고 이념적인 변화에 따라 형성된 것이다. 이는 또한 적의 개념을 단순한 군인들로부터 모든 민간인들에게로 확장시켰고, 결과적으로 이는 적 전체에 대한 광범위한 파괴를 정당화할 수 있게 만들었다.[261] 라파엘 렘킨 Raphael Lemkin이 논한 바와 같이, 이는 "전쟁이 주권과 군사에 대적하는 것이지 민중과 시민을 대적하는 것이 아니라는 루소-포르탈리스주의와 대조된다".[262] 다시 말해, 현대의 총력전은 인족의 현대적 범주에 편승하여 발생하였다. 우리는 독일의 헤레로인Herero 대학살과 같은 식민지 정복이 대학살의 기술과 계획이 수행된 사건일 뿐만 아니라 말살을 정당화할 수 있는 현대적 이념체계였음을 기억해야 한다. 인종과학과 사회진화론은 생명정치의 근본이 되었을 뿐만 아니라 완전한 말살에 대한 비전을 제시하였다. 제1차 십자군 전쟁에는 전향이라는 가능성이 있었지만, 나치의 인종 세계에는 신체적 부적격자와 타인종에 대한 구제의 여지가 없었다.

　마지막으로 경제적 이득과 심리적 원인을 살펴보아야 한다. 대학살에는 무기상뿐만 아니라 군인과 민간인에게도 물질적인 이득이 있었다. 전리품뿐만 아니라 새로운 땅과 일자리에 대한 소망은 그들 과거의 친구와 이웃을 보호해야 한다는 이상을 잠식시켰다. 나치 정권은 폭력의 문화를 배양시켰다. 국가와 군사는 폭력성과 포악성을 자극하였으며 계속적인 살인을 부추겼다. 대량 학살 수용소에서의 작업은 도덕이나 권위로부터 벗어난 것이었고, 비인간적 행위의 부담은 범죄자와 최하층민에게 전가되었다. 많은 이들은 그들의 야만성을 즐기지 못하고 술에 의존하여 위안을 얻고자 했다.[263] 유대인 특별수감자 집단인 존더코만도스Sonderkommandos가 학살수용소 내 끔찍한 작업을 도맡았다는 사실은 놀랄 만한 일이 아니다.

5

오스만 제국의 아르메니아인, 나치 독일의 유대인, 구유고슬라비아의 보스니아 무슬림, 르완다의 투트시족은 모두 제노사이드의 희생자로 묘사되고 설명된다. 돌이켜 볼 때 인종차별적 정서나 자민족중심주의적 불화의 가능성이 존재하는 만큼, 제노사이드적 폭력의 수행자가 바로 적에 대항하여 총력전을 수행할 능력과 의지를 동시에 보유하고 있는 현대국가라는 사실을 인지하는 것은 중요하다. 극단주의적 민족주의 또는 군사주의 정권은 정권의 정당성과 내부의 결속을 도모하는 동시에, 타인종과 타민족을 축출하고 근절하기 위한 수단으로 인종주의를 활용한다. 보다 구체적으로 권력을 획득한 정권은 대학살을 수행하기 위하여 군사적이고 관료적인 권력을 유동적으로 이동시킨다. 잠재적이거나 실제적인 대항세력은 국민의 이름으로 제거된다. 이웃이 자발적으로 자신의 이웃을 죽이는 것이 아니라, 경찰에서부터 매스컴에 이르는 다양한 국가적 기구에 의해 사주된 정권의 준군사 또는 군사단체가 학살을 계획하고 수행한다. 분석의 초점은 인종주의보다는 권력 갈등에 집중되어야 한다.

1915년부터 1918년에 걸친 아르메니아인 제노사이드는 종종 홀로코스트와 비교되고,[264] 이는 반아르메니아인 인종주의의 결과로 귀결되기도 한다.[265] **최종해결책** 이전 다양한 정책이 수행되었던 것과 같이, 20만 명의 목숨을 앗아간 1894년부터 1896년의 대학살은 제노사이드 이전에 나타났다.[266]

오랜 역사와 고대 영토권에 대한 주장에도 불구하고,[267] 아르메니아인들은 19세기까지 현대인족의 환경을 확보하지 못했다. 아라라트산 주변 지역의 사람들은 이주, 정복, 전향, 혼종 등으로 특징지어졌고,[268] 아르메니아 민족 정체성의 광범위한 확산은 신분 위계질서로 인해 제한되었다.

1908년 청년터키당 혁신 시기, 오스만의 포괄적 민족주의는 터키인들의 우월성과 순수성을 주장하는 배타적 터키 민족주의로 변질되었다.[269] 연합진보위원회CUP : Committee of Union and Progress는 그들의 이념을 1913년 쿠데타 이후의 인종주의적이고 민족주의적인 범터키주의로부터 수용했다.[270] 연합진보위원회는 종교적 불관용뿐만 아니라 모든 정치적 반대논의를 진압하였다.[271] 이들은 희생양과 반역자를 축출할 뿐만 아니라 종교적 대적자들을 선별함으로써, 반아르메니아주의 정서를 고조시켰다. 정확히 터키 민족주의의 개념이 대부분의 터키인들에게 공허하게 느껴질 때에, 연합진보위원회는 정치적 결속과 종교적 지지를 동원할 수 있는 적을 창출하였다.[272] 과거의 종교집단이 원형적 인종집단이자 민족의 적이 되었다.

1915년부터 1918년의 제노사이드는 오스만 정권이 반체제적 정치, 종교, 지역 운동을 진압하는 과정에서 발생했다.[273] 1915년

4월 아르메니아 지도자의 추방과 감금을 시작으로 연합진보위원회는 프로이센의 군사적 교리를 차용하여 국방부, 내무부와 결합하고 아르메니아인과의 총력전을 펼쳤다.[274] 그들의 대규모 추방은 현대화된 군사와 관료제를 통하여 수행되었고, 대량살상은 아르메니아인을 국가의 적으로 규정하며 정당화되었다.[275] 그러나 아르메니아인에 대한 제노사이드가 온전히 인종주의적 범주를 통해 수행된 것이 아님을 기억할 필요가 있다. 강력한 종교적 색채로 인해 이슬람으로 전향한 많은 아르메니아인들은 구제될 수 있었다.[276] 아르메니아인들을 구제하기 위한 많은 노력에도 불구하고,[277] 세계는 이들의 고통에 대부분 무관심했다.[278] 6만 명에서 200만 명에 이르는 아르메니아인들이 사살 당하였는데, 이들은 터키 아르메니아인 전체 인구의 절반에 해당하였다.[279]

1990년대의 발칸반도의 비극, 특히 1992년 보스니아 무슬림들의 인종청소는 고대 종족혐오의 결과로 인식된다. 세르비아 민족주의는 보스니아-헤르체코비나의 세르비아인들의 제노사이드 행위를 촉진하였는데, 이를 14세기의 코소보 전투나 제2차 세계대전, 또는 그 이후의 유고슬라비아 내전과 같은 오래된 역사적 사건으로 오인해서는 안 된다.[280]

유고슬라비아는 제1차 세계대전 이후 합스부르크와 오스만 제국의 몰락과 함께 건립되었다. 언어적 차이, 종교적 분열, 문화적 다양성은 국가적 특징이었다. 19세기 국가 변경의 유동성과 인구 이동으로 인해 보스니아-헤르체코비나에서는 지역적이거나 민족적인 운동이 일어나지 않았고, 기본적으로 행정단위에 맞추어 생활이 이루어졌다.[281] '인간쓰레기'를 뜻하는 **볼케라팔레**Völkerabfälle라고 불리우는 엥겔스족은 18세기 말부터 이 지역에서 그들의 민족성을 표현하는 다양한 운동을 진행했음에도 불구하고,[282] 통합적인 정체성은 19세기에 들어 형성되었다.[283] 19세기 가장 유명한 민족주의 운동은 무엇보다도 **일리리아 운동**Illyrian movement이리고 볼 수 있다.[284]

종교적 정체성은 20세기 지역적, 민족적 정체성으로 변모했다. 보스니아 정교회 교인들은 스스로를 세르비아인으로 규정했고, 가톨릭교회 교도들은 스스로를 크로아티아인으로 생각했다. 티토Tito의 민족 자주권 정책을 통해 유고슬라비아인으로서의 정체성이 강화되었다.[285] 이와 반대로, 무슬림에게는 특별한 민족 정체성이 없었다.[286] 제2차 세계대전 동안 보스니아-헤르체코비나의 무슬림들은 게르만에서 파르티잔, 크로아티아 우스타샤Ustaša, 세르비아 체트니크Četnik에 이르기까지 다방면에서 전투를 치렀다.[287] 그러나 무슬림 정체성은, 특별히 도시 지역에서, 유고슬라비아의 정체성이 다른 하위의 민족 정체성을 대신하기 시작한 티토의 통치기간 동안, 사라져갔다.[288] 1980년대까지 전체 혼인 중 약 3분의 1이 이종간 혼인이었는데, 무슬림 정체성은 무슬림 이름, 할례, 바클라바Baklava 등에 얽매여 과거에 표류하고 정체되어 있었다.[289] 보스니아-헤르체코비나에는 민족 내부 갈등으로 인한 혼란은 존재하지 않았다.[290]

지정학적 상황 — 냉전의 약화와 소비에트 연방의 와해 — 으로 인해 정치적 분열이 초래되었다. 1980년대 경제위기가 닥치며 권력이양이 가능해졌다.[291] 슬로보단 밀로셰비치Slobodan Milošević는 코소보를 점령하며 세르비아의 지방권력을 제국주의의 발판으로 삼았다.[292] 그는 인종적 이데올로그ideologue가 되기보다는 민족주의나 인종주의의 도모를 통해 국내적 지지를 강화하고자 하였다.[293] 세르비아는 알바니아인들을 차별하고 세르비아인들을 우대하는 인종차별정책을 수립하였다.[294] 특히 세르비아는 티토주의자, 유고슬라비아인 등을 세르비아 민족주의자로 대체시키며 조직적으로 국가 관료제를 제거하였다.[295]

1991년 시작된 유고슬라비아 내전 기간, 밀로셰비치 보안군과 무장단체는 보스니아 무슬림들을 말살하기 위한 인종청소를 주도하였다.[296] 오스만 제국 침략의 혹독한 역사와 제2차 세계대전 동안의 대학살을 환기하며, 세르비아군은 대량 추방과 학살을 집행하고 집단수용소를 설립하였을 뿐만 아니라 다양한 문화적 유물을 파괴하였다.[297] 물론 주요 학살집단은 세르비아군이었지만, 그들은 또한 지역의 동료 민족들의 참여를 유도하였다.[298] 보스니아-헤르체코비나 무슬림 총인구의 3분의 1에서 3분의 2가 강제로 이주되었다.[299] 보스니아 무슬림들에 대한 강간, 폭행, 학살에 관한 세르비아의 국가 주도적 운동은, 세계사회에서 국가 내부 문제로 치부되며 외면당하였다.[300]

세르비아의 민족주의와 반 보스니아 무슬림 인종주의가 보스니아 무슬림의 대학살을 초래한 것은 사실이나, 학살의 원인을 단순히 이 두 가지만으로 본다면 이는 올바른 이해가 아니다. 어찌 되었든지, 국제사회로부터 전쟁이 유발되기 이전까지 민간인들은 이들의 민족 내부 갈등에 종속되지 않았다. 실질적인 동기는 밀로셰비치 정권의 영역 확장 정책과 무자비한 폭력의 준비라고 볼 수 있다. 고대 종족혐오의 부활은 종족 갈등이 상대적으로 적은, 개방된 다민족사회인 유고슬라비이를 조롱거리로 만들었을 뿐 아니라,[301] 제노사이드 범죄에 대한 면죄부를 제공해 주었다. 이러한 관점에서 빈번히 제안된 이 종족 분할의 해결책은 분할을 요구하는 이들에 의해 주도적으로 수행되어, 오직 종족 구분을 강화하는 결과를 초래하였다.[302]

르완다 투치족에 대한 대량 학살은 종종 후투족과 투치족 간의, 부족 또는 종족 갈등의 결과로 인식된다. 농사를 경작하는 후투족과 유목을 주업으로 하는 투치족 사이의 차이는 벨기에 식민통치 이전까지는 무의미한 것이었다.[303] 피식민국가 수립단계에서 벨기에 지도자들은 인종주의적 계층화에 대한 그들의 인식을 바탕으로 투치족을 최상위 계층으로 지정하였고,[304] 이들에게 특권적인 혜택과 권력을 제공하였다.[305] 식민주의 계층화는 1959년 11월 쿠데타를 통해 전복되었다. 1973년 하바리야마Juvénal Habariyama가 권력을 양도받으며 투치족은 제도적으로 주변부로 밀려나게 되었다.[306]

1970년대와 1980년대 르완다는 동일한 언어, 종교, 문화를 보유하며 세계에서 가장 단일한 민족국가로 인식되었다.[307] 그러나 1990년 하브리야마 정권은 정치적 불만과 경제적 침체에 직면하게 되었다.[308] 같은 해, 1959년 쿠데타로 인해 축출된 이들로 결성된 르완다 애국전선RFP : Rwandan Patriotic Front은 무장 투쟁을 시작하였다. 정당성의 위기에 직면하게 된 하바리야마 정권은 국내 소수자 집단을 외부의 적과 동일시하며 투치족을 국민의 적으로 규정하고자 하였다.[309] 하바리야마 정권은 투치족의 통합을 강조하며 후투족의 권력을 도모하였다.[310] 1993년 르완다 신문은 다음과 같이 기록했다. "르완다 파시스트 세력과 그들의 지도자들은 정권의 적으로 판명된 그들의 이웃에게 **최종해결책**을 적용하기로 결정하였다. 이들은 그들의 정치적 반대자들과 무방비의 민간인들을 의미한다."[311]

하바리야마가 사망하며 1994년 4월 대학살이 시작되었다. 새로운 군사정부는 잠재적 적군들을 제거하고자 하였는데, 이에는 이전 하바리야마 세력, 정치적 반대자, 고위 공직자, 사업가, 비판적 언론인들이 포함되었고, 이들의 대부분은 후투족이었다.[312] 사실 후투족 핍박에 있어 대부분의 최초 희생자들은 라이벌 지역의 동족들이었다.[313] 이후, 말살운동이 곧바로 투치족에 집중되었고 이들은 후투족 권력에 대한 추정상의 적군이었다. 정권은 언론, 특히 라디오를 장악하고, 투치족을 국제적 적군의 공모자로 선전하였다.[314] 1994년 4월부터 6월, 이들은 군대, 지방관료, 교사, 사업가 등을 동원하여 투치족과 그들의 제노사이드 운동을 반대하는 이들을 살해하는 사업에 동참하도록 하였다.[315] 범죄에 대한 직접적이며 대규모적인 동원을 촉진하며, 정권은 소총과 수류탄—그리고 보다 홍보된 칼 — 을 보급하고, 존재하는 제도와 언론을 이용하여 학살의 광분을 고취시켰다.[316] 국영 라디오방송은 반복적으로 인종 말살을 제창하였고 — 희생자들은 "짓밟아야할 바퀴벌레"인 **인벤지** invenzi였으며[317] — 일반 시민들에게 연쇄살인에 가담할 것을 권장하였다. 라디오방송은 "라디오, 의자, 염소 및 어린 여자아이를 강간할 수 있는 기회"를 약속하였다.[318] 그렇게 힘으로써, 대중동원은 새디스트적인 야만성과 일상적 약탈을 허용하는 사소한 개별적 불화와 범죄를 촉발하였다. 살인자 공동체를 생성함으로써, 제노사이드는 집단적 책임으로 변모하였다.[319] 수많은 생명을 살렸지만, 그럼에도 불구하고 저항세력은 국가조직적인 폭력을 멈출 수는 없었다.[320] 3개월 동안 제노사이드에 반대한 자들과 함께한 50만 명, 즉 르완다 투치족의 4분의 3이 살해되었다.[321]

이웃이 이웃을 죽이는 비극적 사례는 많은 이들로 하여금 종족 간의 불화에 대한 직간접적인 표현을 조명하도록 만들었다. 식민주의 인종 계층화나 뒤이은 종족 간 연맹을 부추기는 정치적 갈등에도 불구하고, 1994년 제노사이드는 군사정권의 권력욕구에 따른 것이었다. 초기의 살상은 정권의 적에 집중된 것으로, 대부분이 후투족이었다. 학살을 위해 개인 신분을 기록한 신분증이 필요하게 된 것으로부터 그 상황적 부조리의 정도를 알 수 있다.[322] 공포와 폭력은 교회의 침묵이나 국제기구의 뒤늦고 성의 없는 반응만큼이나 충격적이었다.[323] 살인자들은 그들의 입장에서 제노사이드에 관한 증거를 삭제하고자 하였다.[324] 연쇄적 살인은 르완다 애국전선의 군사정권의 승리와 함께 종식되었지만, 이는 이미 르완다 애국전선의 대학살이 발생한 이후였다.[325]

전쟁 또는 정권의 위기는 제노사이드에 따른 즉각적인 여파로 볼 수 있다. 종종 혁명의 색채를 띠는 군사정권은 외부와 내부의 적을 합치시킨다. 무엇보다도 이들은 정치의 한 형태로 전쟁을 수행한다. 앞선 네 개의 사례 모두에서 볼 수 있듯, 국내적 저항은 폭력의 수단을 장악하고 국제적 정당성을 확보한 테러 정당에 의해 제압된다. 이웃 국가들과 국제기구는 그들에게 이득이 주어지지 않을 경우 대학살에 대해 침묵으로 일관한다.[326] 예외는 언제나 필수불가결하게 지정학적 이득과 연계된다. 예를 들어, 터키의 그리스 정교도에 대한 학살은 아르메니아인 기독교인들과는 반대로 그리스의 국가적 반대로 인해 최소화될 수 있었는데, 이는 유럽의 지지를 통해 가능할 수 있었다. 네 개의 사례 모두 제노사이드 정권에 대한 군사정권의 승리로 종식된 것은 우연이 아니었다. 결국 모든 정권은 그들의 범죄를 제거하거나 끝까지 부정하였다. 아르메니아인에 대한 제노사이드나 홀로코스트에서 정부는 대중 참여에 의존하지 않았으나, 세르비아와 르완다의 사례에서는 의존하는 경향을 보였다. 이는 부분적으로 나치의 전쟁 범죄 재판에 대한 대응으로서, 제노사이드의 지도자들은 인간성에 반하는 개인적 범죄를 부정하고 희석하고자 할 뿐만 아니라, 이를 집단적인 책임으로 전가하거나 집단적 범죄로 만들고자 한다. 이를 단순한 종족 갈등으로 치부한다면, 이는 핵심을 간과하고 악마적인 것을 자연스러운 것으로 만들 뿐 아니라, 외부인들의 무관심에 대한 책임을 면제하는 위험성을 안게 된다.

6

1983년 이후 수단은 장기적인 내전으로 10년 간 130만 이상의 사망자를 배출하였다.[327] 즉결처형부터 무분별한 폭격에 이르기까지 수많은 잔혹행위들이 기록되었다. 딩카족을 전멸하기 위한 조직적인 행위들은 제노사이드라 말할 수 있을 것이다.[328] 그러나 반대 파벌로 인식되는 모든 수단인들에 대한 무차별 학살에 대해, 단순히 제노사이드만을 조명하는 것은 어느 정도 문제가 있다. 제노사이드는 인족의 문제와 연결되어 있기 때문에 대량 학살에 관한 다른 형태의 행위는 간과하는 경향이 있다. 국가의 적으로서 비인족의 범주가 조직적 폭력의 목표가 되는 경우가 있다. 범주적 살상에 관한 흥미로운 하나의 사례를 소개하고자 한다. 바로 계급이다.

볼셰비키 혁명 이후, 무장 정당 국가는 '인민people'의 이름으로 정치조직체를 재정비하였다. 볼셰비키 정당은 중앙집권적 통제를 단행하였고, 새로운 사회주의적 인간으로서 호모 소비에티쿠스 Homo Sovieticus 개념을 제정하며, 이에 대한 주요 요소로 노동계급의 정체성을 제창하였다. 1920년대 계급은 국가가 규정한 범주였고, 대중 담론과 사회적 범주 모두 계급을 중심으로 논의되었다.[329] 노동자들은 "계급의 외부자"들에 반해 교육과 노동시장에서 유리한 지위를 차지하였다.[330] "1920년대 소비에트 러시아에는 낙인 찍힌 불가촉천민 집단이 있었는데, 이들은 러시아 부농인 쿨락Kulaks, 개인 기업가인 네프만Nepman, 성직자, 비브시에byvshie("이전에 인간이었던 사람들", 부르주아를 의미함)들이었다. 이들 낙인 집단은 모두 **리셴치**lishentsy로 불리었는데, 이들은 박탈된 법률적 지위와 시민적 불이익을 감수해야 했다."[331] 특히 1920년대 말 집단농장은 쿨락을 겨냥한 것이었다.[332] 인민과 혁명의 적이자 특별히 강제 집단화 정책의 적대 계급으로서 쿨락은 대량 이주되었다. 쿨락에 대한 명확한 정의는 없었으나, 사람들이 부러워하는 삶을 영위하였던 누구든지 쿨락이 되었다. 대략적으로 500만 명이 투옥되고 60만 명이 총살당한 대숙청Great Purge의 기간 동안, 스탈린 시대의 범주화 작업의 임의성에 대한 일면을 보여주는 다음과 같은 농담이 있다. "한 무리의 낙타가 외국에서 보호소를 찾을 때, 그들은 소비에트 연방의 모든 돼지가 대량 수용되어 있다고 보고하였다. 국경수비대가 그들이 돼지가 아니라고 말했을 때, 낙타는 다음과 같이 대답했다. '비밀경찰에게 그렇게 말해보시오.'"[333]

1936년 스탈린 헌법은 "인종과 국적, 종교"뿐만 아니라, "사회적 출신, 재정적 지위, 과거 행동에 상관없는" 평등을 강제하였다.[334] 그러나 형식적인 신분 통합이 계급에 기반한 차별을 없앨 수는 없었다. 게다가 계급은 상속의 형태로 인종화되었다. "이중적인 정치적 과거 — 혁명 이전 다른 정당의 구성원, 대숙청 기간 동안 '인민의 적'으로서 불명예를 간직한 볼셰비키 정당의 반대자 — 는 모두 지울 수 없었다."[335] 개인의 계급 지위는 심지어 신분증 같은 역할을 했다.[336]

1936년에서 1938년까지의 대숙청 기간 동안 스탈린의 "위로부터의 혁명"은 최고조에 달했다. 정치적 반대세력을 제거하기 위한 그의 노력은 적대 계급을 청산하는 국가적 투쟁에 흡수되었다. 사회주의 건설과 자본주의 타파를 위하여 국가의 모든 적들은 스탈린과 인민, 그리고 혁명의 적으로 간주되었다.[337] 니콜라이 예조프 Nikolai Ezhov를 중심으로 결성된 내무인민위원부People's Commissariat of Internal Affairs는 경영자와 장교, 쿨락에 대항한 계급전쟁을 강화하였다.[338] 정권은 내부와 외부의 적들을 제창하며 행위를 정당화하였다. 1935년 소련 공산당 중앙 기관지인 『프라우다pravda』에는 다음과 같은 주장이 있다. "우리는 우리 국가가 자본주의에 포위되어 살아왔다는 사실을 잊어서는 안 된다. (…중략…) 국가 내부적으로 사회주의의 적, 프롤레타리안 계급에 적대적인 진압된 계급의 파편들, 반혁명주의 트로츠키주의의 은폐세력, 백위군 잔존작당, 지노비에프주의자가 여전히 많이 존재한다."[339]

대숙청은 계급에 대한 대학살을 넘어 가능한 모든 적대 세력을 스탈린 통치하에 사실상 편입시켰다. 진정한 공포는 인민과 인민의 적 사이의 투쟁이었다.[340] 사실 이는 스탈린의 적대세력을 제거하는 것으로 우선적으로 정당의 조직원들로부터 시작되었다.[341] 폭력의 혼란으로 인해 거의 모든 시민들은 위협을 받았다. 스탈린의 적대세력인 "트로츠키-지노비에프를 추종하는 괴물들 (…중략…) 인민의 적 (…중략…) 스파이, 앞잡이, 반정부주의자, 백위군, 쿨락"을 근절하기 위한 노력에서 시작하여,[342] 스탈린주의적 공포는 "과거 쿨락"과 "이전 전제 군주 시대의 관료"들로부터 "사회적 위험 요소"와 "인민의 적대 집단"이 된 모든 이들을 비난하고 추방하는 사회 전반적인 흐름을 만들었다.[343] 스탈린, 계급, 혁명, 인민의 모든 적들과 함께, 20만 명의 "사회적으로 위험하고 위협적인" 요소들인 매춘부와 부랑자들 역시 추방되었다.[344] 적대 계급이나 인민의 적에 대한 포괄적인 범주에는 성직자, 귀족, 자본가, 쿨락, 정치적 반대 세력 모두를 포함하는 확장된 개별 집단까지 포함되었다.[345] 볼셰비키 정부가 인민의 적vragi naroda보다 적대 계급klassovye vragi을 강조한 데 반해, 스탈린 정권은 민족주의적 동기를 점차 강조하였다.[346]

대중적 고발과 비난에 의존한 정책으로 많은 사람들이 대숙청에 연루되었다.[347] 혁명을 위한 투쟁이라는 외피 속에 사람들은 비겁한 개인의 목적을 이루고자 하였다. 시민과 군인의 위계질서는 스탈린에게 충성하는 젊은 관료와 장교들에 의해 수립되었다.[348] 나데즈다 만델스탐Nadezhda Mandelstam이 회고하는 것처럼, 저항은 최소화되었다. "우리 모두는, 우리가 아닌 우리 이웃이 죽을 것이라는 바람 속에서, 침묵의 쉬운 길을 택하였다."[349] 대숙청을 통해 결국 중앙위원회의 70퍼센트, 제17차 전당대회 대표단의 반 이상, 적군의 장교 중 90퍼센트, 폴란드 공산당 대표자들, 수천만의 쿨락, 기독교인, 민족주의자, 범죄자, 그리고 가장 충격적으로는 부하린Bukharin과 같은 볼셰비키 지도자들이 해고·축출되거나 처형되었다.[350] 이를 통해 350만 명이 구금되었고, 150만 명이 살해되었다.[351]

크메르 루주Khmer Rouge는 또 다른 사례를 보여준다. 1969년부터 1973년까지의 미국의 집중 공습, 베트남의 공격, 론놀Lon Nol 정권에 대한 외부 지원의 감소 등으로 인해 크메르 루주는 1975년 실권을 장악할 수 있었다.[352] 극단적 민족주의에서부터 혁명적 마르크스주의에 이르기까지 다양한 이념체제로부터 영향을 받은, 본명은 살로스 사르Saloth Sar인, 폴 포트Pol Pot를 중심으로 한 이들 파리 유학파는 민족주의, 반제국주의, 경제적 자립 사회를 건설하고자 하였다.[353] 폴 포트 정권은 인구를 세 개의 주요 계급으로 나누었다. 첫 번째는 **펜시트**penhsith로서 완전한 시민권을 보유한 자들이었고, 두 번째는 **트리엠**triem으로 시민권 후보자들이었으며, 마지막으로는 **반후**bannheu로서 어떠한 권리도 부여받지 못한 자들이었다.[354] 크메르 루주 구성원들과 그들의 추정상의 연대 계급인 시골 소작농들은, 도시의, 대부분 서구화되었다고 믿어지는, 캄보디아인들에 비해 특권 집단이 되었다. 프롤레타리아 혁명집단의 지도자에 걸맞게 폴 포트는 고무 재배농장의 노동자임을 역설하였으나, 실제로 그는 파리에서 수학한 엘리트였다.[355]

폴 포트의 신사회 건설의 목적은 오래된 자들을 숙청하는 것이었다. 크메르 루주의 우선적인 숙청 대상은 론놀 정부의 지도자층과 지식인, 교사 집단이었다.[356] 1975년 4월을 시작으로 "혁명주의 엘리트집단은 도시를 황폐화시키고 서구 소비재를 파괴하였으며, 서적과 도서관을 불태우고, 서구화된 엘리트들을 일부 청산하였을 뿐 아니라, 대부분의 외교적 관계를 단절하고, 재화, 시장, 외화거래를 폐지하였다. 또한 모든 국내외 무역을 국가 통제체제로 변화시켰으며, 국제사회와의 모든 무역관계를 단절하였다".[357] 피난민들은 "신인민" 또는 "4월 17일 인민"으로 불리었다.[358] 1976년 쿠테타 모의가 실패하자, 폴 포트 정권은 쿠데타 집단을 뚜올 슬랭Tuol Sleng 감옥에 투옥시키고 숙청하였다.[359] 많은 충실한 당 구성원들은 악명 높은 'S-21'에서 고문 받고 처형당하였다.[360] 크메르 루주는 도시민들을 다양한 수용시설에 강제 수용하기 위해 여러 노력을 기울였다.[361] 특별히 시골의 청년들이 도시민들의 학살을 주도하였다.[362] 도시민들뿐 아니라, 이전 정권, 지식인, 교수, 종교인 등과 관련된 많은 이들이 살해 당했다.[363] 베트남과의 국경전을 통해 내부의 적을 축출하기 위한 정권의 운동은 강화되었다. 1977년 폴 포트가 기록한 바와 같이 "우리는 당 내부의 세균merok들을 찾는 데 성공하지 못하였다. (…중략…) 그러나 우리 사회주의 혁명이 발전할수록, 당과 군대, 집단의 모든 부분에서 우리는 흉측한 세균들을 찾아낼 수 있게 된다".[364] 2,680명의 불교 승려들 중에서 폴 포트의 통치기간 중 살아남은 자들은 오직 70명에 불과했다.[365] 참족Cham에서 중국인에 이르는 많은 종족 및 부족 소수민들은 베트남 후손들과 동크메르족과 같은 외부의 적들과 연계되어 인식되었다.[366] 44개월의 통치 기간 동안, 크메르 루주는 (800만 명 중) 100만에서 170만 명의 시민들을 인민의 적으로 규정하고 살해하였다.[367]

공산주의 정권이 계급의 적들을 진압하는 데에 독점적인 권리를 보유한 것은 아니었다. 1965년 인도네시아 정부는 당시 세계 3위 규모의 공산당이었던 인도네시아 공산당에 대항하는 운동을 지속하였다. 군이 이끌고 무슬림과 반공산주의 청년집단이 지지한 몰살운동으로 인해 5천 명에서 100만 명의 사망자가 발생하였다.[368] 냉전 속에서 미국과 연합국들은 수하르토Suharto 정권에 대응하여 개입하지 않았다.[369] 대중적이며 강력했던 운동은 하룻밤 사이에 종식되었다.

많은 극단주의 민족주의 정권의 목적이 단순한 타인종 제거에 있지 않았던 것처럼, 혁명주의 또는 반동주의 정권의 목적이 단순히 적대 계급과의 투쟁에 있는 것은 아니었다. 스탈린이나 폴 포트의 사례에서 분명히 나타나는 바와 같이, 대학살은 계급이나 혁명, 인민이나 민족의 이름으로 자행되었지만, 그 위협은 정권에 반하는 모든 적에게 해당되었다. 즉, 국가폭력의 대상은 권력을 지배한 정권의 적들이었다. 이러한 관점에서 공산주의가 무너진 이후 10년이 채 되기 전, 인도네시아 국가는 동티모르인들을 제거하기 위한 제도적 노력을 기울였다. 동티모르가 1974년 포르투갈의 통치에서 벗어나 정치적 독립을 쟁취하자, 인도네시아 군대는 동티모르를 정복하고 대학살을 자행하였다. 1978년 12월 동티모르 인구의 절반 이상이 군 통치하의 재정착촌으로 이송되었다.[370] 인도네시아 수비대의 지휘관은 1990년 다음과 같이 말했다. "우리 인도네시아 군인들은 티모르인들이 필요하지 않다. (…중략…) 우리는 티모르인들 대하기를 돼지 대하듯 한다. 우리는 가능한 언제든지 그들을 죽일 것이다."[371] 1979년 이들의 10분의 1에서 3분의 1의 인구가 살해되었으며,[372] 1980년대부터 1990년대 전반에 걸쳐 임의적 구금, 고문, 살해와 같은 인권유린이 자행되었다.[373] 인도네시아는 1980년대 말까지 동티모르를 국제사회에서 차단하였고, 국제사회는 대부분 이 제노사이드를 외면하였다.[374] 공산주의와의 전투라는 이름으로 자유진영free world은 인도네시아를 지지하였다.[375]

계급은 인족과 같지 않다. 인족 정체성은 불변하지만, 계급은 훨씬 유동적이고 변화가능하다. 이러한 관점에서 계급은 종교적 기능을 수행한다. 즉, 정권은 전멸보다는 전환을 추구한다. 물론 나치는 희생자들의 인종 배경에만 관심이 있었으나, 스탈린 정부는 반혁명 활동의 고백을 강요하였다.[376] 중국 문화대혁명은 대중적 고백과 전향을 유도하였다. 마오주의는 대중전선(인민으로부터 배움)과 비판 능력을 강조하였고, 자아 비판은 대중 비판의 개념을 창출하였다.[377] 린 비아오Lin Biao는 1969년 다음과 같이 논하였다. "수정주의를 타도하고, 부르주아에게 빼앗긴 권력을 되찾으며, (이를 통해) 우리 국가가 사회주의의 길을 따르는 회전탑의 발달이 지속되도록 만들자."[378] 개인과 정치를 혼합함으로써 마오쩌둥은 부분적으로 그의 권력을 존속시키고 혁명주의적 열기를 유지할 수 있는 공산당과 국가기구의 전쟁을 유도했다.[379] 문화대혁명은 유교에 대한 공격과 육체노동자에 대한 칭송, 엘리트와 기술자들에 대한 비난을 통해 전면적인 사상적 개조를 이루어내고자 하였다.[380] 홍위병은 4구四舊(구사상, 구문화, 구풍속, 구습관)의 타파를 위해 활동하였고, 모스크바의 공개재판을 도입하여 많은 이들을 처형하였다.[381] 홍위병들은 대부분 특권 계층에 속한 자들이었다. 그들의 혁명에 대한 열정의 일부는 그들의 계급적 배경, 즉 그들에게는 불리하게 작용하는 계급의 약점을 극복하기 위한 바람에서 찾을 수 있다.[382] 문화대혁명은 중앙당의 60~70퍼센트와 1,500만의 공무원들 중 20퍼센트의 관료들이 숙청되었다는 점에서는 성공적이었다.[383] 비록 계급의 적을 척결하고자 하는 조직적인 노력이 없었다고 하더라도, 많은 사람들이 고문 받고 고통 받았으며,[384] 약 40만 명에서 100만 명 가량의 목숨이 희생되었다.[385]

계급은 인종, 종족, 민족과 동일시될 수 없으나, 이에 상응하는 기능적 역할을 할 수는 있다. 계급과 인족은 때때로 뒤섞여 작용되었다. 예를 들면, 스탈린 시대의 대숙청은 강력한 반유대주의 기조를 형성하였는데, 당시 유대인은 부르주아를 상징하였다.[386] 크메르 루주는 베트남인들과 비캄보디아인들을 일순간 다른 민족, 다른 계급으로 치부하며 집중 겨냥하였다. 그러나 우리는 인종, 종족, 민족의 범주를 근본적이거나 자연적인 것으로 치부하여서는 안 된다. 나치 정권은 유대인에 대한 명확한 정의를 내리기 위하여 많은 에너지를 쏟았다.[387] 이종 간 혼인의 보편화와 문화적 교류는 보스니아 무슬림과 그들 이웃 사이의 구분을 모호하게 만들었다. 앞서 논한 바와 같이, 후투족 살인자들이 그들의 희생자들을 찾아내기 위해서는 신분증에 의존해야 했다. 그리고 계급은 단순하게 획득된 범주가 아니라 때로는 인종화되고 귀속된 범주와 같아진다. 소비에트 연방, 중국, 캄보디아에서 지식인과 같은 계급의 적은 단순히 그들의 언행과 외모를 통해 축출되었다. 계급이 생물학적으로 유전적인 특성을 가진 것이 아님에도 불구하고, 계급 학살 당시 소비에트 연방과 중국의 부르주아들은 계급 배경의 기록을 통해 추적하였다.

국가동원적 학살은 범주화된 살인의 형태를 띠고 있으나, 사실 학살의 대상이 특정한 범주에만 한정되어 있는 것은 아니었다. 전쟁은 일순간 희생자를 구체화하고 가해자를 무감각하게 만드는 극대화된 폭력의 잔혹한 역동성을 스스로 창출한다. 호모 네칸스 Homo necans로서,* 우리는 놀랄 만큼 잔혹한 행위를 자행할 수 있다. 인족의 범주가 혐오의 감정을 동원할 수 있다고 하더라도, 전쟁국가는 대부분 일순간에 불과할지라도 대중적 혐오를 일으킬 수 있는 숙련된 기술을 보유하고 있다. 즉, 인종혐오는 흉폭한 학살을 촉발하는 데 반드시 필요한 요소는 아니다. 적은 공허하고 표류하는 기표signifier이다. 프랑스혁명전쟁, 미국 남북전쟁, 한국전쟁은

---

* 호모 네칸스(Homo necans) : man the killer. 살해하는 인간.

동족을 대상으로 한 전쟁이었고 인종, 종족, 민족, 계급 혐오에 의한 것이 아니었다. 희생자들은 단지 적으로서 이름이 붙여졌을 뿐이었다.

7

제노사이드는 인간 본성으로서의 야만성이나 원초적 혐오감으로부터 발생했다기보다는, 현대적 현상이다. 도구적 합리성에서부터 총력전에 이르기까지, 현대국가의 기술적·군사적 기량과 현대적인 개념들은 대량 학살의 주요한 기반이 된다. 한 국가의 적들을 구성하는 많은 범주들은 현대적인 것이다. 여기에는 계급, 인종주의, 혁명적 사회주의와 같은 정당화된 이상도 포함된다. 현대인족 학살의 바람은 현대인족 구축을 위한 노력의 이면이라 할 수 있다. 현대국가는 현대인족을 구성하고, 때로는 이를 파괴한다. 대상이 일반적이라고 해도, 인종, 종족, 민족 집단을 제노사이드의 유일한 희생자로서 간주하면 안 된다. 제노사이드 국가는 대량 학살을 용이하게 하기 위하여 인종차별적 분위기를 조장하고 동원하는데, 이는 또한 계급의 적에게도 동일하게 적용된다. 인종, 계급, 국민의 적들은 궁극적으로 권력을 장악한 정권이나 독재자에 의해 정의된 국가의 원수가 된다. 제노사이드는 국가의 적으로 규정된 사람들의 범주를 의도적이며 조직적으로 살해하는 것을 포함한다. 국가권력을 장악했거나 추구하는 정권은 궁극적으로 제노사이드의 대행인이 된다.

많은 독재국가는 제노사이드적이라 할 수 있는데, 의도의 문제는, 물론 판단하기는 어렵지만, 여전히 중요하다. 이와 함께 경제정책으로 극심한 기근을 초래한 마오쩌둥 통치하의 중국을 생각해 볼 수 있다. 1958년부터 1962년까지의 대약진 운동은 특히 대략 3천~4천 명이 기근으로 사망하게 만든 거대한 정책적 재난이었다.[388] 베커Jasper Becker는 "마오의 기근"은 "비인간적인 의도적 행위" 때문이었다고 주장한다.[389] 그러나 마오쩌둥은 적어도 우리가 아는 한에서는 농부를 죽이려 하지는 않았다는 점—그가 정치적 적들을 숙청하고자 노력했던 점에 비해 볼 때—에서 제노사이드의 한 예로 볼 수는 없다. 이와 유사하게, 스탈린의 통치는 잔혹했지만, 제2차 세계대전 기간 동안 레닌그라드 지방에서 기근으로 죽음에 이른 약 백만 명이 의도적으로 살해된 것은 아니었다.[390]

그러나 대부분의 기근은 국가의 복잡성을 수반한다. 소련의 1932년에서 1933년 기근으로 인하여 600만 명이 사망하였는데, 특별히 우크라이나인들에게 그 고통이 가중되었다.[391] 소련이 일반 민간인들이 굶주리는 동안 곡물을 수출하였음을 회고하여 볼 때, 국가는 이에 대해 일부 분명한 책임이 있다.[392] 1980년대 중반 수단 다르푸르Darpor의 기근으로 인한 대량 사망자 발생은 식량 부족으로 인해 나타난 자연 재해라기보다는 기본적인 음식 배분 자격의 박탈과 설사 및 홍역과 같은 전염병의 창궐 때문으로 볼 수 있다.[393] 경제적 이권의 추구에 따른 강력한 이득의 문제 역시 기근을 악화시켰다.[394]

이런 관점에서 "프랑스혁명이 프랑스에 중요한 만큼 아일랜드에게 중요한, 현대 아일랜드 역사의 중요한 사건인" 1840년대 말의 아일랜드 대기근을 생각해볼 수 있다.[395] 오 그라다Ó Gráda가 논한 "포퓰리즘적 민족주의 이념체계"의 관점에서 본다면,[396] 비극은 "온전히, 또는 거의 온전히, 태만한 정부와 잔인한 지주로 인해 발생하였다". 주변의 어느 누구도 이로부터 자유로울 수 없었고, 이에 관한 많은 냉담한 논평이 이어졌다. 『이코노미스트Economist』는 이에 관해 "타인에 대한 도움은 관심 밖의 일이다"라고 논하였고, 『런던타임즈London Times』는 "가혹함이 가장 위대한 인간성"이라고 논하였다.[397] 그러나 오 그라다에 따르면, 기근으로부터 실질적인 이득을 얻었던 자도 없을 뿐더러, 기근을 유발하는 자도 없었다.[398] 비록 정부(지방 정부이든 영국 정부이든)나 아일랜드 지주와 같은 이들이 재앙을 비교적 완화시킬 수도 있었겠지만, 아일랜드 대기근은 치명적인 감자역병을 포함한 "비극적 생태문제"에 의해 발생한 것으로 대부분 인식된다.[399]

선험적 분석이나 도덕적 결론은 실제 사회에서 제대로 작동하지 못한다. 대규모 기아상태와 같은 단순해 보이는 사건들은, 어쩔 수 없는 다양한 동인과 원인에 무게를 실을 수 있는 경험적 조사를 실시해야만 한다. 여기에는 역사보편적이며 문화보편적 원인을 제시하고자 하는 유혹이 존재하지만, 이러한 유혹에 빠지면 결국 제대로 된 분석을 놓칠 수밖에 없다. 자연이 유일무이한 원인이 될 수는 없지만, 이를 배제하는 것 역시 옳은 방법이 아니다. 인류 역사는 인류 잔혹성에 대한 기록이지만, 우리는 수동적 악행과 적극적 악행, 그리고 불행과 불의를 구분하는 데 주의해야 한다. 경험적 이해에는 윤리적 심판이 필요하다. 불행으로 인한 끔찍한 곤경에 지배 집단과 국가가 무심하였기 때문에, 인족이든, 계급이든, 국가이든, 지배 집단을 비난하기는 쉽다. 그러나 잘못된 이해는 자칫 인종주의나 공허한 슬로건으로 확대될 수도 있다. 예를 들어, 난징 대학살 — 일본군이 1937년 난징 시민들을 강간하고 학살한 사건 — 에 대한 저서는 미국의 베스트셀러가 되었다. "잊혀진 홀로코스트"라는 부제가 달린 그의 글은, "난징 강간"은 "역사의 가장 참혹한 악마적 행동 중 하나"이며 "대학살의 가장 끔찍한 사례 중 하나"임을 주장한다.[400] 일본군은 제2차 세계대전 동안 수없이 많은 잔혹한 행위를 범하였고, 난징 대학살은 분명 일본 군국주의 횡포의 끔찍한 사건이었지만, 이를 홀로코스트와 동등하게 비교하는 것은 과장된 것이다. 보다 문제적으로, 장Chang은 제2차 세계대전 이후 일본에서 일어난 사건에 대한 "집단적 기억상실 — 심지어 부정"을 주장했다.[401] 일본에서 난징 대학살에 관한 도서의 배포상황을 고려해 보면,[402] 이러한 논의가 현대 독일인들이 홀로코스트를 잊어버리고 부정하고 있다는 주장과 마찬가지라고 판단할 수 있다. 정부는 필요악이고 인류는 사악한 존재일 수 있지만, 국민이나 정권

제5장_ 제노사이드

을 비난하는 것 역시 동일한 개념상의 오류를 범하는 것일 수 있다.

그러나 우리는 국가의 무고를 주장하는 것 역시 경계해야 한다. 변명하는 자들은 손쉽게 대학살을 정당화할 수 있는, 아니면 적어도 그 무고성을 입증하기 위해 내전의 상황을 언급한다. 제노사이드는 대부분 전쟁이나 혁명의 격동기에 발생하였다. 모더니티의 전형 중 하나는, 혁명, 총력전, 공포정치가 함께 나타났다는 점이고, 이에 대한 한 예로 1793~1794년 프랑스혁명의 공포정치를 들 수 있다.[403] 혁명정권은 대부분 언제나 폭력을 통해 권력을 쟁취하였다. 정권을 안정화하거나 적을 진압하기 위한 최우선적 수단 중 하나가 바로 폭력이었다. 독재와 권위주의 정권 장악에 있어 중요한 사실은 내부와 외부의 적이 반드시 충돌하게 된다는 사실이다. 피해망상은, 상투적이기는 해도, 적이 없다면 존재할 수 없다. 만일 나치 정권의 지지자들이 유대인이 진정한 내부의 적이라는 설득력 있는 주장을 내놓았다면, 홀로코스트 범죄행위에 대한 사죄는 없었을지도 모른다. 일부 아르메니아인들은 오스만 제국의 적군세력과 결탁하였고, 투시족은 르완다 정권에 대항하여 르완다 애국전선 전쟁에 가담하였다. 제노사이드가 배신행위에 대한 정당한 행위로 보여질 수 있으나, 불균형적 형벌은 명확한 범죄이다.

민족의 원칙은 언제나, 그리고 이미, 국가의 자주권을 정당화하고, 국가적 범죄는 이를 통해 정당화된다. 역사적으로 털어서 먼지 나지 않는 국가는 없을 것이다. 대부분의 성공적인 민족 수립은 식민주의적 정복과 인종청소를 포함한 대학살이 동반되었다. 폭력적인, 그러나 성공적인 국가 건립은 궁극적으로는 과거의 잔혹한 행위들을 제거한다. 아마도 역사적으로 가장 잔혹한 내전으로 인식되는 19세기 중반 중국의 태평천국운동은 2천만 명이 사망하였지만, 이들 반역자들에 대한 청나라의 대학살을 제노사이드로 보는 이는 없다.[404] 사실, 제2차 세계대전 이후의 많은 살상행위는 내전으로 인한 것이었다. 중국의 경우 200만 명이 사망하였고, 한국은 150만 명, 베트남은 200만 명, 나이지리아는 200만 명, 에티오피아는 170만 명, 모잠비크는 4만 명이 사망하였다. 제2차 세계대전 이후, 국가 간 전쟁보다는 국내전이 훨씬 많아졌고, 이는 국가 간 전쟁보다 훨씬 치명적이었다.[405] 1990년대 보스니아 무슬림들에 대한 제노사이드나 제2차 세계대전 당시의 세르비아인, 크로아티아인, 보스니아 무슬림 학살에 대해 광범위하게 논의되었으나, 1945~1946년 "대량 총살, 강제적인 죽음의 행진과 집단수용소"를 포함하여 2만 5천 명의 사망자를 기록한, 티토의 무장권력 투쟁을 기억하는 이는 없다.[406] 국가 통치권에 대한 열망에 국제사회는 침묵하였다. 거의 대부분의 민족국가들은 그들이 비난하거나 개입해도 되는 상황을 제외하고는, 민간인에 대한 이웃국가의 범죄에 고개를 돌렸다. 연합국이 유럽의 유대인들의 사정을 무시하는 것은 단순한 반유대주의 때문만은 아니었다. 대부분의 국가들이 인도네시아의 동티모르 점령을 찬성한 이유는 그들이 인종주의자들이었기 때문이 아니었다.[407] 무관심은, 만일 공범관계가 아니라면, 잔혹한 행위와 명목상으로만 투쟁하며 잔혹한 범죄를 초래한다.[408] 초국가기구와 무정부기구는 인도주의의 이름으로 제노사이드 행태를 막기 위해 노력해왔다. 신생의 국제시민사회는 인도주의적 개입을 강력하게 주장한다.[409] 그러나 이러한 반대 동력은 현대국가의 힘에 비할 수 없이 약하다.

범주에 기반한 대학살의 제노사이드가 가능하도록 만드는 것은 국가 내부의 적을 소탕하기 위한 무장 총력전이다. 이는 계획되고 의도된다. 마이클 하워드Michael Howard가 목도한 바와 같이 "전쟁의 동기가 비록 불완전하거나 불명예스러웠다고 하더라도, 그 시작은 당연히 계획되고 심사숙고한 행위이며, 그 수행은 사회적으로 더욱 발달한 수준의 정밀한 중앙 통제의 문제로 귀결된다. 역사 속에서 어떤 '우발적인' 전쟁이 있었을지도 모르지만, 나는 아직까지 이를 본 적은 없다".[410] 보다 분명히 말하자면, 계획과 의도는 빗나가기 마련이고, 전쟁은 예측불가하며 비의도적이고 위험한 역동성을 띤다. 공허한 담론이 현실이 될 수 있다. 갈레W.B. Gallie는 다음과 같이 말했다. "투키디데스와 톨스토이와 같은 전쟁의 관찰자들은 사람들이 절대로 상상조차 할 수 없었던 일을 결과적으로 행하게 될 것이라고 지적한다."[411]

총력전과 제노사이드는 군사정권의 전형적인 통치 기술이다. 관료주의적 학습은 제노사이드의 도구적 방편을 축적할 수 있도록 만들고, 위기에 빠진 급진 정권은 이를 행하기 위해 필요한 잔혹행위를 수행한다. 현대의 많은 독재자들은 역사광으로서 서로를 학습한다. 히틀러는 1939년 8월 22일 다음과 같이 말했다. "결국 누가 오늘 아르메니아인들의 말살에 대해 얘기할 것인가."[412] 비록 나치가 아르메니아인들을 아리아족과 동일시하였다 하더라도,[413] 그들의 학살에 눈물을 흘리지는 않았을 것이다. 21세기 초에도 아르메니아인 학살에 대한 기억은 매우 논쟁적이었다.[414] 프란츠 베르펠Franz Werfel은 『무사 다하의 40일*Vierzig Tage des Musa Dagh*』(1933)에서 이미 아르메니아인들의 비극과 나치의 위험성에 대해 논하였다. 베르펠의 날카로운 경고는 많은 책들과 함께 서고에 묻혔을 뿐이었고, 폭군들은 그들의 적나라한 권력의 도구들을 발전시켜 갔다. 히틀러는 인종에 집중하고 스탈린은 계급에 집중하였으나, "홀로코스트를 경험하지 않고서는 스탈린주의를 알 수도, 이해할 수도 없다"고 한 로버트 콘퀘스트Robert Conquest의 말이 결과적으로 옳은 것이 되었다.[415] 결국 폴 포트는 스탈린이 자행한 숙청을 그대로 따라했다.[416] 모든 이들이 공식적인 부인否認의 기술을 습득하였다.[417]

그러나 우리는 카리스마적 리더십을 지나치게 과장해서는 안된다. 카리스마는 하나의 선전 장치이다. 1936년 고르키Maxim Gorky는 죽기 전 그의 일기장에 "만일 끔찍한 벼룩이 천 배로 확대된다면, 그 생물은 인간의 통제력을 넘어선 세상에서 가장 끔찍한 괴물이 될 것"이라고 기록하였다.[418] 벼룩이 완전한 악마가 되는 것은 그의 카리스마 때문이 아니라, 국가적 장치를 동원한 그의 능력 때문이다. 히틀러가 독일인이 아니었고(오스트리아인), 스탈린이 러시아인이 아니었던 것처럼(그루지아인), 스탈린, 마오쩌둥, 폴 포트는 프롤레타리아 출신이 아니었다.

카리스마와 마찬가지로 이민족 간의 갈등을 범역사적이거나 범문화적인 것으로 보고자 하는 경우가 많다.[419] 제노사이드의 초기 담론은 원시적인 집단혐오와 어디에나 존재하는 인간본연의 인종주의의 강조를 통해 구성되었다.[420] 그렇게 함으로써 우리는 집단을 구체화하고 본질화하며 원인과 결과를 혼동한다.[421] 문화적 적대감이나 접촉의 가설 모두—더 많은 교류가 더 큰 화합을 이끌 것이라는—사실이 아니다.[422] 광란이나 악마적 사악함 모두 제노사이드를 설명하지 못한다. 오히려 우리는 갈등을 명료하게 해주는 범주 또는 정체성을 구체화하기보다는 정치적 갈등의 역동성을 구체화할 필요가 있다. 한 사람의 신분을 확고히 하기 위해 폭력이나 살인보다 좋은 수단은 없다. 바이마르 독일의 유대인들이 그들 스스로 독일인이 되기를 원하였을지는 몰라도, 홀로코스트 이후 이를 원하는 자들은 없었다. 아르메니아인부터 보스니아인에 이르기까지의 희생의 기억은 현대적 정체성의 가장 중심부에 위치하고 있다.

인종주의와 인족 갈등에 대한 이론적 강조를 통해 권력 갈등의 우선성은 은폐될 수 있었다. 비록 종족이나 부족 혐오가 제노사이드를 이해시킬 수 있는 상징적 열쇠가 될 수 있을지 몰라도, 그 자체가 본질적으로 제노사이드를 설명해 주지는 않는다.[423] 존엄성의 추구와 적의의 표현은 어느 곳에서나 나타날 수 있고, 이는 종족, 종교, 계급 등 다양한 집단에 대항하여 발생할 수 있다.[424] 사후의 이론들이 과거를 새롭게 기록한다.

홀로코스트가 극심한 공포를 유발하는 하나의 원인은 국가가 그 내부의 사람들을 반드시 죽인다는 왜곡된 인식 때문이다. 내부적인 문제로서 외부인들은 그들의 내부사정에 개입할 수 없다고 생각한다.[425] 대부분의 국가들은, 특별히 전쟁 중 동일한 범행을 저지른 경우, 이민족 학살에 대한 이의를 제기하지 않는다. 대부분의 국가들이 동티모르인에 대한 인도네시아의 대학살을 묵인한 것과 같이, 어느 누구도 동티모르 인구의 14퍼센트를 살해한 1941년 12월 일본의 공격을 비난하지 않는다.[426] 내부와 외부의 적 사이의 구분에 대한 질문은, 마치 문명의 근원 자체에 대해 의문을 제기하는 것과 같이 간주되며 소멸된다.

제노사이드가 가능해진 상황을 통해 대량 학살이 가능하게 되었고, 이는 또한 총력전에서의 차별적인 학살을 정당화하였다.[427] 민간인 폭격과 비저항세력에 대한 학살은 적을 완전히 진멸하고자 하는 국가폭력의 행위하에서 이루어진 것이었다. "두 차례의 세계대전을 통해 (…중략…) 총력전은 말 그대로 제노사이드로 변질되었다. 전쟁은 생산 능력과 도덕이념이 군의 주요 동력이 되는 순간부터 국민 그 자신들과 대적해야만 했고, 대적할 수 있었으며, 대적하게 되었다."[428] 이는 결국 국가사회주의의 논리였으며, 이는 대중을 인종화하는 것이었다.[429] 상대적으로 무고한 시민들이 대항민족으로서 죽음을 당했다. 예를 들어, 도쿄의 1945년 3월의 폭격은 10만 명의 민간인을 죽음으로 이끈 주거지역에 대한 과도한 폭격이었다.[430] 이 폭격을 담당하였던 토머스 파워Thomas Power 장군은 다음과 같이 말했다. "군 역사에서 적으로부터 당할 수 있는 가장 큰 단일 재난이었다."[431] 히로시마 원자폭격(10만 명 사망)과 나가사키 원자폭격(7천 명 사망) 대부분의 희생자도 민간인이었다.[432] 피폭자hibakusha들은 하나의 범주집단이 되었는데, 이는 이들의 신체적 고통과 사회적 비난이 모두 세대를 걸쳐 계승되는 것으로 판명이 났기 때문이다.[433] 일본에 대한—예를 들어, 1994년 12월 미국인의 13퍼센트가 "모든 일본인들의 말살을 찬성"한[434]—미국의 인종주의를 생각한다면,[435] 일본 민간인에 대한 대량 학살과 유대인에 대한 대량 학살이 앞의 경우는 외부의 적이 행한 것이고 뒤의 경우는 내부의 적이 행한 것이라는 차이점 외에 다른 점이 무엇인가? 핵폭탄 투하는 결국 일본을 패배시키기 위해서 반드시 필요한 것은 아니었다.[436]

어느 누가 민간인에 대한 의도적인 학살—그들이 적군 지역의 민간인일지라도—과 적에 대한 의도적인 학살—그들이 내부의 적일지라도—사이의 질적 차이를 구분할 수 있는가? 총력전과 제노사이드를 합치시킨 것은 범주적 살해의 형태로서 행해진 민간인에 대한 차별적인 학살이라는 점 때문이다.[437] 이들은 모두 민족국가를 수호하고 적을 소탕하기 위해 행해졌다. 제1차 세계대전 당시 민간인 죽음은 사망자 전체의 5퍼센트에 불과했으나, 제2차 세계대전에는 66퍼센트로 증가하였고, 20세기 말의 전쟁에서는 80~90퍼센트까지 증가하였다.[438] 제노사이드에서처럼, 적어도 나폴레옹 전쟁부터 되풀이된 "절대로 다시는never again"의 외침은 모든 총력전에 존재했다.[439] 만일 총력전이 전투부대와 민간인 모두를 제거하는 완전한 진멸을 의미한다면, 왜 제노사이드를 논하는 데 있어서 외부의 적과 내부의 적에 대한 구분이 그토록 오랜 기간 지속되는 것인가? 이러한 구분은 토착민들이나 민족에 속하지 않은 집단에 대한 학살을 은폐하는 데 일정 부분 도움이 된다.[440] 인족에 대한 현대적 사고가 제노사이드에 대한 실행가능성을 제한하는 것처럼, 국가주권에 대한 신성불가침적 권리는 외부 적에 대한 살인을, 심지어 그들이 민간인일지라도, 정당화시켜 준다. 우리는 왜 조직적으로 인간을 구체화된 범주로 잘못 인식하는가? 다른 대량학살을 간과하는 것과 달리, 제노사이드는 신성화되고 이를 가능하도록 만든 상황은 자연스러운 것이 된다.

본 장의 도입부에서 왜 독일인가를 물었다. 그에 대한 부분적인 답으로, 그 외에 다른 어떤 곳이 있는가라는 질문을 할 수 있다. 효율적인 관료제도와 군사정권의 존재는 외부와 내부 적에 대항하는 총력전을 초래하였다. 제한된 영토 내에서 폭력의 수단과 자주권에 대한 외부세계로부터의 보호를 통해 현대국가는 가장 많은 제노사이드를 자행한 조직이 되었다. 극단적인 민족주의의 수단으로서 제노사이드 국가는 다른 인종, 부족, 민족과 계급의 적들을 제거하는 데 힘을 쏟았다. 적의 범주는 권력을 장악한 정권의 특성에 기반하지만, 대학살 행위는 오직 현대국가만이 행사할 수 있는 사회기반적 능력에 어쩔 수 없이 부응한다. 만일 지금까지 현대인족을 형성시킨 주체가 현대국가라면, 이를 파괴하는 주체 역시 현대국가이다.

제6장

정체성

1

    두 보이스W. E. B. Du Bois는 "20세기의 문제는 피부색에 따른 경계 color-line의 문제"라고 말했다.[1] 미국 인종문제에 관한 방대한 문학 작품 중 가장 많이 인용되는 이 정교한 문장은 단순히 미국의 흑인과 백인을 정의하거나 구분하는 명확한 경계선에 대한 것보다 더 많은 함의가 있다. 결국, 그는 그의 자전적 에세이인 『새벽녘의 황혼Dusk of Dawn』(1940)에서 많은 아프리카계 미국인이 보유한 것과 같은, 복잡한 가계도를 보여주었다. 그의 조상에는 오늘날의 현대인족의 개념에 따르면, 유럽인, 아프리카인, 미국 원주민이 포함되어 있고, 이는 서로 건널 수 없는 피부색의 경계color line를 넘나드는 것이었다.[2] 그는 "혼혈" 인종의 출신을 넘어, "소득과 혈통이 피부색보다" 중요하기 때문에 "인종에 대한 정의가 아일랜드인에게만 뚜렷한" 영국에서 성장하였다.[3] 두 보이스는 "피부색에 따른 경계 문제"에 대한 주석을 달며, 이는 "아시아와 아프리카, 그리고 미국과 섬에 거주하는 자들 사이의 어두운 피부색을 가진 인종과 밝은 피부색을 가진 인종적 관계"라고 설명했다.[4] 분명하게 그는 식민주의의 세계적 현상에 대해 논하였다.

두 보이스의 학문적 범위는 단순한 인종문제를 넘어선다. 1888년 피스크 대학교Fisk University 졸업 연설에서 그는 비스마르크를 "갈등 집단을 하나의 민족으로 만든" 이로 칭송하였고,[5] "재능 있는 십분의 일"이라는 말로써 엘리트 리더십을 지지하였다. 비록 흑인 민족주의자로서의 겉모습을 지니고 있지만, 그의 저작인 『흑인의 영혼The Souls of Black Folk』(1903)을 보면, 많은 부분 민요를 사용하여 인종을 표현하고, "이중 의식"을 강조한 독일 낭만주의의 영향을 받았음을 알 수 있다.[6] 이후 그는 마르크스주의자이자 범아프리카주의자가 되어 우리가 제3세계라고 부르는 문제에 대해 보다 많은 관심을 가졌다. 아놀드 람퍼새드Arnold Rampersad는 다음과 같이 요약했다. "그는 흑인과 백인, 가난과 특권, 사랑과 혐오의 결과물이다. 그는 미국 뉴잉글랜드(북부)와 남부, 이방인과 미국인, 지방민과 도시민, 민족주의자와 공산주의자, 빅토리아시대와 현대의 사람이다."[7]

두 보이스의 복합성과 모순이 특별한 것은 아니다. 흑인 정체성의 "정신적 성숙"으로 표현되는 **할렘 르네상스**Harlem Renaissance는, 진 투머Jean Toomer, 카운티 컬런Countee Cullen, 랭스턴 휴즈Langston Hughes, 제임스 웰든 존슨James Weldon Johnson과 같은 혼혈인들에 의해 주도되었다.[8] 프레더릭 더글라스Frederick Douglass부터 말콤 엑스Malcom X에 이르기까지 많은 아프리카계 미국인 정치철학가들 역시 이를 지지하였다. 두 보이스와 동년배인 알랜 로크Alain Locke는 유명한 인종이론가였는데, "간단히 말해, '흑인'은 존재하지 않는다"고 선언하였다.[9] 이들은 모두 하버드와 베를린에서 공부하였는데, 이러한 자들이 소위 형제라고 부르는, 대부분 농노와 같은 남부의 사람들과 진정으로 연합할 수 있었단 말인가? 이러한 관점에서 해롤드 크루스Harold Cruse는 "흑인사회와 사회적으로 간격을 두고 있는" 흑인 지식인들을 날카롭게 비판하였다.[10] 아프리카계 미국인들의 범주—20세기 유색인, 니그로, 흑인 등으로 다양하게 표현된—는 두 보이스나 로크의 삶과 정신을 일정 정도라도 공유하고 있는가? 로크는 오늘날 우리가 소위 말하는 동성애혐오와 단신에 대한 멸시, 그리고 바하이교까지 깊이 있게 논의하였다.[11] 그러나 우리는 로크와 두 보이스 모두 흑인 지식인이었다는 점을 기억해야 한다.

마지막 장에서는 서문에 제기하였던 질문으로 다시 돌아가고자 한다. 인종, 종족, 민족 정체성은 부분적으로 제도적 사회화와 일체화 작업의 산물이지만, 이는 또한 인식적인 분류와 구분의 문제이기도 하다. 제3장과 제4장에서 대중 정체성을 집중적으로 다루었던 반면, 본 장에서는 소수자에게 보다 집중하고자 한다. 구체적으로, 정체성의 본질적 구성과 인종주의의 변증, 그리고 소수자 정체성 형성에 대해 살펴볼 것이다.

2

"당신은 누구인가"에 대한 질문이 어떻게 "당신은 어디 출신인가"와 불가분의 관계가 되었는가? 왜 한 사람의 간결하고 준비된 속성으로서 인종, 종족, 민족의 소속이 그 사람의 개인적 정체성의 구성요소가 되었는가? 간단히 답하자면, 현대인족이 사회적 분류와 일체화를 결정하는 지배적인 형식이기 때문이다. 다시 말해, 이는 우리가 이 세상에 어떠한 종류의 사람들이 있는지를 알 수 있는 기본적인 방법이 되었다.

분류는 중요한 인지 활동이다.[12] 분류 체계와 그 범주는 복잡성을 줄여주고 우리가 실제라고 부르는 복잡다단한 혼란에 질서를 부여한다. 우리는 분류 없이 생각할 수 없다. 이는 언어와 사물을 정의하고 관계시키는 계속적인 시도로서 탁월한 유용성과 실용성을 보유한다. 먹거나 먹지 못하는 것의 구분이든지, 친구와 적의 구분이든지, 개념화, 범주화, 구분화, 일체화에 대한 일련의 작업들은 우리의 삶에 필수적이다.

사회적 분류는 사회생활에서 보편적이며 피할 수 없는 것임을 인지할 필요가 있다.[13] 분류에 대한 보편체계를 아는 것 말고 사회화를 어떻게 설명할 수 있는가? 범주, 요소, 특성을 이용하는 능숙함은 집단 귀속의 중요한 지표이다. 이러한 단순화는 불가피한 것이며, 이는 이들 대부분을 특정한 질서체계로 처리하는 것에 대한 우리의 인지적 한계를 반영한다.[14] 또한, 일부 신성화된 역할을 맡은 자들을 제외하고, 우리는 사회적 한계를 통해 거대한 다수집단과 교류할 수 있는 우리의 능력을 알게 된다. 만일 한 사람이 작은 마을에 산다고 할 때, 그는 수백 명에 대한 소식의 일부만을 알 수밖에 없고, 따라서 그는 주변의 수많은 이웃에 대해서는 거의, 또는 전혀 알지 못하게 된다. 우리의 빈약한 사회적 상상력은 사람들을 이해할 만한 단순화된 도식을 추구한다. 결국 우리의 사회적 정체성은 부득이하게 손쉽게 획득할 수 있는 가능한 범주 중 하나만을 차용한다. 현대인족은 사회생활의 복잡성을 그 최소한의 공통분모로 축소시킨 것이다.

그러나 분류와 범주화의 보편성이 관념적 획일화를 의미하는 것은 아니다. 색, 식물, 동물 등에 대한 분류는 문화를 뛰어넘는 보편성을 가진다.[15] 인간 분류는 인류의 다양성에 대한 자연적 기반을 구축하기 위해 계속적으로 논의되지만, 이는 문화와 시대에 따라 계속적으로 변할 수밖에 없다. 로저 베이컨Roger Bacon은 13세기 논저인 『도덕철학Moralis Philosophia』에서 인간을 여섯 종류(사라센족Sarraceni, 타타르족Tartari, 이교도Pagani, 우상숭배자Ydolatre, 유대인Iudei, 기독교인

Christiani)로 분류하였는데, 이는 삶의 여섯 가지 목적(기쁨voluptas, 부 divicie, 명예honor, 권력potencia, 명성fama, 신에 대한 영광seu gloria nominis)과 여섯 가지의 신성한 신체의 분류에 따라 구분된 것이었다. 제임스 해링턴James Harrington의 17세기 논문인 「오시아나 공화국The Commonwealth of Oceana」에서는 인간을 "그들의 질, 나이, 부, 거주지역"에 따라 분류하였다.[16] 그럴듯한 많은 범주 중 특정 시대와 장소에서 널리 전파된 것은 극소수에 불과했다. 21세기 초 미국에서 베이컨의 주장을 따르는 이들은, 비록 베이컨이 현대인족의 개념이 기괴한 것이라 논했음에도 불구하고, 매우 의아하다 할 수 있다. 우리가 논의한 바와 같이 현대인족의 범주는 역사적으로 계속적으로 변화되어 왔고, 때로는 복잡한 변형과정을 거쳤다. 이들은 생성되고 변화되었으며 소멸되었다. 미국에서 백인으로서의 의미와 자격은 20세기 들어 많은 변화를 거쳤다. 소비에트 연방이 호모 소비에티쿠스Homo Sovieticus를 형성하고자 했다면, 1990년대 이를 계승한 국가들은 민족 정체성을 구축하고자 했다.

분류체계와 범주가 한 사회 내에서 반드시 일치될 필요는 없다. 서로 다른 집단이 분류에 대한 서로 다르고 상충하는 체제를 작동할 수 있다.[17] 전문가와 아이들은 특수한 개별 체계를 형성한다.[18] 더욱이 개인적인 다양성은, 이들이 사회적 교류를 통해서든지 집단 정체성을 따라 형성되었든지 간에, 보편적인 것이다.[19] 인간은 언제나 실수를 범한다. 그리고 가장 분류화된 체계는 일체화에 대한 전략의 정도나 선택을 가능하게 한다.[20] 사람들은 무조건적으로 분류체계를 따라가지 않을 뿐더러 이에 동일한 의미를 부여하지도 않는다. 그들은 자신과 타인을 전략적으로 규정한다. 대부분의 사회적 상황에서 갈등 체계와 모호한 경계가 존재한다는 사실을 고려한다면, 확고하게 보이는 범주와 정체성을 이해하거나 사용할 수 있는 선택과 방안의 정도 역시 언제든지 존재함을 알 수 있다. 옥스퍼드 태생인 인류학자가 현장조사 당시 군인 브르통Breton을 만났을 때 그녀가 그녀의 아버지가 웨일즈인임을 시인함으로써 그녀는 그 군인의 "고발을 허용"받을 수 있었다.[21] 그녀가 그녀의 어머니가 아일랜드인이라는 사실을 말할 때, 그녀는 "'켈트족'으로 선포되었고, 억압받는 세력에 들어갈 수 있었다".[22] 즉, 영국인 인류학자는 일순간 제국주의적 지배자에서 식민주의적 피억압인으로 변화하였다.

왜 분류체계와 인족의 범주는 사회생활 체계에서 조직성과 안정성을 획득해야만 하는가? 제도적 힘에서 창출되는 반엔트로피적 동력과 그에 관한 담론으로 인해 그렇지 않을 경우 발생할 수 있는 유동적 연결망과 소멸하는 정체성을 존속시킬 수 있다. 제도는 소속감과 충성심을 강제한다. 현대국가는 모더니티의 지배 기구이다. 만일 시민권이나 국적 — 정치, 경제, 사회적 소속의 우선된 표현으로서 — 이 국내거주, 해외여행으로부터 정치참여, 고용환경에 이르는 모든 부분에 영향을 미친다면, 이는 상당한 가치가 있다. 상징적 만족감은 종종 물질적 이득을 보완해준다. 군사적 승리나 운동경기의 우승은 그들 인족의 반사적 영광으로서 개인에게 반영된다. 물질적이거나 상징적으로 얻게 되는 이득을 고려할 때, 개인은 부여된 범주를 당연시하기 시작하고 이에 맞추어 스스로를 규정한다. 민족은 인간 존엄을 가능하게 하는 바로 그 조건으로 볼 수 있다. 소속은 인간의 존재론적 불확실성에 대한 해결책으로서, 존재를 필수불가결한 것으로 변화시켜 준다. 장 아메리Jean Améry는 다음과 같이 주장했다. "그러나 당신은 오직 당신이 독일인이거나, 프랑스인이거나, 기독교인이거나, 아니면 어떤 규정된 집단에 소속되어 있을 때에만 인간이 된다."[23] 나치 독일의 유대인이나 흑인 차별 정책이 존재하던 미 남부의 흑인들과 같이 국가가 없는 인간은 곧 악몽이다. 국가 없는 인간에 대한 연민의 감정 — 에드워드 에버렛 헤일Edward Everett hale의 「국가 없는 이The Man without a country」 (1865)에 진부하게 묘사되고 있는 — 은 현대인족의 필요성과 귀속성을 강조하고 있을 뿐이다.

　민족국가의 강제적 권력은 모든 언론을 통해서 나타났는데, 언론은 학교의 민족주의적 커리큘럼에서부터 영화나 TV 쇼와 같은 대중매체에 이르기까지 인생 전반에 걸쳐 개개인의 의식을 그에 맞게 변화시킨다. 보편적이고 의무적인 학교 교육은 문학, 미술, 지리, 역사, 사회, 인류학 전반에 걸쳐 특정한 민족국가의 통합을 가르친다. 대중음악, 스포츠, 대중매체는 모두 민족국가의 강력한 기반이다. 제3장에서 논한 바와 같은 범국가적인 교류는 현대인족에 대한 원칙과 범주를 널리 전파하였다. 서구 주도의 사회과학은 그들의 우월성과 과학성을 보장해준다. 한 번 수립된 범주는 인족

전문가들과 정체성의 수호자들에 의해 그 의미가 보다 구체화되고 다채로워진다. 제1장에서 논의한 바로 그 요인들이 정치체와 국민(인민)people을 하나로 결합한다. 기념적 행위에서부터 집단적 의식에 이르기까지 민족은 일체화의 기본 단위이다. 민족 없는 국가를 생각하거나 떠날 수는 없게 되었다. 메흐멧 아키프Mehmet Akif는 터키 민족주의에 대한 신랄한 비판으로 인해 추방되었다. 그러나 그의 시는 터키 국가國歌의 기초가 되었고, 우리는 그를 터키 시인— 게다가 대부분 터키에서 생을 보낸 거주민— 으로서 기억한다. 현대 세계가 현대인족으로부터 벗어날 수 없고 현대인족 없이는 무의미한 것임을 상기할 때, 현대인족의 중요성은 보다 확고해진다.

3

인족의 분류화와 범주화는 인식에 있어 중요한 역학체계를 제공하는데, 이는 결국 사회생활에 구체적인 영향을 미칠 뿐 아니라 규정적인 범주와 체계를 재생산한다. 반면, 연구와 사고는 자아정체성의 복잡성과 현대사회에 전파된 인종, 종족, 민족의 정체성을 설명한다. 그러나 이러한 대답은 분명 인족 정체성의 영향력, 그 명확함과 명료함에 대해서는 설명해주지 못한다. 현대인족의 실체에 반대하는 이론적이며 경험적인 논쟁에도 불구하고, 범주, 묘사, 평가를 통해 상식적이고 자연적이며 확실한 존재로서 현대인족은 존속하고 있다. 즉, 사람들은 본서에서 발전시킨 논쟁에 대응할 명확한 근거가 없을지라도, 사회적 차이의 자연성naturalness을 습관적으로 주장한다. 질문은 여전하다. 심오하고 피할 수 없으며 자연스럽고 필수불가결해 보이는, 또한 진실되고 중요하며, 표현불가하고 비가시적인듯한, 인종, 종족, 민족 정체성은 무엇이란 말인가? 자연성에 관한 심리학적 논리는 구조에 관한 역사사회학적 논의가 거짓임을 드러낸다.

전문가와 일반인 사이 지식의 격차는 현대사회에서 만연하게 나타난다. 현대 물리학에서 지구는 대략적으로 둥글고, 탁자는 대부분 비어있는 공간이며, 쿼크quark●는 일정하지 않은 시간과 장소의 부정확성을 가리킨다. 일반적인 상식으로, 땅은 평평하고, 테이블은 고체이며, 어떠한 물체든지 특정한 시간과 공간에 존재하는 것으로 상정된다. 다시 말해, 비전문적인 인식들은 과학적인 명제들과 함께 존재한다.

더 일반적으로, 대부분 광범위하게 아리스토텔레스적인 우리의 인식론적 경향은 범주와 특성의 영속성을 가정한다. 사람들은 뉴턴의 물리학을 공부할 수도 있으나, 그보다는 시간이 흐름에 따라 없어지는 본질이나 내면적 기질로서 운동량momentum을 고려하는 경향이 있다. 진화에 대한 다윈주의 이론은 종種의 발전을 추론하였

● 쿼크(quark) : 양성자, 중성자와 같은 소립자를 구성하고 있다고 여겨지는 기본적인 입자.

으나, 대부분의 사람들은 자연적 종은 이미 형성된 것으로 생각하였다. 범주에 대한 고전적인 아리스토텔레스적 관점이 철학적으로나 경험적으로 부적절하다 할지라도, 이는 여전히 막강한 영향력을 행사하고 있다.[24] 자연적 종은 통계적으로, 또는 과학적으로 설명될 수 있는 다양한 요소들로 이루어져 있지만, 이들은 논리적인 설득력은 있으나 경험적 증명에는 취약하다.[25] 임의적이거나 상황에 따라 형성된 특징들은 근원적인 특성으로 재정립된다.[26] 아리스토텔레스적 관점이나 심리학적 본질주의는 작은 수 법칙the law of small numbers, 또는 또래압력peer pressure의 법칙을 따르는 우리와 밀접히 연관되어 있다. 작은 수 법칙이란 귀납적 일반화를 유도하거나 주어진 논의를 지지하기 위해 비체계적인 증거에 의존하는 경향을 의미한다. 전문傳聞 증거나 개인적인 진술은 체계적인 통계적 반박에 직면하더라도 설득력을 가진다. 여러 고전적인 사회심리학적 실험들이 말해주듯이,[27] 또래집단의 의견이나 권위자에 대한 순종은 많은 이들이 그들의 감각이나 그들이 확신한 근거들을 부인하도록 만든다. 사람들은 지배적인 범주와 해석을 따르고, 이에 따라 부여된 사고의 무조건적 순응자가 된다.

현대인족의 분류체계와 범주는 아리스토텔레스적 사고와 연계되고, 외면적 증거와 또래압박을 통해 강화된다. 보통의 인지 작용은 특성, 기질, 요소를 임의적 범주들과 대상에 부여한다. 인족의 범주는 자연적 종으로 간주되는데, 이는 내면의 기질 또는 요소들로 가득하고 인식적이고 사회적인 압박 속에서 지속된다. 다시 말해, 서로 다른 인간은 개와 고양이와 같이 특징적인 본질과 요소로 이루어진 서로 다른 자연적 종으로 인식된다. 자연 현상학은 여러 자연적 인간집단들 중 하나의 종에 귀속하도록 모든 개인들을 규정한다. 제2장에서 논한 바와 같이, 현상학은 귀속화된 특성에 대한 대략적인 기반을 제공한다. 동물 비유는 깊이 뿌리내린 집단 본질주의적 특성을 설명한다고 볼 수 있다. 사람들은 외형적으로 서로 다르고, 이는 차이를 설명하는 분류체계를 증거한다. 자기인식self-identification의 경험은 직관적이고 분명하다. 심연에 위치한 정체성들이 구성된 것임을, 그것도 최근에 구성된 것임을 논하는 것은 상식적인 직감들 모두를 부정하는 일이다. 프로이드가 1930년 고백한 바와 같이, 비록 그가 "신성한 언어를 이해하지 못하고, 그 선조들의 종교와 완전히 단절되고, 민족주의적 이상을 공유할 수도 없"었음에도 불구하고, 그는 어찌되었든 "유대인으로서의 그의 특성Eigenart"을 알고 있었다.[28] 인족volksgenossen의 모든 관점을 거부함에도, 그는 어쩔 수 없이 유대인이었다.

그러나 아리스토텔레스적 사고나 심리학적 본질주의가 인족의 범주에 의존한 것은 아니었다. 초반의 두 장에서 논한 바와 같이, 중세 유럽은 모든 본질적 요소를 신분 범주를 통해 설명하였다. 소작농, 마녀, 야만인들은 특정한 신체적, 정신적 요소를 보유한 자들로 설명되었다. 이와 비슷하게 제롬 루소Jérôme Rousseau는 보르네오 카얀족Kayan을 유럽적인 것과 일본적인 것이 합쳐진 존재로 설명하였다.[29] "카얀족은 그들 자신을 일본인들과 비슷한 인종으로 인식하는데, 이는 제2차 세계대전 동안 일본인들이 이를 강조하였기 때문이었다. 카얀족은 완전히 다른 삶의 방식에 동요하지 않았다. 유럽인들과 일본인들은 동일한 집단으로 묶여져야만 했는데, 이는 그들 모두가 비행기를 제작할 수 있었기 때문이었다. 복잡한 기술을 구사할 수 있었던 노하우는 한 민족의 습득된 특성이 아닌, 자연적이며 고유한 특성으로 인식되었다." 인간은 종종 임의적으로 구별된 집단에게 고유한 특성을 부여한다.[30] 소인국 사람들이 그들이 처음 깬 계란의 끝이 어딘가에 따라 집단을 나누었던 점을 상기해보라. 즉, 범주적 특성에 따른 공식적 귀속—이들이 아무리 임의적이라 할지라도—은 차이에 대한 담론을 창출한다. 심리학적 본질주의의 보편화는 일정 정도 현대인족의 범주를 과거의 사회적 관계로부터 생성된 것임을 주장할 수 있도록 만든다. 이는 또한 인종적 일체화와 차이를 본질적이고, 불변하며, 따라서 확고부동한 것으로 만들어준다.[31]

인족의 범주가 자연적 종種으로 구성되어 있는 것과 같이, 현상학은 차이를 본원적인 것으로 만드는 가장 명확한 방법을 제공한다. 현대 생물학의 입장에서는 유감스러울 수 있으나, 생물학의 표현형은 아리스토텔레스적 범주화 작업의 핵심이다. 인종 정체성의 변화하는 경계에도 불구하고, 인종 존재론은 인종 일체화에 대한 인지적 명확성을 부여해 준다. 구분의 일상적 작업은 인간의 오감에 기반한다. 서로 다른 인종과 부족 집단을 구분하는 데에 냄새가 사용될 수도 있다.[32] 길만Sander Gilman에 따르면 유대인스러움Jewishness에 대한 전통적인 기표는 유대인적인 소리였다. 심지어 어떤 이들은 육감六感을 통해 집단을 규정하고 특성을 부여하는 거장이 된다. 게슈타포는 엥겔만에게 다음과 같이 말했다.[33] "이 작업을 훈련받고 수행한 수 개월이 지난 지금 나는 30피트 밖에서도 유대인을 알아볼 수 있게 되었다. 그가 금발 또는 파란 눈을 가지고 있든지 그들과 섞이고 싶어 하든지에 상관없이 말이다. 나에게는 그들을 축출해낼 수 있는 예민한 본능적 직감이 있다!" 이와 같이 오감에 기초한 구분의 감각이 얼마나 자연적이고, 확실하며, 직감적이고, 본능적인지 알 수 있다. 그러나 제2장에서 이미 언급한 바와 같이 외모가 범주화된 구분을 정당화할 수 있는 요소가 될 수는 없다. 평면의 지구를 진정으로 믿은 찰스 존슨Charles Johnson은 다음과 같이 기록했다. "사람들은 주위를 둘러보고 그들의 눈을 믿어야 한다. 이성적이고 이지적인 인간은 언제나 지구는 평면적이라는 것을 알고 있다."[34] 나치 독일에서 유대인들이 다윗의 별을 달거나, 제노사이드의 활극 속에서 르완다인들이 종족 신분증을 지니고 다녀야 했던 것 같이, 인종 구분은 이를 확인할 수 있는 공식화된 표식을 필요로 했다.

현상학은 결론적으로 관념에 기반하고 있다. 인족의 개념은 이를 설명하고 원칙을 부여할 범주와 담론을 제공한다. 다시 말해, 인족 담론은 존재론적이고 인지적인 사회생활의 주된 사고체계를 제공한다. 제4장에서 밝힌 바와 같이 인종주의적 지식은 본질주의적이며, 이는 명칭epithets이나 고정관념 등을 통해서 나타난다. 개별 논의들은 추론적 관점에서 설득력을 지니고 있으므로 그들의 오류가 수립된 범주 및 특성들과 충돌하는 일은 없다. 다시 말해, 이는 고정관념을 통해 설명된다.[35] 우리 집에 방문한 선의의 손님—나의 부모가 한반도 출신이라는 사실을 알게 된 손님—은 내가 이탈리아 음식으로 요리한 저녁을 한국 음식으로 간주하기로 결정하였다. 그는 벽에 걸린 그림들—하나는 뉴욕의 유대인이, 하나는 백인 영국인이, 다른 하나는 프랑스어를 구사하는 스위스인이 그렸음에도—을 모두 한국 작품으로 생각하였다. 이미 존재하는 범주들과 특성들은 일상 속 깊숙이 침투되어 있다. 편견과 고정관념은 사람들을 특정 인족으로 나누고 규정하는 지배적인 방법이다. 예외가 형성될 수도 있으나, 대부분의 외부인들은 인식 속에 깊이 침투되어 있는 특성에 따라 간주된다.[36] 이로 인해 따라 흑인범죄가 의식적인 반인종주의적 태도에도 불구하고 계속적으로 나타나는 것인지도 모른다.[37]

더 슬픈 점은 개인적 관계가 인종 관계를 드러낸다는 사실이다. 사람들은 내부집단의 결속을 전제하고 있는 것처럼 외부집단에 대한 적대감을 당연시한다. 개인이나 집단 간의 갈등은 인종주의나 서로 다른 인종에 대한 혐오로서 설명될 수 있다. 조나단 리더 Jonathan Rieder는 뉴욕인들에 대한 민족지 연구를 통해 뉴욕인들이 "상호간에 불면식의 사람들 사이의 적대감을 동족 사이의 유대감과 같은 자연스러운 현상으로 간주할 수 있다"는 사실을 밝혔다.[38] 그러나 히틀러는 다음과 같이 말했다. "그러나 당신은 예를 들어

거위에게 인도주의적 태도를 보이는 여우를 발견할 일은 절대로 없을 것이며, 쥐를 친근하게 대할 고양이를 발견할 일도 절대로 없을 것이다."[39] 이전 장에서 논한 바와 같이, 홀로코스트를 가능하게 한 것은, 무장국가의 능력보다는 일반 독일인과 그들이 발전시킨 반유대주의였다. 1992년 로스엔젤레스 폭동은 경찰의 무자비한 폭력성을 척결하기 위한 의도에서 시작되었으나, 전문가들은 종종 그 원인을 아프리카계 미국인과 한국계 미국인들 사이의 갈등으로 지적한다.[40] 집단 내부 갈등에 대한 추정은 결과적으로 자기충족적 예언이 되고, 이는 인종차별적 태도를 고착화한다.

아리스토텔레스적 사고는 오늘날 사회적 질서와 범주를 귀속적이며 필수불가결한 것으로 간주하게 만들고, 특별한 것들을 일반적인 것으로, 임의적인 것을 보편적인 것으로 변화시킨다. 다시 말해, 이는 세계관을 형성한다. 특정한 이득을 도모하거나 이에 반하는 장애물을 제거하는 것으로 이념체계를 이해하는 것은 편협하며 부정적인 방법이다. 인종과학자부터 사회과학자, 정치운동가에서부터 국가 관료에 이르는 전문가들은 주어진 범주들을 재생산하는 데 관심을 집중한다. 여기서 핵심은 의도가 아니다. 사회과학이 아무리 인종주의를 비판하고자 하였더라도, 이는 분석의 단위로서 인종의 범주를 매우 잘 활용하였을 뿐만 아니라 인종주의 논의와 별다른 차이 없는 일반화 논의만을 배출하였다. 제4장에서 질문한 바와 마찬가지로, 사회학자 하워드 오덤Howard Odum이 가난한 남부 흑인들의 빈곤한 처지를 묘사하였다는 이유로 인종주의자가 되는

가? 그가 만일 그 공동체에 대한 유토피아적인 묘사를 날조하였다면 반인종주의자가 되는 것인가? 범주들에 대한 비판적인 확인 작업의 어려움은 원치 않는 과학적 분석의 복잡성을 사용해야 한다는 점이며, 따라서 이는 지속적으로 회피되어 왔다. 혼혈인 집단이나 인족 규정의 주관적인 특성에 대한 보편적인 인식에도 불구하고, 사회과학자들은 몰상식하고 구체적인 인종의 범주를 계속적으로 사용한다. 이를 통해 그들은 특권적인 지위를 차지한다. 이는 이데올로기의 확장된 정의로서, 사고의 영역 자체를 규정한다.

이데올로기 확립은 가변적이고 임의적인 것들이 항상적이고 고정적인 것으로 변화되며 이루어진다. 사회적 범주와 구분은 관습적일지 모르지만, 이들은 역사와 생물학에 기반하고 있다. 이들이 본원적인 것으로 인식되지 않는다면, 상식적인 것이 될 수는 없다. 심리학적 자연주의의 논리는 개인이 사회 및 자연과 불가분의 관계로 얽혀있는 데 따른 정체성에 관한 추상적 논리를 제공한다.

인족의 범주들은 한편으로는 그들이 태어날 때부터 존재하였던 사회적 실제를 왜곡함에 따라 귀속된다. 유아기가 운명이 아니라고 하더라도, 어린 아이로서 배우는 것은 우리의 인지와 감정에 확고한 영향력을 미친다. 인족 정체성으로 확장되는 우리의 자기인식은, 양육자들과 친구들에 의해 많은 영향을 받는다.[41] 조라 닐 허스턴Zora Neal Hurston의 『그들의 눈은 신을 보고 있었다Their Eyes were Watching God』(1937)에서는, 백인 부모에 의해 키워진 한 흑인 아이가 오랫동안 스스로를 백인으로 여기는 장면이 나온다. 이는 아이의 특성이 아니었다. "다른 종種의 구성원들 사이에서 개별적으로 키워진 아이는, 그 종의 사람이 되고 싶어 한다. 사람들에게서 키워진 오랑우탄은 사람이 되기를 원하고, 그들 역시 자기인식을 하기 때문에, 그들은 그들 스스로를 인간의 일부로 생각하고 그들의 사회적이거나 성적인 행위를 특별히 인간에게 맞추어 행하고자 한다."

아동기 때 표류하는 유아기의 기억들은 감정적 잔향이다. 딕 다이버Dick Diver는 『밤은 다정하다Tender Is the Night』(1934)에서 제1차 세계대전에서 애국주의적 민족주의가 가능하도록 만들어준 사소한 부분들을 보여준다. "이는 종교, 수년간의 막대한 보증, 계급 사이에 존재하는 확고한 관계를 취했다. (…중략…) 당신은 당신이 기억할 수 있는 것보다 더 오랜 과거의 온전한 정서적 장치가 필요했다. 당신은 크리스마스와 황태자와 약혼자의 엽서, 그리고 발랑스Valence의 작은 카페와 운터 덴 린덴의 노천 탁자, 시청의 결혼식, 더 비로의 여행, 당신 할아버지의 수염을 기억해야만 했다."[42] 눈물 나게 만드는 것은 부수적인, 비록 귀속된 것이지만, 어린 시절의 기억들이다. 할아버지 무릎에서 배웠든지 교사의 명령에 의해 배웠든지, 아동기의 학습은 성인이 된 이후 기억이자 향수, 열정으로 변화한다. 감정이 어떤 것도 설명할 수 없을지라도, 이는 경험체계와 존재론적 소속을 본원적인 것으로 만들어준다. 감정의 작동이 의례적인 것일지라도, 그 잔향은 사회적 분류화나 일체화의 논리적이고 경험적인 결함을 대신해준다.

인족을 자연적인 유형으로 받아들이는 경향은 친밀한 친족관계나 가족관계에 존재론적으로 기반하고 있다. 즉, 현대인족의 제도적이며 감정적인 핵심은 가족이다. 대부분의 가족들에게 있는 동일한 혈통과 시간적 공통성은 혈연 — 제2장에서 논한 바와 같이 오류가 있을지라도 — 과 가족 간의 동질성에 기반하고 있다. 인족 집단의 통합에 대한 믿음은 궁극적으로 공통의 계보와 가족 간 동질성에 대한 확신으로부터 생성된다. 즉, 인족 — 혈통과 특성에 따른 공동체 — 은 확장된 친족의 형태이자 상상된 가족이다. 호레이스 캘런Horace Kallen이 말할 것처럼, 민족은 "본질적으로 자연적이고 유기적"이며 "가족적"이다.[43] 현대인족이 역사와 생물에 기반하였음을 고려할 때, 개인적 차원의 생각과 경험은 인간 분류에 대한 구체화된 이해에 관한 표현이 된다. 제4장에서 논한 바와 같이 인족의 명목적 특성은, 친족이나 인족의 계속적인 통합 또는 인위적인 범주적 귀속과 유기적 집단 정체성의 소멸을 초래한다. 우리와 그들의 기초적인 이분법은 인족 담론에 생기를 불어넣는다.

그러나 이데올로기가 운명은 아니다. 많은 이들은 우리의 아리스토텔레스적 유산을 극복하고 물리적 세계와 생물학적 세계를 묘사하고 설명하는 보다 설득력 있는 논의 체계를 구상한다. 우리도 이와 같은 사회적 세계의 구축을 소망할 수 있다. 대부분의 현대적 개념들이 신분과 종교의 범주적 본질성을 제거한 것과 같이, 우리도 언젠가는 인종이나 인종주의적 범주를 철폐할 수 있게 될 것이다. 프톨레미오스적인 세계관의 지속이 순수한 이성적 근거나 논쟁에 의한 것이 아닌 것과 같이, 현대인족의 세계도 이와 같다. 교회를 반대하든지 국가를 반대하든지 제도적 갈등은 여전히 중요하다. 지식과 정치는 함께 변화해야 한다.

―

4

―

국가에 소속된다는 것은 결국 다양한 특권을 제공하고 정체성이라는 질문에 대한 명확한 답을 주는, 민족국가라는 세계에 속해있다는 사실을 알려주는 최종적 기표가 된다. 그러나 애국주의적·군국주의적 민족주의는 20세기 말 확실히 소멸하였다. 민족 자긍심에 대한 주장은 다소 구시대적인 것으로 여겨진다.[44] 탈근대의 시대에 맞추어 민족 담론은 모더니티의 다른 거대 담론들과 함께 쇠퇴하였다. 현대인족이 현대국가의 산물이자 특성이라면, 현대국가의 소멸은 현대인족의 소멸을 주도한다.

물론 현대국가는, 그 범위와 한도가 시시때때로 변화하지만, 현대사회에서 막강한 제도적 영향력을 보유하고 있다. 국가적, 민족적 추앙이 후소련 계승 국가들에서 특징적으로 나타나기는 하지만,[45] 현대인족은 대부분의 경우 쇠퇴하는 경향을 보인다. 두 차례의 세계대전―그리고 냉전에서 확인되었듯이―을 통해 총력전의 자주적 행위자로서 민족국가는 성립 불가능하다는 사실이 드러났다. 시민군은 급격히 감소했다. 제노사이드를 포함한 파괴적 전쟁들로 인해 극단적 민족주의로의 파행은 저지될 수 있었다.

이와 동시에 경제와 대중매체를 통해 민족국가의 경계는 확장되었다. 국가 초월적인 자본주의는 국가나 인족 정체성에서 보다 자유롭다. 확실히 자본주의적 헤게모니는 소규모 자본가 신분이든지 독립적인 소비자 신분이든지를 막론하고 개인주의를 확장시킨다. 복지와 같은 평등주의 정책의 감소로 인해 신분 통합은 와해되기 시작하였다. 예를 들어 부유한 국가들의 교양있는 어법은 국가 초월적으로 엘리트들을 통합시키는 한편, 낮은 수준의 교육계층을 분리시켰다.[46]

초국가적 기구들은 여전히 신성불가침의 국가 정치체에 개입한다. 풀뿌리 정치조직들은 초국가적 연대를 모색한다. 반국제화 운동은 범이슬람주의나 환경주의의 이름으로 국가 경계를 초월한다. 토착민들의 국제적 운동은 인족으로서의 인정과 보편 인권에 관한 정치적 입장을 표명한다.[47] 다시 말해, 비정부기구나 초국가적 연결망으로 조직된 초기적인 형태의 국제 공동체가 존재한다.[48] 인권과 개인주의가 부상하며 민족국가의 자주권[49]과 인종 분류의 타당성[50]에 대한 질문이 제기된다. 공상가들은 세계 또는 국제 시민권의 발생적 개념과 우주적 또는 종種적 의식을 논한다.[51] 확실히 국민(인민)people은 이러한 인도주의적 목적들과 국제기구들 속에서 **죽어간다**.

보다 근본적으로 보면 대규모 이주로 인해 한때 견고하였던 정치조직과 인족의 결합은 확실히 파괴되었다. 요약하자면, 언어, 종교, 문화 등 인족의 결합적 특성들이 국가와 민족으로부터 분리되었다. 인족은 인구population에 귀속되었다.

탈냉전 시대 인족 정체성이 가장 잘 드러나는 표현은 범유럽주의나 범이슬람주의와 같은 범국가적 표현이 아니라, 특히 부유한 국가들에서 나타나는 민족기반적infranational 표현들이다. 즉, 정체성의 문제는 민족 소속이 모호하고 불완전한 자들에 의해 대부분 나타났고 활발하게 증명되었다. 제4장에서 이들의 일부, 즉 여성, 동성애자, 장애인들에 대해 논하였다. 민족기반적 정체성 담론이 부상하게 된 데에는 많은 요인이 존재한다. 경제와 문화의 세계화, 세계주의 이념의 부상 등을 그 요인으로 볼 수 있으며, 이는 다문화 시대를 설명한다. 그러나 본 장에서는 뒤늦은 소수자 인종 정체성의 부상에 대해 보다 집중하여 논의하고자 한다.

제4장에서 논의하였듯 불완전한 통합은 구조적인 인종주의에 기반하고 있다. 인종주의는 특정 집단을 배제하고 특성화하지만, 소외된 자들이 반드시 공통의식을 보유하고 있는 것은 아니다. 오히려 정체성은 반인종주의counter-racist 운동을 통해서 획득된다. 인종주의와 반인종주의의 변증은 수직적이고 수평적인 통합의 인지적 동질화를 유도한다.

아프리카계 미국인들을 생각해 보자. 제2장에서 논한 바와 같이, 미국에서 인종은 18세기까지 명확한 범주는 아니었다.[52] 아프리카계 미국인들은 다양한 언어, 종교, 문화적 기원을 가지고 있었다.[53] 19세기까지 북부 흑인과 남부 흑인의 구분, 더 근본적으로 미국인들 사이에서 자유인과 노예의 구분은 아프리카계 미국인들 사이의 일체화된 인식의 형성을 지연시켰다.[54] 그렇지 않았다면, 우리는 "노예 봉기에 대한 흑인 자유인들의 미약한 지지, 그리고 (⋯중략⋯) 노예가 아닌 백인들을 지지한 몇몇의 —루이지애나의 경우 다수의— 의사意思"를 이해할 수 없었을 것이다.[55] 게다가 지역 인식은 여전히 강력했다.[56] 원형적 민족주의로서 "인종인race men" 임에도 불구하고, 현대 아프리카계 미국인들의 조상은 19세기까지 인구population이기는 했으나, 국민people은 아니었다.

이와 유사하게 19세기까지, 대부분의 이주민들은 견고한 인종 정체성을 보유하고 신대륙에 정착한 것은 아니었으며, 심지어 그들 스스로 이주민이나 정착민이라고 생각하지도 않았다. 우리는 그들을 미국의 폴란드 이주민이나 호주의 아일랜드 이주민이라고 부를 수도 있지만, 그들의 중심적인 정체성은 가족적이거나 지역적인 것이었지 민족적인 것은 아니었다. 토머스W. I. Thomas와 즈나니에츠키Florian Znaniecki는 다음과 같이 말했다. "모든 소작농의 편지들은 서로 떨어져 있음에도 불구하고 계속적으로 유지되는 가족 유대를 보여주는 (⋯중략⋯) 하나의 근본적인 유형의 변형들로서 고려될 수 있다."[57] 이와 비슷한 논의로, 피츠패트릭David Fitzpatrick은 호주의 아일랜드 이민자들을 다음과 같이 묘사했다. "아일랜드계 호주인들이 '고향'에 대해 말할 때, 그들은 친척이나 이웃으로 가득한 사회적 환경을 떠올린다."[58] 19세기 미국으로 이주한 대부분의 유대인들은 유대인 민족주의나 유대인 정체성에 대해 모호한 인식을 가지고 있었다.[59] 동유럽의 유대인들은 "그들 마을이나 지역 또는 방언을 통해 정체성을 인지하였다".[60] 말할 것도 없이, 이후의 이주민들은 보다 견고한 정체성을 가지고 정착하였다.

동화同化의 유혹은 배제에 대한 공통적 반응 — 개인 자격으로의 포함 — 을 유도한다. 그들 스스로 변화할 능력이 없는 개인들이 살아가는 인종차별적 세계에서 '통과passing'*는 잠재적 임의성을 가진 해결책이라고 볼 수 있다. 민족적 소속에 대한 물질적이고 상징적인 혜택을 고려한다면, 이러한 혜택에 참여하고 싶은 바람은 쉽게 이해될 수 있다. 대부분 소속에 대한 최종 관문으로, 독일 비유대인들로부터 유대인들을 구분하는 피부색이나, 한국인들과 일본인들을 구분하는 특정한 음절(파, 피, 푸, 페, 포)의 발음과 같은, 명확한 표식이 사용되었다. 그러나 이러한 표식은 은폐되거나 변형될 수 있었다. 명확한 표식은 인간 분류가 생물이나 역사에 기반하고 있지 않기 때문에 명확할 수 없다. 피부색과 같이 변형될 수 없는 특성은, 많은 부분 혼혈인들 덕분으로, 명확한 경계를 형성하지 못했다. 마크 트웨인의 『푸든헤드 윌슨*Pudd'nhead Wilson*』(1894)이나 제임스 웰던 존슨의 『한 흑인 출신 백인의 자서전*The Autobiography of An Ex-colored Man*』(1912)에서 나타나듯, 남북전쟁 이후 미국 남부에서의 백인과 흑인 구분의 극단적인 사례에서조차도, 인종 구분에 대한

• 두 개 이상의 집단에서 용인되는 인종 구분과 관련된 용어.

부조리와 모호함, 통과의 가능성이 나타난다. 노출에 대한 공포가 죽은 자의 삶을 지배할지 모르지만, 많은 이들은 이에 실제로 성공하였다.[61] 월터 화이트Walter White가 1925년 논한 바와 같이,[62] 백인으로 통과하는 흑인의 수는 "매우 많았다 — 이는 일반적으로 예상하는 수보다 훨씬 많은 수였다".[63] 제1장에서 언급한 원칙 — 로마인처럼 행동하면 로마인이 된다 — 은 모든 시간과 장소에 가능성을 남겨두었다.

보다 일반적으로, 배제된 자들은 군림하는 집단을 넘어설 능력도 기회도 없다. 그들에게 통과는 오직 환상의 영역에서나 가능한 일이다. 배제된 자들은 본질적 특성이 없기 때문에 — 안면적 특성이나 생식기적 특성과 같은 — 종종 구별되는 상징적인 특성을 바라기도 한다. 이는 토니 모리슨Toni Morrison의 『가장 푸른 눈The Bluest Eye』에서와 같이 흑인 소녀의 푸른 눈에 대한 갈망이나 이스라엘의 아랍 소녀가 "내가 유대인이었으면 좋겠고, 남자였으면 좋겠고, 부자였으면 좋겠다"고 한 것과 같은 사고방식이다.[64]

탄압받는 자들의 꿈꾸는 삶이 육체적인 특권적 표식에 의해 지배받는 경우가 있는데, 즉 유대인적인 코를 아리아인처럼 만들거나, 동양적인 눈매를 서구화하는 등의 성형수술로 나타나는 경우가 있다. 꿈이나 수술을 넘어, 인종적 배제를 피할 수 있는 또 하나의 방법으로 승혼*이 있다. 마요트 카페시아Mayotte Capécia의 『나는 마르티니크인Je suis Martiniquaise』(1948) 속 여인은 그녀의 백인 연인을

• 높은 계급의 사람과 혼인하는 것.

제6장_ 정체성

다음과 같이 묘사한다. "나는 그가 푸른 눈과 금발과 흰 피부를 가졌기 때문에 그를 사랑한다."[65]

몇몇 집단은 전통적인 통합이나 동화의 결과로서 집단적 통과를 획득하기도 한다. **백인다움**whiteness —— 규범적인 미국인다움 —— 은 멜팅 팟melting pot*의 핵심 결과물이었다. 란돌프 본Randolf Bourne은 1916년 다음과 같이 기록했다. "이 나라의 열정적인 민족주의 운동과 문화운동은 독일인, 스칸디아비아인, 보헤미아인, 폴란드인 사이에 (존재)"하는데,[66] 이들은 앵글로색슨적 규범에서 벗어난 자들이었다. 몇 세대 이후, 그들의 백인 또는 규범적인 미국인으로서의 타당성을 질문하는 이는 없다. 미국의 아일랜드 이주민들 —— 두 보이스의 아동기 시절 흑인보다 더 많은 차별을 받았던 이들 —— 은 민주당, 가톨릭교회, 노동조합을 통해 앵글로색슨에 편입되기를 원했다. 백인다움을 쟁취하기 위한 노력으로 이들은 결국 흑인이나 다른 이주민들과 거리를 두며 차별화하였다.[67] 또한 프랑스의 메테퀘스Métèques(이방인 쓰레기)를 생각할 수 있다. 제2차 세계대전 시기 이들은 기본적으로 이탈리아, 스페인, 포르투갈에서 이주해 온 자들을 일컫는 말이었다. 제2차 세계대전 이전 메테퀘스였던 일부 아이들은, 전쟁 후 마그레비**와 인도차이나의 이주민들을 동일한 용어를 사용하며 비난하였다.[68] 즉, 희생자는 세대를 거치며 가해자로 변할 수 있다.

---

* 다문화사회에서의 동화주의 정책이나 기조를 비유적으로 이르는 말.
** Maghrebi : Maghreb, 즉 리비아, 튀니지, 알제리, 모로코 등 아프리카 북서부 지역의 사람들.

'통과자'들은 인종주의의 넓은 세상을 간단하게 무시하고 편안하고 정성들인 허구적 삶을 형성하므로, 통과에는 이를 부인할 수 있는 강력한 부정의 요소가 수반된다. 성공적인 통과는 법률적 차별이나 사회적 외면의 현실을 변화시키지 않는다. 어떠한 상황이든지 통과는 모든 이들이나 집단에게 허락된 전략은 아니다. 보다 구체적으로, 사람들은 인종적 위계를 허락하고 그들 집단의 발전을 추구한다. 간접 통치하의 부족 지도자와 같이, 민족 지도자는 정치적이고 경제적인 이득을 추구하고, 이에 따라 그 신분적 현상을 유지하는 확실한 이득을 쟁취하게 된다. 정치적 경쟁(민족 투표 연합이나 민족당)과 경제적 이득(민족의 무역 연결망이나 민족 기반의 무역 협회)은 민족 정체성의 물질적인 기반을 확립한다.[69] 우리는 인족 정체성의 감정적 담론에 가려진 도구적 합리성의 중요성을 간과해서는 안 된다. 흑인의 발전을 위한 워싱턴Booker T. Washington의 계획은 백인 우월주의의 확장된 사회에서 흑인 엘리트들의 비전을 담은 것이었다.[70] 주거 전략은 인종차별적 질서에 도전하는 것이 아니라 사실상 이를 확정시키는 것일지도 모른다. 이러한 관점에서 특권적 지위를 부여받은 소수자들은 종종 인종차별적 지배규범을 재생산한다. 따라서 밝은 색의 피부는 흑인 엘리트를 나타내는 상징이 되었다.[71]

주거 전략이 인종차별적 실제를 변화시키지 못한다면, 인종 화합을 불가능한 것으로 상정한 해결방법 역시 변화를 가능케 할 수 없다. 보다 유연하게 설명하자면, 이는 그 자체가 내부적 추방이라 할 수 있다. 아산테Molefi Asante는 다음과 같이 논했다. "내가 나의 정체성에 대해 고민하였던가? 나는 나의 출신, 공동체, 갈등에 대해 개인적이거나 문화적인 혼란을 겪은 적이 단 한순간도 없었다. (…중략…) 내 의식 속에서 나는 온전히 아프리카인일 뿐이었다." 다시 말해, 배제된 이들은 망명자 또는 추방자 게토에 거주하며 내부의 이방인으로서 귀속된 정체성을 보유한다. 그렇지 않았다면 이들은 "고국으로 돌아가라"는 인종주의자들의 농성을 그대로 받아들여야 했을지도 모른다. 마커스 가비Marcus Garvey는 그 중에서도 특히 미국에 거주하는 아프리카 혈통의 사람들에게 아프리카로 돌아갈 것을 주장하였다.[72] 인종적 자부심에서 발현된 것이라 하더라도, 이는 인종청소를 야기하는 인종주의적 사고에 부합한다. 그는 다음과 같이 주장했다. "순수인종 운동을 주장한다. (…중략…) 당신의 인종을 다른 인종과 혼합하는 것은 불명예스러운 일이다. (…중략…) 우리가 순수 니그로 인종임을 드러낼 수 있다면 정말 좋을 것이다."[73] 그러나 대규모 이탈은 거대 정착민의 식민화 작업을 수반한다. 시온주의의 성공은 나치즘과 홀로코스트 이후의 지정학적 환경과 불가분한 단계로서 혼재되어 있었다. 거주민이 없는 대륙은 없고, 배제된 자들이 가족, 이웃, 친척, 직업이 없는 것은 아니기 때문에, 이탈 전략에는 대부분 극단적 위기상황이 뒤따르게 된다.

보다 과격한 집단주의 전략으로 인종 위계질서에 대한 도전 그 자체를 들 수 있다. 앞서 주장하였듯이, 개인적이거나 집단적인 통과, 주거, 이탈이 신분을 뒤흔드는 것은 아니다. 대부분의 차별 집단 구성원들은 동일한 종속적 지위에 속해있고, 이에 대한 인종적 위계질서는 귀속적인 것일 뿐 아니라, 이들에게는 억압을 드러내거나 이를 파괴할 수 있는 능력이 존재하지 않는다. 상황은 억압에 저항할 수 있는 자들이 존재할 때 달라진다. 인종주의에 대한 혐의와 이의제기는 그 배제와 지배가 쇠퇴할 때 가능해지고, 이것이 바로 억압의 모순적 지점이다. 미국이 인종주의로 인해 크게 비난받던 시기는 노예제도가 절정일 당시도, 심지어 짐크로우법이 존재하던 시대도 아닌, 1960년대 시민권 운동과 이에 대한 법률적 제정이 이루어진 이후였다. 다시 말해, 인종주의는 정확히 그 구조적 힘이 약화되었을 때 비판받기 시작하였다. 지배집단과 피지배집단 사이의 신분적 차이는 인종주의에 대한 과민반응을 유도한다. 즉, 소수자 집단에서 상대적인 특권을 보유한 이들은 인종주의적 무시와 불의에 예민한 반응을 보인다. 자율권을 부여받은 소수자들이 부상하고 인종주의가 지속되자 반인종주의 운동과 이념이 부상했다. 현대 유럽에서 유대인 정체성에 대한 두 명의 대표적인 주창자인 헤르츨Theodor Herzl과 로젠츠바이크Franz Rosenzweig 모두 유럽에 동화되고 특권을 부여받은 자들이라는 것, 유럽의 유대인들에게 매우 좋은 시기에 순조롭게 부상하였다는 것 모두 우연이 아니었다.[74]

소수자 인족이 부상하며 (인종차별적으로 배제된 자들로 해석되던) 인구는 국민(인민)으로 변화되었다. 소수 인족의 시련은 인종주의로 인한 것이었다. 인종차별적 배제는 반인종주의 담론이나 운동을 동원하는 것들에 반하는 범주들을 발생시킨다. 인종주의는 배제된 자들에게 인족 정체성을 부여하므로, 식민주의에 반대하는 등 인종주의와 싸우는 개인들에게 범주가 부여된다. 반인종차별 투쟁이 성공하기 위해서는 폭넓은 지지가 필요했으므로 대규모 결합체의 형태를 띠고 있었는데, 이는 인종주의 담론이 전제하는 바로 그 형태였다. 정치적 편의는 종종 범인종적 연대의 기저를 형성한다. 미국의 일본인, 한국인, 중국인은 서로를 명확히 구별함에도 불구하고—일본의 한국과 중국에 대한 식민주의 점령은 오래된 과거의 역사가 아니다—이들은 아시아계 미국인으로 결합되었는데, 이는 반아시아적 인종주의에 대항하고,[75] 적당한 크기의 집단을 형성하기 위해서였다.

국가가 현대인족의 중앙기구라는 사실에도 불구하고, 소수자 인족은 소수자 연결망을 구축하고 그들의 공통적인 정체성을 전파하기 위하여 종교적, 경제적, 정치적 기구에 의존한다. 반인종차별 운동은 결국 집단연대를 강화할 수 있는 지적 산물을 창출한다. 이에 따라, 역사책에는 아시아계 미국인의 역사가 기록되고, 대학 수업으로 아시아계 미국인 연구 수업이 제공된다. 물질적 이득과 상징적 자부심은 인족 정체성을 강화한다.

상기한 바와 같이, 19세기까지 아프리카계 미국인들에게 남과 북, 자유인과 노예, 아프리카 태생과 미국 태생, 언어와 문화적 차이를 아우르는 공통의식이 나타나지는 않았다.[76] 노예들에게는 신분과 관련한 공통의 정체성이 있었으나, 1860년 미국에는 50만의 자유인 신분의 흑인들이 존재했으며, 이들의 반은 노예주奴隸州[*]에 거주했다.[77] 니그로 또는 흑인 정체성은 19세기 통합되었다. 문화 통합은 신분 통합과 함께 나타났다. 흑인사회의 민족화는 남과 북, 도시와 시골의 간격을 메워주었다. 이와 동시에 두 보이스가 남부 사람들에게서 발견한 흑인의 "소울soul"과 같은 대중적 통합이 일어났다. 이러한 개념화를 통해 흑인이나 니그로는 조상(아프리카에서 나왔다는 것)과의 공통점(문화적이고 신분적인 통합)을 보유하게 되었다.

그럼에도 불구하고, 흑인 정체성은 독립적이거나 고정된 개념은 아니었다. 흑인 동원의 최선봉의 조직은 교회에 기반하고 있었으므로, 흑인 정체성은 짙은 종교적 색채를 띠고 있었다.[78] 게다가 많은 흑인 지도자들은 강력하게 스스로를 미국인으로 인식하였다.[79] 따라서 전미全美 흑인 지위 향상 협회NAACP : National Association for the Advancement of Colored People(1909), 전국 도시 동맹NUL : National Urban League(1910)과 같은 주요한 탈종교적 반인종주의기관은 여러 인종이 혼합된 기관이었다.[80] 반인종주의 운동을 이끄는 주요 이념은 대부분 마르크스주의와 사회주의였고, 이에 따라 통합이나 동화에 대한 명확한 목표가 있었다. 아브람 헤리스Abram Harris부터 랄프 번치Ralph Bunche에 이르기까지 당시 사회과학계의 선두적인 아프리카계 미국학자들은 인종 그 자체보다는 경제와 계급을 강조하였다.[81] 급진주의 사회학자인 올리버 콕스Oliver Cox는 다음과 같이 기록했다. "니그로들의 감소는 문화적이고 생물학적인 통합과 보다 확장된 미국사회와의 융합이 있었기

---

[*] 노예주(slave states) : 미국 남북전쟁 이전 노예제도가 합법화되었던 남부의 주(州).

제6장_ 정체성

때문이다."[82] 자유주의자인 번치Bunche는 1939년 다음과 같이 선포했다. "니그로는 미국 시민이다."[83] 아마도 흑인 정체성을 가장 잘 표현해준 **할렘 르네상스**는 시사하는 바가 많다. 진 투머Jean Toomer가 그 자신을 미국인으로서 명쾌하게 나타냈던 반면, 다른 이들은 그들을 다른 이들과 구분되는 엘리트, 재능 있는 십분의 일the talented tenth로 표현하였다.[84] 어떤 이들은 아프리카 조상에 대한 논쟁적인 주장을 펼쳤다. 드류 알리Noble Drew Ali는 아프리카계 미국인의 "아시아적Asiatic" 기원을 주장하였으나, '이슬람 민족the Nation of Islam'은 아프리카계 미국인들을 "잃어버린 이슬람 민족"으로 설명하였다.[85]

계급, 지역, 종교 등의 서로 다른 경험적 환경 속에서,[86] 1960년대 흑인의 부상을 예언하는 자는 아무도 없었다.[87] 민족주의 논의의 전형적인 비유로 카슨Clayborne Carson은 다음과 같이 기록했다. "1960년대 흑인들의 고통은 흑인들에게 높은 자부심, 자신감, 인종 정체성을 고취시키며 잠재되어 있던 흑인 급진주의와 인종분리를 일깨웠다."[88] 반인종주의을 동원한 가장 주요한 기관은 흑인 교회였음에도 불구하고,[89] 실질적인 문화혁명을 주도한 것은 **블랙파워운동**black power movement* 이었다. **흑인 자부심**black pride은 범아프리카 연대와 문화적 뿌리에 대한 추적으로 이어졌다. 특히 시민권 운동을 통해 여론이 동원되고 공통의 정체성이 전파되었다.[90] 이에 따라 미국 내 특별한 존재로서 흑인문화가 나타났다. **소울 푸드**soul food 는 그중 하나로, 1960년대 특별한 요리로 부상하였다.[91] 물론 이는

• 흑인 지위의 향상을 주장하는 운동.

오직 미국 남부와 아프리카 전통 요리법에만 국한되어 있었지만, 그 특별함은 사회운동의 한 표현이었다. '에스닉한 세련됨ethnic chic' ―인족에 대한 특정한 일체화를 나타내는 구별적 의상―이 1960년대 이후 미국에서 통용되기 시작했다.[92] 흑인 자부심은 아프리카계 미국문학에서도 아프리카 기원을 찾기 위한 노력으로 이어졌다.[93]

그러나 흑인 민족주의의 정확한 의미는 여전히 논쟁적이다. 흑인 민족주의의 가장 영향력 있는 대변자는 말콤 엑스로 볼 수 있는데, 그는 범아프리카주의와 보편주의적 무슬림 이상을 주장하였다.[94] 그러나 20세기 말 미국에서 흑인 정체성의 핵심이 무엇인지 묻는 이는 아무도 없다.[95] 인종 정체성은 가장 교양 있고 정치적인 집단에서 가장 강력하게 나타난다.[96]

소수자 의식의 뒤늦은 출현은 미국 원주민 또는 미국 인디언들 사이에서 발견할 수 있다. 수세기에 걸친 유럽의 공격에도 불구하고, 19세기 초 미국 전역의 대략 5분의 4의 지역에 구별된 자주권을 행사하는 미국 원주민 집단이 거주하였다.[97] 범미국원주민 정체성을 형성할 방도가 없었다는 사실은 자명하다. "많은 집단들은 그들 스스로를 '사람', '인간', '인격체'를 뜻하는 이름으로 인식하고 있었다."[98] 학식있는 전문가 집단은 1911년 '미 원주민사회Society of American Indians'를 형성함으로써 범원주민 정체성을 최초로 공포하였다. 그러나 이후 미 원주민 정체성이 넓게 확산되지는 않았다. "1840년대까지 미 원주민을 자기인식적인 연대집단으로 명명하기는 어려웠다."[99]

그러나 1950년대 이후 상황은 대폭 변화하였다. 1950년대 통계를 보면, 3만 5천여 명의 사람들은 스스로를 미국 원주민으로 생각하고 있었고, 이는 1990년 약 200만 명으로 증가하였다.[100] 미국 원주민 정체성이 새롭게 조명되고 새로운 자부심으로 나타난 이유는 여러 가지로 볼 수 있다. 이들 중 다수는 원주민 보호구역에서 도시로 이주하며 원주민 신분으로 많은 차별을 받았다.[101] 교육받은 원주민들은 아프리카계 미국인들의 시민권 운동을 본받아 범미국원주민 정체성을 형성하기 위한 지적·사회적 운동을 주도하였다. 이들은 교육기관의 특혜에서부터 정부 지원에 이르는 원주민 정체성에 대한 새로운 혜택을 주장하였다.[102] 사우스 캐롤라이나의 럼비Lumbee 원주민들은 흥미로운 사례를 보여준다. 그들에게는 "원주민 조약, 보호구역, 언어, 즉 '원주민' 특유의 관습에 대한 기록"이 없다.[103] "유색인들의 자유인 자손"들이나 "자유인 니그로"와 같이 다양하게 분류되었던 이들은 19세기 이후 백인이나 흑인으로부터 그들 자신을 구분함으로써 그들만의 정체성을 확립하였다.[104] 그들만의 특징적인 정체성을 성공적으로 유지할 수 있었던 이유는 많은 부분 그들이 미 원주민에 대한 확장된 민족 분류의 주장을 할 수 있었기 때문이다.

5

소수 인족과 주류 인족은 구조적인 면에서 동일하다. 유럽적 사고는 소수 인족에 대한 상상 속에서 발전되었다. 두 보이스는 인종을 "대부분 공통의 혈통과 언어, 동일한 역사, 전통과 변화의 항상성을 가진, 자발적으로나 비자발적으로 삶에 대한 다소 생생하게 인지된 이상을 실현하기 위해 함께 노력하는 거대 가족"으로 정의한다.[105] 공통의 혈통과 동시대적 공통성에 대한 강조 속에서 소수 인족은 주류 인족과의 차이를 상정할 수밖에 없었다. 그러나 그들에게는 차이점보다는 공통적인 부분이 많았다. 다수자와 소수자 집단은 많은 경우 같은 언어, 종교, 문화를 공유한다. 이러한 소속과 배제에 대한 잠재적인 역설은 소수자 정체성의 특수성과 모순을 야기한다.

이사야 벌린의 민족 정체성에 대한 주장을 생각해 보자. "한 민족에 소속되고자 하는 우선적 필요, 민족을 구성하는 모든 요소들의 유기적 관계, 단순히 그것이 우리의 것이므로 우리 자신이 보유한 가치 등에 대한 믿음은, 결국 그 주장의 패권 속에서 권력과 충성을 목표로 하는 경쟁적 도전자들과 직면하게 된다."[106] 민족이 보유한 불가피한 이질성, 그리고 본질적이고 유기적으로 특정한 인족의 구성원임을 정의하는 논쟁적인 개념들 때문에, 두터운 정체성 형성의 근거는 필요하다. 벌린의 논리에 따르면, 아프리카계 미국인들은 그들의 미국인 정체성에 대항하여 그들 집단에 대한 충성을 최우선적으로 주장하고 있는 것인지도 모른다. 이는 역사가 토머스 홀트Thomas Holt가 기록한 바와 일맥상통한다. "흑인다움black-ness은 여러 의미에서 '고향'과 같았다 ― 이는 그들을 특정한 공동체, 기관, 문화, 성제성과 연설해 주었나. "[107] 이러한 관점에서 아프리카계 미국인들은 혈통이나 기억에 따른 신비한 감정, 즉 아프리카 태생, 노예제, 인종차별 등에 관한 감정을 공유한다.[108]

소수자 정체성에 대한 경험적 무게는 그 출현을 창출한 역사적 임의성을 간과하도록 만든다. 소수자 집단의 소속을 정의할 수 있는 특별한 입장은 존재하지 않는다. 사회운동이나 종교기관과 같은 소수자 정체성의 조직적 기반이 현대국가보다 견고하지 못하기 때문에, 소수자 정체성은 의식적 고조를 통해 형성된다. 주류집단의 정체성이 이의異議 불가능한 규범으로서 존재하는 반면, 소수자 정체성은 의식적으로, 그리고 계속적으로 인식되어야만 한다. 이에 따라 두 보이스와 허스턴은 민족 정체성을 찾기 위한 유럽 낭만주의 프로젝트를 재수립했다. 결국 이들의 추종자들은 흑인이 되는 방법을 배웠다. 헨리 루이스 게이츠 주니어Henry Louis Gates Jr.는 이를 다음과 같이 기억했다. "1970년 나는 대학에서 역사를 전공하였지만, 특별활동으로 공부한 것은 어떻게 흑인이 되는 것인지에 관한 것이었다. "[109]

소수자 정체성의 이러한 반응적인 특성은 진정성authenticity에 대한 강조로 나타난다. 일탈자들은 흑인들의 경우 "오레오"(겉은 검고 속은 하얗다는 의미), 아시아인의 경우 "바나나"(겉은 노랗고 속은 하얗다는 의미)와 같이 진짜가 아닌 가짜로 조롱받는다. 진정성에 대한 주장은 그럼에도 불구하고 결과적으로는 모호하고 논쟁적이다. 제임스 볼드윈James Baldwin은 1960년대 초 "미국 흑인의 목소리"로서 일컬어진 데 반해, 흑인 민족주의 발생 이후 클리버Eldridge Cleaver에 의해 몇년 후 "가장 창피한 자"로 일축되었다.[110] 다시 말해, 진정성의 상징적 강조는 소수자들의 인족 기반을 불안정하게 만든다. 경제학자인 글렌 로리Glenn Loury는 이념적 불일치의 위험성에 대해 다음과 같이 탄식하였다. "나는 나의 일자리에서 여전히 '검둥이nigger'로서, 내가 그들 백인들의 구역을 무단으로 침범한 것에 나의 동료들은 주먹을 쥐었고, 나의 역사와 배경의 많은 부분을 공유한 중산층의 흑인들에게도 '형제brother'가 될 수 없었다."[111] 이질성은 보다 두터운 정체성 형성의 기반을 제공한다. 역사에 관해서든 문화에 관해서든 아프리카나 서인도제도에서 온 최근의 이민자들은 미국에 장기적으로 거주해온 이민자들과는 다르다.[112] 아프리카계 미국인 여성은 구별된 존재론적 특성과 정체성을 효과적으로 주장할지도 모른다. 1892년 안나 줄리아 쿠퍼Anna Julia Cooper가 논하였듯이,[113] "어느 누구도 인종을 대표할 수는 없다. (…중략…) 어느 누구도 절대로 모두와 동일하다고 여겨질 수도, 모든 이들을 대표한다고 여겨질 수도 없다".[114] 미국 아프리카계 여성운동가들은 결국 계급, 성, 정치적 정체성과 같은 여러 기준들을 따라 나뉘어졌다.

두터운 정체성에 대한 탐색은 끝이 없다. 개인주의의 시대 속에서 진정성에 대한 강조는 소수자 인족의 기초로서 자발적인 선택권을 가지고 있다. 이러한 관점에서 사르트르Jean Paul Sartre는 다음과 같이 논했다. "진정한 유대인이 되는 것에는 스스로를 유대인으로 선택하는 것이 포함된다. 이는 자신의 유대인적 신분을 깨닫는 것을 말한다."[116] 사발적인 인지에는 모순이 뒤따를 수밖에 없다는 점을 상기해야 한다.

유일하게 분명한 것은 반인종차별적 인종주의이다. 즉, 배제되지 않은 자들(다수 인종)이 배제된 자들(고통 받는 소수)의 일부가 될 수는 없다. 흑인 민족주의가 백인으로부터 출발한 것일지 모르고,[116] 흑인 정체성이 학습을 통해 획득된 것일지도 모르지만, 이들 중 어느 것도 흑인이 아닌 자들을 이들의 위치에 참여하도록 만들 수 없다. 아프리카계 미국인 연예인인 해리 벨러폰티Harry Belafonte를 생각해 보자. 그는 소르본느와 하이델베르크에서 공부한 흑인 여성과 이혼하고, "벨러폰티보다 더 많이 아프리카와 아프리카-미국인 문화를 알고 있는 러시아-유대인 계통"이며 "NAACP(미국 흑인 지위 향상 협회)에 관여하였던" 여성과 결혼하였다.[117] 베러폰티와 그의 흑인 아내는 분명히 흑인이었으나 그녀의 백인 아내는 그렇게 될 수 없었다. 이와 같은 관점에서, 라자르Jane Lazarre는 다음과 같이 논했다. "나는 아프리카계 미국문학이 나의 가장 깊은 감정을 묘사하고, 나에게 굉장히 친숙한 세상, 백인, 유대인 여자와 같은 풍경과 경험을 제공한다는 사실을 발견하였다."[118] "흑인" 아이들을 가졌음에도 불구하고, 그녀는 그 자신이 "백인"과 같이 여겨지기를 바랐다. 인족의 세상에서—심지어 또는 특별히 반인종차별적 발언에서도—출생은 운명이다. 로드리게스Richard Rodriguez가 "내가 제임스 볼드윈의 책을 읽을 때 나는 니그로였다"고 적었을 때,[119] 그는 작문력이나 독해력, 또는 인간 정신의 보편성보다는, 그 문장의 진정성에 집중하였다. 진정성에 대한 강조는, 다시 말해, 그들이 비판하는, 바로 그 인종차별적 사고를 재생산한다.

진정성에 대한 강조는 정체성에 대한 의사문제擬似問題 : pseudo-problem를 야기한다. 뿌리를 탐색하며 사람들은 같은 조상을 공유하고 다른 집단과 연대한다. 자기본질주의는 순수 혈통과 동시대적 공통성을 주장한다. 그러나 제2장에서 논한 바와 같이, 순수성은 오직 원치 않는 가지들을 잘라냄으로서 가능해진다. 그 예로, 더글라스Frederick Douglass는 1845년 그의 백인 아버지에 대해 썼으나, 1881년에는 이를 부인하였다. 그의 원형적 흑인 민족주의에 대한 헌신은 그의 백인 아버지와 백인 부인을 인종 순수성과 자부심의 이름으로 삭제하도록 만들었다.[120] '뿌리'에 관한 모든 논의는, 인류를 식물로 오인하는 것을 넘어 불편한 동행을 조장한다. 유대인의 인종화된 개념은 디아스포라diaspora의 근본적인 연대를 야기한다.[121] 기독교 국가와 무슬림 국가에 사는 유대인, 그리고 아슈케나지 유대인과 세파르디 유대인 간의 간극은 매우 깊다. 레반틴 유대인들은 아슈케나지 유대인들과 인종적으로 명백히 구분될 뿐 아니라 정의에 있어서도 다른 존재로 간주된다.[122] 프리모 레비Primo Levi는

제6장_ 정체성

이를 강제수용소 안에서 발견했다. "폴란드, 러시아, 헝가리의 유대인들은 우리 이탈리아인들이 '유대인 언어'를 사용하지 않는다는 사실에 놀랐다. 우리는 유대인으로 추정되는 자들이었으나 신임할 수 없는 자들이었고, 프랑스인, 그리스인, 정치적 수감자들에게는 '무솔리니 추종자'였다."[123] 20세기까지 팔라샤인Falashas을 유대인으로 생각하는 이들은 없었으며, 많은 이들은 여진히 그들을 흑인이나 에티오피아인으로 생각한다.[124] 유대인 정체성에 대한 문제는 분명 현대인족의 인지 체계 속에서 해결 불가능하다.

진정성에 대한 탐색으로 인해 '뿌리 찾기'가 촉진되었으나, 디아스포라들은 그들의 본향과 반드시 연결될 필요는 없었다. 사실 제2차 세계대전 이전의 아프리카계 미국인들은 아프리카인에 대해 무관심하였고, 오히려 그들에 비해 우월감을 가지고 있었다.[125] 카운티 컬렌Countee Cullen은 1925년 다음과 같이 논했다. "나에게 아프리카는 무엇인가? (…중략…) 아프리카? 잠이 들 때까지 마지못해 / 훑어보는 하나의 책이다."[126] 헤르스코비츠Melville Jean Herskovits는 20세기 초 할렘에 관해 다음과 같이 논했다. "아프리카 문화의 일부로서, 과거의 흔적이 아니다."[127] 프레이저E. Franklin Frazier는 『미국의 니그로 가족The Negro Family in the United States』(1939)에서 미국에서의 흑인들의 삶을 묘사하였다. 아프리카계 미국인의 인족에 대한 탐색은 미국 주류 국민들의 정체성과의 비교에서 시작되는데, 이들은 유럽 출신인 반면 그들은 아프리카 출신임이 강조되었다. 두 보이스는 다음과 같이 논했다. "아프리카는, 물론, 나의 조국이다."[128]

제2장에서 강조한 바와 같이, 문제는 이러한 주장이 계산된 것이라는 점이다. 두 보이스는 다음과 같이 깨우쳤다. "나의 아버지와 아버지의 아버지는 아프리카를 본 적도 없고, 그 의미를 알지도 못했으며, 그에 대해 많은 생각을 한 것도 아니었다."[129] 확실히 그의 조부는 "백인"이었고, 그의 "조국"은 유럽이었다.[130]

조국에 대한 정체성은 블랙파워운동의 부흥과 함께 더욱 견고해졌다. 아프리카 '뿌리'에 대한 논의에서 드레이크St. Clair Drake는 다음과 같이 말하였다.[131] "아프리카계 미국인들의 역사적 대처에서 중요한 점은, 2세기가 넘는 오랜 시간 동안 이루어진 그들의 자기인식이, 신세계의 대농장에서의 노예화가 이루어지기 훨씬 전 흑인 주도와 성공의 상징인 고대 이집트와 에티오피아로부터 이루어졌다는 점이다."[132] 그들 조상들이 예속과 통합을 위해 투쟁하고, "집으로 돌아가라"는 조롱과 싸웠던 데 반해, 인종적 자부심에 대한 주장은 "집으로 돌아가자"는 바람 그 자체로부터 나타났다. 그러나 범인종·범민족적 주장은 국제적으로 존재하는 차이의 피할 수 없는 현실세계에 대응하며 변화한다. 에디 해리스Eddy Harris는 다음과 같이 말했다. "아프리카는 나의 피를 예속하고, 나의 머리카락, 피부, 눈에서 스스로를 드러낸다."[133] 아프리카를 방문한 아프리카계 미국인들은, 그러나, 인종적 연대를 방해하는 수많은 언어, 종교, 문화적 갈래들을 발견한다. 해리스는 아프리카 여행 후 다음과 같이 말했다. "나는 아프리카인이 아니다. 내가 그들을 몰랐었다면, 이제 나는 그들을 안다."[134] 결국, 전형적인 아프리카는 존재하지 않는다. "아프리카인들이 무엇을 공유했든지 간에, 우리에게는 공통의 전통문화, 언어, 종교나 개념적 어휘들이 없다. (…중략…) 우리는 결국 공통의 인종에 속하지 않는다."[135]

뿌리 찾기 이외에도 인종 존재론에 대한 믿음은 혼혈 인종의 범주를 부정하도록 만든다. 현대인족이 개념적으로 우세하게 되기까지 이종 간 또는 혼혈 혼인은 신분 초월적이거나 종교 초월적 혼인으로 인식되었다. 그리고 많은 아프리카계 미국인들 ― 그리고 유럽계 미국인들 ― 은 이미 혼혈이었고, 아마도 아프리카계 미국인들의 4분의 3은 유럽 혈통을 보유하고 있을 것으로 추정된다.[136] 인종차별적 비난과 반인종주의적 주장에서 순수성은 중요하게 논의된다.[137] 상기한 바와 같이, 더글라스와 두 보이스 모두 백인 혈통을 부정하였다. 인종 선별적 혼인은 인족 경계를 뛰어넘는 동질성을 보인다 할 수 있다. 정체성의 수호자들은 인종 순수성의 이름으로 혼종성을 비난한다. 이에 따라 마틴 루터 킹은 그가 결혼하고자 하였던 백인 여성과 결혼하지 않았다.[138] 이종 간의 성행위가 식민주의 소설 속에서 대부분 죽음으로 이어졌던 바와 같이,[139] 인종적 자부심과 관련된 소설 속에서 이종 간 성행위는 사회적 죽음으로 이어졌다.[140]

현대인족의 세계 속에서 혼혈 아동은 인정과 소속에 대한 우려가 끊임없이 존재할 수밖에 없는 집단이다.[141] 그들은 통과passing로부터 정체성 주장까지 소수자 인족으로서 논리적 발전을 계속해서 되풀이해야 한다. 미국의 많은 '혼혈 인종' 아동들은 그들 자신의 부모 인종을 통해 스스로를 인식하였다. 예를 들어, 독일인 아버지를 둔 프레더릭 어거스트 키텔Frederick August Kittel은 스스로를 흑인 극작가 어거스트 윌슨August Wilson으로 주장하였다.[142] 20세기 말, 혼혈인종 정체성은 그들만의 권리를 가진 정체성으로 변화하였다.[143]

미국의 2000년 통계를 보면, 700만 명의 미국인들은 그들 스스로를 '혼혈 인종'으로 인식하고 있다.[144] 혼혈 인종 정체성의 부상은 미국의 안정된 것으로 보였던 범주와 정체성에 대한 도전이었다. 확실히 대중적 범주 체계에서든지 과학적 정의에서든지 인종, 종족, 민족에 대한 의미는 크게 변화하였다. 이와 같이 수많은 개인들은 불확실한 개념이나 부여된 범주에 반하여 개별적 실제에서 나타나는 복합적인 사실들에 대해 다시 생각하기 시작하였다. 분명한 인종의 형성과 그 시나리오는 현대 미국에서 이분법적인 흑백의 인종 체계에 도전한다.[145]

6

소수자 정체성은 왜 이토록 중요해진 것인가? 구조적 인종주의가 쇠퇴하기 시작한 바로 그때에 인종차별적 주장과 반인종차별 운동이 함께 확산되었다. 탄압에서 나타나는 모순은 소수자 정체성의 이념적, 감정적인 열정를 고무시킨 진정성에의 탐색에 수용되었다.

이러한 관점에서 장 아메리Jean Améry를 생각해 볼 수 있다. 오스트리아(민족)의 가톨릭 신자 어머니와 유대인 아버지(종교) 사이에서 태어난 그의 아동기는 "정체성은 순수 독일인 이름인 한스 마이어Hans Maier에 기반하였고, 출생지에서 가장 가까운 방언에 기초하고 있었다". 그가 1940년 독일인으로 수감되었을 때 그의 문화적(범독일적)·지역적(언어적) 정체성은 이와 무관한 것이었다. 이후, 할라카적 정의에 따르면 그는 유대인이 아니었음에도 불구하고 유대인으로서 나치 집단수용소로 이송되었다. 그는 이를 다음과 같이 목도했다.[146] "유대인이 된다는 의미가 다른 유대인과 같은 종교적 교리를 따르고, 유대인문화와 가족 전통에 참여하며, 유대인의 민족적 이상을 정착시키는 것이라면, 나는 내 자신이 절망적임을 깨닫게 된다." 다른 유대인들과 공통점을 가지고 있지 않았음에도 불구하고, 그는 오스트리아의 뉘른베르크법과 나치 지배의 감당할 수 없는 현실에 직면해야 했다. 그가 기록한 바와 같이,[147] "비유대인이 아니지 않은 나는 유대인이다. (…중략…) 아우슈비츠에서 (…중략…) 고립된 개인은 뒤러Dürer와 레거Reger, 그리피우스Gryphius와 트라켈Trakel을 포함한 모든 독일문화를 심지어 최하층의 나치 친위대원에게 내주어야만 했다".[148] 독일 문학에 정통한 지식인으로서 아메리와, 레거나 그리피우스를 알지도 못하는 "최하층의 나치 친위대원"을 대조한 것은 인상적이다. 아메리는 무지한 일반 독일인에 의해 막대한 문화적 재산을 소유한 독일 유대인들이 인종적 타인으로 격하되는 모순을 지적하였다.

아메리의 사례는 인종차별적 배제로 인해 강제적으로 정체성을 탐구하거나 정체성에 직면해야만 했던 많은 개인의 사례들 중 하나이다. "나는 누구인가"에 대한 슬픈 질문은 두 보이스가 말한, 속하면서도 속하지 않은 "이중" 의식으로 설명될 수 있다. 인종차별적 세상에서 하버드 박사학위를 받은 흑인은 교육을 받지 못한 백인보다 열등하게 인식되었다. 지금까지의 동화의 역사를 살펴볼 때, 남겨진 간극을 메우기는 힘든 것처럼 보인다. 즉, 구조적 인종주의는 약화되었다고 할지라도 상징적 인종주의는 더욱 견고해졌다. 제임스 볼드윈James Baldwin은 스위스의 한 마을에서 여름을 보내며 다음과 같이 기록했다. "영화관도, 은행도, 도서관도, 극장도 없고, 극소수의 라디오 몇 대와, 차 한 대, 스테이션 웨건 한 대, 옆집 여자는 한 번도 보지 못했을 나의, 타자기 한 대가 있다."[149] 마을 주민의 "낙후함"에도 불구하고, 볼드윈은 "백인들"의 인종적 일체성을 부러워했다. "이 사람들은 어떠한 권력자의 관점에서도, 세상 어느 곳에서도 이방인이 될 수 없다. 그들은 그들이 인식하지 못할지 몰라도 이미 현대 세계를 만들었다. 그들 중 가장 무지한 이도, 나와 전혀 다른 면에서, 단테, 셰익스피어, 미켈란젤로, 아이스킬로스, 다빈치, 렘브란트, 라신과 관계하고 있다."[150] 인종주의에 고통받은 지식인 영혼만이, 가난한 마을 주민과 그들 조상의 지위를 잘못 인식하며 이러한 관계를 만들어낼 수 있다. 과연 어느 누가 유럽 문명의 정신적, 물질적 유산으로 주장할 수 있는가? 셰익스피어와 단테를 알고 타자기를 소유한 볼드윈인가, 아니면 가난하고 무지한 마을주민인가? 물론 스위스 마을주민이 그의 친척이 "이탈리아" 시인이거나 "영국" 극작가임을 깨닫는다면 놀라서 할 말을 잃게 될 것이다.

상징적 무시는 그 사회에 동화하고자 부단히 노력한 자들에 의해 경험된 허구의 감정을 조명한다. 자부심과 굴욕, 부러움과 분개 사이에서 왜곡되어 혼합된 감정은 잠식적이고, 이는 다마스L.-G. Damas의 시 「밸런스Solde」에 예리하게 묘사되어 있다. "나는 우스꽝스럽게 느끼네 / 그들의 신발을 신고 / 그들의 턱시도를 입으며 / …… 나는 우스꽝스럽게 느끼네 / …… 그들 사이에 지지자로서 / 그들 사이의 살인자로서 / '나의' 끔찍한 빨간 손은 / 그들의 문-명의 피로 물들었네."[151] 다마스는 물론 시를 쓰기 위해 프랑스를 경험하고 프랑스어를 배워야 했다. 배제에 대한 그의 분노가 시에 대한 열정을 역으로 불러일으켰다. 그의 시는 성공과 비난, 자부심과 분노의 기록이다.

구조적이고 상징적인 인종주의의 모순은 아프리카계 미국인들이 일으킨, 미국의 1990년대 환경에 관한 강력한 논쟁을 통해 볼 수 있다.[152] 스티븐과 아비가일 선스트롬Stephen and Abigail Thernstrom은 아프리카계 미국인들의 교육, 소득 등의 발전을 논증하는 통계적 근거를 제시하였다.[153] 아프리카계 미국인인 윌 스미스는 다음과 같이 말했다. "우리는 벤틀리Bentleys를 소유했다. 우리는 누군가의 런치 카운터^{lunch counter}에 앉을 수 없다는 사실을 생각지도 못한다. 나는 그 카운터를 사서 당신을 내쫓아 버릴 것이다."[154] 이와 반대로, 쉬플러^{David Shipler}는 인종주의가 얼마나 심각한 상황인지를 나타내는 수많은 인터뷰를 했다.[155] 쉬플러의 결론은 코넬 웨스트^{Cornel West}에 의해 다시 한 번 확인되었다. "미국사회의 쇠퇴와 부패는 현재 되돌릴 수 없는 수준이다."[156] 프린스턴 교수라는 특권적인 지위에서 그는 다음과 같이 논했다. "1920년대부터 많은 흑인 친구들은 매국에 실망하고 환멸을 느꼈다. 나는 이러한 흑인의식에 동조한다. 나는 이들의 정서를 함께 공유하고 있다."[157]

이러한 논쟁에 대한 하나의 해결방법은 억압의 모순을 논의의 틀로 잡는 것이다. 인종주의를 가장 깊이 경험한 사람들은 부분적으로만 동화된다.[158] 코즈^{Ellis Cose}는 다음과 같이 논했다. "미국의 흑인 중산층은 분명히 번영하였지만, 대부분은 극심한 고통 속에 있다."[159] 피긴^{Joe Feagin}과 사이크스^{Melvin Sikes}는 다음과 같이 주장하였다. "분명, 일의 열심과 성취의 정도, 돈, 자원, 성공의 어떠한 수준도 흑인들이 그들 매일의 삶 속에서 경험하는 백인 인종주의로 인한 항시적인 피해로부터 그들을 보호해 주지 못한다."[160] 이들은 인종주의의 존속을 강력히 주장했다. 그러나 이에 한 가지 쟁점을 더 추가할 수 있다. 중산층의 '아프리카계 미국인'들은 그들의 상징적인 무시와 분노를 더욱 드러내는 경향이 있다. 그들은 그들의 집단을 대변하는 규범적인 흑인들이다.[161]

아시아계 미국인들 사이에서도 비슷한 장면을 목격할 수 있다.

아시아계 미국인Asian Americans이라는 어휘 자체는 1960년대 인종차별적 본질주의의 부상에 반해 나타난 반인종주의적 표현이다.[162] 많은 아시아계 미국인들은 교육적·직업적 성공을 이루었으나, 그들 역시 인종주의의 철폐를 주장하였다. 미국사회의 경제적·교육적 통합의 구조 역시 상징적 소외감 —"영원한 이방인"[163] —을 극복하지 못했다. 상징적 인종주의 자부심과 위엄의 영역에서 사안들을 다루는 것 —는 주관적 정의의 문제이다. 인종주의에 대한 경계는 반사적인 행위이다. 이푸 투안Yi-fu Tuan —우리가 서문에서 보았던 스스로를 그리스 학자로 소개하는 자— 은 다음과 같이 경고하였다. "피부색에 관한 의식을 고취시키기 위한 범국가적인 운동 덕택에, 나도 이제— 백인 친구들이여, 조심하라! — 모든 비난과 비방을 경계한다."[164]

인종주의는 뒤늦게 인식되었고, 이에 따라 그 의미도 계속적으로 변화하였다. 상징적 비방은 구조적 인종주의가 없어진 이후에도 오랫동안 지속되었다. 구조적 인종주의의 주요 장벽들이 제거된 후, 남아있는 잔재에 대한 민감성이 높아졌다. 만일 구조적 인종주의가 모든 부분 또는 사회생활의 곳곳에서 여전히 나타난다면, 인종주의의 철폐는 그 잔존하는 파편들과 잔해를 제거하는, 영원히 끝나지 않을 과업이 된다. 매닝 마라블Manning Marable은 다음과 같이 주장하였다. "본질적으로, 인종주의는 가장 사소한 행동에서 가장 민감하게 느껴진다. 계산대에서 거스름돈을 떨어뜨리는 백인 상인 (…중략…) 이러한 작은 행위들은 흑인들이 절대로 잊을 수 없는 권력, 특혜, 폭력의 구조를 반영한다."[165] 결국 마라블의 아이들은 "고등학교 교과서에 아프리카계 미국인과 관련된 행위나 사건에 대한 충분한 정보가 들어있지 않다는 사실을 불평한다".[166] 마라블과 그의 자녀들이 인종적 모욕과 불의에 항의하는 것은 옳은 일이었으나, 인종주의의 "가장 작은 표현"들은 얼마나 유의미한가? 나치가 유대인들을 척결하는 동안 반유대주의를 걱정하는 사람들은 없었다. 그러나 오늘날 그래피티로 유대인 묘지를 장식할 때, 민족주의적 자각은 필수적이다. 쿠클럭스클랜KKK이 공공연하게 진군하고 흑인을 공격했을 때 인종주의에 맞서기 위해 공개적으로 투쟁하는 이들은 없었다. 오늘날 누군가 비의도적이든 아니든, 인종차별적 발언을 하면 대규모의 반인종차별 운동이 일어난다.[167] 많은 백인 미국인들이 마틴 루터 킹의 1968년 사망 소식을 상반되는 감정으로 접한 데 반해, 1986년 그의 생일은 국가적 명절이 되었고, 21세기 초 그는 "건국의 아버지들"과 동등한 위치에서 국가적 존경을 받는 인물이 되었다.[168] 두 보이스와 로크가 주요 백인 대학에서의 교수권을 상상도 못하였던 데 반해, 주요 "백인" 대학들에서 아프리카계 미국인 연구 과정이 급증하였다. 그러나 하버드 로스쿨의 전 교수인 데릭 벨Derrick Bell은 다음과 같이 표명했다. "인종 탄압(은) 이 국가에서는 항시적인 상황이다. (…중략…) **흑인들은 이 나라에서 절대로 완전한 평등을 획득하지 못할 것이다.**"[169] 구조적 인종주의의 쇠퇴를 보여주는 지표는 전문가들의 정당성 확보가 아닌, 인종주의의 항상성을 증명하는 모욕 ─ 백인들로부터 오인받거나 택시 잡는 것의 실패 — 이다.[170] 확실히, 특히 아프리카계 미국인들에 대한 인종주의의 존재 자체는 미국 예외주의의 요소 또는 미국의 본질로 간주된다.[171]

일반적으로 볼 때, 인종주의는 세계적으로 만연해 있는 것처럼 보인다. 멤미Albert Memmi[172]는 "대부분의 사람은 인종차별적으로 생각하는 경향이 있다"[173]고 논했다. 밀즈Charles W. Mills는 인종계약racial contract의 존재를 들어,[174] 이를 "국제사회에서의 유럽의 경제적 지배와 민족주의 백인의 인종적 특권을 창출하는 착취 계약"으로 설명하였다. 즉, 인종주의는 어느 곳에서든지 존재한다.[175] 모든 사람들과 모든 곳에 속한 반인종주의 지식인들은 인구를 국민으로 바꾸기 위한 노력의 선봉에 선다. 인구 조사 범주와 같은 공식기록들은 충실하게도 임의적인 인족 정체성의 세계를 재생산한다.[176] 심지어 객관적이고 경험주의적인 사회과학자들도 인종주의 범주를 영속화하고 구체화한다. 결국 선의의 역사가들이 소수 인족의 연대를 논한다. 민족주의 역사가들과 사회과학자들이 우선적으로 현대인족의 세계를 공고히 하였다면, 반인종주의 역사가와 사회과학자들은 배제된 이들의 반인종주의 정체성을 구체화하였다. 불과 몇 년 사이에, 정치적 기구와 시장 조사, 문학선집과 음악학 모두 소수자 인족의 범주적 실제를 상정하게 되었다.

특권적 지식인들은 그들이 보유한 자원과 감각을 통해 상징적 인종주의를 부각시키는 경향이 있다. 저명한 여성학자 크리스테바 Julia Kristeva는 프랑스의 "이방인들은 그 문명으로 인해 분명 그들에게 괴로움을 안겨주는 조롱과 거절을 어느 곳보다 강하게 경험한 다"고 주장하였다.[177] 상징적 고통은 물론 정확히 그 크기를 계산할 수 없지만, 프랑스에는 어쨌든 공화주의 원칙의 자부심이 있었고, 크리스테바는 프랑스 학문세계의 정상에 스스로 올라섰다. 그러나 그녀의 결론은 다음과 같았다. "프랑스보다 더 이방인임을 느낄 수 있는 곳은 없다."[178] 이사야 벌린이 마갈릿Avishai Margalit에게 "모든 유대인에게 공통적인 것이 무엇이라고 생각하는지"를 물었다.[179] 마가릿은 그 대답으로 다음과 같이 말했다. "사회적 어려움을 아는 것이다. 유대인들이 완전히 편안하게 느낄 만한 곳은 어느 곳에도 없다." 역설적이게도 벌린 주변의 모든 이들은 그를 옥스퍼드에서 "고향과 같이 편안하게" 있다고 보았다.[180]

파농Frantz Fanon의 아이의 시선에 대한 반응을 생각해보자.[181] 모욕 은 철학적인 역작을 배출하였다. 헤겔, 사르트르, 아이스 칼로스, 아르토를 논의한 파농의 반응은 역설적이게도 직접적인 경험에서 나타난다. "'프랑스에 얼마나 살았는가? 당신은 프랑스어를 참 잘 한다'와 같은 질문을 받는 것보다 화나는 일은 없다."[182] 순진한, 아 마도 악의 없는 질문들이나 선의의 칭찬들은 프랑스인들의 완고한 인종주의를 확인시켜준다. 결국 그들은 프랑스의 보편문명universal civilization을 힘겹게 쟁취하였다. "그의 수업을 듣는 안틸레스의 흑 인 학생은 끊임없이 '우리의 조상, 갈리아인'에 대해 얘기하고, 그 자신을 탐험가, 문명을 가져온 자, 진리 — 완전한 백인의 진리 — 를 야만인들에게 전해주는 백인들과 동일시한다."[183] 수년간의 연구, 수십 년간의 공부에도 불구하고 단순한 아이의 시선에 반하는 동화assimilation의 과제는 수행되지 못했다.

　인종주의에 관한 파농의 풍자 속 프랑스 아동은 그 스스로를 설명하지 못한다. 그는 반드시 설명되어져야 한다. 상징적 인종주의의 세계에는 비균형성이 존재한다. 얼굴 인식을 예로 들어보자. 잘 모르는 집단과 광범위한 접촉이 없는 사람들은 십난 산의 차이를 인식하지 못한다.[184] 비평가인 샤틱Roger Shattuck은 다음과 같이 논했다. "몇 년 전, 내가 세네갈 다카르에 강의하기 위해 도착했을 때 (…중략…) 나의 모든 학생들과 동료들은 새까만 흑인이었다. 한 달 동안 그들은 똑같아 보였다. 나는 두 번 또는 세 번 만난 사람들도 알아보지 못했다. 사람들을 구분하는 일상적 단서들은 모든 것을 빨아들이는 하나의 색깔에 침잠하였다. 나는 나의 가장 기초적인 인지능력에 대한 깊은 자괴감과 자신감의 상실을 경험하였다."[185] 이러한 모르는 이에 대한 인식의 어려움은 보통 미국인과 세네갈인, 또는 백인과 흑인 사이의 일반적인 인식의 차이를 구체화한다. 레비Carlo Levi에게 남부 소작농들은 "작고 햇볕에 그을렸으며 무식하고 초점 없는 검은 눈은 어두운 방의 텅 빈 창문과 같이 모두 비슷하게 생긴 자들"이었다.[186] 레비는 분명 그가 깊이 공감하는 그의 이탈리아인 친구들과 다른 인종주의자는 아니었다. 샤틱이 보기에 악의없이 느껴지는 것들이 세네갈인들—특히 특권계층으로 교육받았으며, 자부심을 가진—에게는 의심의 여지없이 강력하게 공격적으로 느껴졌다. 샤틱이 파농을 택시기사로 여겼을 경우 파농이 샤턱에게 느낄 분노를 상상해보라. 상징적 모욕들이 무신경하며 공격적일지 몰라도, 이들이 체제적 분리와 차별 등의 구조적 인종주의의 사회악과 동일시될 수는 없다.

사회 내에서 전문직 정상에 오른 자들은, 수직적 위계에 의해 가난하고 주변화된 이들이 잠잠히 지속적으로 무자비하게 파괴될 때, 수평적인 통합의 제한을 비난할 동기와 능력이 있다. 때때로 인종주의적 언사 — 불과 수십 년 전만해도 존중받던 과학적 주장 — 를 펼치던 저학력자들은 비열한 인종주의자로 매도된다. 이는 종종 계급 편견에 대한 무절제한 표현을 정당화하기도 하는데, 그 권리에 있어 이는 인종차별적 담론과 유사한 기능을 한다. 즉, 수평적 통합에 대한 지나친 강조와 수직적 통합에 대한 무시의 비대칭적인 현상이 나타난다.

본 논의가 상징적 인종주의의 퇴색한 영향력을 과소평가하고자 하는 것은 아니다. 유럽 혈통을 통해서만 유럽 문명인이라는 자격을 부여받을 수 있을지 모를 문맹인으로부터 인종차별적 모욕을 당하기 위해 유럽문화의 가중된 복합성을 정통할 필요는 없다. 상징적 모욕, 배제, 명예훼손은 품위있는 삶이 불가능한 사회의 모습들이다. 확실히, 상징적 인종주의의 존재와 이를 타파하기 위한 노력의 부족을 부정할 수는 없다.

그럼에도 불구하고 "오키Okies"(미국 남부)*와 "힐빌리Hillbillies"(애팔래치아)와 같은, 서로 다른 지역적 또는 유사종족적 기원을 가지

---

* 오클라호마 주민.

제6장_ 정체성

고 있는 "레드넥rednecks"●을 생각해볼 수 있다. 오리엔탈리즘적 관점으로, 애팔래치아Appalachia는 이상한 사람들이 거주하는 멀리 떨어진 대륙으로 인식되었다. 보다 노골적으로, 애팔래치아인들은 폭력적이고 멍청하다고 여겨졌다.[187] 남서부 사람들은 그들만의 독특한 하위문화를 조성하고 대부분이 가난하고 교육받지 못했기 때문에, 극심한 인종자별석 배제와 다름없는 차별을 당하였다.[188] 그리고 이러한 부정적인 고정관념은 여전히 무분별하게 통용되고 있다.[189] 미국에서 인종주의가 가능한 마지막 보루는 가난한 유럽계 미국인들, 즉 "백인 쓰레기white trash"이다. 이들은 "가난하고, 더럽고, 술에 취해 있고, 범죄인의 마인드를 가지고 있으며, 성적으로 왜곡된 사람들"로서,[190] 또한 인종주의자로 인식된다.

상징적 모욕의 확산을 살펴보면, 인종차별적 악행을 장려하는 행위가 특별히 교육받은 엘리트들 사이에서 만연하게 드러난다는 사실을 확인할 수 있다. 인종주의의 환경적 기반은 제노사이드의 전파와 다른 인종, 종족, 민족적 갈등의 사례들을 통해 미리 확인할 수 있다. 유대인 세계가 나치주의에 대적하기 위해 부상한 것은 홀로코스트 기간이 아닌, 재앙 후 그 기억에 대한 공격을 받았을 때였다. 인종과 인종주의가 중요하게 된 것은 노예제도와 짐크로우법이 시행되던 시기가 아니었다. 국가가 이에 집중하게 된 시기는 백인 패권이 무너지기 시작할 때였다. 반아시아인 인종주의가 심각한 사안이 된 것은 일본계 미국인들의 억류되었던 시기가 아

● 가난한 백인노동자.

닌, 미국에서 반일본인이나 반아시아계 인종주의와 관련된 핵심인물이 되기 위해 이를 찾은 일본계 미국인이나 다른 아시안계 미국인들이 나타난 한 세대 이후의 시기였다. 이와 동시에, 모든 인류역사는 현대인족의 개념을 통해 다시 기록되었다. 인종과 인종주의는 시대와 지역 보편적인 것이 되었고, 따라서 어느 누구도 바꿀수 없게 되었다. 이는 인간사 최후의 설명이다. 이를 보여주는 한예로, 『로미오와 줄리엣』 — 씨족 갈등으로 인한 사랑의 좌절 — 은〈웨스트 사이드 스토리West Side Story〉 — 민족 갈등으로 인한 사랑의좌절 — 로 변하였다. 이러한 반사적인 소용돌이 속에서, 모든 역사는 인종적이거나 인종주의적인 것으로 간주되었다. 반인종주의 운동과 정체성은 모두가 함께할 수 있는 포괄적인 인종적 자부심의발현으로 나타났다.[191] 지식인들은 인종 지위나 인종 정체성, 인종갈등이나 인종 협력, 인종 언어나 인종 문학의 형태로 자율적인 인종의 역동성을 파악하고자 하였다.[192]

인족 정체성은 긍정적인 구별의 상징으로서, 심지어 백인으로인정받는 데 어려움을 겪었던 집단의 자손들에게까지 확장되었다.[193] 백인다움은 규범 — 무인종과 무색인의 상태 — 을 정의했으나, 이는 별 것 아닌 것이 되었다. 개인 정체성이 일탈적 차이를 조정하는 것과 같이, 현대적 개성은 진정성과 개성의 형태로 민족을탐색한다. 다름은 따라서 흥미롭고 유의미한 것이 되었다. 상징적민족성은 인종적 자부심(블랙파워, 레드파워, 옐로파워 등)의 명목이든지 민족적 혈통의 명목이든지, 모두가 반드시 보유해야 할 것이 되었다.[194] 이는 또한 전통적인 인종 및 민족 정체성의 연장선상에 있다.[195] 무비용의, 상징적 이득을 가진 민족 혈통의 선택은 개성을 표현하는 또 하나의 수단이 되었다. 과거 인족 정체성을 반대하던 이들까지 이후 지지자가 되었다. 우리는 투머Jean Toomer나 컬렌Countee Cullen이 흑인 작가였다는 사실을 기억하지 않을 수 없다.[196]

민일 죽은 이들이 인족석 자부심을 회고적으로 부여받았다면, 산 자들은 이를 포용하기 위해 고전한다. 인종 정체성은 민족 초월적 집단이든지 민족 하부적 집단이든지 범민족적이며 국제적인 정체성이자 이데올로기이다. 최근 부상한 범집시 운동 또는 범마야 운동은 억압과 정체성에 대한 오랜 역사성을 주장한다.[197] 디아스포라 집단은 민족초월적 민족주의 또는 디아스포라적 민족주의를 구성함으로써 그들 자신들만의 연대를 찾고자 한다.[198] 반인종주의 학자와 운동가들은 인종 의식의 뒤늦은 부흥을 개탄하였다. 핸차드Michael Hanchard는 다음과 같이 기록했다.[199] "아프리카계 브라질 운동가들의 인종 정체성에 기반한 전반적인 인구 동원 능력의 부재(는) 많은 부분 브라질인들이 그들의 인종적 특징인 폭력과 차별의 성향을 인지하지 못하기 때문이다."[200] 그러나 핸차드가 인지한대로, "흑인" 의식은 기본적으로 1970년대 대학교육을 받은 아프리카계 미국인들 사이에서 부상하였다. 이에 따라 몇몇 브라질인들은 그들의 "흑인" 정체성을 미국에서 배웠다. "나는 내가 브라질 출신이라고 말한다. 그들은 '아니, 당신은 아프리카 출신이다'라고 말한다."[201]

보다 보편적으로, 비인종 집단들은 구별적 집단으로 동원되기 시작하였다. 인권과 집단 존엄성에 관한 담론을 통해 당시 배제되고 차별받았던 많은 집단들이 알려졌다.[202] 정체성의 정치학은 정상 정권과 투쟁하며 행위와 신념의 정상적인 유형을 정의하는 정체성의 수호자들과 함께 현대인족의 틀을 상정하였다.[203] 신체적이거나 정신적 장애를 가진 이들 역시 하나의 특별 집단이 되었다.[204] 제4장에서 논한 바와 같이 생물사회성은, "청각장애인"이든지 "키 작은 이"이든지, 정체성을 형성하는 중요한 기반이 되었다. 실제로, 청각장애인들은 서로 언어와 문화를 공유할 뿐만 아니라 집단 내에서 결혼하며 공동체를 재생산하는 경향이 있다.[205]

상징적 인종주의와의 투쟁과 정체성의 정치학은 중요하다. 인종주의—및 그와 관련된 부족갈등, 종족혐오, 인종전쟁과 같은 현상들—가 현대사회를 지배하는 것처럼 보이지만, 이는 사실 권력다툼의 결과였다. 반인종주의 투쟁은 과거의 악행과 현재의 모욕과 투쟁하며 대체로 과거를 되돌아보게 만든다. 동시에, 빈곤과 불평등의 항시적 원인은 침묵 속에서 존속된다. 수많은 인종주의와 반인종주의 담론의 이면에 잔혹한 불평등 및 대학살은 계속되고 있다. 인종주의적 보편성을 주장하는 것은 궁극적으로 이를 범역사적이고 범문화적인 현상으로 다루는 것을 불가능하게 할 뿐만 아니라, 도처에 존재하는 문제들을 복잡하게 만들 뿐이다.

결장

모더니티—거창하고 야심찬 언어로서, 깊은 의심과 회의를 불러일으키는 주제—는 그동안 자본주의와 산업주의, 과학과 기술, 민주주의와 시민사회, 도시화와 공공영역, 소외와 무의미성, 합리성과 세속화 등과 연계되어 왔다. 필자는 이러한 오래된 접근법을 따라, 이를 인식론적 전환, 즉 기독교적 세계관에서 세속적 계몽주의로의 전환으로 부각시키고자 하였다. 모더니티는 세계의 각성, 특히 기독교 국가들의 보편적 상상체계와 제도로서 작용하던 종교의 쇠퇴를 나타낸다.

계몽이란 무엇인가? "계몽은 인간이 스스로 초래한 미성숙으로부터의 탈피를 의미한다. 미성숙은 다른 사람의 도움 없이 스스로의 이해체계를 작동시키지 못함을 말한다. (…중략…) 계몽의 목적은 따라서, 사페레 아우데Sapere aude!* 당신 스스로의 이해체계를 작동시킬 용기를 가지라!"[1] 계몽에 관한 칸트의 1784년 저작은 인식

● "감히 알려고 하다"의 뜻을 가진 칸트의 좌우명.

의 평등과 자유를 촉구하는 호소문이었다. 개인적 성숙은 정치적이거나 종교적인 지도로부터 이성의 자율성을 확보하고 자립적이고 자기성찰적인 주체로서 바로 서는 것을 의미한다. 자기규범적 주체는 왕위나 제단의 노예가 되기보다는 비판적 성찰과 이성적 타당성을 요구한다. 특히 칸트는 "계몽의 핵심으로서 종교적 문제들"을 조명하였다.[2] 그는 다음과 같이 말했다. "현재의 우리는 외부의 도움 없이 종교적인 문제를 자신 있게 그리고 잘 이해할 수 있는 인지력을 사용할 (…중략…) 위치의 존재가 되기까지 아직 많이 부족하다."[3] 만일 계통발생론phylogeny이 개체발생론ontogeny을 따른다면, 개인의 자율성은 사회가 세속화되는 만큼 보장될 것이다.

계몽주의는 기독교를 대체했다. 분명히 기독교가 단일의, 동종의 집합체가 아니었던 것처럼, 계몽주의 역시 시대와 장소에 따라 다양한 모습으로 나타났다.[4] 과학, 세속, 각성과 미신, 종교, 마술이 서로 비교되며 과거는 종종 희화화되고 현재는 칭송된다. 베커 Carl Becker는 다음과 같이 말했다. "계몽철학자들의 글 속에는 여태껏 희망하던 것보다 많은 기독교 철학이 들어있다."[5] 모더니티와 관련해 오늘날 칭송받는 두 사상가, 비코Vico와 헤겔Hegel을 생각해보자. 그러나 비코는 "종교는 역사의 기초적이고 통합적인 힘"으로 생각하였고,[6] 헤겔의 철학은 1793년 튀빙겐의 글로부터 『1821년 법철학Philosophie des Rechts』에 이르기까지 신학적이고 종교적인 문제에 깊숙이 침투되어 있다.[7] 민족주의 창시자 중 한명으로 불리는 피히테에 관한 논란은 그가 무신론자이기 때문이었지 그의 원형적 민족주의 때문은 아니었다.[8] 과학과 종교는 19세기 말까지 적대적인 관계가 아니었다.[9] 이는 유럽 이데올로기의 관념적 바탕이었던 기독교가 침몰함에 따라 나타난 것이었다. "신은 죽었다"는 니체의 선포가 이성의 자율성에 대한 칸트의 논의를 이론적으로 종식시켰을지는 몰라도, 칸트는 이성에 대해 크고 명료하게 외친 최초의 인물이었다.

19세기 말, 계몽주의는 인식론적 세계관으로서 서유럽과 중앙유럽의 지배담론이 되었다. 그 장기적인 추세는 분명했다. 사람들은 성경을 열심히 읽는 대신 신성모독적인 글들을 읽기 시작했다.[10] 교회와 교회의 가르침 대신 공공영역과 공론이 세상을 지배했다.[11] 사회나 민족은 경험과 분석의 유용한 단위로 부상하였다. 이와 함께 현대사회 이론—막스, 뒤르켐, 베버의 이론—과 모더니티—모더니즘—에 대한 예술적 표현들이 19세기 말과 20세기 초에 쏟아져 나왔다.

계몽주의적 이성의 승리는 세계적 각성을 촉구하였고, 이는 인식론적 개인주의와 사회적 평등을 약속하였다. 자주성을 확보한 주체로서의 개인의 부상은 많은 역사적 사건들 속에서 진행된 복합적 과정이었다. 집단의 원시성이나 유목의 특성, 개인의 생리적 차이조차도 개성화individuation의 중요한 근거가 되었다.[12] 그러나 자율적이며 자기규범적 주체로서 개인의 개념은 17세기 데카르트 등에 의해 구체적으로 표현되기 시작하였고, 19세기에 이르러 보편적으로 전파되었다.[13]

관념성과 함께 인식론적 개인주의를 통해 평등주의의 이상이 부상하였다. 특권층의 소유물들은 이제 신분에 상관없이 자신의 의지를 행사하고자 하는, 그리고 존엄성을 가진 존재로 인식되는 모든 개인들에게 개방되었다. 많은 개인들은 20세기 인식론적 영역뿐만 아니라 정치적인 영역에서도 자주권을 획득하였다. 그들은 투표권, 사회적 시민권, 도덕적 인정을 획득했다. 존중받고 인정받을 가치가 있는 존재, 품위 있는 삶에 필요한 것들을 요구할 수 있는 존재로서 개인의 개념이 보편화되었다. 노동자 계급이든지 여성이든지, 소수자이든지 미성년자이든지, 모든 사람들은 개인으로서의 권리를 부여받았다. 모든 이들은 기록되고 칭송받을만한 계통적이거나 혈통적인 가치를 보유하였다.

현대사회이론은 공동사회(게마인샤프트)에서부터 이익사회(게젤샤프트)까지, 또는 지위에서 계약까지의 혁신적인 변화를 포착하기 위해 노력하였다. 이러한 각각의 설명들에 있어 확신은 불확실성을 낳고, 유의미성은 무의미성을 드러내며, 공동체주의는 개인주의로 용해되었다. 현대사회이론의 선구적 도서인 『노동의 분업*De la division du travail social*』(1893)에서 뒤르켐Émile Durkheim은 전통과 모더니티는 사회적 연대의 서로 다른 유형으로서 근본적인 차이가 있음을 주장하였다.[14] 전근대 사회에서 사회적 연대의 기초는 구성원들의 근본적인 유사성에 근거하고 있었다. 이와 반대로 현대적 연대의 기초는 노동의 분업과 사회적 분화로 설명되었다. 사회를 결속시키는 것은 구성원들의 동질성이 아닌 차이이다. 뒤르켐은 결론적으로 개인이 현대의 복잡한 사회 속에서 최소의 분모이자 연대의 원천임을 주장하였다.[15] 사회적 분화는, 다시 말해 결속의 원천으로서 개인주의를 야기한다.

관념적이며 평등주의적 개인주의를 창출한 모더니티의 정치·사회는 그동안의 보편적인 정체성과 소속감을 동시에 해체시켰다. 자본주의적 산업주의와 현대국가의 수립은 세계적 현상이 되었고, 이는 인식의 범위를 넘어 세상을 변화시켰다. 『공산당 선언』(1844)에는 "견고한 모든 것들은 대기 속에 녹아내린다"는 유명한 문장이 있다.[16] 모더니티의 격동 — 이들을 축소시키고자 하는 계속되는 시도에도 불구하고 — 은 거의 모든 부분을 변화시켰다. 사회적 분화, 도시화, 현대화, 시공간의 압축 등은 19세기 거부할 수 없는 추세가 되었다. 신분 — 전근대사회의 대부분의 영역에서 한 사람의 역할을 결정론적으로 규정해주었던 존재 — 은 철저하게 쇠퇴하였다. 마을이나 촌락은 더 이상 대부분의 삶을 규정하는 상대적인 자율적 집합체가 아니었다. 개인들은 점차 홀로 죽음을 맞이하고, 신앙과 공동체로부터 제공받던 위안은 사라졌다.

인식론적, 존재론적 개인주의는 홀로 죽음과 공허함의 깊은 수렁에 빠진 전형적인 현대적 인간을 창출하였다. 귀속적 정체성을 가진 자로서 개인은 사회적 자아의 공허한 중심을 발견하였다. 계몽주의적 이상은 비일체화된 존재, 고유한 존재론적 주체로서 개인을 투영하였다. 개인들은 모든 곳에서 무관심한 짐멜의 이방인의 세계에 직면하였다. 인류는 형이상학적 구원, 또는 전통적인 신앙과 공동체의 숨막히는 친밀감으로부터 제공되는 도움의 손길이 사라진, 존재론적인 공포와 무의미성을 마주하게 되었다.

모더니티는 소외적이고 무의미한 것처럼 보인다. 실러Friedrich Schiller의 1795년 논문에서 예리하게 지적한 바와 같이, "전체의 작은 한 파편에 영원히 묶여있는 인간은 그 스스로 발전하여 한 파편이 될 뿐이다. (…중략…) 그는 그의 직업이나 그의 특별한 지식만으로 각인될 뿐이다".[17] 어떻게 우리는 파편들로부터 자존감을 얻는가? 해답이 필요한 시점에서 부와 권력의 세속적 세계 속 종교적 정체성은 납득이 되지 않는다. 헤겔이 질문하였듯 "만일 모든 편견과 미신이 없어진다면, 또 다른 질문이 나타날 것이다. 그 다음은? 이들에 대한 대안으로 주장되었던 진정한 계몽은 무엇인가?"[18] 개인주의? 자율성? 존엄성? 성? 예술? 돈? 아, 이들에게는 오래전 종교가 주었던 장엄함과 위엄, 위안과 위로가 없다. 기독교 — 적어도 전근대 유럽에서 — 는 영혼을 안정시키고, 구원을 약속하였으며, 안도감을 제공하여 주었다.[19] 마르크스는 예리하게도 — 이들이 "집단적 아편"으로 지적되기 이전 — "종교는 억압된 자들의 한숨이자 무정한 세상의 따뜻한 심장이며, 영혼 없는 사회의 영혼"임을 지적하였다.[20] 억압이 끊이지 않았고, 세상의 무정함 역시 계속되었다는 사실을 고려하면 — 세속주의는 분명 우리의 삭막함만을 강화시켰다 — 무엇이 종교를 대신하였는가?

모더니티의 위로는 곧 사회적 변화와 구원의 가능성이었고, 이는 혁명주의적 이상과 개인적 변이의 세속적 종교였다. 이들의 계속적인 주장에도 불구하고, 관념적 개인주의와 계몽주의적 세계주의는 색도, 뿌리도, 고향도 없는 것처럼 보였다. 개인주의가 모두에게 부여되었을 때 전통적인 정체성은 사라져갔다. 모두가 무엇, 또는 누군가가 되어야 했을 때, 사람들은 사실상 계몽주의적 개인주의의 추상적 보편성과 잃어버리고 있는 듯한 세계의 구체적인 특수성에 직면하였다.

현대인족의 개념은 주요한 개념과 실질적인 의미의 정립에서 이질성이 나타나는 유동적 기표이다. 이는 부여되고 원시적인, 신성한 존재였다. 현대인족에 대한 생성 담론은 그 지역과 역사, 영광스러운 과거와 찬란한 미래에 대한 준비된 서사를 제공한다. 차이에 대한 주장은 배타주의적 요소들 — 생물학적인 것에서부터 종교적 유산에 이르는 모든 것 — 로 구성된다. 현대인족은 가장 설득력 있는 생물학적 담론과 역사적 담론에 기반하여 그 지배적 영향력을 행사하였다. 현대인족은 확실성, 의미, 공동체를 복원하였다. 현대인족은 현대적 개인들에게 영혼과 정신을 부여했다.

현대인족은 단일성의 허구, 전체론적 본질의 허구를 창조하였다. 여러 가능한 정체성들 중 지배적 영향력을 가진 것들은 혈통이나 가계와 같은 보다 깊고 자연적으로 간주되는 것들이었다. 역설적이게도 사회적 정체성의 현대적 표현들은 대부분 유기적인 것이 아닌 기계적 연대로 표현된다. 민족주의나 인종주의의 담론에서 지배적인 수사법은 집단의 본질적인 특성을 찾아내는 것이다. 현대인족의 표현은 모든 곳에서, 복잡성이나 차별성이 아닌, 간결성과 단일성으로 나타난다. 친구들이든 적이든, 본질주의essentialism —
뒤르켐의 기계적 연대 — 는 집단을 설명하는 지배적 개념이다. 사
회생활이 유동적이고 복잡한 데 반해 정체성은 안정적이며 간결하
다. 만일 원시적·전근대적 생활이 유동적이며 중복적인 구성원들
로 특징지을 수 있다면, 현대적이고 후기산업적인 생활은 구체적
이고 단일한 정체성으로 설명될 수 있을 것이다. 역설적이게도, 그
러나 아마도 예상했듯이, 성취의 시대는 결국 귀속의 시대로 판명
되었다.

　반계몽주의 사상가들은 현대인족을 최우선적으로 정의했다. 수
평적인 구분(헤르더)이든 수직적인 위계(고비노)이든, 이들은 이들
세계에서 계속적으로 일어나는 수평적·수직적인 통합에 대응했
다. 계몽주의적 보편주의와 평등 — 현대적이고 자율적인 개인의
세계 — 에 반하여, 이들은 배타주의와 차별 — 전근대적이고 예속
된 개인의 세계 — 을 지지하였다. 위계적이거나 세습적 특권을 대
변하든지 정치적 통합과 문화적 자율성을 고취하든지 간에, 이러
한 차이에 대한 담론은 결국 현대인족의 담론에 상당한 영향력을
행사하였다. 헤르더의 소속에 대한 강조나 헤겔의 일치에 대한 주
장은 많은 계승자들을 배출했다. 보다 중요한 것은, 관념적 보편주
의 이론과 구체적인 배타적 행위 사이의 모순 — 계몽주의와 모더
니티의 문제 그 자체 — 은 기본적으로 민족의 틀 안에서, 대부분
민족의 언어로서, 개념화되고 논의되었다는 점이다. 요약하자면,
전통적 이념은 단일성과 연속성에 대한 미신을 존속시켰다. 현대

인족은 모더니티의 지배적인 관념체계가 되었다.

만일 1784년 칸트의 계몽주의에 대한 글이 해방적 이상과 전망으로 가득한 초기 모더니티를 대변한다면, 아도르노Theodor Adorno와 호르크하이머Max Horkheimer의 1944년『계몽의 변증법Dialectic of Enlightenment』은 이에 대한 최악의 순간, 어둡고 디스토피아적인 모더니티의 이면을 보여준다. 제2차 세계대전 당시 이들은 "계몽주의의 자멸Adorno and Horkheimer"에 대한 장승곡을 내놓았다.[21] "계몽의 목적은 언제나 인간을 두려움으로부터 해방시키고, 자주권을 수립하는 것이었다. 완전한 계몽을 이룬 지구는 재앙의 승리를 나타낸다!"[22] 만일 이들이 계몽주의적 이상의 한 측면―비판의 힘과 불만족의 감정―을 드러냈다면, 그들은 신화와 지배를 피할―실제로는 사주할―능력이 없었음을 고백하였을 것이다.[23]

보편적 이성에 대한 꿈은 배타적 비합리성의 악몽으로 발현된다. 이성은, 깨달음과 해방보다는, 기만과 지배를 야기한다. 우리는 자기규제와 자기개발의 성취보다는 정부의 사회와 개인에 대한 통치와 조작만을 목격한다. 우리는 자율성과 이성 대신 문화산업의 지배와 반유대주의의 불합리를 확인한다. 보편주의자들은 틀렸다. 그들은 스스로가 식민주의 또는 민족주의적 보편주의자라고 말한다. 불행하고 구체적인 현실에 대한 절대적 확신의 공포를 타파할 수 있는 이론이 탁월할수록 정치는 더욱 현실화된다. 현대사회학 이론의 창시자 중 한 명인 스펜서Herbert Spencer는 놀랍게도 다음과 같이 논했다. "부수적인 고통을 무시한 채 완벽한 행복으로의 거대한 계획을 이행하는 세력들은 맹수와 쓸모없는 반추동물 무리를 전멸시킨 것과 같은 엄격함으로 그들에게 방해되는 자들을 제거한다. (…중략…) 그가 사람이든 야수이든, 방해물은 반드시 제거되어야만 한다."[24] 스펜서의 주장이나 이성에 대한 약속이 없어지기를 바라는 자들은 분명 없을 것이다. 또한 홀로코스트의 참혹힘에서 나타난 모더니티의 배타싱을 부정하는 이들은 더욱 없을 것이다. 일상적으로 사회과학의 편협성은 그들의 보편주의적 허세를 통해 은폐된다.[25] 이론적 자유, 평등, 박애는 현실적 속박, 불평등, 소원함과 부합한다. 즉, 이성은 그 자체의 신화, 즉 현대인족과, 그 부정적 환영, 즉 인종주의를 만들어낸다. 귀류법적으로 본다면, 우리는 칸트를 인종주의자로, 계몽주의를 홀로코스트의 길목으로 기억할 수 있다.

21세기 초의 우리는 앞서 논의한 대로 발전의 이면에 존재하는 폐기물들을 목도한다. 세계화를 가장하여 관념적 개인주의는 모든 곳에서 근본주의적 대응물을 창출하며 진군한다. 차이의 모색과 억압의 모순은 제노사이드에서 완벽하게 드러났던 국가권력의 갈등을 고조시킨다. 냉혹한 세계 속 사람들은 현대인족이라는 허상의 공동체에서 기억의 조각을 찾는다. 만일 거대 담론들이 그들의 지배력을 잃었다면 그들은 개별적이고 배타적인 담론으로서 스스로 전파되고 분산된다. 여기서 다시, 인종주의로의 저지할 수 없는 흐름을 부정할 수 없다. 국가 하부적 인족의 부흥은 두터운 정체성에 대한 욕구와 직접적으로 관계하는데, 여기에 얕은 정체성은—

전체와 부분에 대한 조직적 괴리로 인해 —연계될 수 없다. 인종, 종족, 민족적 자부심은 상징적 연대의 가장 바람직한 모습이다.

우리는 비뚤어진 결과를 고려해 계몽주의적 보편주의를 반드시 매장시켜야만 하는가? 귀족적·종교적 위계 및 세계관의 명확성과 불가피성이 무너지기까지 수세기 동안의 정치적 불안과 지적 요소들이 소모되었다. 현대인족은, 임의적이든 구조적이든, 공고하다. 인간의 유동성 —이주 및 이종 간의 결혼—과 개인주의의 추세는 거스를 수 없다. 비판적 성찰 —모더니티의 특징—은 계속해서 모든 형태의 현실초월적 이상을 산산이 부순다. 계몽주의적 이성은 왕권과 제단을 파괴한 것과 같이 현대국가와 현대인족의 기반을 계속해서 약화시킨다. 이러한 사실이 바로 우리가 현대인족을 임의적이고 구조적이며, 궁극적으로 믿을 수 없고 불가능한 존재로 보게 되는 이유이다. 미네르바 부엉이가 정말로 황혼녘에 날지 않는다면, 현대인족의 종말 역시 아마도 아주 먼 미래의 일이 아닐 수도 있다.

반계몽주의 사상가들이 명쾌하게 지적한 바와 같이, 계몽주의가 약속하였던 관념적 보편주의는 공허한 약속이었다. 그러나 사실 현대인족의 주장은 그들이 얼마나 구체적으로, 배타적으로 논의되었는지에 상관없이, 마찬가지로 추상적이다. 1879년 엘리엇George Eliot의 "내 동포를 동정하는 것 같이 내가 중국인을 동정할 필요는 없다"는 말은 극단적 배타주의의 예로 여겨질 수도 있으나, 사실 이는 확장의식expansionary consciousness의 예로 볼 수도 있다.[26] 과거 맨체스터 사람들은 틀림없이 "맨체스터 동포들을 동정하는 것 같이 내가 리버풀 인들을 동정할 필요는 없다"고 말했을 것이다. 맨체스터와 리버풀의 귀족과 소작농은 단일한 정체성을 가지고 있지 않았다. 왜 타인은 반드시 인종적이고, 종족적이며, 민족적으로 인식되는가?[27] 정체성에 대한 모든 주장은 추상적이다. 현대인족의 세상은 사람들로 하여금 구체적인 관계와 범주를 통해 끊임없이 논쟁하도록 만든다. 배타적 개별성은 추상적인 집합성의 이름으로 무시된다. 이중적 소속과 인구의 불가피한 유동성에 대한 모든 가능성을 부인하며, 현대인족의 세상은 삶을 악몽과 같이 짓누른다.

반인종주의 사상가들은 구체적인 진정성을 논하며, 현대인족의 공허함을 날카롭게 비판했다. 그러나 반인종차별적 인종주의가 약속했던 진정성과 완전성은 현대인족보다 구체적이거나 유의미하지 않았다.[28] 소잉카Wole Soyinka는 다음과 같이 말했다. "흑인성Negritude은 사람과 사회에 대한 이미 형성된 유럽중심적인 지적 분석체계 안에 있었고, 외부의 언어를 통해 아프리카인들과 그 사회를 새롭게 정의하고자 하였다."[29] 앞서 논한 바와 같이 이러한 흐름은 서양에서 교육받은 지식인들이 반인종주의 투쟁에 주도적으로 참여하면서 나타난 상징적 인종주의를 통해 구축된 것이었다. 소잉카는 계속해서 논했다. "흑인성 이후 소수의 작가들을 통해 조장된 완전히 인위적인 불안으로 인해 그들은 아프리카다움을 찾기 시작해야만 한다는 매우 유혹적인 생각에 노출되었다. 그 전까지 그들은 그러한 것이 없다는 사실도 인지하지 못했다."[30] 이러한 관점은 파농의 글에도 잘 나타난다. "흑인의 소울soul은 백인의 인조물이다." 사르트르 역시 흑인성에 대한 표현으로 "통로이지 결과물은 아니며, 수단일 뿐 최종적 목적지는 아니"라고 논하였다.[31] 사실 이러한 주장은 모두 소외된 범주에 관한 것이다. 정체성의 역설은 사실 그 어디에도 본질은 존재하지 않는다는 사실이다.

인종주의를 극복하기 위하여, 그 진정성과 해방에 대한 주장이 비록 환영일지라도, 반인종주의적 인종화 작업은 필요하였다. 변증법적 부정과 변형은 권력과 불평등의 세계에서 불가피한 인간 갈등의 한 부분이었다. 억압받는 자들은 일순간 억압자들의 언어, 이상, 수단에 대응하였고, 이를 이용하였다. 이를 통해 반인종주의는 현대인족의 목표를 함께 염원하였다. 『존 볼의 꿈A Dream of John Ball』의 유명한 대목을 상기할 수 있다. "싸움에서 패배함에도 불구하고 사람이 어떻게 전쟁에서 싸우고 지는지, 또 왜 싸우는지가 드러날 때, 이는 그들이 의도했던 것과 다르게 나타나고, 다른 이들은 다른 이름으로 표현된 최초 의도한 목적을 위해 싸우게 된다."[32] 지금 우리는 인족 정체성을 선택할 수 있는 자유를 찾기보다, 현대인족 자체로부터 자유로워질 수 있는 방법을 찾아야 한다. 현대인족은 권력의 잔물결을 굴절시키며 해방도 구원도 가져다주지 못한다. 아, 반인종주의 정체성 역시 해방의 열쇠도 구원의 열쇠도 될 수 없다.

우리의 삶은 여전히 추상적 보편성, 온화한 휴머니즘의 이상 속에 존재한다.[33] 계몽주의의 제한적인 이상—유토피아적으로 들릴지도 모르지만—은 휴머니티에 반하는 범죄를 비난하든 반인종주의적 사상을 칭송하든, 현재를 비판하고 미래를 숙고할 수 있는 기반을 제공한다. 이를 유럽중심적 — 본질적 오류 — 으로 비난하는 것은 인류의 인종화에 대한 유럽의 단일적 공헌을 모독하는 것이 된다. 연약하고 쉽게 조롱받는 이성의 소리는 조용하지만 침묵하지 않고, 우리가 어떻게든 지식, 희망, 사랑의 화음을 듣고 연주하기 위해 고군분투하는 불협화음의 세상 속에서, 작지만 깊이 울리는 선율이다.

Aarne, Antti, trans. and enlarged Stith Thompson, *The Types of the Folktale : A Classification and Bibliography*, 2nd ed., Helsinki : Academia Scientiarum Fennica, 1981[1910/1961].

Abel, Theodore, *Why Hitler Came into Power*, Cambridge, Mass. : Harvard University Press, 1986[1938].

Abelmann, Nancy · John Lie, *Blue Dreams : Korean Americans and the Los Angeles Riots*, Cambridge, Mass. : Harvard University Press, 1995.

Abraham, Gary A, *Max Weber and the Jewish Question : A Study of the Social Outlook of His Sociology*, Urbana : University of Illinois Press, 1992.

Ackerman, Jennifer, *Chance in the House of Fate : A Natural History of Heredity*, Boston : Houghton Mifflin, 2001.

Acton, John Emerich Edward Dalberg-Acton, Baron, "Nationality", In John Emerich Edward Dalberg-Acton, First Baron Acton, ed. J. Rufus Fears, *Selected Writings of Lord Acton*, vol. 1 : *Essays in the History of Liberty*, Indianapolis : LibertyClassics, 1985[1862].

Adam, Uwe Dietrich, *Judenpolitik im Dritten Reich*, Düsseldorf : Droste, 1972.

Adams, Mark B, "Towards a Comparative History of Eugenics", In Mark B, Adams, ed., *The Wellborn Science : Eugenics in Germany, France, Brazil, and Russia*, New York : Oxford University Press. 1990.

Adorno, T. W., Else Frenkel-Brunswik, Daniel J. Levinson · R. Nevitt Sanford, *The Authoritarian Personality*, 2 vols, New York : John Wiley & Sons, 1964[1950].

Adorno, Theodor · Max Horkheimer, trans. John Cumming, *Dialectic of Enlightenment*, London : Verso, 1979[1944/1972].

African Rights [Rakiya Omaar], *Rwanda : Death, Despair and Defiance*, rev. ed., London : African Rights, 1995[1994].

____, *Rwanda, Killing the Evidence : Murder, Attacks, Arrests and Intimidation of Survivors and Witnesses*, London : African Rights, 1996.

Agulhon, Maurice, trans. Janet Lloyd, *Marianne into Battle : Republican Imagery and Symbolism in*

France, 1789-1880, Cambridge : Cambridge University Press, 1981[1979].

_____, trans. Janet Lloyd, *The Republic in the Village : The People of the Var from the French Revolution to the Second Republic,* Cambridge : Cambridge University Press, 1982[1970/1979].

_____, trans. Janet Lloyd, *The Republican Experiment, 1848-1852,* Cambridge : Cambridge University Press, 1983[1973].

Ahmad, Aziz, *Studies in Islamic Culture in the Indian Environment,* Oxford : Clarendon Press, 1964.

Akisada Yoshikazu, *Kindai to buraku sangyō,* Osaka : Buraku Kaihō Kenkyūsho, 1993.

Alba, Richard D, *Ethnic Identity : The Transformation of White America,* New Haven, Conn. : Yale University Press, 1990

Alinei, Mario, *Lingua e dialetti : Struttura, storia et geografia,* Bologna : Il Mulino, 1984.

Allen, Irving Lewis, *The Language of Ethnic Conflict : Social Organization and Lexical Culture,* New York : Columbia University Press, 1983.

Allen, Theodore W, *The Invention of the White Race,* vol. 1 : *Racial Oppression and Social Control,* London : Verso, 1994.

Allen, William Sheridan, *The Nazi Seizure of Power : The Experience of a Single German Town 1922-1945,* rev. ed., New York : Franklin Watts, 1984[1965].

Alliès, Paul, *L'invention du territoire,* Grenoble : Presses Universitaires de Grenoble, 1980.

Allport, Gordon W, *The Nature of Prejudice,* 25th anniversary ed., Reading, Mass. : Addison-Wesley, 1979[1954].

Almaguer, Tomás, *Racial Faultlines : The Historical Origins of White Supremacy in California,* Berkeley : University of California Press, 1994.

Almog, Oz, trans. Haim Watzman, *The Sabra : The Creation of the New Jew,* Berkeley : University of California Press, 2000[1997].

Alperovitz, Gar, *The Decision to Use the Atomic Bombs and the Architecture of an American Myth,* New York : Alfred A. Knopf, 1995.

Alter, Peter, *Nationalism,* 2nd ed., London : Edward Arnold, 1994[1985/1989].

Alter, Robert, *The Invention of Hebrew Prose : Modern Fiction and the Language of Realism,* Seattle : University of Washington Press, 1988.

Altgeld, Wolfgang, "German Catholics", In Rainer Liedtke · Stephan Wenderhorst, eds., *The Emancipation of Catholics, Jews and Protestants : Minorities and the Nation State in Nineteenth-Century Europe,* Manchester : Manchester University Press, 1999.

Altmann, Alexander, ed. Alfred L. Ovry, trans. Edith Ehrlich · Leonard H. Ehrlich, *The Meaning of Jewish Existence : Theological Essays, 1930-1939,* Hanover, N.H. : Brandeis University Press/University Press of New England, 1991.

Aly, Götz, "Medicine against the Useless", In Götz Aly, Peter Chroust · Christian Pross, trans. Belinda Cooper, *Cleansing the Fatherland: Nazi Medicine and Racial Hygiene*, Baltimore : Johns Hopkins University Press, 1994.

____, *"Endlösung": Völkerverschiebung und der Mord an den europäischen Juden*, Frankfurt am Main : S. Fischer, 1995.

Aly, Götz · Susanne Heim, *Vordenker der Vernichtung : Auschwitz und die deutschen Pläne für eine neue europäische Ordnung*, Hamburg : Hoffman und Campe, 1991.

Ambler, Charles H, *Kenyan Communities in the Age of Imperialism : The Central Region in the Late Nineteenth Century*, New Haven, Conn. : Yale University Press, 1988.

American Kennel Club, *The Complete Dog Book*, 17th ed., New York : Howell Book House, 1985[1941].

Améry, Jean, trans. Sidney Rosenfeld · Stella P. Rosenfeld, *At the Mind's Limits : Contemplations by a Survivor on Auschwitz and Its Realities*, New York : Schocken, 1990[1976/1980].

Amino Yoshihiko, *Nihon no rekishi o yominaosu*, Tokyo : Chikuma Shobō, 1991.

Amory, Patrick, *People and Identity in Ostrogothic Italy, 489-554*, Cambridge : Cambridge University Press, 1997.

Ancel, Jacques, *Géopolitique*, Paris : Librairie Delagrave, 1936.

Anderson, Benedict, *Imagined Communities : Reflections on the Origin and Spread of Nationalism*, rev. ed., London : Verso, 1991[1983].

Anderson, Bonnie S, *Joyous Greetings : The First International Women's Movement, 1830-1860*, New York : Oxford University Press, 2000.

Anderson, M. S, *War and Society in Europe of the Old Regime, 1618-1789*, Leicester : Leicester University Press, 1988[1982].

Anderson, Nels, *Desert Saints : The Mormon Frontier in Utah*, Chicago : University of Chicago Press, 1942.

Anene, J. C, *The International Boundaries of Nigeria, 1885-1960 : The Framework of an Emergent African Nation*, Harlow, U.K. : Longman, 1970.

Antonius, George, *The Arab Awakening : The Story of the Arab National Movement*, Beirut, Lebanon : Khayats, 1938.

Appiah, Kwame Anthony, *In My Father's House : Africa in the Philosophy of Culture*, New York : Oxford University Press, 1992.

____ [K. Anthony Appiah], "Race, Culture, Identity : Misunderstood Connections", In K. Anthony Appiah · Amy Gutmann, *Color Conscious : The Political Morality of Race*, Princeton, N.J. : Princeton University Press, 1996.

Applegate, Celia, *A Nation of Provincials : The German Idea of Heimat*, Berkeley : University of California Press, 1990.

Apter, David E., *Ghana in Transition*, rev. ed., New York : Atheneum, 1963[1955].

Arad, Gulie Ne'eman, "Rereading an Unsettling Past : American Jews during the Nazi Era", In Alvin H. Rosenfeld, ed., *Thinking about the Holocaust : After Half a Century*, Bloomington : Indiana University Press, 1997.

Ardant, Gabriel, "Financial Policy and Economic Infrastructure of Modern States and Nations", In Charles Tilly, ed., *The Formation of National States in Western Europe*, Princeton, N.J. : Princeton University Press, 1975.

Arendt, Hannah, *The Origins of Totalitarianism*, new ed., New York : Harcourt Brace Jovanovich, 1968[1951].

____. enlarged ed. Harmondsworth, *Between Past and Future : Eight Exercises in Political Thought*, U.K. : Penguin, 1977a[1954/1968].

____, *Eichmann in Jerusalem : A Report on the Banality of Evil*, rev. ed., Harmondsworth, U.K. : Penguin, 1977b[1963/1965].

Ariès, Philippe, "Thoughts on the History of Homosexuality", In Philippe Ariès · André Béjin, eds., trans. Anthony Forster, *Western Sexuality : Practice and Precept in Past and Present Times*, Oxford : Blackwell, 1985[1982].

Aristotle, ed. Jonathan Barnes, *The Complete Works of Aristotle*, 2 vols, Princeton, N.J. : Princeton University Press, 1984.

Arlettaz, Gérard · Silvia Arlettaz, "La 'question des étrangers' en Suisse 1880-1914", In Daniel Fabre, ed., *L'Europe entre cultures et nations*, Paris : E ditions de la maison des sciences de l'homme, 1996.

Armitage, David, *The Ideological Origins of the British Empire*, Cambridge : Cambridge University Press, 2000.

Arnold, Matthew, "Culture and Anarchy : An Essay in Political and Social Criticism", In Matthew Arnold, ed. Stefan Collini, *Culture and Anarchy and Other Writings*, Cambridge : Cambridge University Press, 1993[1867-1869].

Arranz Márquez, Luis, *Repartimientos y Encomiendas en la Isla Española (El Repartimiento de Alburquerque de 1514)*, Madrid : Ediciones Fundación García Arévalo, 1991.

Arrington, Leonard J · Davis Bitton, *The Mormon Experience : A History of the Latter-Day Saints*, 2nd ed., Urbana : University of Illinois Press, 1992[1979].

Asante, Molefi Kete, "Racism, Consciousness, and Afrocentricity", In Gerald Early, ed., *Lure and Loathing : Essays on Race, Identity, and the Ambivalence of Assimilation*, New York : Viking Penguin, 1993.

Asch, Solomon E, "Opinions and Social Pressure", *Scientific American* November, 1955.

Aschheim, Steven E, *Brothers and Strangers : The East European Jew in Germany and German Jewish Consciousness, 1800-1923*, Madison : University of Wisconsin Press, 1982.

Ashworth, John, *Slavery, Capitalism, and Politics in the Antebellum Republic,* vol. 1 : *Commerce and Compromise, 1820~1850,* Cambridge : Cambridge University Press, 1995.

Assmann, Jan, *Moses the Egyptian : The Memory of Egypt in Western Monotheism,* Cambridge, Mass. : Harvard University Press, 1997.

Astourian, Stephan H, "Modern Turkish Identity and the Armenian Genocide : From Prejudice to Racist Nationalism", In Richard G. Hovannisian, ed., *Remembrance and Denial : The Case of the Armenian Genocide,* Detroit : Wayne State University Press. 1999.

Auerbach, Jerold S, *Are We One? Jewish Identity in the United States and Israel,* New Brunswick, N.J. : Rutgers University Press, 2001.

Augustine, Saint, Bishop of Hippo, trans. Henry Chad-wick, *Confessions,* Oxford : Oxford University Press, 1991[400].

____, trans. R. W. Dyson, *The City of God against the Pagans,* Cambridge : Cambridge University Press, 1998[426].

Avineri, Shlomo, *The Making of Modern Zionism : The Intellectual Origins of the Jewish State,* New York : Basic Books, 1981.

____, *Moses Hess : Prophet of Communism and Zionism,* New York : New York University Press, 1985.

Axtell, James, *Beyond 1492 : Encounters in Colonial North America,* New York : Oxford University Press, 1992.

Ayass, Wolfgang, "Vagrants and Beggars in Hitler's Reich", In Richard J. Evans, ed., *The German Underworld : Deviants and Outcasts in German History,* London : Routledge, 1988.

Bachman, John, *The Doctrine of the Unity of the Human Race Examined on the Principles of Science,* Charleston, S.C. : C. Canning, 1850.

Bacon, Roger [Rogeri Baconis], ed. Eugenio Massa, *Moralis Philosophia,* Turici, Italy : Thesaurus Mundi, 1953.

Bade, Klaus J., ed., *Deutsche im Ausland―Fremde in Deutschland : Migration in Geschichte und Gegenwart,* München : C. H. Beck, 1992.

Badian, E, *Roman Imperialism and the Late Republic,* 2nd ed., Ithaca, N.Y. : Cornell University Press, 1968[1965].

Badie, Bertrand, *L'état importé : l'occidentalisation de l'ordre politique,* Paris : Fayard, 1992.

Baker, John R, *Race,* New York : Oxford University Press, 1974.

Baker, Leonard, *Days of Sorrow and Pain : Leo Baeck and the Berlin Jews,* New York : Oxford University Press, 1980[1978].

Bakos, Adrianna, *Images of Kingship in Early Modern France : Louis XI in Political Thought, 1560-1789,* London : Routledge, 1997.

참고문헌

Baldry, H. C, *The Unity of Mankind in Greek Thought*. Cambridge : Cambridge University Press, 1965.

Baldwin, James, "Stranger in the Village", In James Baldwin, ed, Toni Morrison, *Collected Essays*, New York : Library of America, 1998[1953].

Baldwin, Kate A, *Beyond the Color Line and the Iron Curtain : Reading Encounters between Black and Red, 1922-1963*, Durham, N.C. : Duke University Press, 2002.

Baldwin, Peter, *Contagion and the State in Europe, 1830-1930*, Cambridge : Cambridge University Press, 1999.

Bales, Kevin, *Disposable People : New Slavery in the Global Economy*, Berkeley : University of California Press, 1999.

Balfour, Ian, *The Rhetoric of Romantic Prophecy*, Stanford, Calif. : Stanford University Press, 2002.

Balibar, Etienne · Immanuel Wallerstein, trans. Chris Turner, *Race, Nation, Class : Ambiguous Identities*, London : Verso, 1991[1988].

Balibar, Renée · Dominique Laporte, *Le français national : politique et pratiques de la langue nationale sous la Révolution française*, Paris : Hachette, 1974.

Balsdon, J. P. V. D, *Romans and Aliens*, Chapel Hill : University of North Carolina Press, 1979.

Banac, Ivo, *The National Question in Yugoslavia : Origins, History, Politics*, Ithaca, N.Y. : Cornell University Press, 1984.

Banaji, Mahzarin R · R. Bhaskar, "Implicit Stereotypes and Memory : The Bounded Rationality of Social Beliefs", In Daniel L. Schacter · Elaine Scarry, eds., *Memory, Brain, and Belief*, Cambridge, Mass. : Harvard University Press, 2000.

Bankier, David, *The Germans and the Final Solution : Public Opinion under Nazism*, Oxford : Blackwell, 1992.

Banks, Marcus, *Organizing Jainism in India and England*, Oxford : Clarendon Press, 1992.

Banks, William M, *Black Intellectuals : Race and Responsibility in American Life*, New York : W. W. Norton, 1996.

Banton, Michael, *International Action against Racial Discrimination*, Oxford : Clarendon Press, 1996.

____, *Racial Theories*, 2nd ed., Cambridge : Cambridge University Press, 1998[1987].

____, *The International Politics of Race*, Cambridge : Polity, 2002.

Barclay, John, *Jews in the Mediterranean Diaspora : From Alexander to Trajan (323 BCE~117 CE)*, Edinburgh : T&T Clark, 1996.

Bardakjian, Kevork B, *Hitler and the Armenian Genocide*, Cambridge, Mass. : Zoryan Institute, 1985.

Barkai, Avraham, trans. William Templer, *From Boycott to Annihilation : The Economic Struggle of German Jews, 1933-1943*, Hanover, N.H. : University Press of New England, 1989[1987].

____, trans. Ruth Hadass-Vashitz, *Nazi Economics : Ideology, Theory, and Policy*, New Haven, Conn. : Yale University Press, 1990[1977].

Barkan, Elazar, *The Retreat of Scientific Racism : Changing Concepts of Race in Britain and the United States between the World Wars*, Cambridge : Cambridge University Press, 1992.

Barnett, Michael N, "The Politics of Indifference at the United Nations and Genocide in Rwanda and Bosnia", In Thomas Cushman and and Stjepan G. Meštrović, eds., *This Time We Knew : Western Responses to Genocide in Bosnia*, New York : New York University Press, 1996.

Barraclough, Geoffrey, *The Origins of Modern Germany*, New York : G. P. Putnam's Sons, 1963[1946].

Barth, Fredrik, "Introduction", In Fredrik Barth, ed., *Ethnic Groups and Boundaries : The Social Organization of Cultural Difference*, Boston : Little, Brown, 1969.

Barthes, Roland, trans. Annette Lavers, *Mythologies*, New York : Hill & Wang, 1972[1957].

Bartlett, John R, *Jews in the Hellenistic World : Josephus, Aristeas, the Sibylline Oracles, and Eupolemus*, Cambridge : Cambridge University Press, 1985.

Bartlett, Robert, *The Making of Europe : Conquest, Colonization and Cultural Change 950-1350*, Princeton, N.J. : Princeton University Press, 1993.

Bartov, Omer, *Hitler's Army : Soldiers, Nazis, and War in the Third Reich*, New York : Oxford University Press, 1991.

____, *Murder in Our Midst : The Holocaust, Industrial Killing, and Representation*, New York : Oxford University Press, 1996.

____, *Mirrors of Destruction : War, Genocide, and Modern Identity*, Oxford : Oxford University Press, 2000.

Barzun, Jacques, *Race : A Study in Modern Superstition*, New York : Harcourt, Brace, 1937.

Baudet, Henri, trans. Elizabeth Wentholt, *Paradise on Earth : Some Thoughts on European Images of Non-European Man*, Middletown, Conn. : Wesleyan University Press, 1988[1959/1965].

Bauer, Otto, "Die Nationalitätenfrage und die Sozialdemokratie", In Otto Bauer, *Werkausgabe*, vol. 1, Vienna : Europaverlag, 1975[1907/1924].

Bauer, Yehuda, *Jews for Sale? Nazi-Jewish Negotiations, 1933-1945*, New Haven, Conn. : Yale University Press, 1994.

____, *Rethinking the Holocaust*, New Haven, Conn. : Yale University Press, 2001.

Bauman, Zygmunt, *Modernity and the Holocaust*, Ithaca, N.Y. : Cornell University Press, 1989.

Bayly, Susan, *The New Cambridge History of India*, vol. 4, pt. 3 : *Caste, Society and Politics in India from the Eighteenth Century to the Modern Age*, Cambridge : Cambridge University Press, 1999.

Beaglehole, J. C, *The Life of Captain James Cook*, Stanford, Calif. : Stanford University Press, 1974.

Beaton, Roderick, "Romanticism in Greece", In Roy Porter · Mikuláš Teich, eds., *Romanticism in National Context*, Cambridge : Cambridge University Press, 1988.

Beaune, Colette, *Naissance de la nation France*, Paris : Gallimard, 1985.

Becker, Carl L, *The Heavenly City of the Eighteenth Century Philosophers*, New Haven, Conn. : Yale University Press, 1932.

Becker, Jasper, *Hungry Ghosts : China's Secret Famine*, London : John Murray, 1996.

Becker, Jean Jacques, *1914, comment les Français sont entrés dans la guerre : contribution à l'étude de l'opinion publique printemps-été 1914*, Paris : Presses de la Fondation nationale des sciences politiques, 1977.

Becker, Jean Jacques, Jay M. Winter, Gerd Krumeich, Annette Becker · Stéphane Audoin-Rouzeau, *Guerre et cultures, 1914-1918*, Paris : Armand Colin, 1994.

Becker, Marjorie, *Setting the Virgin on Fire : Lázaro Cárdenas, Michoacán Peasants, and the Redemption of the Mexican Revolution*, Berkeley : University of California Press, 1995.

Behrens, C. B. A, *Society, Government, and the Enlightenment : The Experiences of Eighteenth-Century France and Prussia*, New York : Harper & Row, 1985.

Beinin, Joel, *The Dispersion of Egyptian Jewry : Culture, Politics, and the Formation of a Modern Diaspora*, Berkeley : University of California Press, 1998.

Beiser, Frederick C, *Enlightenment, Revolution, and Romanticism : The Genesis of Modern German Political Thought, 1790-1800*, Cambridge, Mass. : Harvard University Press, 1992.

Bell, Daniel, "The End of American Exceptionalism", In Daniel Bell, *The Winding Passage : Essays and Sociological Journeys 1960-1980*, Cambridge, Mass. : Abt Books, 1980[1975].

Bell, Derrick A, *And We Are Not Saved : The Elusive Quest for Racial Justice*, New York : Basic Books, 1987.

____, *Faces at the Bottom of the Well : The Permanence of Racism*, New York : Basic Books, 1992.

Bell, Quentin, *On Human Finery*, 2nd ed., New York : Schocken, 1976[1947].

Benbassa, Esther, trans. M. B. DeBevoise, *The Jews of France : A History from Antiquity to the Present*, Princeton, N.J. : Princeton University Press, 1999[1997].

Benbassa, Esther · Aron Rodrigue, *Sephardi Jewry : A History of the Judeo-Spanish Community, 14th-20th Centuries*, Berkeley : University of California Press, 2000[1993/1995].

Bendix, Reinhard, *Kings or People : Power and the Mandate to Rule*, Berkeley : University of California Press, 1978.

Benner, Erica, *Really Existing Nationalisms : A Post-Communist View from Marx and Engels*, Oxford :

Clarendon Press, 1995.

Ben-Rafael, Eliezer, *Language, Identity, and Social Division : The Case of Israel,* Oxford : Clarendon Press, 1994.

Benveniste, Emile, trans. Elizabeth Palmer, *Indo-European Language and Society,* Coral Gables, Fla. : University of Miami Press, 1973[1969].

Benz, Wolfgang, "Die Abwehr der Vergangenheit : Ein Problem nur für Historiker und Moralisten?", In Dan Diner, ed., *Ist der Nationalsozialismus Geschichte? Zu Historisierung und Historikerstreit,* Frankfurt am Main : Fischer, 1987.

____, *Herrschaft und Gesellschaft im nationalsozialistischen Staat,* Frankfurt am Main : Fischer, 1990.

____, *Der Holocaust,* München : C. H. Beck, 1995.

Berenbaum, Michael, *After Tragedy and Triumph : Essays in Modern Jewish Thought and the American Experience,* Cambridge : Cambridge University Press, 1990.

Berlin, Brent, *Ethnobiological Classification : Principles of Categorization of Plants and Animals in Traditional Societies,* Princeton, N.J. : Princeton University Press, 1992.

Berlin, Ira, *Many Thousands Gone : The First Two Centuries of Slavery in North America,* Cambridge, Mass. : Harvard University Press, 1998.

Berlin, Isaiah, *Vico and Herder : Two Studies in the History of Ideas,* London : Hogarth Press, 1976.

____, ed. Henry Hardy, *Against the Current : Essays in the History of Ideas,* New York : Viking, 1980[1979].

Berman, Bruce · John Lonsdale, *Unhappy Valley : Conflict in Kenya and Africa,* London : James Currey, 1992.

Bernasconi, Robert, "Who Invented the Concept of Race? Kant's Role in the Enlightenment Construction of Race", In Robert Bernasconi, ed., *Race,* Oxford : Blackwell, 2001.

Bessel, Richard, *Political Violence and the Rise of Nazism : The Storm Troopers in Eastern Germany, 1925-1934,* New Haven, Conn. : Yale University Press, 1984.

Best, Geoffrey, *War and Society in Revolutionary Europe, 1770-1870,* New York : St. Martin's Press, 1982.

Béteille, André, *Caste, Class, and Power : Changing Patterns of Stratification in a Tanjore Village,* Berkeley : University of California Press, 1965.

____, "Caste in Contemporary India", In C. J. Fuller, ed., *Caste Today,* Delhi : Oxford University Press, 1996.

Betzig, Laura, "British Polygyny", In Malcolm Smith, ed., *Human Biology and History,* London : Taylor & Francis, 2002.

Bible, *The New Oxford Annotated Bible : New Revised Standard Version,* eds., Bruce M. Metzger · Roland E. Murphy, New York : Oxford University Press, 1991.

Biddis, Michael D, *Father of Racist Ideology : The Social and Political Thought of Count Gobineau*, New York : Weybright and Talley, 1970.

Biesold, Horst, trans. William Sayers, *Crying Hands : Eugenics and Deaf People in Nazi Germany*, Washington, D.C. : Gallaudet University Press, 1999[1988].

Bindman, David, *Ape to Apollo : Aesthetics and the Idea of Race in the 18th Century*, Ithaca, N.Y. : Cornell University Press, 2002.

Binyon, T. J, *Pushkin : A Biography*, New York : Alfred A. Knopf, 2002.

Birdsell, Joseph B, *Microevolutionary Patterns in Aboriginal Australia : A Gradient Analysis of Clines*, New York : Oxford University Press, 1993.

Birnbaum, Pierre, *"La France aux Français" : histoire des haines nationalistes*, Paris : Seuil, 1993.

____, *Jewish Destinies : Citizenship, State, and Community in Modern France*, New York : Hill & Wang, 2000[1995].

Blackbourn, David, *Populists and Patricians : Essays in Modern German History*, London : Allen & Unwin, 1987.

____, *The Long Nineteenth Century : A History of Germany, 1780-1918*, New York : Oxford University Press, 1998[1997].

Blackbourn, David · Geoff Eley, *The Peculiarities of German History : Bourgeois Society and Politics in Nineteenth-Century Germany*, Oxford : Oxford University Press, 1984.

Blalock, Hubert M., Jr, *Race · Ethnic Relations*, Englewood Cliffs, N.J. : Prentice-Hall, 1982.

Blanning, T. C. W, *The French Revolution in Germany : Occupation and Resistance in the Rhineland, 1792-1802*, Oxford : Clarendon Press, 1983.

Blauner, Bob, *Black Lives, White Lives : Three Decades of Race Relations in America*, Berkeley : University of California Press, 1989.

Bledsoe, Albert Taylor, "Liberty and Slavery : Or, Slavery in the Light of Moral and Political Philosophy", In E. N. Elliott, ed., *Cotton Is King, and Pro-Slavery Arguments*, Augusta, Ga. : Pritchard, Abbott & Loomis, 1860.

Blee, Kathleen M · Dwight B. Billings, "Where 'Bloodshed Is a Pastime' : Mountain Feuds and Appalachian Stereotyping", In Dwight B. Billings, Gurney Norman · Katherine Ledford, eds., *Confronting Appalachian Stereotypes : Back Talk from an American Region*, Louisville : University Press of Kentucky, 1999.

Bleicken, Jochen, *Die athenische Demokratie*, Paderborn, Germany : Ferdinand Schöningh, 1985.

Bloch, Marc, trans. L. A. Manyon, *Feudal Society*, Chicago : University of Chicago Press, 1961.

____, "Libertéet servitude personnelles au moyen âge, particularièment en France : contribution à une etude des classes", In *Mélanges historiques*, vol. 1, Paris :

S.E.V.P.E.N, 1963[1933].

____, trans. Janet Sondheimer, *French Rural History : An Essay on Its Basic Characteristics,* Berkeley : University of California Press, 1966[1931].

____, "Les aliments de l'ancienne France", In Jean-Jacques Hémardinquer, ed., *Pour une histoire de l'alimentation,* Paris : Armand Colin, 1970[1954].

Blu, Karen I, *The Lumbee Problem : The Making of an American Indian People,* Cambridge : Cambridge University Press, 1980.

Bluhm, William T, *Building an Austrian Nation : The Political Integration of a Western State,* New Haven, Conn. : Yale University Press, 1973.

Blum, Jerome, *Lord and Peasant in Russia : From the Ninth to the Nineteenth Century,* Princeton, N.J. : Princeton University Press, 1961.

____, *The End of the Old Order in Rural Europe,* Princeton, N.J. : Princeton University Press, 1978.

Blumenbach, Johann Friedrich, "On the Natural Variety of Mankind, ed. 1775", In Johann Friedrich Blumenbach, ed. and trans. Thomas Bendyshe, *The Anthropological Treatises of Johann Friedrich Blumenbach,* Boston : Milford House, 1973a[1775/1865].

____, "On the Natural Variety of Mankind, ed. 1795", In Johann Friedrich Blumenbach, ed. · trans. Thomas Bendyshe, *The Anthropological Treatises of Johann Friedrich Blumenbach,* Boston : Milford House, 1973b[1795/1865].

____, "Contributions to Natural History, Part the First", In Johann Friedrich Blumenbach, ed. · trans. Thomas Bendyshe, *The Anthropological Treatises of Johann Friedrich Blumenbach,* Boston : Milford House, 1973c[1806/1865].

Boas, Franz, *Changes in Body Form of the Descendants of Immigrants,* New York : Columbia University Press, 1912.

____, *Race and Democratic Society,* New York : Biblo and Tannen, 1969[1945].

Boas, George, *Essays on Primitivism and Related Ideas in the Middle Ages,* New York : Octagon, 1966[1948].

Boateng, E. A, *A Political Geography of Africa,* Cambridge : Cambridge University Press, 1978.

Bober, Phyllis Pray, *Art, Culture, and Cuisine : Ancient and Medieval Gastronomy,* Chicago : University of Chicago Press, 1999.

Bock, Gisela, "Racism and Sexism in Nazi Germany : Motherland, Compulsory Sterilization and the State", In Renate Bridenthal, Atina Grossmann, and Marion Kaplan, eds., *When Biology Became Destiny : Women in Weimar and Nazi Germany,* New York : Monthly Review Press, 1984.

____, *Zwangssterilisation im Nationalsozialismus : Studien zur Rassenpolitik und Frauenpolitik,* Opladen, Germany : Westdeutscher Verlag, 1986.

Bodin, Jean, ed. Kenneth Douglas McRae, trans. Richard Knolles, *The Six Bookes of a Commonweale*, Cambridge, Mass. : Harvard University Press, 1962[1567/1606].

Bohannan, Paul · Philip Curtin, *Africa and Africans*, rev. ed., Garden City, N.Y. : Natural History Press, 1971[1964].

Bolingbroke, Henry St. John, Viscount, ed. Sidney W. Jackman, *The Idea of a Patriot King*, Indianapolis : Bobbs-Merrill, 1965[1749].

Boltanski, Luc, trans. Graham Burchell, *Distant Suffering : Morality, Media and Politics*, Cambridge : Cambridge University Press, 1999[1993].

Bonacich, Edna, "A Theory of Ethnic Antagonism : The Split Labor Market", *American Sociological Review* 37 : 547-559, 1973.

Bond, Brian, *War and Society in Europe 1870-1970*, Leicester : Leicester University Press, 1983.

Book of Mormon, trans. Joseph Smith, Jr, *Book of Mormon*, Salt Lake City, Utah : Church of Jesus Christ of Latter-Day Saints, 1986.

Boon, James A, "Further Operations of Culture in Anthropology : A Synthesis of and for Debate", In Louis Schneider and Charles Bonjean, eds., *The Idea of Culture in the Social Sciences*, Cambridge : Cambridge University Press, 1973.

____, *The Anthropological Romance of Bali, 1597-1972 : Dynamic Perspectives in Marriage and Caste, Politics and Religion*, Cambridge : Cambridge University Press, 1977.

Borges, Jorge Luis, trans. Alastair Reid, "Borges and I", In Daniel Halpern, ed., *Who's Writing This? Notations on the Authorial I with Self-Portraits*, pp3~5, New York : Ecco, 1995.

Borst, Arno, *Der Turmbau von Babel : Geschichte der Meinungen über Ursprung und Vielfalt der Sprachen und Völker, band 1 : Fundamente und Aufbau*, Stuttgart : Anton Hiersemann, 1957.

____, trans. Eric Hansen, *Medieval Worlds : Barbarians, Heretics and Artists*, Chicago : University of Chicago Press, 1992.

Borstelmann, Thomas, *The Cold War and the Color Line : American Race Relations in the Global Arena*, Cambridge, Mass. : Harvard University Press, 2001.

Bossy, John, "Catholicity and Nationality in the Northern Counter-Reformation", In Stuart Mews, ed., *Religion and National Identity*, Oxford : Blackwell, 1982.

Bourne, Randolph S, "Trans-National America", In Randolph S. Bourne, ed. Carl Resek, *War and the Intellectuals : Collected Essays, 1915-1919*, New York : Harper & Row, 1964[1916].

Bowersock, G. W, "Palestine : Ancient History and Modern Politics", In Edward Said · Christopher Hitchens, eds., *Blaming the Victims : Spurious Scholarship and the Palestinian Questions*, London : Verso, 1988.

Bowker, Geoffrey C · Susan Leigh Star, *Sorting Things Out : Classification and Its Consequences*,

Cambridge, Mass. : MIT Press, 1999.

Bowler, Peter J, *Theories of Human Evolution : A Century of Debate, 1844-1944,* Baltimore : Johns Hopkins University Press, 1986.

____, *Reconciling Science and Religion : The Debate in Early-Twentieth-Century Britain,* Chicago : University of Chicago Press, 2001.

Boyajian, Dickran H, *Armenia : The Case for a Forgotten Genocide,* Westwood, N.J. : Educational Book Crafters, 1972.

Boyarin, Daniel, *A Radical Jew : Paul and the Politics of Identity,* Berkeley : University of California Press, 1994.

Brace, C. Loring, "A Nonracial Approach towards the Understanding of Human Diversity", In Ashley Montagu, ed., *The Concept of Race,* New York : Free Press, 1964.

Bradley, Keith, *Slavery and Society at Rome,* Cambridge : Cambridge University Press, 1994.

Bradley, R. N, *Racial Origins of English Character,* London : George Allen & Unwin, 1926.

Braeckman, Colette, *Rwanda : histoire d'un génocide,* Paris : Fayard, 1994.

____, *Terreur africaine : Burundi, Rwanda, Zaïre, les racines de la violence,* Paris : Fayard, 1996.

Brandenberger, David, *National Bolshevism : Stalinist Mass Culture and the Formation of Modern Russian National Identity, 1931-1956,* Cambridge, Mass. : Harvard University Press, 2002.

Brandon, William, *New Worlds for Old : Reports from the New World and Their Effect on the Development of Social Thought in Europe, 1500-1800,* Athens : Ohio University Press, 1986.

Braun, Rudolf, "Taxation, Sociopolitical Structure, and State-Building : Great Britain and Brandenburg-Prussia", In Charles Tilly, ed., *The Formation of National States in Western Europe,* Princeton, N.J. : Princeton University Press, 1975.

____, trans. Sarah Han-bury Tenison, *Industrialisation and Everyday Life,* Cambridge : Cambridge University Press, 1990[1960/1979].

Brecht, Martin, trans. James L. Schaaf, *Martin Luther,* vol. 3 : *The Preservation of the Church, 1532-1546,* Minneapolis : Fortress Press, 1993[1987].

Breisach, Ernst, *Historiography : Ancient, Medieval, and Modern,* 2nd ed., Chicago : University of Chicago Press, 1994[1983].

Breitman, Richard, *The Architect of Genocide : Himmler and the Final Solution,* New York : Alfred A. Knopf, 1991.

Breitman, Richard · Alan M. Kraut, *American Refugee Policy and European Jewry, 1933-1945,* Bloomington : Indiana University Press, 1987.

Brenner, Michael, trans. Barbara Harshav, *After the Holocaust : Rebuilding Jewish Lives in Postwar Germany,* Princeton, N.J. : Princeton University Press, 1997[1995].

Breuilly, John, *Nationalism and the State,* 2nd ed., Chicago : University of Chicago Press, 1994[1982].

Bridenthal, Renate・Claudia Koontz, "Beyond *Kinder, Küche, Kirche*: Weimar Women in Politics and Work", In Renate Bridenthal, Atina Grossmann・Marion Kaplan, eds., *When Biology Became Destiny: Women in Weimar and Nazi Germany*, New York: Monthly Review Press.

Briggs, Asa. "The Language of 'Class' in Early Nineteenth-Century England", In Asa Briggs, *The Collected Essays of Asa Briggs*, vol. 1: *Words, Numbers, Places, People*, Urbana: University of Illinois Press, 1985[1960].

Briggs, Jean L, *Never in Anger: Portrait of an Eskimo Family*, Cambridge, Mass.: Harvard University Press, 1970.

Briggs, Robin, *Witches & Neighbors: The Social and Cultural Context of European Witchcraft*, New York: Viking, 1996.

Brillat-Savarin, Jean Anthelme, trans. M. F. K. Fisher, *The Physiology of Taste or Meditations on Transcendental Gastronomy*, Washington, D.C.: Counterpoint, 1995[1825].

Bringa, Tone, *Being Muslim the Bosnian Way: Identity and Community in a Central Bosnian Village*, Princeton, N.J.: Princeton University Press, 1995.

Broca, Paul, ed. C. Carter Blake, *On the Phenomena of Hybridity in the Genus Homo*, London: Longman, Green, Longman・Roberts, 1864.

Brogan, Patrick, *World Conflicts*, 3rd ed., London: Bloomsbury, 1998[1989].

Bromley, Yu, ed. V. Paritsky, *Ethnography and Ethnic Processes*, Moscow: USSR Academy of Sciences, 1978.

Brooker, Paul, *The Faces of Fraternalism: Nazi Germany, Fascist Italy, and Imperial Japan*, Oxford: Clarendon Press, 1991.

Broszat, Martin, trans. Marian Jackson, "The Concentration Camps 1933-45", In Helmut Krausnick, Hans Buchheim, Martin Broszat・Hans-Adolf Jacobsen, *Anatomy of the SS State*, New York: Walker, 1968.

____, trans. John W. Hiden, *The Hitler State: The Foundation and Development of the Internal Structure of the Third Reich*, London: Longman, 1981[1969].

Brown, Howard G, *War, Revolution, and the Bureaucratic State: Politics and Army Administration in France, 1791-1799*, Oxford: Clarendon Press, 1995.

Brown, Judith M, *Modern India: The Origins of an Asian Democracy*, 2nd ed., Oxford: Oxford University Press, 1994[1985].

Browning, Christopher R, *Fateful Months: Essays on the Emergence of the Final Solution*, New York: Holmes & Meier, 1985.

____, *The Path to Genocide: Essays on Launching the Final Solution*, Cambridge: Cambridge University Press, 1992a.

____, *Ordinary Men: Reserve Police Battalion 101 and the Final Solution in Poland*, New York:

HarperCollins, 1992b.

____, *Nazi Policy, Jewish Workers, German Killers,* Cambridge : Cambridge University Press, 2000.

Brubaker, Rogers, *Citizenship and Nationhood in France and Germany,* Cambridge, Mass. : Harvard University Press, 1992.

____, *Nationalism Reframed : Nationhood and the National Question in the New Europe,* Cambridge : Cambridge University Press, 1996.

Bruce, Vicki · Andy Young, *In the Eye of the Beholder : The Science of Face Perception,* Oxford : Oxford University Press, 1998.

Bruford, W. H, *Germany in the Eighteenth Century : The Social Background of the Literary Revival,* Cambridge : Cambridge University Press, 1935.

____, *Culture and Society in Classical Weimar, 1775-1806,* Cambridge : Cambridge University Press, 1962.

Brun, Auguste, *La langue française en Provence de Louis XIV au Félibrige,* Marseille : Institut Historique de Provence, 1927.

Brunot, Ferdinand, *La doctrine de Malherbe d'après son commentaire sur Desportes,* Paris : G. Masson, 1891.

____, *Histoire de la langue française : des origins à 1900,* 13 vols., Paris : Armand Colin, 1905~72.

Brunt, P. A, *Roman Imperial Themes,* Oxford : Clarendon Press, 1990.

____, *Studies in Greek History and Thought,* Oxford : Clarendon Press, 1993.

Buchanan, Allen, *Secession : The Morality of Political Divorce from Fort Sumter to Lithuania and Quebec,* Boulder, Colo. : Westview Press, 1991.

Bullock, Alan, *Hitler : A Study in Tyranny,* rev. ed., New York : Harper & Row, 1964.

Bultmann, Rudolf, *The Presence of Eternity,* New York : Harper & Brothers, 1957.

Burg, Steven L. · Paul S. Shoup, *The War in Bosnia-Herzegovina : Ethnic Conflict and International Intervention,* Armonk, N.Y. : M. E. Sharpe, 1999.

Burke, Edmund, ed. James T. Boulton, *A Philosophical Enquiry into the Origin of Our Ideas of the Sublime and Beautiful,* 2nd ed., Notre Dame, Ind. : University of Notre Dame Press, 1968[1757/1958].

Burke, Kenneth, *The Philosophy of Literary Form,* 3rd ed., Berkeley : University of California Press, 1973[1941].

Burke, Peter, *The French Historical Revolution : The Annales School, 1929-1989,* Stanford, Calif. : Stanford University Press, 1990.

Burleigh, Michael, *Germany Turns Eastwards : A Study of Ostforschung in the Third Reich,* Cambridge : Cambridge University Press, 1988.

____, *Death and Deliverance : "Euthanasia" in Germany 1900-1945,* Cambridge : Cambridge

University Press, 1994.

___, *Ethics and Extermination : Reflections on Nazi Genocide,* Cambridge : Cambridge University Press, 1997.

___, *The Third Reich : A New History,* New York : Hill & Wang, 2000.

Burleigh, Michael·Wolfgang Wippermann, *The Racial State : Germany 1933-1945,* Cambridge : Cambridge University Press, 1991.

Burrow, J. W, *Evolution and Society : A Study in Victorian Social Theory,* Cambridge : Cambridge University Press, 1966.

___, *The Crisis of Reason : European Thought, 1848-1914,* New Haven, Conn. : Yale University Press, 2000.

Bury, J. B, *The Idea of Progress : An Inquiry into Its Origin and Growth,* New York : Dover, 1955[1932].

Bushman, Richard L, *Joseph Smith and the Beginnings of Mormonism,* Urbana : University of Illinois Press, 1984.

Butler, E. M, *The Tyranny of Greece over Germany : A Study of the Influence Exercised by Greek Art and Poetry over the Great German Writers of the 18th, 19th and 20th Centuries,* Boston : Beacon Press, 1958[1935].

Cabral, Amilcar, trans. Michael Wolfers, *Unity and Struggle : Speeches and Writings of Amilcar Cabral,* New York : Monthly Review Press, 1979[1975].

Cagle, Jess, "Lord of the Ring", *Time* December 24, 2001.

Calhoun, Craig, *Nationalism,* Minneapolis : University of Minnesota Press, 1997.

Calvet, Louis-Jean, *Linguistique et colonialisme : petit traité de glottophagie,* Paris : Payot, 1974.

___, trans. Michel Petheram, *Language Wars and Linguistic Politics,* Oxford : Oxford University Press, 1998[1987].

Calvino, Italo, trans. George Martin, *Italian Folktales Selected and Retold by Italo Calvino,* New York : Pantheon, 1980[1956].

Cameron, Euan, *The European Reformation,* Oxford : Clarendon Press, 1991.

Cannadine, David, *The Decline and Fall of the British Aristocracy,* New Haven, Conn. : Yale University Press, 1990.

___, "British History as a 'New Subject' : Politics, Perspectives and Prospects", In Alexander Grant·Keith J. Stringer, eds., *Uniting the Kingdom? The Making of British History,* London : Routledge, 1995.

___, *The Rise and Fall of Class in Britain,* New York : Columbia University Press, 1999.

___, *Ornamentalism : How the British Saw Their Empire,* Harmondsworth, U.K. : Allen Lane, 2001.

Caplan, Jay, *In the King's Wake : Post-Absolutist Culture in France,* Chicago : University of Chicago

Press, 1999.

Carby, Hazel V, *Race Men*, Cambridge, Mass. : Harvard University Press, 1998.

Cardoza, Anthony L, *Aristocrats in Bourgeois Italy : The Piedmontese Nobility, 1861-1930*, Cambridge
: Cambridge University Press, 1997.

Carlyle, Thomas, "On History", In Thomas Carlyle, *Works*, vol. 16, Chicago : Belford,
Clarke, n,d[1890].

Caron, Jean-Claude, *La nation, l'état et la démocratie en France de 1789 à 1914*, Paris : Armand
Colin, 1995.

Carr, Edward Hallett, *The Twenty Years' Crisis 1919-1939 : An Introduction to the Study of International
Relations*, 2nd ed., London : Macmillan, 1946[1930].

Carrasco, David, *Quetzalcoatl and the Irony of Empire : Myths and Prophecies in the Aztec Tradition*,
Chicago : University of Chicago Press, 1982.

Carson, Clayborne, *In Struggle : SNCC and the Black Awakening of the 1960s*, Cambridge, Mass.
: Harvard University Press, 1981.

Carsten, F. L, *The Rise of Fascism*, 2nd ed., Berkeley : University of California Press,
1980[1967].

Cartledge, Paul, *The Greeks : A Portrait of Self and Others*, Oxford : Oxford University Press,
1993.

____, *Spartan Reflections*, Berkeley : University of California Press, 2001.

Cartwright, S. A, "Slavery in the Light of Ethnology", In E. N. Elliott, ed., *Cotton Is King,
and Pro-Slavery Arguments*, Augusta, Ga. : Pritchard, Abbott & Loomis, 1860.

Casanova, Pascale. *La république mondiale des lettres*, Paris : Seuil, 1999.

Cavalli-Sforza, L. Luca, Paolo Menozzi · Alberto Piazza, *The History and Geography of Human
Genes*, Princeton, N.J. : Princeton University Press, 1994.

Certeau, Michel de, Dominique Julia · Jacques Revel, *Une politique de la langue : la Révolution
française et les patois : L'enquête de Grégoire*, Paris : Gallimard, 1975.

Chabod, Federico, *Storia dell'idea d'Europa*, ed. Ernesto Sestan and Armando Saitta, Bari
: Laterza, 1991[1961].

Chadwick, H. Munro, *The Nationalities of Europe and the Growth of National Ideologies*, New York
: Cooper Square, 1973[1945].

Chadwick, Owen, *The Secularization of the European Mind in the Nineteenth Century*, Cambridge :
Cambridge University Press, 1975.

____, "The Italian Enlightenment", In Roy Porter and Mikuláš Teich, eds., *The Enlightenment
in National Context*, Cambridge : Cambridge University Press, 1981.

Chakravarti, Uma, *The Social Dimensions of Early Buddhism*, Delhi : Oxford University Press,
1987.

Chaliand, Gérard, trans. Philip Black, *The Kurdish Tragedy,* London : Zed, 1994[1992].

Chalk, Frank · Kurt Jonassohn, *The History and Sociology of Genocide : Analyses and Case Studies,* New Haven, Conn. : Yale University Press, 1990.

Chamberlain, Houston Stewart, trans. John Lees, *Foundations of the Nineteenth Century,* vol. 1, New York : Howard Fertig, 1968[1899/1910].

Chandler, David P, *The Tragedy of Cambodian History : Politics, War, and Revolution since 1945,* New Haven, Conn. : Yale University Press, 1991.

____, *Brother Number One : A Political Biography of Pol Pot,* rev. ed., Boulder, Colo. : Westview Press, 1999.

Chang, Iris, *The Rape of Nanking : The Forgotten Holocaust of World War II,* New York : Basic Books, 1997.

Chang, Joseph T, "Recent Common Ancestors of All Present-Day Individuals", *Advances in Applied Probability* 31 : 1002-1026, 1999.

Charle, Christophe, *La crise des sociétés imperiales : Allemagne, France, Grande-Bretagne 1900-1940 : Essai d'histoire sociale comparée.* Paris : Seuil, 2001.

Chatterjee, Partha, *Nationalist Thought and the Colonial World : A Derivative Discourse,* Minneapolis : University of Minnesota Press, 1993[1986].

Chaumont, Jean-Michel, *La concurrence des victimes : genocide, identité, reconnaissance,* Paris : La Découverte, 1997.

Chaunu, Pierre, *Conquêteet exploitation des nouveaux mondes.* Paris : Presses Universitaires de France, 1969.

____, *Histoire et décadence,* Paris : Perrin, 1981.

Chaussinand-Nogaret, Guy, trans. William Doyle, *The French Nobility in the Eighteenth Century : From Feudalism to Enlightenment,* Cambridge : Cambridge University Press, 1985[1976].

Chazan, Robert, *European Jewry and the First Crusade,* Berkeley : University of California Press, 1987.

____, *Daggers of Faith : Thirteenth-Century Christian Missionizing and Jewish Response,* Berkeley : University of California Press, 1989.

Cheng, Robert L, "Language Unification in Taiwan : Present and Future", In Murray A. Rubinstein, ed., *The Other Taiwan : 1945 to the Present,* Armonk, N.Y. : M. E. Sharpe, 1994[1979].

Chevalier, François, ed. Lesley Byrd Simpson, trans. Alvin Eustis, *Land and Society in Colonial Mexico : The Great Hacienda,* Berkeley : University of California Press, 1963[1952].

Chevalier, Louis, trans. Frank Jellinek Princeton, *Laboring Classes and Dangerous Classes in Paris during the First Half of the Nineteenth Century,* N.J. : Princeton University Press,

1981[1958/1973].

Chrétien, Jean-Pierre, *Le défi de l'ethnisme : Ruanda et Burundi : 1990-1996*, Paris : Karthala, 1997.

Chrétien, Jean-Pierre, Jean-François Dupaquier, Narcel Kabanda · Joseph Ngarmbe, *Ruanda : les médias du génocide*, Paris : Karthala, 1995.

Clark, Christopher, "German Jews", In Rainer Liedtke · Stephan Wenderhorst, eds., *The Emancipation of Catholics, Jews and Protestants : Minorities and the Nation State in Nineteenth-Century Europe*, Manchester : Manchester University Press, 1999.

Clark, Kenneth B, "The Civil Rights Movement : Momentum and Organization." In Talcott Parsons · Kenneth B. Clark, eds., *The Negro American*, Boston : Beacon Press, 1967[1965-1966].

Clark, Samuel, *State and Status : The Rise of the State and Aristocratic Power in Western Europe*, Montreal : McGill-Queen's University Press, 1995.

Clarke, Colin, *Class, Ethnicity, and Community in Southern Mexico : Oaxaca's Peasantries*, Oxford : Oxford University Press, 2000.

Clausewitz, Carl von, ed. and trans. Peter Paret · Daniel Moran, *Historical and Political Writings*, Princeton, N.J. : Princeton University Press, 1992.

Claussen, Detlev, *Grenzen der Aufklärung : Zur gesellschaftlichen Geschichte des modernen Antisemitismus*, Frankfurt am Main : Fischer, 1987.

Clawson, Mary Ann, *Constructing Brotherhood : Class, Gender, and Fraternalism*, Princeton, N.J. : Princeton University Press, 1989.

Clendinnen, Inga, *Ambivalent Conquests : Maya and Spaniard in Yucatan, 1517-1570*, Cambridge : Cambridge University Press, 1987.

____, *Reading the Holocaust*, Cambridge : Cambridge University Press, 1999.

Clifford, James, *Routes : Travel and Translation in the Late Twentieth Century*, Cambridge, Mass. : Harvard University Press, 1997.

Clogg, Richard, *A Concise History of Greece*, Cambridge : Cambridge University Press, 1992.

Coakley, J. F. *The Church of the East and the Church of England : A History of the Archbishop of Canterbury's Assyrian Mission*, Oxford : Clarendon Press, 1992.

Cohen, Abner, *Custom and Politics in Urban Africa : A Study of Hausa Migrants in Yoruba Towns*, Berkeley : University of California Press, 1969.

____, "Introduction : The Lesson of Ethnicity", In Abner Cohen, ed., *Urban Ethnicity*, London : Tavistock, 1974.

Cohen, Amnon, *Jewish Life under Islam : Jerusalem in the Sixteenth Century*, Cambridge, Mass. : Harvard University Press, 1984.

Cohen, Edward E, *The Athenian Nation*, Princeton, N.J. : Princeton University Press, 2000.

참고문헌

Cohen, Shaye J. D, *From the Maccabees to the Mishnah,* Philadelphia : Westminster Press, 1987.

___, "The Place of the Rabbi in Jewish Society of the Second Century", In Lee I. Levine, ed., *The Galilee in Late Antiquity,* 157~173, New York : Jewish Theological Seminary of America, 1992.

___, 1999. *The Beginnings of Jewishness : Boundaries, Varieties, Uncertainties.* Berkeley : University of California Press.

Cohen, Stanley, *States of Denial : Knowing about Atrocities and Suffering,* Cambridge : Polity, 2001.

Cohen, William B, *The French Encounter with Africans : White Response to Blacks, 1530-1880,* Bloomington : Indiana University Press, 1980.

Cohn, Norman, *Warrant for Genocide : The Myth of the Jewish World-Conspiracy and the Protocols of the Elders of Zion,* New York : Harper & Row, 1967.

Cole, Tim, *Images of the Holocaust : The Myth of the "Shoah Business",* London : Duckworth, 1999.

Colley, Linda, *Britons : Forging the Nation 1707-1837,* New Haven, Conn. : Yale University Press, 1992.

___, *Captives : Britain, Empire and the World, 1600-1850,* London : Jonathan Cape, 2002.

Collins, Patricia Hill, *Black Feminist Thought : Knowledge, Consciousness, and the Politics of Empowerment,* London : Routledge, 1991.

Colls, Robert, *Identity of England,* Oxford : Oxford University Press, 2002.

Colson, Elizabeth, "Contemporary Tribes and the Development of Nationalism", In June Helm, ed., *Essays on the Problem of Tribe,* Seattle : University of Washington Press, 1967.

Comrie, Bernard, *The Languages of the Soviet Union,* Cambridge : Cambridge University Press, 1981.

Connell, R. W, *Masculinities,* Cambridge : Polity, 1995.

Connerton, Paul, *How Societies Remember,* Cambridge : Cambridge University Press, 1989.

Connor, W. Robert, "The Problem of Athenian Civic Identity", In Alan L. Boegehold · Adele C. Scafuro, eds., *Athenian Identity and Civic Ideology,* Baltimore : Johns Hopkins University Press, 1994.

Connor, Walker, *Ethnonationalism : The Quest for Understanding,* Princeton, N.J. : Princeton University Press, 1994.

Conquest, Robert, *The Great Terror : A Reassessment,* New York : Oxford University Press, 1990.

___, *Reflections on a Ravaged Century,* New York : W. W. Norton, 2000.

Constable, Giles, *Three Studies in Medieval Religious and Social Thought,* Cambridge : Cambridge University Press, 1995.

Constantine, Stephen, "Migrants and Settlers", In Judith M. Brown · Wm. Roger Louis, eds., *The Oxford History of the British Empire*, vol. 4 : *The Twentieth Century*, Oxford : Oxford University Press, 1999.

Conze, Werner, "Rasse", In Otto Brunner, Werner Conze · Reinhardt Koselleck, eds., *Geschichtliche Grundbegriffe : Historisches Lexikon zur politischsozialen Sprache in Deutschland, band 5 : Pro-Soz*, Stuttgart : Klett-Cotta, 1984.

Cook, Noble David, *Demographic Collapse in Indian Peru, 1520-1620*, Cambridge : Cambridge University Press, 1981.

____, *Born to Die : Disease and New World Conquest, 1492-1650*, Cambridge : Cambridge University Press, 1998.

Cook, Sherburne F · Woodrow Borah, *Essays in Population History : Mexico and the Caribbean*, vol. 1, Berkeley : University of California Press, 1971.

____, *Essays in Population History : Mexico and California*, vol. 3, Berkeley : University of California Press, 1979.

Coon, Carleton S, *The Origin of Races*, New York : Alfred A. Knopf, 1963.

____, *The Living Races of Man*, New York : Alfred A. Knopf, 1965.

Cooper, Anna Julia, *A Voice from the South*, New York : Oxford University Press, 1988[1892].

Cooper, Frederick · Randall Packard, "Introduction." In Frederick Cooper · Randall M. Packard, eds., *International Development and the Social Sciences : Essays on the History and Politics of Knowledge*, Berkeley : University of California Press, 1997.

Cooper, Robert L, *Language Planning and Social Change*, Cambridge : Cambridge University Press, 1989.

Cope, R. Douglas, *The Limits of Racial Domination : Plebeian Society in Colonial Mexico City, 1660-1720*, Madison : University of Wisconsin Press, 1994.

Coquery-Vidrovitch, Catherine, trans. David Maisel, *Africa : Endurance and Change South of the Sahara*, Berkeley : University of California Press, 1988[1985].

Corbin, Alain, *Le monde retrouvé de Louis-François Pinagot : sur les traces d'un inconnu 1798-1876*, Paris : Flammarion, 1998.

Cornell, John B, "Individual Mobility and Group Membership : The Case of the Burakumin", In R. P. Dore, ed., *Aspects of Social Change in Modern Japan*, Princeton, N.J. : Princeton University Press, 1967.

Cornell, Stephen, *The Return of the Native : American Indian Political Resurgence*, New York : Oxford University Press, 1988.

Cortés, Hernán, ed. and trans. Anthony Pagden, *Letters from Mexico*, New Haven, Conn. : Yale University Press, 1986[1519-1526/1971].

Cose, Ellis, *The Rage of a Privileged Class*, New York : HarperCollins, 1993.

Coser, Lewis A, "The Alien as a Servant of Power : Court Jews and Christian Renegades", *American Sociological Review* 37 : 574-581, 1972.

Cox, Oliver C, *Caste, Class · Race : A Study in Social Dynamics,* New York : Monthly Review Press, 1959[1948].

Craig, Gordon A, *Germany 1866-1945,* Oxford : Oxford University Press, 1978.

Crone, Patricia, "The Tribe and the State", In John A. Hall, ed., *States in History,* Oxford : Blackwell, 1986.

Crookshank, F. G, *The Mongol in Our Midst : A Study of Man and His Three Faces,* 3rd ed., London : Kegan, Paul, Treuch, and Trubner, 1924.

Crosby, Alfred W, *Ecological Imperialism : The Biological Expansion of Europe, 900-1900,* Cambridge : Cambridge University Press, 1986.

____, *Germs, Seeds, and Animals : Studies in Ecological History,* Armonk, N.Y. : M. E. Sharpe, 1994.

Crossley, Pamela Kyle, *A Translucent Mirror : History and Identity in Qing Imperial Ideology,* Berkeley : University of California Press, 1999.

Cruse, Harold, *The Crisis of the Negro Intellectual,* New York : William Morrow, 1967.

Crystal, David, *Language Death,* Cambridge : Cambridge University Press, 2000.

Cullen, Countee, "Heritage", In Countee Cullen, ed. Gerald Early, *My Soul's High Song : The Collected Writings of Countee Cullen, Voice of the Harlem Renaissance,* New York : Doubleday, 1991[1925].

Curtin, Philip D, *The Image of Africa : British Ideas and Action, 1780-1850,* 2 vols. in 1, Madison : University of Wisconsin Press, 1964.

Curtius, Ernst Robert, trans. Willard R. Trask, *European Literature and the Latin Middle Ages,* Princeton, N.J. : Princeton University Press, 1953[1948].

Cushman, Thomas · Stjepan G. Meštrović, "Introduction", In Thomas Cushman · Stjepan G. Meštrović, eds., *This Time We Knew : Western Responses to Genocide in Bosnia,* New York : New York University Press, 1996.

Cyprian, ed. E. B. Pusey, John Keble · J. H. Newman, trans. Charles Thornton, "On the Unity of the Church", In Cyprian, *The Treatises of Cyprian, Bishop of Carthage, and Martyr,* 131~152. Oxford : John Henry Parker, 1840[251].

Dadrian, Vahakn N, *Warrant for Genocide : Key Elements of Turko-Armenian Conflict,* New Brunswick, N.J. : Transaction, 1999.

Dahlberg, Gunnar, *Race, Reason, and Rubbish : A Primer of Race Biology,* New York : Columbia University Press, 1942.

Dahrendorf, Ralf, *Society and Democracy in Germany,* New York : W. W. Norton, 1967[1965].

Dain, Bruce, *A Hideous Monster of the Mind : American Race Theory in the Early Republic,* Cambridge, Mass. : Harvard University Press, 2002.

Dalby, Andrew, *Dictionary of Languages,* New York : Columbia University Press, 1998.

Damas, L.-G, *Pigments,* Paris : Présence Africaine, 1962.

Dandamaev, Muhammad A, *Iranians in Achaemenid Babylonia,* Costa Mesa, Calif. : Mazda, 1992.

Dann, Otto, "Introduction." In Otto Dann and John Dinwiddy, eds., *Nationalism in the Age of the French Revolution,* London : Hambledon Press.

Dante, ed. and trans. Steven Botterill, *De vulgari eloquentia,* Cambridge : Cambridge University Press, 1996[1305?].

Darnton, Robert, *The Great Cat Massacre and Other Episodes in French Cultural History,* New York : Basic Books, 1984.

Darwin, Charles, *The Descent of Man, and Selection in Relation to Sex,* Princeton, N.J. : Princeton University Press, 1981[1871].

____, *The Origin of Species,* New York : Random House, 1993[1859].

Davenport, Charles B, *Heredity in Relation to Eugenics,* New York : Henry Holt, 1911.

Davies, Sarah, "'Us against Them' : Social Identity in Soviet Russia, 1934-41", In Sheila Fitzpatrick, ed., *Stalinism : New Directions,* 47~70. London : Routledge, 2000[1997].

Davis, David Brion, *The Problem of Slavery in the Age of Revolution 1770-1823,* Ithaca, N.Y. : Cornell University Press, 1975.

____, *Slavery and Human Progress,* New York : Oxford University Press, 1984.

Davis, Fred, *Fashion, Culture, and Identity,* Chicago : University of Chicago Press, 1992.

Davis, Lennard J, *Enforcing Normalcy : Disability, Deafness, and the Body,* London : Routledge, 1995.

Davis, Natalie Zemon, *Society and Culture in Early Modern France,* Stanford, Calif. : Stanford University Press, 1975.

Dawson, Michael C, *Behind the Mule : Race and Class in African-American Politics,* Princeton, N.J. : Princeton University Press, 1994.

____, *Black Visions : The Roots of Contemporary African-American Political Ideologies,* Chicago : University of Chicago Press, 2001.

De Lange, Nicholas. 1986. *Judaism.* Oxford : Oxford University Press.

De Mauro, Tullio, *Storia linguistica dell'Italia unita,* 3rd ed., Bari : Editori Laterza, 1972[1963].

De Waal, Alexander, *Famine That Kills : Darfur, Sudan, 1984~1985,* Oxford : Clarendon Press, 1989.

Deák, István, *Beyond Nationalism : A Social and Political History of the Habsburg Officer Corps, 1848~1918,* New York : Oxford University Press, 1990.

Deane, Seamus, *Strange Country : Modernity and Nationhood in Irish Writing since 1790,* Oxford : Clarendon Press, 1997.

Dégh, Linda, trans. Emily M. Schossberger, *Folktales and Society : Story-Telling in a Hungarian Peasant Community,* Bloomington : Indiana University Press, 1969[1962].

Degler, Carl N, *Neither Black nor White : Slavery and Race Relations in Brazil and the United States,* New York : Macmillan, 1971.

Dehio, Ludwig, trans. Dieter Pevsner, *Germany and World Politics in the Twentieth Century,* New York : W. W. Norton, 1959.

Delacampagne, Christian, *L'invention de racisme : antiquité et Moyen Age,* Paris : Seuil, 1983.

____, *De l'indifférence : essai sur la banalisation du mal,* Paris : Odile Jacob, 1998.

Delbo, Charlotte, trans. Rosette C. Lamont, *Auschwitz and After,* New Haven, Conn. : Yale University Press, 1995.

Delft, Louis van, *Littérature et anthropologie : Nature humaine et caractère à l'âge classique,* Paris : Presses Universitaires de France, 1993.

Delgado, Richard, "Words That Wound : A Tort Action for Racial Insults, Epithets, and Name-Calling", In Richard Delgado, ed., *Critical Race Theory : The Cutting Edge,* Philadelphia : Temple University Press, 1995[1982].

Déloye, Yves, "Commémoration et imaginaire national en France (1896-1996)", In Pierre Birnbaum, ed., *Sociologie des nationalismes,* Paris : Presses Universitaires de France, 1997.

Delumeau, Jean, *Rassurer et protéger : le sentiment de sécurité dans l'Occident d'autrefois,* Paris : Fayard, 1989.

____, *Le Catholicisme entre Luther et Voltaire,* 4th ed., Paris : Presses Universitaires de France, 1992[1971].

D'Emilio, John, *Making Trouble : Essays on Gay History, Politics, and the University,* New York : Routledge, 1992.

d'Entrèves, Alexander Passerin, *The Notion of the State : An Introduction to Political Theory,* Oxford : Clarendon Press, 1967.

Derr, Mark, *Dog's Best Friend : Annals of the Dog-Human Relationship,* New York : Henry Holt, 1997.

Destexhe, Alain, trans. Alison Marschner, *Rwanda and Genocide in the Twentieth Century,* New York : New York University Press, 1995[1994].

Deutsch, Helen · Felicity Nussbaum, "Introduction", In Helen Deutsch · Felicity Nussbaum, eds., *"Defects" : Engendering the Modern Body,* Ann Arbor : University of Michigan Press, 2000.

Deutsch, Karl W, *Nationalism and Social Communication : An Inquiry into the Foundations of Nationality,* 2nd ed, Cambridge, Mass. : MIT Press, 1966[1953].

Deutscher, Isaac, ed. Tamara Deutscher, *The Non-Jewish Jew and Other Essays,* Boston : Alyson, 1972[1968].

Devoto, Giacomo, trans. V. Louise Katainen, *The Languages of Italy*, Chicago : University of Chicago Press, 1978[1974].

Dewald, Jonathan, *The European Nobility, 1400~1800*, Cambridge : Cambridge University Press, 1996.

Díaz del Castillo, Bernal, ed. Genaro García, trans. A. P. Maudslay, *The Discovery and Conquest of Mexico 1517~1521*, New York : Farrar, Straus & Giroux, 1956.

Dickens, Charles, *The Personal History of David Copperfield*, Oxford : Oxford University Press, 1948[1850].

Diderot, Denis · Jean Le Rond d'Alembert, eds, *Encyclopédie, ou Dictionnaire raisonné des sciences, des arts et des métiers*, compact ed., 5 vols, Elmsford, N.Y. : Pergamon Press, n.d[1747~1773].

Dippel, John V. H, *Bound upon a Wheel of Fire : Why So Many German Jews Made the Tragic Decision to Remain in Nazi Germany*, New York : Basic Books, 1996.

Dippie, Brian W, *The Vanishing American : White Attitudes and U.S. Indian Policy*, Middletown, Conn. : Wesleyan University Press, 1982.

Dirks, Nicholas B, *Castes of Mind : Colonialism and the Making of Modern India*, Princeton, N.J. : Princeton University Press, 2001.

Dittmer, Lowell, *Liu Shao-Ch'i and the Chinese Cultural Revolution : The Politics of Mass Criticism*, Berkeley : University of California Press, 1974.

____, *China's Continuous Revolution : The Post-Liberation Epoch 1949~1981*, Berkeley : University of California Press, 1987.

Dixon, Roland B, *The Racial History of Man*, New York : Charles Scribner's Sons, 1923.

Długoborski, Wacław, "On the History of the Gypsy Camp at Auschwitz-Birkenau", In State Museum of Auschwitz-Birkenau, ed., *Memorial Book : The Gypsies at Auschwitz-Birkenau*, vol. 1, München : K. G. Saur, 1993.

Dobzhansky, Theodosius, *Mankind Evolving : The Evolution of the Human Species*, New Haven, Conn. : Yale University Press, 1962.

____, *Genetics and the Origins of Species*, New York : Columbia University Press, 1982[1937].

Doder, Dusko · Louise Branson, *Milosevic : Portrait of a Tyrant*, New York : Free Press, 1999.

Dollard, John, *Caste and Class in a Southern Town*, 3rd ed., New York : Anchor, 1957[1937].

Douglas, Mary, *Purity and Danger : An Analysis of the Concepts of Pollution and Taboo*, London : RKP, 1966.

____, *Natural Symbols : Explorations in Cosmology*, New York : Pantheon, 1970.

Dower, John W, *War without Mercy : Race and Power in the Pacific War*, New York : Pantheon, 1986.

Doyle, Michael W, *Empires*, Ithaca, N.Y. : Cornell University Press, 1986.

Drake, Christine, *National Integration in Indonesia : Patterns and Policies,* Honolulu : University of Hawaii Press, 1989.

Drake, St. Claire, *Black Folk Here and There : An Essay in History and Anthropology,* vol. 1, Los Angeles : Center for Afro-American Studies, University of California, 1987.

Drèze, Jean · Amartya Sen, *Hunger and Public Action,* Oxford : Clarendon Press, 1989.

Du Bois, W. E. B, ed. Nathan Huggins, "The Souls of Black Folk", In W. E. B. Du Bois, *Writings,* New York : Library of America, 1986a[1903].

____, ed. Nathan Huggins, "Dusk of Dawn : An Essay Toward an Autobiography of a Race Concept", In W. E. B. Du Bois, *Writings,* New York : Library of America, 1986b[1940].

____, ed. Nathan Huggins, "The Conservation of Races", In W. E. B. Du Bois, *Writings,* New York : Library of America, 1986c[1897].

Duby, Georges, trans. Arthur Goldhammer, *The Three Orders : Feudal Society Imagined,* Chicago : University of Chicago Press, 1980a[1978].

____, trans. Cynthia Postan. *The Chivalrous Society,* Berkeley : University of California Press, 1980b[1977].

Dudziak, Mary L, *Cold War Civil Rights : Race and the Image of American Democracy,* Princeton, N.J. : Princeton University Press, 2000.

Dundes, Alan, *Folklore Matters,* Knoxville : University of Tennessee Press, 1989.

Dunn, James, "The Timor Affair in International Perspective", In Peter Carey · G. Carter Bentley, eds., *East Timor at the Crossroads : The Forging of a Nation,* Honolulu : University of Hawai'i Press, 1995.

____, *Timor : A People Betrayed,* new ed., Sydney, Australia : ABC Books, 1996[1983].

Dunn, John, *Western Political Theory in the Face of the Future,* 2nd ed., Cambridge : Cambridge University Press, 1993[1979].

Dunn, John · A. F. Robertson, *Dependence and Opportunity : Political Change in Ahafo,* Cambridge : Cambridge University Press, 1973.

Durkheim, Emile, trans. Mark Traugott. In Emile Durkheim, "Individualism and the Intellectuals", ed. and trans. Robert N. Bellah, *Emile Durkheim on Morality and Society,* Chicago : University of Chicago Press, 1973[1898].

____, trans. W. D. Halls. *The Division of Labor in Society,* New York : Free Press, 1984[1893].

____, trans. Karen E. Fields, *The Elementary Forms of Religious Life,* New York : Free Press, 1995[1912].

Dyer, Richard, *White,* London : Routledge, 1997.

Eberhard, Wolfram, *Conquerors and Rulers : Social Forces in Medieval China.* Leiden : E. J. Brill, 1965[1952].

Economist, "Short Guys Finish Last", *The Economist* December 23~January 5, 1995-1996.

Eggert, Karl, "Mahafaly as Misnomer", In Conrad Phillip Kottak, Jean-Aimé Rakotoarisoa, Aidan Southall · Pierre Vérin, eds., *Madagascar : Society and History*, Durham, N.C. : Carolina Academic Press, 1986.

Ehmann, Annegret, "From Colonial Racism to Nazi Population Policy : The Role of the So-called Mischlinge", In Michael Berenbaum · Abraham J. Peck, eds., *The Holocaust and History : The Known, the Unknown, the Disputed, and the Reexamined*, Bloomington : Indiana University Press, 1998.

Ehrenberg, Victor, *The Greek State*, 2nd ed., London : Methuen, 1969[1960].

Eicher, Joanne B, "Introduction : Dress as Expression of Ethnic Identity", In Joanne B. Eicher, ed., *Dress and Ethnicity : Change across Space and Time*, Oxford : Berg, 1995.

Eisen, Arnold M, *Rethinking Modern Judaism : Ritual, Commandment, Community*, Chicago : University of Chicago Press, 1998.

Eley, Geoff, *Reshaping the German Right : Radical Nationalism and Political Change after Bismarck*, New Haven, Conn. : Yale University Press, 1980.

Elias, Norbert · John L. Scotson, *The Established and the Outsiders*, London : Sage, 1994[1965].

Eliot, George, ed. Nancy Henry, *Impressions of Theophrastus Such*, Iowa City : University of Iowa Press, 1994[1879].

Eliot, T. S, "Notes towards the Definition of Culture", In T. S. Eliot, *Christianity and Culture*, New York : Harcourt Brace Jovanovich, 1968[1948].

Elkins, Stanley M, *Slavery : A Problem in American Institutional and Intellectual Life*, 3rd ed., Chicago : University of Chicago Press, 1976[1959].

Ellen, Roy, *The Cultural Relations of Classification : An Analysis of Nuaulu Animal Categories from Central Seram*, Cambridge : Cambridge University Press, 1993.

Elliott, J. H, *The Old World and the New 1492~1650*, Cambridge : Cambridge University Press, 1970.

Elliott, Mark C, *The Manchu Way : The Eight Banners and Ethnic Identity in Late Imperial China*, Stanford, Calif. : Stanford University Press, 2001.

Ellis, Harold A, *Boulainvilliers and the French Monarchy : Aristocratic Politics in Early Eighteenth-Century France*, Ithaca, N.Y. : Cornell University Press, 1988.

Ellis, John M, *One Fairy Story Too Many : The Brothers Grimm and Their Tales*, Chicago : University of Chicago Press, 1983.

Ellison, Ralph, "What America Would Be Like without Blacks", In Ralph Ellison, *The Collected Essays of Ralph Ellison*, ed. John F. Callahan, 577~584. New York : Modern Library, 1995[1970].

참고문헌

Elshtain, Jean Bethke, *Women and War*, New York : Basic Books, 1987.

Elton, Hugh, *Frontiers of the Roman Empire*, Bloomington : Indiana University Press, 1996.

Engelmann, Bernt, trans. Krishna Winston, *In Hitler's Germany : Daily Life in the Third Reich*, New York : Pantheon, 1986[1982-1983].

Engelsing, Rolf, *Der Bürger als Leser : Lesergeschichte in Deutschland 1500-1800*, Stuttgart : J. B. Meltzerlsche Verlagsbuchhandlung, 1974.

Enloe, Cynthia, *Bananas, Beaches & Bases : Making Feminist Sense of International Politics*, Berkeley : University of California Press, 1990[1989].

Ens, Adolf, *Subjects or Citizens? The Mennonite Experience in Canada, 1870 1925*, Ottawa : University of Ottawa Press, 1994.

Epstein, A. L, *Politics in an Urban African Community*, Manchester : Manchester University Press, 1958.

Epstein, Isidore, *Judaism : A Historical Presentation*, Harmondsworth, U.K. : Penguin, 1959.

Epstein, Klaus, *The Genesis of German Conservatism*, Princeton, N.J. : Princeton University Press, 1966.

Ereshefsky, Marc, ed. *The Units of Evolution : Essays on the Nature of Species*, Cambridge, Mass. : MIT Press, 1992.

Erikson, Erik H, *Luther : A Study in Psychoanalysis and History*, New York : W. W. Norton, 1958.

____, *Childhood and Society*, 35th anniversary ed., New York : W. W. Norton, 1985[1950].

Escoffier, Jeff, *American Homo : Community and Perversity*, Berkeley : University of California Press, 1998.

Esman, Milton J, *Ethnic Politics*, Ithaca, N.Y. : Cornell University Press, 1994.

Evans, Eric, "Englishness and Britishness : National Identities, c.1790-c.1870", In Alexander Grant · Keith J. Stringer, eds., *Uniting the Kingdom? The Making of British History*, London : Routledge, 1995.

Evans-Pritchard, E. E, "The Nuer of the Southern Sudan", In M. Fortes and E. E. Evans-Pritchard, ed., *African Political Systems*, London : Oxford University Press, 1940.

Ewen, C. L'Estrange, *The British Race —Germanic or Celtic?*, Paignton, U.K. : C. L, Ewen, 1945[1938].

Eyerman, Ron, *Cultural Trauma : Slavery and the Formation of African American Identity*, Cambridge : Cambridge University Press, 2001.

Ezekiel, Raphael S, *The Racist Mind : Portraits of American Neo-Nazis and Klansmen*, New York : Viking Penguin, 1995.

Fabian, Johannes, *Time and the Other : How Anthropology Makes Its Object*, New York : Columbia University Press, 1983.

Fairbank, John K, "A Preliminary Framework", In John King Fairbank, ed., *The Chinese World Order : Traditional China's Foreign Relations*, Cambridge, Mass. : Harvard University Press, 1968.

____, *China : A New History*, Cambridge, Mass. : Harvard University Press, 1992.

Fanon, Frantz, trans. Haakon Chevalier, *A Dying Colonialism*, New York : Grove Press, 1965a[1959].

____, *The Wretched of the Earth*, New York : Grove Press, 1965b[1963].

____, trans. Charles Lam Markmann, *Black Skin, White Masks*, New York : Grove Press, 1967[1952].

Fauré, Christine, trans. Claudia Gorbman · John Berks, *Democracy without Women : Feminism and the Rise of Individualism in France*, Bloomington : Indiana University Press, 1991[1985].

Faust, Drew Gilpin, "Introduction : The Proslavery Argument in History", In Drew Gilpin Faust, ed., *The Ideology of Slavery : Proslavery Thought in the Antebellum South, 1830~1860*, Baton Rouge : Louisiana State University Press, 1981.

Favre, Pierre, *Naissances de la science politique en France, 1870-1914*, Paris : Fayard, 1989.

Feagin, Joe R. · Melvin P. Sikes, *Living with Racism : The Black Middle-Class Experience*, Boston : Beacon Press, 1994.

Fears, Darryl, "Racial Label Surprises Latino Immigrants", *Manchester Guardian Weekly* January 9-15, p.29, 2003.

Febvre, Lucien, *Le Problème de l'incroyance au XVIe siècle : la religion de Rabelais*, Paris : Albin Michel, 1942.

____, 1973. ed. Peter Burke, trans. K. Folca, *A New Kind of History : From the Writings of Febvre*, New York : Harper & Row.

Fehrenbacher, Don E, ed. Ward M. McAfee, *The Slaveholding Republic : An Account of the United States Government's Relations to Slavery*, New York : Oxford University Press, 2001.

Feierman, Steven, *Peasant Intellectuals : Anthropology and History in Tanzania*, Madison : University of Wisconsin Press, 1990.

Feldman, Louis H, *Jew and Gentile in the Ancient World : Attitudes and Interactions from Alexander to Justinian*, Princeton, N.J. : Princeton University Press, 1993.

Fest, Joachim C, trans. Michael Bullock, *The Face of the Third Reich : Portraits of the Nazi Leadership*, New York : Pantheon, 1970[1963].

Fichte, Johann Gottlieb, "Reden an die deutsche Nation", In Johann Gottlieb Fichte, ed. Peter Lothar Oesterreich, *Schriften zur angewandten Philosophie*, Frankfurt am Main : Deutscher Klassiker Verlag, 1997[1808].

Field, Martha A. · Valeria A. Sanchez, *Equal Treatment for People with Mental Retardation : Having and Raising Children,* Cambridge, Mass. : Harvard University Press, 1999.

Fields, Barbara Jeanne, "Slavery, Race and Ideology in the United States of America", *New Left Review* 181 : 95-118, 1990.

Fine, Gary Alan · Patricia A. Turner, *Whispers on the Color Line : Rumor and Race in America,* Berkeley : University of California Press, 2001.

Finer, Samuel E, "State-and Nation-Building in Europe : The Role of the Military", In Charles Tilly, ed., *The Formation of National States in Western Europe,* Princeton, N.J. : Princeton University Press, 1975.

Finkelstein, Norman G, *Image and Reality of the Israel-Palestine Conflict,* London : Verso, 1995.

____, "Daniel Jonah Goldhagen's 'Crazy' Thesis : A Critique of *Hitler's Willing Executioners*", In Norman G. Finkelstein · Ruth Bettina Birn, *A Nation on Trial : The Goldhagen Thesis and Historical Truth,* New York : Metropolitan, 1998.

Finley, M. I, *Ancient Slavery and Modern Ideology,* New York : Viking, 1980.

____, *Early Greece : The Bronze and Archaic Ages,* rev. ed., London : Chatto & Windus, 1981[1970].

____, *Politics in the Ancient World,* Cambridge : Cambridge University Press, 1983.

Firth, Raymond, *We, the Tikopia : A Sociological Study of Kinship in Primitive Polynesia,* 2nd ed., Boston : Beacon Press, 1963[1936].

____, *Symbols : Public and Private,* Ithaca, N.Y. : Cornell University Press, 1973.

Fisch, Jörg, "Zivilisation, Kultur", In Otto Brunner, Werner Conze · Reinhardt Koselleck, eds., *Geschichtliche Grundbegriffe : Historisches Lexikon zur politisch-sozialen Sprache in Deutschland, band 7 : Verw —Z,* Stuttgart : Klett-Cotta, 1992.

Fischer, Edward F, *Cultural Logics and Global Economies : Maya Identity in Thought and Practice,* Austin : University of Texas Press, 2001.

Fischer, Fritz, trans. Lancelot L. Farrar, Robert Kimber · Rita Kimber, *World Power or Decline : The Controversy over Germany's Aims in the First World War,* New York : W. W. Norton, 1974[1965].

Fischer, Wolfram · Peter Lundgreen, "The Recruitment and Training of Administrative and Technical Personnel", In Charles Tilly, ed., *The Formation of National States in Western Europe,* Princeton, N.J. : Princeton University Press, 1975.

Fishman, Joshua A, *Language and Nationalism : Two Integrative Essays,* Rowley, Mass. : Newbury House, 1972.

Fitzgerald, F. Scott, *Tender Is the Night,* New York : Limited Editions Club, 1982[1934].

Fitzgerald, John, *Awakening China : Politics, Culture, and Class in the Nationalist Revolution,* Stanford, Calif. : Stanford University Press, 1996.

Fitzhugh, George, *Sociology for the South or the Failure of Free Society,* New York : Burton Franklin,

1965[1850].

____, ed. C. Vann Woodward, *Cannibals All! Or, Slaves without Masters,* Cambridge, Mass. : Harvard University Press, 1960[1857].

Fitzpatrick, David, *Oceans of Consolation : Personal Accounts of Irish Migration to Australia.* Ithaca, N.Y. : Cornell University Press, 1994.

Fitzpatrick, Sheila, *Everyday Stalinism : Ordinary Life in Extraordinary Times : Soviet Russia in the 1930s,* New York : Oxford University Press, 1999.

____, "Ascribing Class : The Construction of Social Identity in Soviet Russia", In Sheila Fitzpatrick, ed., *Stalinism : New Directions,* London : Routledge, 2000[1993].

Flandrin, Jean-Louis, "Internationalisme, nationalisme et régionalisme dans la cuisine des XIVe et XVe siècles : Le témoignage des livres et cuisine", In Centre d'Études Médiévales de Nice, ed., *Manger et boire au Moyen Age,* vol. 2 : *cuisine, manières de table, régimes alimentaire,* Paris : Belles Lettres, 1984.

Flapan, Simha, *The Birth of Israel : Myths and Realities,* New York : Pantheon, 1987.

Flaubert, Gustave, trans. Francis Steegmuller, *Madame Bovary,* New York : Alfred A. Knopf, 1993[1857].

Flood, Gavin, *An Introduction to Hinduism,* Cambridge : Cambridge University Press, 1996.

Floud, Roderick, Kenneth Wachter · Annabel Gregory, *Height, Health and History : Nutritional Status in the United Kingdom, 1750-1980,* Cambridge : Cambridge University Press, 1990.

Foley, Neil, *The White Scourge : Mexicans, Blacks, and Poor Whites in Texas Cotton Culture,* Berkeley : University of California Press, 1997.

Foner, Eric, *Free Soil, Free Labor, Free Men : The Ideology of the Republican Party before the Civil War,* New York : Oxford University Press, 1970.

____, *Reconstruction 1863-1877 : America's Unfinished Revolution,* New York : Harper & Row, 1988.

Foner, Nancy, *From Ellis Island to JFK : New York's Two Great Waves of Immigration,* New Haven, Conn. : Yale University Press, 2000.

Fonseca, Isabel, *Bury Me Standing : The Gypsies and Their Journey,* New York : Alfred A. Knopf, 1995.

Forbes, H. D, *Ethnic Conflict : Commerce, Culture, and the Contact Hypothesis,* New Haven, Conn. : Yale University Press, 1997.

Forman, Michael, *Nationalism and the International Labor Movement : The Idea of the Nation in Socialist and Anarchist Theory,* University Park : Pennsylvania State University Press, 1998.

Forrest, Alan, *Conscripts and Deserters : The Army and French Society during the Revolution and Empire,* New York : Oxford University Press, 1989.

____, *The Revolution in Provincial France : Aquitaine, 1790-1799,* Oxford : Clarendon Press, 1996.

Forster, Jürgen, "Operation Barbarossa in Historical Perspective", In Militärgeschichtliches Forschungsamt, ed., trans. Dean S. McMurry, Ewald Osers · Louise Willmot, *Germany and the Second World War*, vol. 4 : *The Attack on the Soviet Union*, Oxford : Clarendon Press, 1998[1996].

Forster, Peter G, *The Esperanto Movement*, The Hague : Mouton, 1982.

Fortes, M. · E. E. Evans-Pritchard, "Introduction", In M. Fortes and E. E. Evans-Pritchard, ed., *African Political Systems*, London : Oxford University Press, 1940.

Fortes, Meyer, *Oedipus and Job in West African Religion*, Cambridge : Cambridge University Press, 1983[1959].

Foster, George M, *Tzintzuntzan : Mexican Peasants in a Changing World*, Prospect Heights, Ill. : Waveland Press, 1988[1967].

Foucher, Michel, *Fronts et frontières : un tour du monde géopolitique*, Paris : Fayard, 1988.

Fowden, Garth, *Empire to Commonwealth : Consequences of Monotheism in Late Antiquity*, Princeton, N.J. : Princeton University Press, 1993.

Frady, Marshall, *Martin Luther King, Jr*, New York : Viking, 2002.

Frankenberg, Ruth, *White Women, Race Matters : The Social Construction of Whiteness*, Minneapolis : University of Minnesota Press, 1993.

Franklin, Benjamin, "Observations Concerning the Increase of Mankind, Peopling of Countries, etc", In Benjamin Franklin, ed. J. A. Leo Lemay, *Writings*, New York : Library of America, 1987[1751].

Fredrickson, George M, *White Supremacy : A Comparative Study in American and South African History*, New York : Oxford University Press, 1981.

____, *The Black Image in the White Mind : The Debate on Afro-American Character and Destiny, 1817-1914*, Middletown, Conn. : Wesleyan University Press, 1987[1971].

____, *The Arrogance of Race : Historical Perspectives on Slavery, Racism, and Social Inequality*, Middletown, Conn. : Wesleyan University Press, 1988.

____, *Black Liberation : A Comparative History of Black Ideologies in the United States and South Africa*, New York : Oxford University Press, 1995.

____, *Racism : A Short History*, Princeton, N.J. : Princeton University Press, 2002.

Freedman, Paul, *Images of the Medieval Peasant*, Stanford, Calif. : Stanford University Press, 1999.

Freeman, Kathleen, *Ancilla to the Pre-Socratic Philosophers*, Cambridge, Mass. : Harvard University Press, 1948.

French, Howard W, "The Japanese, It Seems, Are Outgrowing Japan", *New York Times*, February 1, p. A4, 2001.

Freud, Sigmund, "Vorrede", In Sigmund Freud, *Gesammelte Werke,* vol. 14 : *Werke aus den Jahren 1925-1931,* p.569, Frankfurt am Main : Fischer, 1999[1930/1948].

Fried, Morton H, "On the Concepts of 'Tribe' and 'Tribal Society'", In June Helm, ed., *Essays on the Problem of Tribe,* Seattle : University of Washington Press, 1967.

_____, *The Notion of Tribe,* Menlo Park, Calif. : Cummings, 1975.

Friedlander, Henry, *The Origins of Nazi Genocide : From Euthanasia to the Final Solution,* Chapel Hill : University of North Carolina Press, 1995.

Friedländer, Saul, trans. Thomas Weyr, *Reflections on Nazism : An Essay on Kitsch and Death,* New York : Harper & Row, 1984[1982].

Friedlaender, Jonathan Scott, *Patterns of Human Variation : The Demography, Genetics, and Phenetics of Bougainville Islanders,* Cambridge, Mass. : Harvard University Press, 1975.

Friedman, John Block, *The Monstrous Races in Medieval Art and Thought,* Cambridge, Mass. : Harvard University Press, 1981.

Fritzsche, Peter, *Germans into Nazis,* Cambridge, Mass. : Harvard University Press, 1998.

Fulbrook, Mary, *The Fontana History of Germany 1918～1990 : The Divided Nation,* London : Fontana, 1991.

_____, *German National Identity after the Holocaust,* Cambridge : Polity, 1999.

Fumaroli, Marc, *L'age de l'eloquence : rhétorique et "res literaria" de la Renaissance au seuil de l'époque classique,* Genève : Droz, 1980.

Funkenstein, Amos, *Perceptions of Jewish History,* Berkeley : University of California Press, 1993.

Furet, François, trans. Antonia Nevill, *Revolutionary France, 1770～1880,* Oxford : Blackwell, 1992[1988].

Futuyma, Douglas J, *Evolutionary Biology,* 3rd ed., Sunderland, Mass. : Sinauer Associates, 1998[1986].

Gabaccia, Donna R, *We Are What We Eat : Ethnic Food and the Making of Americans,* Cambridge, Mass. : Harvard University Press, 1998.

Gadamer, H. G, *Volk und Geschichte im Denken Herders,* Frankfurt am Main : Vittorio Klostermann, 1942.

Gadd, C. J, "Babylonia c. 2120～1800 B.C", In I. E. S. Edwards, C. J. Gadd · N. G. L. Hammond, eds., *Cambridge Ancient History,* vol. 1, pt. 2, 3rd ed., Cambridge : Cambridge University Press, 1971.

_____, "Hammurabi and the End of His Dynasty", In I. E. S. Edwards, C. J. Gadd, N. G. L. Hammond · E. Sollberger, eds., *Cambridge Ancient History,* vol. 2, pt. 1, 3rd ed., Cambridge : Cambridge University Press, 1973.

Gager, John, *The Origins of Anti-Semitism : Attitude toward Judaism in Pagan and Christian Antiquity,*

New York : Oxford University Press, 1983.

Gagliardo, John G, *Reich and Nation : The Holy Roman Empire as Idea and Reality, 1763~1806,* Bloomington : Indiana University Press, 1980.

Galenson, David, *White Servitude in Colonial America : An Economic Analysis,* Cambridge : Cambridge University Press, 1981.

Galler, Roberta, "The Myth of the Perfect Body", In Carole S. Vance, ed., *Pleasure and Danger : Exploring Female Sexuality,* Boston : Rout-ledge & Kegan Paul, 1984.

Gallie, W. B, *Understanding War,* London : Routledge, 1991.

Galton, Francis, *Hereditary Genius : An Inquiry into Its Laws and Consequences,* 2nd ed., London : Macmillan, 1892[1869].

____, *Essays in Eugenics,* London : Eugenics Education Society, 1909.

Garlan, Yvon, trans. Janet Lloyd, *Slavery in Ancient Greece,* rev. ed., Ithaca, N.Y. : Cornell University Press, 1988[1982].

Garn, Stanley M, *Human Races,* 3rd ed., Springfield, Ill. : Charles C. Thomas, 1971[1961].

Garnsey, Peter, *Social Status and Legal Privilege in the Roman Empire,* Oxford : Clarendon Press, 1970.

____, *Ideas of Slavery from Aristotle to Augustine,* Cambridge : Cambridge University Press, 1996.

____, ed. Walter Scheidel, *Cities, Peasants and Food in Classical Antiquity : Essays in Social and Economic History,* Cambridge : Cambridge University Press, 1998.

____, *Food and Society in Classical Antiquity,* Cambridge : Cambridge University Press, 1999.

Garvey, Marcus, ed. Robert A. Hill, *Marcus Garvey : Life and Lessons : A Centennial Companion to the Marcus Garvey and Universal Negro Improvement Association Papers,* Berkeley : University of California Press, 1987.

Gates, Henry Louis, Jr, *The Signifying Monkey : A Theory of Afro-American Literary Criticism,* New York : Oxford University Press, 1988.

____, *Loose Canons : Notes on the Culture Wars,* New York : Oxford University Press, 1992.

____, *Thirteen Ways of Looking at a Black Man,* New York : Random House, 1997.

Gates, R. Ruggles, *Pedigrees of Negro Families,* Philadelphia : Blakiston, 1949.

Gauchet, Marcel, *La révolution des pouvoirs : la souveraineté, le peuple et la représentation 1789~1799,* Paris : Gallimard, 1995.

Gaulle, Charles de, trans. Terence Kilmartin, *Memoirs of Hope : Renewal and Endeavor,* New York : Simon & Schuster, 1971[1970-1971].

Gaunt, David, "Kinship : Thin Red Lines or Thick Blue Blood", In David I. Kertzer · Marzio Barbagli, eds., *The History of the European Family,* vol. 1 : *Family Life in Early Modern Times, 1500~1789,* New Haven, Conn. : Yale University Press, 2001.

Gay, Peter, *My German Question : Growing Up in Nazi Berlin,* New Haven, Conn. : Yale

University Press, 1998.

Geary, Patrick J, *The Myth of Nations : The Medieval Origins of Europe,* Princeton, N.J. : Princeton University Press, 2002.

Geertz, Clifford, *The Religion of Java,* New York : Free Press of Glencoe, 1960.

____, "The Integrative Revolution : Primordial Sentiments and Civil Politics in the New States", In Clifford Geertz, ed., *Old Societies and New States : The Quest for Modernity in Asia and Africa,* New York : Free Press, 1963.

Gehring, Albert, *Racial Contrasts : Distinguishing Traits of the Graeco-Latins and Teutons,* New York : G. P. Putnam's Sons, 1908.

Geiss, Immanuel, *Geschichte des Rassismus,* Frankfurt am Main : Suhrkamp, 1988.

Gelder, Geert Jan van, *God's Banquet : Food in Classical Arabic Literature,* New York : Columbia University Press, 2000.

Gellately, Robert, *The Gestapo and German Society : Enforcing Racial Policy 1933~1945,* Oxford : Clarendon Press, 1990.

____, *Backing Hitler : Consent and Coercion in Nazi Germany,* Oxford : Oxford University Press, 2001.

Gellner, Ernest, *Nations and Nationalism,* Ithaca, N.Y. : Cornell University Press, 1983.

____, *Nationalism,* New York : New York University Press, 1997.

Gelman, Susan A, *The Essential Child : Origins of Essentialism in Everyday Thought,* Oxford : Oxford University Press, 2003.

Genovese, Eugene D, *Roll, Jordan, Roll : The World the Slaves Made,* New York : Pantheon, 1974.

____, *The Southern Tradition : The Achievement and Limitations of an American Conservatism,* Cambridge, Mass. : Harvard University Press, 1994.

Gentile, Giovanni, trans. H. S. Harris, *Genesis and Structure of Society,* Urbana : University of Illinois Press, 1960[1946].

Geras, Norman, *The Contract of Mutual Indifference : Political Philosophy after the Holocaust,* London : Verso, 1998.

Gerbi, Antonello, *La disputa del Nuovo Mondo : storia di una polemica, 1750-1900,* Milano : Riccardo Ricciardi, 1955.

Geremek, Bronislaw, "The Marginal Man", In Jacques Le Goff, ed., trans. Lydia G. Cochrane, *Medieval Callings,* Chicago : University of Chicago Press, 1990[1987].

____, trans. Jan Aleksandrowicz, J. K. Fedorowicz, Rosemary Hunt, Agnieszka Kolakowska · Shayne Mitchell. *The Common Roots of Europe,* Cambridge : Polity, 1996[1991].

Gergen, Kenneth J, *The Saturated Self : Dilemmas of Identity in Contemporary Life,* New York : Basic Books, 1991.

Gernet, Jacques, trans. H. M. Wright, *Daily Life in China on the Eve of the Mongol Invasion, 1250~1276*, Stanford, Calif. : Stanford University Press, 1970[1959].

Gernet, Louis, trans. John Hamilton, S.J. · Nagy, *The Anthropology of Ancient Greece*, Baltimore : Johns Hopkins University Press, 1981[1968].

Gerstle, Gary, *American Crucible : Race and Nation in the Twentieth Century*, Princeton, N.J. : Princeton University Press, 2001.

Getty, J. Arch · Oleg V. Naumov, *The Road to Terror : Stalin and the Self-Destruction of the Bolsheviks, 1932~1939*, New Haven, Conn. : Yale University Press, 1999.

Geyer, Michael · John W. Boyer, eds, *Resistance against the Third Reich, 1933 - 1990*, Chicago : University of Chicago Press, 1994[1992].

Giddens, Anthony, *Modernity and Self-Identity : Self and Society in the Late Modern Age*, Stanford, Calif. : Stanford University Press, 1991.

Giesen, Bernhard, *Die Intellektuellen und die Nation : Eine deutsche Achsenzeit*, Frankfurt am Main : Suhrkamp, 1993.

Gil, Moshe, trans. Ethel Broido, *A History of Palestine, 634~1099*, Cambridge : Cambridge University Press, 1992[1983].

Gilbert, Felix, *A European Past : Memoirs, 1905~1945*, New York : W. W. Norton, 1988.

____, *History : Politics or Culture? Reflections on Ranke and Burckhardt*, Princeton, N.J. : Princeton University Press, 1990.

Gildea, Robert, *Barricades and Borders : Europe, 1800~1914*, Oxford : Oxford University Press, 1987.

Gilman, Sander L, *Jewish Self-Hatred : Anti-Semitism and the Hidden Language of the Jews*, Baltimore : Johns Hopkins University Press, 1986.

____, *The Jew's Body*, New York : Routledge, 1991.

Gilroy, Paul, *"There Ain't No Black in the Union Jack" : The Cultural Politics of Race and Nation*. Chicago : University of Chicago Press, 1991[1987].

____, *Against Race : Imagining Political Culture beyond the Color Line*, Cambridge, Mass. : Harvard University Press, 2000.

Ginsburg, Faye D. · Rayna Rapp, "Introduction : Conceiving the New World Order", In Faye D. Ginsburg · Rayna Rapp, eds., *Conceiving the New World Order : The Global Politics of Reproduction*, Berkeley : University of California Press, 1995.

Ginzburg, Carlo, trans. John Tedeschi · Anne Tedeschi, *The Cheese and the Worms : The Cosmos of a Sixteenth-Century Miller*, Harmondsworth, U.K. : Penguin, 1982[1976/1980].

Girardet, Raoul, ed., *Le nationalisme française 1871~1914*, Paris : Armand Colin, 1966.

Gittings, John, "The Indonesian Massacres, 1965~1966 : Image and Reality", In Mark Levene · Penny Roberts, eds., *The Massacre in History*, New York : Berghahn Books,

1993.

Gjerset, Knut, *History of Iceland*, New York : Macmillan, 1924.

Glacken, Clarence J, *Traces on the Rhodian Shore : Nature and Culture in Western Thought from Ancient Times to the End of the Eighteenth Century*, Berkeley : University of California Press, 1967.

Glazer, Nathan, *American Judaism*, 2nd ed., rev. Chicago : University of Chicago Press, 1989[1957/1972].

Glazer, Nathan · Daniel P. Moynihan, *Beyond the Melting Pot : The Negroes, Puerto Ricans, Jews, Italians, and Irish of New York City*, 2nd ed., Cambridge, Mass. : MIT Press, 1970[1963].

____, "Introduction", In Nathan Glazer · Daniel P. Moynihan, eds., *Ethnicity : Theory and Experience*, Cambridge, Mass. : Harvard University Press, 1975.

Gluckman, Max, "The Kingdom of the Zulu of South Africa", In M. Fortes · E. E. Evans-Pritchard, ed., *African Political Systems*, London : Oxford University Press, 1940.

Gobineau, Arthur de, trans. Adrian Collins, *The Inequality of the Human Races*, Torrance, Calif. : Noontide Press, 1966[1853].

Godechot, Jacques, *La grande nation : l'expansion révolutionnaire de la France dans le monde de 1789 à 1799*, 2nd ed., Paris : Aubier Montaigne, 1983[1956].

____. 1988. "The New Concept of the Nation and Its Diffusion in Europe", In Otto Dann · John Dinwiddy, eds., *Nationalism in the Age of the French Revolution*, 13~26. London : Hambledon Press.

Goebbels, Joseph, trans. Kurt Fiedler, *My Part in Germany's Fight*, New York : Howard Fertig, 1979[1940].

Goering, Hermann, *Germany Reborn*, London : Elkin Mathews & Marrot, 1934.

Goethe, Johann Wolfgang von, ed. John Gearey, trans. Ellen von Nardroff and Ernest H. von Nardroff, *Essays on Art and Literature*, New York : Suhrkamp, 1986.

Goffman, Erving, *The Presentation of Self in Everyday Life*, Garden City, N.Y. : Doubleday Anchor, 1959.

____, *Stigma : Notes on the Management of Spoiled Identity*, New York : Jason Aronson, 1974[1963].

Goitein, S. D, rev. and ed. Jacob Lassner, *A Mediterranean Society*, an abridgment in 1 vol., Berkeley : University of California Press, 1999.

Goldberg, David Theo, *Racist Culture : Philosophy and the Politics of Meaning*, Oxford : Blackwell, 1993.

Goldhill, Simon, *Who Needs Greek? Contests in the Cultural History of Hellenism*, Cambridge : Cambridge University Press, 2002.

Goldsby, Richard, *Race and Races*, 2nd ed., New York : Macmillan, 1977[1971].

Goldthorpe, John H., David Lockwood, Frank Bechhofer · Jennifer Platt, *The Affluent Worker*, vol. 2 : *Political Attitudes and Behaviour*, Cambridge : Cambridge University Press, 1968.

Goldziher, Ignaz, ed. S. M. Stern, trans. C. R. Barber · S. M. Stern, *Muslim Studies*, vol. 1, London : George Allen & Unwin, 1966[1889~1890].

Gomme, A. W, *The Population of Athens in the Fifth and Fourth Centuries B.C*, Oxford : Oxford University Press, 1933.

Goodman, David G. · Masanori Miyazawa, *Jews in the Japanese Mind : The History and Uses of a Cultural Stereotype*, New York : Free Press, 1995.

Goodman, Martin, *State and Society in Roman Galilee, A.D. 132~212*, Totowa, N.J. : Rowman and Allanheld, 1983.

____, *The Ruling Class of Judaea : The Origins of the Jewish Revolt against Rome : A.D. 66~70*, Cambridge : Cambridge University Press, 1987.

____, *Mission and Conversion : Proselytizing in the Religious History of the Roman Empire*, Oxford : Clarendon Press, 1994.

____, "Jews, Greeks, and Romans", In Martin Goodman, ed., *Jews in a Graeco-Roman World*, Oxford : Clarendon Press, 1988.

Goody, Jack, *Cooking, Cuisine and Class : A Study in Comparative Sociology*, Cambridge : Cambridge University Press, 1982.

____, *Food and Love : A Cultural History of East and West*, London : Verso, 1998.

Gordon, Sarah, *Hitler, Germans and the "Jewish Question"*, Princeton, N.J. : Princeton University Press, 1984.

Gossett, Thomas F, *Race : The History of an Idea in America*, new ed., New York : Oxford University Press, 1997[1963].

Gottwald, Norman K, *The Tribes of Yahweh : A Sociology of the Religion of Liberated Israel, 1250~1050 B.C.E.*, Maryknoll, N.Y. : Orbis Books, 1979.

Goubert, Pierre, trans. Ian Patterson, *The French Peasantry in the Seventeenth Century*, Cambridge : Cambridge University Press, 1986[1982].

Gould, Stephen Jay, *The Mismeasure of Man*, rev. ed., New York : W. W. Norton, 1996[1981].

____, *Rocks of Ages : Science and Religion in the Fullness of Life*, New York : Ballantine, 1999.

Gourevitch, Philip, *We Wish to Inform You That Tomorrow We Will Be Killed with Our Families : Stories from Rwanda*, New York : Farrar, Straus & Giroux, 1998.

____, "The Optimist", *New Yorker* March 3, 2003.

Gourgouris, Stathis, *Dream Nation : Enlightenment, Colonization and the Institution of Modern Greece*, Stanford, Calif. : Stanford University Press, 1996.

Graetz, H, trans. Bella Löwy, *History of the Jews,* vol. 1 : *From the Earliest Period to the Death of Simon the Maccabee (135 B.C.E.),* Philadelphia : Jewish Publication Society of America, 1891.

Graml, Hermann, trans. Tim Kirk, *Anti-semitism in the Third Reich,* Oxford : Blackwell, 1992[1988].

Grant, Madison, *The Passing of the Great Race or the Racial Basis of European History,* New York : Charles Scribner's Sons, 1916.

Grau, Günter, ed., *Homosexualität in der NS-Zeit : Dokumente einer Diskriminierung und Verfolgung,* Frankfurt am Main : Fischer, 1993.

Gray, J. Glenn, *The Warriors : Reflections on Men in Battle,* 2nd ed., New York : Harper & Row, 1970[1959].

Green, Abigail, *Fatherlands : State-Building and Nationhood in Nineteenth-Century Germany,* Cambridge : Cambridge University Press, 2001.

Greenfeld, Liah, *Nationalism : Five Roads to Modernity,* Cambridge, Mass. : Harvard University Press, 1992.

Gregory, James N, *American Exodus : The Dust Bowl Migration and Okie Culture in California,* New York : Oxford University Press, 1989.

Greisch, Jean, *Le buisson ardent et les lumières de la raison : l'invention de la philosophie de la religion, tome 1 : héritages et héritiers du XIXe siècle,* Paris : Cerf, 2002.

Grenville, John A. S, "Neglected Holocaust Victims : The Mischlinge, the Jüdischversippte, and the Gypsies", In Michael Berenbaum and Abraham J. Peck, eds., *The Holocaust and History : The Known, the Unknown, the Disputed, and the Reexamined,* Bloomington : Indiana University Press, 1998.

Griffin, Roger, *The Nature of Fascism,* London : Pinter, 1991.

Grillo, R. D, *Dominant Languages : Language and Hierarchy in Britain and France,* Cambridge : Cambridge University Press, 1989.

Grimm, Jacob · Wilhelm Grimm, ed. Heinz Rölleke, *Kinder-und Hausmärchen,* Stuttgart : Philipp Reclam jun, 1997[1812~1815].

Grossmann, Atina, *Reforming Sex : The German Movement for Birth Control and Abortion Reform, 1920~1950,* New York : Oxford University Press, 1995.

Gruen, Erich S, *Heritage and Hellenism : The Reinvention of Jewish Tradition,* Berkeley : University of California Press, 1998.

Gruzinski, Serge, *La colonisation de l'imaginaire : sociétés indigènes et occidentalisation dans le Mexique espagnol XVIe~XVIIIe siècle,* Paris : Gallimard, 1988.

Gschnitzer, Fritz, *Griechische Sozialgeschichte : Von der mykenischen bis zum Ausgang der klassischen Zeit,* Wiesbaden, Germany : Steiner, 1981.

참고문헌

Guérin, Daniel, trans. Robert Schwartzwald, *The Brown Plague : Travels in Late Weimar and Early Nazi Germany,* Durham, N.C. : Duke University Press, 1994.

Gulick, Edward Vose, *Europe's Classical Balance of Power,* New York : W. W. Norton, 1967[1955].

Gumplowicz, Ludwig, *Der Rassenkampf,* Innsbruck : Universitäts-Verlag Wagner, 1928[1883].

Gunn, Geoffrey C, *A Critical View of Western Journalism and Scholarship on East Timor,* Manila, Philippines : Journal of Contemporary Asia Publishers, 1994.

Guterl, Matthew Pratt, *The Color of Race in America, 1900~1940,* Cambridge, Mass. : Harvard University Press, 2001.

Gutiérrez, David G, *Walls and Mirrors : Mexican Americans, Mexican Immigrants, and the Politics of Ethnicity,* Berkeley : University of California Press, 1995.

Gutiérrez, Ramón A, *When Jesus Came, the Corn Mothers Went Away : Marriage, Sexuality, and Power in New Mexico, 1500~1846,* Stanford, Calif. : Stanford University Press, 1991.

Guyot, Gary W, "Attachment in Mammals", In Gary Greenberg · Maury M. Haraway, eds., *Comparative Psychology : A Handbook,* New York : Garland, 1998.

Habermas, Jürgen, *Strukturwandel der Öffentlichkeit,* Darmstadt, Germany : Hermann Luchterhand, 1962.

Hadas, Moses, *Hellenistic Culture : Fusion and Diffusion,* New York : W. W. Norton, 1972[1959].

Haddon, A. C, *The Races of Man and Their Distribution,* New York : Macmillan, 1925.

Hagen, William W, *Germans, Poles, and Jews : The Nationality Conflict in the Prussian East, 1772~1914,* Chicago : University of Chicago Press, 1980.

Haldane, J. B. S, *The Causes of Evolution,* Princeton, N.J. : Princeton University Press, 1990[1932].

Hall, Edith, *Inventing the Barbarian : Greek Self-Definition through Tragedy,* Oxford : Clarendon Press, 1989.

Hall, Jonathan M, *Ethnic Identity in Greek Antiquity,* Cambridge : Cambridge University Press, 1997.

____, *Hellenicity : Between Ethnicity and Culture,* Chicago : University of Chicago Press, 2002.

Hall, Stuart, "Cultural Identity and Diaspora", In Jonathan Rutherford, ed., *Identity : Community, Culture, Difference,* London : Lawrence & Wishart, 1990.

____, "The Formation of a Diasporic Intellectual : An Interview with Stuart Hall by Kuan-Hsing Chen", In David Morley · Kuan-Hsing Chen, eds., *Stuart Hall : Critical Dialogues in Cultural Studies,* London : Routledge, 1996.

Haller, Mark H, *Eugenics : Hereditarian Attitudes in American Thought,* New Brunswick, N.J. :

Rutgers University Press, 1963.

Hamann, Brigitte, trans. Thomas Thornton, *Hitler's Vienna : A Dictator's Apprenticeship*, New York : Oxford University Press, 1999.

Hamerow, Theodore S, *Restoration, Revolution, Reaction : Economics and Politics in Germany, 1815~1871*, Princeton, N.J. : Princeton University Press, 1958.

____, *The Social Foundations of German Unification 1858~1871*, 2 vols., Princeton, N.J. : Princeton University Press, 1969~1972.

____, *On the Road to the Wolf's Lair : German Resistance to Hitler*, Cambridge, Mass. : Harvard University Press, 1997.

Hammond, N. G. L, *The Macedonian State : Origins, Institutions, and History*, Oxford : Clarendon Press, 1989.

Hance, William A, *The Geography of Modern Africa*, 2nd ed., New York : Columbia University Press, 1975[1964].

Hanchard, Michael George, *Orpheus and Power : The Movimento Negro of Rio de Janeiro and Sā õ Paulo, Brazil, 1945~1988*, Princeton, N.J. : Princeton University Press, 1994.

Hanke, Lewis, *Aristotle and the American Indians : A Study in Race Prejudice in the Modern World*, Bloomington : Indiana University Press, 1970[1959].

____, *All Mankind Is One : A Study of the Disputation between Bartolomédé Las Casas and Juan Ginés de Sepúlveda in 1550 on the Intellectual and Religious Captivity of the American Indians*, DeKalb : Northern Illinois University Press, 1974.

Hankins, Frank H, *The Racial Basis of Civilization : A Critique of the Nordic Doctrine*, New York : Alfred A. Knopf, 1926.

Hannaford, Ivan, *Race : The History of an Idea in the West*, Washington, D.C. : Woodrow Wilson Center Press, 1996.

Hannerz, Ulf, "Ethnicity and Opportunity in Urban America", In Abner Cohen, ed., *Urban Ethnicity*, London : Tavistock, 1974.

Hansen, Klaus J, *Mormonism and the American Experience*, Chicago : University of Chicago Press, 1981.

Hansen, Thomas Blom, *The Saffron Wave : Democracy and Hindu Nationalism in Modern India*, Princeton, N.J. : Princeton University Press, 1999.

Hanson, Paul D, *Dynamic Transcendence*, Philadelphia : Fortress Press, 1978.

Hardach, Karl, *The Political Economy of Germany in the Twentieth Century*, Berkeley : University of California Press, 1980[1976].

Hardacre, Helen, *Shintō and the State, 1868~1988*, Princeton, N.J. : Princeton University Press, 1989.

Harding, Harry, "The Chinese State in Crisis, 1966~9", In Roderick MacFarquhar, ed.,

The Politics of China : The Eras of Mao and Deng, 2nd ed., Cambridge : Cambridge University Press, 1997[1993].

Harff, Barbara, "Recognizing Genocides and Politicides", In Helen Fein, ed., *Genocide Watch,* New Haven, Conn. : Yale University Press, 1992.

Hargreaves, John D, *Decolonization in Africa,* 2nd ed., London : Longman, 1996[1988].

Harrington, James, "The Commonwealth of Oceana", In James Harrington, ed. J. G. A. Po-cock, *The Commonwealth of Oceana and a System of Politics,* Cambridge : Cambridge University Press, 1992[1656].

Harris, Eddy L, *Native Stranger : A Black American's Journey into the Heart of Africa,* New York : Simon & Schuster, 1992.

Harris, H. S, *Hegel's Development : Night Thoughts (Jena 1801~1806),* Oxford : Clarendon Press, 1983.

Harris, Leonard, "'Outing' Alain Locke : Empowering the Silenced", In Mark Blasius, *Sexual Identities, Queer Politics,* Princeton, N.J. : Princeton University Press, 2001.

Harrison, G. Ainsworth, *The Human Biology of the English Village,* Oxford : Oxford University Press, 1995.

Harrison, Peter, *"Religion" and the Religions in the English Enlightenment,* Cambridge : Cambridge University Press, 1990.

Harshav, Benjamin, *Language in Time of Revolution,* Berkeley : University of California Press, 1993.

Hart, John Mason, *Revolutionary Mexico : The Coming and Process of the Mexican Revolution,* Berkeley : University of California Press, 1987.

Hartog, François, trans. Janet Lloyd, *The Mirror of Herodotus : The Representation of the Other in the Writing of History,* Berkeley : University of California Press, 1988[1980].

Hartz, Louis, *The Liberal Tradition in America : An Interpretation of American Political Thought since the Revolution,* New York : Harcourt, Brace, 1955.

Harvey, Graham, *The True Israel : Uses of the Names Jew, Hebrew and Israel in Ancient Jewish and Early Christian Literature,* Leiden : E. J. Brill, 1996.

Haslam, Jonathan, *No Virtue Like Necessity : Realist Thought in International Relations since Machiavelli,* New Haven, Conn. : Yale University Press, 2002.

Hastrup, Kirsten, *Culture and History in Medieval Iceland : An Anthropological Analysis of Structure and Change,* Oxford : Clarendon Press, 1985.

____, *Island of Anthropology : Studies in Past and Present Iceland,* Odense : Odense University Press, 1990a.

____, *Nature and Policy in Iceland 1400~1800 : An Anthropological Analysis of History and Mentality,* Oxford : Clarendon Press, 1990b.

_____, *A Place Apart : An Anthropological Study of the Icelandic World*, Oxford : Clarendon Press, 1998.

Haugen, Einar, *Language Conflict and Language Planning : The Case of Modern Norwegian*, Cambridge, Mass. : Harvard University Press, 1966.

Haupt, Georges, *Socialism and the Great War : The Collapse of the Second International*, Oxford : Clarendon Press, 1972[1965].

Hayes, Carlton J. H, *The Historical Evolution of Modern Nationalism*, New York : Richard R. Smith, 1931.

Hazareesingh, Sudhir, *Political Traditions in Modern France*, Oxford : Oxford University Press, 1994.

_____, *From Subject to Citizen : The Second Empire and the Emergence of Modern French Democracy*, Princeton, N.J. : Princeton University Press, 1998.

Hechter, Michael, *Internal Colonialism : The Celtic Fringe in British National Development, 1536~1966*, Berkeley : University of California Press, 1975.

_____, *Containing Nationalism*, Oxford : Oxford University Press, 2000.

Heers, Jacques, *Libérer Jérusalem : la première croisade (1095~1107)*, Paris : Perrin, 1995.

Hegel, G. W. F, trans. A. V. Miller, *Phenomenology of Spirit*, Oxford : Clarendon Press, 1977[1807].

_____, ed. Allen W. Wood, trans. H. B. Nisbet, *Elements of the Philosophy of Right*, Cambridge : Cambridge University Press, 1991[1820].

Heidegger, Martin, trans. John Macquarrie · Edward Robinson, *Being and Time*, New York : Harper & Row, 1962[1927].

Hengel, Martin, trans. John Bowden, *Jews, Greeks and Barbarians : Aspects of the Hellenization of Judaism in the pre-Christian Period*, Philadelphia : Fortress Press, 1980[1976].

_____, trans. John Bowden, *The "Hellenization" of Judaea in the First Century after Christ*, London : SCM Press, 1989.

Herbert, Ulrich, trans. William Templer, *A History of Foreign Labor in Germany, 1880~1980 : Seasonal Workers/Forced Laborers/Guest Workers*, Ann Arbor : University of Michigan Press, 1990[1986].

_____, "Vernichtungspolitik : Neue Antworten und Fragen zur Geschichte des 'Holocaust'", In Ulrich Herbert, ed., *Nationalsozialistische Vernichtungspolitik 1939~1945 : Neue Forschungen und Kontroversen*, Frankfurt am Main : Fischer, 1998.

_____, *Geschichte der Ausländerpolitik in Deutschland : Saisonarbeiter, Zwangsarbeiter, Gastarbeiter, Flüchtlinge*, München : C. H. Beck, 2001.

Herder, Johann Gottfried, ed. Hans Dietrich Irmscher, *Werke, bard 7 : Briefe zu Beförderung der Humanität*, Frankfurt am Main : Deutscher Klassiker Verlag, 1991[1793~

1797].

Herodotus, trans. David Grene, *The History,* Chicago : University of Chicago Press, 1987.

Herskovits, Melville J, *The Anthropometry of the American Negro,* New York : Columbia University Press, 1930.

____, "The Negro's Americanism", In Alain Locke, ed., *The New Negro : An Interpretation.* New York : Arno Press, 1968[1925].

Hertz, Friedrich, trans. A. S. Levetus · W. Entz, *Race and Civilization,* n.p. : KTAV, 1970[1928].

Hertzberg, Arthur, ed, *The Zionist Idea : A Historical Analysis and Reader,* New York : Atheneum, 1969[1959].

Herzl, Theodor, trans. Jacob M. Alkow, *The Jewish State : An Attempt at a Modern Solution of the Jewish Question,* New York : American Jewish Emergency Council, 1946[1896].

Hewitson, Mark, *National Identity and Political Thought in Germany : Wilhelmine Depictions of the French Third Republic, 1890~1914,* Oxford : Clarendon Press, 2000.

Higham, John, *Strangers in the Land : Patterns of American Nativism 1860~1925,* New York : Atheneum, 1974[1955].

Higonnet, Patrice, "The Harmonization of the Spheres : Goodness and Dysfunctions in the Provincial Clubs", In Keith Michael Baker, ed., *The French Revolution and the Creation of Modern Culture,* vol. 4 : *The Terror,* Oxford : Pergamon Press, 1994.

Hilberg, Raul, *The Destruction of the European Jews,* rev. ed., 3 vols, New York : Holmes & Meier, 1985.

____, "The Statistic", In François Furet, ed., *Unanswered Questions : Nazi Germany and the Genocide of the Jews,* New York : Schocken, 1989[1985].

Hill, Polly, *Development Economics on Trial : The Anthropological Case for a Prosecution,* Cambridge : Cambridge University Press, 1986.

Himmelfarb, Gertrude, *The Idea of Poverty : England in the Early Industrial Age,* New York : Alfred A. Knopf, 1983.

Hinsley, F. H, *Power and the Pursuit of Peace : Theory and Practice in the History of Relations between States,* Cambridge : Cambridge University Press, 1963.

____, *Sovereignty,* 2nd ed., Cambridge : Cambridge University Press, 1986[1966].

Hintze, Otto, "Military Organization and the Organization of the State", In Otto Hintze, ed., ed. Felix Gilbert, *The Historical Essays of Otto Hintze,* New York : Oxford University Press, 1975[1906].

Hirschfeld, Lawrence A, *Race in the Making : Cognition, Culture, and the Child's Construction of Human Kinds,* Cambridge, Mass. : MIT Press, 1996.

Hitchins, Keith, *The Rumanian National Movement in Transylvania, 1780~1849,* Cambridge, Mass.

: Harvard University Press, 1969.

Hitler, Adolf, trans. Ralph Manheim, *Mein Kampf,* Boston : Houghton Mifflin, 1943[1925].

Hitti, Philip K, *History of the Arabs : From the Earliest Times to the Present,* 10th ed., New York : St. Martin's Press, 1970[1937].

Hobbes, Thomas, ed. Richard Tuck, *Leviathan,* rev. student ed., Cambridge : Cambridge University Press, 1996[1651].

____, ed. and trans. Richard Tuck · Michael Silverthorne, *On the Citizen,* Cambridge : Cambridge University Press, 1998[1647].

Hoberman, John, *Darwin's Athletes : How Sport Has Damaged Black America and Preserved the Myth of Race,* Boston : Houghton Mifflin, 1997.

Hobsbawm, E. J. [Eric], "Introduction : Inventing Traditions", In Eric Hobsbawm · Terence Ranger, eds., *The Invention of Tradition,* Cambridge : Cambridge University Press, 1983a.

____, "Mass-Producing Traditions : Europe, 1870~1914", In Eric Hobsbawm · Terence Ranger, eds., *The Invention of Tradition,* Cambridge : Cambridge University Press, 1983b.

____, *Nations and Nationalism since 1780 : Programme, Myth, Reality,* 2nd ed., Cambridge : Cambridge University Press, 1992[1990].

____, "War and Peace in the 20th Century", *London Review of Books* February 21, 2002.

Hochschild, Jennifer L, *Facing Up to the American Dream : Race, Class, and the Soul of the Nation,* Princeton, N.J. : Princeton University Press, 1995.

Hodgen, Margaret T, *Early Anthropology in the Sixteenth and Seventeenth Centuries,* Philadelphia : University of Pennsylvania Press, 1964.

Hodgkin, Thomas, *Nationalism in Colonial Africa,* New York : New York University Press, 1957[1956].

Hodgson, Marshall G. S, *The Venture of Islam,* 3 vols, Chicago : University of Chicago Press, 1974.

Hödl, Klaus, *Die Pathologisierung des jüdischen Körpers : Antisemitismus, Geschlecht und Medizin im Fin de Siècle,* Wien : Picus, 1997.

Hoerder, Dirk, *Cultures in Contact : World Migrations in the Second Millennium,* Durham, N.C. : Duke University Press, 2002.

Hoess, Rudolf, trans. Constantine FitzGibbon, *Commandant of Auschwitz : The Autobiography of Rudolf Hoess,* Cleveland : World Publishing, 1959[1951].

Hoffman, Stanley, *Decline or Renewal? France since the 1930s,* New York : Viking, 1974.

Hoffmann, Peter, trans. Richard Barry, *The History of the German Resistance, 1933-1945,* 3rd ed., Montreal : McGill-Queen's University Press, 1996[1969].

Hofstadter, Richard, *The Paranoid Style in American Politics and Other Essays,* Cambridge, Mass.
　　: Harvard University Press, 1996[1965].

Hogben, Lancelot, *Genetic Principles in Medicine and Social Science,* New York : Alfred A. Knopf,
　　1932.

____, *Dangerous Thoughts,* London : George Allen & Unwin, 1939.

Hoggart, Richard, *The Uses of Literacy : Aspects of Working-Class Life with Special Reference to Publications
　　and Entertainments,* Harmondsworth, U.K. : Penguin, 1958[1957].

Hohmann, Joachim, *Geschichte der Zigeunerverfolgung in Deutschland,* Frankfurt am Main :
　　Campus, 1981.

Holcomb, Bonnie K. · Sisai Ibssa, 1990. *The Invention of Ethiopia,* Trenton, N.J. : Red Sea
　　Press.

Hollinger, David A, *Postethnic America : Beyond Multiculturalism,* New York : Basic Books, 1995.

Holloway, Jonathan Scott, *Confronting the Veil : Abram Harris Jr., E. Franklin Frazier, and Ralph
　　Bunche, 1919~1941,* Chapel Hill : University of North Carolina Press, 2002.

Holmes, Samuel J, *The Trend of the Race : A Study of Present Tendencies in the Biological Development of
　　Civilized Mankind,* New York : Harcourt, Brace, 1921.

Holt, Thomas C, *The Problem of Race in the 21st Century,* Cambridge, Mass. : Harvard University
　　Press, 2000.

Homze, Edward L, *Foreign Labor in Nazi Germany,* Princeton, N.J. : Princeton University
　　Press, 1967.

Honda Katsuichi, ed. John Lie, trans. Eri Fujieda, Masayuki Hamazaki · John Lie, *The
　　Impoverished Spirit in Contemporary Japan,* New York : Monthly Review Press, 1993.

Hong, Young-Sun, *Welfare, Modernity, and the Weimar State, 1919~1933,* Princeton, N.J. :
　　Princeton University Press, 1998.

Honig, Bonnie, *Democracy and the Foreigner,* Princeton, N.J. : Princeton University Press,
　　2001.

Honig, Emily, *Creating Chinese Ethnicity : Subei People in Shanghai, 1850~1980,* New Haven, Conn.
　　: Yale University Press, 1992.

Hopkins, John Henry, *Scriptural, Ecclesiastical, and Historical View of Slavery, from the Days of the
　　Patriarch Abraham, to the Nineteenth Century,* New York : W. I. Pooley, 1864.

Hopkins, Keith, *Conquerors and Slaves,* Cambridge : Cambridge University Press, 1978.

Horowitz, Donald L, *Ethnic Groups in Conflict,* Berkeley : University of California Press,
　　1985.

____, *The Deadly Ethnic Riot,* Berkeley : University of California Press, 2001.

Horowitz, Irving Louis, *Genocide : State Power and Mass Murder,* New Brunswick, N.J. :
　　Transaction, 1976.

Horrocks, Geoffrey C, *Greek : A History of the Language and Its Speakers,* London : Longman, 1997.

Horsley, Richard A, *Galilee : History, Politics, People,* Valley Forge, Penn. : Trinity Press International, 1995.

____, *Archaeology, History, and Society in Galilee : The Social Context of Jesus and the Rabbis,* Valley Forge, Penn. : Trinity Press International, 1996.

Horsman, Reginald, *Race and Manifest Destiny : The Origins of American Racial Anglo-Saxonism,* Cambridge, Mass. : Harvard University Press, 1981.

Hosking, Geoffrey, *The First Socialist Society : A History of the Soviet Union from Within,* Cambridge, Mass. : Harvard University Press, 1985.

____, "Can Russia Become a Nation-State?" *Nations and Nationalism* 4 : 449~462, 1998.

Houghton, Philip, *People of the Great Ocean : Aspects of Human Biology of the Early Pacific,* Cambridge : Cambridge University Press, 1996.

Hourani, Albert, *Arabic Thought in the Liberal Age 1798~1939,* Cambridge : Cambridge University Press, 1983[1962].

Hovannisian, Richard G, "The Historical Dimensions of the Armenian Question, 1878~1923", In Richard G. Hovannisian, ed., *The Armenian Genocide in Perspective,* New Brunswick, N.J. : Transaction, 1986.

____, "Intervention and Shades of Altruism during the Armenian Genocide", In Richard G. Hovannisian, ed., *The Armenian Genocide : History, Politics, Ethics,* New York : St. Martin's Press, 1992.

____, "Introduction : The Armenian Genocide : Remembrance and Denial", In Richard G. Hovannisian, ed., *Remembrance and Denial : The Case of the Armenian Genocide,* Detroit : Wayne State University Press, 1999.

Howard, Michael, *War and the Liberal Conscience,* New Brunswick, N.J. : Rutgers University Press, 1978.

____, *The Causes of Wars and Other Essays,* Cambridge, Mass. : Harvard University Press, 1983.

____, *The Invention of Peace : Reflections on War and International Order,* New Haven, Conn. : Yale University Press, 2000.

Howe, Irving, *World of Our Fathers : The Journey of the East European Jews to America and the Life They Found and Made,* New York : Galahad, 1994[1976].

Hroch, Miroslav, trans. Ben Fowkes, *Social Preconditions of National Revival in Europe : A Comparative Analysis of the Social Composition of Patriotic Groups among the Smaller European Nations,* Cambridge : Cambridge University Press, 1985.

Hsieh, Shih-Chung, "From *Shanbao* to *Yuanzhumin* : Taiwan Aborigines in Transition", In Murray A. Rubinstein, ed., *The Other Taiwan : 1945 to the Present,* Armonk, N.Y. : M. E.

참고문헌

Sharpe, 1994.

Hughes, Henry, *Treatise on Sociology, Theoretical and Practical,* Philadelphia : Lippincott, Grambo, 1854.

Hughes, Michael, *Nationalism and Society : Germany 1800~1945,* London : Edward Arnold, 1988.

Human Rights Watch [Alison Des Forges], *"Leave None to Tell the Story" : Genocide in Rwanda,* New York : Human Rights Watch, 1999.

Human Rights Watch/Africa, *Civilian Devastation : Abuses by All Parties in the War in Southern Sudan,* New York : Human Rights Watch, 1994.

_____, *Behind the Red Line : Political Repression in Sudan,* New York : Human Rights Watch, 1996.

Human Rigths Watch/Asia, *Indonesia/East Timor : Deteriorating Human Rights in East Timor,* New York : Human Rights Watch, 1997.

Hume, David, ed. L. A. Selby-Bigge, *A Treatise on Human Nature,* 2nd ed., Oxford : Clarendon Press, 1978[1777/1888].

_____, ed. Eugene F. Miller, *Essays, Moral, Political, and Literary,* rev. ed., Indianapolis : LibertyClassics, 1987[1777/1985].

Hunczak, Taras, "The Ukrainian Losses during World War II", In Michael Berenbaum, ed., *A Mosaic of Victims : Non-Jews Persecuted and Murdered by the Nazis,* New York : New York University Press, 1990.

Hunt, Lynn, *Politics, Culture, and Class in the French Revolution,* Berkeley : University of California Press, 1984.

Hutchinson, George, *The Harlem Renaissance in Black and White,* Cambridge, Mass. : Harvard University Press, 1995.

Hutchinson, Sharon E., *Nuer Dilemmas : Coping with Money, War, and the State,* Berkeley : University of California Press, 1996.

Huxley, Julian S. · A. C. Haddon, *We Europeans : A Survey of "Racial" Problems,* London : Jonathan Cape, 1935.

Hymes, Dell, "Linguistic Problems in Defining the Concept of 'Tribe.'", In June Helm, ed., *Essays on the Problem of Tribe,* Seattle : University of Washington Press, 1967.

Ignatieff, Michael, *Blood and Belonging : Journeys into the New Nationalism,* New York : Farrar, Straus & Giroux, 1993.

Ignatiev, Noel, *How the Irish Became White,* New York : Routledge, 1995.

Iliffe, John, *A Modern History of Tanganyika,* Cambridge : Cambridge University Press, 1979.

_____, *Africans : The History of a Continent,* Cambridge : Cambridge University Press, 1995.

Im Hof, Ulrich, and François de Capitani, *Die helvetische Gesellschaft : Spätaufklärung und Vorrevolution in der Schweiz,* 2 vols, Franenfeld : Huber, 1983.

Inden, Ronald, *Imagining India*. Oxford : Blackwell, 1990.

Iriye, Akira, *Global Community : The Role of International Organizations in the Making of the Contemporary World*, Berkeley : University of California Press, 2002.

Irschick, Eugene F, *Dialogue and History : Constructing South India, 1795~1895*, Berkeley : University of California Press, 1994.

Isaacs, Harold R, "Basic Group Identity : The Idols of the Tribe", In Nathan Glazer · Daniel P. Moynihan, eds., *Ethnicity : Theory and Experience*, Cambridge, Mass. : Harvard University Press, 1975.

Isherwood, Christopher, *Christopher and His Kind, 1929~1939*, New York : Farrar, Straus & Giroux, 1976.

Jäckel, Eberhard, trans. Herbert Arnold, *Hitler's World View : A Blueprint for Power*, Cambridge, Mass. : Harvard University Press, 1981.

____, *Hitler in History*, Hanover, N.H. : University Press of New England, 1984.

Jackson, Karl D, "Introduction : The Khmer Rouge in Context", In Karl D. Jackson, ed., *Cambodia 1975~1978 : Rendezvous with Death*, Princeton, N.J. : Princeton University Press, 1989a.

____, "The Ideology of Total Revolution", In Karl D. Jackson, ed., *Cambodia 1975~1978 : Rendezvous with Death*, Princeton, N.J. : Princeton University Press, 1989b.

Jacobsen, Hans-Adolf, trans. Dorothy Long, "The *Kommissarbefehl* and Mass Executions of Soviet Russian Prisoners of War", In Helmut Krausnick, Hans Buchheim, Martin Broszat · Hans-Adolf Jacobsen, *Anatomy of the SS State*, New York : Walker, 1968[1965].

Jacobsen, Thorkild, *The Treasures of Darkness : A History of Mesopotamian Religion*, New Haven, Conn. : Yale University Press, 1976.

Jacobson, Matthew Frye, *Whiteness of a Different Color : European Immigrants and the Alchemy of Race*, Cambridge, Mass. : Harvard University Press, 1998.

Jaeger, Werner, trans. Gilbert Highet, *Paideia : The Ideals of Greek Culture*, vol. 1, Oxford : Blackwell, 1939.

Jaffrelot, Christophe, *The Hindu Nationalist Movement in India*, New York : Columbia University Press, 1996[1993].

Jaher, Frederic Cople, *A Scapegoat in the New Wilderness : The Origins and Rise of Anti-Semitism in America*, Cambridge, Mass. : Harvard University Press, 1994.

James, Allison, "Cooking the Books : Global or Local Identities in Contemporary British Food Cultures?" In David Howes, ed., *Cross-Cultural Consumption : Global Markets, Local Realities*, London : Routledge, 1996.

James, Harold, *The German Slump : Politics and Economics 1924~1936*, Oxford : Clarendon

Press, 1986.

____, *A German Identity 1770~1990,* London : Routledge, 1989.

James, Wendy, *The Listening Ebony : Moral Knowledge, Religion, and Power among the Uduk of Sudan,* Oxford : Clarendon Press, 1988.

Janowitz, Morris, *Military Conflict : Essays in the Institutional Analysis of Peace,* Beverly Hills, Calif. : Sage, 1975.

Janton, Pierre, *L'espéranto,* Paris : Presses Universitaires de France, 1973.

Jaspars, Jos · Miles Hewstone, "Social Categorization, Collective Beliefs, and Causal Attribution", In Colin Fraser · George Gaskell, eds., *The Social Psychological Study of Widespread Beliefs,* Oxford : Clarendon Press, 1990.

Jaspers, Karl, *Die Schuldfrage : Ein Beitrag zur deutschen Frage,* Zürich : Artemis, 1946.

____, *Vom Ursprung und Ziel der Geschichte,* Zürich : Artemis, 1949.

Jaurès, Jean, "Le Prolétariat, la patrie et la paix", In Jean Jaurès, ed., ed. Max Bonnafous, *Oeuvres de Jean Jaurès,* vol. 1, Paris : Rieder, 1931[1902].

Jayawardena, Kumari, *Feminism and Nationalism in the Third World,* London : Zed, 1986.

Jeismann, Michael, *Das Vaterland der Feinde : Studien zum nationalen Feindbegriff und Selbstverständnis in Deutschland und Frankreich 1792~1918,* Stuttgart : Klett-Cotta, 1992.

Jelavich, Barbara, *Modern Austria : Empire and Republic, 1815~1986,* Cambridge : Cambridge University Press, 1987.

Jellonnek, Burkhard, *Homosexuelle unter dem Hakenkreuz : Die Verfolgung von Homosexuellen im Dritten Reich,* Paderborn, Germany : Ferdinand Schöningh, 1990.

Jenkins, Richard, "Culture, Classification and (In)competence", In Richard Jenkins, ed., *Questions of Competence : Culture, Classification and Intellectual Disability,* Cambridge : Cambridge University Press, 1998.

Jennings, Francis, *The Invasion of America : Indians, Colonialism, and the Cant of Conquest,* New York : W. W. Norton, 1976[1975].

Johnson, Charles S, "Race Relations and Social Change", In Edgar T. Thompson, ed., *Race Relations and the Race Problem : A Definition and an Analysis,* Durham, N.C. : Duke University Press, 1939.

Johnson, Douglas H, *Nuer Prophets : A History of Prophecy from the Upper Nile in the Nineteenth and Twentieth Centuries,* Oxford : Clarendon Press, 1994.

Johnson, Walter, ed. P. A. Brunt, *The Roman Economy : Studies in Ancient Economic and Administrative History,* Oxford : Blackwell, 1974.

____, *Soul by Soul : Life inside the Antebellum Slave Market,* Cambridge, Mass. : Harvard University Press, 1999.

Jones, Howard Mumford, *The Theory of American Literature,* Ithaca, N.Y. : Cornell University

Press, 1965[1948].

Jones, P. M, *The Peasantry in the French Revolution,* Cambridge : Cambridge University Press, 1988.

____, *Reform and Revolution in France : The Politics of Transition, 1774~1791,* Cambridge : Cambridge University Press, 1995.

Jordan, June, *Technical Difficulties : African-American Notes on the State of the Union,* New York : Pantheon, 1992.

Jordan, Winthrop D, *White over Black : American Attitudes toward the Negro, 1550~1812,* Chapel Hill : University of North Carolina Press, 1968.

Jouvenel, Bertrand de, trans. J. F. Huntington, *Sovereignty : An Inquiry into the Political Good,* Chicago : University of Chicago Press, 1957.

Judah, Tim, *The Serbs : History, Myth and the Destruction of Yugoslavia,* New Haven, Conn. : Yale University Press, 1997.

____, *Kosovo : War and Revenge,* New Haven, Conn. : Yale University Press, 2000.

Judt, Tony, *A Grand Illusion? An Essay on Europe,* New York : Hill & Wang, 1996.

Jung, Courtney, *Then I Was Black : South African Political Identities in Transition,* New Haven, Conn. : Yale University Press, 2000.

Jünger, Ernst, trans. Basil Creighton, *The Storm of Steel : From the Diary of a German Storm-Troop Officer on the Western Front,* London : Chatto & Windus, 1929[1921].

Kafka, Franz, *Tagebücher band 2 : 1912~1914,* Frankfurt am Main : Fischer, 1994[1937/1990].

Kahan, Arcadius, "Nineteenth-Century European Experience with Policies of Economic Nationalism", In Harry G. Johnson, ed., *Economic Nationalism in Old and New States,* Chicago : University of Chicago Press, 1967.

Kahler, Miles, *Decolonization in Britain and France : The Domestic Consequences of International Relations,* Princeton, N.J. : Princeton University Press, 1984.

Kallen, Horace M, *Culture and Democracy in the United States : Studies in the Group Psychology of the American Peoples,* New York : Boni and Liveright, 1924.

Kāmil, ʿAbd-al-ʿAzīz ʿAbd-al-Qādir, *Islam and the Race Question,* Paris : UNESCO, 1970.

Kant, Immanuel, "Anthropologie in pragmatischer Hinsicht", In Immanuel Kant, ed. Wilhelm Weischedel, *Werke,* vol. 10, Wiesbaden, Germany : Insel, 1965[1798-1800].

____, "An Answer to the Question : 'What is Enlightenment?'" In Immanuel Kant, ed. Hans Reiss, trans. H. B. Nisbet, *Political Writings,* 2nd ed., Cambridge : Cambridge University Press, 1991[1784/1970].

Kaplan, Marion A, "When the Ordinary Became Extraordinary : German Jews Reacting to Nazi Persecution, 1933~1939", In Robert Gellately · Nathan Stoltzfus, eds., *Social Outsiders in Nazi Germany*, Princeton, N.J. : Princeton University Press, 2001.

Karsh, Efraim · Inari Karsh, *Empires of the Sand : The Struggle for Mastery in the Middle East, 1789~1923*, Cambridge, Mass. : Harvard University Press, 1999.

Karakasidou, Anastasia N, *Fields of Wheat, Hills of Blood : Passages to Nationhood in Greek Macedonia, 1870~1990*, Chicago : University of Chicago Press, 1997.

Kashner, Sam, "The Color of Love", *Vanity Fair* April, 1999.

Kästli, Tobias, *Die Schweiz—Eine Republik in Europa : Geschichte des Nationalstaats seit 1798*, Zürich : Neue Zürcher Zeitung, 1998.

Kater, Michael H, *The Nazi Party : A Social Profile of Members and Leaders, 1919~1945*, Cambridge, Mass. : Harvard University Press, 1983.

Katz, Steven T, *The Holocaust in Historical Context*, vol. 1 : *The Holocaust and Mass Death before the Modern Age,* New York : Oxford University Press, 1994.

Kauders, Anthony, *German Politics and the Jews : Düsseldorf and Nuremberg 1910~1933*, Oxford : Clarendon Press, 1996.

Kautsky, Karl, *Foundations of Christianity : A Study in Christian Origins,* New York : International Publishers, 1925[1908].

____, *Are the Jews a Race?* New York : International Publishers, 1926[1914/1921].

____, trans. William E. Bohn, *The Class Struggle,* New York : W. W. Norton, 1971[1892].

Keats, John, ed. Elizabeth Cook, *John Keats*, Oxford : Oxford University Press, 1990.

Kee, Howard Clark, *Who Are the People of God? Early Christian Models of Community,* New Haven, Conn. : Yale University Press, 1995.

Keen, David, *The Benefits of Famine : A Political Economy of Famine and Relief in Southwestern Sudan, 1983~1989*, Princeton, N.J. : Princeton University Press, 1994.

Keen, Ian, *Knowledge and Secrecy in an Aboriginal Religion*, Oxford : Clarendon Press, 1994.

Keil, Frank C, *Concepts, Kinds, and Cognitive Development*, Cambridge, Mass. : MIT Press, 1989.

Kelley, Donald R, *Historians and the Law in Postrevolutionary France,* Princeton, N.J. : Princeton University Press, 1984.

Kellner, Menachem, *Maimonides on Judaism and the Jewish People,* Albany : State University of New York Press, 1991.

Kenyatta, Jomo, *Facing Mount Kenya : The Tribal Life of the Gikuyu,* London : Secker & Warburg, 1953.

Keohane, Nannerl O, *Philosophy and the State in France : The Renaissance to the Enlightenment,* Princeton, N.J. : Princeton University Press, 1980.

Kershaw, Ian, *Popular Opinion and Political Dissent in the Third Reich : Bavaria 1933~1945*, Oxford : Clarendon Press, 1983.

____, *The "Hitler Myth" : Image and Reality in the Third Reich,* Oxford : Clarendon Press, 1987.

____, *Hitler : 1889~1936 : Hubris,* New York : W. W. Norton, 1999[1998].

____, *Hitler : 1936~1945 : Nemesis,* New York : W. W. Norton, 2000.

Kerswill, Paul, *Dialects Converging : Rural Speech in Urban Norway,* Oxford : Clarendon Press, 1994.

Kete, Kathleen, *The Beast in the Boudoir : Petkeeping in Nineteenth-Century Paris,* Berkeley : University of California Press, 1994.

Kevles, Daniel J, *In the Name of Eugenics : Genetics and the Uses of Human Heredity,* New York : Alfred A. Knopf, 1985.

Keynes, John Maynard, *The Collected Writings of John Maynard Keynes,* vol. 2 : *The Economic Consequences of Peace,* London : Macmillan, 1971[1919].

Khalidi, Rashid, *Palestinian Identity : The Construction of Modern National Consciousness,* New York : Columbia University Press, 1997.

Khazanov, Anatoly M, trans. Julia Crookenden, *Nomads and the Outside World,* 2nd ed., Madison : University of Wisconsin Press, 1994[1983].

____, *After the USSR : Ethnicity, Nationalism, and Politics in the Commonwealth of Independent States,* Madison : University of Wisconsin Press, 1995.

Kibria, Nazli, "The Contested Meanings of 'Asian American' : Racial Dilemmas in the Contemporary US", *Ethnic and Racial Studies* 21 : 939-958, 1998.

Kiernan, Ben, *The Pol Pot Regime : Race, Power, and Genocide in Cambodia under the Khmer Rouge, 1975~79,* New Haven. Conn. : Yale University Press, 1996.

Kiernan, V. G, "Foreign Mercenaries and Absolute Monarchy." In Trevor Aston, ed., *Crisis in Europe, 1560~1660,* London : RKP, 1965[1957].

____, *The Lords of Human Kind : Black Man, Yellow Man, and White Man in an Age of Empire,* New York : Columbia University Press, 1986[1969].

Kimelman, Reuven, "*Birkat Ha-Minim* and the Lack of Evidence for an Anti-Christian Jewish Prayer in Late Antiquity", In E. P. Sanders, ed., *Jewish and Christian Self-Definition,* vol. 2 : *Aspects of Judaism in the Greco-Roman Period,* Philadelphia : Fortress Press, 1981.

Kinder, Donald R. · Lynn M. Sanders, *Divided by Color : Racial Politics and Democratic Ideals,* Chicago : University of Chicago Press, 1996.

King, James C, *The Biology of Race,* rev. ed., Berkeley : University of California Press, 1981[1971].

King, Jeremy, *Budweisers into Czechs and Germans : A Local History of Bohemian Politics, 1848~1948,* Princeton, N.J. : Princeton University Press, 2002.

King, Victor T, *The Peoples of Borneo,* Oxford : Blackwell, 1993.

Kissinger, Henry A, *A World Restored : Metternich, Castlereagh and the Problems of Peace, 1812~1822,* Boston : Houghton Mifflin, 1958.

Kitcher, Philip, *Vaulting Ambition : Sociobiology and the Quest for Human Nature,* Cambridge, Mass. : MIT Press, 1985.

Kittredge, George Lyman, *Witchcraft in Old and New England,* New York : Atheneum, 1972[1929].

Klingenstein, Grete, trans. Sabina Krause · Grete Klingenstein. "The Meaning of 'Austria' and 'Austrian' in the Eighteenth Century", In Robert Oresko, G. C. Gibbs · H. M. Scott, eds, *Royal and Republican Sovereignty in Early Modern Europe,* Cambridge : Cambridge University Press, 1997.

Knox, Robert, *The Races of Men : A Fragment,* Philadelphia : Lea & Blanchard, 1850.

Knudsen, Jonathan B, *Justus Möser and the German Enlightenment,* Cambridge : Cambridge University Press, 1986.

Kobayashi Shigeru, *Buraku "kaihōrei" no kenkyū,* Osaka : Buraku Kaihō Shuppansha, 1979.

Koerner, Lisbet, *Linnaeus : Nature and Nation,* Cambridge, Mass. : Harvard University Press, 1999.

Kogon, Eugen, trans. Heinz Norden, *The Theory and Practice of Hell : The German Concentration Camps and the System Behind Them,* New York : Berkley, 1958[1950].

Kohn, Hans, *The Idea of Nationalism : A Study in Its Origins and Background,* New York : Macmillan, 1944.

____, *Pan-Slavism : Its History and Ideology,* 2nd ed., New York : Vintage, 1960[1953].

Kolchin, Peter, *American Slavery, 1619~1877,* New York : Hill & Wang, 1993.

König, René, trans. F. Bradley, *A La Mode : On the Social Psychology of Fashion,* New York : Seabury Press, 1973[1971].

Konvitz, Milton R, *The Alien and the Asiatic in American Law,* Ithaca, N.Y. : Cornell University Press, 1946.

Koonz, Claudia, *Mothers in the Fatherland : Women, the Family, and Nazi Politics,* New York : St. Martin's Press, 1987.

Korinman, Michel, *Deutschland über alles : le pangermanisme 1890~1945,* Paris : Fayard, 1999.

Koshar, Rudy, *Social Life, Local Politics, and Nazism : Marburg, 1880~1935,* Chapel Hill : University of North Carolina Press, 1986.

Kossmann, E. H, *The Low Countries, 1780~1940,* Oxford : Clarendon Press, 1978.

Kotkin, Stephen, *Magnetic Mountain : Stalinism as a Civilization,* Berkeley : University of California Press, 1995.

Kovel, Joel, *White Racism : A Psychohistory,* London : Free Association Books, 1988[1970/1984].

Kramer, Lloyd, *Nationalism : Political Cultures in Europe and America, 1775-1865,* New York : Twayne, 1998.

Krasner, Stephen D, *Sovereignty : Organized Hypocrisy,* Princeton, N.J. : Princeton University Press, 1999.

Krausnick, Helmut, trans. Dorothy Long, "The Persecution of the Jews", In Helmut Krausnick, Hans Buchheim, Martin Broszat · Hans-Adolf Jacobsen, *Anatomy of the SS State,* New York : Walker, 1968[1965].

____, "Die Einsatzgruppen vom Anschluβ Österreichs bis zum Feldzug gegen die Sowjetunion : Entwicklung und Verhältnis zur Wehrmacht", In Helmut Krausnick · Hans-Heinrich Wilhelm, eds., *Die Truppe des Weltanschauungskrieges : Die Einsatzgruppen der Sicherheitspolizei und des SD 1938~1942,* Stuttgart : Deutsche Verlags-Anstalt, 1981.

Kreissig, Heinz, *Die sozialen Zusammenhänge des judäischen Krieges,* Berlin : Akademie Verlag, 1970.

Kripke, Saul A, *Naming and Necessity,* Cambridge, Mass. : Harvard University Press, 1980.

Kristeva, Julia, trans. Leon S. Roudiez, *Strangers to Ourselves,* New York : Columbia University Press, 1991.

____, trans. Leon S. Roudiez, *Nations without Nationalism,* New York : Columbia University Press, 1993[1990].

Kroll, Frank-Lothar, *Utopie als Ideologie : Geschichtsdenken und politisches Handeln im Dritten Reich,* Paderborn, Germany : Ferdinand Schöningh, 1998.

Krüger, Peter, "Auf der Suche nach Deutschland—ein historischer Streifzug ins Ungewisse", In Peter Krüger, ed., *Deutschland, deutscher Staat, deutsche Nation : Historische Erkundungen eines Spannungsverhältnisses,* Marburg, Germany : Hitzeroth, 1993.

Kuehn, Manfred, *Kant : A Biography,* Cambridge : Cambridge University Press, 2001.

Kühl, Stefan, *The Nazi Connection : Eugenics, American Racism, and German National Socialism,* New York : Oxford University Press, 1994.

Kumar, Radha, *Divide and Fall? Bosnia in the Annals of Partition,* London : Verso, 1997.

Kuper, Adam, *The Invention of Primitive Society : Transformations of an Illusion,* London : Routledge, 1988.

____, *Culture : The Anthropologists' Account,* Cambridge, Mass. : Harvard University Press, 1999.

Kuper, Leo, *Genocide : Its Political Use in the Twentieth Century,* New Haven, Conn. : Yale University Press, 1981.

Kutter, Markus, *Die Schweizer und die Deutschen,* Zürich : Ammann, 1995.

Kvistad, Gregg, "Segmented Politics : Xenophobia, Citizenship, and Political Loyalty in Germany", In Norbert Finzsch · Dietmar Schirmer, eds., *Identity and Intolerance : Nationalism, Racism, and Xenophobia in Germany and the United States,* Cambridge : Cambridge University Press, 1998.

Kwiet, Konrad, "Nach dem Pogrom stufen der Ausgrenzung", In Wolfgang Benz, ed., *Die Juden in Deutschland 1933~1945 : Leben unter nationalsozialistischer Herrschaft,* München : C. H. Beck, 1988.

La Vopa, Anthony J, *Fichte : The Self and the Calling of Philosophy, 1762~1799,* Cambridge : Cambridge University Press, 2001.

Lach, Donald F, *Asia in the Making of Europe,* vol. 1 : *The Century of Discovery,* 2 parts, Chicago : University of Chicago Press, 1965.

____, *Asia in the Making of Europe,* vol. 2 : *A Century of Wonder, Book 3 : The Scholarly Disciplines,* Chicago : University of Chicago Press, 1977.

Lacy, Terry G, *Ring of Seasons : Iceland—Its Culture and History,* Ann Arbor : University of Michigan Press, 1998.

Lafaye, Jacques, trans. Benjamin Keen, *Quetzalcóatl and Guadalupe : The Formation of Mexican National Consciousness 1531~1813,* Chicago : University of Chicago Press, 1976[1974].

Lahr, John, "Been Here and Gone", *New Yorker* April 16, 2001,

Laitin, David, *Language Repertoires and State Construction in Africa,* Cambridge : Cambridge University Press, 1992.

Lamont, Michèle, *The Dignity of Working Men : Morality and the Boundaries of Race, Class, and Immigration,* Cambridge, Mass. : Harvard University Press, 2000.

Lampe, John R, *Yugoslavia as History : Twice There Was a Country,* 2nd ed., Cambridge : Cambridge University Press, 2000[1996].

Lamphear, John, *The Scattering Time : Turkana Responses to Colonial Rule,* Oxford : Clarendon Press, 1992.

Landau, Jacob M, *The Arab Minority in Israel 1967~1991 : Political Aspects,* Oxford : Clarendon Press, 1993.

Lane, Barbara Miller · Leila J. Rupp, "Introduction", In Barbara Miller Lane · Leila J. Rupp, eds., *Nazi Ideology before 1933 : A Documentation,* Austin : University of Texas Press, 1978.

Lane, Harlan, *The Mask of Benevolence : Disabling the Deaf Community,* New York : Alfred A. Knopf, 1992.

Langer, William L, *Gas and Flame in World War I,* New York : Alfred A. Knopf, 1965.

Langford, Paul, *Public Life and the Propertied Englishman, 1689~1798,* Oxford : Clarendon Press, 1991.

_____, *Englishness Identified : Manners and Character, 1650~1850,* Oxford : Oxford University Press, 2000.

Langmuir, Gavin I, *History, Religion, and Antisemitism,* Berkeley : University of California Press, 1990.

Laqueur, Walter, *The Terrible Secret : Suppression of the Truth about Hitler's "Final Solution",* Harmondsworth, U.K. : Penguin, 198.

Large, David Clay, ed, *Contending with Hitler : Varieties of German Resistance in the Third Reich,* Cambridge : Cambridge University Press, 1991.

Larkin, Maurice, *France since the Popular Front : Government and People, 1936~1986,* 2nd ed., Oxford : Clarendon Press, 1997[1988].

Larsen, Clark Spencer, *Bioarchaeology : Interpreting Behavior from the Human Skeleton,* Cambridge : Cambridge University Press, 1997.

Larsen, J. A. O, *Greek Federal States : Their Institutions and History,* Oxford : Clarendon Press, 1968.

Las Casas, Bartolomé de, trans. Herma Briffault, *The Devastation of the Indies : A Brief Account,* New York : Seabury Press, 1974[1552].

Lasker, G. W, "Human Biological Adaptability : The Ecological Approach in Physical Anthropology", *Science* 166 : 1480~1486, 1969.

_____, *Surnames and Genetic Structure,* Cambridge : Cambridge University Press, 1985.

Laurence, Ray, "Territory, Ethnonyms and Geography : The Construction of Identity in Roman Italy", In Ray Laurence and Joanne Berry, eds., *Cultural Identity in the Roman Empire,* London : Routledge, 1998.

Laurens, Henry, *La question de Palestine,* vol. 1 : *1799~1922 : l'invention de la terre sainte,* Paris : Fayard, 1999.

Lautmann, Ruediger, "Gay Prisoners in Concentration Camps as Compared with Jehovah's Witnesses and Political Prisoners", In Michael Berenbaum, ed., *A Mosaic of Victims : Non-Jews Persecuted and Murdered by the Nazis,* New York : New York University Press, 1990.

Lavisse, Ernest, *France=Humanité : lettres à une normalienne,* Paris : I. Rirachovski, 1918.

Lawrence, D. H, *Studies in Classical American Literature,* Harmondsworth, U.K. : Penguin, 1971[1923].

Lazarre, Jane, *Beyond the Whiteness of Whiteness : Memoir of a White Mother of Black Sons,* Durham, N.C. : Duke University Press, 1996.

Le Bras, Hervé, *Naissance de la mortalité : l'origine politique de la statistique et de la démographie,* Paris : Gallimard, 2000.

Le Goff, Jacques, trans. Arthur Goldhammer, *Time, Work, and Culture in the Middle Ages,*

Chicago : University of Chicago Press, 1980.

＿＿, trans. Julia Barrow, *Medieval Civilization 400~1500*, Oxford : Blackwell, 1988[1964].

Le Roy Ladurie, Emmanuel, trans. Barbara Bray, *Montaillou : The Promised Land of Error*, New York : Vintage, 1979[1975/1978].

＿＿, trans. Siän Reynolds and Ben Reynolds, *The Mind and Method of the Historian*, Chicago : University of Chicago Press, 1981[1978].

＿＿, trans. Alan Sheridan, *Love, Death and Money in the Pays d'Oc*, Harmondsworth, U.K. : Penguin, 1984[1980/1982].

＿＿, trans. Alan Sheridan, *The French Peasantry 1450~1660*, Berkeley . University of California Press, 1987[1977].

Leach, E. R, *Political Systems of Highland Burma : A Study of Kachin Social Structure*, Boston : Beacon Press, 1965[1954].

Lebovics, Herman, *True France : The Wars over Cultural Identity, 1900~1945*, Ithaca, N.Y. : Cornell University Press, 1992.

Lebow, Richard Ned, *White Britain and Black Ireland : The Influence of Stereotypes on Colonial Policy*, Philadelphia : Institute for the Study of Human Issues, 1976.

Lee, Richard Borsay, *The Kung San : Men, Women, and Work in a Foraging Society*, Cambridge : Cambridge University Press, 1979.

Lee, Taeku, *Mobilizing Public Opinion : Black Insurgency and Racial Attitudes in the Civil Rights Era*, Chicago : University of Chicago Press, 2002.

Leed, Eric J, *No Man's Land : Combat and Identity in World War I*, Cambridge : Cambridge University Press, 1979.

Lefebvre, Georges, trans. Joan White, *The Great Fear of 1789 : Rural Panic in Revolutionary France*, New York : Pantheon, 1973[1932].

Leibowitz, Yeshayahu, ed. Eliezer Goldman, trans. Eliezer Goldman et al, *Judaism, Human Values, and the Jewish State*, Cambridge, Mass. : Harvard University Press, 1992.

Lemkin, Raphael, *Axis Rule in Occupied Europe : Laws of Occupation, Analysis of Government, Proposals for Redress*, New York : Howard Fertig, 1973[1944].

Lemon, Alaina, *Between Two Fires : Gypsy Performance and Romani Memory from Pushkin to Postsocialism*, Durham, N.C. : Duke University Press, 2000.

Lenin, V. I, "Speech Delivered at an International Meeting in Berne, February 8, 1916", In V. I. Lenin, ed. George Hanna, trans. Yuri Sdobnikov, *Collected Works*, vol. 22 : *December 1915-July 1916*, Moscow : Progress Publishers, 1964[1916].

Leone, Mark P, *Roots of Modern Mormonism*, Cambridge, Mass. : Harvard University Press, 1979.

Lepsius, M. Rainer, *Extremer Nationalismus : Strukturbedingungen vor der nationalsozialistischen*

Machtergreifung, Stuttgart : W. Kohlhammer, 1966.

Letwin, Shirley Robin, *The Gentleman in Trollope : Individuality and Moral Conduct*, Cambridge, Mass. : Harvard University Press, 1982.

Levi, Carlo, trans. Frances Frenaye, *Christ Stopped at Eboli : The Story of a Year*, New York : Farrar, Straus & Giroux, 1963[1945/1947].

Levi, Primo, trans. Raymond Rosenthal, *The Drowned and the Saved*, New York : Summit Books, 1988[1986].

Levillain, Philippe, "1871~1898 : les droites en République", In Jean-François Sirinelli, ed., *Histoire des droites en France*, vol. 1, Paris : Galli mard, 1992.

Levin, Michael, *Why Race Matters : Race Differences and What They Mean*, Westport, Conn. : Praeger, 1997.

Levinas, Emmanuel, trans. Seán Hand, *Difficult Freedom : Essays on Judaism*, London : Athlone Press, 1990[1963].

Levine, Hillel, *In Search of Sugihara : The Elusive Japanese Diplomat Who Risked His Life to Rescue 10,000 Jews from the Holocaust*, New York : Free Press, 1996.

Levine, Lee I, *Judaism and Hellenism in Antiquity : Conflict or Confluence?*, Seattle : University of Washington Press, 1998.

Levine, Philippa, *The Amateur and the Professional : Antiquarians, Historians and Archaeologists in Victorian England, 1838~1886*, Cambridge : Cambridge University Press, 1986.

Levins, Richard · Richard Lewontin, *The Dialectical Biologist*, Cambridge, Mass. : Harvard University Press, 1985.

Lévi-Strauss, Claude, trans. Rodney Needham, *Totemism*, Boston : Beacon Press, 1963[1962].

Lévy, Bernard-Henri, *L'idéologie française*, Paris : Grasset, 1981.

Lewis, Bernard, *The Arabs in History*, rev. ed., New York : Harper & Row, 1967[1950].

____, *The Muslim Discovery of Europe*, New York : W. W. Norton, 1982.

____, *The Jews of Islam*, Princeton, N.J. : Princeton University Press, 1984.

____, *The Political Language of Islam*, Chicago : University of Chicago Press, 1988.

____, *Race and Slavery in the Middle East : An Historical Enquiry*, New York : Oxford University Press, 1990.

____, *Cultures in Conflict : Christians, Muslims, and Jews in the Age of Discovery*, New York : Oxford University Press, 1995.

____, *The Multiple Identities of the Middle East*, New York : Schocken, 1998.

Lewis, Julian Herman, *The Biology of the Negro*, Chicago : University of Chicago Press, 1942.

Lewis, Martin · Kären E. Wigen, *The Myth of Continents : A Critique of Metageography*, Berkeley : University of California Press, 1997.

Lewis, W. Arthur, *Racial Conflict and Economic Development*, Cambridge, Mass. : Harvard University Press, 1985.

Lewontin, R. C, *The Genetic Basis of Evolutionary Change*, New York : Columbia University Press, 1974.

____, *The Triple Helix : Gene, Organism, and Environment*, Cambridge, Mass. : Harvard University Press, 2000.

Lewy, Guenter, *The Nazi Persecution of the Gypsies*, New York : Oxford University Press, 2000.

Liber, George O, "Imagining Ukraine : Regional Differences and the Emergence of an Integrated State Identity, 1926~1944", *Nations and Nationalism* 4 : 187~206, 1998.

Lidtke, Vernon L, *The Alternative Culture : Socialist Labor in Imperial Germany*, New York : Oxford University Press, 1985.

Lie, John, *Han Unbound : The Political Economy of South Korea*, Stanford, Calif. : Stanford University Press, 1998.

____, *Multiethnic Japan*, Cambridge, Mass. : Harvard University Press, 2001.

Lieberson, Stanley, *A Piece of the Pie : Blacks and White Immigrants since 1880*, Berkeley : University of California Press, 1980.

Liebman, Charles S. · Eliezer Don-Yehiya. *Civil Religion in Israel : Traditional Judaism and Political Culture in the Jewish State*, Berkeley : University of California Press, 1983.

Lienhardt, Godfrey, "Self : Public, Private. Some African Representation", In Michael Carrithers, Steven Collins · Steven Lukes, eds., *The Category of the Person : Anthropology, Philosophy, History*, Cambridge : Cambridge University Press, 1985.

Lifton, Robert Jay, *The Nazi Doctors : Medical Killing and the Psychology of Genocide*, New York : Basic Books, 1986.

Lilla, Mark, Ronald Dworkin · Robert B. Silvers, eds, *The Legacy of Isaiah Berlin*, New York : New York Review Books, 2001.

Lin, Yueh-hua, ed. Wu-Chi Liu, trans. Ju-Shu Pan, *The Lolo of Liang Shan*, New Haven, Conn. : HRAF Press, 1961.

Lincoln, Bruce, *Theorizing Myth : Narrative, Ideology, and Scholarship*, Chicago : University of Chicago Press, 1999.

Lincoln, C. Eric, *The Black Muslims in America*, 3rd ed., Grand Rapids, Mich. : William B. Eerdmans, 1994[1961].

Lindee, M. Susan, *Suffering Made Real : American Science and the Survivors at Hiroshima*, Chicago : University of Chicago Press, 1994.

Lipovetsky, Gilles, trans. Catherine Porter, *The Empire of Fashion : Dressing Modern Democracy*, Princeton, N.J. : Princeton University Press, 1994[1987].

Liss, Peggy K, *Mexico under Spain, 1521~1556 : Society and the Origins of Nationality*, Chicago :

University of Chicago Press, 1975.

Littlefield, Daniel C, *Rice and Slaves : Ethnicity and the Slave Trade in Colonial South Carolina*, Baton Rouge : Louisiana State University Press, 1981.

Litwack, Leon F, *North of Slavery : The Negro in the Free States 1790~1860*, Chicago : University of Chicago Press, 1961.

____, *Trouble in Mind : Black Southerners in the Age of Jim Crow*, New York : Alfred A. Knopf, 1998.

Liu, Lydia H, *Translingual Practice : Literature, National Culture, and Translated Modernity : China, 1900 ~1937*, Stanford, Calif. : Stanford University Press, 1995.

Livingstone, Frank B, "On the Non-Existence of Human Races", *Current Anthropology* 3 : 279~281, 1962.

Lloyd, G. E. R, *Polarity and Analogy : Two Types of Argumentation in Early Greek Thought*, Cambridge : Cambridge University Press, 1966.

Locke, Alain, "The New Negro", In Alain Locke, ed., *The New Negro : An Interpretation*, New York : Arno Press, 1968[1925].

____, "Who and What Is 'Negro'?" In Leonard Harris, ed., *The Philosophy of Alain Locke : Harlem Renaissance and Beyond*, Philadelphia : Temple University Press, 1989[1942].

Locke, John, ed. Peter H. Nidditch, *An Essay Concerning Human Understanding*, Oxford : Clarendon Press, 1975[1689].

Lockhart, James, *Nahuas and Spaniards : Postconquest Central Mexican History and Philology*, Stanford, Calif. : Stanford University Press, 1991.

____, *The Nahuas after the Conquest : A Social and Cultural History of the Indians of Central Mexico, Sixteenth through Eighteenth Centuries*, Stanford, Calif. : Stanford University Press, 1992.

____, *Spanish Peru, 1532~1560 : A Social History*, Madison : University of Wisconsin Press, 1994[1968].

Longerich, Peter, *Politik der Vernichtung : Eine Gesamtdarstellung der nationalsozialistischen Judenverfolgung*, München : Piper, 1998.

Longerich, Peter, ed, *"Was Ist des Deutschen Vaterland?"* : *Dokumente zur Frage der deutschen Einheit 1800 bis 1900*, München : Piper, 1990.

Lonsdale, John, "The European Scramble and Conquest in African History", In Roland Oliver · G. N. Sanderson, eds., *The Cambridge History of Africa*, vol. 6 : *From 1870 to 1905*, Cambridge : Cambridge University Press, 1985.

Loury, Glenn C, "Free at Last? A Personal Perspective on Race and Identity in America", In Gerald Early, ed., *Lure and Loathing : Essays on Race, Identity, and the Ambivalence of Assimilation*, New York : Viking Penguin, 1993.

____, *The Anatomy of Racial Inequality*, Cambridge, Mass. : Harvard University Press, 2002.

Lowenthal, David, *The Heritage Crusade and the Spoils of History*, New York : Free Press, 1996.

Lowie, Robert H, *Toward Understanding Germany,* Chicago : University of Chicago Press, 1954.

Luckham, Robin, *The Nigerian Military : A Sociological Analysis of Authority and Revolt 1960~1967,* Cambridge : Cambridge University Press, 1971.

___, "Militarism : Force, Class and International Conflict", In Mary Kaldor and Asbj ø rn Eide, eds., *The World Military Order : The Impact of Military Technology on the Third World,* London : Macmillan, 1979.

Ludmerer, Kenneth M, *Genetics and American Society : A Historical Appraisal,* Baltimore : Johns Hopkins University Press, 1972.

Ludwig, Emil, *Geschenke des Lebens : Ein Rückblick,* Berlin : Ernst Rowohlt, 1931.

Lukács, Georg, trans. Peter Palmer, *The Destruction of Reason,* London : Merlin Press, 1980[1962].

Lukas, Richard C, "The Polish Experience during the Holocaust", In Michael Berenbaum, ed., *A Mosaic of Victims : Non-Jews Persecuted and Murdered by the Nazis,* New York : New York University Press, 1990.

Lukes, Steven, *Individualism,* Oxford : Blackwell, 1973.

Lumans, Valdis O, *Himmler's Auxiliaries : The Volksdeutsche Mittelstelle and the German National Minorities of Europe, 1933~1945,* Chapel Hill : University of North Carolina Press, 1993.

Lundgren, Svante, *Moses Hess on Religion, Judaism and the Bible,* Åbo : Åbo Akademis Förlag, 1992.

Lurie, Alison, *The Language of Clothes,* New York : Random House, 1981.

MacBeth, Helen, "What Is an Ethnic Group? A Biological Perspective", In Angus Clark e · Evelyn Parsons, eds., *Culture, Kinship and Genes : Towards Cross-Cultural Genetics,* Houndsmills, U.K. : Macmillan, 1997.

MacDougall, Hugh A, *Racial Myth in English History : Trojans, Teutons, and Anglo-Saxons,* Montreal : Harvest House, 1982.

Macfarlane, Alan, *Witchcraft in Tudor and Stuart England : A Regional and Comparative Study,* London : Routledge and Kegan Paul, 1970.

MacFarquhar, Roderick, *The Origins of the Cultural Revolution,* vol. 3 : *The Coming of the Cataclysm 1961~1966,* Oxford : Oxford University Press, 1997.

Machiavelli, Niccolò, trans. Leslie J. Walker, rev. Brian Richardson, *The Discourses,* ed. Bernard Crick, Harmondsworth, U.K. : Penguin, 1970.

Mack Smith, Denis, *Mazzini,* New Haven, Conn. : Yale University Press, 1994.

MacKenzie, John M, "The Popular Culture of Empire in Britain", In Judith M. Brown · Wm. Roger Louis, eds., *The Oxford History of the British Empire,* vol. 4 : *The Twentieth*

Century, Oxford : Oxford University Press, 1999.

MacMullen, Ramsay, *Romanization in the Time of Augustus,* New Haven, Conn. : Yale University Press, 2000.

MacNamara, Nottidge Charles, *Origin and Character of the British People,* London : Smith, Elder, 1900.

Maguire, G. Andrew, *Toward "Uhuru" in Tanzania : The Politics of Participation,* Cambridge : Cambridge University Press, 1969.

Mahler, Sarah J, *American Dreaming : Immigrant Life on the Margins,* Princeton, N.J. : Princeton University Press, 1995.

Maiden, Martin, *A Linguistic History of Italian,* London : Longman, 1995.

Maier, Charles S, *The Unmasterable Past : History, Holocaust, and German National Identity,* Cambridge, Mass. : Harvard University Press, 1988.

Maistre, Joseph de, ed. and trans. Jack Lively, *The Works of Joseph de Maistre,* New York : Schocken, 1971[1965].

____, ed. and trans. Richard A. Lebrun, *Considerations on France,* Cambridge : Cambridge University Press, 1994[1797/1974].

Malcolm, José V, *The African Origins of Modern Judaism : From Hebrews to Jews,* Trenton, N.J. : African World Press, 1996.

Malcolm, Noel, *Bosnia : A Short History,* New York : New York University Press, 1994.

____, *Kosovo : A Short History,* New York : New York University Press, 1998.

Maleville, Georges de, *La Tragédie Arménienne de 1915,* Paris : Lanore, 1988.

Malkin, Irad, *The Returns of Odysseus : Colonization and Ethnicity,* Berkeley : University of California Press, 1998.

Malkki, Liisa H, *Purity and Exile : Violence, Memory, and National Cosmology among Hutu Refugees in Tanzania,* Chicago : University of Chicago Press, 1995.

Mallon, Florencia E, *Peasant and Nation : The Making of Postcolonial Mexico and Peru,* Berkeley : University of California Press, 1995.

Mamdani, Mahmood, *Citizen and Subject : Contemporary Africa and the Legacy of Late Colonialism,* Princeton, N.J. : Princeton University Press, 1996.

____, *When Victims Become Killers : Colonialism, Nativism, and the Genocide in Rwanda,* Princeton, N.J. : Princeton University Press, 2001.

Mandelbaum, David G, *Society in India,* 2 vols, Berkeley : University of California Press, 1970.

Mandelstam, Nadezhda, trans. Max Hayward, *Hope against Hope : A Memoir,* New York : Atheneum, 1970.

Mandler, Peter, " 'Race' and 'Nation' in Mid-Victorian Thought", In Stefan Collini,

Richard Whatmore · Brian Young, eds., *History, Religion, and Culture : British Intellectual History 1750~1950,* Cambridge : Cambridge University Press, 2000.

Mann, Michael, *The Sources of Social Power,* vol. 2 : *The Rise of Classes and Nation-States, 1760~1914,* Cambridge : Cambridge University Press, 1993.

Manning, Frederic, *The Middle Parts of Fortune,* New York : Plume, 1979[1929].

Manville, Philip Brook, *The Origins of Citizenship in Ancient Athens,* Princeton, N.J. : Princeton University Press, 1990.

Marable, Manning, *Beyond Black & White : Transforming African-American Politics,* London : Verso, 1995.

Marcuse, Harold, *Legacies of Dachau : On Uses and Abuses of a Concentration Camp, 1933~2001,* Cambridge : Cambridge University Press, 2001.

Margalit, Avishai, *Views in Review : Politics and Culture in the State of the Jews,* New York : Farrar, Straus & Giroux, 1998.

____, "The Crooked Timber of Nationalism", In Mark Lilla, Ronald Dworkin · Robert B. Silvers, ed., *The Legacy of Isaiah Berlin,* New York : New York Review Books, 2001.

Markman, Ellen M, *Categorization and Naming in Children : Problems of Induction,* Cambridge, Mass. : MIT Press, 1989.

Markus, R. A, "The Problem of Self-Definition : From Sect to Church", In E. P. Sanders, ed., *Jewish and Christian Self-Definition,* vol. 1 : *The Shaping of Christianity in the Second and Third Centuries,* Philadelphia : Fortress Press, 1980.

Markusen, Eric, and David Kopf. 1995. *The Holocaust and Strategic Bombing : Genocide and Total War in the Twentieth Century.* Boulder, Colo. : Westview Press.

Marquand, David, "The Twilight of the British State? Henry Dubb versus Sceptred Awe", In S. J. D. Green · R. C. Whiting, eds., *The Boundaries of the State in Modern Britain,* Cambridge : Cambridge University Press, 1996.

Marrus, Michael R, *The Politics of Assimilation : The French Jewish Community at the Time of the Dreyfus Affair,* Oxford : Clarendon Press, 1971.

____, *The Unwanted : European Refugees in the Twentieth Century,* New York : Oxford University Press, 1985.

____, *The Holocaust in History,* Hanover, N.H. : University Press of New England, 1987.

Marshall, P. J, "A Nation Defined by Empire, 1755~1776", In Alexander Grant · Keith J. Stringer, eds., *Uniting the Kingdom? The Making of British History,* London : Routledge, 1995.

Marshall, Peter, *Demanding the Impossible : A History of Anarchism,* London : HarperCollins, 1992.

Marshall, T. H, *Class, Citizenship, and Social Development : Essays,* Garden City, N.Y. : Doubleday,

1964.

Martin, Douglas, "Charles Johnson, 76, Proponent of Flat Earth", *New York Times* March 25, p.31, 2001.

Martin, Waldo E., Jr, *The Mind of Frederick Douglass,* Chapel Hill : University of North Carolina Press, 1984.

Marwick, Arthur, *The Deluge : British Society and the First World War,* New York : W. W. Norton, 1970[1965].

Marx, Anthony W, *Making Race and Nation : A Comparison of South Africa, the United States, and Brazil,* Cambridge : Cambridge University Press, 1998.

Marx, Jörg, *Völkermord in Ruanda : Zur Genealogie einer unheilvollen Kulturwirkung : Eine diskurshistorische Untersuchung,* Hamburg : LIT Verlag, 1997.

Marx, Karl, "A Contribution to the Critique of Hegel's Philosophy of Right : Introduction", In Karl Marx, ed. and trans. Joseph J. O'Malley, *Early Political Writings,* Cambridge : Cambridge University Press, 1994[1844].

Marx, Karl · Frederick Engels, "Manifesto of the Communist Party", In Karl Marx, *Political Writings,* vol. 1 : *The Revolutions of 1848,* New York : Vintage, 1974[1844/1973].

Mascie-Taylor, C. G. N. · Barry Bogin, eds, *Human Variability and Plasticity,* Cambridge : Cambridge University Press, 1995.

Mason, Timothy W, trans. John Broadwin, *Social Policy in the Third Reich : The Working Class and the "National Community",* Providence, R.I. : Berg, 1993[1977].

____ [Tim], ed. Jane Caplan, *Nazism, Fascism and the Working Class,* Cambridge : Cambridge University Press, 1995.

Maurras, Charles, ed. Pierre Chardon, *Mes idées politiques,* Paris : Fayard, 1937.

Mauss, Armand L, *The Angel and the Beehive : The Mormon Struggle with Assimilation,* Urbana : University of Illinois Press, 1994.

Mayer, Arno J, *The Persistence of the Old Regime : Europe to the Great War,* New York : Pantheon, 1981.

____, *Why Did the Heavens Not Darken? The "Final Solution" in History,* New York : Pantheon, 1988.

Mayr, Ernst, "Taxonomic Categories in Fossil Hominids", In Ernst Mayr, *Evolution and the Diversity of Life : Selected Essays,* Cambridge, Mass. : Harvard University Press, 1976[1951].

____, *Systematics and the Origin of Species : From the Viewpoint of a Zoologist,* New York : Columbia University Press, 1982[1942].

____, *One Long Argument : Charles Darwin and the Genesis of Modern Evolutionary Thought,* Cambridge, Mass. : Harvard University Press, 1991.

____, *This Is Biology : The Science of the Living World,* Cambridge, Mass. : Harvard University

Press, 1997.

Mazower, Mark, "The G-Word", *London Review of Books* February 8, 2001.

Mazrui, Ali A. · Michael Tidy, *Nationalism and New States in Africa from about 1935 to the Present,* London : Heinemann, 1984.

Mazumdar, Pauline M. H, *Species and Specificity : An Interpretation of the History of Immunology,* Cambridge : Cambridge University Press, 1995.

Mazzini, Joseph [Giuseppe], *The Duties of Man and Other Essays,* London : J. M. Dent & Sons, 1907.

Mazzotta, Giuseppe, *The New Map of the World : The Poetic Philosophy of Giambattista Vico,* Princeton, N.J. : Princeton University Press, 1999.

McClain, Charles J, *In Search of Equality : The Chinese Struggle against Discrimination in Nineteenth-Century America,* Berkeley : University of California Press, 1994.

McCullum, Hugh, *The Angels Have Left Us : The Rwanda Tragedy and the Churches,* Geneva : World Council of Churches, 1995.

McDonald, Maryon, *"We Are Not French!" : Language, Culture and Identity in Brittany,* London : Routledge, 1989.

McGarty, Craig, Vincent Y. Yzerbyt · Russell Spears, "Social, Cultural and Cognitive Factors in Stereotype Formation", In Craig McGarty, Vincent Y. Yzerbyt · Russell Spears, eds., *Stereotypes as Explanations : The Formation of Meaningful Beliefs about Social Groups,* Cambridge : Cambridge University Press, 2002.

McGrane, Bernard, *Beyond Anthropology : Society and the Other,* New York : Columbia University Press, 1989.

McGreevy, John T, *Parish Boundaries : The Catholic Encounter with Race in the Twentieth-Century Urban North,* Chicago : University of Chicago Press, 1996.

McKee, James B, *Sociology and the Race Problem : The Failure of a Perspective,* Urbana : University of Illinois Press, 1993.

McKibbin, Ross, *Classes and Cultures : England 1918~1951,* Oxford : Oxford University Press, 1998.

McLeod, W. H, *Who Is a Sikh? The Problem of Sikh Identity,* Oxford : Oxford University Press, 1989.

McNeill, William H, *Plagues and Peoples,* Garden City, N.Y. : Anchor/Doubleday, 1976.

____, *Polyethnicity and National Unity in World History,* Toronto : University of Toronto Press, 1986.

Mearsheimer, John J, *The Tragedy of Great Power Politics,* New York : W. W. Norton, 2001.

Medawar, P. B. · J. S. Medawar, *Aristotle to Zoos : A Philosophical Dictionary of Biology,* Cambridge, Mass. : Harvard University Press, 1983.

Medvedev, Roy, ed. and trans. George Shriver, *Let History Judge : The Origins and Consequences of Stalinism*, rev. and exp. ed., New York : Columbia University Press, 1989[1972].

Meier, Christian, trans. David Mc-Lintock, *The Greek Discovery of Politics*, Cambridge, Mass. : Harvard University Press, 1990[1980].

Meillet, A, *Les langues dans l'Europe nouvelle*, Paris : Payot, 1918.

Meinecke, Friedrich, trans. Sidney B. Fay, *The German Catastrophe : Reflections and Recollections*, Boston : Beacon Press, 1963[1946/1950].

____, trans. Robert B. Kimber, *Cosmopolitanism and the National State*, Princeton, N.J. : Princeton University Press, 1970[1907/1963].

____, trans. J. E. Anderson, *Historism : The Rise of a New Historical Outlook*, London : Routledge & Kegan Paul, 1972[1959].

____, ed. Peter Paret, trans. Peter Paret and Helmuth Fischer, *The Age of German Liberation, 1795~1815*, Berkeley : University of California Press, 1977[1906/1957].

Melson, Robert F, *Revolution and Genocide : On the Origins of the Armenian Genocide and the Holocaust*, Chicago : University of Chicago Press, 1992.

Memmi, Albert, trans. Steve Martinot, *Racism*, Minneapolis : University of Minnesota Press, 2000[1994].

Mendel, Douglas, *The Politics of Formosan Nationalism*, Cambridge, Mass. : Harvard University Press, 1970.

Mengaldo, Pier Vincenzo, *Storia della lingua italiana : Novecento*, Bologna : Il Mulino, 1994.

Mennell, Stephen, *All Manners of Food : Eating and Taste in England and France from the Middle Ages to the Present*, Oxford : Blackwell, 1985.

Merk, Frederick, *Manifest Destiny and Mission in American History : A Reinterpretation*, New York : Vintage, 1966[1963].

Mertus, Julie A, *Kosovo : How Myths and Truths Started a War*, Berkeley : University of California Press, 1999.

Metcalf, Barbara Daly, ed, *Making Muslim Space in North America and Europe*, Berkeley : University of California Press, 1996.

Metcalf, Thomas R, *Ideologies of the Raj*, Cambridge : Cambridge University Press, 1994.

Meyer, Michael A, *Jewish Identity in the Modern World*, Seattle : University of Washington Press, 1990.

Michelet, Jules, trans. John P. McKay, *The People*, Urbana : University of Illinois Press, 1973.

Mies, Maria, *Patriarchy and Accumulation on a World Scale : Women in the International Division of Labour*, London : Zed, 1986.

Migliorini, Bruno, ed. Massimo L. Fanfani, *La lingua italiana nel Novecento*, Firenze : Casa

Editrice Le Lettere, 1990.

Migliorini, Bruno · T. Gwynfor Griffith. *The Italian Language,* rev. ed., London : Faber and Faber, 1984[1960].

Miles, Robert, *Racism,* London : Routledge, 1989.

____, *Racism after "Race Relations",* London : Routledge, 1993.

Milgram, Stanley, *Obedience to Authority : An Experimental View,* New York : Harper & Row, 1974.

Mill, John Stuart, "Considerations on Representative Government", In John Stuart Mill, ed. J. M. Robson, *Collected Works,* vol. 19 : *Essays on Politics and Society,* pt.2, Toronto : University of Toronto Press, 1977[1861].

Miller, David, *On Nationality,* Oxford : Clarendon Press, 1995.

Miller, Donald E. · Lorna Touryan Miller, *Survivors : An Oral History of the Armenian Genocide,* Berkeley : University of California Press, 1993.

Miller, George, "The Magical Number Seven Plus or Minus Two : Some Limits on Our Capacity for Processing Information", *Psychological Review* 63 : 581~597, 1956.

Miller, Karl, *Doubles : Studies in Literary History,* Oxford : Oxford University Press, 1985.

Miller, Perry, *The New England Mind : From Colony to Province,* Boston : Beacon Press, 1961[1953].

Miller, William Lee, *Arguing about Slavery : The Great Battle in the United States Congress,* New York : Alfred A. Knopf, 1996.

Mills, Charles W, *The Racial Contract,* Ithaca, N.Y. : Cornell University Press, 1997.

Milner, Murray, Jr, *Status and Sacredness : A General Theory of Status Relations and an Analysis of Indian Culture,* New York : Oxford University Press, 1994.

Milton, Sybil H, " 'Gypsies' as Social Outsiders in Nazi Germany", In Robert Gellately · Nathan Stoltzfus, eds., *Social Outsiders in Nazi Germany,* Princeton, N.J. : Princeton University Press, 2001.

Mintz, Sidney, *Caribbean Transformations,* Baltimore : Johns Hopkins University Press, 1984[1974].

Mitchell, J. Clyde, *The Kalela Dance : Aspects of Social Relationships among Urban Africans in Northern Rhodesia,* Manchester : Manchester University Press, 1968[1956].

Mitchell, Robert W, "Multiplicities of Self", In Sue Taylor Parker, Robert W. Mitchell · Maria L. Boccia, eds., *Self-Awareness in Animals and Humans : Developmental Perspectives,* Cambridge : Cambridge University Press, 1994.

Mitchell, Stephen, *Anatolia : Land, Men, and Gods in Asia Minor,* vol. 2 : *The Rise of the Church,* Oxford : Clarendon Press, 1993.

Moerman, Michael, "Being Lue : Uses and Abuses of Ethnic Identification", In June

Helm, ed., *Essays on the Problem of Tribe,* Seattle : University of Washington Press, 1967.

Moir, J. Reid, *The Antiquity of Man in East Anglia,* Cambridge : Cambridge University Press, 1927.

Momigliano, Arnaldo, *Alien Wisdom: The Limits of Hellenization,* Cambridge : Cambridge University Press, 1975.

Mommsen, Hans, trans. Philip O'Connor, *From Weimar to Auschwitz,* Princeton, N.J. : Princeton University Press, 1991.

____, "Cumulative Radicalisation and Progressive Self-Destruction as Structural Determinants of the Nazi Dictatorship", In Ian Kershaw and Moshe Lewin, eds., *Stalinism and Nazism: Dictatorships in Comparison,* Cambridge : Cambridge University Press, 1997.

____, "The Civil Service and the Implementation of the Holocaust : From Passive to Active Complicity", In Michael Berenbaum and Abraham J. Peck, eds., *The Holocaust and History: The Known, the Unknown, the Disputed, and the Reexamined,* Bloomington : Indiana University Press, 1998.

Mommsen, Wolfgang J, "The Varieties of the Nation State in Modern History : Liberal, Imperialist, Fascist and Contemporary Notions of Nation and Nationality", In Michael Mann, ed., *The Rise and Decline of the Nation State,* Oxford : Blackwell, 1990.

Montagu, M. F. Ashley, *The Idea of Race,* Lincoln : University of Nebraska Press, 1965.

Montaigne, Michel de, trans. M. A. Screech, *The Complete Essays,* London : Allen Lane, 1991.

Montanari, Massimo, trans. Carl Ipsen, *The Culture of Food,* Oxford : Blackwell, 1994.

Moore, R. I, *The Origins of European Dissent,* Toronto : University of Toronto Press, 1997[1977].

____, *The First European Revolution, c. 970~1215,* Oxford : Blackwell, 2000.

Moran, Rachel F, *Interracial Intimacy: The Regulation of Race and Romance,* Chicago : University of Chicago Press, 2001.

Moretti, Franco, *Atlas of the European Novel, 1800~1900,* London : Verso, 1998[1997].

Morgan, Edmund S, *American Slavery, American Freedom: The Ordeal of Colonial Virginia,* New York : W. W. Norton, 1975.

Morgan, Philip D, *Slave Counterpoint: Black Culture in the Eighteenth-Century Chesapeake and Lowcountry,* Chapel Hill : University of North Carolina Press, 1998.

Morgenthau, Hans J, *Scientific Man vs. Power Politics,* Chicago : University of Chicago Press, 1946.

Morin, Edgar, *La methode,* vol. 5 : *l'humanité de l'humanité, pt.1* : *l'identité humaine,* Paris : Seuil, 2001.

Morris, Aldon D, *The Origins of the Civil Rights Movement : Black Communities Organizing for Change,* New York : Free Press, 1984.

Morris, Benny, *Israel's Border Wars 1949~1956 : Arab Infiltration, Israeli Retaliation, and the Countdown to the Suez War,* Oxford : Clarendon Press, 1993.

____, *Righteous Victims : A History of the Zionist-Arab Conflict, 1881~1999,* New York : Alfred A. Knopf, 1999.

Morris, Christopher W, *An Essay on the Modern State,* Cambridge : Cambridge University Press, 1998.

Morris, William, "A Dream of John Ball", In William Morris, *A Dream of John Ball and A King's Lesson,* London : Reeves & Turner, 1888.

Mortimer, Rex, *Indonesian Communism under Sukarno : Ideology and Politics, 1959~1965,* Ithaca, N.Y. : Cornell University Press, 1978.

Moskoff, William, *The Bread of Affliction : The Food Supply in the USSR during World War II,* Cambridge : Cambridge University Press, 1990.

Mosse, George L, *The Crisis of German Ideology : Intellectual Origins of the Third Reich,* New York : Schocken, 1981[1964].

____, *German Jews beyond Judaism,* Bloomington : Indiana University Press, 1985.

Mote, F. W, *Imperial China 900~1800,* Cambridge, Mass. : Harvard University Press, 1999.

Mournier, Roland, trans. Brian Pearce, *Peasant Uprisings in Seventeenth-Century France, Russia, and China,* New York : Harper & Row, 1970[1967].

____, ed. Margaret Clarke, trans. Peter Evans, *Social Hierarchies 1450 to the Present,* New York : Schocken, 1973[1969].

Mourant, A. E., Ada C. Kopec · Kazimiera Domaniewska-Sobczak, *The Genetics of the Jews,* Oxford : Clarendon Press, 1978.

Muchembled, Robert, trans. Lydia Cochrane, *Popular Culture and Elite Culture in France 1400~1750,* Baton Rouge : Louisiana State University Press, 1985[1978].

____, *Société, cultures et mentalités dans la France moderne XVIe~XVIIIe siècle,* Paris : Armand Colin, 1990.

Mulford, Elisha, *The Nation : The Foundations of Civil Order and Political Life in the United States,* New York : Kelley, 1971[1887].

Müller, Horst, *Fürstenstaat oder Bürgernation : Deutschland 1763~1815,* Berlin : Siedler, 1989.

Müller, Jan-Werner, *Another Country : German Intellectuals, Unification and National Identity,* New Haven, Conn. : Yale University Press, 2000.

Müller-Hill, Benno, *Murderous Science : Elimination by Scientific Selection of Jews, Gypsies, and Others in Germany, 1933~1945,* Oxford : Oxford University Press, 1988.

____, "Human Genetics and the Mass Murder of Jews, Gypsies, and Others", In Michael

Berenbaum · Abraham J. Peck, eds., *The Holocaust and History : The Known, the Unknown, the Disputed, and the Reexamined,* Bloomington : Indiana University Press, 1998.

Mungeam, G. H, *British Rule in Kenya, 1895～1912 : The Establishment of Administration in the East Africa Protectorate,* Oxford : Clarendon Press, 1966.

Murphy, Robert F, *The Body Silent,* New York : Henry Holt, 1987.

Murphy-Lawless, Jo, *Reading Birth and Death : A History of Obstetric Thinking,* Bloomington : Indiana University Press, 1998.

Myrdal, Gunnar, *An American Dilemma : The Negro Problem and Modern Democracy,* 20th anniversary ed., New York : Harper & Row, 1962[1944].

Nagahara Keiji, trans. Suzanne Gay, "The Medieval Peasant", In Kozo Yamamura, ed., *The Cambridge History of Japan,* vol. 3 : *Medieval Japan,* Cambridge : Cambridge University Press, 1990.

Nagel, Joane, *American Indian Ethnic Renewal : Red Power and the Resurgence of Identity and Culture,* New York : Oxford University Press, 1996.

Naimark, Norman M, *Fires of Hatred : Ethnic Cleansing in Twentieth-Century Europe,* Cambridge, Mass. : Harvard University Press, 2001.

Nairn, Tom, *The Break-Up of Britain,* new ed., London : Verso, 1981[1977].

Nakamura Hajime, *Genshi butten o yomu,* Tokyo : Iwanami Shoten, 1985.

Nash, Gary B, "The Hidden History of Mestizo America", In Martha Hodes, ed., *Sex, Love, Race : Crossing Boundaries in North American History,* New York : New York University Press, 1999.

Natsume Sōseki, "Gendai Nihon no kaika," In Sōseki Natsume, ed. Yukio Miyoshi, *Sōseki bunmeironshū,* Tokyo : Iwamani Shoten, 1986[1912].

Neary, Ian, *Political Protest and Social Control in Pre-War Japan : The Origins of Buraku Liberation,* Atlantic Highlands, N.J. : Humanities Press International, 1989.

Nebrija, Antonio de, ed. Pascual Galindo Romeo · Luis Ortiz Muñoz, *Gramática castellana,* Madrid : Edición de la Junta del Centenario, 1946[1492].

Neiman, Susan, "In Defense of Ambiguity", In Sander L. Gilman · Karen Remmler, eds., *Reemerging Jewish Culture in Germany : Life and Literature since 1989,* New York : New York University Press, 1994.

Neisser, Arden, *The Other Side of Silence : Sign Language and the Deaf Community in America,* New York : Alfred A. Knopf, 1983.

Neumann, Franz, *Behemoth : The Structure and Practice of National Socialism, 1933～1944,* New York : Harper & Row, 1966[1942/1944].

Neumann, Iver B, *Uses of the Other : "The East" in European Identity Formation,* Minneapolis : University of Minnesota Press, 1999.

참고문헌

Neusner, Jacob, *Midrash in Context : Exegesis in Formative Judaism*, Philadelphia : Fortress Press, 1983.

____, *Judaism and Christianity in the Age of Constantine : History, Messiah, Israel, and the Initial Confrontation*, Chicago : University of Chicago Press, 1987.

Newbury, Catharine, *The Cohesion of Oppression : Clientship and Ethnicity in Rwanda 1860~1960*, New York : Columbia University Press, 1988.

Newitz, Annalee · Matt Wray, "Introduction", In Matt Wray · Annalee Newitz, eds., *White Trash : Race and Class in America*, New York : Routledge, 1997.

Newman, Gerald, *The Rise of English Nationalism : A Cultural History, 1740-1830*, New York : St. Martin's Press, 1987.

Newman, John Henry, Cardinal, ed. Charles Frederick Harrold, *An Essay in Aid of a Grammar of Assent*, new ed., New York : Longmans, Green, 1947[1870].

Niebuhr, H. Richard, *The Social Sources of Denominationalism*, New York : World Publishing, 1957[1929].

Niebuhr, Reinhold, *The Nature and Destiny of Man : A Christian Interpretation*, 2 vols. New York : Charles Scribner's Sons, 1941~1943.

Nietzsche, Friedrich, ed. Bernard Williams, trans. Josefine Nauckhoff · Adrian Del Caro, *The Gay Science*, Cambridge : Cambridge University Press, 2001[1882/1887].

____, trans. Marion Faber, *Beyond Good and Evil : Prelude to the Philosophy of the Future*, Oxford : Oxford University Press, 1999[1886].

Niezen, Ronald, *The Origins of Indigenism : Human Rights and the Politics of Identity*, Berkeley : University of California Press, 2003.

Nippel, Wilfried, *Griechen, Barbaren und "Wilde" : Alte Geschichte und Sozialanthropologie*, Frankfurt am Main : Fischer, 1990.

Nirenberg, David, *Communities of Violence : Persecution of Minorities in the Middle Ages*, Princeton, N.J. : Princeton University Press, 1996.

Nisbet, Robert, *History of the Idea of Progress*, New York : Basic Books, 1980.

Nisbett, Richard · Lee Ross, *Human Inference : Strategies and Shortcomings of Social Judgment*, Englewood Cliffs, N.J. : Prentice-Hall, 1980.

Nissen, Hans J, trans. Elizabeth Lutzeier · Kenneth J. Northcott, *The Early History of the Ancient Near East, 9000~2000 B.C.*, Chicago : University of Chicago Press, 1988[1983].

Nkrumah, Kwame, ed. Samuel Oberg, *Speeches of Kwame Nkrumah*, vol. 1, Accra, Ghana : Afram, 1997[1979].

Noakes, Jeremy, ed, *Nazism 1919~1945*, vol. 4 : *The German Home Front in World War II : A Documentary Reader*, Exeter, U.K. : University of Exeter Press, 1998.

Noakes, Jeremy · Geoffrey Pridham, eds, *Nazism 1919~1945,* vol. 2 : *State, Economy and Society, 1933~1939 : A Documentary Reader,* Exeter, U.K. : University of Exeter, 1984.

____, *Nazism 1919~1945,* vol. 3 : *Foreign Policy, War and Racial Extermination : A Documentary Reader,* Exeter, U.K. : University of Exeter, 1988.

Nobles, Melissa, *Shades of Citizenship : Race and the Census in Modern Politics,* Stanford, Calif. : Stanford University Press, 2000.

Noethlichs, Karl Leo, *Das Judentum und der römische Staat : Minderheitenpolitik im antiken Rom,* Darmstadt, Germany : Wissenschaftlicher Buchgesellschaft, 1996.

Noiriel, Gérard, *Le creuset français : histoire de l'immigration XIXe ~XXe siècle,* Paris : Seuil, 1988.

____, *Population, immigration et identité nationale en France XIXe ~XXe siècle,* Paris : Hachette, 1992.

Nott, Josiah C, *Two Lectures on the Natural History of the Caucasian and Negro Races,* Mobile, Ala. : Dade and Thompson, 1844.

Novak, David, *The Election of Israel : The Idea of the Chosen People,* Cambridge : Cambridge University Press, 1995.

Novick, Peter, *The Holocaust in American Life,* Boston : Houghton Mifflin, 1999.

Nowak, Kurt, *"Euthanasie" und Sterilisierung im "Dritten Reich" : Die Konfrontation der evangelischen und katholischen Kirche mit dem "Gesetz zur Verhütung erbkranken Nachwuchses" und der "Euthanasie" Aktion,* Göttingen : Vandenhoeck & Ruprecht, 1978.

Nugent, David, *Modernity at the Edge of Empire : State, Individual, and Nation in the Northern Peruvian Andes, 1885~1935,* Stanford, Calif. : Stanford University Press, 1997.

Nyerere, Julius K, *Freedom and Unity ―Uhuru na Umoja : A Selection from Writings and Speeches, 1952~ 1965,* London : Oxford University Press, 1966.

O Gráda, Cormac, *Ireland : A New Economic History 1780~1939,* Oxford : Clarendon Press, 1994.

____, *The Great Irish Famine,* Cambridge : Cambridge University Press, 1995[1989].

____, *Black '47 and Beyond : The Great Irish Famine in History, Economy, and Memory,* Princeton, N.J. : Princeton University Press, 1999.

Oakes, James, *Slavery and Freedom : An Interpretation of the Old South,* New York : Alfred A. Knopf, 1990.

Ober, Josiah, *Mass and Elite in Democratic Athens : Rhetoric, Ideology, and the Power of the People,* Princeton, N.J. : Princeton University Press, 1989.

O'Dea, Thomas F, *The Mormons,* Chicago : University of Chicago Press, 1957.

Odlum, E, *God's Covenant Man : British ―Israel,* London : Robert Banks & Son. 1916.

Offen, Karen, *European Feminisms, 1700~1950 : A Political History,* Stanford, Calif. : Stanford University Press, 2000.

Ogden, C. K. · Mary Sargant Florence, "Militarism versus Feminism : An Enquiry and a Policy Demonstrating That Militarism Involves the Subjection of Women", In Catherine Marshall, C. K. Ogden · Mary Sargant Florence, ed. Margaret Kamester and Jo Vellacott, *Militarism versus Feminism : Writings on Women and War*, London : Virago Press, 1987[1915].

Ohnuki-Tierney, Emiko, *Rice as Self : Japanese Identities through Time*, Princeton, N.J. : Princeton University Press, 1993.

Oldfield, Adrian, *Citizenship and Community : Civic Republicanism and the Modern World*, London : Routledge, 1990.

Olender, Maurice, trans. Arthur Goldhammer, *The Language of Paradise : Race, Religion, and Philology in the Nineteenth Century*, Cambridge, Mass. : Harvard University Press, 1992.

Oliver, Douglas L, *A Solomon Island Society : Kinship and Leadership among the Siuai of Bougainville*, Boston : Beacon Press, 1967[1955].

Oliver, Michael, *The Politics of Disablement : A Sociological Approach*, New York : St. Martin's Press, 1990.

____, *Understanding Disability : From Theory to Practice*, New York : St. Martin's Press, 1996.

Omi, Michael · Howard Winant, *Racial Formation in the United States : From the 1960s to the 1990s*, 2nd ed., New York : Routledge, 1994[1986].

O'Neill, J. C, *Who Did Jesus Think He Was?* Leiden : E. J. Brill, 1995.

Ooms, Herman, *Tokugawa Village Practice : Class, Status, Power, Law*, Berkeley : University of California Press, 1996.

Oppenheim, A. Leo, *Ancient Mesopotamia : Portrait of a Dead Civilization*, rev. ed., Chicago : University of Chicago Press, 197.

Ornan, Uzzi, "Hebrew Is Not a Jewish Language", In Joshua A. Fish-man, ed., *Readings in the Sociology of Jewish Languages*, Leiden : E. J. Brill, 1985.

Orozco y Berra, Manuel, *Historia antigua y de la conquista de Mexico*, vol. 4, Mexico City : Porrúa, 1960[1880].

Orwell, George, ed. Peter Davison, *The Complete Works of George Orwell*, vol. 5 : *The Road to Wigan Pier*, London : Secker & Warburg, 1986[1937].

Osborne, M. J, *Naturalization in Athens*, 4 vols, Brussels : AWLSK, 1981~1983.

Osiander, Andreas, *The States System of Europe, 1640~1990 : Peacemaking and the Conditions of International Stability*, Oxford: Clarendon Press, 1994.

Outram, Dorinda, *The Enlightenment*, Cambridge : Cambridge University Press, 1995.

Padley, G. A, *Grammatical Theory in Western Europe, 1500~1700 : Trends in Vernacular Grammar II*, Cambridge : Cambridge University Press, 1988.

Pagden, Anthony, *The Fall of Natural Man : The American Indian and the Origins of Comparative Ethnology*, 2nd ed., Cambridge : Cambridge University Press, 1986[1982].

_____, _Spanish Imperialism and the Political Imagination : Studies in European and Spanish-American Social and Political Theory 1513~1830,_ New Haven, Conn. : Yale University Press, 1990.

_____, _European Encounters with the New World,_ New Haven, Conn. : Yale University Press, 1993.

_____, _Peoples and Empires : A Short History of European Migration, Exploration, and Conquest, from Greece to the Present,_ New York : Modern Library, 2001.

Paine, Thomas, "Common Sense", In Thomas Paine, ed. Eric Foner, _Collected Writings,_ New York : Library of America, 1995[1776].

Palmer, R. R, _Twelve Who Ruled : The Year of the Terror in the French Revolution,_ Princeton, N.J. : Princeton University Press, 1969[1941].

Pálsson, Gísli, "Language and Society : The Ethnolinguistics of Icelanders", In E. Paul Durrenberger · Gísli Pálsson, eds., _The Anthropology of Iceland,_ Iowa City : University of Iowa Press, 1989.

Pandey, Gyanendra, "The Civilized and the Barbarian : The 'New' Politics of Late Twentieth Century India and the World", In Gyanendra Pandey, ed., _Hindus and Others : The Question of Identity in India Today,_ New Dehli : Viking, 1993.

Pannenberg, Wolfhart, trans. Keith Crim, _The Church,_ Philadelphia : Westminster Press, 1983[1977].

Paret, Peter, _Understanding War : Essays on Clausewitz and the History of Military Power,_ Princeton, N.J. : Princeton University Press, 1992.

Parfit, Derek, _Reasons and Persons,_ Oxford : Clarendon Press, 1984.

Parker, Geoffrey, _The Military Revolution : Military Innovation and the Rise of the West, 1500~1800,_ Cambridge : Cambridge University Press, 1988.

_____, _Geopolitics : Past, Present and Future,_ London : Pinter, 1998.

Parker, Robert, _Athenian Religion : A History,_ Oxford : Clarendon Press, 1996.

Parry, J. H, _The Age of Reconnaisance : Discovery, Exploration and Settlement 1450~1650,_ Berkeley : University of California Press, 1981[1963].

Parsons, Talcott, "Social Science : A Basic National Resource", In Samuel Z. Klausner · Victor M. Lidz, eds., _The Nationalization of the Social Sciences,_ Philadelphia : University of Pennsylvania Press, 1986[1948].

Pateman, Carole, _The Sexual Contract,_ Stanford, Calif. : Stanford University Press, 1988.

Patterson, Orlando, "Context and Choice in Ethnic Allegiance : A Theoretical Framework and Caribbean Case Study", In Nathan Glazer and Daniel P. Moynihan, eds., _Ethnicity : Theory and Experience,_ Cambridge, Mass. : Harvard University Press, 1975.

_____, _Slavery and Social Death : A Comparative Study,_ Cambridge, Mass. : Harvard University Press, 1982.

_____, *The Ordeal of Integration : Progress and Resentment in America's "Racial" Crisis,* Washington, D.C. : Civitas, 1997.

Paul, Kathleen, *Whitewashing Britain : Race and Citizenship in the Postwar Era,* Ithaca, N.Y. : Cornell University Press, 1997.

Pawełczyńska, Anna, trans. Catherine S. Leach, *Values and Violence in Auschwitz : A Sociological Analysis,* Berkeley : University of California Press, 1979[1973].

Paxton, Robert O, *Vichy France : Old Guard and New Order, 1940-1944,* New York : Columbia University Press, 1982[1972].

Payne, Stanley G, *A History of Fascism, 1914 - 1945,* Madison : University of Wisconsin Press, 1995.

Pearson, Karl, *Grammar of Science,* Everyman ed., London : J. M. Dent, 1937[1892].

Pélassy, Dominique, *Le signe nazi : l'univers symbolique d'une dictature,* Paris : Fayard, 1983.

Perrot, Philippe, trans. Richard Bienvenu, *Fashioning the Bourgeoisie : A History of Clothing in the Nineteenth Century,* Princeton, N.J. : Princeton University Press, 1994[1981].

Peters, Edward, ed, *The First Crusade : The Chronicle of Fulcher of Chartres and Other Source Materials,* 2nd ed., Philadelphia : University of Pennsylvania Press, 1998[1971].

Petersen, Roger D, *Understanding Ethnic Violence : Fear, Hatred, and Resentment in Twentieth-Century Eastern Europe,* Cambridge : Cambridge University Press, 2002.

Peterson, T. Sarah, *Acquired Taste : The French Origins of Modern Cooking,* Ithaca, N.Y. : Cornell University Press, 1994.

Peukert, Detlev J. K, trans. Richard Deveson, *Inside Nazi Germany : Conformity, Opposition and Racism in Everyday Life,* London : B. T. Batsford, 1987[1982].

Peyre, Henri, *La royauté et les langues provinciales,* Paris : Les Presses Mod-ernes, 1933.

Pflanze, Otto, *Bismarck and the Development of Germany,* 3 vols, Princeton, N.J. : Princeton University Press, 1990.

Phillipson, Robert, *Linguistic Imperialism,* Oxford : Oxford University Press, 1992.

Pick, Daniel, *Faces of Degeneration : A European Disorder, c. 1848-c. 1918,* Cambridge : Cambridge University Press, 1989.

Pinchuk, Ben-Cion, *Shtetl Jews under Soviet Rule : Eastern Poland on the Eve of the Holocaust,* Oxford : Blackwell, 1990.

Pine, Lisa, *Nazi Family Policy, 1933~1945,* Oxford : Berg, 1997.

Pinkney, David H, *Decisive Years in France, 1840~1847,* Princeton, N.J. : Princeton University Press, 1986.

Pipes, Richard, *Russia under the Old Regime,* New York : Scribner, 1974.

Pitkin, Hanna Fenichel, *The Concept of Representation,* Berkeley : University of California Press, 1967.

Plamenatz, John, *On Alien Rule and Self-Government,* London : Longmans, Green, 1960.

Planhol, Xavier de, *Géographie historique de la France,* Paris : Fayard, 1988.

Plant, Richard, *The Pink Triangle : The Nazi War against Homosexuals,* New York : Henry Holt, 1986.

Plischke, Hans, *Johann Friedrich Blumenbachs Einfluß auf die Entdeckungsreisenden seiner Zeit,* Göttingen : Vandenhoeck & Ruprecht, 1937.

Plum, Günter, "Deutsche Juden oder Juden in Deutschland", In Wolfgang Benz, ed., *Die Juden in Deutschland 1933~1945 : Leben unter nationalsozialistischer Herrschaft,* München : C. H. Beck, 1988.

Pocock, J. G. A, *The Machiavellian Moment : Florentine Political Thought and the Atlantic Republican Tradition,* Princeton, N.J. : Princeton University Press, 1975.

Poggi, Gianfranco, *The Development of the Modern State : A Sociological Introduction,* Stanford, Calif. : Stanford University Press, 1978.

Poliakov, Leon, *Histoire de l'antisémitisme,* 4 vols. Paris : Calmann-Lévy, 1955~1977.

____, *Harvest of Hate : The Nazi Program for the Destruction of the Jews of Europe,* rev. and exp. ed., New York : Holocaust Library, 1979[1951/1954].

Pollock, Susan, *Ancient Mesopotamia : The Eden That Never Was,* Cambridge : Cambridge University Press, 1999.

Pomeroy, Sarah B, *Families in Classical and Hellenistic Greece : Representations and Realities,* Oxford : Clarendon Press, 1997.

Pomian, Krzysztof, "Nation et patrimoine", In Daniel Fabre, ed., *L'Europe ´ entre cultures et nations,* Paris : E ditions de la maison des sciences de l'homme, 1996.

Pommerin, Reiner, *Sterilisierung der Rheinlandbastarde : Das Schicksal einer farbigen deutschen Minderheit 1918~1937,* Düsseldorf : Droste, 1979.

Ponchaud, François, "Social Change in the Vortex of Revolution", In Karl D. Jackson, ed., *Cambodia 1975~1978 : Rendezvous with Death,* Princeton, N.J. : Princeton University Press, 1989.

Porat, Dina, trans. David Ben-Nahum, *The Blue and the Yellow Stars of David : The Zionist Leadership in Palestine and the Holocaust 1939~1945,* Cambridge, Mass. : Harvard University Press, 1990[1986].

Porath, Yehoshua, *In Search of Arab Unity,* London : Frank Cass, 1986.

Porter, Roy, *English Society in the Eighteenth Century,* Harmondsworth, U.K. : Penguin, 1982.

Post, Gaines, *Studies in Medieval Legal Thought : Public Law and the State, 1100~1322,* Princeton, N.J. : Princeton University Press, 1964.

Pound, Ezra, ed. Lea Baechler · A. Walton Litz, *Personae : The Shorter Poems,* rev. ed., New York : New Directions, 1990[1926].

Power, Samantha, *"A Problem from Hell": America and the Age of Genocide,* New York : Basic Books, 2002.

Prawer, Joshua, *The History of the Jews in the Latin Kingdom of Jerusalem,* Oxford : Clarendon Press, 1988.

Prescott, J. R. V, *Political Frontiers and Boundaries,* London : Allen & Unwin, 1987.

Pressly, Thomas J, *Americans Interpret Their Civil War,* New York : Free Press, 1965[1954].

Proctor, Robert, *Racial Hygiene : Medicine under the Nazis,* Cambridge, Mass. : Harvard University Press, 1988.

Prunier, Gérard, *The Rwanda Crisis : History of a Genocide,* New York : Columbia University Press, 1995.

Pulzer, Peter, *The Rise of Political Anti-Semitism in Germany and Austria,* rev. ed., Cambridge, Mass. : Harvard University Press, 1988[1964].

____, "Between Hope and Fear : Jews and the Weimar Republic", In Wolfgang Benz, Arnold Paucker · Peter Pulzer, eds., *Jüdisches Leben in der Weimarer Republik,* Tübingen : Mohr Siebeck, 1998.

Quadagno, Jill S, *The Color of Welfare : How Racism Undermined the War on Poverty,* New York : Oxford University Press, 1994.

Quigley, Declan, *The Interpretation of Caste,* Oxford : Clarendon Press, 1993.

Quinn, Kenneth M, "The Pattern and Scope of Violence", In Karl D. Jackson, ed., *Cambodia 1975~1978 : Rendezvous with Death,* Princeton, N.J. : Princeton University Press, 1989.

Qur'an, trans. Ahmed Ali, *Al-Qur'an : A Contemporary Translation,* rev. ed., Princeton, N.J. : Princeton University Press, 1988[1984].

Rabinovitz, Dan, *Overlooking Nazareth : The Ethnography of Exclusion in Galilee,* Cambridge : Cambridge University Press, 1997.

Radcliffe-Brown, A. R, "Introduction", In A. R. Radcliffe-Brown · Daryll Forde, eds., *African Systems of Kinship and Marriage,* London : Oxford University Press, 1950.

____, *The Andaman Islanders,* New York : Free Press, 1964[1922].

Radin, Paul, *The Racial Myth,* New York : McGraw-Hill, 1934.

Rae, Heather, *State Identities and the Homogenization of Peoples,* Cambridge : Cambridge University Press, 2002.

Rahman, Fazlur, *Islam and Modernity : Transformation of an Intellectual Tradition,* Chicago : University of Chicago Press, 1982.

Rahner, Karl, trans. William V. Dych, *Foundations of Christian Faith : An Introduction to the Idea of Christianity,* New York : Crossroad, 1978[1976].

Rampersad, Arnold, *The Art and Imagination of W. E. B. Du Bois,* New York : Schocken,

1990[1976].

Ramsey, S. Robert, *The Languages of China*, Princeton, N.J. : Princeton University Press, 1987.

Randal, Jonathan C, *After Such Knowledge, What Forgiveness? My Encounters with Kurdistan*, New York : Farrar, Straus & Giroux, 1997.

Ranger, Terence, "The Invention of Tradition in Colonial Africa", In Eric Hobsbawm · Terence Ranger, eds., *The Invention of Tradition*, Cambridge : Cambridge University Press, 1983.

____, "Missionaries, Migrants and the Manyika : The Invention of Ethnicity in Zimbabwe", In Leroy Vail, ed., *The Creation of Tribalism in Southern Africa*, London : James Currey, 1989.

Rankin, David, *Tertullian and the Church*, Cambridge : Cambridge University Press, 1995.

Rapaport, Lynn, *Jews in Germany after the Holocaust : Memory, Identity and Jewish-German Relations*, Cambridge : Cambridge University Press, 1997.

Ratzel, Friedrich, *Politische Geographie*, 3rd ed., München : R. Oldenbourg, 1923[1897].

Rawick, George P, *The American Slave : A Composite Autobiography*, vol. 1 : *From Sundown to Sunup : The Making of the Black Community*, Westport, Conn. : Greenwood, 1972.

Rawson, Claude, *God, Gulliver, and Genocide : Barbarism and the European Imagination, 1492~1945*, Oxford : Oxford University Press, 2001.

Rayside, David, "The Structuring of Sexual Minority Activity Opportunities in the Political Mainstream : Britain, Canada, and the United States", In Mark Blasius, ed., *Sexual Identities, Queer Politics*, Princeton, N.J. : Princeton University Press, 2001.

Redford, Donald B, *Egypt, Canaan, and Israel in Ancient Times*, Princeton, N.J. : Princeton University Press, 1992.

Reed, Ishmael, "America's 'Black Only' Ethnicity", In Werner Sollors, ed., *The Invention of Ethnicity*, New York : Oxford University Press, 1989.

____, *Airing Dirty Laundry*, Reading, Mass. : Addison-Wesley, 1993.

Reed, Nelson, *The Caste War of Yucatan*, Stanford, Calif. : Stanford University Press, 1964.

Reid, Anthony, "Early Southeast Asian Categorizations of Europeans", In Stuart B. Schwartz, ed., *Implicit Understandings : Observing, Reporting, and Reflecting on the Encounters between Europeans and Other Peoples in the Early Modern Era*, Cambridge : Cambridge University Press, 1994.

Reid, James J, "Total War, the Annihilation Ethic, and the Armenian Genocide, 1870~ 1918", In Richard G. Hovannisian, ed., *The Armenian Genocide : History, Politics, Ethics*, New York : St. Martin's Press, 1992.

Reid, Thomas, "Essays on the Intellectual Powers of Man", In Thomas Reid, ed. William

참고문헌

Hamilton, *The Works of Thomas Reid*, Edinburgh : Maclachlan, Stewart, 1846[1785].

Remarque, Erich Maria, *All Quiet on the Western Front*, Greenwich, Conn. : Fawcett Crest, 1958[1928].

Renan, Ernest, trans. Martin Thom, "What Is a Nation?" In Homi K. Bhabha, ed., *Nation and Narration*, London : Routledge, 1990[1882].

Repp, Kevin, *Reformers, Critics, and the Paths of German Modernity : Anti-Politics and the Search for Alternatives, 1890~1914*. Cambridge, Mass. : Harvard University Press, 2000.

Revel, Jean-François, trans. Helen R. Lane, Culture and Cuisine : A Journey through the History of Food, Garden City, N.Y. : Doubleday, 1982[1979].

Rex, John, *Race Relations in Sociological Theory*, 2nd ed., London : RKP, 1983[1970].

Reynolds, Susan, *Kingdoms and Communities in Western Europe, 900~1300*, Oxford : Clarendon Press, 1984.

Rhea, Joseph Tilden, *Race Pride and the American Identity*, Cambridge, Mass. : Harvard University Press, 1997.

Riasanovsky, Nicholas V, *The Emergence of Romanticism*, New York : Oxford University Press, 1992.

Rich, Paul B, *Race and Empire in British Politics*, 2nd ed., Cambridge : Cambridge University Press, 1990[1986].

Richards, John F, *The Mughal Empire*, Cambridge : Cambridge University Press, 1993.

Ricklefs, M. C, *A History of Modern Indonesia since c. 1300*, 2nd ed., Stanford, Calif. : Stanford University Press, 1993[1981].

Rieder, Jonathan, *Canarsie : The Jews and Italians of Brooklyn against Liberalism*, Cambridge, Mass. : Harvard University Press, 1985.

Rieff, David, *Slaughterhouse : Bosnia and the Failure of the West*, New York : Simon & Schuster, 1995.

Rigg, Bryan Mark, *Hitler's Jewish Soldiers : The Untold Story of Nazi Racial Laws and Men of Jewish Descent in the German Military*, Lawrence : University Press of Kansas, 2002.

Riley-Smith, Jonathan, *What Were the Crusades?*, Totowa, N.J. : Rowman & Littlefield, 1977.

____, *The First Crusaders, 1095~1131*, Cambridge : Cambridge University Press, 1997.

Rinderle, Walter · Bernard Norling, *The Nazi Impact on a German Village*, Lexington : University of Kentucky Press, 1993.

Ripley, William Z, *The Races of Europe : A Sociological Study*, New York : Appleton, 1923.

Ritter, Joachim, trans. Richard Dien Winfield, *Hegel and the French Revolution : Essays on the Philosophy of Right*, Cambridge, Mass. : MIT Press, 1982[1969].

Ritvo, Harriet, *The Animal Estate : The English and Other Creatures in the Victorian Age*, Cambridge, Mass. : Harvard University Press, 1987.

_____, *The Platypus and the Mermaid and Other Figments of the Classifying Imagination*, Cambridge, Mass. : Harvard University Press, 1997.

Rivière, Peter, *Individual and Society in Guiana : A Comparative Study of Amerindian Social Organization*, Cambridge : Cambridge University Press, 1984.

Roach, Mary Ellen · Joanne Bubolz Eicher, eds, *Dress, Adornment, and the Social Order*, New York : John Wiley & Sons, 1965.

Robb, Peter, "South Asia and the Concept of Race", In Peter Robb, ed., *The Concept of Race in South Asia*, Delhi : Oxford University Press, 1995.

Roberts, D. F, "The Pervasiveness of Plasticity", In C. G. N. Mascie-Taylor · Barry Bogin, eds., *Human Variability and Plasticity*, Cambridge : Cambridge University Press, 1995.

Robins, Ashley H, *Biological Perspectives on Human Pigmentation*, Cambridge : Cambridge University Press, 1991.

Robinson, Geoffrey, *The Dark Side of Paradise : Political Violence in Bali*, Ithaca, N.Y. : Cornell University Press, 1995.

Roche, Daniel, trans. Jean Birrell, *The Culture of Clothing : Dress and Fashion in the Ancien Regime*, Cambridge : Cambridge University Press, 1996[1989].

Rochebrune, Renaud de · Jean-Claude Hazera, *Les patrons sous l'Occupation*, Paris : Odile Jacob, 1995.

Rodriguez, Richard, "An American Writer", In Werner Sollors, ed., *The Invention of Ethnicity*, New York : Oxford University Press, 1989.

Roediger, David R, *The Wages of Whiteness : Race and the Making of the American Working Class*, London : Verso, 1991.

Roger, Jacques, ed. Keith R. Benson, trans. Robert Ellrich, *The Life Sciences in Eighteenth-Century French Thought*, Stanford, Calif. : Stanford University Press, 1997[1963].

Rogers, Spencer L, *The Colors of Mankind : The Range and Role of Human Pigmentation*, Springfield, Ill. : Charles C. Thomas, 1990.

Romaine, Suzanne, *Language, Education, and Development : Urban and Rural Tok Pisin in Papua New Guinea*, Oxford : Clarendon Press, 1992.

Romein, Jan, trans. Arnold Pomerans, *The Watershed of Two Eras : Europe in 1900*, Middletown, Conn. : Wesleyan University Press, 1978[1967].

Rosdolsky, Roman, *Zur nationalen Frage : Friedrich Engels und das Problem der "geschichtslosen" Völker*, Berlin : Olle & Wolter, 1979.

Rose, Anne C, *Beloved Strangers : Interfaith Families in Nineteenth-Century America*, Cambridge, Mass. : Harvard University Press, 2001.

Rose, Romani, "Preface", In State Museum of Auschwitz-Birkenau, ed., *Memorial Book : The Gypsies at Auschwitz-Birkenau*, vol. 1, München : K. G. Saur, 1993.

Rose, Steven, *Lifelines : Biology beyond Determinism*, Oxford : Oxford University Press, 1997.

Rosenberg, Alfred, ed. Robert Pois, *Selected Writings*, London : Jonathan Cape, 1970.

Rosenberg, Hans, *Bureaucracy, Aristocracy and Autocracy : The Prussian Experience 1660~1815*, Boston : Beacon Press, 1966[1958].

Rosenberg, Justin, *The Empire of Civil Society : A Critique of the Realist Theory of International Relations*, London : Verso, 1994.

Rosenthal, Michael, *The Character Factory : Baden-Powell's Boy Scouts and the Imperatives of Empire*, New York : Pantheon, 1986.

Rosenzweig, Franz, trans. William W. Hallo, *The Star of Redemption*, Boston : Beacon Press, 1972[1919/1971].

Ross, Fred A, *Slavery Ordained by God*, Philadelphia : J. B. Lippincott, 1857.

Ross, Lee · Nisbett, Richard E, 1991. *The Person and the Situation : Perspectives of Social Psychology*, Boston : McGraw-Hill.

Ross, Ronald J, *Beleaguered Tower : The Dilemma of Political Catholicism in Wilhelmine Germany*, Notre Dame, Ind. : University of Notre Dame Press, 1976.

____, *The Failure of Bismarck's Kulturkampf : Catholicism and State Power in Imperial Germany, 1871~1887*, Washington, D.C. : Catholic University of America Press, 1998.

Roth, Joseph, trans. Michael Hofmann, *The Wandering Jews : The Classic Portrait of a Vanished People*, New York : W. W. Norton, 2001[1927/1976].

Rouhana, Nadim N, *Palestinian Citizens in an Ethnic Jewish State : Identities in Conflict*, New Haven, Conn. : Yale University Press, 1997.

Rousseau, Jean-Jacques, "On the Social Contract, or Principles of Political Right", In Jean-Jacques Rousseau, ed. Roger D. Masters · Christopher Kelly, trans. Judith R. Bush, Roger D. Masters · Chrisopher Kelly, *Social Contract, Discourse on the Virtue Most Necessary for a Hero, Political Fragments, and Geneva Manuscript*, Hanover, N.H. : University Press of New England, 1994[1752].

____, "Confessions", In Jean-Jacques Rousseau, ed. Christopher Kelly, Roger D. Masters · Peter G. Stillman, trans. Christopher Kelly, *The Confessions and Correspondence, Including the Letters to Malesherbes*, Hanover, N.H. : University Press of New England, 1995[1782~1798].

Rousseau, Jérôme, *Central Borneo : Ethnic Identity and Social Life in a Stratified Community*, Oxford : Clarendon Press, 1990.

Roy, Olivier, trans. Carol Volk, *The Failure of Political Islam*, Cambridge, Mass. : Harvard University Press, 1994[1992].

Rubin, Barry, *The Transformation of Palestinian Politics : From Revolution to State-Building*, Cambridge, Mass. : Harvard University Press, 1999.

Rubin, Gayle, "Thinking Sex : Notes for a Radical Theory of the Politics of Sexuality", In Carole S. Vance, ed., *Pleasure and Danger : Exploring Female Sexuality*, Boston : Routledge & Kegan Paul, 1984.

Rubinstein, Murray A, "Postscript and Conclusion", In Murray A. Rubinstein, ed., *Taiwan : A New History*, Armonk, N.Y. : M. E. Sharpe, 1999.

Rudé, George, *The Crowd in the French Revolution*, London : Oxford University Press, 1959.

Rummel, R. J, *Soviet Genocide and Mass Murder since 1917*, New Brunswick, N.J. : Transaction, 1990.

Rupp, Leila J, *Mobilizing Women for War : German and American Propaganda, 1939~1945*, Princeton, N.J. : Princeton University Press, 1978.

Rürup, Reinhard, *Emanzipation und Antisemitismus*, Göttingen : Vandenhoeck & Ruprecht, 1975.

____, "Jüdische Geschichte in Deutschland : Von der Emanzipation bis zur nationalsozialistischen Gewaltherrschaft", In Dirk Blasius and Dan Diner, eds., *Zerbrochene Geschichte : Leben und Selbstverständnis der Juden in Deutschland*, Frankfurt am Main : Fischer, 1991.

Rushton, J. Philippe, *Race, Evolution, and Behavior : A Life History Perspective*. New Brunswick, N.J. : Transaction, 1995.

Russell, Jeffrey B, *A History of Witchcraft : Sorcerers, Heretics and Pagans*, London : Thames & Hudson, 1980.

Rygiel, Kim, "Stabilizing Borders : The Geopolitics of National Identity Construction in Turkey", In Gearóid O Tuathail and Simon Dalby, eds., *Rethinking Geopolitics*, London : Routledge, 1998.

Sack, Robert David, *Human Territoriality : Its Theory and History*, Cambridge : Cambridge University Press, 1986.

Safrian, Hans, *Die Eichmann-Männer*, Wien : Europaverlag, 1993.

Sahagún, Bernardino de, ed. Juan Carlos Temprano, *Historia general de las cosas de Nueva España*, 2 vols., Madrid : Historia 16, 1990.

Sahlins, Marshall, *How "Natives" Think : About Captain Cook, for Example*, Chicago : University of Chicago Press, 1995.

Sahlins, Peter, *Boundaries : The Making of France and Spain in the Pyrenees*, Berkeley : University of California Press, 1989.

Said, Edward, *Orientalism*, New York : Vintage, 1979[1978].

____, *The Politics of Dispossession : The Struggle for Palestinian Self-Determination, 1969~1994*, New York

: Pantheon, 1994.

Saldarini, Anthony J, *Pharisees, Scribes and Sadducees in Palestinian Society,* Edinburgh : T&T Clark, 1988.

Samir, Samir Khalil, "The Christian Communities, Active Members of Arab Society throughout History", In Andrea Pacini, ed., *Christian Communities in the Arab Middle East : The Challenge of the Future,* Oxford : Clarendon Press, 1998.

Sanders, E. P, *Jesus and Judaism,* Philadelphia : Fortress Press, 1985.

Sanderson, G. N, "The European Partition of Africa : Origins and Dynamics", In Roland Oliver · G. N. Sanderson, eds., *The Cambridge History of Africa,* vol. 6 : *From 1870 to 1905,* Cambridge : Cambridge University Press, 1985.

Sandkühler, Thomas, *"Endlösung" in Galizien : Der Judenmord in Ostpolen und die Rettungsinitiativen von Berthold Beitz 1941~1944,* Bonn : Dietz, 1996.

Sartre, Jean-Paul, trans. George J. Becker, *Anti-Semite and Jew,* New York : Schocken, 1948[1946].

___, trans. Carol Cosman, *The Family Idiot : Gustave Flaubert 1821~1857,* vol. 1, Chicago : University of Chicago Press, 1981[1971].

___, trans. John MacCombie, "The Black Orpheus", In Robert Bernasconi, ed., *Race,* Oxford : Blackwell, 2001[1946].

Saussure, Ferdinand de, ed. Tullio De Mauro, *Cours de linguistique générale,* Paris : Payot, 1980.

Sayigh, Yezid, *Armed Struggle and the Search for State : The Palestinian National Movement 1949~1993,* Oxford : Clarendon Press, 1997.

Schaepdrijver, Sophie de, "Occupation, Propaganda and the Idea of Belgium", In Aviel Roshwald and Richard Stites, eds., *European Culture in the Great War : The Arts, Entertainment, and Propaganda, 1914~1918,* Cambridge : Cambridge University Press, 1999.

Schäfer, Peter, *Geschichte der Juden in der Antike : Die Juden Pälastinas von Alexander dem Großen bis zur arabischen Eroberung,* Stuttgart : Katholisches Bibelwerk, 1983.

Scheffler, Wolfgang, trans. Nina Morris-Farber, "The Forgotten Part of the 'Final Solution' : The Liquidation of the Ghettos", In Michael R. Marrus, ed., *The Nazi Holocaust : Historical Articles on the Destruction of European Jews,* 3 : *The 'Final Solution' : The Implementation of Mass Murder,* vol. 2, Westport, Conn. : Meckler, 1989.

Scheler, Max, "Der Genius des Krieges und der deutsche Krieg", In Max Scheler, ed. Manfred S. Frings, *Gesammelte Werke,* vol. 4 : *Politisch-pädagogische Schriften,* Bern : Francke, 1982[1914].

Schiffman, Lawrence H, *Who Was a Jew? Rabbinic and Halakhic Perspectives on the Jewish-Christian*

Schism, Hoboken, N.J. : KTAV, 1985.

Schiller, Friedrich, ed. and trans. Elizabeth M. Wilkinson · L. A. Willoughby, *On the Aesthetic Education of Man, in a Series of Letters*, Oxford : Clarendon Press, 1967[1759].

Schivelbusch, Wolfgang, *The Railway Journey : The Industrialization of Time and Space in the 19th Century*, Berkeley : University of California Press, 1986[1977/1979].

Schleunes, Karl A, *The Twisted Road to Auschwitz : Nazi Policy toward German Jews, 1933~1939*, Illini Book ed., Urbana : University of Illinois Press, 1990[1970].

Schmitt, Carl, trans. George Schwab, *The Concept of the Political*, New Brunswick, N.J. : Rutgers University Press, 1976.

____, trans. George Schwab, *Political Theology : Four Chapters on the Concept of Sovereignty*, Cambridge, Mass. : MIT Press, 1985.

Schmitt, Eric, "For 7 Million People in Census, One Race Category Isn't Enough", *New York Times* March 13, 2001.

Schnapper, Dominique, *France de l'integration : sociologie de la nation en 1990*, Paris : Gallimard, 1991.

____, *La relation à l'autre : au coeur de la pensée sociologique*, Paris : Gallimard, 1998.

Schoenbaum, David, *Hitler's Social Revolution : Class and Status in Nazi Germany 1933~1939*, Garden City, N.Y. : Doubleday, 1966.

Scholem, Gershom, trans. R.J. Zwi Werblowski, *Sabbatai Sevi : The Mystical Messiah 1626~1676*, Princeton, N.J. : Princeton University Press, 1973[1957].

Schorske, Carl E, "Introduction", In Nicolas Bouvier, Gordon A. Craig · Lionel Gossman, eds., *Geneva, Zurich, Basel : History, Culture, and National Identity*, Princeton, N.J. : Princeton University Press, 1994.

____, "History and the Study of Culture", In Ralph Cohen · Michael S. Roth, eds., *History and... Histories within the Human Sciences*, Charlottesville : University Press of Virginia, 1995.

Schroeder, Paul W, *The Transformation of European Politics, 1763~1848*, Oxford : Clarendon Press, 1994.

Schulze, Hagen, trans. Sarah Hanbury-Tenison, *The Course of German Nationalism : From Frederick the Great to Bismarck, 1763~1867*, Cambridge : Cambridge University Press, 1991[1985].

____, trans. William E. Yuill, *States, Nations and Nationalism : From the Middle Ages to the Present*, Oxford : Blackwell, 1996[1994].

____, trans. Deborah Lucas Schneider, *Germany : A New History*, Cambridge, Mass. : Harvard University Press, 1998[1996].

Schumann, Willy, *Being Present : Growing Up in Hitler's Germany*, Kent, Ohio : Kent State

University Press, 1991.

Schumpeter, Joseph A, "The Crisis of the Tax State", In Joseph A. Schumpeter, ed. Richard Swedberg, *The Economics and Sociology of Capitalism*, Princeton, N.J. : Princeton University Press, 1991[1918/1954].

Schwarz, Adam, *A Nation in Waiting : Indonesia in the 1990s*, Boulder, Colo. : Westview, 1994.

Scott, H. M. · Christopher Storrs, "Introduction : The Consolidation of Noble Power in Europe, c. 1600~1800", In H. M. Scott, ed., *The European Nobilities in the Seventeenth and Eighteenth Centuries*, vol. 1 : *Western Europe*, London : Longman, 1995.

Scott, John Paul · John L. Fuller, *Genetics and the Social Behavior of the Dog*, Chicago : University of Chicago Press, 1965.

Scott, Rebecca J, "Fault Lines, Color Lines, and Party Lines", In Frederick Cooper, Thomas C. · Rebecca J. Scott, *Beyond Slavery : Explorations of Race, Labor, and Citizenship in Postemancipation Societies*, Chapel Hill : University of North Carolina Press, 2000.

Seabrook, John, "The Tree of Man", *New Yorker* March 26, 2001.

Seal, Anil, "Imperialism and Nationalism in India", In John Gallagher, Gordon Johnson · Anil Seal, eds., *Locality, Province and Nation : Essays on Indian Politics, 1870 to 1940*, Cambridge : Cambridge University Press, 1973.

Seale, Clive, *Constructing Death : The Sociology of Dying and Bereavement*, Cambridge : Cambridge University Press, 1998.

Searle, G. R, "Eugenics and Class", In Charles Webster, ed., *Biology, Medicine and Society, 1840~1940*, Cambridge : Cambridge University Press, 1981.

Seed, Patricia, *To Love, Honor, and Obey in Colonial Mexico : Conflicts over Marriage Choice, 1574~1821*, Stanford, Calif. : Stanford University Press, 1988.

____, *Ceremonies of Possession in Europe's Conquest of the New World 1492-1640*, Cambridge : Cambridge University Press, 1995.

____, *American Pentimento : The Invention of Indians and the Pursuit of Riches*, Minneapolis : University of Minnesota Press, 2001.

Segal, Alan F, *Rebecca's Children : Judaism and Christianity in the Roman World*, Cambridge, Mass. : Harvard University Press, 1986.

____, *Paul the Convert : The Apostolate and Apostasy of Saul the Pharisee*, New Haven, Conn. : Yale University Press, 1990.

Segalen, Martine, trans. J. C. White-house · Sarah Matthews, *Historical Anthropology of the Family*, Cambridge : Cambridge University Press, 1986.

Segev, Tom, ed. Arlen Neal Weinstein, *1949 : The First Israelis*, New York : Free Press, 1998[1986].

____, trans. Haim Watzman, *One Palestine, Complete : Jews and Arabs under the British Mandate*, New

York : Metropolitan, 2000[1999].

Selden, Mark, "Introduction : The United States, Japan, and the Atomic Bomb", In Kyoko Selden · Mark Selden, eds., *The Atomic Bomb : Voices from Hiroshima and Nagasaki*, Armonk, N.Y. : M. E. Sharpe, 1989.

Senghor, Léopold, trans. Valentine Moulard, "Negritude and Modernity or Negritude as a Humanism for the Twentieth Century", In Robert Bernasconi, ed., *Race*, Oxford : Blackwell, 2001[1977].

Sereny, Gitta, *Into That Darkness : From Mercy Killing to Mass Murder*, New York : McGraw-Hill, 1974.

Service, Robert, *Lenin : A Biography*, Cambridge, Mass. : Harvard University Press, 2000.

Seton-Watson, Hugh, *Nations and States*, Boulder, Colo. : Westview Press, 1977.

Sewell, William H., Jr, *Work and Revolution in France : The Language of Labor from the Old Regime to 1848*, Cambridge : Cambridge University Press, 1980.

____, *Structure and Mobility : The Men and Women of Marseille, 1820 ~1870*, Cambridge : Cambridge University Press, 1985.

____, *A Rhetoric of Bourgeois Revolution : The Abbé Sieyes and What Is the Third Estate?*, Durham, N.C. : Duke University Press, 1994.

Shanin, Teodor, *Defining Peasants : Essays Concerning Rural Societies, Expolary Economies, and Learning from Them in the Contemporary World*, Oxford : Blackwell, 1990.

Shapira, Anita, trans. Haya Galai, *Berl : The Biography of a Socialist Zionist : Berl Katznelson 1887 ~ 1944*, Cambridge : Cambridge University Press, 1984[1980].

____, "The Holocaust and World War II as Elements of the Yishuv Psyche until 1948", In Alvin H. Rosenfeld, ed., *Thinking about the Holocaust : After Half a Century*, Bloomington : Indiana University Press, 1997.

Sharpless, John, "Population Science, Private Foundations, and Development Aid : The Transformation of Demographic Knowledge in the United States, 1945~ 1965", In Frederick Cooper · Randall M. Packard, eds., *International Development and the Social Sciences : Essays on the History and Politics of Knowledge*, Berkeley : University of California Press, 1997.

Shattuck, Roger, "Farce & Philosophy", *New York Review of Books* February 22, 2001.

Shaw, Martin, *Dialectics of War : An Essay in the Social Theory of Total War and Peace*, London : Pluto Press, 1988.

____, *Post-Military Society : Militarism, Demilitarization and War at the End of the Twentieth Century*, Philadelphia : Temple University Press, 1991.

____, *Civil Society and Media in Global Crises : Representing Distant Violence*, London : Pinter, 1996.

____, *Theory of the Global State : Globality as an Unfinished Revolution*, Cambridge : Cambridge

University Press, 2000.

Sheehan, James J, *German Liberalism in the Nineteenth Century,* Chicago : University of Chicago Press, 1978.

____, *German History, 1770~1866,* Oxford : Clarendon Press, 1989.

____, "State and Nationality in the Napoleonic Period", In John Breuilly, ed., *The State of Germany : The National Idea in the Making, Unmaking and Remaking of a Modern Nation-State,* London : Longman, 1992.

Shelby, Anne, "The 'R' Word : What's So Funny (and Not So Funny) about Redneck Jokes", In Dwight B. Billings, Gurney Norman·Katherine Ledford, eds., *Confronting Appalachian Stereotypes : Back Talk from an American Region,* Louisville : University Press of Kentucky, 1999.

Shell, Marc, *Children of the Earth : Literature, Politics and Nationhood,* New York : Oxford University Press, 1993.

Shelley, Percy Bysshe, "Hellas : A Lyrical Drama", In Percy Bysshe Shelley, ed. Newell F. Ford, *The Poetical Works of Shelley,* Boston : Houghton Mifflin, 1974[1821].

Shennan, J. H, *The Origins of the Modern European State 1450~1725,* London : Hutchinson, 1974.

Shepherd, John Robert, *Statecraft and Political Economy on the Taiwan Frontier, 1600~1800,* Stanford, Calif. : Stanford University Press, 1993.

Sherwin, Martin J, *A World Destroyed : The Atomic Bomb and the Grand Alliance,* New York : Vintage, 1977[1975].

Sherwin-White, A. N, *The Roman Citizenship,* Oxford : Clarendon Press, 1939.

____, *Racial Prejudice in Imperial Rome,* Cambridge : Cambridge University Press, 1967.

Shi Gang, *Shokuminchi shihai to Nihongo,* Tokyo : Sangensha, 1993.

Shils, Edward, "On the Comparative Study of the New States", In Clifford Geertz, ed., *Old Societies and New States : The Quest for Modernity in Asia and Africa,* New York : Free Press, 1963.

Shipler, David K, *A Country of Strangers : Blacks and Whites in America,* New York : Alfred A. Knopf, 1997.

Shipps, Jan, *Mormonism : The Story of a New Religious Tradition,* Urbana : University of Illinois Press, 1985.

____, "Making Saints : In the Early Days and the Latter Days", In Marie Cornwall, Tim B. Heaton·Lawrence A. Young, eds., *Contemporary Mormonism : Social Science Perspectives,* Urbana : University of Illinois Press, 1994.

Shklar, Judith N, *American Citizenship : The Quest for Inclusion,* Cambridge, Mass. : Harvard University Press, 1991.

Shore, Cris, "Ethnicity as Revolutionary Strategy : Communist Identity Construction in Italy", In Sharon MacDonald, ed., *Inside European Identities : Ethnography in Western Europe,* Oxford : Berg, 1997[1993].

Shue, Vivienne, *The Reach of the State : Sketches of the Chinese Body Politic,* Stanford, Calif. : Stanford University Press, 1988.

Siberry, Elizabeth, *Criticism of Crusading 1095 ~1274,* Oxford : ClarendonPress, 1985.

Siegel, James T, *Fetish, Recognition, Revolution,* Princeton, N.J. : Princeton University Press, 1997.

Sieyès, Emmanuel Joseph, ed. S. E. Finer, trans. M. Blondel, *What Is the Third Estate?* New York : Frederick A. Praeger, 1963[1791].

Simpson, George Gaylord, *Principles of Animal Taxonomy,* New York : Columbia University Press, 1990[1961].

Singer, Mark, "Home Is Here", *New Yorker,* October 15, 2001.

Singh, K. S., V. Bhalla · V. Kaul, *The Biological Variation in Indian Populations,* Delhi : Oxford University Press, 1994.

Skerry, Peter, *Counting on the Census? Race, Group Identity, and the Evasion of Politics,* Washington, D.C. : Brookings Institution Press, 2000.

Skran, Claudena M, *Refugees in Inter-War Europe : The Emergence of a Regime,* Oxford : Clarendon Press, 1995.

Skrentny, John D, *The Minority Rights Revolution,* Cambridge, Mass. : Harvard University Press, 2002.

Sliwinski, Marek, *Le génocide Khmer Rouge : une analyse démographique,* Paris : L'Harmattan, 1995.

Smith, Anna Marie, *New Right Discourse on Race & Sexuality : Britain 1968-1990,* Cambridge : Cambridge University Press, 1994.

Smith, Anthony D, *The Ethnic Revival,* Cambridge : Cambridge University Press, 1981.

____, *The Ethnic Origins of Nations,* Oxford : Blackwell, 1986.

____, *National Identity,* Reno : University of Nevada Press, 1991.

____, *Nations and Nationalism in a Global Era,* Cambridge : Polity, 1995.

Smith, David Norman, "The Psychocultural Roots of Genocide : Legitimacy and Crisis in Rwanda", *American Psychologist* 53 : 743-753, 1998.

Smith, Edward E. · Douglas L. Medin, *Categories and Concepts,* Cambridge, Mass. : Harvard University Press, 1981.

Smith, Helmut Walser, *German Nationalism and Religious Conflict : Culture, Ideology, Politics, 1870 ~ 1914,* Princeton, N.J. : Princeton University Press, 1995.

____, "The Talk of Genocide, the Rhetoric of Miscegenation : Notes on Debates in the German Reichstag Concerning Southwest Africa, 1904~14", In Sara Friedrichsmeyer, Sara Lennox · Susanne Zantop, eds., *The Imperialist Imagination :*

German Colonialism and Its Legacy, Ann Arbor : University of Michigan Press, 1998.

Smith, Jonathan Z., *Drudgery Divine : On the Comparison of Early Christianities and the Religions of Late Antiquity*, Chicago : University of Chicago Press, 1990.

Smith, M. G, *The Plural Society in the British West Indies*, Berkeley : University of California Press, 1965.

Smith, Malcolm T, "Genetic Adaptation", In G. A. Harrison, ed., *Human Adaptation*, Oxford : Oxford University Press, 1993.

Smith, Michael G, *Language and Power in the Creation of the USSR, 1917-1953*, Berlin : Mouton de Gruyter, 1998.

Smith, Rogers M, *Civic Ideals : Conflicting Visions of Citizenship in U.S. History*, New Haven, Conn. : Yale University Press, 1997.

Smith, Steve, "The Fall and Rise of the State in International Politics", In Graeme Duncan, ed., *Democracy and the Capitalist State*, Cambridge : Cambridge University Press, 1989.

Smith, Wilfred Cantwell, *Islam in Modern History*, Princeton, N.J. : Princeton University Press, 1957.

____, *Belief and History*, Charlottesville : University of Virginia Press, 1977.

____, *Faith and Belief*, Princeton, N.J. : Princeton University Press, 1979.

____, *Towards a World Theology : Faith and the Comparative History of Religion*, Philadelphia : Westminster Press, 1981.

Snell, Daniel C, *Life in the Ancient Near East, 3100~332 B.C.E*, New Haven, Conn. : Yale University Press, 1997.

Snell, K. D. M, *Annals of the Labouring Poor : Social Change and Agrarian England, 1660~1900*, Cambridge : Cambridge University Press, 1985.

Sniderman, Paul M. · Thomas Piazza. *The Scar of Race*, Cambridge, Mass. : Harvard University Press, 1993.

____, *Black Pride and Black Prejudice*, Princeton, N.J. : Princeton University Press, 2002.

Snodgrass, Anthony, *Archaic Greece : The Age of Experiment*, Berkeley : University of California Press, 1980.

Snowden, Frank M., Jr, *Before Color Prejudice : The Ancient View of Blacks*, Cambridge, Mass. : Harvard University Press, 1983.

Snyder, Jack, *From Voting to Violence : Democratization and Nationalist Conflict*, New York : W. W. Norton, 2000.

Snyder, Louis L, *Race : A History of Modern Ethnic Theories*, New York : Long-mans, Green, 1939.

Soekarno [Sukarno], *The Meaning of Nationalism*, Westport, Conn. : Greenwood,

1968[1954].

____, ed. and trans. Roger K. Paget, *Indonesia Accuses! : Soekarno's Defence Oration in the Political Trial of 1930*, Kuala Lumpur : Oxford University Press, 1975.

Sofsky, Wolfgang, trans. William Templer, *The Order of Terror : The Concentration Camp*, Princeton, N.J. : Princeton University Press, 1997[1993].

Sollors, Werner, *Beyond Ethnicity : Consent and Descent in American Culture*, New York : Oxford University Press, 1986.

____, "Introduction : The Invention of Ethnicity", In Werner Sollors, ed., *The Invention of Ethnicity*, New York : Oxford University Press, 1989.

____, *Neither Black nor White yet Both : Thematic Explorations of Interracial Literature*, New York : Oxford University Press, 1997.

Solomon, Barbara Miller, *Ancestors and Immigrants, a Changing New England Tradition*, Cambridge, Mass. : Harvard University Press, 1956.

Solomos, John, *Black Youth, Racism and the State : The Politics of Ideology and Policy*, Cambridge : Cambridge University Press, 1988.

Sommer, Doris, *Foundational Fictions : The National Romances of Latin America*, Berkeley : University of California Press, 1991.

Sorkin, David, *The Transformation of German Jewry, 1780~1840*, New York : Oxford University Press, 1987.

Soyinka, Wole, *Myth, Literature and the African World*, Cambridge : Cambridge University Press, 1976.

Soysal, Yasemin Nuhoglu, *Limits of Citizenship : Migrants and Postnational Membership in Europe*, Chicago : University of Chicago Press, 1994.

Spalding, Karen, *Huarochirí : An Andean Society under Inca and Spanish Rule*, Stanford, Calif. : Stanford University Press, 1984.

Speier, Hans, *German White-Collar Workers and the Rise of Hitler*, New Haven, Conn. : Yale University Press, 1986[1977].

Spence, Jonathan D, *God's Chinese Son : The Taiping Heavenly Kingdom of Hong Xiuquan*, New York : W. W. Norton, 1996.

Spencer, Herbert, *Social Statics : Or, the Conditions Essential to Human Happiness Specified, and the First of Them Developed*, London : John Chapman, 1851.

Speranza, Gino, *Race or Nation : A Conflict of Divided Loyalties*, Indianapolis : Bobbs-Merrill, 1925.

Sperber, Jonathan, *The European Revolutions, 1848~1851*, Cambridge : Cambridge University Press, 1994.

Spinoza, Benedict de, "A Theologico-Political Treatise", In Benedict de Spinoza, trans.

R. H. M. Elwes, *The Chief Works of Benedict de Spinoza*, vol. 1, New York : Dover, 1951.

Spolsky, Bernard · Robert L. Cooper, *The Languages of Jerusalem*, Oxford : Clarendon Press, 1991.

Spruyt, Hendrik, *The Sovereign State and Its Competitors*, Princeton, N.J. : Princeton University Press, 1994.

Srinivas, M. N, *Religion and Society among the Coorgs of South India*, Oxford : Clarendon Press, 1952.

____, *Social Change in Modern India*, Berkeley : University of California Press, 1966.

____, *The Dominant Caste and Other Essays*, Delhi : Oxford University Press, 1987.

St. Clair, William, *That Greece Might Still Be Free : The Philhellenes in the War of Independence*, London : Oxford University Press, 1972.

Stampp, Kenneth M, *The Peculiar Institution : Slavery in the Ante-Bellum South*, New York : Alfred A. Knopf, 1956.

Staniland, Martin, *American Intellectuals and African Nationalists, 1955~1970*, New Haven, Conn. : Yale University Press, 1991.

Stannard, David E, *Before the Horror : The Population of Hawai'i on the Eve of Western Contact*, Honolulu : Social Science Research Institute, University of Hawaii, 1989.

____, *American Holocaust : Columbus and the Conquest of the New World*, New York : Oxford University Press, 1992.

Stanton, William, *The Leopard's Spots : Scientific Attitudes toward Race in America, 1815~59*, Chicago : University of Chicago Press, 1960.

Starr, Douglas, *Blood : An Epic History of Medicine and Commerce*, New York : Alfred A. Knopf, 1998.

Steakley, James D, *The Homosexual Emancipation Movement in Germany*, New York : Arno Press, 1975.

Steele, Shelby, *The Content of Our Character : A New Vision of Race in America*, New York : St. Martin's Press, 1990.

Stein, Judith, "Defining the Race 1890~1930", In Werner Sollors, ed., *The Invention of Ethnicity*, New York : Oxford University Press, 1989.

Stein, Stanley J. · Barbara H. Stein, *The Colonial Heritage of Latin America : Essays on Economic Dependence in Perspective*, New York : Oxford University Press, 1970.

Steinberg, Jonathan, "The Historian and the *Questione della Lingua*", In Peter Burke · Roy Porter, eds., *The Social History of Language*, Cambridge : Cambridge University Press, 1987.

____, *Why Switzerland?* 2nd ed., Cambridge : Cambridge University Press, 1996[1976].

Steinberg, Stephen, *The Ethnic Myth : Race, Ethnicity, and Class in America*, updated ed., Boston

: Beacon Press, 1989[1981].

Steinert, Marlis G, *Hitlers Krieg und die Deutschen : Stimmung und Haltung der deutschen Bevölkerung im Zweiten Weltkrieg,* Düsseldorf : Econ, 1970.

Steinmetz, George, "German Exceptionalism and the Origins of Nazism : The Career of a Concept", In Ian Kershaw · Moshe Lewin, eds., *Stalinism and Nazism : Dictatorships in Comparison,* Cambridge : Cambridge University Press, 1997.

Stepan, Nancy, *The Idea of Race in Science : Great Britain 1800~1960,* London : Macmillan, 1982.

____, *The Hour of Eugenics : Race, Gender, and Nation in Latin America,* Ithaca, N.Y. : Cornell University Press, 1991.

Stern, Fritz, *The Politics of Cultural Despair : A Study in the Rise of the Germanic Ideology,* Berkeley : University of California Press, 1961.

____, *The Failure of Illiberalism : Essays on the Political Culture of Modern Germany,* New York : Alfred A. Knopf, 1972.

____, *Dreams and Delusions : The Drama of German History,* New York : Alfred A. Knopf, 1987.

Stern, J. P, *Hitler : The Führer and the People,* Berkeley : University of California Press, 1975.

Stern, Sacha, *Jewish Identity in Early Rabbinic Writings,* Leiden : E. J. Brill, 1994.

Stern, Steve J, *Peru's Indian Peoples and the Challenge of Spanish Conquest : Huamanga to 1640,* Madison : University of Wisconsin Press, 1982.

Sternhell, Zeev, trans. David Maisel, *The Founding Myths of Israel : Nationalism, Socialism, and the Making of the Jewish State,* Princeton, N.J. : Princeton University Press, 1998[1996].

Stevens, Jacqueline, *Reproducing the State,* Princeton, N.J. : Princeton University Press, 1999.

Stewart, J. I. M, *Eight Modern Writers,* Oxford : Clarendon Press, 1963.

Stewart, Michael, *The Time of the Gypsies,* Boulder, Colo. : Westview Press, 1997.

Stier, Haya · Marta Tienda, *The Color of Opportunity : Pathways to Family, Welfare, and Work,* Chicago : University of Chicago Press, 2001.

Stiker, Henri-Jacques, *Corps infirmes et sociétés,* Paris : Aubier Montaigne, 1982.

Stockton, David, *The Classical Athenian Democracy,* Oxford : Oxford University Press, 1990.

Stoczkowski, Wiktor, *Anthropologie naïve, anthropologie savante,* Paris : CNRS, 1994.

Stoltzfus, Nathan, *Resistance of the Heart : Intermarriage and the Rosenstrasse Protest in Nazi Germany,* New York : W. W. Norton, 1996.

Stone, John, *Racial Conflict in Contemporary Society,* Cambridge, Mass. : Harvard University Press, 1985.

Stouff, Louis, *Ravitaillement et alimentation en Provence aux XIVe et XVe siècles,* Paris : Mouton, 1970.

Strasburger, Hermann, *Zum antiken Gesellschaftsideal,* Heidelberg : Carl Winter, 1976.

Strawson, P. F, *Individuals : An Essay in Descriptive Metaphysics,* London : Methuen, 1959.

참고문헌

Strayer, Joseph R, *On the Medieval Origins of the Modern State,* Princeton, N.J. : Princeton University Press, 1970.

Streit, Christian, *Keine Kameraden : Die Wehrmacht und die soujetischen Kriegsgefangenen 1941~1945,* Bonn : J. H. W. Dietz Nachf, 1991[1978].

Stümke, Hans-Georg, "From the 'People's Consciousness of Right and Wrong' to 'the Hearty Instincts of the Nation' : The Persecution of Homosexuals in Nazi Germany", In Michael Burleigh, ed., *Confronting the Nazi Past : New Debates on Modern German History,* New York : St. Martin's Press, 1996.

Summerfield, Daniel P, *From Falashas to Ethiopian Jews : The External Influences for Change, c. 1860~ 1960,* London : RoutledgeCurzon, 2003.

Suny, Ronald Grigor, *Looking toward Ararat : Armenia in Modern History,* Bloomington : Indiana University Press, 1993.

____, *The Soviet Experiment : Russia, the USSR, and the Successor States,* New York : Oxford University Press, 1998.

Suny, Ronald Grigor · Michael Kennedy, "Toward a Theory of National Intellectual Practice", In Ronald Grigor Suny · Michael Kennedy, eds., *Intellectuals and the Articulation of the Nation,* Ann Arbor : University of Michigan Press, 1999.

Suttanipāta, ed. Lord Chalmers, *Buddha's Teachings, Being the Sutta-Nipātaor Discourse-Collection,* Cambridge, Mass. : Harvard University Press, 1932.

Sutton, Francis X, "Education and the Making of Modern Nations", In James S. Coleman, ed., *Education and Political Development,* Princeton, N.J. : Princeton University Press, 1965.

Swain, Simon, *Hellenism and Empire : Language, Classicism, and Power in the Greek World, AD 50~250,* Oxford : Clarendon Press, 1996.

Sykes, Stephen, *The Identity of Christianity : Theologians and the Essence of Christianity from Schleiermacher to Barth,* Philadelphia : Fortress Press, ´1984.

Syme, Ronald, *Colonial Elites : Rome, Spain and the Americas,* London : Oxford University Press, 1958.

Tajfel, Henri, *Human Groups and Social Categories : Studies in Social Psychology,* Cambridge : Cambridge University Press, 1981.

Takakusu, Junjirō, ed. Wing-Tsit Chan · Charles A. Moore, *The Essentials of Buddhist Philosophy,* 3rd ed, Delhi : Motilal Banarsidass, 1956[1947].

Tal, Uriel, trans. Noah Jonathan Jacobs, *Christians and Jews in Germany : Religion, Politics, and Ideology in the Second Reich, 1870~1914,* Ithaca, N.Y. : Cornell University Press, 1975[1969].

Talmon, J. L, *Political Messianism : The Romantic Phase,* London : Secker & Warburg, 1960.

＿＿, *Israel among the Nations*, London : Weidenfeld & Nicholson, 1970.

Tarrow, Sidney, *Power in Movement : Social Movements, Collective Action and Politics*, Cambridge : Cambridge University Press, 1994.

Tatar, Maria, *The Hard Facts of the Grimms' Fairy Tales*, Princeton, N.J. : Princeton University Press, 1987.

Taylor, A. J. P., *The Struggle for Mastery in Europe, 1848 - 1918*, Oxford : Clarendon Press, 1954.

＿＿, *English History, 1914~1945*, Oxford : Clarendon Press, 1965.

Taylor, Charles, *Sources of the Self : The Making of the Modern Identity*, Cambridge, Mass. : Harvard University Press, 1989.

Taylor, John G, *Indonesia's Forgotten War : The Hidden History of East Timor*, London : Zed, 1991.

＿＿, "The Emergence of a Nationalist Movement in East Timor", In Peter Carey · G. Carter Bentley, eds., *East Timor at the Crossroads : The Forging of a Nation*, Honolulu : University of Hawaii Press, 1995.

Taylor, William B, *Drinking, Homicide, and Rebellion in Colonial Mexican Villages*, Stanford, Calif. : Stanford University Press, 1979.

te Brake, Wayne, *Shaping History : Ordinary People in European Politics, 1500~1700*, Berkeley : University of California Press, 1998.

Tec, Nechama, *When Light Pierced the Darkness : Christian Rescue of Jews in Nazi-Occupied Poland*, New York : Oxford University Press, 1986.

Teggart, Frederick J, *Theory and Processes of History*, Berkeley : University of California Press, 1977[1941].

Ternon, Yves, *L'état criminel : Les génocides au XXe siècle*, Paris : Seuil, 1995.

＿＿, *L'Empire ottoman : Le déclin, la chute, l'effacement*, Paris : Michel de Maule, 2002.

Thernstrom, Stephan · Abigail Thernstrom, *America in Black and White : One Nation, Indivisible*, New York : Simon & Schuster, 1997.

Thomas, Keith, *Religion and the Decline of Magic : Studies in Popular Beliefs in Sixteenth and Seventeenth Century England*, New York : Oxford University Press, 1997[1971].

Thomas, Nicholas, *Marquesan Societies : Inequality and Political Transformation in Eastern Polynesia*, Oxford : Clarendon Press, 1990.

Thomas, William I. · Florian Znaniecki. *The Polish Peasant in Europe and America : A Monograph of an Immigrant Group*, 5 vols, Chicago : University of Chicago Press, 1918~1920.

Thompson, Charis, "Strategic Naturalizing : Kinship in an Infertility Clinic", In Sarah Franklin · Susan McKinnon, eds., *Relative Values : Reconfiguring Kinship Studies*, Durham, N.C. : Duke University Press, 2001.

Thompson, Elizabeth, *Colonial Citizens : Republican Rights, Paternal Privilege, and Gender in French Syria and Lebanon*, New York : Columbia University Press, 2000.

Thompson, Leonard, *The Political Mythology of Apartheid*, New Haven, Conn. : Yale University Press, 1985.

Thompson, Lloyd A, *Romans and Blacks*, London : Routledge, 1989.

Thorowgood, Thomas, *Jews in America*, London : Henry Brome, 1660.

Thurner, Erika, ed. and trans. Gilya Gerda Schmidt, *National Socialism and Gypsies in Austria*, Tuscaloosa : University of Alabama Press, 1998[1983].

Thurston, Robert W, *Life and Terror in Stalin's Russia, 1934~1941*, New Haven, Conn. : Yale University Press, 1996.

Tibi, Bassam, ed. and trans. Marion Farouk-Sluglett · Peter Sluglett, *Arab Nationalism : A Critical Enquiry*, 2nd ed., New York : St. Martin's Press, 1990[1971].

Tignor, Robert L, *The Colonial Transformation of Kenya : The Kamba, Kikuyu, and Maasai from 1900 to 1939*, Princeton, N.J. : Princeton University Press, 1976.

Tilly, Charles, *Coercion, Capital, and European States, AD 990~1990*, Oxford : Blackwell, 1990.

____, *Durable Inequality*, Berkeley : University of California Press, 1998.

Tilly, Charles, Louise Tilly · Richard Tilly, *The Rebellious Century 1830~1930*, Cambridge, Mass. : Harvard University Press, 1975.

Tocqueville, Alexis de, trans. Stuart Gilbert, *The Old Régime and the French Revolution*, Garden City, N.Y. : Doubleday, 1955[1856].

Todorov, Tzvetan, *The Conquest of America : The Question of the Other*, New York : Harper & Row, 1984[1982].

____, trans. Catherine Porter, *On Human Diversity : Nationalism, Racism, and Exoticism in French Thought*, Cambridge, Mass. : Harvard University Press, 1993[1989].

Toews, John, *Hegelianism*, Cambridge : Cambridge University Press, 1980.

Tolstoy, Leo, "Patriotism and Government", In Leo Tolstoy, *The Works of Leo Tolstoy*, vol. 20, London : Oxford University Press, 1935[1900].

____, trans. David Patterson, *Confession*, New York : W. W. Norton, 1983[1884].

Tomasson, Richard F, *Iceland : The First New Society*, Minneapolis : University of Minnesota Press, 1980.

Tombs, Robert, *France 1814~1914*, London : Longman, 1996.

____, *The Paris Commune 1871*, London : Longman, 1999.

Törnquist, Olle, *Dilemmas of Third World Communism : The Destruction of the PKI in Indonesia*, London : Zed, 1984.

Torpey, John, *The Invention of the Passport : Surveillance, Citizenship and the State*, Cambridge : Cambridge University Press, 2000.

Totten, Samuel, William S. Parsons · Israel W. Charny, eds, *Genocide in the Twentieth Century : Critical Essays and Eyewitness Accounts*, New York : Garland, 1995.

Totten, Samuel, William S. Parsons · Robert K. Hitchcock, "Confronting Genocide and Ethnocide of Indigenous Peoples : An Interdisciplinary Approach to Definition, Intervention, Prevention, and Advocacy", In Alexander Laban Hinton, ed., *Annihilating Difference : The Anthropology of Genocide,* Berkeley : University of California Press, 2002.

Trautmann, Thomas R, *Lewis Henry Morgan and the Invention of Kinship,* Berkeley : University of California Press, 1987.

Trevor-Roper, Hugh, "The Invention of Tradition : The Highland Tradition of Scotland", In Eric Hobsbawm · Terence Ranger, eds., *The Invention of Tradition,* Cambridge : Cambridge University Press, 1983.

Trigger, Bruce G, *A History of Archaeological Thought,* Cambridge : Cambridge University Press, 1989.

Tsing, Anna Lowenhaupt, *In the Realm of the Diamond Queen : Marginality in an Out-of-the-Way Place,* Princeton, N.J. : Princeton University Press, 1993.

Tsuboi Hirofumi, *Imo to Nihonjin,* Tokyo : Miraisha, 1979.

Tu Weiming, "Cultural Identity and the Politics of Recognition in Contemporary Taiwan", In David Shambaugh, ed., *Contemporary Taiwan,* Oxford : Clarendon Press, 1998[1996].

Tuan, Mia, *Forever Foreigners or Honorary Whites? The Asian Ethnic Experience Today,* New Brunswick, N.J. : Rutgers University Press, 1998.

Tuan, Yi-fu, *Who Am I? An Autobiography of Emotion, Mind, and Spirit,* Madison : University of Wisconsin Press, 1999.

Tucker, Robert C, *Stalin in Power : The Revolution from Above, 1928~1941,* New York : W. W. Norton, 1990.

Tucker, William H, *The Science and Politics of Racial Research,* Urbana : University of Illinois Press, 1994.

Turner, Frederick Jackson, ed. Harold P. Simonson, *The Significance of the Frontier in American History,* New York : Frederick Ungar, 1963[1893].

Turner, Henry Ashby, Jr, *German Big Business and the Rise of Hitler,* New York : Oxford University Press, 1985.

Turner, V. W, *The Drums of Affliction : A Study of Religious Processes among the Ndembu of Zambia,* Oxford : Clarendon Press, 1968.

Tushnet, Mark V, *The American Law of Slavery, 1810~1860 : Considerations of Humanity and Interest,* Princeton, N.J. : Princeton University Press, 1981.

Tyerman, Christopher, *The Invention of the Crusade,* Toronto : University of Toronto Press, 1998.

Tylor, Edward Burnett, *The Origins of Culture (Primitive Culture)*, Gloucester, Mass. : Peter Smith, 1970[1871].

Updike, John, *Rabbit, Run*, New York : Alfred A. Knopf, 1960.

Usher, Jonathan, "Origins and Duecento", In Peter Brand · Lino Pertile, eds., *Cambridge History of Italian Literature*, Cambridge : Cambridge University Press, 1996.

Vagts, Alfred, *A History of Militarism : Civilian and Military*, rev. ed., New York : Free Press, 1967[1937/1959].

Vail, Leroy, "Introduction : Ethnicity in Southern African History", In Leroy Vail, ed., *The Creation of Tribalism in Southern Africa*, London · James Currey, 1989.

Vaillant, Janet G, *Black, French, and African : A Life of Léopold Sédar Senghor*, Cambridge, Mass. : Harvard University Press, 1990.

Van Creveld, Martin, *The Transformation of War*, New York : Free Press, 1991.

Van de Mieroop, Marc, *The Ancient Mesopotamian City*, Oxford : Clarendon Press, 1997.

Van Deburg, William. L, *New Day in Babylon : The Black Power Movement and American Culture, 1965~1975*, Chicago : University of Chicago Press, 1992.

Van den Berghe, Pierre L, *Race and Racism : A Comparative Perspective*, 2nd ed., New York : John Wiley & Sons, 1978[1967].

Vansina, Jan, *The Children of Woot : A History of the Kuba People*, Madison : University of Wisconsin Press, 1978.

____, *Oral Tradition as History*, Madison : University of Wisconsin Press, 1985[1961].

Vaughan, Alden T, *The New England Frontier : Puritans and Indians 1620~1675*, 3rd ed., Norman : University of Oklahoma Press, 1995[1965].

Veer, Peter van der, *Religious Nationalism : Hindus and Muslims in India*, Berkeley : University of California Press, 1994.

Verhey, Jeffrey, *The Spirit of 1914 : Militarism, Myth, and Mobilization in Germany*, Cambridge : Cambridge University Press, 2000.

Vernant, Jean-Pierre, *The Origins of Greek Thought*, Ithaca, N.Y. : Cornell University Press, 1982[1962].

Vick, Brian E, *Defining Germany : The 1848 Frankfurt Parliamentarians and National Identity*, Cambridge, Mass. : Harvard University Press, 2002.

Vickers, Adrian, *Bali : A Paradise Created*, Hong Kong : Periplus, 1990[1989].

Vidal-Naquet, Pierre, trans. Andrew Szegedy-Maszak, *The Black Hunter : Forms of Thought and Forms of Society in the Greek World*, Baltimore : Johns Hopkins University Press, 1986[1981].

____, *Les assassins de la mémoire : "un Eichmann de papier" et autres essais sur le révisionnisme*, Paris : Découverte, 1987.

Vierhaus, Rudolf, trans. Jonathan B. Knudsen, *Germany in the Age of Absolutism*, Cambridge : Cambridge University Press, 1988.

Vital, David, *The Origins of Zionism*, Oxford : Clarendon Press, 1975.

____, *A People Apart : The Jews in Europe 1789~1939*, Oxford : Oxford University Press, 1999.

Voegelin, Eric, *The Collected Works of Eric Voegelin*, vol. 2 : *Race and State,* Baton Rouge : Louisiana State University Press, 1997[1937].

Volkov, Shulamit, "The Written Matter and the Spoken Word : On the Gap between Pre-1914 and Nazi Anti-Semitism", In François Furet, ed., *Unanswered Questions : Nazi Germany and the Genocide of the Jews,* New York : Schocken, 1989[1985].

Von Grunebaum, Gustave E, *Medieval Islam : A Study in Cultural Orientation*, 2nd ed., Chicago : University of Chicago Press, 1953[1946].

Von Klemperer, Klemens, *German Resistance against Hitler : The Search for Allies Abroad, 1938~1945,* Oxford : Clarendon Press, 1992.

Waal, Frans de, *Chimpanzee Politics : Power & Sex among Apes,* New York : Harper & Row, 1982.

Wachman, Alan M, *Taiwan : National Identity and Democratization*, Armonk, N.Y. : M. E. Sharpe, 1994.

Waddell, L. A, *The Phoenician Origin of Britons, Scots, and Anglo-Saxons,* London : Williams and Northgate, 1925.

Walbank, Frank W, *Selected Papers : Studies in Greek and Roman History and Historiography*, Cambridge : Cambridge University Press, 1985.

____ [F. W. Walbank], *The Hellenistic World*, rev. ed., Cambridge, Mass. : Harvard University Press, 1992[1981].

Walicki, Andrzej, trans. Emma Harris, *The Enlightenment and the Birth of Modern Nationhood : Polish Political Thought from Noble Republicanism to Tadeusz Kosciuszko,* Notre Dame, Ind. : University of Notre Dame Press, 1989.

Walker, Mack, *German Home Towns : Community, State, and General Estate, 1648~1817,* Ithaca, N.Y. : Cornell University Press, 1971.

Wallerstein, Immanuel, *The Modern World System*, 3 vols, New York and San Diego : Academic Press, 1974~1989.

____, *Geopolitics and Geoculture : Essays on the Changing World-System,* Cambridge : Cambridge University Press, 1991.

Wallerstein, Immanuel, et al, *Open the Social Sciences : Report of the Gulbenkian Commission on the Restructuring of the Social Sciences,* Stanford, Calif. : Stanford University Press, 1996.

Walter, Henriette, *Enquête phonologique et variétés régionalesdufrançais,* Paris : Presses Universitaires de France, 1982.

____, *Le Français dans tous les sens,* Paris : Robert Laffont, 1988.

Waltz, Kenneth N, *Man, the State and War : A Theoretical Analysis,* New York : Columbia University Press, 1959.

Ward, W. R, *Christianity under the Ancien Régime, 1648～1789,* Cambridge : Cambridge University Press, 1999.

Ware, Vron, *Beyond the Pale : White Women, Racism and History,* London : Verso, 1992.

Warren, Kay B, *Indigenous Movements and Their Critics : Pan-Maya Activism in Guatemala,* Princeton, N.J. : Princeton University Press, 1998.

Washburn, S. L, "The Study of Race", *American Anthropologist* 65 : 521～531, 1963.

Wasserstein, Bernard, *Britain and the Jews of Europe 1939～1945,* London : Institute of Jewish Affairs, 1979.

Waters, Mary C, *Ethnic Options : Choosing Identity in America,* Berkeley : University of California Press, 1990.

____, *Black Identities : West Indian Immigrant Dreams and American Realities,* Cambridge, Mass. : Harvard University Press, 1999.

Watkins, Susan Cott, *From Provinces into Nations : Demographic Integration in Western Europe, 1870～1960,* Princeton, N.J. : Princeton University Press, 1991.

Watt, Ian, *The Rise of the Novel : Studies in Defoe, Richardson and Fielding,* London : Chatto & Windus, 1957.

Webber, Carolyn・Aaron Wildavsky, *A History of Taxation and Expenditure in the Western World,* New York : Simon & Schuster, 1986.

Weber, Eugen, *Peasants into Frenchmen : The Modernization of Rural France, 1870～1914,* Stanford, Calif. : Stanford University Press, 1976.

Weeks, Jeffrey, *Sex, Politics and Society : The Regulation of Sexuality since 1800,* London : Longman, 1981.

Wehler, Hans-Ulrich, *Bismarck und der Imperialismus,* 2nd ed., Frankfurt am Main : Suhrkamp, 1985[1969].

Wei, William, *The Asian American Movement,* Philadelphia : Temple University Press, 1993.

Weinberg, Gerhard L, "The Politics of War and Peace in the 1920s and 1930s", In Roger Chickering・Stig Förster, eds., *The Shadows of Total War : Europe, East Asia, and the United States, 1919～1939,* Cambridge : Cambridge University Press, 2003.

Weindling, Paul, *Health, Race and German Politics between National Unification and Nazism, 1870～1945,* Cambridge : Cambridge University Press, 1989.

Weiss, John, *Ideology of Death : Why the Holocaust Happened in Germany,* Chicago : Ivan R. Dee, 1996.

Welch, Holmes, *Taoism : The Parting of the Way,* rev. ed., Boston : Beacon Press, 1965[1957].

Weller, Georges, "The Two Poison Gasses", In Eugen Kogon, Hermann Langbein · Adalbert Rückerl, eds., trans. Mary Scott · Caroline Lloyd-Morris, *Nazi Mass Murder : A Documentary History of the Use of Poison Gas*, New Haven, Conn. : Yale University Press, 1993[1983].

Wells, Allen · Gilbert M. Joseph, *Summer of Discontent, Seasons of Upheaval : Elite Politics and Rural Insurgency in Yucatán, 1876~1915*, Stanford, Calif. : Stanford University Press, 1996.

Wells, Peter S, *The Barbarians Speak : How the Conquered Peoples Shaped Roman Europe*, Princeton, N.J. : Princeton University Press, 1999.

Werth, Nicolas, "A State against Its People : Violence, Repression, and Terror in the Soviet Union", In Stéphane Courtois, Nicolas Werth, Jean-Louis Panné, Andrzej Paczkowski, Karel Bartošek · Jean-Louis Margolin, *The Black Book of Communism : Crimes, Terror, Repression*, Cambridge, Mass. : Harvard University Press, 1999[1997].

Wertsch, James V, *Voices of Collective Remembering*, Cambridge : Cambridge University Press, 2002.

West, Cornel, *Prophecy Deliverance! An Afro-American Revolutionary Christianity*, Philadelphia : Westminster Press, 1982.

____, *Keeping Faith : Philosophy and Race in America*, New York : Routledge, 1993.

West, M. L, *The East Face of Helicon : West Asiatic Elements in Greek Poetry and Myth*, Oxford : Clarendon Press, 1997.

Westwood, J. N, *Endurance and Endeavour : Russian History, 1812~1986*, 3rd ed., Oxford : Oxford University Press, 1987[1978].

Wette, Wolfram, "Ideology, Propaganda, and Internal Politics as Preconditions of the War Policy of the Third Reich", In Militärgeschichtliches Forschungsamt, ed., *Germany and the Second World War*, vol. 1 : *The Build-Up of German Aggression*, trans. P. S. Falla, Dean S. McMurry, and Ewald Osers, Oxford : Clarendon Press, 1990.

Wheeler, Roxann, *The Complexion of Race : Categories of Difference in Eighteenth-Century British Culture*, Philadelphia : University of Pennsylvania Press, 2000.

Whethan, William Cecil Dampier, and Catherine Durning Whethan, *The Family and the Nation : A Study in Natural Inheritance and Social Responsibility*, London : Longmans, Green, 1909.

White, Hayden V, *Tropics of Discourse : Essays in Cultural Criticism*, Baltimore : Johns Hopkins University Press, 1978.

White, Owen, *Children of the French Empire : Miscegenation and Colonial Society in French West Africa 1895~1960*, Oxford : Clarendon Press, 1999.

White, Walter, "The Paradox of Color", In Alain Locke, ed., *The New Negro : An Interpretation*, New York : Arno Press, 1968[1925].

Whitehead, David, *The Ideology of the Athenian Metic,* Cambridge : Cambridge Philological Society, 1977.

___, *The Demes of Attica, 508/7~ca. 250 B.C. : A Political and Social Study,* Princeton, N.J. : Princeton University Press, 1986.

Whitelam, Keith W, *The Invention of Ancient Israel : The Silencing of Palestinian History,* London : Routledge, 1996.

Whitelock, Dorothy, *The Beginnings of English Society,* Harmondsworth, U.K. : Penguin, 1954[1952].

Whiteside, Andrew G, *The Socialism of Fools : Georg Ritter von Schönerer and Austrian Pan-Germanism,* Berkeley : University of California Press, 1975.

Whittaker, Elvi W, *The Mainland Haole : The White Experience in Hawaii,* New York : Columbia University Press, 1986.

Whorf, Benjamin Lee, ed. John B. Carroll, *Language, Thought, and Reality : Selected Writings of Benjamin Lee Whorf,* Cambridge, Mass. : MIT Press, 1956.

Whyte, Susan Reynolds, "Disability between Discourse and Experience", In Benedict Ingstad · Susan Reynolds Whyte, eds., *Disability and Culture,* Berkeley : University of California Press, 1995.

Wiggins, David, *Sameness and Substance,* Cambridge, Mass. : Harvard University Press, 1980.

Wilde, Oscar, "Phrases and Philosophies for the Use of the Young", In Oscar Wilde, ed. Richard Ellman, *The Artist as Critic : Critical Writings of Oscar Wilde,* Chicago : University of Chicago Press, 1982[1894/1969].

Wildenthal, Lora, "Race, Gender, and Citizenship in the German Colonial Empire", In Frederick Cooper · Ann Laura Stoler, eds., *Tensions of Empire : Colonial Cultures in a Bourgeois World,* Berkeley : University of California Press, 1997.

___, *German Women for Empire, 1884~1945,* Durham, N.C. : Duke University Press, 2001.

Wilder, Harris Hawthorne, *The Pedigree of the Human Race,* New York : Henry Holt, 1926.

Wilken, Robert L, *The Christians as the Romans Saw Them,* New Haven, Conn. : Yale University Press, 1984.

Williams, Eric, *Capitalism and Slavery,* New York : Capricorn, 1966[1944].

Williams, Gwyn A, *When Was Wales? A History of the Welsh,* London : Black Raven Press, 1985.

Williams, Raymond, *Keywords : A Vocabulary of Culture and Society,* rev. ed., New York : Oxford University Press, 1983[1976].

Williams, Richard, *Hierarchical Structures and Social Value : The Creation of Black and Irish Identities in the United States,* Cambridge : Cambridge University Press, 1990.

Williamson, Joel, *New People : Miscegenation and Mulattoes in the United States,* New York : Free Press, 1980.

____, *The Crucible of Race : Black-White Relations in the American South since Emancipation,* New York : Oxford University Press, 1984.

Willis, Justin, *Mombasa, the Swahili, and the Making of the Mijikenda,* Oxford : Clarendon Press, 1993.

Wilson, Monica, *For Men and Elders : Change in the Relations of Generations and of Men and Women among the Nyakyusa-Ngonde People 1875 ~ 1971,* London : International African Institute, 1977.

Wilson, Robert A., ed, *Species : New Interdisciplinary Essays,* Cambridge, Mass. : MIT Press, 1999.

Wilson, William Julius, *The Declining Significance of Race,* 2nd ed., Chicago : University of Chicago Press, 1980[1979].

____, *When Work Disappears : The World of the New Urban Poor,* New York : Alfred A. Knopf, 1996.

Winant, Howard, *The World Is a Ghetto : Race and Democracy since World War II,* New York : Basic Books, 2001.

Winichakul, Thongchai, *Siam Mapped : A History of the Geo-Body of a Nation,* Honolulu : University of Hawaii Press, 1994.

Winnicott, D. W, *Playing and Reality,* New York : Basic Books, 1971.

Winter, Jay, *Sites of Memory, Sites of Mourning : The Great War in European Cultural History,* Cambridge : Cambridge University Press, 1995.

____, "British National Identity and the First World War", In S. J. D. Green · R. C. Whiting, eds., *The Boundaries of the State in Modern Britain,* Cambridge : Cambridge University Press, 1996.

Wistrich, Robert S, *Who's Who in Nazi Germany,* London : Routledge, 1995[1982].

Witt, Doris, *Black Hunger : Food and the Politics of U.S. Identity,* New York : Oxford University Press, 1999.

Wittgenstein, Ludwig, trans. G. E. M. Anscombe, *Philosophical Investigations,* 3rd ed., New York : Macmillan, 1958.

____, trans. D. F. Pears and B. F. McGuiness, *Tractatus Logico-Philosophicus,* London : Routledge, 2001[1922].

Wohl, Robert, *The Generation of 1914,* Cambridge, Mass. : Harvard University Press, 1979.

Wolf, Eric R, *Pathways of Power : Building an Anthropology of the Modern World,* Berkeley : University of California Press, 2001.

Wollstonecraft, Mary, ed. Miriam Brody Kramnick, *Vindication of the Rights of Woman,* Harmondsworth, U.K. : Penguin, 1975[1792].

Woods, Frederick Adams, *Mental and Moral Heredity in Royalty : A Statistical Study in History and Psychology,* New York : Henry Holt, 1906.

Woodward, C. Vann, *The Strange Career of Jim Crow,* 3rd rev. ed., New York : Oxford

University Press, 1974[1955].

Woodward, Susan, *Socialist Unemployment : The Political Economy of Yugoslavia 1945~1990,* Princeton, N.J. : Princeton University Press, 1995a.

___, *Balkan Tragedy : Chaos and Dissolution after the Cold War,* Washington, D.C. : Brookings Institution, 1995b.

Woolf, Greg, *Becoming Roman : The Origins of Provincial Civilization in Gaul,* Cambridge : Cambridge University Press, 1998.

Woolf, Stuart, *Napoleon's Integration of Europe,* London : Routledge, 1991.

Wright, Arthur F, *Buddhism in Chinese History,* Stanford, Calif, : Stanford University Press, 1959.

Wright, Lawrence, "Lives of the Saints", *New Yorker* January 21, 2002.

Wright, Quincy, ed. Louise Leonard Wright, *A Study of War,* abridged ed., Chicago : University of Chicago Press, 1964[1942].

Wyatt, David K, *Thailand : A Short History,* New Haven, Conn. : Yale University Press, 1984.

Wyatt-Brown, Bertram, *Southern Honor : Ethics and Behavior in the Old South,* New York : Oxford University Press, 1982.

___, *The Shaping of Southern Culture : Honor, Grace, and War, 1760s~1890s,* Chapel Hill : University of North Carolina Press, 2001.

Wyman, David S, *The Abandonment of the Jews : America and the Holocaust, 1941~1945,* New York : Pantheon, 1984.

X, Malcolm, with Alex Haley, *The Autobiography of Malcolm X,* New York : Ballantine, 1973[1965].

Yack, Bernard, *The Problems of a Political Animal : Community, Justice, and Conflict in Aristotelian Political Thought,* Berkeley : University of California Press, 1993.

Yahil, Leni, trans. Ina Friedman・Haya Galai, *The Holocaust : The Fate of European Jewry, 1932~1945,* New York : Oxford University Press, 1990[1987].

Yanagita Kunio, *Kaijōno michi,* Tokyo : Iwanami Shoten, 1978[1952].

Yoshimoto Takaaki, *Saigo no Shinran,* new ed., Tokyo : Shunjūsh, 1981[1976].

Yoshimura Tsutomu, *Buraku sabetsu to rōdō mondai,* Tokyo : Akashi Shoten, 1986.

Young, Arthur, *Political Essays Concerning the Present State of the British Empire,* New York : Research Reprints, 1970[1772].

Young, Crawford, *The African Colonial State in Comparative Perspective,* New Haven, Conn. : Yale University Press, 1994.

Young, James E, *The Texture of Memory : Holocaust Memorials and Meaning,* New Haven, Conn. : Yale University Press, 1993.

Young, Robert J. C, *Postcolonialism : An Historical Introduction,* Oxford : Blackwell, 2001.

Younge, Gary, *No Place Like Home : A Black Briton's Journey through the American South,* London : Picador, 1999.

Zack, Naomi, *Race and Mixed Race,* Philadelphia : Temple University Press, 1993.

____, *Philosophy of Science and Race,* New York : Routledge, 2002.

Zagorin, Perez, *Rebels & Rulers 1500~1660,* 2 vols, Cambridge : Cambridge University Press, 1982.

Zamir, Shamoon, *Dark Voices : W. E. B. Du Bois and American Thought, 1888~1903,* Chicago : University of Chicago Press, 1995.

Zeldin, Theodore, *The Political System of Napoleon III,* London : Macmillan, 1958.

Zertal, Idith, *From Catastrophe to Power : Holocaust Survivors and the Emergence of Israel,* Berkeley : University of California Press, 1998[1996].

Zheng, Yongnian, *Discovering Chinese Nationalism in China : Modernization, Identity, and International Relations,* Cambridge : Cambridge University Press, 1999.

Ziegler, Herbert F, *Nazi Germany's New Aristocracy : The SS Leadership, 1925~1939,* Princeton, N.J. : Princeton University Press, 1989.

Zimmer, Oliver, "In Search of Natural Identity : Alpine Landscape and the Reconstruction of the Swiss Nation", *Comparative Studies in Society and History* 40 : 637~665, 1998.

Zimmermann, Michael, *Rassenutopie und Genozid : Die nationalsozialistische "Lösung der Zigeunerfrage",* Hamburg : Hans Christians Verlag, 1996.

Zimmermann, Moshe, *Wilhelm Marr : The Patriarch of Anti-Semitism,* New York : Oxford University Press, 1986.

Zink, Michel, trans. Jane Marie Todd, *The Enchantment of the Middle Ages,* Baltimore : Johns Hopkins University Press, 1998[1996].

Zola, Irving Kenneth, *Missing Pieces : A Chronicle of Living with a Disability,* Philadelphia : Temple University Press, 1982.

Zürcher, Erik J, *Turkey : A Modern History,* London : I. B. Tauris, 1993.

Zweig, Stefan, *The World of Yesterday : An Autobiography,* London : Cassell, 1987[1943].

본문
주석

서장

1 Augustine 1991 : 230
2 1975 : 342, 344
3 1985 : 342
4 cf. Erikson 1958 : 14
5 Hume 1978 : 259
6 1978 : 253
7 1990 : 418
8 cf. Miller 1985 : viif,49
9 1995 : 4
10 1846 : 344
11 Kripke 1980 : 97~101; Waggins 1980 : 179~182
12 Ludwig Wittgenstein
13 2001 : 61
14 cf. Strawson 1959 : 133
15 Parfit 1984 : 273
16 Parfit 1984 : 302
17 Rousseau 1995 : 5
18 1987 : xxxi
19 1998 : 10
20 Heidegger 1962 : 164
21 Heidegger 1962 : 164
22 1948 : 169
23 Dickens 1948 : 169
24 1971 : 75
25 1981 : ix
26 1981 : ix
27 Flaubert 1993 : 180
28 1982 : 434
29 Rivière 1984 : 1013
30 1974 : xxi
31 Giddens 1991 : 27~34
32 Gergen 1991 : 53~61
33 Winnicott 1971 : 65~71
34 Frans de Waal(1982 : 83)
35 Hall 1990 : 231
36 Hall 1996 : 484
37 Hall 1996 : 484
38 Hall 1996 : 485
39 Hall 1996 : 486, 491
40 Hall 1996 : 492
41 Hall 1996 : 490
42 Tuan 1999 : 88
43 Tuan 1999 : 188
44 Tuan 1999 : 129
45 Tuan 1999 : 119
46 Pipes 1974 : 279
47 cf. Binyon 2002 : 4
48 cf. Service 2000 : 16, 21

1장

1 Redford 1992 : 229; Bartlett 1993 : 197
2 1983 : 306
3 Herder 1991 : 65
4 Banjamin Whorf(1956 : 152~156)
5 1958 : 8
6 1985 : 294
7 Ramain 1992 : 341
8 Crystal 2000 : 45
9 Crystal 2000 : 19
10 Borst 1957 : 18~31
11 Stewart 1997 : 44, 58
12 Neisser 1983 : 281
13 Dante 1996 : 21
14 Dante 1996 : 3
15 Alinei 1984 : 196~199
16 Griggith 1984 : 362~366
17 Devoto 1978 : 275
18 De Mauro 1972 : 43; cf. Migliorini 1990 : 109~118
19 De Mauro 1972 : 334~354; Mengaldo 1994 : 16~24
20 Maiden 1995 : 9
21 Sapir 1921 : 215
22 I. Keen 1994 : 4
23 Brunot 1905~72 : i, ix, 525~599
24 Bloch 1961 : 75
25 Brunot 1905~72 : ii, 3
26 Padley 1988 : 322; Brun 1927 : 12
27 Walter 1988 : 105
28 de Certeau, Julia, and Revel 1975 :

302

29 Jones 1988 : 208

30 Weber 1976 : 498~501

31 Brunot 1905~72 : i, 364;ii, 27~32

32 Fumaroli 1980 : 87

33 Brunot 1905~72 : I, iv, 60

34 Ferdinand Brunot 1905~72 : iii, 4

35 Brunot 1891 : 590

36 Peyre 1933 : 217~221

37 Balibar and Laporte 1974 : 116

38 de Certeau, Julia, and Revel 1975 :
309

39 cf. Balibar and Laporte 1974 : 80

40 Walter 1982

41 Steinberg 1987 : 199

42 Antonio de Nebrija(1946 : 5)

43 Ramsey 1987 : 16

44 Calvet 1974 : chap. 11; Phillipson
1992 : chap. 6; Shi 1993 : chap. 2

45 M. Smith 1998 : 168~176

46 Kerswill 1994 : 36~45

47 cf. Laitin 1992 : chap. 5

48 Alter 1988 : 6

49 Hobsbawn 1992 : 98

50 Alter 1988 : 17, 24

51 Epstein 1959 : 290

52 Cooper 1989 : 13

53 Avineri 1981 : 83~87; cf. Harshav
1993 : 84

54 Avineri 1981 : 85

55 Spolsky and Cooper 1991 : 59~73

56 Segev 2000 : 98

57 Ben-Rafael 1994 : pt.3

58 Janton 1973 : 112

59 Dalby 1998 : 245

60 cf. Ornan 1985 : 22

61 Janton 1973 : 30

62 Ornan 1985 : 23

63 Forster 1982 : 185, 202

64 Fishman 1972 : 40~55

65 cf. Meillet 1918 : 331

66 Delumeau 1992 : 333~336

67 Geertz 1960 : 6

68 Smith 1977 : v

69 Harrison 1990; cf. Greisch 2002 :
44~50

70 Smith 1979 : 12; cf. Hanson 1978 :
76~90

71 Smith 1981 : 3

72 마태복음 3 : 9

73 로마서 9 : 6

74 마태복음 10 : 34~37

75 마가복음 3 : 31~35

76 빌립보서 3 : 5

77 로마서 1 : 16; 디모데전서 4 : 10 참조

78 로마서 1 : 16; cf 갈라디아서 3 : 28

79 마가복음 10 : 25; 누가복음 6 : 20~25;
요한복음 5 : 1~7; cf. Kautsky 1925 :
323~336

80 Kee 1995 : 199~207

81 Rahner 1978 : 234, 430; Pannenberg
1983 : 13

82 O'Neill 1995 : 188; cf. Sanders 1985
: 116~119

83 1998 : 581

84 Rankin 1995 : 111~116

85 Cyprian 1840 : 134

86 Sykes 1984 : 239~261

87 요한복음 17 : 20~23; 고린도전서 1 :
13; 에베소서 4 : 4

88 빌립보서 3 : 20; cf. Bultmann 1957 :
34~37

89 Niebuhr 1941~43 : ii, 41

90 Rahner 1978 : 456

91 1957 : 6

92 Niebuhr 1957 : 122

93 cf. Ward 1999 : 1

94 Bossy 1982 : 289; Cameron 1991 :
52~55

95 Rahman 1982 : 19

96 Hodgson 1974 : i, 252

97 2 : 170; cf. 5 : 104; 31 : 21

98 33 : 5

99 30 : 22

100 4 : 1; cf. Lewis 1990 : 21

101 Lewis 1990 : 21

102 Gioldziher 1966 : 73; Hitti 1970 :
753

103 cf. Kāmil 1970 : 26~45

104 Fowden 1993 : 170

105 cf. Hourani 1983 : 341

106 von Grunebaum 1953 : 35~40

107 Porath 1986 : 284~290; Roy 1994 : 110

108 Hitti 1970 : 753

109 Smith 1957 : 73~85

110 Hourani 1983 : 260; Porath 1986 : 314

111 Antonius 1938 : 45~60

112 Samir 1998 : 75

113 Lewis 1988 : 38~42, 131, 1998 : 83

114 Takakusu 1956 : 18; Nakamura 1985 : 227~287

115 Chakravarti 1987 : 108~111; Yoshimoto 1984 : 14~18

116 Wright 1959 : 57

117 Flood 1996 : 59

118 Jaffrelot 1996 : 11

119 Veer 1994 : 196; Hansen 1995 : 5~9

120 Ahmad 1964 : 271~276; Pandey 1993 : 12

121 Hardacre 1988 : 131

122 1976 : 147

123 Fortes 1983 : 11

124 James 1988 : 3

125 James 1988 : pt.2

126 1995 : 90~30

127 I. Keen 1994 : 1, 22~35

128 Assmann 1997 : 21

129 cf. Gottwald 1979 : 688~693

130 1 : 2~2 : 16; 9 : 7~10

131 Spinoza 1951 : 247

132 레위기 25 : 23

133 Harvey 1996 : 271

134 시편 102 : 22; cf Segal 1986 : 165~171; Levine 1998 : 96~104

135 cf. Kee 1995 : 50; Feldman 1993 : 293

136 56 : 7

137 Stern 1994 : 90; cf Cohen 1987 : 50~58

138 신명기 7 : 4; cf 에스라 9 : 1~4; 느헤미야 13 : 27

139 Kellner 1991 : 101~104; Novak 1995 : 235~239

140 창세기 41 : 45

141 cf. Noethlichs 1996 : 125~131

142 Hengel 1980 : 60~77, 1989 : 53; Horsley 1995 : 104~107

143 cf. Gruen 1998 : 261~267; Bartlett 1985 : 184

144 Saldarini 1988 : pt.3

145 cf. Horsley 1995 : 7; Kreissig 1970 : 80~87

146 Goodman 1987 : 239~251

147 cf. Markus 1980 : 4~7; 사도행전 11 : 26

148 Goodman 1994 : 14

149 Wilken 1984 : 24

150 Schäer 1983 : 150~155; Cohen 1987 : 215~224

151 Kimelman 1981 : 243; Schiffman 1985 : 75~78

152 Stern 1994 : 22~42

153 Schiffman 1985 : 36; Stern 1994 : 99~113

154 Stern 1994 : 156~170

155 Goodman 1983 : 31~40; Cohen 1992 : 185~189

156 Horsley 1996 : 184~189

157 Gil 1992 : 9, 140, 836

158 cf. Landau 1993 : 8; Laurens 1999 : 200~206

159 Shapira 1984 : 85

160 Rabinovitz 1997 : 187; cf. Rouhana 1997 : 146~150

161 Prawer 1988 : 94~98

162 Beinin 1998 : 7

163 Chazan 1989 : 169

164 Scholem 1973 : 823

165 Cohen 1984 : 73~76; Goitein 1999 : 303

166 Beinin 1998 : 2

167 Mosse 1985 : 42~46; cf Deutscher 1982 : 51

168 Emil Ludwig, 1931 : 573

169 Meyer 1990 : 69

170 cf. Meyer 1990 : 16~19

171 Avineri 1985 : 21

172 Lundgren 1992 : 75

173 Hertzberg 1969 : 138

174 1891 : vf

175 Shmueli 1990 : 194

176 Franz Rosenzweig(1972 : 298)

177 cf. Sorkin 1987 : 21~43
178 Abraham 1992 : 90
179 Abraham 1992 : 289
180 Avishai Margalit, 1998 : 167
181 cf. Talmon 1970 : 88, 101
182 Avineri 1981 : 12; cf. Aschheim
     1982 : 100
183 Hertzberg 1969 : 198
184 Rürup 1975 : 101
185 Kautsky 1926 : 11
186 cf. Arendt 1968 : vii
187 Birnbaum 2000 : 16~19
188 Pulzer 1988 : 48
189 Graml 1992 : 65
190 Wistrich 1995 : 45
191 Lane and Rupp 1978 : xiii
192 1943 : 56
193 Hitler 1943 : 307
194 (hitler 1943:61)
195 1943 : 336
196 1998 : 47
197 Wildenthal 1997 : 265
198 Gay 1998 : 110
199 cf. Herzl 1946 : 92
200 cf. Poliakov 1955~77
201 1968 : 334
202 1968 : 336
203 Hilberg 1985 : i, 68
204 1946 : 146
205 1992 : 83
206 also 206~212; cf. Levinas 1990 :
     247~258
207 2011 : vii
208 Funkenstein 1993 : 307
209 de Lange 1986 : 81
210 Rosenzweig 1955 : 30
211 Altmann 1991 : 44
212 Eisen 1998 : 262
213 Almog 2000 : 96~103; cf. Sternhell
     1998 : 324~327
214 Vital 1999 : 253~257
215 Banks 1992 : 221
216 Ens 1994 : 4~8
217 McGreevy 1996 : 83
218 Coakley 1992 : 11~18
219 McLeod 1989 : 104~108
220 cf. Metcalf 1996
221 cf. Mitchell 1993 : 11~43
222 Boyarin 1994 : 2
223 Samir 1998 : 70
224 Shipps 1985 : 148
225 Arrington and Bitton 1992 : 216
226 Bushman 1984 : 3
227 Anderson 1942 : 420; Leone 1979 :
     223~226
228 니파이후서 27 : 1
229 니파이전서 17 : 2; 모사이야서 3 : 19; 모
     로나이서 8 : 26
230 Mauss 1994 : 64
231 Shipps 1985 : 122
232 Shipps 1994 : 71
233 Hansen 1981 : 193
234 Bushman 1984 : 100
235 Hansen 1981 : 193
236 Hansen 1981 : 184~195
237 Shipps 1994 : 65
238 (O'Dea 1957 : 16)
239 May 1980 : 726
240 cf. Wallerstein 1974~89 : i, 209
241 cf. Boon 1973 : 2
242 1970 : 1
243 1970 : 7
244 Frisch 1992 : 711
245 Tylor 1970 : 32; cf. Burrow 1966 :
     98
246 cf. Kuper 1999 : 15
247 1983a : 4
248 Grimm and Grimm 1997 : 21
249 Zink 1998 : 73~76
250 cf. Dégh 1969 : 59
251 Ellis 1983 : 9~12; Tatar 1987 : 32
252 Darnton 1984 : 9
253 Antti Aarne 1981
254 Italo Calvino, 1980 : xx
255 Tolstoy 1983 : 30
256 1981 : 6~11
257 Curtius 1953 : viii
258 1968 : 190
259 Stewart 1963
260 Curtius 1953 : 13; Casanova(1999 :
     148~154)
261 Moretti 1998 : 38

262 Deane 1997 : 18~21

263 Sommer 1991 : 15~19

264 Liu 1995 : 47

265 Riasanovsky 1992 : 96

266 1986 : 190

267 1986 : 224

268 1974 : 319

269 Goldhill 2002 : 14

270 Eichner 1995 : 1

271 Roach and Eicher 1965 : pt.4

272 Roche 1994 : 254

273 Lipovetsky 1994 : 57~60

274 König 1973 : 62~65; Perrot 1994 : 80~86

275 Bell 1976 : 116

276 Bell 1976 : 102

277 Trevor-Roper 1983

278 Brillat-Savarin 1995 : 16

279 Garnsey 1999 : 62

280 1953 : 139

281 Gabaccia 1998 : 2

282 Gabaccia 1998 : 3

283 Gabaccia 1998 : 4

284 1978 : 50~55

285 Ohnuki-Tierney 1993 : 39

286 Nagahara 1990 : 325

287 Tsuboi 1979 : 274~285

288 Revel 1982 : 215

289 Stouff 1970 : 261

290 Goody 1982 : 95~98

291 Mennell 1985 : 40~47

292 Bloch 1970 : 231

293 Bober 1999 : 230~237

294 Flandrin 1984 : 75

295 Montanari 1994 : 113~116

296 Mennell 1985 : 133

297 Peterson 1994 : 21

298 Peterson 1994 : 203

299 Mennell 1985 : 134

300 Jean-François Revel, 1982 : 214

301 Orwell 1986 : 92

302 James 1996 : 82

303 Goody 1998 : 165~171

304 n.d. : 151

305 Mill 1977 : 546

306 Schorske 1995 : 388

307 Meinecke 1972 : 121, 341~357

308 Breisach 1994 : chap. 15

309 Teggart 1977 : 40~43

310 Gilbert 1990 : 9

311 Burke 1990 : 110

312 1990 : 20

313 Pollock 1999 : 1

314 Snell 1997 : 11

315 Van de Mierrop 1997 : 42~52

316 Nissen 1988 : 186~197

317 Gadd 1973 : 196

318 Oppenheim 1977 : 48

319 Gadd 1971 : 625; Dandamaev 1982 : 173

320 Aristotle 1327 : 23~29

321 Finley 1981 : 126

322 cf. Gernet 1981 : 287

323 Malkin 1998 : 17~20

324 Finley 1981 : 83; cf. Hall 2002 : 53

325 8 : 144

326 Herodotus 9 : 11~55

327 Walbank 1985 : 1; Cartledge 1993 : 3~10

328 Jaeger 1939 : xvii; Hartog 1988 : 258

329 Hall 1989 : 1~14

330 Lloyd 1966 : pt.1

331 Walbank 1992 : 78

332 Snowden 1983 : 56~59; Gassi 2001 : 24

333 Herodotus 3 : 38

334 Freeman 1948 : 148

335 cf. Swain 1996 : 10

336 W. R. Connor 1994 : 36

337 Plato 262CE

338 Larsen 1968 : 4; Ehrenberg 1969 : 22

339 1980 : 42

340 Larsen 1968 : 6

341 Snodgrass 1980 : 25

342 Aristotle 1252b19

343 Parker 1996 : 3

344 Meier 1990 : 141~146

345 Vernant 1982 : 60, 101

346 Thucydides 1.2.5; 2.36.1; cf. Ober 1989 : 261~266

347 Pomeroy 1997 : 167

348 Stockton 1990 : 16; cf. Gomme 1933 : 34

349 cf. Cohen 2000 : 10

350 Osborne 1981~83 : iv, 139

351 Manville 1990 : 210~217

352 Gschnitzer 1981 : 113

353 Yack 1993 : 29

354 Whitehead 1986 : 356; Garnsey 1999 : 65

355 Gschnitzer 1981 : 117~124; Bleicken 1985 : 281~288

356 Gomme 1933 : 34

357 Vidal-Naquet 1986 : 218; Garlan 1988 : 155~163

358 Strasburger 1976 : 49; Brunt 1993 : 343~388

359 Garnsey 1996 : 77; Whitehead 1977 : 114

360 Horrocks 1997 : 81~86; Swain 1996 : 33~35

361 cf. Cartledge 2001 : 73

362 Baldry 1965 : 4

363 Duby 1980a

364 Duby 1980a : 51

365 Duby 1980a : 51

366 Duby 1980b : 101

367 Le Goff 1988 : 358

368 Constable 1995 : 263

369 Mark Bloch, 1961 : 263

370 Bloch 1961 : 225

371 Bloch 1961 : 75

372 Bloch 1961 : 255

373 cf. Benveniste 1973 : 263

374 Bloch 1961 : 61~65; Goubert 1986 : chap. 11

375 Emmanuel Le Roy Ladurie 1979

376 Le Roy Ladurie 1979 : 283

377 Le Roy Ladurie 1979 : 284

378 Le Roy Ladurie 1979 : 266~276

379 Beaune 1985 : 337~351

380 cf. Clark 1995 : 3774

381 Le Roy Ladurie 1981 : 9~19

382 Mousnier 1970 : 7~16

383 Bakos 1997 : 61

384 Ellis 1988 : 26~83

385 Weber 1976 : 7; cf. Muchembled 1985 : 154

386 Jones 1985 : 154

387 Weber 1976 : 46; cf. Le Roy Ladurie 1987 : 188~193

388 Corbin 1998 : 33~41

389 Corbin 1998 : 83~106

390 cf. Muchembled 1990 : 178

391 Weber 1976 : 486

392 Shanin 1990 : 6~16

393 cf. Ginzburg 1982 : 16

394 Blum 1978 : 29~34; Le Roy Ladurie 1987 : 361~364

395 cf. Segalen 1986 : 61~71

396 cf. Reynolds 1984 : 335

397 cf. Block 1963 : 355

398 cf. Feierman 1990 : 105~112

399 cf. Mallon 1995 : 317;Wolf 2001 : 298~303

400 Zagorin 1982 : i, 62~65

401 cf. Benveniste 1973 : 264

402 Blum 1978 : 15; Dewald 1996 : 17~20

403 cf. Scott and Storrs 1995 : 12

404 Blum 1978 : 46

405 Hobsbawm 1992 : 48

406 Hagen 1980 : 27

407 Doyle 1986 : 45

408 Sherwin-White 1967 : 86

409 Brunt 1990 : 126

410 Woolf 1998 : 106~112

411 Garnsey 1998 : 144~147

412 Garnsey 1970 : 260~263

413 Brunt 1990 : 273

414 Finley 1973 : 47

415 Badian 1968 : 62~69

416 Balsdon 1979 : 82~96

417 Woolf 1998 : 246~249

418 Brunt 1990 : 132

419 Elton 1996 : 20

420 Sherwin-White 1939 : 282~289

421 Thompson 1989 : 140~156

422 Syme 1958 : 11

423 Hopkins 1978 : 116

424 MacMullen 2000 : 134~137

425 Fried 1975 : 3

426 Wells 1999 : 116~119

427 cf. Amory 1997 : 26~33

428 1990 : 126

429 Fairbank 1968 : 5

430 Mote 1999 : 268~271

431 Crossley 1999 : 3~7; cf. Elliott 2001 : 346~355

432 Gernet 1970 : 127~132

433 Eberhard 1965 : 135

434 Gernet 1970 : 106

435 Shue 1988 : 48~52

436 Fitzgerald 1996 : 346; Zheng 1999 : 26

437 Richards 1993 : 143~148

438 Richards 1993 : 36~40

439 Zheng 1999 : 68

440 Bayly 1999 : 10

441 cf. Milner 1994 : 63~79

442 Srinivas 1966 : 3

443 Quigleey 1993 : 166

444 Srinivas 1952~8, 34~37

445 Srinivas 1966 : 29~45; Mandelbaum 1970 : ii, 421~436

446 Srinivas 1987 : 56~67

447 Crone 1986 : 51

448 1940 : 279

449 Fried 1967 : 15; Colson 1967 : 201

450 Fried 1967 : 14

451 Eggert 1986 : 334

452 Moerman 1967 : 166; Wilson 1977 : 21~27

453 1965 : 285

454 1995 : 93

455 I. Kenn 1994 : 4

456 1970 : 1

457 Briggs 1970 : 40

458 1970 : 2

459 Lee 1979 : 54

460 1964 : 16

461 cf. Thomas 1990 : 19~26

462 Radcliffe-Brown 1950 : 39

463 cf. Gaunt 2001 : 261~271

464 Khazanov 1994 : 139~142

465 Fonseca 1995 : 276; Lemon 2000 : 179,234

466 Oliver 1967 : xvii

467 Oliver 1967 : 103

468 Oliver 1967 : 103

469 Oliver 1967 : 104

470 1963 : 88

471 1963 : 3

472 Firth 1963 · 31

473 Firth 1963 : 32, 43~50

474 Firth 1963 : 72

475 Firth 1963 : 73

476 Firth 1963 : 368

477 1964 : 11

478 Tomasson 1980 : 51~55

479 Wylie 1987 : 177

480 Hastrup 1985 : 107

481 Hastrup 1985 : 169, 176, 1998 : 30

482 Hastrup 1990b : 194

483 1990b : 289

484 Hastrup 1990a : 131

485 Hastrup 1990a : 131

486 Gjerset 1924 : 367~381

487 Pálsson 1989 : 134

488 Lacy 1998 : 11

제2장

1 Goldsby 1977 : 17~21

2 Kete 1994 : 65

3 1968 : 261

4 Ritvo 1987 : 114

5 American Kennel Club 1985 : 106

6 American Kennel Club 1985 : 106

7 American Kennel Club 1985 : 106

8 Scott and Fuller 1965 : 385

9 Derr 1997 : 207

10 Mayr 1997 : 136

11 1943 : 284

12 1982 : 306

13 cf. Mayr 16991 : 31

14 Ernst Mayr, 1982 : 120

15 Ereshefsky 1992; Wilson 1999

16 Darwin 1993 : 71

17 cf. Dobzhansky 1982 : 310~314

18 1924 : 440

19 F. C. Crookshank 1924 : 440

20 Hitler 1943 : 286

21 cf. Broca 1864 : 60

22 Dobzhansky 1982 : 47
23 Mayr 1976 : 543
24 Rushton 1995 : 283
25 1990 : 172
26 cf. Mayr 1982 : 280~283
27 cf. Mayr 1997 : 128
28 Haldane 1990 : 3
29 Dahlberg 1942 : 202
30 Proctor 1998 : 151
31 Mayr 1991 : 27
32 Hannaford 1996 : 204
33 1963 : 3
34 Coon 1963 : 2
35 William Z. Ripley 1923
36 Garn 1971 : 169~178
37 Lewis and Wigen 1997 : 120~123
38 simpson 1963 : 18
39 Franklin 1987 : 374
40 Lebow 1976
41 Ignatiev 1995 : 40
42 Ignatiev 1995 : 41; cf. Williams 1990 : 136~144
43 Jacobson 1998 : 68~90
44 1969 : 15
45 Foley 1997 : 5~9
46 Guterl 2001 : 6~13
47 Wilder 1926 : 284
48 1923 : 4
49 Knox 1850 : 34
50 Tucker 1994; Gould 1996
51 1966 : 151
52 Hoberman 1997 : xxvf
53 Starr 1998 : 74~77
54 Mazumdar 1995 : 294
55 Zack 2002 : 53
56 Starr 1998 : 169
57 Lasker 1969; Mascie-Taylor and Bogin 1995
58 Floud, Wachter, and Gregory 1990 : 6
59 French 2001 : A4
60 Boas, 1912
61 Roberts 1995 : 4
62 Roberts 1995 : 2
63 Roberts 1995 : 8~12
64 Cavalli-Sforza, Menozzi, and Piazza 1994 : 18
65 Harrison 1995
66 Friedlaender 1975
67 Houghton 1996
68 Birdsell 1993
69 Cavalli-Sforza, Menozzi, and Piazza 1994 : 19
70 Lewontin 1974 : 152~156
71 Mourant, Kopec, and Domaniewska-Sobczak 1978 : 57; cf. Kautsky 1926 : 118
72 Haldane 1990 : 25
73 King 1981 : 60
74 Lewontin 2000 : 16~38
75 Cavalli-Sforza, Menozzi, and Piazza 1994 : 22
76 Lasker 1985 : 73~80
77 Levins and Lewontin 1985 : 51~58; Rose 1997 : 278~299
78 e.g. Brace 1964; Bogin 1993
79 Haddon 1925 : 151
80 Medawar and Medawar 1983 : 254; Futuyma 1998 : 737
81 Darwin 1981 : i, 226
82 1981 : i, 232
83 1981 : i, 227
84 Chang 1999
85 Hadas 1972 : 34, 84
86 Wright 2002 : 49
87 Thompson 2001 : 175
88 Seabrook 2001 : 58
89 Betzig 2002 : 37
90 Rousseau 1994 : 133
91 Epstein 1966 : 184
92 Ellis 1988 : 26
93 Walicki 1989 : 6~9
94 Blum 1961 : 27, 93
95 Béteille 1965 : 48
96 Berlin 1998 : 104
97 1942 : 1
98 Lewis 1942 : 9
99 1949 : 4
100 1989 : 227
101 Nash 1999 : 17
102 1930 : 1
103 Herskovits 1930 : 271

본문 주석

104 1927 : 162

105 Waddell 1925 : 162

106 1900 : 165

107 1926 : 13

108 Whitelock 1954 : 11

109 1945 : 15

110 1916 : v

111 MacNamara 1900 : 179~191

112 Pagden 2001 : 144~147

113 Levine 1986 : 79

114 Winter 1996 : 265

115 MacDougall 1982 : 127~130

116 Ackerman 2001 : 12

117 Sollors 1997 : 32

118 cf. Stoczkowski 1994

119 1964 : 109

120 Cavalli-Sforza, Menozzi, and Piazza 1994 : 303~308

121 Garn 1971 : 6

122 Levin 1997 : 1

123 Goldsby 1977 : 4

124 Robins 1991 : 211; cf. Smith 1993 : 12

125 Wilder 1926 : 338; cf. Coon 1965 : 3; Rogers 1990 : 19

126 Smith 1965 : 60~66

127 Franz Fanon 1967 : 18

128 Dyer 1997 : 68; cf. Firth 1973 : 406~411

129 Gilman 1986 : 10

130 Gobineau 1966 : 205

131 Lemon 2000 : 63

132 Patterson 1982 : 178

133 Robins 1991 : 166~170

134 Lin 1961 : 102

135 Whittaker 1986 : 154~163

136 Mintz 1984 : 315

137 Patterson 1982 : 61

138 Patterson 1982 : 58~62

139 Seed 2001 : 131

140 Freeman 1999 : 107~110

141 Le Goff 1980 : 92~97

142 Freeman 1999 : 106

143 Freeman 1999 : 93

144 Floud Wachter, and Gregory 1990 : 1

145 1972 : 33

146 Russell 1980 : 81

147 1996 : 24

148 Briggs 1996 : 23

149 cf. Briggs 1996 : 21

150 Dobzhansky 1962 : 234~238

151 Singh, Bhalla, and Kaul 1994 : 6

152 1984 : 142

153 Cardoza 1992 : 177~181

154 Rose 2001 : 121~128

155 Floud, Wachter, and Gregory 1990 : 2

156 Floud, Wachter, and Gregory 1990 : 198

157 Floud, Wachter, and Gregory 1990 : 199, 216

158 Economist 1995~96

159 Oliver 1990 : 118~131

160 Macbeth 1997 : 60

161 1995 : 20

162 Chapman 1993 : 14~22

163 Glazer and Moynihan 1975 : 1

164 1982 : 4

165 cf. van den Berghe 1978 : 9; Holt 2000 : 16

166 Coser 1972 : 580

167 Momigliano 1975 : 149

168 Reid 1994 : 271~276

169 Pagden 2001 : 115

170 Lévi-Strauss 1969 : 46

171 Friedman 1981

172 Hodgen 1964 : 54~59

173 cf. Geremek 1990 : 352~355

174 cf. Brecht 1993 : iii, 354

175 Nirenberg 1996 : 57

176 Moore 1997 : 246

177 Macfarlane 1970 : 173~176

178 Borst 1992 : 6~9

179 2001 : 1

180 1982 : 47

181 Said 1979 : 230~236, 306~328

182 Pagden 1986 : 4; McGrane 1989 : 10~19

183 Delft 1993 : 87~104

184 Gerbi 1955

185 cf. Brandon 1986 : 47

186 cf. Bury 1955 : 9, 65~69
187 Lach 1965 : i, xii~xiii, ii, 822~835, 1977 : 560~566
188 Baudet 1988 : 13~20; cf. Boas 1966 : 138~164
189 Baudet 1988 : 32~35; cf. Delumeau 1995 : 160~172
190 Baudet 1988 : 50; cf. Becker 1932 : 110
191 Bindman 2002 : 12
192 Nisbet 1980 : 171
193 Chaunu 1981 : 69
194 Bury 1955 : 346; cf. Nisbet 1980 : 171~178
195 cf. Bowler 1986 : 131~146; Pagden 1993 : 184~188
196 1964 : 213
197 Blum 1978 : 45
198 Pagden 1986 : 13
199 Pagden 1986 : 10; cf. Todorov 1984 : 50
200 Cortés 1986 : 86
201 Carrasco 1982 : 106
202 Sahagún1990 : ii, 219~222, 954~957; cf. Orozco y Berra 1960 : 261 ~278
203 Pagden 1990 : 102
204 Beaglehole 1974 : 657~660
205 Obeyesekere 1992; Sahlins 1995
206 1979 : 1
207 Stannard 1989 : 45~49; cf. Crosby 1994 : 121~137
208 Cook and Borah 1971 : 408; Arranz Ma′rquez 1991 : 42~64; Cook 1998 : 21~24
209 Cook 1981 : 114; cf. Spalding 1984 : 136
210 Bartolomé de las Casas 1974
211 Crosby 1986 : 196~216; Cook 1998 : 206~209
212 MacNeill 1976:5
213 Stannard 1992:13
214 Stannard 1992 : 269~281
215 Cortés 1986 : 35
216 Cortés 1986 : 67
217 1956 : 190
218 Díaz del Castillo 1956 : 191
219 Parry 1981 : 19; cf. Elliott 1970 : 11
220 1974 : 41
221 Clendinnen 1987 : 13
222 Montaigne 1991 : 1031
223 Seed 2001 : 116
224 cf. Parry 1981 : 22~26; Lewis 1995 : 62
225 Elliott 1970 : 34; cf. Gruzinski 1988 : 239~261
226 Syme 1958 : 27
227 Seed 1995 : 85
228 Lockhart 1992 : 444
229 Lockhart 1992 : 444
230 Hanke 1974 : 82; cf. Chaunu 1969 : 396~400
231 Parry 1981 : 312
232 cf. Hanke 1970 : 27; Pagden 1986 : 27
233 Pagden 1986 : 3
234 Baudet 1988 : 29
235 Stern 1982 : 73
236 cf. Seed 1988 : 21~25
237 Seed 1988 : 134~146; Gutiérez 1991 : 177~180
238 Cope 1994 : 14; cf. Gutiérrez 1991 : 199
239 Cope 1994 : 18
240 Lockhart 1994 : 188
241 Gutiérrez 1991 : 285~292
242 Cope 1994 : 76, 162; cf. Seed 1988 : 155
243 Lockhart 1991 : 9, 54, 1992 : 14
244 cf. Taylor 1979 : 170
245 Lockhart 1992 : 94~102
246 Lockhart 1992 : 94, 114
247 Jennings 1976 : 6~11
248 Axtell 1992 : 67~70; Seed 2001 : 131~134
249 Vaughan 1995 : 20
250 cf. Vaughan 1995 : lii~lix
251 Lafaye 1976 : 39~42
252 Rawson 2001 : 79
253 1660 : 5
254 Pagden 1986 : 203
255 Metcalf 1994 : 30

256 Cannadine 2001 : 8; cf. Hechter 1975 : 39~43
257 Cannadine 1999 : 126, 145
258 Metcalf 1994 : 55
259 Metcalf 1994 : 83
260 Metcalf 1994 : 185~199
261 Lebow 1976 : 40
262 cf. Davis 1984 : 33
263 Bradley 1994 : 173
264 Brunt 1990 : 118
265 Patterson 1982 : 176
266 Bales 1999 : 8~11
267 Jordan 1968 : 44~48; Morgan 1975 : 313
268 Williams 1966 : 7, 18
269 1966 : 19
270 Stampp 1956 : 21
271 Colley 2002 : 63
272 Morgan 1975 : 325; Allen 1994 : 31~35
273 Tushnet 1981 : 43
274 Jordan 1968 : 56
275 Fredrickson 1981 : 70~74
276 Galenson 1981 : 153
277 Elkins 1976 : 47~52, 63
278 Morgan 1975 : 313; Oakes 1990 : 51~56
279 Faust 1981 : 4; cf. Berlin 1998 : 358
280 Faust 1981 : 10; cf. Davis 1975 : 523
281 Elkins 1976 : 36
282 1860 : 273
283 Hopkins 1864 : 21
284 1857 : 6
285 1955 : 176
286 cf. Wyatt-Brown 2001 : 142
287 1854 : 227
288 1965 : 244
289 Fitzhugh 1965 : 162
290 Fitzhugh 1965 : 244
291 Fitzhugh 1960 : 201
292 cf. Ashworth 1995 : 228~246
293 cf. Wyatt-Brown 1982 : 362; Fehrenbacher 2001 : 306
294 Oakes 1990 : 16
295 Oakes 1990 : 129~133
296 Degler 1971 : 88~92

297 cf. Oakes 1990 : 31~35
298 Genovese 1974 : 1~7; Oakes 1990 : 130~134
299 Josiah C. Nott : 1844
300 cf. Dain 2002 : 227~237
301 cf. Johnson 1999 : 146~161
302 1860 : 727
303 Bachman 1850 : 287; cf. Stanton 1960 : 193
304 Gould 1999 : 168
305 Foner 1988 : 588~601
306 cf. Scott 2000 : 79~83
307 Degler 1971 : 101~105
308 Williamson 1984 : 183~189
309 Woodward 1974 : 97
310 Genovese 1974 : 413~431; Williamson 1984 : 39~42, 307
311 Pressly 1965 : 266~272; Elkins 1976 : 10~13
312 1998 : 364
313 cf. Conze 1984 : 137~141
314 Conze 1984 : 142~150; Bernasconi 2001 : 12~16
315 cf. Plischke 1937 : 71~74
316 Blumenbach 1973a : 98
317 Blumenbach 1973a : 121
318 Blumenbach 1973b : 264
319 Blumenbach 1973b : 276
320 Blumenbach 1973b : 269
321 Blumenbach 1973c : 308
322 cf. Burrow 1966 : 52; Glacken 1967 : 620
323 Burk 1968 : 11
324 cf. Wheeler 2000 : 21~26
325 Roser 1997 : 466
326 Stepan 1982 : 109
327 Trautmann 1987 : 229; Olender 1992 : 136~142
328 cf. Burrow 2000 : 103
329 cf. Barkan 1992 : 2
330 cf. Kevles 1985 : 46; Gossett 1997 : 345
331 Geary 2002 : 20
332 Pearson 1937 : 31
333 Gobineau 1966 : 25
334 Biddiss 1970 : 119

335 Gobineau 1966 : 25
336 Gobineau 1966 : xv
337 cf. Voegelin 1997 : 170
338 Biddiss 1970 : 172
339 cf. Voegelin 1997 : 220
340 cf. Lukács 1980 : 679~682
341 cf. Stepan 1991 : 22~26
342 Galton 1909 : 24
343 cf. Davenport 1911 : 1
344 cf. Galton 1892 : 312
345 Galton 1909 : 24
346 Galton 1892 : 346
347 1906 : 284
348 Woods 1906 : 302
349 1906 : 3030
350 cf. Ritvo 1997 : 118
351 Pick 1989 : 11~27
352 Pick 1989 : 222; Weindling 1989 : 305
353 Pick 1989 : 32
354 1928 : 207~212
355 1916 : 49
356 Whetham and Whetham 1909 : 208, 210
357 1921 : 267
358 Holmes 1921 : 382
359 Holmes 1921 : 383
360 cf. Davenport 1911 : 8
361 Hankins 1926 : ix
362 Adams 1990 : 217
363 Stepan 1991 : 4~9
364 Kühl 1994 : 70~76; cf. Kevles 1985 : 74
365 Pine 1997 : 11; cf. Weindling 1989 : 499~503
366 cf. Haller 1963 : 150; Searle 1981 : 217
367 Gobineau 1966 : 151
368 1850 : 90
369 1908 : 4
370 Delacampagne 1983 : 297~300; Geiss 1988 : 16~20
371 Appiah 1996; Gilroy 2000
372 Livingstone 1962 : 279; Washburn 1963 : 531
373 Barkan 1992 : 341

374 Radin 1934; Barzun 1937; Snyder 1939
375 Hertz (1928) 1970 : 14~17; Hogben 1931 : 122~127; Huxley and Haddon 1935 : 106~109
376 Montagu 1965 : 37

제3장 ──────────────

1 Haupt 1972 : 11
2 Jaurès 1931 : 292
3 Haupt 1972 : 1
4 Lenin 1964 : 123
5 1987 : 173
6 Taylor 1958 : 527; cf. Hinsley 1963 : 289~308
7 cf. Gellner 1983 : 1
8 cf. Strayer 1970 : 10
9 Schroeder 1994 : vii
10 cf. Noiriel 1988 : 76
11 Smith 1989 : 35~41
12 1963 : 28
13 Prescott 1987 : 12; Sahlins 1989 : 186~192
14 cf. Alliès 1980 : 146~167
15 Sack 1986 : 28
16 Buchanan 1991 : vii
17 Schroeder 1994 : 800
18 Torpey 2000 : 158~167
19 Hinsley 1986 : 1
20 Post 1964 : 301~310
21 Hinsley 1986 : 60~69
22 Jouvenel 1957 : 171
23 Bodin 1962 : 84, 98
24 Hobbs 1996 : 121, 120
25 Febvre 1973 : 213
26 Dann 1988 : 4, 75
27 Bodin 1962 : 68
28 Poggi 1978 : 67~71
29 Hobbes 1998 : 95
30 d'Entrèves 1967 : 170
31 Shaw 2000 : 31
32 Geremek 1996 : 168
33 Bendix 1978 : 5~9
34 (Hinsley 1986 : 156; cf. Rousseau 1994 : 140

본문 주석

35 Dann 1988 : 8; cf. Talmon 1960 : 283

36 Bolingbroke 1965 : 87

37 Poggi 1978 : 77

38 cf. Hbermas 1962 : 28~41

39 Wolf 2001 : 323~326

40 cf. Le Bras 2000 : 347

41 Kant 1964 : 658

42 Hegel 1991 : 340

43 Hegel 1991 : 318~321

44 1971 : 61

45 Shennan 1974 : 107~111

46 Schmitt 1985 : 36

47 cf. Mann 1993 : 59

48 Behrens 1985 : 41

49 Behrens 1985 : 44, 68~78

50 Jouvenel 1957 : 178

51 Behrens 1985 : 50

52 Hobsbawm 1962 : 24

53 cf. Schumpeter 1991 : 108~116

54 Fischer and Lundgreen 1975 : 560

55 Ardant 1975 : 234; Braun 1975 : 324

56 Webber and Wildavsky 1986 : 300~304

57 Thucydides 1.23

58 cf. Herodotus 1.1

59 Otto Hintze 1975:181

60 Behrens 1985 : 41;cf. Mann 1993 : 373

61 Zagorin 1982 : ii, 1~8

62 Best 1982 : 16; van Creveld 1991 : 39

63 Kiernan 1965 : 121~133; Guerlac 1986 : 65~68

64 Vagts 1967 : 68

65 Best 1982 : 24~28

66 van Creveld 1991 : 39

67 cf. Luckham 1979 : 232~235

68 Parker 1988 : 46~52

69 Best 1982 : 53~59

70 Vagts 1967 : 116~128

71 Wright 1964 : 73

72 Paret 1992 : 72

73 Howard 1983 : 26

74 Paret 1992 : 49

75 Janowitz 1975 : 70

76 Tilly 1990 : 122~126; cf. Mann 1993 : 438

77 Tocqueville 1955 : 57~90

78 Carr 1946 : 87; Krasner 1999 : 20

79 Woolf 1991 : 13

80 Merk 1966 : 33

81 cf. Allie`s 1980 : 176~180; Foucher 1988 : 63

82 Hinsley 1963 : 14~20

83 Rosenberg 1994 : 75

84 Tilly 1990 : 30; cf. Spruyt 1994 : 29~33

85 Tilly 1990 : 45

86 Vagts 1967 : 130~136; Brown 1995 : 121

87 Godeshot 1988 : 18~26

88 cf. Wallerstein 1974~89 : iii, 170

89 Gulick 1967 : 301~309

90 Taylor 1954 : xxiii

91 Kissinger 1958 : 145

92 cf. Osiander 1994 : 331

93 Tombs 1996 : 155~161

94 Kahan 1967 : 28

95 Schivelbusch 1986 : 36~39

96 Agulhon 1982 : 295~298; Sewell 1985 : 313~316

97 cf. Tilly 1990 : 114~117

98 Sperber 1994 : 230~240

99 Tilly, Tilly, and Tilly 1975 : 44~55

100 Behrens 1985 : 25

101 Zeldin 1958 : 5; Furet 1992 : 252, 351~359

102 Hunt 1984 : 125

103 Tarrow 1994 : 191

104 Tarrow 1994 : 191

105 Hobsbawm 1987 : 127

106 te Brake 1998 : 183~188

107 Tocqueville 1955 : 157

108 Kohn 1960 : ix~xii

109 Gildea 1987 : 74

110 Bromley 1978 : 12~15; Smith 1981 : 134, 1986 : 13~18

111 Rosdolsky 1979 : 143

112 Smith 1986 : 231

113 Karakasidou 1997 : 14~18

114 cf. Hroch 1985 : pt.2; Breuilly 1994

: pt.3
115 Schulze 1991 : 66; Vick 2002 : 208
116 Rosenberg 1966 : 182~192
117 Hamerow 1969~72 : ii, 22~26
118 Hamerow 1958 : 274
119 Tilly, Tilly, and Tilly 1975 : 205
120 Meinecke 1977 : chap.3
121 Mearsheimer 2001 : 288~297
122 Paret 1992 : 15
123 Rosengerg 1966 : 221~228
124 Vierhaus 1988 : 136~140
125 1981 : 90
126 Tilly, Tilly, and Tilly 1975 : 87
127 cf. Breuilly 1994 : 123
128 St. Clair 1972 : 8
129 Clogg 1992 : 2
130 Ternon 2002 : 130~136
131 Krasner 1999 : 162
132 Clogg 1992 : 57
133 Beaton 1988 : 94
134 Clogg 1992 : 101
135 Im Hof and Capitani 1983 : i, 197;
     Kästli 1998 : 378~382
136 Braun 1990 : 104; Steinberg 1996 :
     8~9, 18
137 Kutter 1995 : 133
138 Schorske 1994 : 5
139 Arlettaz and Arlettaz 1996 : 259
140 Steinberg 1996 : 234~248
141 Geremek 1996 : 73 : 94
142 Olender 1992 : 60~63
143 Mack Smith 1994 : 220
144 1991 : 33~47
145 Neamann 1999 : 60~63, 107~112
146 1996 : 60
147 Nietzsche 2001 : 242
148 Pflanze 1990 : ii, 100
149 King 2002 : 2
150 cf. Lampe 2000 : 41~45
151 Lampe 2000 : 4
152 Mayer 1981 : 17; cf. Charle 2001 :
     pt.1
153 Forrest 1996 : 302
154 Finer 1975 : 146
155 Forrest 1989 : 18
156 Weber 1976 : 241~247

157 Planhol 1988 : 534
158 Levillain 1991 : 163~170
159 Walicki 1989 : 6
160 Pinkney 1986 : 3
161 Hazareesingh 1998 : 144~147
162 Mayer 1981 : 328
163 Parker 1998 : 59
164 Watkins 1991 : 121~129
165 Gellner 1983 : 140
166 Girardet 1966 : 198
167 cf. Colley 1992 : 1~5
168 Palmer 1969 : 80
169 Paret 1992 : 44
170 cf. Mann 1993 : 378~381
171 Mazzini 1907 : 15, 87
172 Sutton 1965 : 57
173 Weber 1976 : 218, 486
174 Hobsbawn 1983b : 267
175 Hobsbawm 1992 : 37
176 Chaussinand-Nogaret 1985 : 18
177 1963 : 60
178 Sieyès 1963 : 60
179 Sieyès 1963 : 119
180 Sieyès 1963 : 57
181 Sieye`s 1963 : 51, 56; cf. Sewell
     1994 : 198
182 Hunt 1984 : 26
183 Godechot 1988 : 14~19
184 Behren 1985 : 23
185 cf. Gauchet 1995 : 42~51
186 Hazareesingh 1994 : 129; cf. Déloye
     1997 : 69
187 Hoffman 1974 : 405
188 Honsbawm 1983b : 281
189 Higonnet 1994 : 120
190 Balfour 2002 : 50, 112
191 Kramer 1998 : 67~70
192 Mazzini 19070 : 29
193 Hroch 1985 : 23
194 cf. Giesen 1993 : 73
195 White 1978 : 28, 43; Geary 2002 :
     29
196 Kelley 1984 : 7; Caron 1995 : 54~
     58
197 Agulhon 1983 : 9~14
198 Kelley 1984 : 13

199 1979 : 143

200 cf. Lowenthal 1996 : 128

201 cf. Lowenthal 1996 : 128

202 Gellner 1997 : 7

203 Michelet 1973 : 3

204 cf. Arendt 1977a : 68

205 cf. Connerton 1989 : 36

206 cf. Wertsch 2002 : 6

207 Zimmer 1998 : 648~652

208 Talmon 1960 : 291

209 Parsonos 1986 : 110

210 cf. Trigger 1989 : 206

211 cf. Trigger 1989 : 206

212 Ratzel 1923 : 17~23; cf. Ancel 1936 : 7

213 Favre 1989 : 315~319

214 Wallerstein et al. 1996 : 18

215 Shaw 2000 : 29

216 cf. Hewitson 2000 : 3~11

217 Osiander 1994 : 318

218 Berlin 1980 : 342

219 1971 : 20

220 cf. Bauer 1975 : 170

221 Hobsbawm 1992 : 44

222 Poggi 1978 : 95~101; Haslam 2002 : 167

223 1985 : 412

224 cf. Gentile 1960 : 121

225 Stone 1985 : 19; cf. Schnapper 1998 : chap. 2

226 Diderot and d'Alembert n.d. : ii, 1003

227 Renan 1990

228 Pocock 1975 : 203

229 Keohane 1980 : 124~129; Alter 1994 : 2

230 Oldfield 1990 : 159

231 Marshall 1964 : 74~83

232 Smith 1997 : 198, 408

233 cf. W. Conner 1994 : 197

234 cf. Isaacs 1975 : 31

235 Lebovics 1992 : xii

236 Lebovics 1992 : xii

237 Berlin 1976 : 163

238 1937 : 252

239 1993 : 9

240 1995 : 5

241 Tocqueville 1955 : 10

242 Rudé 1959 : 232~239; Lefebvre 1973 : 202~209

243 Lynn 1984 : 48

244 Tombs 1999 : 121

245 Mazzini 1907 : 41

246 Morgenthau 1974 : 57

247 Walicki 1989 : 94

248 Burrow 2000 : 133

249 Mack Smith 1994 : 220

250 Pomain 1996 : 92

251 Agulhon 1981 : 181~189; Tombs 1999 : 116~123

252 cf. Sewell 1980 : 277~284

253 cf. Girardet 1953 : 23

254 Morgenthau 1974 : 64

255 Marx and Engles 1974 : 84

256 Marx and Engles 1974 : 84

257 Kautsky 1971 : 205

258 Kautsky 1971 : 209

259 Nairn 1981 : 329

260 e.g. Bauer 1975

261 cf. Benner 1995 : 93; Forman 1998 : 46~60

262 Young 2001 : 167

263 Maistre 1994 : 36

264 Maistre 1994 : 36, 109

265 Maistre 1971 : 108

266 Alter 1994 : 50

267 Pulzer 1988 : 72~75

268 Gildea 1987 : 71, 104

269 Kahler 1984 : 70~74

270 cf. Hazareesingh 1998 : 248~251

271 Carsten 1980 : 49; Griffin 1991 : 4~8

272 cf. Payne 1995 : 335

273 Griffin 1991 : 26; cf. Brooker 1991 : 297

274 Hinsley 1963 : 109~113

275 Waltz 1959 : 143

276 Howard 1978 : 31

277 1931 : 303

278 1993 : 57

279 cf. Miller 1995 : 103

280 cf. Miller 1995 : 18

281 cf. Schnapper 1991 : 34~51
282 1992 : 1
283 Snyder 1968 : 112~132; Hechter 2000 : 5~17
284 cf. Brubaker 1992 : 13
285 Geary 2002 : 5
286 Shklar 1991 : 9; Gerstle 2001 : 5
287 Kvistad 1998 : 54~58
288 Dahrendorf 1979 : 67
289 Müller 2000 : 266
290 Lie 2001 : 105~108
291 Stevens 1999 : 60, 149
292 1992 : 260
293 Coquery-Vidrovitch 1988 : 66~74
294 Vansina 1978 : 66
295 Ranger 1983 : 247~250
296 Iliffe 1995 : 231
297 Sanderson 1985 : 99
298 cf. Hance 1975 : 74
299 Anene 1970 : 3
300 Hodgkin 1957 : 29; Boateng 1978 : 49~53
301 Mamdani 1996 : 73
302 Young 1994 : 149~154
303 Colson 1967 : 204; Young 1994 : 234
304 cf. Colson 1967 : 203; Mamdani 1996 : 80
305 cf. Fabian 1983 : 80~87; Kuper 1988 : 5
306 cf. Plamenatz 1960 : 176
307 Ranger 1983 : 252
308 Coquery-Vidrovitch 1988 : 99
309 Lonsdale 1985 : 700
310 Senghor 2001 : 145
311 Vaillant 1990 : 121~126
312 Iliffe 1995 : 231; Cohen 1969 : 2
313 Colson 1967 : 201
314 Illiffe 1949 : 8
315 Illiffe 1979 : 325~334
316 Iliffe 1979 : 384~395; cf. Mitchell 1968 : 44
317 Illiffe 1979 : 487, 513~523
318 Nyerere 1966 : 271
319 Maguire 1969 : 362~365
320 Ambler 1988 : 9
321 Ambler 1988 : 31~36
322 Berman and Lonsdale 1992 : 330; Ambler 1988 : 152
323 Mungeam 1966 : 4
324 Ambler 1988 : 154
325 Willis 1993 : 6~7, 106~110
326 cf. Epstein 1958 : 231
327 Lamphear 1982 : 276
328 Tignor 1976 : 10
329 Apter 1963 : 12; Hance 1975 : 10
330 1953 : 309
331 Kenyatta 1953 : 309
332 Dunn and Robertson 1973 : 31
333 Dunn and Robertson 1973 : 11
334 Dunn and Robertson 1973 : 16
335 1967 : 204
336 Ranger 1989 : 145; Vail 1989 : 1
337 Mazrui and Tidy 1984 : 373~381
338 Drake 1989 : 31~36; Anderson 1991 : 116~123
339 Ricklefs 1993 : 185
340 cf. Siegel 1997 : 9
341 Sukarno 1975 : 246
342 Rousseau 1990 : 1
343 Rousseau 1990 : 43
344 Rousseau 1990 : 11
345 King 1993 : 31
346 cf. Tsing 1993 : 7
347 Robinson 1995 : 22~32
348 Boon 1977 : 146; Robinson 1995 : 5~9
349 Vickers 1990 : 184 : 194
350 Béteille 1996 : 155~159
351 Dirks 2001 : 14~18
352 Bayly 1999 : 126~138; cf. Inden 1990 : 56~84
353 Irschick 1994 : 192~195
354 1973 : 28
355 Seal 1973 : 16~22
356 1966 : 85
357 Chatterjee 1986 : 54
358 Brown 1994 : 209~231
359 cf. Robb 1995 : 70~76
360 cf. Be´teille 1996 : 168~174; Bayly 1999 : 268~291, 355~364
361 Human Rights 1999

362 Lie 2001 : chap. 3
363 Lie 1998 : Appendix
364 Wyatt 1984 : 208~222
365 Winichakul 1994 : 164~170
366 Wyatt 1984 : 252~256
367 Holcomb and Ibssa 1990 : 388~389
368 cf. Nugent 1997 : 312
369 Stein and Stein 1970 : 69
370 Chevalier 1963 : 313
371 Lafaye 1976 : 9
372 Chevalier 1963 : 288
373 Liss 1975 : 152~157
374 Reed 1964 : 20
375 Lafaye 1976 : 14~17
376 Stein and Stein 1970 : 110~119
377 Wells and Joseph 1996 : 21~27
378 Wells and Joseph 1996 : 241~247,
291
379 cf. Becker 1995 : 67
380 Foster 1988 : 5; cf. Clarke 2000 :
161~165
381 cf. Shaw 2000 : 51~57
382 cf. Badie 1992 : 108~115
383 Cooper and Packard 1997 : 13~18
384 cf. Sharpless 1997 : 184
385 Hill 1986 : 46~69
386 Badie 1992 : pt.2
387 Shils 1963 : 22
388 cf. Geertz 1963 : 109;Deutsch 1966
: 177~181

제4장

1 Berhey 2000 : 6
2 Marwick 1970 : 47~50
3 Langer 1965 : xviii
4 Gray 1970 : 28
5 Becker 1977 : 574
6 Wohl 1979 : 203~217
7 1929 : 315
8 1958 : 12
9 Remarque 1958 : 104
10 Leed 1997 : 213; cf. Becker et al.
1994 : pt.4
11 1990 : 190
12 1925 : 163
13 1970 : 281
14 McNeill 1986 : 14
15 cf. Barkai 1990 : 1
16 James 1986 : 413~418
17 Schoenbaum 1966 : 153
18 Hardach 1980 : 67
19 Koontz 1987 : 398
20 Bridenthal and Koontz 1984 : 33
21 Mason 1995 : 203
22 Rupp 1978 : 75; cf. Bock 1994 : 121
23 Herbert 1990 : 118
24 Homze 1967 : 299~308; Herbert
2001 : 154~159
25 Noakes and Pridham 1988 : 909
26 Kershaw 1983 : 297; Herbert 1990 :
153
27 Pfahlmann 1968 : 232
28 Naimark 2001 : 131
29 Lumans 1993 : 258
30 Naimark 2001 : 54
31 Marrus 1985 : 3
32 Skran 1995 : 31
33 Shepherd 1993 : 7
34 Mendel 1970 : 44~55
35 Cheng 1994 : 363
36 Tu 1998 : 88
37 Hsieh 1994 : 411
38 Wachman 1994 : 107 : 110
39 Rubinstein 1999 : 495
40 Morris 1999 : 42
41 Morris 1993 : 410
42 Flapan 1987 : 102~108; Sternhell
1998 : 43~47
43 Khalidi 1997 : 209
44 Bowersock 1988 : 186; Whitelam
1996 : 234~237
45 Khalidi 1997 : 177~209; Rubin
1999 : 197~201; cf. Sayigh 1997 :
46~57
46 cf. Kohn 1950 : 235
47 Hosking 1998 : 461; Liber 1998 :
187
48 Berlin 1980 : 350
49 cf. Breuilly 1994 : 97
50 Walker 1971 : 1; Hughes 1988 : 30
~37

51 Lowie 1954 : 5~14; Hagen 1980 :
17
52 Epstein 1966 : 243; Gagliardo 1980
: 125
53 Krüger 1993 : 48~53
54 Sheehan 1989 : 373
55 Schulze 1998 : 15; cf. Green 2001 :
60
56 Müller 1989 : 43
57 Walker 1971 : 110; Applegate 1990
: 4
58 Sheehan 1978 : 107; cf. Müller 1989
: 43
59 Sheehan 1989 : 125~143
60 Hamerow 1969~72 : i, 275
61 Schulze 1998 : 56
62 Beiser 1992 : 21
63 Bruford 1935 : 297
64 Möser 1768
65 Knudsen 1986 : 99; cf. Meinecke
1970 : 26
66 Gagliardo 1980 : 57; cf. Epstein
1966 : 334
67 Sheehan 1989 : 165
68 1971 : 259
69 Buhr 1965 : 27~41
70 Ritter 1982 : 43~47
71 cf. Toews 1980 : 110
72 Bruford 1935 : 306; cf. Lowie 1954
: 37~42
73 Bruford 1935 : 306~310
74 Butler 1958 : 332~336
75 Beiser 1992 : 274~278
76 Meinecke 1970 : 55
77 Bruford 1962 : 190; cf. Gadamer
1941 : 17
78 Beiser 1992 : 211
79 Fichte 1997 : 67
80 cf. Meinecke 1970 : 81~87
81 Schulze 1991 : 48~53
82 Blanning 1983 : 220~224, 249~
253; cf. Sheehan 1992 : 56
83 Beiser 1992 : 281~288
84 Hamerow 1969~72 : i, 381
85 Schulze 1991 : 131~138
86 Sheehan 1989 : 381

87 Sheehan 1989 : 847~852
88 Pflanze 1990 : ii, 95
89 Müller 1989 : 43~58; cf. Longerich
1990
90 Pflanze 1990 : ii, 111~126
91 Repp 2000 : 315~327; cf. Hughes
1988 : 156
92 cf. Blackbourn and Eley 1984 : 263
93 James 1989 : 15~19
94 Green 2001 : 320~326
95 Green 2001 : 330~334
96 Lidtke 1985:199
97 Speier 1986:115
98 Bade 1996:chap. 4
99 Schulze 1996:110
100 Craig 1978:58
101 Wehler 1985 : 464~485
102 Schulze 1998 : 186
103 Dehio 1959 : 72
104 Fischer 1974 : 17
105 1982 : 139
106 Schulze 1998 : 4
107 Fulbrook 1999 : 1
108 Dahrendorf 1979 : chap. 26; James
1989 : chap. 8
109 cf. Herbert 2001 : 286~296
110 Müller 2000 : 93~98
111 1965 : v
112 cf. Cannadine 1995 : 22~25
113 Colls 2002 : 159
114 Marquand 1996 : 63
115 Anderson 1991 : 83
116 Evans 1995 : 233; cf. Levine 1986 :
73
117 Joyce 1991 : 272~292
118 Evans 1995 : 240
119 Colls 2002 : 95~99
120 Armitage 2000 : 196
121 1970 : 1
122 Marshall 1995 : 221
123 MacKenzie 1999 : 212
124 1985 : 432
125 Newman 1987 : 11~14
126 cf. Rich 1990 : 54
127 Constantine 1999 : 184
128 Constantine 1999 : 163

129 cf. Mandler 2000 : 229~233
130 Anderson 1991 : 92
131 Letwin 1982 : 12
132 Lie 2001 : chap. 5
133 Nyerere 1966 : 170
134 Nyerere 1966 : 139
135 1997 : 99
136 Vaillant 1990 : 267~271
137 1977 : 4
138 Mill 1977 : 549
139 Hobsbawm 1992 : 31
140 1971 : 3
141 Applegate 1990 : 13
142 cf. Barth 1969 : 15
143 1999 : 131
144 Lie 2001 : 150~159
145 Bell 1980
146 Grougouris 1996 : 171
147 Winichakul 1994 : 3
148 Lavisse 1918 : 30
149 Larkin 1997 : 90
150 Steinmetz 1993 : 252~257
151 Noiriel 1992 : 61~65
152 1973 : 5
153 Klingenstein 1997 : 442
154 Jelavich 1987 : 129~145
155 Bluhm 1973 : 1
156 Jelavich 1987 : 156
157 Bluhm 1973 : 31
158 Bluhm 1973 : 48~52
159 Bluhm 1973 : 130~134
160 Kossmann 1978 : 154~160
161 Schaepdrijver 1999 : 292
162 cf. Suny and Kennedy 1999 : 411
163 cf. Jaspers 1949 : 18
164 Schulze 1998 : 46~49
165 Lévy 1981 : 122~125
166 Lebovics 1992 : 138
167 Schulze 1996 : 177
168 Barthes 1972 : 153
169 Newman 1947 : 289
170 cf. Douglas 1966 : 121
171 cf. Douglas 1970 : viiif
172 1986 : 38
173 Febvre 1942 : 500
174 Hobsbawm 1992 : 81

175 cf. Clawson 1989 : 33~38
176 Rosenthal 1986 : 7
177 Fauré 1991 : 120~127
178 Offen 2000 : 79~82
179 Wollstonecraft 1975 : 318
180 Elshtain 1987 : 198~202; Connell 1995 : 27~34, 98~103
181 Ogden and Florence 1987 : 63
182 Enloe 1990 : 11~15
183 cf. Pateman 1988 : 112~115
184 1990 : 44
185 Anderson 2000 : 17~27
186 Offen 2000 : 221
187 cf. Wildenthal 2001 : 201
188 Jayawardena 1986 : 3~8
189 Mies 1986 : 194
190 Weeks 1981 : 122~138; Murphy-Lawless 1998 : 158~167
191 Ginsburg and Rapp 1995 : 2~5
192 Baldwin 1999 : 556~563
193 Seale 1998 : 81
194 Ariès 1985 : 64~67
195 cf. Rubin 1984 : 310
196 Weeks 1981 : 83
197 Weeks 1981 : 102~105; cf. Ariès 1985 : 68
198 Rayside 2001 : 51
199 D'Emilio 1992 : 62
200 Deutsch and Nussbaum 2000 : 2; cf. Whyte 1995 : 284
201 Oliver 1996 : 46~49
202 Stiker 1982 : 95, 149
203 Galler 1984 : 167
204 Zola 1982 : 235; Murphy 1987 : 135
205 Field and Sanchez 1999 : 10
206 (shore 1997 : 42~47)
207 Romein 1978 : 161
208 Marshall 1992 : 32~35
209 Tolstoy 1935 : 553
210 Elias and Scotson 1994 : xixff
211 Hilberg 1985 : i, 68
212 cf. Bohannan and Curtin 1971 : 5; Staniland 1991 : 35
213 Gourevitch 2003 : 61
214 1999 : 39
215 Younge 1999 : 153

216 cf. Moran 2001 : 99
217 Lie 1998 : 162
218 Nairn 1981 : 213
219 cf. Malkki 1995 : 7
220 Rich 1990 : 211
221 Lie 2001 : 105~109
222 Marrus 1971 : 120; Benbassa 1999 : 124; cf. Birnbaum 1993 : 103~114
223 cf. White 1999 : 147~150; Thompson 2000 : 77~84
224 Borstelmann 2001 : 43
225 Dudziak 2000 : 249~252
226 1978 : 13
227 Jeismann 1992 : 76~95; Korinman 1999 : 61~77
228 Pulzer 1988 : 221~228
229 Stern 1961 : xii
230 Eley 1980 : 349~353
231 cf. Stern 1961 : 167~170
232 Vick 2002 : 210
233 Tal 1975 : 259~279; Rürup 1991 : 93
234 cf. Pulzer 1988 : 288
235 Georg Ritter von Schönerer
236 Whiteside 1975 : 307~317
237 Balckbourn 1987 : 145
238 Altgeld 1999 : 100
239 Blackbourn 1987 : 143 cf. Ross 1976 : 15
240 Ross 1998 : 7; cf. H. Smith 1995 : 42 ~45
241 Altgeld 1999 : 115
242 cf. Clark 1999 : 144
243 Smith 1995 : 146~154
244 Ross 1976 : 132; Blackbourn 1987 : 160
245 H. Smith 1995 : 209
246 Hosman 1981 : 4
247 Konivitz 1946 : 1
248 1974 : 6~11
249 23 Stat. 332
250 Higham 1974 : 90
251 Foner 2000 : 147
252 Solomon 1956 : 167
253 cf. Jaher 1994 : 245~248
254 Roediger 1990 : 145
255 Roediger 1990 : 140~143
256 1925 : 103
257 McClain 1994 : 10
258 1995 : 583
259 Solomon 1956 : 102
260 cf, Solomon 1956 : 22, 208
261 cf. Smith 1997 : 369~372
262 Higham 1974 : 195~204
263 Higham 1974 : 297
264 Higham 1974 : 287
265 42 Stat. 5
266 Higham 1974 : 322
267 Ludmerer 1972 : 95~113
268 cf. Fredrickson 2002 : 9
269 cf. Rex 1983 : 163
270 Dippie 1982 : 10
271 Saxton 1990 : 41, 293; Almaguer 1994 : 73, 149
272 Mahler 1995 : 227
273 cf. Marrus 1985 : 1~5
274 cf. Balibar and Wallerstein 1991 : 33
275 cf. Bonacich 1972 : 549
276 1985 : 44
277 Amino 1991 : 80~145
278 Kobayashi 1969 : 69~75
279 Ooms 1996 : 303
280 Akisada 1993 : 60~77
281 Yoshimura 1986 : 30
282 Neary 1989 : 148
283 Fukuoka et al. 1987 : 18, 26
284 Neary 1989 : 3
285 Upham 1987 : 114
286 1967 : 347
287 Cornell 1967 : 348
288 Lie 2001 : 88
289 Honig 1992 : 1, 36, 58~62
290 Swell 1994 : 155
291 Weber 1976 : 7
292 Chevalier 1981 : 290~299
293 1981 : 296
294 Chevalier 1981 : 301
295 1982 : 16
296 cf. Cannadine 1990 : 21~25, 602~605
297 McKibbin 1998 : 22~37, 527
298 Himmelfarb 1983 : 498~503

299 Snell 1985 : 8

300 Briggs 1985 : 23; cf. Langford 1991 : 457~461, 505

301 1993 : 107

302 cf. Taylor 1965 : 170

303 Taylor 1965 : 262; Cannadine 1995 : 14

304 Hoggart 1958 : 72~91

305 Cannadine 1999 : 136

306 Himmelfarb 1983 : 297~302

307 Hoggart 1958 : 104; Goldthorpe et al. 1968 : 75

308 McKibbin 1998 : 528

309 Hoggart 1958 : 20

310 McKibbin 1998 : 99

311 Marwick 1970 : 300~305

312 Cannadine 1999 : 162

313 cf. Cannadine 1999 : 189~193

314 cf. Nairn 1981 : 290

315 Gilroy 1991 : 44~51; Paul 1997 : 180

316 cf. Solomos 1988 : 227~233; Smith 1994 : 140~169

317 cf. Balibar and Wallerstein 1991 : 62

318 cf. Marx 1998 : 178~190

319 Aristotle 1252b5~7

320 cf. Amory 1997 : 38

321 Malcolm X 1973 : 284

322 1995 : 5

323 cf. Hartog 1988 : 209; Nippel 1990 : 25

324 Curtin 1964 : ii, 479

325 Cohen 1980 : 283

326 Pulzer 1988 : 78

327 Hitler 1943 : 296, 305; cf. Chamberlain 1968 : 327

328 Mosse 1981 : 92, 130

329 Adorno and Horkheimer 1979 : 173 ~176

330 Pulzer 1988 : 252

331 Whiteside 1975 : 89

332 Wilken 1984 : 17

333 Moore 2000 : 175

334 Morris 1999 : 43

335 Rawson 2001 : 211

336 1967 : 232~25

337 Goodman and Miyazawa 1995

338 Vansina 1985 : 6

339 Allport 1979 : 63; cf. Vansina 1985 : 88

340 cf. Fine and Turner 2001 : 65~69

341 Allen 1983 : 10~13

342 Ezekiel 1995 : 312

343 cf. Ezekiel 1995 : xxiv

344 cf. Balibar and Wallerstein 1991 : 128

345 cf. Gilroy 1991 : 109

346 cf. Kinder and Sanders 1996 : 33

347 1996 : 29

348 Du Bois 1986a : 469

349 Gilman 1986 : 4

350 cf. Patterson 1997 : 3

351 cf. Wilson 1996 : pt.1

352 cf. Loury 2002 : 104~107

353 Lieberson 1980 : 363~383; Stier and Tienda 2001 : 218~237

354 cf. Myrdal 1962 : 75~78

355 cf. Lamont 2000 : 57~60; Moore 2000 : 129~133

356 Kashner 1999 : 408

357 Kashner 1999 : 408

358 Adorno et al. 1964 : ii, 971~976

359 Dollard 1957 : 445

360 Sartre 1948 : 54

361 Thompson 1985 : 40~45;cf. Fredrickson 1981 : 249

제5장

1 1988 : 87

2 1995 : 33

3 Chalk and Jonassohn 1990 : 44; cf. Lemkin 1973 : 79

4 Naimark 2001 : 3

5 Maier 1988 : 66~99

6 cf. Clendinnen 1999 : 10~16

7 Friedländer 1984 : 122; cf. Benz 1987 : 33

8 Marrus 1987 : 2; cf. Levi 1961 : 5

9 1994 : 110

10 Weiss 1996 : viii

11 Mosse 1985 : 13

12 Noakes and Pridham 1984 : 522
13 Stern 1987 : 105
14 Gordon 1984 : 17
15 Gay 1998 : 31; cf. Volkov 1989 : 36
    ~39
16 1998 : 62
17 cf. Gilbert 1988 : 98
18 Dippel 1996 : xxii; cf. Benz 1990 :
    134~144
19 Pinchuk 1990 : 118~121
20 Kauders 1996 : 190
21 Aschheim 1982 : 4; Mommsen 1991
    : 174
22 1976 : 122
23 Baker 1980 : 156
24 Kershaw 1983 : 231~246
25 Peukert 1987 : 198~207; Bankier
    1992 : 14~29
26 Bankier 1992 : 69
27 1959 : 144
28 Hoess 1959 : 144; cf. Schumann
    1991 : 29
29 Stern 1972 : 15~25; Gellately 2001
    : 261
30 Large 1991;Geyer and Boyer 1994
31 Hoffmann 1996 : xiii, 16
32 Hamerow 1997 : 381~385
33 von Klemperer 1992 : 432~437
34 Gellately 1990 : 179~184
35 Hitler 1943 : 55; cf. Hamann 1999 :
    347~353
36 Jäckel 1981 : 100
37 Abel 1986 : 163
38 Gordon 1984 : 47
39 Kershaw 1999 : 290
40 Lepsius 1966 : 37~40; cf. Kroll
    1998 : 309~313
41 Abel 1986 : 137~146; cf. Stern
    1975 : 187
42 Kershaw 1987 : 48~82; cf. Pélassy
    1983 : 287~299
43 1979 : 11
44 Fritzsche 1990 : 7
45 Hitler 1943 : 336
46 Hitler 1943 : 398
47 1934 : 147
48 Peukert 1987 : 236~240
49 Kater 1983 : 238; cf. Burleigh 2000
    : 246~251
50 Schoenbaum 1966 : 278, 288
51 Bullock 1943 : 13
52 cf. Mayer 1988 : 448
53 Fest 1970 : 71
54 1976 : 26
55 Goering 1934 : 58
56 cf. Schoenbaum 1966 : 278
57 Neumann 1966 : 47~51
58 Bessel 1984 : 98~105
59 Burleigh 2000 : 198~205
60 1934 : 119
61 Kershaw   1987 : 231~239;   cf.
    Meinecke 1963 : 77~81
62 Mosse 1985 : 68; cf. Mayer 1988 :
    107
63 Göring 1934 : 131
64 Bessel 1984 : 139~146
65 Broszat 1981 : 84~92
66 cf. Wette 1990 : 89~95
67 Neumann 1966 : 55
68 Koshar 1984 : 246~250
69 Kershaw 1983 : viii
70 Allen 1984 : 301
71 Kershaw 1983 : 198; Mason 1993 :
    278
72 Rinderle and Norling 1993 : 164
73 Turner 1985 : 340~349
74 Mommsen 1991 : 170~173
75 Steinert 1970 : 91; Bartov 1991 :
    179
76 Hitler 1943 : 687
77 Hitler 1943 : 393; cf. Rosenberg
    1970 : 192
78 Koonz 1987 : 100~106, 185~189,
    288~292
79 Proctor 1988 : 119~125
80 Ziegler 1989 : 52~58
81 Bullock 1964 : 142
82 Fest 1970 : 30
83 Rigg 2002 : 174
84 히틀러의 제3제국 시대에 나치 독일의 지방
    장관을 의미함, 역주
85 Breitman 1991 : 4

본문 주석

86 Fest 1970 : 99~103
87 Ziegler 1989 : 56
88 Rupp 1978 : 15
89 Bock 1986 : 94~103;Grossmann 1995 : 149~153
90 Mason 1993 : 273~281
91 Peukert 1987 : 215, 221
92 Aly 1994 : 52
93 Broszat 1968 : 402~408
94 Kogon 1958 : 30
95 Sofsky 1997 : 33~37
96 Wette 1990 : 146
97 cf. Friedlander 1995 : 17
98 Ayass 1988 : 212
99 Müller-Hill 1988 : 30
100 Noakes 1998 : 392~395
101 Stümke 1996 : 159
102 Grau 1993 : 310~323
103 Stümke 1996 : 162
104 Lautmann 1990 : 203
105 Plant 1986 : 148; cf. Jellonek 1990 : 328
106 Hitler 1943 : 404
107 Friedlander 1995 : xif; Biesold 1999 : 160~164
108 Bock 1986 : 104~116
109 Weindling 1989 : 450~457; Hong 1998 : 264~276
110 Peukert 1987 : 233; Hong 1998 : 269
111 Burleigh 1994 : 58~61
112 Müller-Hill 1998 : 110
113 Proctor 1988 : 215
114 Ayass 1988 : 227
115 Müller-Hill 1988 : 106; cf. Bock 1986 : 233~246
116 Proctor 1988 : 114~117
117 Dressen 1993 : 15
118 Burleigh 1997 : 123
119 Burleigh 1994 : 160; cf. Sereny 1974 : 363
120 Burleigh 1994 : 3
121 Nowak 1978 : 129; Dressen 1993 : 32~37
122 Burleigh 1997 : 126
123 Burleigh 1997 : 141

124 Proctor 1988 : 192
125 Burleigh 1994 : 130
126 Müller-Hill 1988 : 65
127 Burleigh 1994 : i
128 Friedlander 1995 : 259; cf. Adam 1972 : 125~144
129 Burleigh and Wippermann 1991 : 128~135
130 Pommerin 1979 : 77~85
131 Ehmann 1998 : 123
132 Grenville 1998 : 318~325; H. Smith 1998 : 117
133 Proctor 1988 : 114
134 Proctor 1988 : 131~136
135 Lewy 2000 : 15
136 Lewy 2000 : 49~52
137 Thurner 1998 : 11~23
138 Hohmann 1981 : 99~102
139 Bock 1986 : 360~365
140 Zimmermann 1996 : 156~162
141 Długoborski 1993 : 2
142 Rose, Romani 1993 : xiii~xviii
143 Milton 2001 : 226
144 Benz 1995 : 99; cf. Longerich 1998 : 571
145 Hilberg 1985 : i, 83~154; Kwiet 1988 : 596~613
146 cf. Krausnick 1968 : 4
147 Hödl 1997 : 233~274
148 Kershaw 1983 : 257~277; Schleunes 1990 : 88~91
149 Krausnick 1968 : 23~59; Schleunes 1990 : 251~262
150 Schleunes 1990 : 182
151 Arendt 1977b : 58
152 Noakes and Pridham 1988 : 932; cf. Poliakov 1979 : 33~52
153 Noakes and Pridham 1988 : 1074~1079; Longerich 1998 : 273~278
154 Jäkel 1984 : 53
155 1992a : ix
156 Mayer 1988 : 11
157 Hilberg 1985 : i, 189, 291
158 Bartov 2000 : 108~111
159 Browning 1992a : 22
160 Safrian 1993 : 68~81

161 Breitman 1991 : 121~135; Aly 1995 : 139~160
162 Schleunes 1990 : 199
163 Breitman and Kraut 1987 : 249;cf. Yahil 1990 : 543~652
164 Wasserstein 1979 : 345
165 Arad 1997 : 201
166 Wyman 1984 : 160~177
167 Porat 1990 : 245
168 Barkai 1989 : 153
169 Bauer 1994 : 253
170 Stoltzfus 1996 : 258
171 Hilberg 1985 : ii, 543~554; Longerich 1998 : 545~570
172 Paxton 1982 : 173~185; Rochebrune and Hazera 1995 : 650~654
173 1983 : 277
174 Laqueur 1982 : 196~208; cf. Geras 1998 : 17
175 Kershaw 1987 : 247; Noakes 1998 : 496
176 cf. Adam 1972 : 333
177 Mommsen 1997 : 83
178 Browning 1985 : 37; Aly 1995 : 358~362
179 Hilberg 1985 : i, 215~239; Scheffler 1989 : 824
180 Hilberg 1985 : i, 266~269
181 Krausnick 1981 : 14, 32~51
182 Noakes and Pridham 1988 : 929; cf. Browning 2000 : 3
183 Friedlander 1995 : 140; Longerich 1998 : 324~345
184 Hilberg 1985 : i, 322~334; Breitman 1991 : 210~221
185 Sofsky 1997 : 37
186 cf. Bartov 1996 : 4
187 Sandkühler 1996 : 368~387
188 Hilberg 1985 : iii, 893
189 Benz 1991 : 15; cf. Hilberg 1989 : 170
190 Sofsky 1997 : 263~275
191 1988 : 36~69
192 Levi 1988 : 50~60
193 1992b : 142

194 1986 : 152
195 Tec 1986 : 152~159
196 Tec 1986 : 164; cf. Levine 1996 : 259
197 Breitman 1991 : 178~181
198 Burleigh 1994 : 255
199 Weinberg 2003 : 28
200 Kershaw 2000 : 243~246
201 Breitman 1991 : 43
202 cf. Burleigh 1988 : 155~186
203 Poliakov 1941 : 268
204 Gellately 1990 : 218; cf. Benz 1990 : 72~82
205 2000 : 441
206 Scheffler 1989 : 810
207 Lukas 1990 : 90
208 Breitman 1991 : 93
209 Noakes and Pridham 1988 : 987~999
210 Forster 1998 : 1245
211 Hunczak 1990 : 123
212 Bartov 1991 : 83; cf. Jacobsen 1968 : 531
213 Burleigh 1997 : 60
214 Streit 1991 : 128~190
215 Noakes and Pridham 1988 : 874
216 Engelmann 1986 : 239
217 Gellately 2001 : 263; cf. Aly 1994 : 91
218 Mayer 1988 : 13
219 cf. Cole 1999 : 144
220 Shapira 1997 : 78
221 Novick 1999 : 103~107
222 Liebman and Don-Yehiya 1983 : 137
223 1998 : 274
224 cf. Claussen 1987 : 60
225 Rapaport 1997 : 253~259; cf. Brenner 1997 : 142~157
226 Bernbaum 1990 : 3; cf. Young 1993 : pt.iv
227 cf. Neiman 1994 : 259; Kaplan 2001 : 90
228 Vidal-Naquet 1987 : chap. 5
229 Novick 1999 : 14; cf. Boltanski 1999 : 191

230 Benz 1995 : 99; Lewy 2000 : 202
231 cf.Marcuse 2001 : 353
232 1946 : 56
233 cf. Horowitz 1976 : 18~21; Harff 1992 : 27~30
234 22.49.15
235 3.117
236 Peters 1998 : 25~37
237 Riley-Smith 1997 : 12~22; Tyerman 1998 : 10
238 Heers 1995 : 89~93
239 Chazan 1987 : 76
240 Siberry 1985 : 156
241 Chazan 1987 : 63
242 Katz 1994 : 81
243 Chazan 1987 : 73; Langmuir 1990 : 292
244 Thucydides v, 116
245 Kuper 1981 : 11~14; Chalk and Jonassohn 1990 : 32~40; cf. Ternon 1995 : 267~270
246 Hilberg 1989a : 121~124
247 Zyklon B
248 Weller 1993 : 206
249 cf. Breitman 1991 : 249
250 Hilberg 1985 : i, 56~62
251 Mommsen 1998 : 219
252 Bartov 1996 : 67
253 Lifton 1986 : 186~192
254 Lifton 1986 : 16
255 Aly and Heim 1991 : 488~492
256 Hilberg 1985 : iii, 1003~1007
257 Bauman 1989 : 102
258 Hilberg 1985 : iii, 1012~1029
259 Steinert 1970 : 544~564
260 cf. Arendt 1977b : 22~27
261 Shaw 1991 : 20
262 1973 : 80
263 van Creveld 1991 : 160
264 Boyajian 1972 : 309~314; Melson 1992 : 256
265 Astourian 1999 : 40
266 Naimark 2001 : 22
267 Miller and Miller 1993 : 32~35
268 Suny 1993 : 7
269 Ternon 2002 : 272~279
270 Hovannisian 1986 : 24
271 Zürcher 1993 : 115
272 cf. Hovannisian 1986 : 24
273 Maleville 1988 : 59~63; Dadrian 1999 : 126~129
274 Reid 1992 : 29 · 33
275 Reid 1992 : 42~45
276 Naimark 2001 : 35
277 Hovannisian 1992 : 197
278 Zürcher 1993 : 121
279 Hovannisian 1999 : 15; Karsh and Karsh 1999 : 156
280 cf. Judah 2000 : 1~8
281 Bringa 1995 : 32
282 Banac 1984 : 11, 75~82
283 Lampe 2000 : 22
284 Lampe 2000 : 43~46
285 Lampe 2000 : 234~238
286 Malcolm 1994 : 197~201
287 Malcolm 1994 : 192
288 Burg and Shoup 1999 : 29
289 Malcolm 1994 : 221; Rieff 1995 : 168
290 Bringa 1995 : 3
291 Woodward 1995a : 355~358, 1995b : 15
292 Judah 2000 : 54~60
293 Doder and Branson 1999 : 138; cf. Mertus 1999 : 253
294 Malcolm 1998 : 349
295 Burg and Shoup 1999 : 62~69
296 Malcolm 1994 : 251; Judah 1997 : 233~238
297 Cushmanand Meštrović 1996 : 13~17
298 Burg and Shoup 1999 : 183
299 Burg and Shoup 1999 : 171
300 Barnett 1996 : 149~156
301 Woodward 1995b : 234
302 Kumar 1997 : 167
303 Newbury 1988 : 10; cf.Marx 1997 : 60~68
304 Chrétien 1997 : 13~17
305 Newbury 1988 : 206~209
306 Prunier 1995 : 73~85
307 Destexhe 1995 : 36

308 Braeckman 1994 : 102
309 African Rights 1995 : 59; D. Smith 1998 : 746
310 Human Rights Watch 1999 : 73~79
311 McCullum 1995 : 16~17
312 African Rights 1995 : 172~178
313 African Rights 1995 : 30~35
314 Chrétien et al. 1995 : 297~306
315 African Rights 1995 : 117~120
316 Mamdani 2001 : 5
317 Destexhe 1995 : 28
318 Gourevitch 1998 : 115
319 African Rights 1995 : 1022; Gourevitch 1998 : 244
320 African Rights 1995 : 1024~1061
321 Human Rights 1999 : 1; cf. Mamdani 2001 : 5
322 African Rights 1995 : 642~649
323 Braeckman 1994 : 214, 1996 : 65~97; Chrétien 1997 : 215~244
324 African Rights 1996 : 3
325 Human Rights Watch 1999 : 709~722
326 Power 2002 : 503
327 Human Rights Watch / Africa 1994 : 1
328 Human Rights Watch / Africa 1994 : 46, 1996 : 307~314
329 Fitzpatrick 1999 : 11
330 Fitzpatrick 2000 : 26
331 Fitzpatrick 2000 : 28
332 Tucker 1990 : 139
333 Medvedev 1989 : 455; cf. Rummel 1990 : 130~135
334 Fitzpatrick 2000 : 30
335 Fitzpatrick 1999 : 102
336 Fitzpatrick 1999 : 12
337 cf. Kotkin 1995 : 331
338 Kotkin 1995 : 341~344
339 Tucker 1990 : 311
340 Davies 2000 : 49
341 cf. Tucker 1990 : 205
342 Westwood 1987 : 318
343 Werth 1999 : 187; Getty and Naumov 1999 : 259
344 Fitzpatrick 1999 : 125
345 Fitzpatrick 1999 : 115
346 cf. Brandenberger 2002 : 17, 111
347 Conquest 1990 : 252~256; Fitzpatrick 1999 : 205~209
348 Hosking 1985 : 196; Werth 1999 : 201
349 1970 : 108
350 Westwood 1987 : 313~316; Thurston 1996 : 59~62
351 Getty and Naumov 1999 : 587~594; cf. Conquest 1990 : 484~489
352 Chandler 1991 : 230~235
353 Jackson 1989b : 39~45
354 Jackson 1989b : 52
355 Chandler 1999 : 24
356 Quinn 1989 : 184~189
357 Jackson 1989b : 45; cf. Chandler 1991 : 246~255
358 Chandler 1999 : 1
359 Quinn 1989 : 197~200
360 Chandler 1999 : 124~129
361 Ponchaud1989 : 159
362 Ponchaud 1989 : 168
363 Sliniwski 1995 : 75~79
364 Chandler 1999 : 129
365 Kiernan 1994 : 197
366 Kiernan 1996 : 460~463
367 Jackson 1989a : 3; Kiernan 1996 : 458
368 Mortimer 1974 : 387~392; cf. Törnquist 1984 : 234
369Gittings 1999 : 258
370 Taylor 1991 : 88
371 Taylor 1991 : 164
372 Schwarz 1994 : 176~180; Dunn 1995 : 182
373 Human Rights Watch / Asia 1997 : 17
374 Gunn 1994 : 10~15; Schwarz 1994 : 206
375 Dunn 1996 : 310~321
376 cf. Tucker 1990 : 474~478
377 Dittmer 1974 : 310~320
378 Harding 1997 : 231
379 MacFarquhar 1997 : 465
380 Dittmer 1987 : 154~169

381 Fairbank 1992 : 401~404
382 Harding 1997 : 183
383 Harding 1997 : 242
384 Harding 1997 : 243
385 Fairbank 1992 : 387
386 cf. Tucker 1990 : 40
387 cf. Wildenthal 1997 : 265~281
388 Becker 1996 : 272
389 1996 : 274
390 Moskoff 1990 : 226
391 Werth 1999 : 159
392 Werth 1999 : 167; cf. Suny 1998 : 227
393 Drèze and Sen 1989 : 262; de Waal 1989 : 193
394 D. Keen 1994 : 211~215
395 Ó Gráda 1994 : 173
396 Ó Gráda 1994 : 174
397 Ó Gráda 1999 : 6
398 Ó Gráda 1999 : 156
399 Ó Gráda 1995 : 68
400 Chang 1997 : 5
401 Chang 1997 : 15
402 e.g. Honda 1993
403 Hobsbawm 1962 : 67; cf.Melson 1992 : 258
404 cf. Spence 1996 : 18
405 Shaw 1991 : 57~62; Brogan 1998 : viii
406 Malcolm 1994 : 193; cf. Lampe 2000 : 227
407 Dunn 1995 : 66
408 cf. Delacampagne 1998 : 211~222
409 cf. Shaw 1996 : 156~161
410 1983 : 12
411 1991 : 36
412 Bardakjian 1985 : 1
413 Lewis 1998 : 45
414 Mazower 2001 : 19
415 2000 : xii
416 cf. Chandler 1999 : 123
417 Cohen 2001 : 101~112
418 Tucker 1990 : 364
419 cf. Esman 1994 : 1
420 Horowitz 1985 : 3~6; Snyder 2000 : 352~362

421 cf. Horowitz 2001 : 540~545
422 cf. Forbes 1997 : 203~211
423 cf. Luckham 1971 : 196
424 cf. Greenfeld 1992 : 487; Petersen 2002 : 265
425 cf. Cohen 2001 : 161~167
426 Taylor 1995 : 32; cf. Dunn 1996 : 19 ~23
427 cf. Shaw 1988 : 32~39
428 Shaw 1991 : 21
429 cf. Lemkin 1973 : 80
430 Markusen and Kopf 1995 : 175~ 179
431 Selden 1989 : xvi
432 Sherwin 1977 : 232~237
433 Lindee 1994 : 9
434 Alperovitz 1995 : 428
435 Dower 1986 : pt.2
436 Alperovitz 1995 : 627~636
437 cf. Markusen and Kopf 1995 : 55~ 62
438 Hobsbawm 2002 : 16
439 Gallie 1991 : 38
440 cf. Totten, Parsons, and Hitchcock 2002 : 66

제6장 —————

1 1986a : 372
2 Du Bois 1986b : 630~636
3 Du Bois 1986b : 563
4 Du Bois 1986a : 372
5 Zamir 1995 : 30
6 cf. Rampersad 1990 : 42~47; Zamir 1995 : 113~116
7 1990 : 292
8 Zack 1993 : 103
9 Locke 1989 : 210
10 1967 : 9
11 Harris 2001 : 338
12 Bruner, Goodnow, and Austin 1956 : 235
13 Lévi-Strauss 1963 : 89
14 cf. Miller 1956
15 Berlin 1992 : 31~35; cf. Ellen 1993 : 216~229

16 1992 : 75

17 Keil 1989 : 258~262

18 cf. Markman 1989 : 37; Bowker and Star 1999 : 293~300

19 cf. Ellen 1993 : 147

20 cf. Patterson 1975 : 309

21 McDonald 1989 : 121

22 McDonald 1989 : 121

23 1990 : 84

24 Smith and Medin 1981 : 32; Gelman 2003 : 296~299

25 Nisbett and Ross 1980 : 55~59

26 cf. Ross and Nisbett 1991 : 125~133

27 Asch 1955; Milgram 1974

28 Freud 1999 : 569

29 1990 : 57

30 Tajfel 1981 : 268~274

31 cf. Hirschfeld 1996 : xi

32 cf. Baker 1974 : 160~177

33 1986 : 279

34 Martin 2001 : 31

35 cf. McGarty, Yzerbyt, and Spears 2002 : 2~7

36 cf. Jaspars and Hewstone 1990 : 126

37 Banaji and Bhaskar 2000 : 150~153

38 1985 : 29

39 1943 : 285

40 Abelmann and Lie 1995 : 159

41 Mitchell 1994 : 88

42 Fitzgerald 1982 : 57

43 1924 : 200

44 cf. Howard 2000 : 96~101

45 Khazanov 1995 : chaps. 1~2

46 Grillo 1989 : 217~221

47 cf. Niezen 2003 : 193~197

48 cf. Iriye 2002 : 202

49 cf. Soysal 1994 : 164

50 Banton 2002 : 215

51 Morin 2001 : chaps. 4~5

52 cf. Johnson 1939 : 283

53 Berlin 1998 : 101

54 Litwack 1961 : viiif; Morgan 1998 : 442, 457

55 Genovese 1974 : 411

56 Morgan 1998 : 475

57 1918~20 : i, 303

58 1994 : 615~620

59 Howe 1994 : 69~72; cf. Glazer 1989 : xxiv

60 Hannerz 1974 : 44

61 Sollors 1997 : 280~284

62 1968 : 364

63 cf. Myrdal 1962 : 129

64 Singer 2001 : 62

65 Fanon 1967 : 43

66 1964 : 107

67 Roediger 1991 : 140~156

68 Hazareesingh 1994 : 127

69 cf. Cohen 1969 : 183~187; Tilly 1998 : 154

70 Litwack 1998 : 374~378

71 Litwack 1998 : 30~33

72 1987 : 211

73 Garbey 1987 : 204

74 Vital 1975 : 223~237; cf. Avineri 1981 : 5

75 cf. Kibria 1998 : 955

76 Kolchin 1993 : 19, 41

77 Genovese 1974 : 400

78 cf. Rawick 1972 : 50; Genovese 1974 : 658

79 Stein 1989 : 81

80 Clark 1967 : 602

81 Holloway 2002 : 196

82 1959 : 572

83 Banks 1996 : 107

84 cf. Banks 1996 : 80, 87

85 Lincoln 1994 : 48, 66

86 Myrdal 1962 : 702; Litwack 1998 : 377

87 cf. McKee 1993 : 1

88 1981 : 215

89 Morris 1984 : 77~80

90 cf. Lee 2002 : 69

91 Witt 1999 : 80~83

92 Lurie 1981 : 92~96

93 Gates 1988 : 40;1992 : xvii

94 Banks 1996 : 147~154

95 Dawson 2001 : 65

96 Sniderman and Piazza 2002 : 60,

본문 주석

180

97 Cornell 1988 : 34, 45~50
98 Cornell 1988 : 115~118
99 Cornell 1988 : 126
100 Nagel 1996 : 5
101 Cornell 1988 : 132~138
102 Nagel 1996 : 122~126
103 Blu 1980 : 1
104 Blu 1980 : 32, 46~61
105 1986c : 8147
106 1980 : 345
107 2000 : 13
108 cf. Eyerman 2001 : 75~88
109 1997 : 24
110 Gates 1997 : 8, 12
111 1993 : 7
112 Waters 1999 : 91
113 1988 : 30
114 cf. Collins 1991 : 22; Carby 1998 : 5
115 1948 : 26
116 Woodward 1974 : 200
117 Gates 1997 : 165
118 1996 : xvf
119 1989 : 11
120 Martin 1984 : 97
121 Auerbach 2001 : 200
122 Benbassa and Rodrigue 2000 : 34;
   cf. Malcolm 1996 : 1~27
123 1988 : 100
124 Summerfield 2003 : 129
125 Staniland 1991 : 108
126 1991 : 104~105
127 1968 : 359
128 1986b : 639
129 Du Bois 1986b : 639
130 Du Bois 1986b : 630
131 1987 : xv
132 cf. Feagin and Sikes 1994 : 356
133 1992 : 27
134 Harris 1992 : 13
135 Appiah 1992 : 26
136 Williamson 1980 : 125
137 Reed 1993 : 271; cf. Holt 2000 : 10
138 Frady 2002 : 22
139 Ware 1992 : 233
140 cf. Shell 1993 : 16
141 cf. Frankenberg 1993 : 93
142 Lahr 2001 : 55
143 Nobles 2000 : 138~144
144 Schmitt 2001 : A1
145 cf. Hollinger 1995 : chaps. 4~6
146 1990 : 83
147 1990 : 94
148 Améry 1990 : 8
149 1998 : 117
150 1998 : 121
151 1962 : 39
152 cf. Hochschild 1995 : 39~51
153 1997 : 533, pt.2
154 Cagle 2001 : 70; cf. Steele 1990 :
   169
155 1997 : 17, 563
156 1993 : xv
157 West 1993 : xvii; cf. Bell 1987 : 3
158 cf. Patterson 1997 : 54~65
159 1993 : 1
160 1994 : ix
161 cf. Dawson 1994 : 61, 196~199
162 Wei 1993 : 118
163 Tuan 1998 : 155~164
164 1999 : 92
165 1995 : 7
166 Marable 1995 : 8
167 cf. Delgado 1995 : 162~165
168 cf. Blauner 1989 : 1~4
169 1992 : 12
170 Jordan 1992 : 162
171 Kovel 1988 : 177; Quadagno 1994 :
   187; cf. Sniderman and Piazza 1993
   : 56
172 2000 : 131
173 Memmi 2000 : 132
174 1997 : 31
175 Goldberg 1983 : 6
176 cf. Skerry 2000 : 199~202
177 1993 : 38
178 Kristeva 1991 : 38, 1993 : 30
179 2001 : 149
180 Lilla, Dworkin, and Silvers 2001 :
   188
181 1967 : chap. 5
182 Fanon 1967 : 35

183 Fanon 1967 : 142

184 cf. Bruce and Young 1988 : 112~
133

185 2001 : 22

186 1963 : 79

187 Blee and Billings 1999 : 124

188 cf. Gregory 1989 : 164~169

189 Shelby 1999 : 153

190 Newitz and Wray 1997 : 2

191 cf. Rhea 1997 : 6

192 cf. Omi and Winant 1994 : 56~61;
Patterson 1997 : 4

193 Waters 1990 : 92, 97

194 Gutiérrez 1995 : 183~187

195 cf. Alba 1990 : 71

196 cf. Fields 1990 : 97

197 Fonseca 1995 : 293~299; Fischer
2001 : 84~89

198 cf. Clifford 1997 : 276

199 1994 : 6

200 cf. Marx 1998 : 253

201 Fears 2003 : 29

202 cf. Skrentny 2002 : 354~357

203 D'Emilio 1992 : 246~256; Escoffier
1998 : 57~62

204 cf. Oliver 1996 : 152~156

205 Davis 1995 : 78; cf. Lane 1992 : 191
~200

1 Kant 1991 : 54

2 Kant 1991 : 59

3 Kant 1991 : 58

4 Outram 1995 : 4~8

5 1932 : 31

6 Mazzotta 1999 : 254

7 Hegel 1977 : 5; cf. Harris 1983 : 557
~572

8 La Vopa 2001 : chap. 12

9 Chadwick 1975 : 161~188; Bowler
2001 : 19~24

10 cf. Engelsing 1974 : 339~343; Watt
1957 : 35~59

11 Habermas 1962 : 101~127

12 Lienhardt 1985 : 153

13 Lukes 1973 : 1

14 1984 : 83~86

15 Durkheim 1973 : 56

16 Marx and Engels 1974 : 70

17 1967 : 35

18 Hegel 1977 : 340

19 Delumeau 1989 : 14~20

20 Marx 1994 : 57

21 1979 : xiii

22 Adorno and Horkheimer 1979 : 3

23 Adorno and Horkheimer 1979 : 27,
41

24 1851 : 416

25 cf. Wallerstein et al. 1996 : 48~60

26 1994 : 147

27 cf. Schnapper 1998 : 35~39

28 Sartre 2001 : 118

29 1976 : 136

30 Soyinka 1976 : 131

31 Sartre 2001 : 137

32 Morris 1888 : 31

33 Todorov 1993 : 399

본문 주석

이번에 기획된 존 리^{John Lie} 교수의 명저 6편을 번역하는 것은 그동안 오랫동안 숙원으로 여겨온 사업으로, 이번에 전권 출판이 순차적으로 기획되어 감개무량하기 그지없다. 이것이 가능하게 된 것은 우선 존 리 교수의 결단이 중요했었고, 이런 결단을 용감히 수락하고 출판을 허락하신 소명출판 박성모 대표의 혜량의 결실이다. 물론, 앞으로 차례대로 출판될 6편의 번역을 불철주야 노력하여 완벽에 가깝게 맺어주신 역자 선생님들의 노력이 가장 중요했던 것도 잊지 말아야 할 것이다. 감수자로서의 역할은 좋은 책을 올바른 문장으로 번역하여 독자들에게 쉽게 전달될 수 있도록 하는 길잡이의 노릇일 것이지만, 그에 아울러 번역된 책들에 적확한 해설을 함께 곁들어 줄 수 있어야 제법 그 격에 맞을 것이다.

존 리 교수의 연대기

우선, 존 리 교수의 간단한 연대기적 설명이 필요할 것 같다. 내가 처음 리 교수와 만나게 된 것은 지금도 기억이 선명한 1990년 1월의 일이었다. 그는 1988년에 하버드대학교에서 사회학 박사를 받고, 원하던 아이비리그 대학의 사회학과 교수 자리를 얻지 못해, 결국 1년간의 휴가를 허용한 오레곤대학교University of Oregon의 사회학과 조교수로 부임하여, 1989년 가을학기부터 사회학 강의를 맡고 있었고, 나는 1990년 1월부터 동교 정치학과에서 박사 과정을 시작하고 있었다. 입학 전부터 그의 명성을 익히 들었던 나로서는 입학과 동시에 그의 수업에 등록했고, 과목명은 바로 '관료와 조직'이었다. 그는 1978년에 당시 미 대통령 지미 카터의 전액 장학금을 받고 하버드대학교에 입학하여, 학사학위와 박사학위를 10년에 걸쳐 수료한 한국이 낳은 몇 안 되는 사회과학계의 석학이었다(하버드 사회학과는 석사학위 과정이 없다). 그 10년 동안 그에게 영향을 준 교수들은 David Riesman, Judith Shklar, Michael Walker, Roberto Managerial Unget, Stephen Marlin, Harvey Cox, Michael Shifter, Michael Donnelly, Steve Retsina, Herbert Giants, Robert Paul Wolff, Stanley Tasmania, Daniel Bell, Harrison White, Orlando Patterson 등이었지만(Lie 2014 : 486), 그래도 그가 가장 지적 영감을 많이 받았던 교수는 로베르토 망가 베이라 웅거Roberto Managerial Unget였다. 그러므로 '관료와 조직' 수업에서 최고의 꽃은 당연히 웅거의 1987년 저서 『잘못된 당연성False Necessity』이었다. 웅거와 같이 존 리 교수의 사회과학적 방법론과 인식론의 근저에는 논리적 도덕적 '부정'이 있었다. 당연시되고 타당시되어 온 이론과 제도 그

감수자 해설

리고 사회과학적 진리에 대해 커다란 물음표를 던짐과 동시에 비판적 그리고 대안적 시각을 강조하는 것이 웅거와 리 교수의 공통된 학문적 자세이다. 또한, 웅거가 브라질의 정치에 활발히 참여하였을 뿐만 아니라, 그의 책에 바탕을 둔 급진적 민주주의의 새로운 제도를 건설하려고 했다면, 리 교수는 평생 자신이 몸담고 있는 고등교육기관 즉 대학의 교육 개혁을 위해 힘써 왔고, 전 세계의 여러 대학에서 대학 개혁과 대학의 새로운 지적 교육 방식의 개선에 대해서 강의와 컨설팅을 해왔다.

존 리 교수는 한국명 이제훈으로 1959년 서울에서 태어났다. 아버지 이관희Harry Lie 박사는 충남 남포가 고향으로 전통 지주 가문의 아들로 이승만 정권 시절에 행정고시를 통과하여, 군사 혁명 이후에는 경제기획원의 발족에 참여하였다. 어머니 제인 리Jane Lie 씨는 우리나라 신소설을 창시한 이해조 씨의 손녀로 전주 이씨 인평대군파의 일족이다. 형제로는 남동생과 여동생이 각각 한 명씩 있다. 리 교수의 가족은 그러나 1963년 당시 김종필 총리의 '자의반, 타의 반'의 외유 때 총리를 수행했어야 했던 아버지와 같이 온 가족이 일본으로 이주하였다. 아버지는 주일 대사관에서 근무하고, 존 리는 일본의 초등학교에 입학하였으나, 한국식 이름을 쓰는 그는 다른 학급생들의 왕따 대상이 되어 여러 번 폭력을 당했던 기억이 아직도 생생하다고 했다. 일본에서의 생활은 전반적으로 윤택하고 행복한 것이었지만, 존 리의 인생에 중요한 기억으로 남았던 것은 여름방학 때 가족과 같이 서울에 귀국했던 경험들이다.

1960년대의 한국은 1964년 동경 올림픽을 개최했던 일본과 달리, 경제 성장을 막 시작한 지지리도 가난했던 군부 독재의 어두운 시기였다. 지금 젊은 세대들은 기억 못하는 가난과 암울의 시대를 존 리는 짧게나마 여름 방학 동안 한국에서 경험할 수 있었다. 서울의 외가는 잘 살았기 때문에 크나큰 불편은 없었지만, 충남 남포의 친가에 갈 때는 불편이 이만저만이 아니었다. 물론 한국말을 못하였기 때문에, 일본말로 외가 할아버지와 소통하면서 한국을 경험하였지만, 어린 존 리에게 한국은 충격적인 곳이었고, 이는 『한 언바운드*Han Unbound*』라는 책에서도 자세히 설명되고 있다. 리 교수가 혹시라도 아버지 말을 안 들으면, 아버지는 으레 '남포로 보낼 거야'라는 말로 자식에게 공포감을 주었다.

일본에서 초등학교를 졸업한 존 리 교수는 아버지가 하와이로 이민 결정을 내려, 전 가족이 다시 도미하는 소위 '초국가적 디아스포라*transnational diaspora*'를 경험하게 되었다. 호놀룰루에 정착한 리 교수의 가족은 아버지의 주문대로 엄격한 자녀 교육이 시작되어, 우선적으로 집안에서 일본어의 사용을 금하고, 영어만 사용하기 시작하였다. 이에 반발한 리 교수는 일본에서 가져온 책들을 아버지 몰래 읽으면서, 일본어를 잊지 않으려고 노력했다. 반면, 남동생과 여동생은 일본어를 잊어버렸다. 보통 중학생이 되면 부모 몰래 포르노 잡지를 볼 때이지만, 존 리 교수는 몰래 일본책을 읽는 '아이러니한' 신세였다고 회고했다. 미국에 정착하면서, 아버지는 자신뿐만 아니라 모든 가족들에게 영어 이름을 지었는데, 자신은

김수자 해설

1950년대에 미국에 유학하면서 당시 미국 대통령이었던 해리 트루먼 대통령의 해리Harry와 당시 유엔 사무총장이었던 트리베 리Trygve Lie의 리Lie를 따 자신의 영어 이름을 만든 후, 큰아들 이제훈에게는 존 리John Lie라고 명명했다.

영어와 일본어를 바탕으로 학문에 정진한 리 교수는 방대한 독서량을 자랑했다. 리 교수의 어머니도 살아생전 그렇게 책을 많이 읽은 아이들은 본 적이 없다고 했다. 리 교수는 돈이 생기면 무조건 책을 사는 소년이었다. 어린 시절부터 소장했던 책은 그 양이 너무 방대하여, 창고를 따로 빌려 보관할 정도였고, 하버드 시절 존 리 교수의 기숙사나 대학원생 대표로서 사용했던 연구실에는 책이 너무 많아 발을 딛고 들어갈 수도 없을 정도였다. 영어와 일본어로 학문에 정진하면서, 고교 시절에는 독일어, 프랑스어, 스페인어, 이태리어, 라틴어 등에 정진하여, 존 리 교수는 7~8개 이상의 외국어로 원전을 읽는다. 탁월한 언어 능력으로 무장한 리 교수는, 고교 시절에 수학과 과학에도 소홀히 하지 않았을 뿐 아니라, 고전음악에도 심취하여 오페라를 작곡하기도 하였다. 오바마 대통령이 다녔던 고등학교로 유명한 호놀룰루의 푸나호우 학교Punahou School를 졸업한 존 리 교수는 대입 시험에서 하와이 주 전체 수석을 차지하여, 각 주에서 두 명씩 뽑는 대통령 장학생에 선발되었던 것이다.

하버드에 진학해서 학부 시절에는 학제 간 프로그램이었던 사회과학부에서 공부하면서, 동아시아와 사회 이론 그리고 경제사에

심취했었다. 학부 졸업시 성적이 4.0 만점에 3.8 이상을 획득하여 Magna cum laude(2015년의 경우 3.772가 컷라인)를 수상했다. 졸업 후 하버드대학교 사회학과 박사 과정에 진학하여, 사회 이론과 경제 발전 그리고 정치 경제에 대한 관심을 보이면서 당시 개도국의 비참한 경제 상황, 특히 한국의 경제 발전이 낳은 각종 부조리와 모순에 대해 연구하였으며, 또한 일본에도 수차례 방문하여, 도쿄대학과 게이오대학에서 연구하면서, 재일동포의 차별 문제, 특히 강제 지문 날인과 위안부 문제 등에 대해 연구 논문을 발표하기도 하였다(Lie 1987b, 1997).

박사 과정 시절에 리 교수는 일본 우노학파의 저명한 마르크스주의 경제학자 바바 히로지 도쿄대 교수와 『월간리뷰*Monthly Review*』 지상에서 세 차례에 걸쳐 논쟁을 벌였다(Lie 1987a; Baba 1989; Lie 1989). 1987년에 발표한 논문에서 리 교수는 우노학파가 주장하는 경제 이론에서 사회주의 이데올로기의 배제가 어떠한 엄청난 오류를 야기시켰는가를 바바 교수의 저서 『부유화와 금융자본』을 근간으로 비판하였다. 바바의 저서는 1980년대 황금기를 맞이했던 일본 경제 상황을 놓고, 소위 "집단 부유화"를 전면에 내세워 일본의 경제를 최고의 자본주의로 평가하고, 자본주의하에서 서서히 모든 사람이 부유화되는 지상 천국을 이루어내고 있다고 주장한 것인데, 이에 대해 리 교수는 허무맹랑한 데이터를 가지고 경제 상황을 정확히 분석하지 못한 졸저로 평가한 것이다. 특히, 자본주의가 영구히 가지 못하고 위기를 맞이할 수도 있으며, 이런 예상은

1990년대부터 일본 전역에 불어 닥친 반영구적 경제 공황으로 입증되었다. 이러한 비판적 시각은 당시 군사독재하의 한국에 대해서도 리 교수로 하여금 가차 없이 일격을 가하게 했다. 당시 하버드대학교 사회학 박사 과정에는 임현진 교수(서울대), 이건 교수(서울시립대), 윤정로 교수(KAIST) 등이 공부하고 있었는데, 리 교수는 이 유학생들에게 "재벌 기업들이 당신들에게 주는 장학금으로 노동자들에게 월급을 더 주어야 한다"고 비판하여, 그들의 원망을 산 것은 유명한 일화이다.

리 교수의 박사 논문은 영국과 일본의 경제사를 비교하는 것으로 아담 스미스와 칼 폴라니의 경제사 이론을 정면으로 반박하는 것으로, 시장 경제의 발전이 원조 국가격인 영국이나 일본에서도 직선적으로 진화된 것이 아니라, 여러 형태의 자본 제도가 병행되거나 혼존했다는 것을 역사 자료를 근거로 증명한 것이다(Lie 1988, 1992). 불행히도 이 논문은 소련의 붕괴, 유럽과 일본의 자본주의 붕괴, 그리고 글로벌화 등의 새로운 시대적 상황과 맞물리지 못하여, 세인들의 기억에서 사라지고 말았고, 리 교수 자신도 이 논문의 내용을 더욱 더 발전시키지 않고 사장시켰다. 그러나 최근 동양의 경영 윤리가 계속적으로 문제가 되는 상황에서 동양의 경제 제도를 어떻게 발전시켜야 하느냐는 의문이 학계에서 지배적으로 대두되는 상황에서, 리 교수의 1988년 이론을 재조명해보려는 노력이 다시 고개를 들었다(Lie 2014; Oh 2014, 2016).

앞에서도 언급했지만 리 교수의 첫 직장은 오레곤대학교^{University}

of Oregon 사회학과였고, 1989년 가을에 부임하였다. 1988년부터 1989년까지는 서울에 있는 연세대학교에서 강의를 하면서, 이번 시리즈에서 같이 기획된 『한 언바운드』의 집필도 같이 하였다. 동시에 당시 아버지가 부회장으로 있었던 쌍용그룹에서 6개월간 연구원으로 근무하기도 하였다. 일 년간의 한국 생활은 리 교수에게 한국의 경제 발전에 대해 상당히 부정적인 견해를 확고히 하는 계기가 되었다. 오레곤에서의 생활은 강의와 연구의 연속이었고, 정혼한 약혼자 낸시 애이블만Nancy Abelmann 교수가 오레곤 인류학과에 채용되지 못하고, 일리노이대학교University of Illinois에 취직하는 바람에 단신 부임할 수밖에 없었고, 이것은 결국 리 교수가 일리노이로 옮겨야 하는 계기가 되었다. 이런 상황에서 자신의 박사 논문을 요약한 글이 사회학의 최고 저널인 『미국 사회학 리뷰American Sociological Review』에 게재되는 쾌거를 얻었고, 3년간의 오레곤 생활을 접고, 1992년 가을 학기부터 일리노이로 전직하면서, 낸시 애이블만과 결혼도 그해 여름에 하였다.

일리노이에서 존 리는 애이블만 교수와 같이 동양학 센터를 이끌면서, 일리노이가 중서부에서 동양학 연구의 중심지로 성장하는 견인차 역할을 하였고, 지금 아시아 인스티튜트Asia Institute 원장으로 활약하는 이만열(미국명 Immanuel Pastreich) 씨도 이때 일리노이 동양학연구소의 조교수로 애이블만에 의해 임용되었었다. 일리노이 재직 시절 리 교수는 자신의 가장 중요한 연구 업적으로서 초기 작품인 『블루 드림즈Blue Dreams』와 『한 언바운드』를 출간했다. 원래

『한 언바운드』가 먼저 탈고된 것이었으나, 초기 원고가 너무나 비판적이고 반미적인 내용이 많다고 하여, 하버드대학교 출판부에서 출판 거부를 당하여, 결국 스탠포드대학교 출판부에서『블루 드림즈』보다 3년이나 늦게 출판되었다.『블루 드림즈』는 LA 흑인 폭동과 코리아타운을 다룬 민족지ethnography적 연구서로 애이블만과 공저한 책이다. 이 시기 리 교수는 한신갑 전 서울대 교수도 임용하여, 경제사회학 분야를 강화하였고, 사회학과 내의 정량적 방법론자들을 퇴임시키는 대신 톰슨과 같은 정성적 방법론자들을 다수 임용하였다. 1996년에는「현대 일본 사회학Sociology of Contemporary Japan」이라는 트렌드 리포트를『당대사회학Current Sociology』지 한 호 전면을 할애받아 게재하였다. 이 특집호에서 리 교수는 일본에 대한 사회학적 이해가 현대 이론Modernization theory이나 마르크스 이론처럼 일본의 특수성을 간과한 오점과, 일본의 특수성 이론Japanese uniquness theory은 일본의 단일 민족성을 믿는 오류와 일본 내의 계층 분화화 갈등을 무시하는 허점을 비판하였다. 또한 이러한 일반 이론과 특수 이론의 오류가 존재하는 한, 일본 사회학의 가능성은 희박하다고 결론지었다(Lie 1996). 일리노이 시절 마지막으로 출판한 책은『다민족 일본Multiethnic Japan』이었다. 그리고 2001년 가을 학기에 미시간대학교University of Michigan로 이직하게 되었다.

위의 세 책에서 알 수 있듯이, 리 교수는 사회학의 인식론적 차원을 개인의 경험과 사회의 문제, 그리고 역사적 현상으로 연장시키는 지적 노력을 실천하는 지식인이다. 한국인으로 태어나, 일본에서 유년 시절을 보냈고, 그리고 미국에서 대학자로 성장한 그는, 한국의 격동적인 정치 경제, 재일동포의 사회사, 그리고 재미동포에 대한 민족지적 연구를 통해, 자신의 경험을 사회과학적 이론으로 재구성한 디아스포라 학자이다.

미시간에서는 3년만 재직하였고, 두 번째 부인 톰슨 교수와 하버드대학교에서 객원 교수의 시간도 보내면서, 모교인 하버드에로의 이직을 시도하였으나, 역시 아이비리그 대학들은 리 교수의 비판적 사회학을 수용할 의도가 없었다. 미시간 시절 그의 최고 역작으로 손꼽히는 『현대인족Modern Peoplehood』이 탈고되었고, 2003년 가을 학기에 UC버클리University of California, Berkeley로 부인과 함께 최종 이직하게 되었다. 버클리에서는 한국학 센터장 겸 사회학과 교수로 처음 임용되었으나, 2004년부터 한국인 후예로서는 최초로 버클리의 국제학대학 학장으로 추대되어, 5년간 학장 겸 한국학 센터장으로 활약하면서, 한국학의 발전과 한국 대학들과의 관계를 돈독히 하였다. 2009년 학장에서 사임한 뒤, 한국학 센터도 노라 넬슨Nora Nelson 교수에게 양보한 뒤, 현재는 전 세계의 여러 대학들을 순방하면서, 강의하고 집필하고 있다. 2008년에는 재일 동포를 역사적으로 분석한 『자이니치Zainichi』를 출판하였다. 특히, 2010년부터 '한류' 현상에 대해 관심을 갖고 연구를 시작하여, 2012년부터 4년간 연속 고려대-버클리 한류 워크숍을 개최하였고, 그 연구를 바탕으로 6부작의 마지막 책인 『케이팝K-Pop』을 2015년 출간하였다.

『블루 드림즈』, 『한 언바운드』, 『다민족 일본』
—디아스포라 사회학

이 세 권의 공통점은 위에서 잠시 언급한 대로 디아스포라 사회학을 전개하고 있다는 점이다. 사회학이 '사회학적 상상력'을 추구하는 학문이라면, 인식론적 방법본의 기서에 개인의 진대기-사회의 역사, 개인적 문제-사회적 문제, 그리고 개인적 동정-사회학적 상상력의 세 단계에 걸친 분석적 힘이 필요하다고 하겠다 (Mills 1959). 디아스포라라는 개인적 전대기와 어려움을 겪은 리 교수로서 LA 폭동 사태와, 한국의 경제 발전의 부산물인 노동 착취, 환경 파괴, 그리고 심각한 계층화, 그리고 일본이라는 거대 자본주의 국가 내에서 벌어지는 소수 민족에 대한 차별과 소외에 대한 거시적 문제에 대해 무감각할 수 없었고, 내리 세 권의 첫 시리즈를 써 내었다. 스스로 삼부작triology이라고 불렸던 이 세 권의 책은 LA, 한국(서울), 그리고 일본(도쿄)이라는 세 나라의 대형 도시를 배경으로 저술되었다. 그리고 리 교수는 이 세 나라에서 각각 개인적, 사회학적 경험과 상상력을 키워 왔다.

『블루 드림즈』의 이론적 진보성은 재미 동포를 단일 집단으로 보지 않고, 다민족적multiethnic 그리고 초국가적transnational인 다양한 집단으로 가정한다는 것이다. 이 가정이 사실이라면, 재미 한국인이나 동양인을 말없이 고분고분 백인들이 정한 규범과 법을 잘 따르며 열심히 일하거나 공부하면서, 미국의 꿈을 실현하는 모범적인 이민자들로만 판단하는 미국의 주류 대중매체의 미디어 프레이밍이 얼마나 잘못된 것인지 극명하게 보여주게 된다. 재미 한국인의 다양한 정체성에 더하여, 『블루 드림즈』가 설득하려는 또다른 중요한 이론적 진보성은 초국가적 이민 집단이 고국과 연결된 디아스포라적 이민 생활을 영위하고 있다는 점이다. 그러므로 미국의 주류 대중매체가 표현하려는 재미 한국인이나 동양인과는 달리, 로스엔젤레스의 코리아 타운은 미국적이지만 가장 한국적인 이유가 여기에 있는 것이고, 뉴욕이 가장 유럽적인 혹은 런던적인 도시인 이유가 또 여기에 있는 것이다. 미국의 백인들이 영국이나 유럽의 문화권과 단절하지 못하듯이, 코리아타운의 한국인들도 문화적으로 한국과 단절할 수 없는 것으로, 미국의 주류 이데올로기인 인종의 '녹는 솥melting pot'이 얼마나 허구인지 잘 알 수 있는 것이다. 즉, 백인들이 유럽의 문화를 지속적으로 향유하는 것은 당연하고, 한국의 이민자들이 한국 문화를 지속적으로 소비하는 것은 미국적이 아니라고 하는 논리 자체가 인종 차별적인 이데올로기가 되는 것이다. 그러므로 가장 성공적이라고 주장한 재미 한국인과 가장 저질스럽다고 인지되는 흑인들을 한 곳에 모아 두고, 미국의 꿈을 추구하는 것은 폭동으로 이어질 당연한 수순이었다. 한국인들이 흑인들에 대해 편견을 갖는 것은 오히려 미국의 주류 사회에서는 당연시된 것이고, 다만 이들이 LA 폭동의 희생자가 된 것을 두고 재미 한국인들이 인종 차별주의자들이라고 비평하는 것은 어불성설인 것이다.

김수자 해설

『블루 드림즈』에서 보여준 명쾌하고 심도 깊은 한국 교민 사회의 분석은 존 리 교수와 낸시 애이블만 교수의 한국적 경험과 사회학적 상상력이 없었다면, 불가능했을 것이다. 리 교수는 『한 언바운드』에서도 통렬하게 한국의 경제 성장의 문제점과 이유를 분석한다. 겉으로 보기에 한국은 리 교수가 일본으로 건너갔던 1960년대 초나, 여름 방학 동안 방문했던 1960년대 말과 그가 다시 한국을 일 년간 방문했던 1980년대 말과는 하늘과 땅의 차이가 있었고, 그의 눈에도 분명히 한국은 일본에 이어 두 번째로 OECD 국가가 된 발전된 국가로 비추어졌을 것이다. 그러나 역사적 방법론에 바탕을 둔 리 교수의 분석은 기존 연구에서 등한시하였던 여성 노동력의 착취, 월남전이나 서독에서의 남성 노동력의 착취, 그리고 재벌과 국가 간의 유착을 통한 재벌의 노동 착취 등을 심도 있게 분석하고 있다. 그는 역사적 증거물을 하나하나 나열하면서, 한국의 경제 발전은 결국 그 구조적 모순으로 인해, 경제 발전의 산파라고 자만했던 군사 정권이 아래로부터의 혁명에 의해 무너지고, 자연 환경은 공해와 오염으로 파괴되고, 지옥 같은 교육열과 경쟁 사회 속에서 인간들은 고독과 소외, 그리고 구조적 가난으로 찌든 삶을 영위할 수밖에 없는 아무도 모방하고 싶지 않은 국가로 발전했다고 주장한다. 물론 그의 책이 1997년 환란 이후 지속적으로 발전한 한국의 경제력에 대한 예견은 없었다고는 하나, 지속적인 발전에도 불구하고, OECD 국가 중 자살률이 제일 높고, 노동 시간이 두 번째로 길며, 66세 이상 노인 인구의 가난률이 제일 높은 나라인 것은 리 교수의 예상대로다.

『다민족 일본』은 디아스포라 사회학과, 다음 절에서 논할 디아스포라 문화학의 경계선에 놓여 있는 책이다. 리 교수는 어릴 때부터 자란 일본에서 일본 국민은 단일 민족이라는 교육을 받고 자랐다. 자신을 비롯해 수많은 재일 동포가 살고 있었던 일본이 단일 민족이라는 허구를 통해 초등학생들마저 세뇌시키는 현실에 넌더리가 났던 것인데, 이번에는 하버드대학교 교수들이 일본학 수업에 일본은 단일 민족이라고 또 허구를 전파하고 있었던 것이다. 특히 하버드 에즈라 보겔 교수의 수업 시간 중에는 집중적으로 보겔 교수의 일본 사회론을 비판하였고, 일본은 단일 민족이지 않을 뿐더러, 세계 최고도 아니라고 보겔 교수의 오류를 바로잡으려고 노력하였다. 하버드에서 박사를 받고 리 교수의 목표 중의 하나는 일본이 단일 민족 국가가 아닌 다민족 국가라는 사실을 처음으로 전 세계에 밝히는 책을 쓰는 것이었고, 하버드 졸업 후 13년 만인 2001년에 드디어 출판이 되었다. 초기 계획과는 달리, 리 교수는 이 책을 쓸 때 이미 일본에는 여러 나라의 노동자들이 와서 공장에 취직하고 있는 상황이었고, 심지어 같은 일본 민족이면서도 브라질이나 남미에 이민 간 일본인의 후예라는 딱지 때문에 차별받고 있던 일본계 브라질인들도 많이 살고 있었다. 또한, 중국이나 한국에서 건너간 새로운 이민자들도 다수 존재하고 있었다. 이러한 새로운 변화를 다루면서, 또한 자신과 같이 과거에 일본으로 건너온 이민자들에 대해서도 역사적으로 분석해 보는 새로운 시도를 하였다.

새로 이민 온 외국인 노동자나 일본계 브라질인들을 통해서 '단일 민족론'이 외국인들뿐만 아니라 심지어는 자신들의 민족도 차별하는 특이한 상황을 설명하였고, 카레와 같이 자신들이 좋아하는 인도 음식이 있으면서도 불구하고, 카레를 일본 음식으로 착각하고 오히려 인도의 문화나 인도인들을 차별하는 자가당착을 잘 지적하고 있다. 카레와 같이 일본의 다민족성을 음식과 여러 문화적 유산으로부터 풀어보는 새로운 시도를 통해 미국이나 유럽의 일본 전문가들이 모르는 새로운 일본에 대한 사실들을 열거하면서, 일본의 단일 민족성의 허구를 타파했던 것이 이 책의 획기적인 특색이며, 디아스포라 문화학에 처음으로 접근하는 리 교수의 학문적 변화라고 할 것이다.

『현대인족』, 『자이니치』, 『케이팝』 - 디아스포라 문화학

리 교수의 첫 3부작은 자신이 속했던 집단, 즉 미국, 한국, 일본에 대한 연구였다면, 『현대인족』은 그런 민족 혹은 현대 국가 집단이 '인족Peoplehood'이라는 개념을 어떻게 현대 국가와 결합시켜서 제도화시켰는가를 이론적으로 그리고 역사적으로 분석한 디아스포라 문화학의 첫 시도였다. 인류를 동질적 혹은 단일 민족적 집단으로 보지 않고, 이종족이 서로 함께 살았던 역사적 사실을 통해, 현대인족이 강조하는 민족 정통성, 민족 정체성, 민족 언어, 그리

고 민족 문화가 얼마나 허구적인 사회 개념인가를 호탕하게 보여 주는 이 책은, 현대인족이라는 허구적 문화 공동체를 통해 우리 인류의 역사를 왜곡하는 일련의 현대 국가의 정책과 행동에 이론적 경고문을 보낸다. 즉, 한국 민족이라는 현대의 허구적 개념을 가지고, 한반도에 살고 있는 사람들이 5천 년간 단일 민족이었고, 같은 언어를 썼고, 같은 문화를 영유해 왔다고 주장하는 것과 마찬가지로, 가령 신라나 고려 시대가 마치 지금의 한민족이 생각하는 단일 민족의 국가였다고 주장하는 오류에 대해 학문적 비판을 가차없이 가하는 것이다. 다른 민족과 마찬가지로, 한국도 여러 민족의 지리적 역사적 이동 즉, 디아스포라로 이루어진 현대인족의 국가 공동체임을 잊어서는 안 된다는 것이다.

『현대인족』의 탄생은 그러나 전쟁, 학살 등과 같은 인류의 험난한 역사적 비극을 탑재하고 있었다. 한 나라의 현대인족이 형성되는 과정에는 국민이라는 자격증을 받기 위한 여러 가지 표준화된 테스트들이 있었고, 이 테스트는 현대 국가의 인종주의와 깊이 관여되어 있었다. 이런 인종주의적 현대인족은 테스트에 떨어진 사람들을 가차없이 국가의 경계 밖으로 밀어내든가, 인종 말살 정책을 펴든가, 아니면 잔인하게 학살하였다. 독일의 나치스에 의한 유태인 학살, 터키군에 의한 아르메니아인 학살, 그리고 최근에는 유고슬라비아에서의 인종 청소, 루안다의 부족 학살 등이 현대 인류사의 끝없는 현대인족주의에 의한 인종 학살의 예이다. 그렇다고 이런 인종 학살의 희생자들이 모여 반인종적 투쟁을 조직하고 자신들의 정체성에 대해서도 논의하는 과정이 인종주의를 피할 수도 없다. 새롭게 생성되는 또다른 소수자들의 인족과 그들의 소수자 정체성도 사실 별반 큰 차이 없이 주류 인족의 인종주의적인 개념으로 발전하고 마는 사실을 리 교수가 간과하지 않기 때문이다. 이런 가해자와 피해자들 간의 정체성 논리와 인종주의-반인종주의의 싸움에서도 학살을 계속되고 있다. 그렇다면 우리 인류에게 이런 국가의 학살을 정지시킬 지적 감정적 힘은 없는 것일까? 이런 물음에 대해 리 교수는 적어도 유럽에서 시작된 계몽주의와 이성주의 그리고 소리는 적지만 아직도 그 파음이 강하게 떨리고 있는 휴머니즘에 희망을 가지고 공부하고, 가르치고, 실행에 옮겨 보자고 결론짓는다.

『현대인족』이 제시한 역사적 문화학적 방법론과 이론적 시사성이 우리에게 도움이 된다면, 한국 민족이 처했던 현대사의 학살 현장의 역사적 증좌로 남아 있는 재일 조선인·한국인(자이니치)이라는 소수자들의 인족을 이해하는 데 바로 적용해 볼 필요가 있을 것이다. 즉, 『현대인족』을 읽은 독자들은 자이니치라는 일본에 사는 소수인족을 더 이상 한국의 민족주의나 한국의 현대적 국가 인족적 시점으로 파악해서는 안 되며, 대신에 그들의 인종적, 반인종적, 민족적, 반민족적 제 현상에 대해 그들의 관점에서 올바로 파악해 볼 필요가 있음을 직시해야 할 것이다. 『자이니치』라는 책에서 리 교수는 이들 소수 인족 집단이 더 이상 단일 민족적 한국인족으로 오해되는 오류를 범해서는 안 되며, 한국인들이 자이니치를 그렇게 이해하려고 하면 할수록, 그들의 비극은 더 악화된다는 주장을 편다. 즉 다른 모든 현대인족들과 같이, 자이니치들도 스스로 조선이 싫어서 일본으로 향했다는 사실을 한국의 역사가들이나 민족학자들은 이해하여야 한다. 특히 강제 동원령이 내려지기 전까지 과연 얼마나 많은 조선인들이 일본으로 이주할 수 있었을까? 21세기 현재에도 한국인이 미국 영주권을 따려면, 높은 학력과 재력이 있어야 함은 당연하듯이, 1910년대부터 1930년대까지 일본에 도항해서 정착하려면, 조선에서도 상당한 재력의 소유자가 아니면 불가능했었다. 또한 그들은 상당수가 일본을 동경해서, 혹은 일본에서 출세하려고 도항한 것은 당연지사이다.

문제는 이들 상층 재일 조선인들이 1940년대에 대규모로 강제 연행되어 온 노동자들과 합쳐진 것은 물론이요, 이들과 같이 난리통에 일본인들로부터 학살을 당하고, 제도적으로 그리고 집단적으로 차별을 받고 살아왔다는 것이다. 그러므로 이들의 민족주의적 디아스포라nationalistic diapsora는 이러한 학살과 차별에 의해서 생성된 피해자의 인종주의, 민족주의인 것으로 『현대인족』에서 다루었던 일반적 역사 현상과 일맥상통하는 지역적 예가 된다. 기본적으로 다양한 사회 경제 그리고 정치적 배경을 갖고 있던 자이니치들은 해방 후, 일본에 남느냐 귀국하느냐의 문제도 이런 자신들의 배경의 다양성과 상당한 관련이 있다. 『자이니치』에서 리 교수는 디아스포라 문화학의 방법론을 이용하여, 주요 재일 작가들의 수필이나 소설 등을 분석하여 그들의 디아스포라적 문화사를 재구성한다. 일본에 남아야 했던 이유 자체도 그들의 작품 속에 잘 드러나

감수자 해설

있다. 가령, 해방된 한국에 돌아갔지만 말도 안 통하고, 직장도 없어 다시 일본으로 돌아간 경우도 있으며, 해방 전 일본에서 성취한 지위가 아쉬워 일본에 그냥 눌러앉은 경우도 있다. 그러나 『자이니치』에서 핵심적으로 다루어지고 있는 주요 재일 조선인 작가들은 소위 '유배'라는 멍에를 쓰고 사는 민족적 디아포라 그룹으로서, 고향인 한반도에 가고는 싶으나 가지 못하는 유배자의 신세이다. 우선, 북한에 돌아가지 못하는 현실은 1980년 이후 더 이상 북한에 대한 허상적 유토피아관이 통하지도 않았을 뿐만 아니라, 북송 사업 자체가 중단된 상황에서 거론할 필요도 없고, 그보다 1980년 이후 군사 정권하에서의 남한에도 돌아갈 수 없는, 현실도 가로막고 있어, 고국에 돌아가는 것 자체가 어려운 상황을 일컫는다. 이것은 북한도 남한도 돌아갈 수 없는 미국이나 유럽의 소수 한국인 이민자들의 운명과 같은 것이다(한국에서는 1960년부터 연재된 최인훈의 『광장』에서 처음 보고된 남한도 북한도 돌아갈 수 없고, 제3국에서 살려고 하다가 자살하는 주인공 이명준의 삶으로 알려져 있는 민족적 디아스포라의 운명을 말한다). 결국 자이니치들이 1990년대 이후 민주화된 한국에 방문을 하더라도, 결국 한국은 극복할 수 없는 외국에 지나지 않는다. 그러나 중요한 차이점은 이들의 다양성 때문에 임진왜란 때 건너온 조선일들과는 달리, 현대인족으로 사는 자이니치들은 완전한 주류 사회에의 동화는 힘들다. 더 많은 수의 재일 동포들이 한국에 와서 한국어를 배우고, 미국에 가서 한국 유학생들과 사귀고, 그리고 아무리 귀화하고 일본 이름을 쓴다고 해도, 한국 커뮤니티에 계속적으로 참가하면서 살 수밖에 없는 현대적 혹은 초국가적 세계 체제가 그들을 지배하고 있기 때문이다. 현대인족으로서의 자이니치는 그러므로 현대 동아시아사가 낳은 영원한 유배자들이거나 다국적 혹은 초국가적 디아스포라 그룹으로 이해되어야 한다. 이런 점에서 『자이니치』는 새로운 인식론적 해석이다.

『케이팝』은 앞에서도 잠시 언급했지만, 존 리 교수와 본 감수자가 4회에 걸쳐 준비했던 고려대-버클리 한류 워크숍의 결과이다. 리 교수는 드라마나 한국문학의 한류화 혹은 글로벌화 과정과 가능성에 대한 논문도 썼지만, 실질적으로 케이팝K-Pop이 한류의 유일한 글로벌 성공 장르로 인식하고 있다. 정치 경제와 인류의 정체성 문제에서 한국의 문화에 새롭게 도전장을 낸 리 교수는 디아스포라 문화학의 마지막 3부작으로 한국의 디아스포라 문화 현상으로서의 케이팝을 선택한 것이다. 그 이유는 간단하다. 『한 언바운드』를 집필할 당시에 그 누가 한국의 대중가요가 전 세계를 뒤흔들 것으로 상상이나 했을까? 리 교수는 이 책을 쓰게 된 이유를 프랑스 파리에서 목격한 케이팝 공연에 가서 유럽의 백인 소녀들이 한국의 대중가요에 푹 빠져 열광하는 모습을 보고서야 케이팝의 진가를 뼈저리게 느낄 수 있었고, 그 누가 한류나 케이팝을 폄하하려 해도 반박할 자신이 있다고 했다. 한류의 가공할 만한 힘은 국내외의 반·혐한류를 외치는 파렴치한들이 제 아무리 하늘을 그들의 손바닥으로 가리려고 해도 안 되는 것과 같다. 즉, 삼성전자는 못 사는 개도국의 조그마한 기업에 불과하다고 외치는 북한의 정치가들의 망언과 차이가 없는 것이다. 그러므로 케이팝은 리 교수로 하여금 한국에 대해 자신이 과거에 가졌던 이론이나 설명을 보충해야 할 뿐만 아니라, 한 권의 책으로 마무리해야 할 크나큰 학문적 과제였던 것이다.

기존의 케이팝 개설서나 언론인들이 쓴 비전문적인 오류 투성이의 책들과는 달리, 『케이팝』은 '대한민국 대중음악과 문화 기억상실증과 경제 혁신'이라는 부제에서 보듯이, 음악학이나, 문화학이 아닌 문화사회학 혹은 문화경제학적 차원에서 쓰여진 것이다. 리 교수는 한국인들이 급격한 경제 발전과 현대화 때문에 자신의 전통 문화를 '잊어버리고 살고 있는 것조차' 망각하고 산다고 규정 짓는다. 이것은 중요한 문화사회학적 발견이다. 즉, 과거 한국인들이 서양이나 일본의 문화를 어설프게 혹은 촌스럽게 모방하던 단계가 지나, 어느덧 그들이 서양인들이나 일본인들처럼 서구의 발전된 문화를 자신의 문화인 것처럼 전혀 거리낌 없이 재창조해 내고 있다는 새로운 발견이기 때문이다. 이런 현상은 그러므로 한국인들이 이제 서양이나 일본의 문화 창조자들과 다름 없이 서양이나 일본인들도 소비할 수 있는 수준의 그들의 문화를 창조 혹은 재창조할 수 있다는 뜻이 되며, 한류나 케이팝의 성공이 절대 우연이나 기적이 아니라는 말이 된다. 또한 이것은 한류가 곧 사라질 것이라는 엉터리 문화비평가들의 헛된 기우가 정말로 기우에 불과하다는 것과 같다. 다시 말해 한강의 기적은 기적일 뿐이며, 곧 경제 발전은 끝나고 한국이 다시 가난하게 될 것이라는 생뚱맞은 억설과도 같다.

우리의 대중음악의 역사를 더듬으면서, 리 교수는 대중음악의 장르적, 예술적, 유흥적, 그리고 기술적 혁신innovation에 주목한다. 특히 여기서 리 교수의 관심을 끄는 것은 해외의 혁신을 여과 없이 받아들일 수 있었던 한국의 문화적 기억 상실을 중요한 사회적·조직적 조건으로 손꼽는다. 서태지의 춤과 음악적 혁신은 주류 유행가 시장에 구애받지 않던 그의 언더적 활동 영역이 서양의 랩 음악 혁신을 여과 없이 받아들일 수 있었던 것으로 분석한다. 특히 SM엔터테인먼트의 이수만 회장의 미국에서의 경험이 서양에서 개발된 뮤직비디오를 한국적으로 변환시키면서 드디어 전 세계를 정복하는 뮤직비디오로 승화시키는 과정도 놀랄 정도의 자세함과 실증적 자료를 가지고 분석한다(이 부분은 Lie and Oh 2014도 참조). 이러한 분석은 흔히 문화 혼종론이나 글로벌 문화론에서 다루는 편협한 한류의 이해와는 확연히 다른 차원에서의 설명이다.

결어

이제 한국의 독자들이 존 리 교수의 책을 한 권 한 권씩 정독해 가면서, 우리가 젊었을 때 그의 학생으로서 느꼈던 전율과 흥분을 되새겨 볼 차례이다. 그가 평생을 거쳐 연구한 미국, 한국, 일본, 그리고 이 세계는 아직도 건재하고 있다. 리 교수가 현대인족은 인종 학살을 필요로 하는 세계를 만들었다고 하였던 것처럼, 최근 전

감수자 해설

세계는 IS라는 새로운 힘을 가진 적(마치 영화 〈스타 워즈〉의 다스 베이더처럼)과 전면전을 치루고 있고, 미국을 위주로 하는 백인인족의 국가들은 이들을 지구에서 아니면 적어도 중동에서 몰아내려고 하고 있다. 한국은 아직도 민족국가를 이루지 못한 채 동족 간에 이념과 체제를 담보로 전쟁과 같은 상황을 이어가고 있고, 일본은 제2차 세계대전 당시 인종 학살을 기도했던 중국이나 한국에 대해 완전한 사과나 용서를 구하지 않은 상태에서, 다시 재군비를 꾀하고 있다. 이제 이런 상황을 경험하면서 공부하는 새로운 젊은 세대들이 세계와, 미국, 한국, 그리고 일본에 대해서 자신들의 경험을 바탕으로 사회과학적인 스토리텔링을 준비해야 할 때가 왔다. 세계와, 미국, 한국, 그리고 일본을 동시에 강타하고 있는 한류 즉 한국의 대중문화도 아직 건재하고 그 영향력을 더 키우고 있으니, 당연히 앞으로 새로운 젊은 세대가 직접 경험하면서 느낀 한류에 대해서도 새로운 이론을 정립해야 할 필요가 있을 것이다.

　세계와 자신이 태어난 나라, 자신이 이동하면서 살아 본 나라들에 대해 글을 쓰는 작업이 존 리 교수가 꿈꾸던 디아스포라 문화학이며, 새로운 사회학적 인식론과 방법론이 아닐까 생각하면서, 언젠가 국내의 사회학과에서 존 리 교수의 책들이 강의될 수 있는 꿈을 꾸어 본다.

2019년 1월 오사카
오인규

참고문헌

馬場宏二, 「富裕化と金融資本」, 東京 : ミネルヴァ書房, 1986.

C. Wright Mills, *The Sociological Imagination*, New York : Oxford University Press, 1959.

Hiroji Baba, "Revolution and Counterrevolution in Marxian Economics", *Monthly Review* 41(2), 1989.

Ingyu Oh, "Comparing State Economic Ideologies and Business Ethics in East Asia", *Korea Observer* 45(3), 2014.

Ingyu Oh and Youngran Koh, "The State as a Regulator of Business Ethics in Edo Japan : the Tokugawa Authority Structure and Private Interests", *Asia Pacific Business Review* DOI : 10.1080/13602381.2015.1129774, 2016.

John Lie, "Reactionary Marxism : The End of Ideology in Japan?" *Monthly Review* 38(11), 1987a.

_____, "The Discriminated Fingers : The Korean Minority in Japan", *Monthly Review* 38(8), 1987b.

_____, *Visualizing the Invisible Hand : From Market to Mode of Exchange*, Ph.D. Dissertation, Dept. of Sociology, Harvard University, 1988.

_____, "The Uno Schol : The Highest Stage of Marxism?" *Monthly Review* 41(2), 1989.

_____, "The Concept of Mode of Exchange", *American Sociological Review* 57(4), 1992.

_____, "Sociology of Contemporary Japan", *Current Sociology* 44(1), 1996.

_____, "The State as Pimp : Prostitution and the Patriarchal State in Japan in the 1940s", *The Sociological Quarterly* 38(2), 1997.

_____, "The Concept of Mode of Exchange : An Auto-Critique", *Korea Observer* 45(3), 2014.

John Lie and Ingyu Oh, "SMEntertainment and Soo Man Lee" In Fu Lai Tony Yu and Ho don Yan eds., *Handbook in East AsianEntrepreneurship*, London : Routledge, 2014.

Roberto Mangabeira Unger, *False Necessity : Anti-Necessitarian Social Theory in the Service of Radical Democracy*, Cambridge : Cambridge University Press, 1987.

감수자 해설

『현대인족』의 번역출판을 계획한 지 꽤 오랜 시간이 지나, 2020년 비로소 출판할 수 있게 된 데 기쁨을 먼저 표한다. 박사과정 초기 번역 의뢰를 받고 학문적 호기심으로 쉽게 의뢰를 수락한 이후 400페이지 가까이 되는 원서의 양을 확인하고는 놀라움이 먼저 앞섰다. 『현대인족』을 읽으며 저자의 방대한 역사적 지식과 학문적 깊이에 또 한번 감탄하였다. 이 책은 전근대 이후 현대국가와 사회가 형성되는 역사적 배경하에서 종족, 인종, 국가의 개념이 어떻게 구성되고 제도화될 수 있었는지를 '인족peoplehood'이라는 개념을 통해서 방대한 정치적·문화적 역사를 통해 밝혀내고 있다.

현대사회에서 개인이 누구인지, 무엇으로부터 설명될 수 있는지, 실존과 기원에 대해 질문하는 일이 많아졌다. 저자는 개인의 정체성identity이 대자적 존재로서 규정되고 있으며, 이를 확고하게 해주는 중요한 관념적 기반으로서 현대국가modern state와 민족nation이 의도된 존재로서 구축되고 있다고 주장한다.

근현대사에 관심 있는 이라면 누구든지 현대국가의 탄생 속에는 강력한 배제의 논리가 작용하였다는 사실을 알고 있을 것이다. 『현대인족』에서 설명하는 주요한 내용 중의 하나가 나치즘으로 대표되는 인종주의를 중심으로 한 차별과 배제의 현상이다. 저자는 현대국가와 민족의 형성과정에서 인종을 중심으로 한, 차별과 배제를 넘어선, 공동체적 혐오와 폭력의 사례를 조명하며 현대사회에서 공동체적 '근원', '본질'로서 설명되는 민족의 존재론적 고찰에 강력한 반론을 제기한다. 현대국가에 공동체성이 부여된 안정적 사회를 구축하기 위해서는 '자아'와 대조되는 강력한 '타자'가 필요하였고, 이는 혐오와 폭력의 방법을 통해 구축되고 형성되었다는 것이다.

『현대인족』 속 저자의 논의를 따라가다 보면, '나'는 누구이고, '우리'는 무엇이며, '나' 또는 '우리'는 무엇을 통해 규정되고 존재해 왔는지 끊임없이 질문하게 된다. 그러나 그 논의는 공허하지 않다. 한 인간 또는 공동체가 존재하는 것은 규정되거나 구체화된 '대상'이 아니라, 끊임없이 사고하고 함께 하기 위해 애쓰는 '인간human'과 '인간성humanity' 그 자체로부터 시작된다는 점을 저자는 분명히 밝히고 있기 때문이다.

『현대인족』은 이론서의 성격을 띠고 있기 때문에, 개념어를 번역하는 데 있어서 많은 어려움이 있었다. 'peoplehood'는 저자와 감수자와의 논의를 통해 초기부터 '인족'으로 합의되었다. 반면 'people'의 경우 한반도에 존재하는 이데올로기적 특수성을 고려하여 글의 서두에 밝힌 것과 같이 '국민(때에 따라 인민)'으로 번역하였다. 따라서 원어에서 의도한 개념 중립적인 뉘앙스가 사라져 아쉬움이 크다. 또한 'nation'이 가지고 있는 '국가'와 '민족'의 중의적인 어감도 문장에 따라 '민족' 또는 '국가'로 번역되어 사라지고 말았다.

　역자의 부족함을 번역상의 불가피성으로 논하며 변명하고 싶지만, 번역서를 읽으면서 느껴지는 어색함은 역시 부족한 역자의 탓이라고 말하지 않을 수 없다. 박사과정 초기 번역을 시작하였는데, 과정 말미에 번역을 완성하여 출판하게 되었다. 공부할수록 『현대인족』의 학문적 깊이와 그 내용적 방대함에 감탄을 금치 못하며, 원서에서 나타나는 놀라운 통찰과 논리적 정연함을 제대로 전달하고자 노력하였는데, 여전히 아쉬움이 많다. 그럼에도 하루빨리 보다 많은 독자들이 역자의 부족함을 용서하며 『현대인족』의 예리하면서도 위트 넘치는 논의를 경험하기를 바란다.

2020.4

임수진

찾아보기

역자 후기

역자 후기

역자 후기

역자 후기